〔監修〕東京女子大学比較文化研究所・上海外国語大学日本研究センター
〔全体編集〕和田博文・高潔

コレクション・近代日本の中国都市体験

●第4巻 旅順

木田隆文・編

『コレクション・近代日本の中国都市体験』刊行にあたって

研究基盤の構築を目指して

和田博文

二〇二一年四月に東京女子大学比較文化研究所と上海外国語大学日本研究センターが研究所協定を結び、国際共同研究「近代日本の中国都市体験の研究」がスタートした。日本側は一一人、中国側は九人、合わせて二〇人の研究者が、中国の一七都市と、都市体験基本資料・旅行案内・内山書店をテーマに、三年間の共同研究を実施している。五回のシンポジウムで各テーマの研究発表を行い、活発な議論を積み重ねてきた。

国際共同研究には前段階がある。それは和田博文・王志松・高潔編『中国の都市の歴史的記憶』（二〇二二年九月、勉誠出版）で、日中二一人の研究者が、中国一六都市についての、日本語表象を明らかにしている。日本人が異文化体験を通して、自己や他者とどのように向き合ってきたのかというドラマは興味深い。ただこの本は論集なので、一次資料を共同で研究したわけではない。

本シリーズは復刻頁と編者執筆頁で構成している。前者は、単行本と雑誌掲載記事の二つである。単行本は稀覯本を基本として、復刻済みの本や、国会図書館デジタルライブラリーで読める本は、対象から外している。雑誌掲載記事は一年目にリストを作成して、その中から選定した。後者には、「エッセイ」「解題」「関連年表」「主要参考文献案内」を収録している。

コレクションの目標は、研究基盤の構築である。コレクションがスタート地点となって、日本人の中国都市体験や、中国主要都市の日本語表象の研究が、活性化することを願っている。

（わだ・ひろふみ　東京女子大学特任教授）

人を以て鑑と為す

高　潔

国際共同研究「近代日本の中国都市体験」は三年間の共同研究の期間を経て、全五回のシンポジウムを開催した。いよいよその成果となる『コレクション・近代日本の中国都市体験』全二〇巻の出版を迎えることとなる。

共同研究に参加する中国側九名の研究者にとって、一番大きな収穫は、日本語で記録された一次資料を通して、自分が現在実際住んでいる中国の各都市の近代史を、新たに考えてみる契機を与えられたことであった。最近、中国の都市では「シティー・ウォーク」が流行っているが、日本語による一次資料で都市のイメージを構築しながら、各都市の図書館で古い資料を調査し、「歴史建築」と札の付いている建物を一軒一軒見て回るなどの探索を重ねていくと、眼前にある都市の表情の奥底に埋もれていた、近代の面影が次第に現れてくる。

中国では、「上海学」「北京学」というように、特定の都市に関する研究がこの三四十年来盛んになってきたが、日本語で記録された一次資料を駆使する研究はまだ稀にみるものであった。中国人にとって、日本語による近代中国の都市表象は、どうしても侵略と植民のイメージが付き纏ってくるが、日本語の案内記や、都市概況の説明書は、当時の都市生活の事情が、詳しい数字や克明な記録を以て紹介されている。この共同研究で再発掘されたこれらの資料は、中国各都市の近代史の研究において、見過ごすことのできない重要なデータとなるだろう。

（こう・けつ　上海外国語大学教授）

凡　例

・本書は、東京女子大学比較文化研究所と上海外国語大学日本研究センターによって、二〇二一年〜二〇二四年に行われた国際共同研究「近代日本の中国都市体験の研究」に基づく復刻版資料集である。中国の主要一七都市についての未復刻、および閲覧の困難な一次資料を、巻ごとに都市単位で収録した。

・各巻ごとに編者によるエッセイ・解題・関連年表・主要参考文献を収録した。

・収録に際しては、A五判（210ミリ×148ミリ）に収まるよう適宜縮小した。収録巻の書誌については解題を参照されたい。

・二色以上の配色がなされているページはカラーで収録した。

・本巻作成にあたって、原資料の提供を、東京女子大学比較文化研究所、監修者の和田博文氏よりご提供いただいた。ここに記して深甚の謝意を表する。

目次

コレクション・近代日本の中国都市体験

●第4巻　旅順

木田隆文・編

『写真画報臨時増刊　旅順現状写真帖』

（博文館、一九〇五年四月）

5　『写真画報臨時増刊　旅順現状写真帖』（博文館、1905 年 4 月）

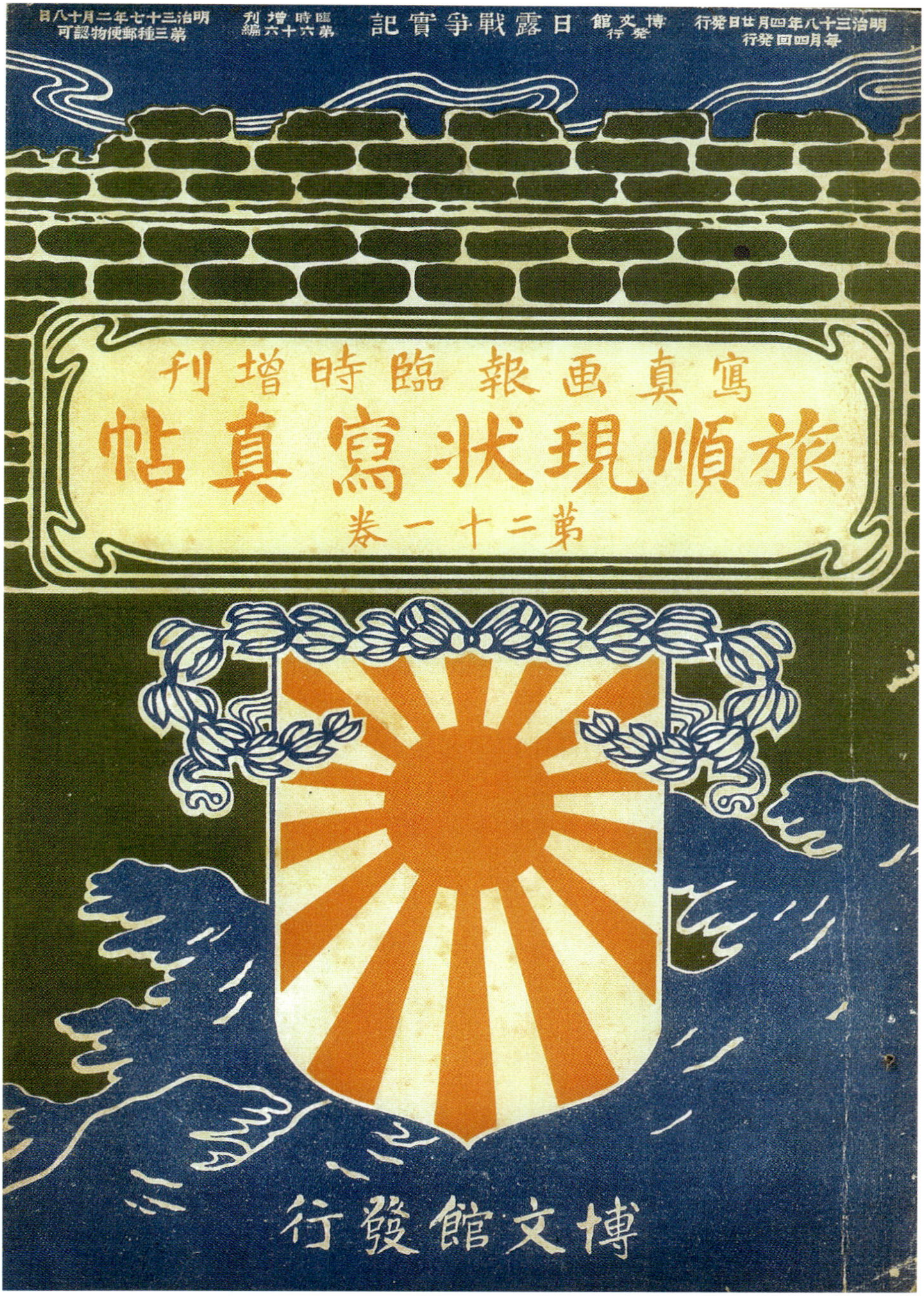

例言

旅順口要塞の强堅はセバストポールに六倍す、而してセバストポールは英佛聯合軍に攻圍せられて、猶能く一ケ年を支えたるに、日本軍は初めて旅順口を攻めしより八閲月、其直接防禦線に迫りしより、僅かに五閲月にして之を拔けり。而もステツセルが防守戰の勇健なる、旣に前古無比と稱するに足る、然らば則之を攻圍したる日本軍の英武は、將た何等の辭を以て之を頌せん乎とは、倫敦「タイムス」新聞の言にして、魯國の戰敗は野蠻の敗なり、頑冥の敗なり、自ら招くの孽なりとは紐育「サクセツス」雜誌の論ずる所、歐米人の見る所猶此の如し旅順一勝の繫る所、至大至重なりと謂ふべきなり。

顧ふに旅順口の地たる十年の前に於て、曾て一たび我が占領に歸す、然るに彼れ暴魯何者ぞ、妄に奪うて之に據り、以て其饜くなきの慾を逞うせんとす、膺懲の師是に於てか起り、連捷前なく、遂に之を復したるも、其人命を損し財貨を糜したる、洵に貲られざる者あり。乃ち我より之を見る、之を歐米人の忖度する所に比して、更に重且大なる者あるや論を俟たず。

神戶の光村利藻君、夙に寫眞界の白眉を以て稱せらる、客年開戰の際より、大本營海軍部の囑托を受け、數名の寫眞技師を旅順口に派し、海戰諸方面の戰況、並に開城前後の狀況を寫取したる者。厖然積で堆を成せり。本館今請うて其粹を拔き、特に開城の際より今日に至る情況を視るべき者を集めて、本卷を成せり。我が新要塞旅順口の現況を知らんとする者、幾多猛將勇卒の勳勞を銘せんとする者、皇軍大捷の紀念を傳へんとする者。共に一本を備へざる可らず。

明治三十八年四月　　寫眞畫報編輯部識

寫眞畫報臨時增刊 旅順現狀寫眞帖

第廿壹卷目次

明治卅八年四月廿日發行

◎揚樹房附近なる我兵站司令部
◎白玉山下の敵陣地跡
◎戰後敵壘の慘狀
◎敵壘內の穴居跡
◎我軍の忠魂碑と穴居跡
◎敵を震慄せしめたる廻轉式巨砲
◎二百三高地奪取後の敵砲壘
◎二百三高地の敵陣地跡
◎旅順の船渠內に敵の損傷艦
◎開城當時の捕虜
◎捕虜の護送
◎海員集會所の前庭
◎大連の公園
◎大連公園と猛虎
◎大連船渠と水雷艇
◎大連の劇場
◎占領後の旅順と大連

◎旅順開城の主因戰

◎所謂難攻不落の城　◎二百三高地の占領
◎赤坂山其他の占領　◎敵國艦隊の殲滅

◎鳩灣一帶の占領　◎東鷄冠山北砲臺の占領
◎二龍山砲臺の占領　◎松樹山砲臺の占領
◎望臺の占領　◎旅順開城

◎旅順開城始末

◎敵將降を納る　◎龍城の苦節
◎敵の軍使の一行　◎第三次の會見
◎馬を殺さゞる　◎兩將軍の會見

◎旅順の現狀

◎開城以後最近の狀況　◎旅順口入城式
◎旅順要塞司令官　◎閉塞船沈沒船の位置
◎陸上各砲臺の慘狀　◎旅順舊市街の繁昌

（軍國詞苑）

◎旅順雜話

◎陥落と開城　坪谷水哉
◎旅順の一瞥　遠藤鈴川
◎旅順開城の其後　菊雨
◎旅順開城の半面　石倉翠葉
◎旅順陥落と列國　叱劔道人
◎旅順降伏とステッセル　一記者
◎旅順の昨今　小瀧水郷

落花繽紛白日静。鳴鳩乳燕青春深。

千秋人物三分國。一片山河百戰場。

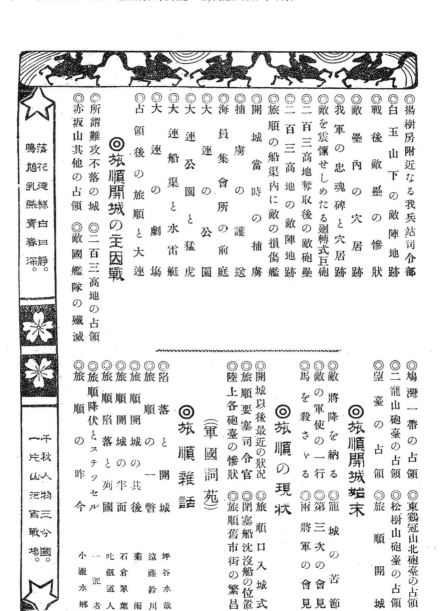

見よ！

戰捷紀念出版

讀め！

文學博士重野安繹先生序文　石崎篁園君編述

祝賀弔祭記事論說

國民作文軌範

全一册洋裝中判
紙數約五百頁

五月上旬出版

概目

緒言◎文は道を以て主眼とすること◎作文の三法◎何の書を讀むべきか◎文章は鍛練を要す◎主意◎作文の五材◎文章結構法◎編章句字の法◎比喩法◎諷諭、寓言◎層語法、漸層法、反層法◎誇張法◎對語法、對比法◎寫聲、寫容、換義◎敬語、警語、枕詞、序詞、兼詞、引用法◎叙事文、記事文、解釋文、議論文◎文章の諸体◎文章沿革……伊勢物語、源氏物語、紫式部日記、和泉式部日記、枕草紙、方丈記、四季物語、著聞集、徒然草、太平記、林道春、貝原益軒、新井白石、室直清、伊藤東涯、太宰春臺、柳澤淇園、加茂眞淵、本居宣長、清水濱臣、伴資芳、藤井高尙、瀧澤解、松平樂翁、堀内新泉、著者

◎結論……

▲祝文、其作り法、朗讀法
賀表、祝辭、式辭、告辭、祝捷文、感謝狀、表彰狀
古今作例凡百頁……

▲祭文其作法、朗讀法
祭文、弔詞、哀辭、誄詞、告文
古今作例凡八十頁……

▲傳及び記、其作法
人物傳、記事、事物の記、遊記、日記、學校堂齋の記等
古今作例凡六十頁……

▲論說序跋、其作法
宴序、壽序、送迎序、書序、論說解辨、原議、書類
古今作例凡六十頁……

▲墓誌碑銘、其作法
墓表、墓誌、墓碑銘、碑、神道碑、碑陰記、賛戒等
古今作例凡五十頁……

▲公私用文、其作法
上書、與ふる書、文、書簡文
古今作例凡五十頁……

發兌元　東京日本橋區本町三丁目　博文館

太陽臨時増刊

新法令

全壹冊洋装
大判美本
口繪二十頁
正價參拾錢
郵税參錢

臨時増刊
第拾壹卷第六號

四月二十日發行

昨年末より本年の初に渉りて開かれたる第二十一帝國議會は、法令の制定に於ても亦頗る多忙なる議會なりし、之を大にしては諸種税法の新定改正あり、鑛業條例、實用新案法等一々摟指に遑あらず、其影響を受けて附屬法規に變更を及ぼせるもの、及時局の必需に伴ふて發布せられたるものを算ふるときは壹百有餘の多きに及ぶを見る。皆日常吾人に關係ある法令にして國民の等閑に附することを得ざるものに屬す。本書は、此等須知の諸法規を類集せるものにして昨參拾七年下半季の初に起り、本書發刊の僅々數日前迄に發布せられたるものは皆其採錄を怠らざる所なり。分類例によりて整然、爲めに人は捜出に苦まず。校正極めて嚴密、坊間流布の粗笨極まるものとは大に其選を異にす。而して附錄には第二十一帝國議會史あり、流暢簡潔の筆を得て多忙なりし議會の經過を説くと到れり盡せり。法治國民は座右一本を缺くべからざるなり。刊成るの後賑々敷購求あらんことを望む

▲附錄　第二十一帝國議會史

發兌元　東京市日本橋區本町　博文館

葉書帖

進物用
好適品
高尚優美

未曾有の大好評第四回増刷出來△武内桂舟氏意匠△前田默鳳氏題字△製本堅牢清楚高雅頗る美本

百五十枚挿込
大判總クロース
實價八十錢
小包二百匁

新刊繪葉書

今様大津繪（淺井忠君畫）石版極彩色六枚十五錢
戰捷紀念葉書（五姓田君畫）同　同
水彩畫葉書（大下君畫）同六枚十八錢
歌箋葉書（松岡君畫）同六枚十五錢
秀逸繪葉書（懸賞當撰）同六枚十八錢
家庭繪葉書（武内君畫）同　同
漫畫葉書（北澤君畫）同六枚二十錢

ハガキ文學

第一卷　一號十版△二號五版△三號四版
第二卷　一號再版△二號四版△三號再版△四號再版

定價△第一卷一冊各金六錢△第二卷一冊各金八錢△但第二卷の一號に限り十錢△郵税各金一錢（既刊八冊）全部取揃御注文の方へは（五百人を限り）郵税共五拾錢

發行元　東京小石川久堅町　日本葉書會
發賣元　東京本町三丁目　博文館

（付の四）

水哉坪谷善四郎君編著

下巻

（西部）

近畿　中國　四國
九州　琉球及臺灣
沿道各國都市詳密銅版二十面　寫眞銅版約百個
全國西半部最密着色地圖大判

曩に本書の上巻を以て、日本の東半部なる東海、東山、北陸、北海の四道に案内し、今や其下巻成らんとす、收むる所は近畿、中國、四國、九州、琉球、臺灣に及び、皆著者が親しく各地を歴巡して視察する所に據る。大都名邑勝區舊蹟、神社佛閣溫泉浴場等の案内は云ふも更なり、海山の形勝、水陸の交通、産業の狀況、風俗の美惡、旅館、料理店、舟車の產額、土產物の調進に至るまで盡く之を詳記し、傍ら歷史を說き人物を說き、古今の詩歌を挿み、加之著者特得の各地風景寫眞數百圖と各都市の銅版密刻圖二十餘種を添へ、別に一枚折の日本西半部着色詳密圖を附す。凡そ地方に旅行する者は必ず一本を缺くべからざるは勿論、一室內に在て之を讀むも、座ながらにして名所を知り、山光水色自然の美景を賞するを得べきなり

洋裝中版上製　紙數六百餘頁　正價金壹圓　郵稅拾錢　四月發行

日本漫遊案内

上巻（東部）

● 洋布上製中版美本……
● 紙數六百四十頁……
● 府縣廳所在地銅版　二十二頁
● 風景寫眞版　八十二圖
● 全國東中部地圖　彩色刷

本書は全國各地漫遊者の爲めに案内記として編述したるものにして編次の順序は東京より始め房總常野信越奥羽より北海道に至り更に轉じて甲信濃飛の山間に入りまた轉じて東海道北陸道に移り最後に伊勢參宮街道に及ぼせり、漫遊必携の要書なり、行文は簡明にして最も婉麗、一には以て文章として一讀するに足るものあり

正價壹圓　郵稅拾錢

發兌元　東京市日本橋區本町三丁目　博文館

（前付の七）

第三軍司令部と乃木大將

GENERAL NOGI AND THE HEADQUARTER OF THE 3RD ARMY.

雪中の第三軍司令部

第三軍司令官乃木大將

旅順背面、乃木大將の司令部は、此の如く慘澹たるものなりき。

東郷大將と旅順東港

EAST SIDE OF PORT ARTHUR.

ADMIRAL TOGO.

東郷大將の英風神の如し、詩あり曰く、快哉虜艦忽成空、鐃歌振動海之東、東郷提督如不與、謙讓總歸天子功、と。旅順港内は東港西港の二に分たる、西港は面積較や廣けれど、水淺くして大船を浮ぶるに足らず、東港は極めて狹しと雖も、水深ければ露國は此處に堅牢なる軍港を築きしが、今や此軍港も併せて我有に歸せり。

遼東守備軍と旅順要塞司令部

OFFICERS OF RYOTO GARRISON AND PORT ARTHUR FORTRESS.

遼東守備軍司令官陸軍大將西寛二郎君

旅順要塞司令官陸軍少將伊地知幸介君

守備軍參謀長陸軍少將神尾光臣君

旅順要塞司令部參謀陸軍少佐石光眞臣君

旅順要塞司令部參謀長陸軍大佐佐藤鋼次郎君

旅順口鎮守府

OFFICERS OF PORT ARTHUR ADMIRALTY.

鎮守府長官海軍中將柴山矢八君

參謀長海軍大佐玉利親賢君

港務部長海軍少將植村永孚君

機關長機關大監横山正恭君

參謀海軍中佐中島市太郎君

ステッセルの官邸と白玉山下の敗艦

STOESSEL'S OFFICIAL RESIDENCE AND WRECKED WAR-SHIPS AT THE FOOT OF PEH-YN-SHAN.

（ステッセルの官邸は旅順新市街に在り宏壮人目を驚かす）

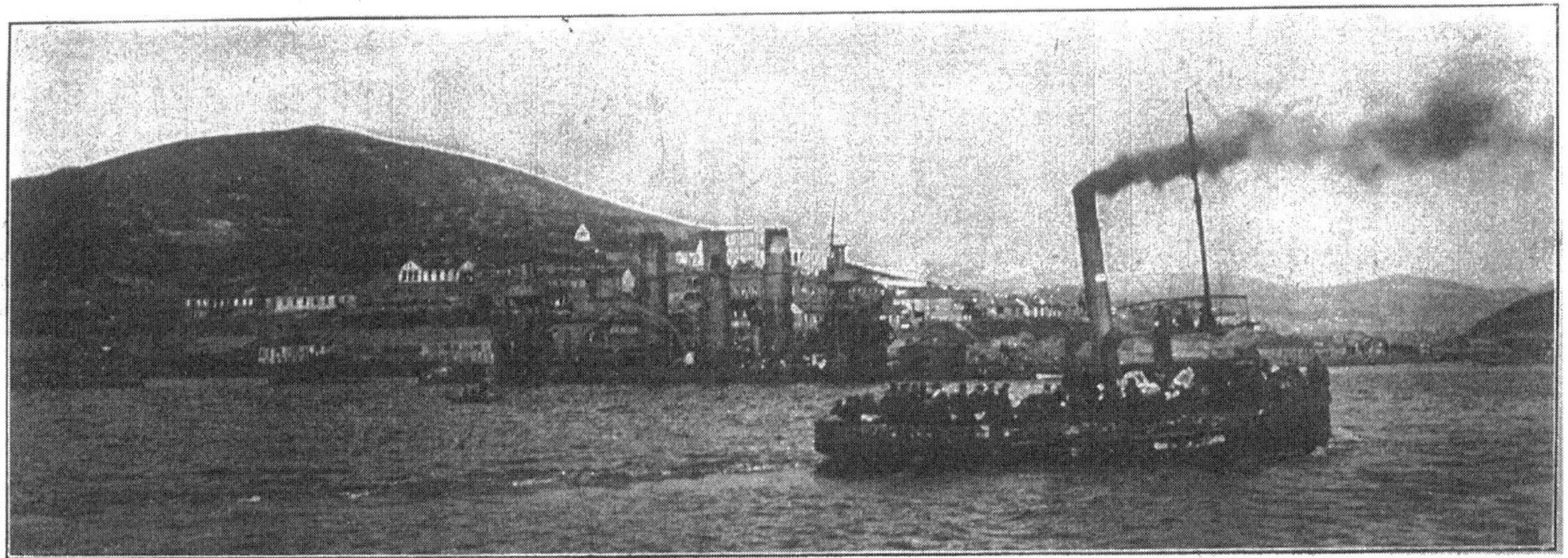

（白玉山下岸に拡して半躰艦ば波に沈み三本烟筒の際立つて見ゆるもの之れ開戦当時敵の旗艦たりし「レトウヰザン」の名残なり）

松樹山敵塁と港内の敵敗艦

THE SUNSHUSHAN FORT AND THE DESTROYED WARSHIPS IN THE PORT ARTHUR.

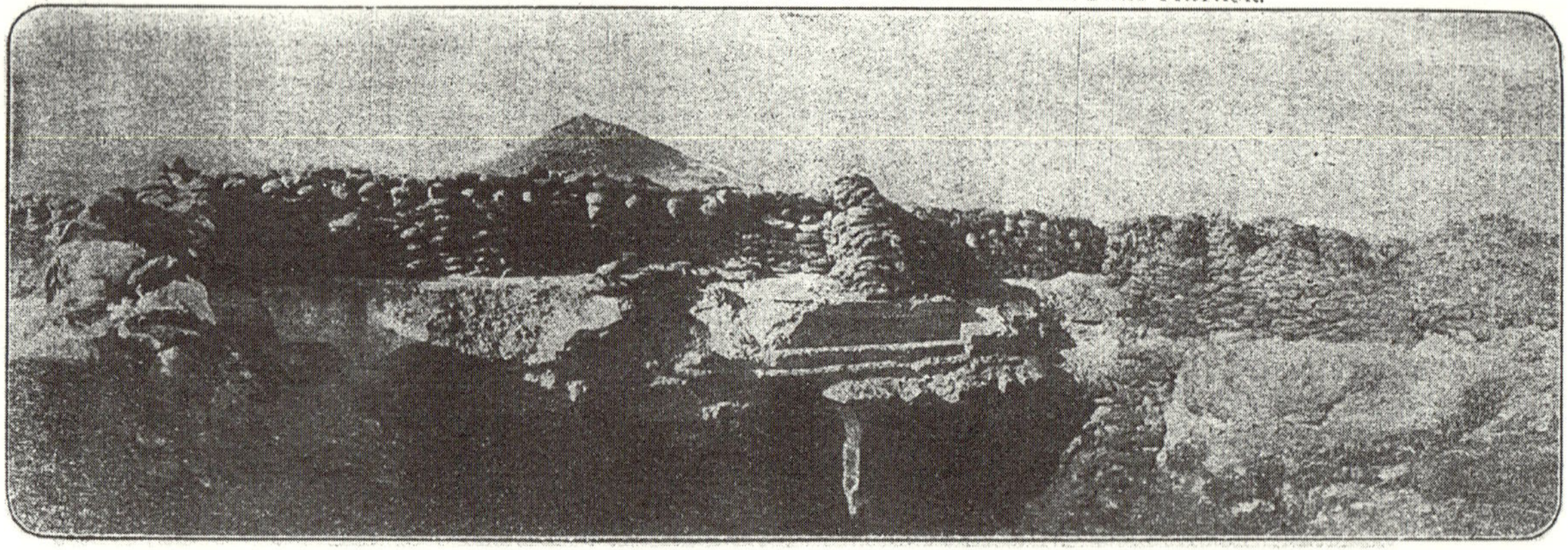

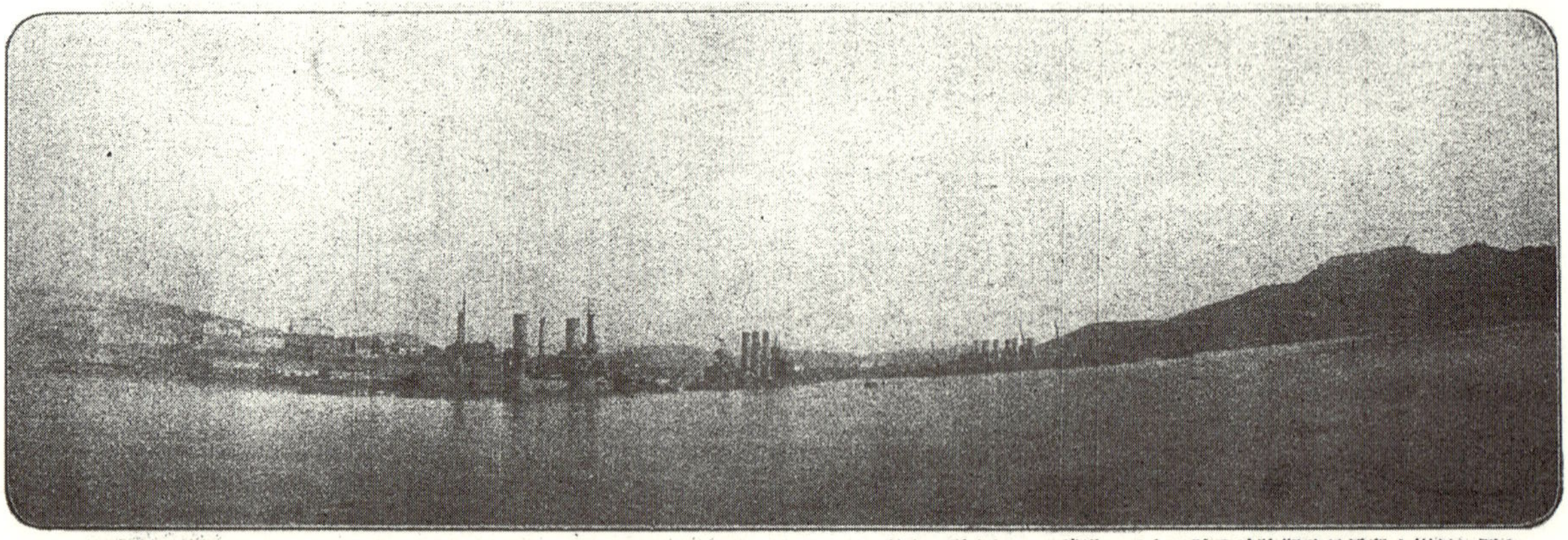

上圖は松樹山敵堡塁防禦陣地の跡にして●堆積せるは土嚢の砲臺なり 下圖は港内に撃沈されたる敵艦「ポルタワ」及び「ポビエダ」の現状にして右方の山は黄金山を望めるなり

火石嶺子の海軍陸戦重砲隊

HEAVY ARTILLFRY MARINE BAND UNDER CAPT KUROI.

陸戦重砲隊指揮官
黒井海軍大佐

黒井海軍大佐、海軍陸戦重砲隊を率ゐて旅順背面の火石嶺子に陣地を定め、其の海軍砲の威力は向ふ所粉砕せざるなく、敵師をして怪物なりと恐れしめたり。圖は其の土嚢を繞らしたる陣地にて背後なるは重砲、前方なるは砲彈なり。

我騎兵聯隊の旅順入城式

TRIUMPHANT ENTRY OF OUR CAVALRY INTO PORT ARTHUR.

乃木軍の旅順入城式は、本年一月十三日に行はれたり、茲に示すは騎兵聯隊の一部が、先驅して旅順に入り、式場に向つて市街を進行しつゝある光景なり。

我歩兵聯隊の旅順入城式

TRIUMPHANT ENTRY OF OUR INFANTRY INTO PORT ARTHUR.

騎兵聯隊先驅して旅順に入りし後、歩兵聯隊は肅々として市街を進む、何ぞ其狀の壯烈なる。

港内に沈沒せる二敗艦

BATTLE SHIPS IN WRECK WITHIN PORT ARTHUR.

此方に艦首のみ示せるは「ポルタワー」にして、一萬九百六十噸の戰闘艦なり、前部主砲塁の如何に破壊されたるかな見よ、其甲板より眺めては、彼方に三本烟筒の「レトウ井ザン」が、動かざる事山の如く沈沒坐礁せるが見ゆ、「ポルタワー」若し靈あらば、定めて同傷相憐むの感に堪えざらん。

旅順東港の正面

FRONT VIEW OF THE EAST SIDE O. PORT ARTHUR.

露國は此處に軍港を築けり、岸に接して沈沒せるは普通の商船なるが、水頗る深きを以て、船體全く波に沒し、唯だ僅かに三本の檣と、烟筒の尖端を現はせるのみ。

西港内海岸の惨状（其一）

SCENE OF WRECK ALONG THE WEST SIDE OF PORT ARTHUR, (1).

西港は水浅きを以て巨船入らず、小艇我が彈丸を受けて、或は沈み、或は横はる、海岸の惨状火事場の跡の如く、又た大地震の跡に似たり、遙かに見ゆる巨船は、東港に近く沈沒せるレトウヰザンなり。

西港内海岸の惨状（其二）

SCENES OF WRECK ALONG THE WEST SIDE OF PORT ARTHUR, (2)

上圖は「西港内海岸の惨狀其一」の、港内に破損沈沒せる小艇を、更に接近して撮影せるもの、下圖は商船及び端艇の破壞せる光景にして、遙かに見ゆる白色の汽船は、旅順降伏後同港内に入りし我が病院船なり。

黄金山下の破壞艦と閉塞船

SHIPS IN WREK AT THE FOOT OF GOLDEN HIEL.

破壞船と閉塞船

港口と黄金山砲臺遠望

上圖は白玉山麓の舊アレキシーフ官舍より、港内の破壞船及び黄金山砲臺を撮影せしものにして、破壞艦中向つて右は「ポビーダ」左は「パルラダ」。而して遙かに檣の尖端のみ並列して見ゆるは、港口に沈沒せる我閉塞船なり。下圖は老虎尾半島饅頭山より、港口及び黄金山砲臺を撮影せしものなり。

港内に撃沈されたる敵艦

RUSSIAN WAR-SHIPS TORPEDOED WITHIN THE PORT.

上圖中央なるは、白玉山下の海中に撃沈せられたる敵艦「ワリヤーク」にして、其轉覆沈没せるを見ても、如何に損傷の甚しきやを知るに足る。下圖はペレスウイツトが、水淺き處に坐礁せる光景なり。

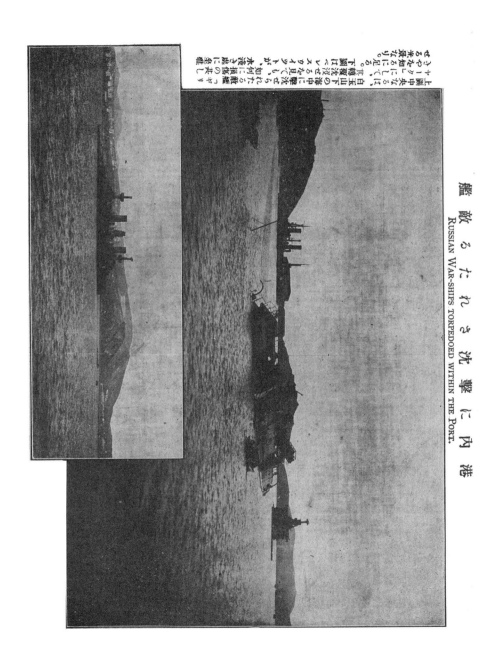

軍用列車の大破壊

RUSSIAN RAILWAY TRAIN RUINED.

旅順重圍中、白玉山麓の停車場に在りし敵國軍用列車は、我砲彈を受けて此の如く破壞せり。

破壊せるバーヤンとパルラダ

THE "BAYAN" AND "PALLADA" DESTROYED BY THE JAPANESE.

敵艦バーヤンの現状

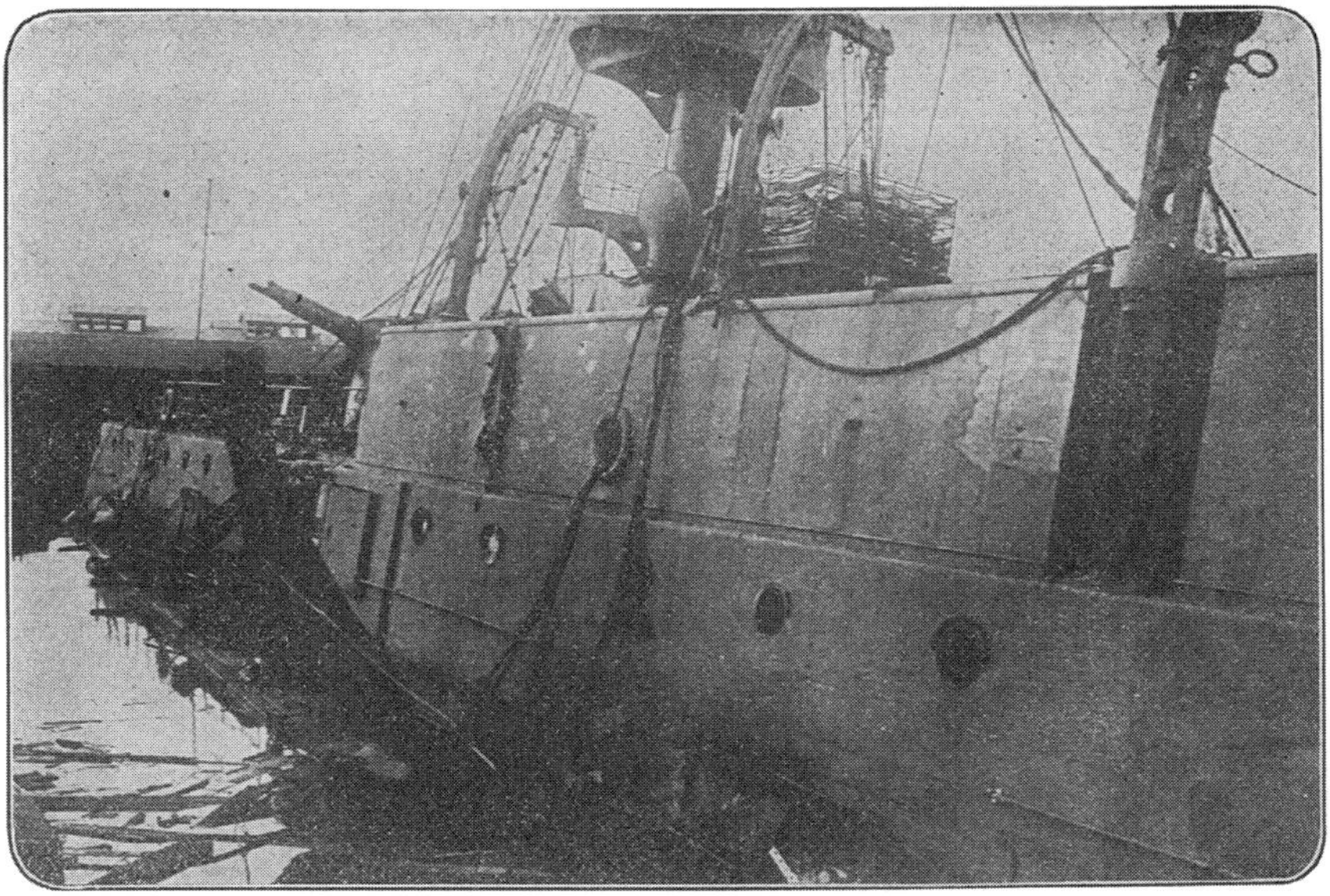

敵艦パルラダの現状

「バーヤンは」七千七百二十六噸の裝甲巡洋艦にして、敵艦中比較的勇戰せしもの、「パルラダ」は黄金山下の海中に沈沒坐礁し、引揚修繕を加へなば、復た用ゆるに足るべしと云ふ。

閉塞船と黄金山砲臺
BROCKADING SHIPS AND THE FORT ON THE GOLDEN HILL.

港口の閉塞船

港外の閉塞船

上圖港口の波間に檣を現はせるは我閉塞船にして、左方の山は黄金山砲臺。下圖右方に檣の尖端僅かに見ゆるは、港外に爆沈せし我閉塞船福井丸及び米山丸なり。

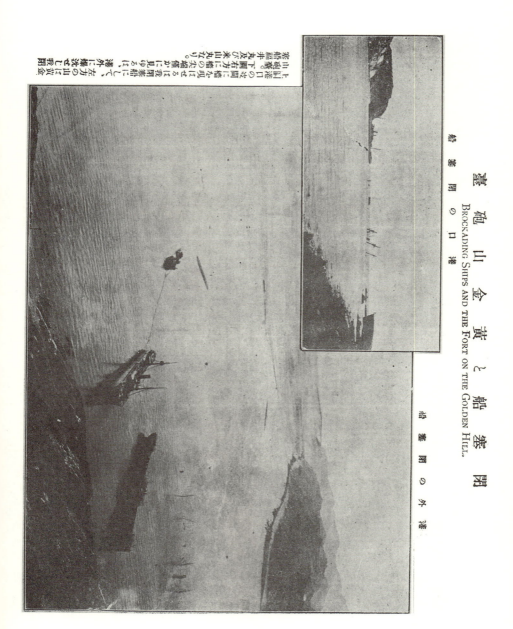

旅順封鎖中の我二艦

JAPANESE MEN-OF-WAR WITHIN PORT ARTHUR WHILE BROCKADED,

本圖遙かに見ゆる三本煙突の軍艦は、旅順封鎖中の我巡洋艦「音羽」にして、此方に勇ましき水兵を乗せて軍艦旗を飜へせるは其當番端艇。上方二本煙突の軍艦は、黄海勤務中の我快速巡洋艦「須磨」なり。

所帯繃大麓山子甲後

A DRESSING STATION FOR THE WOUNDED.

上圖は後甲子山麓に於ける、海軍陸戰隊大繃帶所の全景にして、下圖は同所より負傷者を後送せんとするの實況なり。

海軍陸戰隊繃帶所

DRESSING WOUN! S OF THE MEN OF MARINE BAND.

礙盤溝の海軍中間繃帶所

二百三高地麓の海軍小繃帶所

中間繃帶所とは戰地より病院に至る中間に位するを以て此名あり、礙盤溝に於けるものは、巖石を刳つて之れを設く。小繃帶所とは中間繃帶所に至る以前に於て、負傷者に手當を施す處にして、其二百三高地麓に於ける小繃帶所の如き、寒風颯々として、傷者看護手共に雪中に埋れんとす、何ぞ其狀の慘澹たる。

二龍山大攻撃

A GREAT ATTACK ON ERHLUNG-SHAN.

二龍山砲塁の爆發

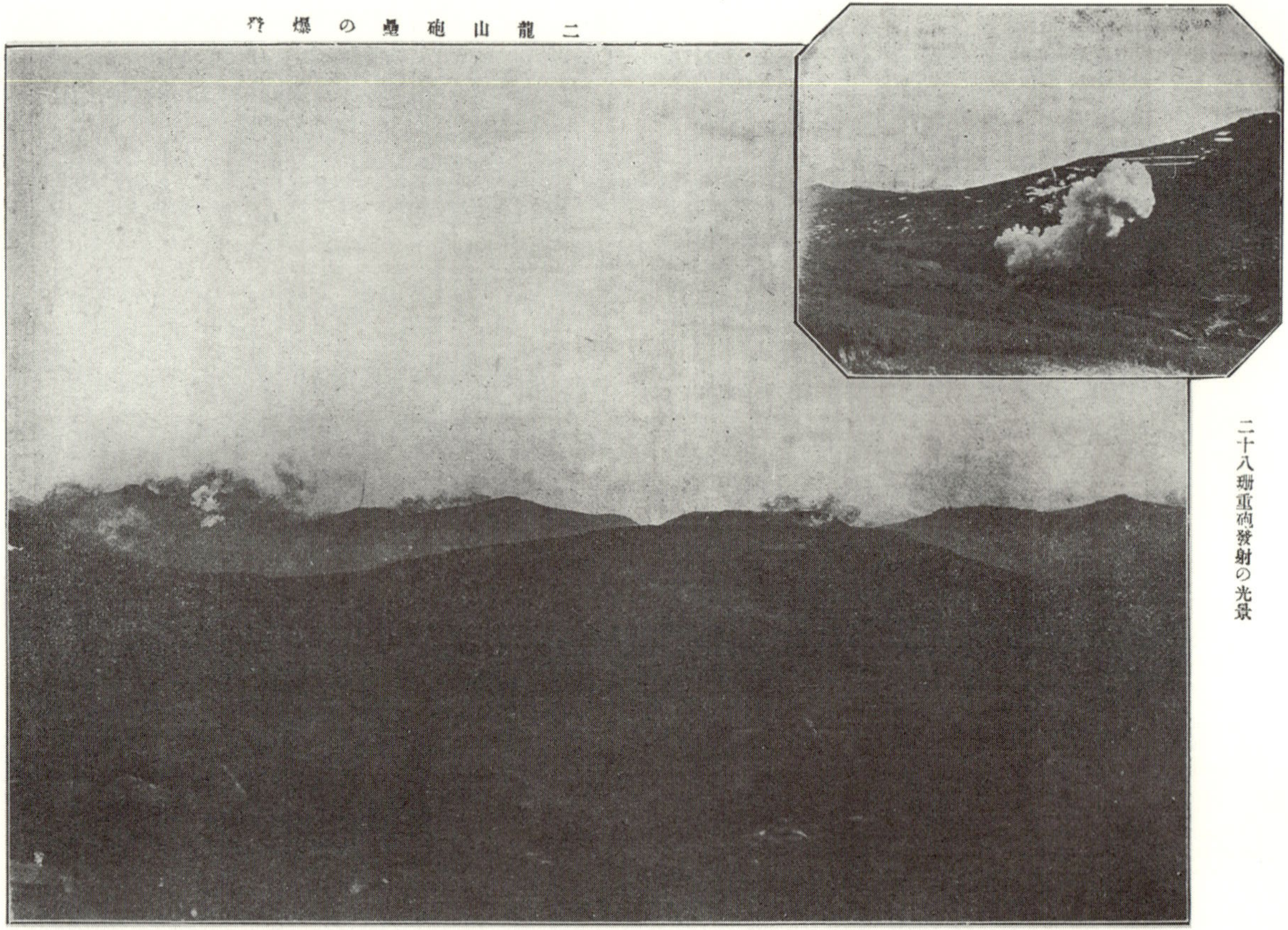

二十八珊重砲發射の光景

右方上部は松樹山攻撃當時、我が二十八珊重砲發射の光景にして。下方山巓に黒烟渦巻くは十二月二十八日午後一時三十分、二龍山砲塁の大爆發、それと共に我陸戰隊は盛んに松樹山を砲撃せり。

旅順攻圍軍左翼縦隊の攻撃陣地

ATTACKING POSITION TAKEN BY THE LEFT WING OF OUR INVESTING ARMY.

是れ我が左翼なる第一師團が、數月間日夜苦戰を續けつゝある激戰の光景。

水師營會見所附近と張嶺子

PLACE OF INTERVIEW BEFORE SURRENDER AT SUI-SHI-YING AND RAILWAY STATION AT CHANG-LING-TSZ.

水師營の會見所

張嶺子の停車場

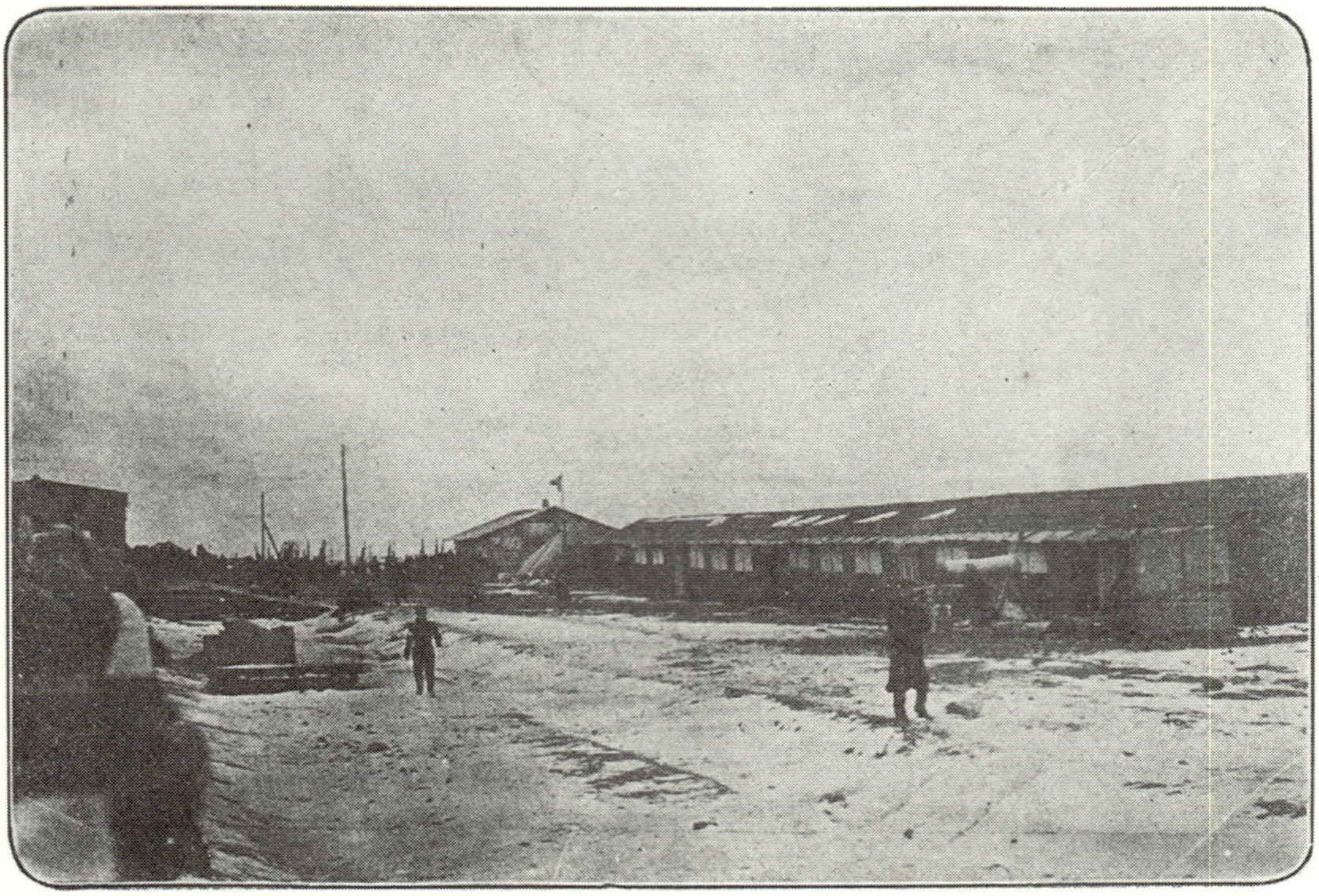

上圖は歴史に遺るべき水師營の會見所附近の光景なり、我彈丸の爲に其邊の人家墻壁等一として破壞せられざるは無し。下圖は張嶺子の停車場にして、同所は旅順の背面水師營の北方に在り、最も早く我軍に占領せられたる處なり。

旅順港背面の敵穴居

CAVE SHELTEA AT THE BACK OF PO B ARTHUR.

我が陸海軍の激烈なる砲撃に避易し、敵が地を堀り巌を砕きて逋れ隠れたる避難地の跡。

老虎尾半島の火薬庫

POWDER MAGAZINE AT TIGAR'S TAIL PENINSULAR.

全部總て是れベトンの構造　水火も冒すべからず、彈丸も傷つくべからず。今は我が有に歸して直に完全に利用するを得。

軍神と老虎尾半島

THE LATE CAPTAIN HIROSE AND THE TIGAR'S TAIL PENINSULA.

故廣瀬海軍中佐

圖は老虎尾半島より港口を展望せるもの、波間に檣を現はせるは閉塞船、今此光景を見、廣瀬中佐が戦死せし當時を回想すれば、余輩は無限の感慨に打たれざるを得ず。

黄金山麓之蒸餾水製造所

WATER DISTILLING PLANT AT THE FOOT OF GOLDEN HILL.

頂上は黄金山砲臺を背面より望み、下方の建物は蒸餾水の製造所、水道の水源地が我が軍の占領に歸して以來、此所は敵の生命を繫ぐ泉源たりき。

魚雷營附近海岸の慘狀

SCENE OF WRECK ALONG THE SHORE OF YUI-RAI-YING.

是れ旅順港内に破壞せられたる艦船の横はるなり。右方に横はるは棧橋にて、前方に船腹の白きは病院船なり。

小平島と其土人

SHAO-PIN-TAU AND ITS INHABITANTS.

小平島は遼東半島の東海岸、旅順と大連との中間にし、鮮生角の少しく東北に當る。本圖は其全景を示せるものにして、上圖は小平島土着の住民及び其小兒なり。

小平島に水雷艇の航走

小平島の全景

SCENES OFF SHAO-PIN-TAO.

海上より見たる小平島全景

小平島は旅順港外の東方大連灣の西南、我が封鎖艦隊の早くより占領して敵を苦めたる所。

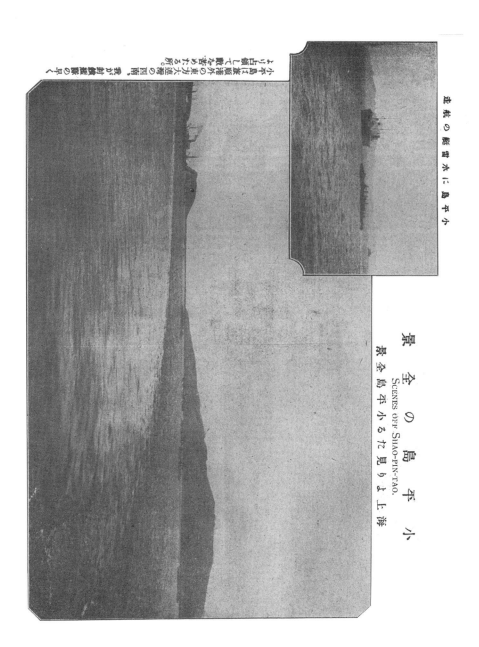

揚引砲重の隊戰陸

HOW OUR HEAVY GUN WAS DRAWN UP THE HILL BY OUR MARINE BAND.

是れ旅順側面大公溝に於て、我が陸戰隊が海軍重砲を高地に引揚ぐる光景なり、此砲一たび高地に据つて、旅順要塞の敵軍顔色無し。

鹵獲せる病院船と軍用列車

CAPTURED HOSPITAL SHIPS AND MILITARY RAILWAY TRAINS.

旅順降伏の際、敵軍艦は盡く爆沈せしも、病院船のみは依然たり、開城後我軍はすべて之れを鹵獲せり、上圖船腹白き二艘の瀛船は、西港内に碇泊せる敵病院船にして、遙かに見ゆるは旅順新市街。下圖は白玉山麓にて鹵獲せし敵軍用列車なり。

楊樹房附近なる我兵站司令部

COMMISSARIAT QUARTER NEAR YAN-SU FAN.

方形に積むは養料品の堆かきなり。三角形に立つは天幕内の宿營なり。壁の連なるが如きは、アンペラ蓆を張り廻はしたるなり。此の如くにして暑熱を凌ぎ、また嚴冬を凌ぎたるなり。

白玉山下の敵陣地跡

ENEMY'S DESERTED FOSTO AT THE FORT OF PEH-YU-SHAN.

巖石の砲壘

土嚢の砲壘

土嚢の砲壘は、我軍砲撃の爲に、半ば破壞せられ、巖石の砲壘は、如何に敵が築造に鋭意し、我が軍の之を攻陷するに困難せしかを見るに足る。

戰後敵壘の慘狀

DILAPIDATED STATE OF RUSSIAN FORTIFICATION.

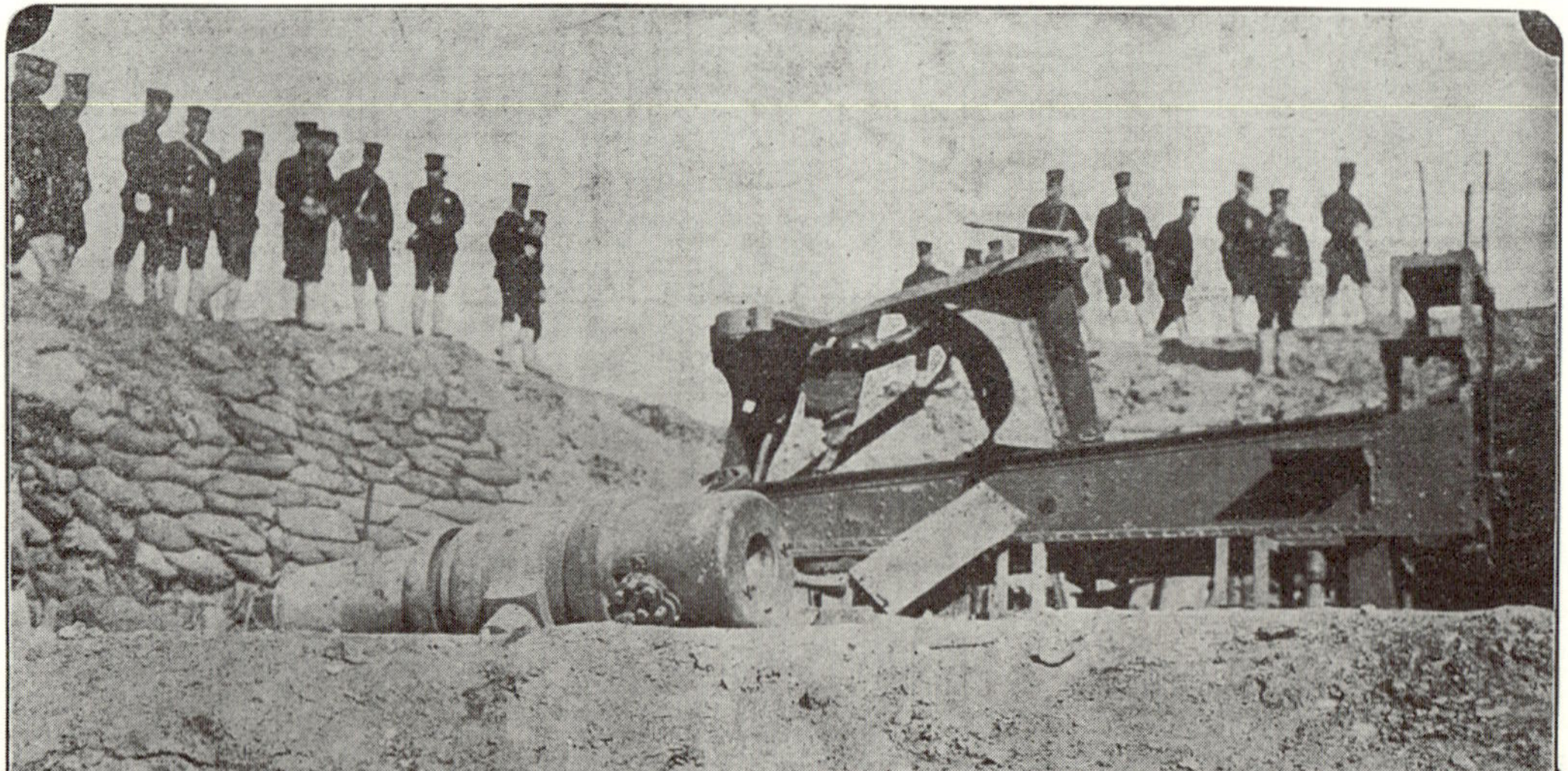

上圖は松樹山に於ける敵兵退却の際遺棄せし巨砲にして、甚しく破損せし爲め殆んど用ゆべからず、下圖は老鐵山と二百三高地との間に在りし敵の樞要防禦地にして、我軍の猛烈なる砲撃は、斯くの如く破壞せし後之れを奪取せり。

敵壘內の穴居跡

DESERTED CAVES WITHIN ENEMY'S FORF.

敵の防禦陣地は圖の如く「ベトン」を以て築造せる穴居の中に在り、我が攻圍軍の銃砲彈急霰の如く注ぐも、敵の平然として艱める色なかりしは宜なり、以て我が攻圍軍の苦戰を想見すべし。

占領後の二龍山背面敵陣地

占領後に我軍の利用せし敵の土室

我軍の忠魂碑と穴居跡

OUR SOLDIERS GRANE AND TNE CAVE THAT SHELTERED THEM DURING THEIR OPERATION.

第七師團の忠魂碑

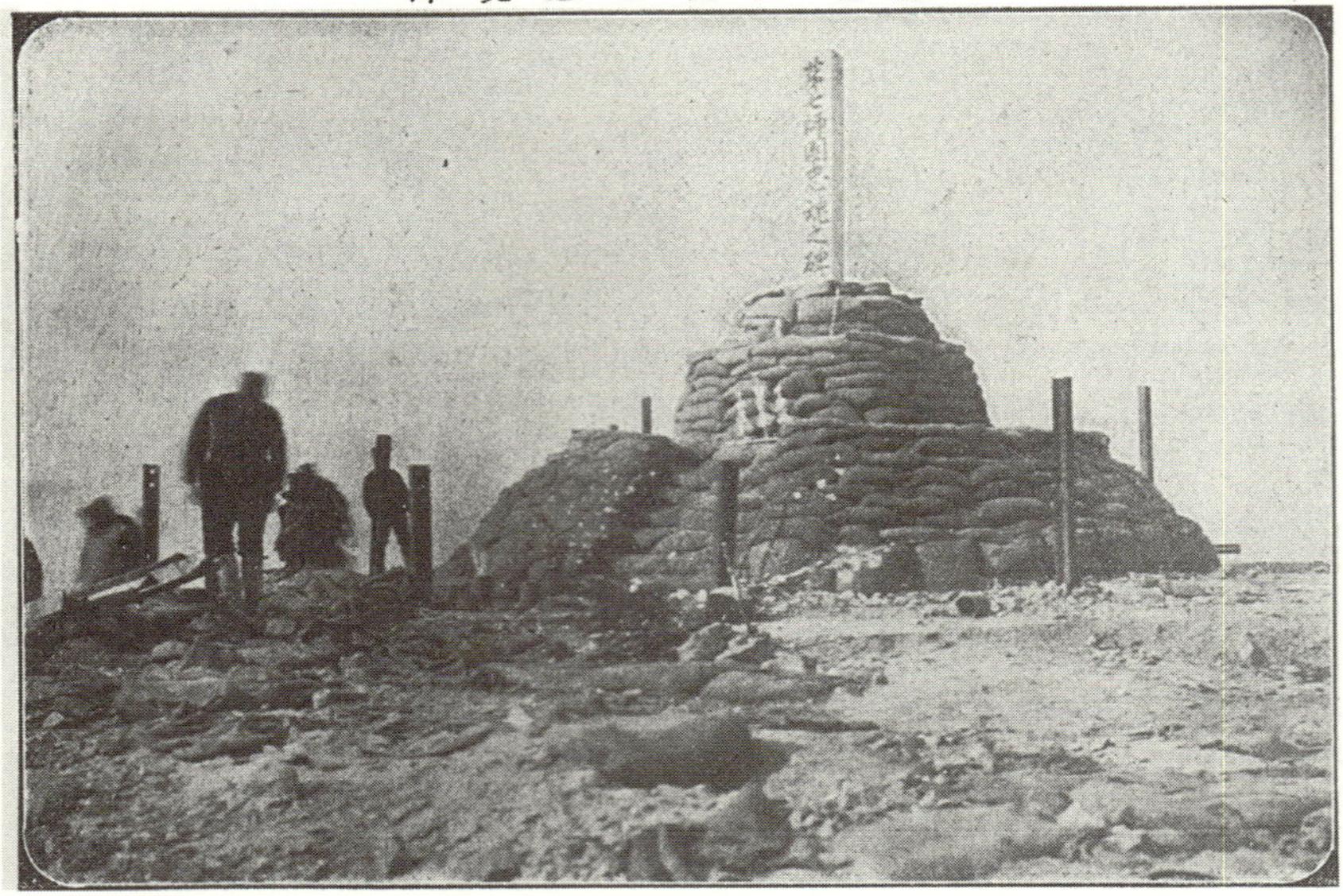

攻圍軍前進部隊防禦工事の土室

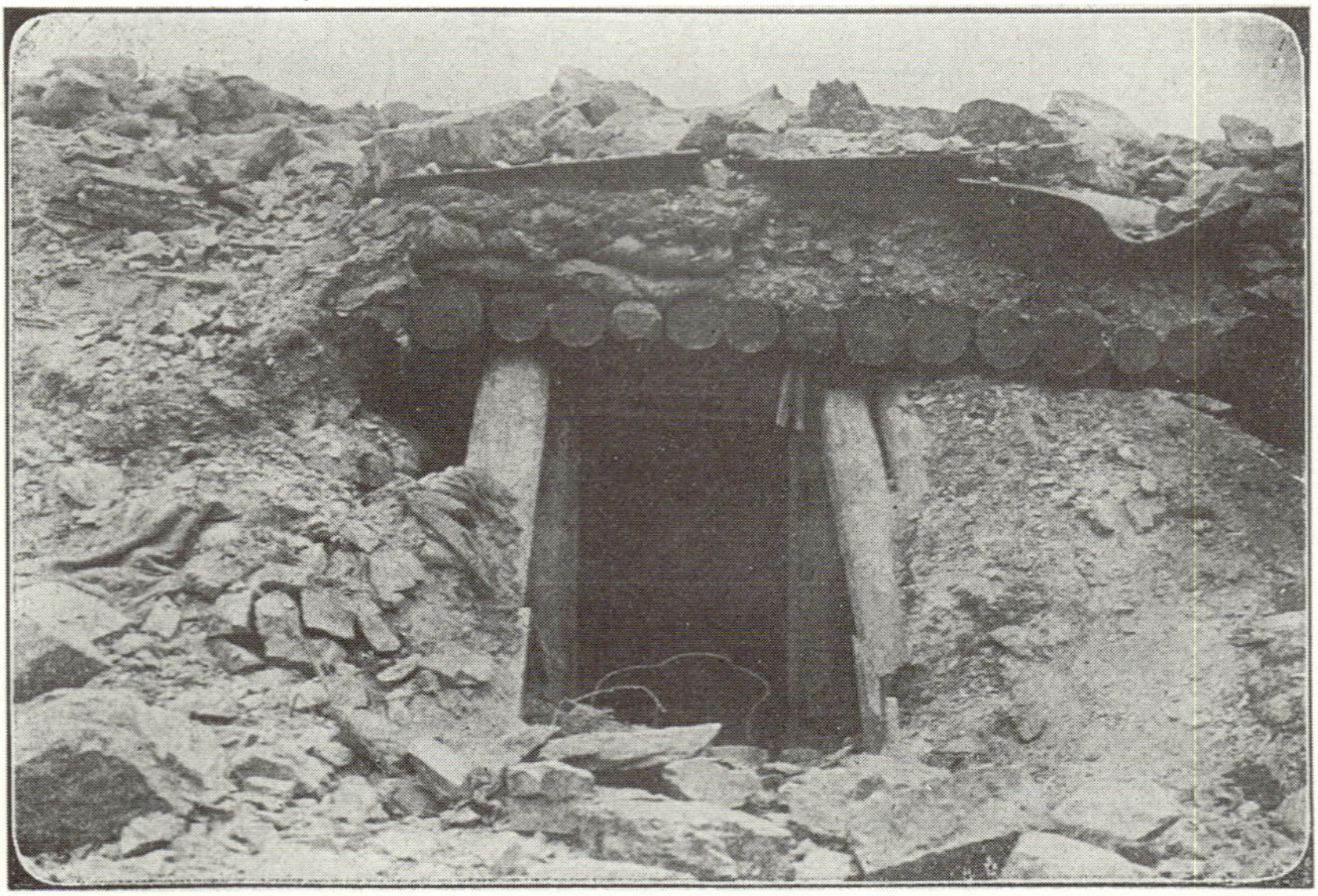

上圖は我が最右翼縱隊なる北海道健兒戰死者の爲に設けたる忠魂碑にて、碑の下方は砲臺用の土嚢を積み上げたるなり。下圖は敵前に築造せる攻圍軍穴居の陣地なり。

敵を震慄せしめたる廻轉式巨砲

REVOLVING CANNON, THE TERROR TO THE BRAVEST ENEMY.

此の巨砲一たび陸上に用ゐられて、魑魅魍魎潜伏に所なく、軍艦も、兵舎も、紛碎を免かれざりき。

二百三高地奪取後の敵砲壘

FORT ON 203 METRE HILL AFTER CAPITULATION.

敵樞要防禦地の破壞（其一）

敵樞要防禦地の破壞（其二）

上圖下圖共に、老鐵山と二百三高地との中間に在る敵の樞要防禦地を、我軍が二百三高地を奪取せる後、猛烈なる砲撃を加へて破壞せる光景なり。

二百三高地の敵陣地跡

ENEMY'S QUARTER ON THE 203 METRE HILL.

左方に土嚢を積みたる間の穴は敵の土室、前面に車輪の横はるは破壊後の砲車、此の砲塞を占領する爲には、我が同胞數千の生命を犠牲としたる所なり。

旅順船渠内に敵の損傷艦

SHATTERED SHIP IN DOCK AT PORT ARTHUR.

船渠に入て尚ほ我が砲弾を受け、終に修理を了へずして空しく我が有に帰す、其の烟突と艦腹との砲弾痕を見るべし。

開城當時の捕虜

PRISONERS AT THE TIME OF SURRENDER.

舊武庫前の捕虜

無蓋貨車に積みし捕虜

舊武庫とは旅順に於ける露兵が兵器を藏せる武庫の一にして、支那時代より存せるもの。下圖は開城後敵の降兵が、旅順停車場にて無蓋貨車に乗せられ、今や輸送せられんとする時の光景なり。

旅順捕虜の護送

RUSSIAN PRISONERS SENT BACK.

捕虜の點呼

捕虜の退去

旅順開城後、敵の捕虜は、盡く點呼して簿籍に照らし、之を收容したる後、汽車に乗せて内地へ護送せり。其の武器を收められたる後の彼等が、所有品の全部を身に纏ふて退去の光狀、また憫むべきものなしとせず。

露人の海員集會所と其の前庭

SEAMEN'S HALL AND THE GARDEN IN FRONT.

旅順舊市街の支那人部落に、在來の民舍を利用せる、露人の海員集會所なり。

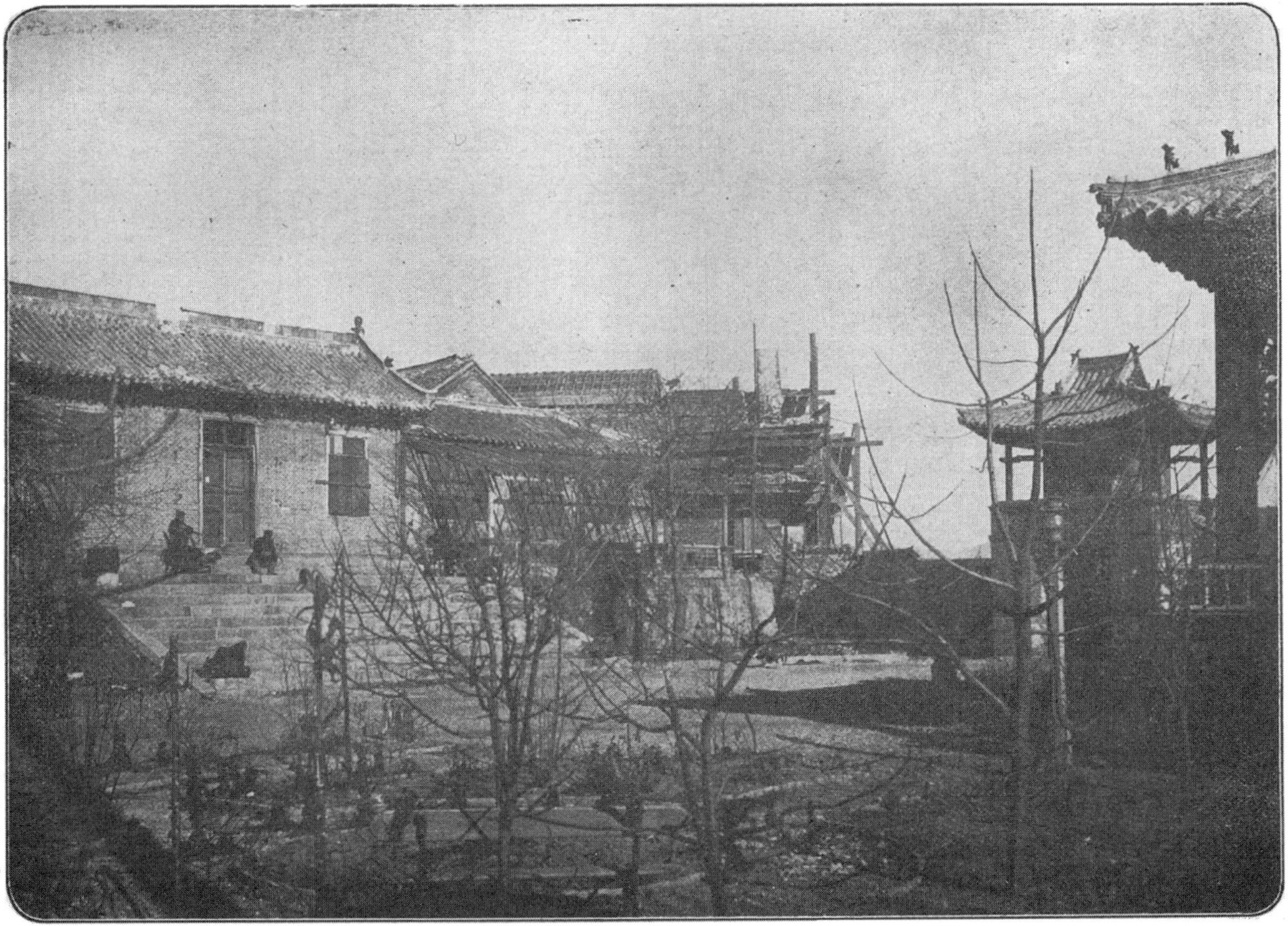

大連の公園
THE PARK IN DAIREN (DARNI)

露人の始めてダルニー港の經營に着手するや、先づ公園を設けて官民遊歡の場と爲し、地を平げ、花木を移植し數年にして早くも此の鬱林を爲せり。

大連公園動物園の猛虎

THE TIGAR KEPT AT THE PARK OF DAIREN.

檻内の猛虎

公園内の猛獸檻

大連公園は露國の經營する所　園内の動物園には鐵檻内に猛虎を飼養す。露人の退却するや、盡く我が軍の有に歸す。

大連船渠に水雷艇

TORPEDVES IN DOCK AT D IRUN.

船渠内に我が水雷艇第五十五號

水雷艇第五十五號全乘組員

敵の船渠を占領するや、我れは直ちに之を利用し、大小の艦艇を之に入れて修理を加ふること圖の如し。

大連の劇場

THE PLAY HONSE OF DAIREN.

是れ清國人の演劇場なり、我軍占領の當時より日夜盛んに興行し、此の小天地内はまた兵亂の何物たるを知らざるが如し。

占領後の旅順と大連

PORT ARTHUR AND DAIREN (DARNI) AFTER CAPITULATION BY THE JAPANESE.

上圖は旅順新市街に在りし露國赤十字病院、我は占領後直ちに之れを使用せり。中圖は鐵條網の發電所にして、我砲彈の爲に斯くも破壞せられたり、同所は旅順舊武庫より千二百米突東北に在り。下圖は目下我が遼東守備軍の司令部となり居る建物にして、其司令官は西大將なり。

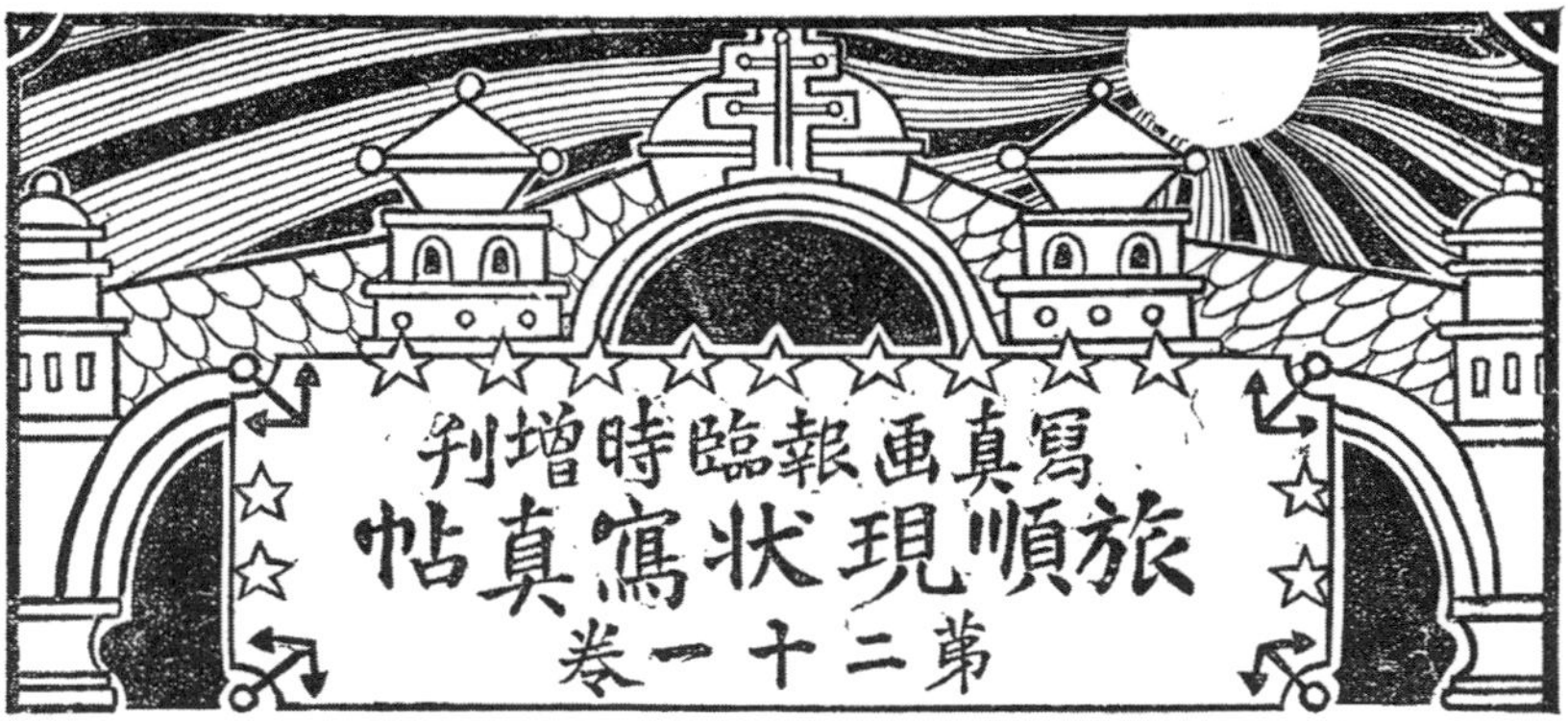

明治三十八年四月廿日發行

（二零三高地占領戰より望臺攻陷に至る）

◎所謂難攻不落《いはゆるなんこうふらく》の城《しろ》

露人《ろじん》は誇《ほこつ》て曰《いは》く「旅順《りよじゆん》は難攻不落《なんこうふらく》の堅城《けんじやう》なり」と。然《しか》り、旅順《りよじゆん》か世界有數《せかいいうすう》の堅城《けんじやう》たることは誰《たれ》か復《ま》た之《これ》を否認《ひにん》せず、然《しか》れとも以《もつ》て難攻不落《なんこうふらく》と斷言《だんげん》するに至《いた》りては、事少《ことすこ》しく誇大《こだい》に失《しつ》するものたるを免《まぬか》れす。盖《けだ》し普通《ふつう》の戰術《せんじゆつ》、普通《ふつう》の兵力《へいりよく》、普通《ふつう》の武器《ぶき》、普通《ふつう》の軍制《ぐんせい》を以《もつ》てせば、旅順《りよじゆん》を攻《せ》むること眞《しん》に容易《ようい》ならざるべく、之《これ》を陷《おとしい》るゝは或《あるひ》は不可能《ふかのう》なるものあらん。然《しか》れとも此等戰術《これらせんじゆつ》、兵力《へいりよく》、武器《ぶき》、軍制《ぐんせい》に於《おい》て既《すで》に世界《せかい》に一頭《とう》地《ち》を抜《ぬ》き、之《これ》に加《くは》ふるに他者《たしや》の到底《たうてい》模倣《もはう》すべからざる無形《むけい》の大戰闘力《だいせんとうりよく》を有《いう》する我《わ》が日本軍《にほんぐん》は、未《いま》だ會《かつ》て所謂難攻《いはゆるなんこう》不落《ふらく》なることを解《かい》せず、我軍《わがぐん》の面前《めんぜん》に於《おい》て旅順《りよじゆん》の難攻不落《なんこうふらく》を説《と》くが如《ごと》きは、俚諺《ことわざ》に所謂場所柄《いはゆるばしよがら》を辨《わきま》へざる淺見者流《せんけんしやりう》の妄言《まうげん》なりと謂《い》はさるべからず。敢《あへ》て事々《ことごと》しく其理由《そのりいう》を説述《せつじゆつ》するを要《えう》せす、我軍《わがぐん》が旅順《りよじゆん》を攻《せ》め、遂《つひ》に豫定通《よていどほ》り之《これ》を陷《おとしい》れたる眼前《がんぜん》の事實《じじつ》は、的確《てきかく》に旅順《りよじゆん》の難攻不落《なんこうふらく》の城《しろ》にあらざりしことを證《しやう》明《めい》して遺憾《ゐかん》なきにあらすや、若《も》し尚《な》ほ是《こ》れ以上《いじやう》の證據《しやうこ》を求《もと》めんとする者《もの》あらば、其人《そのひと》や愚《ぐ》にあらざれは則《すなは》ち狂《けふ》なり。

◎旅順開城《りよじゆんかいじやう》の近因《きんいん》、攻圍軍《こうゐぐん》の大段落《だいだんらく》

然《しか》りと雖《いへど》も我軍《わがぐん》は此絶大《このぜつだい》の偉勳《ゐくん》を收《をさ》むるに至《いた》るまで、短《みじ》からさる日子《につし》を費《つひや》し、少《すくな》からさる犧牲《ぎせい》を拂《はら》ひたり。攻圍《こうゐ》八閲月《えつげつ》、人《ひと》を損《そこな》ふこと幾《いく》万千、其間《そのあひだ》の苦辛困厄《くしんこんやく》、眞《しん》に名狀《めいじやう》すへき限《かぎ》りにあらす。我軍《わがぐん》は此日子《このにつし》を費《つひや》し、此犧牲《このぎせい》を拂《はら》ひ、此苦辛困厄《このくしんこんやく》を冐《を》かし、僅《わづ》かに其豫定《そのよてい》の目的《もくてき》を貫徹《くわんてつ》することを得《え》たり。凡《およ》そ事《こと》の成《な》るは敢《あへ》て成《な》るの日《ひ》に成《な》るにあらず、敵《てき》をして其所謂難攻不落《そのいはゆるなんこうふらく》の城《じやう》を開《ひら》くの已《や》むを得《え》さるに至《いた》らしめたる所以《ゆゑん》のもの。一に南山攻陷已來《なんざんこうかんいらい》、我軍《わがぐん》の不屈《ふくつ》の勇《ゆう》氣《き》と絶大《ぜつだい》の精力《せいりよく》とに由《よ》るは論《ろん》なきも、其直接《そのちよくせつ》の原因《げんいん》を求《もと》むれは、之《これ》を二零《れい》三高地占領《かうちせんりやう》の功《こう》に歸《き》せざるへからず。夫《そ》れ我軍《わがぐん》か數月《すうげつ》に亘《わた》りて容易《ようい》に旅順《りよじゆん》の本防禦《ほんはうぎよ》を突破《とつは》する能《あた》はさりしは、敵《てき》か二零《れい》三高地《かうち》を扼守《やくしゆ》したるを以《もつ》てなり。我軍《わがぐん》一たび之《これ》を占領《せんりやう》するや、戰局俄然《せんきよくがぜん》として展開《てんかい》し、附近砲臺《ふきんはうだい》は相踵《あひつい》で我《わ》か領有《りやういう》に歸《き》し、而《しか》して從來白玉山下《じうらいはくぎよくさんか》の灣入地《わんにふち》に隱《かく》れたる敵艦《てきかん》は其掩蔽物《そのえんぺいぶつ》を失《うしな》ひ、日夕《につせき》我《わ》か巨彈《きよだん》を蒙《かふむ》りて其殘《そのざん》喘《ぜん》を保《たも》つ能《あた》はす。海陸《かいりく》の勢《いきほひ》全《まつた》く究《きう》して遂《つひ》に降《かう》を請《こ》ふの已《や》むべからさるに至《いた》る。皆《み》な二零《れい》三高地得喪《かうちとくさう》の致《いた》す所《ところ》なり。

然《しか》らば則《すなは》ち此高地《このかうち》の占領《せんりやう》は旅順開城《りよじゆんかいじやう》の直接《ちよくせつ》の主因《しゆいん》を爲《な》すものにして、幾月《いくげつ》の攻圍戰中《こうゐせんちう》、明白《めいはく》に大段落《だいだんらく》を劃《くわく》すべきものたり。依《よつ》て今旅順《いまりよじゆん》の現狀《げんじやう》を紹介《しようかい》するに臨《のぞ》み、二零《れい》三高地《かうち》占領戰以來《せんりやうせんいらい》の重要戰經過《ぢうえうせんけいくわ》を略記《りやくき》し、以《もつ》て旅順《りよじゆん》の今日《こんにち》あるを致《いた》したる所以《ゆゑん》を知《し》るの便《べん》に供《きよう》せんと欲《ほつ》す。

二零《れい》三高地《かうち》の占領《せんりやう》

◎各突撃隊《かくとつげきたい》の大苦戰《だいくせん》

二零《れい》三高地《かうち》の我《われ》を惱《なや》ましたること亦久《またひさ》しき哉《かな》。攻圍軍《こうゐぐん》が始《はじ》めて攻撃《こうげき》の手《て》を此地《このち》に着《つ》けたるは實《じつ》に九月《げつ》十九日《にち》の第《だい》二回《くわい》總攻撃《そうこうげき》の際《さい》に在《あ》り。其攻撃《そのこうげき》は右翼縱隊《うよくじうたい》の右翼專《うよくもつぱ》ら之《これ》に當《あた》り、左方各隊《さはうかくたい》と相待《あひまつ》て一齊敵壘《せいてきるゐ》に迫《せま》りたりと雖《いへど》も、敵《てき》は天險《てんけん》と防備《はうび》とを恃《たの》んで頑强《ぐわんきやう》に之《これ》を死守《ししゆ》し、三日《か》三夜《よ》の攻撃《こうげき》、何《なん》の得《う》る所《ところ》なく、徒《いたづ》らに勞苦《らうく》を費《つひや》して生靈《せいれい》を損《そん》したるに過《す》ぎざりき。蓋《けだ》し當時《たうじ》の包圍情况《はうゐじやうきやう》、左翼及《さよくおよ》び中央縱隊《ちうあうじうたい》は既《すで》に敵《てき》の本防禦線《ほんはうぎよせん》に肉薄《にくはく》せるも、二零《れい》三高地《かうち》は比較的《ひかくてき》尚《な》ほ本防禦線《ほんはうぎよせん》に隔絶《かくぜつ》し、從《したが》つて隣接友軍《りんせついうぐん》との聯撃運動上不便尠《れんげきうんどうじやうふべんすくな》からざるを以《もつ》て、十月《げつ》二十六日《にち》よりの第《だい》三回總攻撃《くわいそうこうげき》に於《おい》て軍《ぐん》は右翼縱《うよくじう》隊《たい》の攻撃目標《こうげきもくひやう》を變《へん》、之《これ》をして主力《しゆりよく》を松樹《しやうじゆ》山攻撃《さんこうげき》に注《そゝ》がしめ、姑《しば》らく二零《れい》三高地《かうち》を度外《どぐわい》に置《お》く。此第《このだい》三回總攻撃《くわいそうこうげき》も遺《ゐ》憾《かん》ながら著大《ちよだい》の成効《せいこう》を示《しめ》すに及《およ》ばず、次《つい》で十一月《ぐわつ》二十六日《にち》よりの第《だい》四回《くわい》總攻撃《そうこうげき》に於《お》ても、各縱《かくじう》隊《たい》は第《だい》三回《くわい》と同《どう》一目標《もくひやう》に對《たい》して攻撃《こうげき》し、二零《れい》三高地《かうち》に對《たい》しては唯々《たゞ》牽制《けんせい》運動《うんどう》を試《こゝろ》みたるに過《す》ぎざりしが、此《この》攻撃《こうげき》も亦《また》遺《ゐ》憾《かん》ながら容易《ようい》に其目的《そのもくてき》を達《たつ》する能《あた》はず、各隊共《かくたいとも》頗《すこぶ》る苦戰《くせん》に陥《おちゐ》りたるの際《さい》、戰局《せんきよく》は意外《いぐわい》にも二零《れい》三高地《かうち》方面《はうめん》に發展《はつてん》し、成果《せいくわ》期すべきものなるを以《もつ》て、軍《ぐん》は各方面《かくはうめん》の戰鬪《せんとう》を中止《ちうし》し、專《もつぱ》ら二零《れい》三高地《かうち》を攻撃《こうげき》することゝ爲《な》りたり。

◎全力《ぜんりよく》を二零《れい》三高《かう》地《ち》攻撃《こうげき》に用《もち》ゆ

△第一次突撃隊の全滅――第《だい》四回《くわい》の總攻撃《そうこうげき》に際《さい》して先《ま》づ二零《れい》三高地《かうち》攻撃《こうげき》の任《にん》に當《あた》りたる者《もの》は寺田《てらだ》中佐《ちうさ》の部下《ぶか》に屬《ぞく》する中原大隊《なかはらだいく》(少佐《せうさ》中原松之助《なかはらまつのすけ》)にして沼野《ぬまの》片柳《かたやぎ》の兩中隊《りやうちうたい》は突撃隊《とつげきたい》と爲《な》り、石丸倉橋《いしまるくらはし》の兩中隊《りやうちうたい》は豫備隊《よびたい》と爲《な》り、十一月《ぐわつ》二十七日《にち》朝來《てうらい》の砲撃《はうげき》着々《ちやく〳〵》効《かう》を奏《さう》するに及《およ》んで、突撃隊《とつげきたい》は午後《ご》六時《じ》を以《もつ》て敵《てき》の散兵壕《さんぺいがう》に向《むかつ》て突撃《とつげき》を行《おこな》ひたり。散兵壕《さんぺいがう》は長《なが》さ約《やく》三百米突《めいとる》、幅約《はゞやく》三米突《めいとる》にして、尺角《しやくかく》の堅材《けんざい》に三尺《じやく》の土嚢《どのう》を積《つ》みたる掩蓋《えんがい》を有《いう》し、其防禦《そのはうぎよ》最《もつと》も堅牢《けんらう》を極《きは》め、山上《さんじやう》には多數《たすう》の機《きく》關砲《わんはう》を備《そな》へ、掩堡前面《えんはうぜんめん》には鐵條網《てつでうまう》を二重《ぢう》に張《は》り、其西北方《そのせいほくはう》には特《とく》に三重《ぢう》の鐵條網《てつでうまう》を張《は》り、其下方《そのかはう》に鹿柴《ろくさい》を設《まう》け、諸般《しよはん》の設備《せつび》至《いた》らざる所《ところ》なし、兩《りやう》突撃隊《とつげきたい》は寺田聯隊長《てらだれんたいちやう》指揮《しき》の下《もと》に正面《しやうめん》攻路《こうろ》より進出《しんしゆつ》し、將《まさ》に鐵條網附近迄《てつでうまうふきんまで》達《たつ》せんとしたる際《さい》、敵《てき》の銃砲火雨霰《じうはうくわあめあられ》の如《ごと》く降《ふ》り、我《わ》が突撃隊《とつげきたい》の死傷續出《しゝやうぞくしゆつ》して忽《たちま》ち全滅《ぜんめつ》の不幸《ふかう》に陥《おちゐ》りたり、依《よつ》て豫備《よび》たる石丸倉橋《いしまるくらはし》の兩突撃隊《りやうとつげきたい》は直《たゞ》ちに戰線《せんせん》に進《すゝ》み、夜《よ》十一時《じ》を以《もつ》て突《とつ》撃《げき》を試《こゝろ》みたるに、是《こ》れ亦前同様《またぜんどうやう》の事《じ》情《やう》の下《もと》に頗《すこぶ》る苦戰《くせん》に陥《おちゐ》り、散兵壕以《さんぺいがうい》上《じやう》一歩《ほ》も進《すゝ》むこと能《あた》はず、已《や》むを得《え》ず其前進地《そのぜんしんち》點《てん》に停止《ていし》して時機《じき》の到《いた》るを待《ま》つ。此際寺内中佐《このさいてらうちちうさ》

旅順攻撃當時東郷艦隊の根據地たりし所

は胸部《きやうぶ》に重傷《ぢうしやう》を負《お》ひ、中原少佐《なかはらせうさ》は名譽《めいよ》の戰死《せんし》を遂《と》げ、將校《しやうかう》の健全《けんぜん》なるもの幾何《いくばく》も餘《あま》さす、下士以下《かしいか》の死傷刻々《しゝやうこく》相踵《あひつ》ぐ。

△東方一角の占領、大放棄——中原隊《なかはらたい》の突擊不成功《とつげきふせいかう》に終《をは》るや、枝吉大隊《えだよしだいたい》(少佐枝吉歌麿《せうさえだよしうたまろ》)の二個中隊《こちうたい》は直《たゞ》ちに代《かは》りて突《とつ》擊隊《げきたい》と爲《な》る。此隊《このたい》は中原隊《なかはらたい》と共《とも》に寺田隊《てらだたい》に屬《ぞく》するものにして、豫備《よび》として後方高地《こうはうかうち》に控《ひか》へたるが、中原隊《なかはらたい》の殆《ほと》んど全《ぜん》滅《めつ》に歸《き》するや直《たゞ》ちに戰線《せん〱》に就《つ》き、二十八日午前《にちごぜん》三時頃敵散《じころてきさん》兵壕《べいがう》に進《すゝ》み、同所《どうしよ》に停止《ていし》せし中原隊《なかはらたい》の殘兵《ざんぺい》と共《とも》に突擊《とつげき》を決《けつ》行《かう》し、多大《ただい》の苦戰《くせん》を以《もつ》て山上東方《さんじやうとうはう》の一角《かく》に取《と》り付《つ》きたり。敵《てき》は前刻來必死防戰《ぜんこくらいひつしばうせん》に努《つと》めたるが、我《わ》が突擊隊《とつげきたい》が東方《とうはう》一角《かく》を占領《せんりやう》するに及《およ》んで、更《さら》に增援《ぞうえん》を後方《こうはう》に得《え》て猛烈《まうれつ》に逆襲《ぎやくしう》し來《きた》り、我《われ》は東南北《とうなんほく》三面《めん》の猛射《まうしや》を受《う》け、枝吉隊長《えだよしたいちやう》先《ま》づ殪《たふ》れ、將校士卒《しやうかうしそつ》の死傷益々《しゝやうます〱》甚《はなはだ》しくして、遂《つひ》に其占領地點《そのせんりやうちてん》を放棄《はうき》するの已《や》むべからざるに至《いた》れり。

△第一散兵濠の奪取、大放棄——寺田聯隊《てらだれんたい》の各突擊隊《かくとつげきたい》は共《とも》に既《すで》に倒《たふ》れたり。此《こゝ》に於《おい》て友安兵團《ともやすへいだん》の香月生田目兩隊《かつきなはためりやうたい》は、竹内兵團《たけうちへいだん》の三木隊《きたい》と協力《けふりよく》して、二十八日午前《にちごぜん》八時《じ》を以《もつ》て該《がい》高地《かうち》に突擊《とつげき》す。各隊《かくたい》は左右《さいう》より猛進《まうしん》し、敵《てき》の猛火《まうくわ》を冒《をか》して辛《から》ふじて第《だい》一第《だい》二の鐵條網《てつでうまう》を越《こ》へ、進《すゝ》んで第《だい》一散兵壕《さんぺいがう》に迫《せま》る。敵《てき》は小銃《せうじう》を放《はな》ち爆彈《ばくだん》を投《とう》し、頗《すこぶ》る勇敢《ゆうかん》に防守《ばうしゆ》を努《つと》め、爲《ため》に我突擊隊中《わがとつげきたいちう》、先頭部隊《せんとうぶたい》は忽《たちまち》にして全滅《ぜんめつ》し、次《つい》で代《かわつ》て先《せん》頭《とう》に立《た》つ者亦全滅《ものまたぜんめつ》し、幾《いく》たびか新手《あらて》を代《か》へたるの後《のち》、僅《わづ》かに第《だい》一散兵壕《さんぺいがう》を奪取《だつしゆ》することを得《え》たるも、敵《てき》の猛射《まうしや》一層甚《はなは》しく、爲《ため》に我《われ》は將卒《しやうそつ》の大半《たいはん》を失《うしな》ひ、進《すゝ》んで第《だい》二散兵壕《さんぺいがう》を奪《うば》ふ能《あた》はざるのみならず、一たび奪取《だつしゆ》したる第《だい》一散兵壕亦之《さんぺいがうまたこれ》を維持《ゐぢ》する能《あた》はざるに至《いた》れり。

△堡壘線奪取、又放棄——此《こゝ》に於《おい》て大迫兵團《おほせこへいだん》に屬《ぞく》する吉田《よしだ》聯隊《れんたい》(中佐吉田新作《ちうさよしだしんさく》)の青木大隊《あをきだいたい》は、高洲富永《たかすとみなが》の兩中隊《りやうちうたい》を以《もつ》て應援《おうえん》し來《きた》り、多大《ただい》の犧牲《ぎせい》を以《もつ》て第《だい》一第《だい》二の散兵壕《さんぺいがう》を奪取《だつしゆ》し、進《すゝ》んで山上堡壘線《さんじやうはうるゐせん》の、一端《たん》を占領《せんりやう》したり。然《しか》るに敵《てき》は一たび堡壘線《はうるゐせん》を奪《うば》はるゝに及《およ》んで之《これ》を回復《くわいふく》せんが爲《ため》に最《もつと》も強《きやう》力《りよく》なる襲擊《しふげき》を試《こゝろ》み、其勢力猛烈《そのせいりよくまうれつ》にして當《あた》るべからず。此《こゝ》に於《おい》て更《さら》に加島靜田《かしましづた》の兩大隊《りやうだい〱》を戰線《せん〱》に加《くは》へたるも、以《もつ》て猛烈《まうれつ》なる敵勢《てきせい》を挫《くじ》くに足《た》らす、却《かへつ》て我《われ》は頻々死傷《ひん〱しゝやう》の數《すう》を增《ま》し、形勢益々非《けいせいます〱ひ》にして、遂《つひ》に一たび占領《せんりやう》したる堡壘線《はうるゐせん》を委棄《ゐき》したり。此《こゝ》に於《おい》て村上聯隊《むらかみれんたい》(中佐村上正路《ちうさむらかみせいぢ》)は代《かはつ》て突擊隊《とつげきたい》と爲《な》り、松本大隊《まつもとだいたい》を先頭《せんとう》とし、藤本山崎《ふぢもとやまざき》の兩大隊之《りやうだい〱これ》に次《つ》ぎ、山《さん》上目懸《じやうめか》けて突進《とつしん》し、先《さ》きに吉田隊《よしだたい》の一たび占領《せんりやう》して遂《つひ》に失《うしな》ひたる堡壘線《はうるゐせん》を奪還《だつくわん》し、急速《きふそく》に土囊《どのう》を積《つ》み、塹壕《ざんがう》を設《まう》けて死守《ししゆ》の計《けい》を爲《な》したりと雖《いへど》も、猛烈《まうれつ》なる敵《てき》の逆襲《ぎやくしふ》を受《う》け、遂《つひ》に之《これ》を支《さゝ》ふる能《あた》はずして是亦之《これまたこれ》を放棄《はうき》するの已《や》むべからざるに至《いた》れり。

◎大激戰《だいげきせん》、始《はじ》めて高地《かうち》を占領《せんりやう》す

我《われ》は幾《いく》たび突撃《とつげき》を試《こゝろ》むるも容易《ようい》に其目的《そのもくてき》を達《たつ》すること能《あた》はず、山上《さんじやう》の堡壘線《ほうるゐせん》の如《ごと》きは。既《すで》に二たび之《これ》を占領《せんりやう》したりと雖《いへど》も、毎時《まいじ》敵《てき》の爲《ため》に奪還《だつくわん》せられ、刻々《こく〳〵》損害《そんがい》を增加《ぞうか》し、此方《このはう》面《めん》に用《もち》ゆべき部隊《ぶたい》は概《おほむ》ね既《すで》に用《もち》ゐ盡《つく》して、又皆《またみ》な多大《ただい》の損《そん》傷《しやう》を蒙《かうむ》らざるはなし。然《しか》れども熟《つら〳〵》當時《たうじ》の敵情《てきじやう》を見《み》るに、連日《れんじつ》間斷《かんだん》なき我《わ》が猛撃《もうげき》に依《よ》り、疲勞《ひらう》漸《やう》く加《くは》はりて、勢力《せいりよく》亦《また》少《すこ》しく衰《おとろ》へたるの色《いろ》あり。依《よつ》て我《われ》は此機《このき》を逸《いつ》せず大打撃《だいだげき》を加《くは》へて最後《さいご》の勝利《しやうり》を占《し》めんことを期《き》し、豫備隊《よびたい》たる奧田聯隊《おくだれんたい》（大《たい》佐《さ》奧田正忠《おくだまさたゞ》）をして最後《さいご》の突撃《とつげき》を試《こゝろ》みしむ。同隊《どうたい》は三十日《にち》日沒頃《にちぼつころ》高地《かうち》前面《ぜんめん》に達《たつ》し、酒井大隊《さかゐだいたい》を先頭《せんとう》と爲《な》し、七時《じ》を期《き》して敵壘《てきるゐ》に突進《とつしん》す。第《だい》一第《だい》二の散兵壕《さんぺいがう》は疾風《しつぷう》の勢《いきほひ》を以《もつ》て踰越《ゆえつ》し去《さ》り、直《たゞ》ちに山上《さんじやう》の堡壘線《ほうるゐせん》に迫《せま》る。敵《てき》は盛《さかん》に爆彈石《ばくだんせき》塊《くわい》を投《とう》じ、小銃機關砲《せうじうきくわんはう》を亂射《らんしや》し、附近《ふきん》各砲臺《かくはうだい》よりも盛《さかん》に砲《はう》火《くわ》を集中《しうちう》し、爲《ため》に我《われ》は敵《てき》十字火《じくわ》を蒙《かうむ》りて頗《すこぶ》る苦戰《くせん》に陷《おちい》りたるも、苦戰《くせん》は豫《かね》て期《き》する所《ところ》、前日來《ぜんじつらい》我《わ》が友軍《いうぐん》は屢々《しば〳〵》此線《このせん》に苦線《くせん》して尠《すくな》からざる損害《そんがい》を受《う》く、今日《こんにち》は如何《いか》なる苦戰《くせん》に陷《おちい》るも、必《かな》らず目的《もくてき》を貫《つらぬ》きて戰友《せんいう》の靈《れい》を慰《なぐさ》めんことを期《き》し、勇往邁進《ゆうわうまいしん》、遂《つひ》に壘內《るゐない》に突入《とつにふ》し、茲《こゝ》に猛烈《もうれつ》なる格鬪戰《かくとうせん》を演《えん》し附近《ふきん》一面《めん》敵味方《てきみかた》の伏屍《ふくし》塡積《てんせき》し、頗《すこぶ》る慘憺《さんたん》且《か》つ悲壯《ひさう》なる光景《こうけい》を呈《てい》す。此時《このとき》奧田《おくだ》隊長《たいちやう》は後續部《こうぞくぶ》隊《たい》を率《ひきゐ》て前進《ぜんしん》し、自《みづか》ら先頭《せんとう》に立《た》ちて指揮《しき》を取《と》りしかば、全軍《ぜんぐん》の士氣《しき》大《おほい》に奮《ふる》ひ、戰況《せんきやう》漸《やうや》く我《われ》に利《り》なり。會々《たま〳〵》疾風《しつぷう》俄《にわ》かに起《おこ》り、敵方《てきがた》に向《むかつ》て大《おほい》に砂塵《しやぢん》を揚《あ》ぐるを以《もつ》て、我《われ》は盛《さかん》に爆彈《ばくだん》を敵陣《てきぢん》に投《とう》じ、又石油《またせきゆ》を枯《かれ》草《くさ》に注《そゝ》ぎ或《あるひ》は空罐《くうくわん》に詰《つ》めて之《これ》を投棄《とうき》したるに風力《ふうりよく》に依《よ》りて一々敵陣《てきぢん》に落《お》ち、火勢《くわせい》燄々《えん〳〵》として壘內《るゐない》を掩《おほ》ひ、敵《てき》は之《これ》に堪《た》へずして續々《ぞく〳〵》壘外《るゐぐわい》に遁避《とんひ》す。我《われ》は此機《このき》に乘《じやう》じて狼狽《らうはい》せる敵《てき》兵《へい》を擊攘《げきじやう》し、午後《ごゞ》八時《じ》を以《もつ》て漸《やうや》く二零《れい》三高地《かうち》を占領《せんりやう》せり。敵《てき》は未《いま》だ全《まつた》く高地《かうち》を去《さ》りたるにあらず、其逆襲《そのぎやくしう》し來《きた》るべきは當然《たうぜん》なるを以《もつ》て、我《われ》は直《たゞ》ちに防禦工事《ばうぎよこうじ》を施《ほどこ》して敵《てき》を待《ま》ちたるに、果《はた》せる哉夜《かなや》來翌日《らいよくじつ》に亘《わた》りて數回《すくわい》の猛烈《もうれつ》なる逆襲《ぎやくしう》ありたり。我《われ》は又《また》多大《だい》の犧牲《ぎせい》を以《もつ》て之《これ》を擊退《げきたい》し、十二月《ぐわつ》一日正午《じつせうご》近《ちか》くに及《およ》んで其占領《そのせんりやう》を完《まつと》ふすることを得《え》たり。

◎敵《てき》の逆襲《ぎやくしう》、我《われ》の占領《せんりやう》確實《かくじつ》

我《われ》は既《すで》に二零《れい》三高地《かうち》を占領《せんりやう》したりと雖《いへど》も、敵《てき》は尙《な》ほ附近《ふきん》の鞍部《あんぶ》を經《へ》て動《やゝ》もすれば左方《さはう》の高所《かうしよ》に出《い》て、爲《ため》に未《いま》だ十分《ぶん》に我《わ》が占領《せんりよう》に安全《あんぜん》を與《あた》へず。且《か》つ彼《か》れは一時力屈《じちからくつ》して高地《かつち》を我《われ》に委《ゐ》したりと雖《いへど》も、此旅順《このりよじゆん》の死命《しめい》を制《せい》すべき要害《えうがい》の地《ち》に斷念《だんねん》する能《あた》はず。爲《ため》に屢々《しば〳〵》精銳《せいえい》の兵《へい》を放《はたつ》て逆襲《ぎやくしう》を試《こゝろ》みたり此《これ》を以《もつ》て我軍《わがぐん》は高地《かうち》の占領《せんりやう》を十分確實《ぶんかくじつ》ならしむるの必要《ひつえう》を認《みと》め、十二月五日《ぐわつか》より新鋭《しんえい》の齋藤吉田兩兵團《さいとうよしだりやうへいだん》をして再《ふた》び左《さ》方鞍部《はうあんぶ》の敵及《てきおよ》び其逆襲軍《そのぎやくしうぐん》を攻撃《こうげき》せしめたり。敵《てき》の抵抗《ていこう》は甚《はなは》だ頑強《ぐわんきやう》にして、爲《ため》に二十八日以來《にちいらい》の占領戰《せんりやうせん》に讓《ゆづ》らざる激《げき》戰《せん》を交《まじ》へたるが、敵《てき》は遂《つひ》に支《さゝ》ふる能《あた》はずして左方高所《さはうかうしよ》を撤《てつ》退《たい》す。我《われ》は其退路《そのたいろ》を攻撃《こうげき》し、鞍部《あんぶ》胸牆《けうせう》に據《よつ》て再《ふた》び頑守《ぐわんしゆ》せんとしたる敗兵《はいへい》を驅逐《くちく》したり。我《わ》れが左方高所《さはうかうしよ》の敵《てき》を驅逐《くちく》したるは五日午前《かごぜん》にして、敵《てき》が全然此附近《ぜん〳〵このふきん》を去《さ》りて椅子山案《いすざんあん》子山方面《しざんはうめん》に走《はし》りたるは六日午前《ごぜん》なり。此《こゝ》に至《いた》りて二零《れい》三高《かう》地《ち》の占領《せんりやう》は始《はじ》めて完全且《くわんぜんか》つ確實《かくじつ》と爲《な》ることを得《え》たり。

赤阪山其他《あかさかやまそのた》の占領《せんりやう》

△赤阪山の激戰、其占領――赤阪山《あかさかやま》は二零《れい》三高地《かうち》の東方《とうはう》に位《ゐ》地《ち》する高地《かうち》にして、其標高《そのへうかう》は百七十米突《めーとる》を示《しめ》し、我軍《わがぐん》が西南方《せいなんはう》より旅順本防禦《りよじゆんほんばうぎよ》に迫《せま》らんと欲《ほつ》せば、必《かな》らず二零三高《れいさんかう》地《ち》及《およ》び赤阪山《あかさかやま》を經過《けいくわ》せざるべからず、二零《れい》三高地《かうち》の旅順背《りよじゆんはい》面《めん》の要樞《えうすう》たるは、獨《ひと》り其標高《そのへうかう》の群《ぐん》を拔《ぬ》くが爲《ため》のみにあらず亦東方赤阪山《またとうはうあかさかやま》と相待《あいまち》て我《われ》を阻止《そし》するものなるを以《もつ》て、我軍《わがぐん》は二零《れい》三山攻撃《さんこうげき》に全力《ぜんりよく》を用《もち》ゆると共《とも》に、又決《またけつ》して赤阪山《あかさかやま》を間却《かんきやく》することを爲《な》さゞりき。此攻撃《このこうげき》も亦甚《またはなは》だ苦艱《くかん》にして、我軍《わがぐん》は尠《すくな》からざる犧牲《ぎせい》を拂《はら》ひたり。先《ま》づ其攻撃《そのこうげき》に任《にん》したるは寺田聯隊《てらたれんたい》の富澤大隊《とみざはだいく》にして、（少佐富澤定一《せうさとみざはてい》）同隊《どうたい》は十一月《ぐわつ》二十七日午後《にちごご》六時《じ》を以《もつ》て運動《うんどう》を起《おこ》し、決死隊《けつしたい》を編《へん》して前《ぜん》面《めん》の鐵條網《てつでうもう》を爆破《はくは》せしめ、爆戰格鬪《はくせんかくとう》の後《のち》、第《だい》一第《だい》二の敵散《てきざん》兵濠《へいがう》を奪取《だつしゆ》したるも、敵《てき》は同山々上《どうざん〳〵じやう》より猛烈《もうれつ》に我《われ》を瞰射《かんし》し隣接《りんせつ》二零《れい》三高地《かうち》、寺兒溝北方高地《じゞこうほくはうかうち》、並《ならび》に三里橋北方高地《りけうほくはうかうち》より引續《ひきつゞ》き猛射《もうしや》を加《くは》へ、其勢猛烈《そのせいもうれつ》にして當《あた》るべからず。決死《けつし》隊《たい》は殆《ほと》んど全部戰死《ぜんぶせんし》を遂《と》げ、突撃本隊《とつげきほんたい》にありても、隊長富《たいちやうとみ》澤少佐《ざはせうさ》を始《はじめ》とし、將校全部死傷《しやうかうぜんぶししやう》し、士卒亦《しそつまた》七八分《ぶん》を失《うしな》ひ、然《し》かも敵《てき》の優勢《いうせい》なる逆襲《ぎやくしつ》を蒙《かふむ》りたるを以《もつ》て、到底奪取《たうていだつしゆ》したる散兵濠《ざんへいがう》を維持《ゐぢ》すること能《あた》はず、怨《うらみ》を飲《のん》で後方《こうはう》に退却《たいきやく》せり。依《よつ》て枝吉大隊《えだよしだいく》及《およ》び秀島大隊《ひでしまだいく》（少佐秀島七郎《せうさひでしまらう》）をして各々其全《おの〳〵そのぜん》中隊《ちうたい》を率《ひき》ひて突撃《とつげき》を行《おこな》はしめ、次《つひ》て奧田聯隊中《おくだれんたいちう》の青木大隊《あをきだいく》（少佐青木八郎《せうさあをきらう》）をして二個中隊《こちうたい》を以《もつ》て之《これ》を應援《おうえん》せしめ、各《かく》突撃隊《とつげきたい》は悲壯《ひさう》なる爆藥戰《はくやくせん》を以《もつ》て敵陣突破《てきぢんとつは》を努《つとめ》すと雖《いへど》も、敵《てき》は堅牢《けんらう》なる掩蓋《えんがい》の中《うち》に隱《かく》れて容易《ようい》に動《うご》かず、壘內《るゐない》より盛《さかん》に壕中《がうちう》を掃射《さうしや》して我兵《わがへい》の進撃《しんげき》を妨《さまた》け、爲《ため》に各突撃隊《かくとつげきたい》は敵前《てきぜん》一歩《ほ》を進《すゝ》むる能《あた》はさるのみならす、却《かへつ》て頻々優勢《ひん〳〵いうせい》なる逆襲《ぎやくしつ》を蒙《かふむ》り、攻守殆《こうしゆほと》んと勢《いきほひ》を異《こと》にするに至《いた》れり。此《かく》の如《ごと》くにして我《われ》は刻々不利《こく〳〵ふり》に赴《おもむ》き、部隊《ぶたい》を易《か》へ、新手《あらて》を加《くは》へ、幾日《いくにち》に亘《わた》りて撓《たゆ》まず攻撃《こうげき》を試《こゝろ》みたりと雖《いへど》も、敵勢《てきぜい》飽《あ》く迄《まで》も頑強《ぐわんきやう》に

して毫《がう》も屈伏《くつぷく》の色《いろ》なく、精力絶倫《せいりよくぜつりん》の我兵《わがへい》を以《もつ》てするも、聊《いさ》か攻《せ》めあぐみの氣味《きみ》なきにあらざりしが、恰《あたか》も好《よ》し二零《れい》三高地《かうち》の戰況《せんきやう》漸《やうや》く良況《れうきやう》に向《むか》ひ、從《したがつ》て此方面《このはうめん》の敵《てき》も自《おのづか》ら衰勢《すゐせい》を現《あら》はし、既《すで》にして十二月《ぐわつ》六日《か》同高地《どうかうち》が完全《くわんぜん》且つ確實《かくじつ》に我《わが》有《いう》に歸《き》するに及《およ》んで、赤阪山《あかさかやま》の敵《てき》は我《わ》か瞰射《かんしや》に堪《た》へすして其陣地《そのぢんち》を撤退《てつたい》したるを以《もつ》て、我兵《わがへい》は同日午后《どうじつごゞ》一時《じ》、進《すゝ》んで其全部《そのぜんぶ》を占領《せんりやう》したり。

△寺《じ》兒《ゞ》溝北方高地及三里橋北方高地の占領——二零《れい》三高地《かうち》及《およ》び赤阪山《あかさかやま》共《とも》に我有《わがいう》に歸《き》す、附近《ふきん》一帶《たい》の地《ち》遂《つひ》に支《さゝ》ふべからず。此《こゝ》に於《おい》て我《われ》は午後《ごゞ》二時《じ》を以《もつ》て容易《ようい》に寺《じ》兒《ゞ》溝北方高地《こうほくはうかうち》を占領《せんりやう》し、次《つい》て同《どう》三時《じ》を以《もつ》て三里《り》橋北方高地《けうほくはうかうち》を占領《せんりやう》せり。此《こゝ》に至《いた》りて旅順東西背面《りよじゆんとうざいはいめん》の防禦陣地《はうぎよぢんち》は悉《ことごと》く我軍《わがぐん》の有《いう》に歸《き》し我《われ》は直《たゞ》ちに案子山《あんしざん》椅子山《いすざん》の本防禦《ほんはうぎよ》を攻撃《こうげき》することを得《う》るの運《はこび》に及《およ》べり。

敵國艦隊《てきこくかんたい》の殲滅《せんめつ》

◎二零《れい》三高地《かうち》占領《せんりやう》と我海軍《わがかいぐん》

二零《れい》三高地《かうち》の奪取《だつしゆ》は軍港《ぐんかう》としての旅順《りよじゆん》の價値《かちよく》を零位《れいゐ》に下《くだ》したり。同高地《どうかうち》占領當時《せんりやうたうじ》、未《いま》た陥落《かんらく》したるにあらすと雖《いへど》も、實質上《じつしつじやう》毫《がう》も陥落《かんらく》と異《こと》る所《ところ》なし。而《しか》して此高地《このかうち》占領《せんりやう》の効果《かうくわ》の直接的確《ちよくせつてきかく》に現《あら》はれたるは海軍方面《かいぐんはうめん》と為《な》す。夫《か》の八月《ぐわつ》十日《か》の海戰《かいせん》に敗《やぶ》れし港内深《かうないふか》く竄入《ざんにふ》したる敵艦隊《てきかんたい》は白玉山下《はくぎよくさんか》の灣入《わんにふ》所《しよ》に潜伏《せんぷく》し、殘喘《ざんぜん》を保《たも》つこと約半歳《やくはんさい》。我《われ》は適當《てきたう》の砲撃陣地《はうげきぢんち》を有《いう》せざりし為《た》め、僅《わづ》かに間接射撃《かんせつしやげき》を以《もつ》て之《これ》を脅《おびや》かしたるに過《す》ぎすして、從《したがつ》て其成功《そのせいかう》渉々《はか〴〵》しきを得《え》ざりしが、今《いま》や背《はい》面第《めんだい》一の高所《かうしよ》二零《れい》三を領有《りやういう》したるを以《もつ》て、此高所《このかうしよ》に登《のぼ》りて展望《てんぼう》を恣《ほしいまゝ》にせは、東西兩港共《とうざいりやうかうとも》に双眸《さうぼう》に入《う》り、浮遊《ふいう》せる敵《てき》の敗竄艦《はいざんかん》は歷々指《れき〳〵し》點《てん》するに足《た》る。何《いづ》れの點《てん》より射撃《しやげき》するも固《もと》より一發《はつ》をも誤《あやま》るべき道理《だうり》なく、乃《すなは》ち此高地《このかうち》の占領《せんりやう》に依《よ》りて敵艦《てきかん》の運命《うんめい》は全然《ぜん〴〵》茲《こゝ》に定《さだ》まれり。

◎海軍重砲隊《かいぐんぢうはうたい》の威力《ゐりよく》

我海軍重砲隊《わがかいぐんぢうはうたい》は十二月《ぐわつ》二日《か》より旅順港内《りよじゆんかうない》に向《むかつ》て猛射《まうしや》を加《くは》へたり。其技術《そのぎじゆつ》の精巧《せいこう》なるは論《ろん》するを須《もち》ひず、其砲門《そのはうもん》の口徑《こうけい》は大《だい》にして、其展望《そのてんばう》は何等《なんら》の遮避《しやかい》を受《う》けさるを以《もつ》て、連日《れんじつ》の砲撃益々《はうげきます〳〵》威力《ゐりよく》を發揮《はつき》し、其着彈皆《そのちやくだんみ》な正鵠《せいこう》を得《え》、敵艦《てきかん》は其《その》好目標《かうもくへう》と為《な》りて唯々《たゞ〳〵》我《わ》が威力《ゐりよく》の下《もと》に屈伏《くつぷく》するのみ。其光景《そのくわうけい》の壯絶快絶《さうぜつくわいぜつ》なる、眞《しん》に天地《てんち》の偉觀《ゐくわん》を究《きは》めたり。斯《か》くてポルタワ、レトウイザン、ポベーダ、パルラダ、ペレスウイツト等《とう》の各巨艦《かくきよかん》を始《はじ》めとし、其他《そのた》の大小艦艇《だいせうかんてい》、或《あるひ》は爆破《ばくは》し、或《あるひ》は轟沈《ぐわうちん》し、或《あるひ》は火災《くわさい》を起《おこ》し、或《あるひ》は傾斜《けいしや》し、或《あるひ》は膠着《かうちやく》し、何《いつ》れも慘憺《さんたん》たる最後《さいご》を遂《と》げて全《まつた》く廢艦《はいかん》と爲《な》る。是《こ》れ皆《み》な二零《れい》三高地《かうち》を得《え》て、之《これ》を觀側所《かんそくじよ》と爲《な》したるの結果《けつくわ》なり。同高《どうかう》地《ち》占領《せんりやう》の効果《かうくわ》の著大《ちよだい》なるは今更《いまさら》ながら唯々《たゞ〳〵》驚嘆《きいたん》の外《ほか》なきなり。

◎悲壯《ひさう》大膽《だいたん》なる水雷《すゐらい》攻撃《こうげき》

旅順《りよじゆん》の大小艦艇《だいせうかんてい》は此《かく》の如《ごと》き慘憺《さんたん》たる最後《さいご》を遂《と》ぐるの際《さい》、唯《ひと》り巨艦《きよかん》セバストポリー一隻《せき》は、三四の砲艦驅逐艇《はうかんくちくてい》等《とう》と共《とも》に私《ひそ》かに港外《かうぐわい》に逸出《いつしゆつ》し、城頭山下《じやうとうさんか》に隱《かく》れて我砲彈《わがはうだん》を避《さ》けたるが、港外《かうぐわい》を監視《かんし》せる我《わ》が聯合艦隊《れんがふかんたい》は、直《たゞ》ちに之《これ》を發見《はつけん》し、十一日《にち》深更《しんこう》以來《いらい》十五日《にち》の夜《よ》に至《いた》るまで、最《もつと》も壯烈大膽《さうれつだいたん》なる水雷夜襲《すゐらいやしふ》を試《こゝろ》み、其結果《そのけつくわ》セバストポリーをして、全《まつた》く戰鬪《せんとう》航海力《こうかいりよく》を失《うしな》はしめ、其他《そのた》の逸出艦艇《いつしゆつかんてい》、亦悉《またこと〴〵》く之《これ》を破壞轟《はくわいぐわう》沈《ちん》す。此《こゝ》に至《いた》りて旅順《りよじゆん》の敵國艦隊《てきこくかんたい》は明《あきら》かに全滅《ぜんめつ》に歸《き》し、我《わが》艦隊《かんたい》をして安《やす》んじて封鎖《ふうさ》の一部《ぶ》を解《と》くを得《え》せしむるに至《いた》れり、二零《れい》三高地占領《かうちせんりやう》の効果《かうくわ》の著大《ちよだい》なること此《こゝ》に至《いた》りて益々《ます〳〵》證明《しやうめい》せらる。

◎光輝《くわうき》なる我海軍《わがかいぐん》の成績《せいせき》

海軍重砲隊《かいぐんぢうはうたい》の砲撃《はうげき》の愉快《ゆくわい》なる、水雷艇隊《すゐらいていたい》の夜襲《やしう》の壯烈《さうれつ》なる、茲《こゝ》に記《き》せんとする事項《じこう》甚《はなは》だ多《おほ》しと雖《いへど》も、紙幅《しふく》限《かぎ》りありて之《これ》を一々する能《あた》はず、依《よつ》て茲《こゝ》に東郷聯合艦隊司令長官《とうがうれんがふかんたいしれいちやうくわん》の戰局終結《せんきよくしうけつ》に際《さい》して大本營《だいほんえい》に報告《はうこく》したる快文字《くわいもんじ》を掲《かゝ》げ、以《もつ》て光《くわう》輝《き》ある海軍《かいぐん》の行動《かうどう》を贊《さん》するの辭《じ》に代《か》へんと欲《ほつ》す。

武勇絶倫《ぶゆうぜつりん》なる攻圍軍《こうゐぐん》の猛烈不撓《まうれつふたう》の攻撃《こうげき》に因《よ》り、旅順口《りよじゆんこう》の死命《しめい》を制《せい》すべき二零三高地《かうち》が我軍《わがぐん》の有《いう》に歸《き》せしより、港內敵《かうないてき》艦隊《かんたい》に對《たい》し攻城重砲《こうじやうぢうはう》の擲射《てきしや》益《ますま》す其《そ》の威力《ゐりよく》を逞《たくま》しうし、ポルタワ、レトウイザンは忽《たちま》ち沈沒《ちんぼつ》し、ポベーダ、ペレスウエート、パルラダ、バーヤン相次《あひつい》で撃沈《げきちん》せられ、獨《ひと》りセバストポリのみ去《さ》る九日《か》朝背面《あさはいめん》より、砲火《はうくわ》を逃《のが》れて港外城頭山下《かうぐわいじやうとうさんか》に逸《いつ》し碇泊《ていはく》せしも、是《こ》れ亦我水雷艇隊《またわがすゐらいていたい》の連續果敢《れんぞくくわかん》なる襲撃《しふげき》に傷《きやつ》き、今《いま》や殆《ほと》んど全《まつた》く戰鬪航海力《せんとうこうかいりよく》を失《うしな》ふに至《いた》れり。旅《りよ》順敵艦《じゆんてきかん》の主力《しゆりよく》は事實上《じじつじやう》茲《こゝ》に全《まつた》く滅亡《めつぼう》に歸《き》し、只々殘存《たゞ〳〵ざんそん》せるもの、無勢力《むせいりよく》なる砲艦《はうかん》オトワーズヌイ、及《およ》び驅逐艦數隻《くちくかんすせき》に過《す》ぎず。

是《こゝ》に於《おい》て聯合艦隊《れんがふかんたい》は去《さ》る五月《ぐわつ》一日以來《じついらい》強行《きやうかう》したる封鎖《ふうさ》配備《はいび》中《ちう》、不必要《ふひつえう》なる一部《ぶ》を撤《てつ》すると同時《どうじ》に、益《ますま》す旅順《りよじゆん》口《こう》及《および》港《かう》外《ぐわい》よりの破封鎖船《はふうさせん》の監視《かんし》を密《みつ》にし、且殘存《かつざんそん》の敵艦艇《てきかんてい》に對《たい》する警戒《けいかい》を嚴《げん》にせんとす。

此《こ》の長日月《ちやうじつげつ》の封鎖戰中《ふうさせんちう》、敵《てき》の敷設及流浮水雷《ふせつおよびふりうすゐらい》の危害《きがい》、風濤《ふうたう》濃霧《のうむ》の險難等常《けんなんとうつね》に絶《た》えず。前《まへ》に宮古《みやこ》、吉野《よしの》初瀬《はつせ》及《およ》び海門《かいもん》の災厄《さいやく》あり、後《のち》に平遠《へいゑん》、濟遠《さいゑん》の遭難起《さうなんおこ》り、忠死《ちうし》の將卒亦少《しやうそつまたすくな》きに非《あら》ずと雖《いへど》も、幸《さいはひ》にして始終《しじう》封鎖《ふうさ》を維持《ゐぢ》することを得《え》、時《とき》に敵《てき》の脱出《だつしゆつ》すること有《あ》りしも、毎々《まいまい》其《そ》の企圖《きと》を破《やぶ》り、終《つひ》に攻圍軍《こうゐぐん》の至大《しだい》なる協力《けふりよく》に因《よ》り、茲《こゝ》に殆《ほと》んど當方面《たうはうめん》敵艦隊《てきかんたい》全滅《ぜんめつ》の成果《せいくわ》を見《み》るに及《およ》び、又浦鹽方面《またうらじほはうめん》の敵艦隊《てきかんたい》も先《さ》きに我第《わがだい》二軍隊《かんたい》の爲《た》めに大打撃《だいだげき》を受《う》けて、爾後《じご》再《ふた》び出動《しゆつどう》するの氣勢《きせい》なきに至《いた》り、只々《たゞ〳〵》益《ます〳〵》す　大元帥陛下《だいげんすゐへいか》御《ご》威徳《ゐとく》の及《およ》ぶところの洪大《こうだい》なるに感激《かんげき》するの外《ほか》なきなり而《しか》して此間又《このかんまた》麾下《きか》各部隊《かくぶたい》の、各其《かくそ》の能力《のうりよく》に應《おう》じて其《そ》の任務《にんむ》を遂行《すゐかう》し得《い》たるのみならず、死《し》を決《けつ》して敵港《てきかう》を閉塞《へいそく》したる閉塞船隊《へいそくせんたい》連續《れんぞく》倦《う》まずして敵前《てきぜん》に機械水雷《きかいすゐらい》を沈《ちん》置《ち》したる艦艇《かんてい》、危險《きけん》を冒《をか》して敵海《てきかい》の掃除《さうぢよ》に從事《じうじ》したる特別掃海隊《とくべつさうかいたい》、並《ならび》に敵彈《てきだん》に爆露《ばくろ》して敵艦《てきかん》を監視《かんし》したる前《ぜん》進望樓等《しんばうろうとう》の特別勤務《とくべつきんむ》が、當方面《たうはうめん》の封《ふう》鎖戰《させん》に至大《しだい》の効力《かうりよく》ありしとを具報《ぐはう》するは、本職《ほんしよく》の上下《じやうか》に對《たい》する職責《しよくせき》と信《しん》ずる所《ところ》なり。

露艦旅順口外に沈設水雷を布く

鳩灣《きうわん》一帶《たい》の占領《せんりやう》

◎密輸入《みつゆにふ》の道《みち》を斷《た》つ

二零三高地《れいかうち》占領《せんりやう》の結果《けつくわ》は直《たゞ》ちに攻圍《こうゐ》軍《ぐん》の右方《うはう》に現《あら》はれ、倏《たちま》ちにして西太《にしたい》陽溝西端《やうこうせいたん》より鳩灣《きうわん》一帶《たい》の地《ち》を占領《せんりやう》し敵《てき》の密輸入《みつゆにふ》の道《みち》を完全《くわんぜん》に遮斷《しやだん》すると共《とも》に、西南面《せいなんめん》より旅順市街《りよじゆんしがい》を衝《つ》くの便《べん》を開《ひら》きたり。是《こ》れ亦尠《またすくな》からざる苦《く》闘《とう》を試《こゝろ》みたるが此良好《このりやうこう》なる結果《けつくわ》に依《よ》りて益々旅順《ます〳〵りよじゆん》の運命《うんめい》を窮迫《きうはく》せしめたり。

△後三羊頭村の占領——鳩灣《きうわん》に面《めん》する所《ところ》に後《ご》三羊頭村《やうとうそん》あり此邊《このへん》一帶《たい》の地《ち》敵《てき》が密輸入口《みつゆにふぐち》として最《もつと》も重要視《ぢうえうし》したる所《ところ》なるが、我《わ》が右縱隊《うじうたい》の一部《ぶ》は二十二日早朝《にちさうてう》、敵《てき》の少《すこ》しく動搖《どうえう》するの機《き》に乘《じやう》じて同村北方高地《どうそんほくはうかうち》の敵《てき》を襲撃《しうげき》して之《これ》を占領《せんりやう》し同《どう》七時《じ》同村西方半島高地《どうそんせいはうはんとうかうち》を占領《せんりやう》し、小口徑《せうこうけい》一門《もん》を鹵獲《ろわく》す、敵《てき》は同半島《どうはんとう》を奪回《だつくわい》せんとして猛烈《まうれつ》に逆襲《ぎやくしう》し

來《きた》りたるも、我《われ》は直《たゞ》ちに之《これ》を撃退《げきたい》せり。

△大劉家屯の占領——次《つい》て二十四日夜《かよ》に及《およ》んで、右縱隊《うじうたい》の一部《ぶ》は後《ご》三羊頭《やうとう》の本村《ほんそん》、及《およ》ひ小房村《せうはうそん》の敵《てき》を奇襲《きしふ》し、同村《どうそん》を占領《せんりやう》し、逐次《ちくじ》敵《てき》を撃攘《げきじやう》して翌日午前《よくじつごぜん》二時《じ》に及《およ》んで大劉家屯《だいりうかとん》の全部《ぜんぶ》を占領《せんりやう》したり。此《こゝ》に至《いた》りて鳩灣《きうわん》一帶《たい》の地悉《ちことごと》く我有《わがいう》に歸《き》し、敵《てき》は全《まつた》く密輸入《みつゆにふ》の道《みち》を斷《た》たれたり。蓋《けた》し數月包圍《すうげつはうゐ》を蒙《かうむ》りたる敵《てき》が、頑強《ぐわんきやう》に死守《ししゆ》して容易《ようい》に屈伏《くつぷく》せざりし所以《ゆゑん》のもの、一に此密輸入口《このみつゆにふぐち》の有《あ》るを恃《たの》めばなり。然《しか》るに今《いま》や此《この》一縷《る》の線亦全《せんまたまつた》く遮斷《しやだん》せらる。今後《こんご》我《われ》は手《て》を拱《きよう》するも早晩以《さうはんもつ》て旅順《りよじゆん》を制《せい》することを得《う》べきなり。

△後楊樹溝東方高地占領——右縱隊《うじうたい》は二零《れい》三高地《かうち》占領後《せんりやうご》、直《たゞ》ちに南方《なんはう》に進出《しんしゆつ》し、後楊樹溝東方高地《こうやうじゆこうとうはうかうち》に迫《せま》りたり。同高《どうかう》地《ち》は西太陽溝北砲臺《にしたいやうこうきたはうだい》の西北《せいほく》に位《くらゐ》し、展望開豁《てんばうかいくわい》にして屈强《くつきやう》の要害《えうがい》なるを以《もつ》て、敵《てき》は二零《れい》三に次《つ》ぎて此高地《このかうち》に重《おも》きを置《お》き防禦工事《ばうぎよこうじ》自《みづか》ら堅固《けんご》を極《きは》めたるが、我《わ》が重砲隊《ぢうはうたい》は二十一日頃《にちごろ》より同高地《どうかうち》を砲撃《はうげき》して尠《すくな》からざる損害《そんがい》を與《あた》へ、其成果《そのせいくわ》を待《ま》ちて二十三日拂曉《にちふつげう》より歩兵《ほへい》の突撃《とつげき》を行《おこな》ひ、午前中《ごぜんちう》に之《これ》を占《せん》領《りやう》せり、我軍《わがぐん》が同高地《どうかうち》に向《むか》ふや、敵《てき》は高地上及《かうちじやうおよ》び西太陽溝《にしたいやうこう》大小案子山《だいせうあんしざん》、鴨湖嘴《かうこし》等《とう》の各砲臺《かくはうだい》より、連《しき》りに砲火《はうくわ》を集中《しふちう》して我攻撃《わがこうげき》を妨《さまた》げ、我損害爲《わがそんがいため》に尠《すくな》からざりしも、後方砲兵隊《こうはうくへいたい》は巧《たく》みに附近砲臺《ふきんはうだい》を牽制《けんせい》し、突撃隊《とつげきたい》は爆藥石片《はくやくせきへん》を擲《なげう》ちて前《ぜん》進《しん》し、遂《つひ》に全《まつた》く之《これ》を占領《せんりやう》することを得《え》たり。占領後《せんりやうご》、各砲《かくはう》臺《だい》より該高地《がいかうち》に砲火《はうくわ》を集中《しふちう》し、又猛烈《またまうれつ》なる逆襲《ぎやくしふ》を試《こゝろ》みたりと、雖《いへど》も、我兵悉《わがへいことごと》く之《これ》を撃退《げきたい》し、直《たゞ》ちに防禦工事《はうぎよこうじ》を施《ほどこ》して其占領《そのせんりやう》を確實《かくじつ》ならしめたり。此後《このご》楊樹溝東方高地《やうじゆこうとうはうかうち》の占領《せんりやう》に依《よ》りて戰局《せんきよく》大《おほい》に發展《はつてん》し、我《われ》は附近《ふきん》の要所《えうしよ》々々を攻撃《こうげき》し、且《か》つ占領《せんりやう》し、早《はや》く既《すで》に西方《せいはう》より西太陽溝及《にしたいやうこうおよ》び鴨湖嘴《かうこすい》の砲臺《はうだい》を摩《ま》す

東鷄《ひがしけい》冠山《くわんざん》北砲《ほくはう》臺《だい》の占領《せんりやう》

◎八月以來《ぐわついらい》苦戰《くせん》の地《ち》

二零《れい》三高地《かうち》の占領《せんりやう》と相待《あひまつ》て戰局《せんきよく》に大發展《だいはつてん》を與《あた》へたるものは東鷄冠山北砲臺攻陷《ひがしけいくわんざんほくはうだいこうかん》の一事《じ》なり。前者《ぜんしや》は主《しゆ》として我《わ》が海《かい》軍《ぐん》の攻撃《こうげき》に聲援《せいえん》を與《あた》へ、後者《こうしや》は聯繫《れんけい》せる正面《しやうめん》の本防禦《ほんはうぎよ》を着《ちやく》く々破壞《はくわい》するの端《たん》を啓《ひら》きたるものにして、旅順開城《りよじゆんかいじやう》の直接《ちよくせつ》原因《げんいん》を論《ろん》ぜんと欲《ほつ》せば、先《ま》づ二零《れい》三高地《かうち》の占領《せんりやう》を數《かぞ》ふると共《とも》に、決《けつ》して東鷄冠山北砲臺《ひがしけいくわんさんほくはうだい》の攻陷《こうかん》を忘《わす》るべからず。抑《そも》も此砲臺《このはうだい》は旅順《りよじゆん》を圍繞《ゐぎやう》せる各砲臺中《かくはうだいちう》、敵《てき》の最《もつと》も意《い》を用《もち》ひて築造《ちくぞう》せる所《ところ》にして、其工事《そのこうじ》の堅牢《けんらう》なる、其施設《そのしせつ》の完備《くわんび》せる

實《じつ》に要塞第一《えうさいだい》と稱《しやう》す。左《さ》れば敵《てき》は此地《このち》の守備《しゆび》に最《もつと》も重《おもき》を置《お》き、我《われ》は八月《ぐわつ》十九日《にち》に强襲《きやうしふ》を試《こゝろ》みてより、毎次《まいじ》の總攻擊《さうこうげき》に參加《さんか》して幾《いく》たび突破《とつぱ》を試《こゝろ》むると雖《いへど》も、徒《いたづ》らに兵員《へいゐん》を損《そん》ずるに過《す》ぎずして、未《いま》だ曾《かつ》て一たびも其目的《そのもくてき》を達《たつ》する能《あた》はず、此砲臺《このはうだい》の攻擊《こうげき》に當《あた》りたる縱隊《じうたい》は當初《たうしよ》より變《かは》らずと雖《いへど》も、一攻擊每《こうげきごと》に兵員《へいゐん》を損《そん》じて、終始生《しふじせい》を完《まつた》ふし得《え》たる者殆《ものほと》んどあるなく、縱隊長《じうたいちやう》すら重傷《ぢうしやう》の爲《ため》に交迭《かうてつ》の已《や》むなきに至《いた》れり。今《いま》や此縱隊《このじうたい》は（左翼《さよく》）十二月《ぐわつ》十八日《にち》を以《もつ》て最後《さいご》の突擊《とつげき》を試《こゝろ》み、遂《つひ》に首尾《しゆび》能《よ》く其目的《そのもくてき》を達《たつ》して始《はじ》めて數月來鬱結《すうげつらいうつけつ》せし怨《うらみ》を晴《は》らしたり。

◎胸《きやう》墻《しやう》大《だい》爆《はく》破《は》

攻路《こうろ》は前々攻擊《ぜん〱こうげき》の時既《ときすで》に十分《ぶん》に完成《くわんせい》せり、今回《こんくわい》は胸墻《きやうしやう》を爆破《はくは》して攻陷《こうかん》の目的《もくてき》を達《たつ》せんことを期《き》し、十一月下旬《ぐわつげじゆん》より其作業《そのさげふ》に從《したが》ひ、胸墻《きやうしやう》の下部《かぶ》に高《たかさ》一米突《めいとる》、幅《はゞ》八十珊《さんち》、深《ふかさ》十米突《めいとる》の坑道《こうだう》を穿《うが》ち、其坑道《そのこうだう》の窮極《きうきよく》に藥室《やくしつ》八ケ所《しよ》を設《まう》け、總《さう》計《けい》二千二百五十吉《きろ》の爆藥《はくやく》を裝置《さうち》し、十二月《ぐわつ》十八日午後《にちごご》二時《じ》を期《き》して點火爆破《てんくわはくは》して之《これ》を合圖《あひづ》に突擊《とつげき》するの準備《じゆんび》を定《さだ》めたり。（十一月末《ぐわつすゑ》の攻擊《こうげき》に於《おい》ても同樣《どうやう》の計畫《けいくわく》を爲《な》したるも胸墻《きやうしやう》破壞《はくわい》の効《かう》十分《ぶん》ならず）作業隊《さげふたい》は豫定《よてい》の如《ごと》く點火《てんくわ》を行《おこな》ひたるに、（十五分間後《ふんかんおく》る）其効驗較著《そのかうけんかうちよ》にして、胸墻前壁《きやうしやうぜんへき》に二個《こ》の大噴火口《だいふんくわこう》を生《しやう》じ、正《まさ》しく破壞《はくわい》の目的《もくてき》を達《たつ》したり。然《しか》るに其威力《そのいりよく》の餘《あま》りに大《だい》なりし爲《た》め土砂《どしや》飛散《ひさん》して我《わ》が突擊隊《とつげきたい》の進《しん》出口《しゆつくち》を塞《ふさ》ぎたるを以《もつ》て、我《われ》は其開掘《そのかいくつ》に從《したが》ひ、豫定時刻《よていじこく》に後《おく》るゝこと少時《せうじ》にして始《はじ》めて突擊《とつげき》に移《うつ》りたり。

◎突《とつ》擊《げき》隊《たい》の大《だい》苦《く》戰《せん》

北砲臺突擊《ほくはうだいとつげき》の任《にん》に當《あた》るものは青木聯隊《あほきれんたい》の所屬中隊《しよぞくちうたい》にして第《だい》一乃至第《ないしだい》四の突擊隊《とつげきたい》を編《へん》し、權藤少佐《ごんだうせうさ》（傳次《でんじ》）之《これ》を指揮《しき》す其第《そのだい》一突擊隊《とつげきたい》（大尉大黑正幸《たいゐおほぐろまさゆき》）は猛然進《まうぜんすゝ》んで第《だい》一胸墻《きやうしやう》に迫《せま》りたるに、敵《てき》は噴火口《ふんくわこう》の前緣《ぜんえん》に據《よ》りて我《われ》を猛射《まうしや》し、我《われ》は毫《がう》も之《これ》を意《い》とせずして猛進《まうしん》し、噴火口前緣《ふんくわこうぜんえん》を奪《うば》ひ、更《さら》に第《だい》二胸墻《きやうしやう》に迫《せま》る、此時敵《このときてき》の砲火益々甚《はうくわます〱はなはだ》しく、第《だい》一突擊隊《とつげきたい》は茲《こゝ》に全滅《ぜんめつ》の不幸《ふこう》に陷《おちゐ》りたり。然《しな》るに先《さ》きに胸墻爆破《きやうしやうはくは》の餘《よ》響《きやう》を受《う》けて第二以下《だいいか》の突擊隊《とつげきたい》は其多數《そのたすう》の兵員《へいゐん》を失《うしな》ひたるを以《もつ》て、已《や》むを得《え》ず各隊《かくたい》の殘員《ざんゐん》を集《あつ》めて第二《だい》の突擊《とつげき》を試《こゝろ》みたるも、是《こ》れ亦敵火《またてきくわ》の爲《ため》に妨《さまた》げられて其目的《そのもくてき》を達《たつ》する能《あた》はず依《よつ》て青木大佐《あほきたいさ》は急《きう》に一突擊隊《とつげきたい》を編《へん》し、自《みづか》ら之《これ》を率《ひき》ひて應援《おうえん》に赴《おもむ》きたるも、第二胸墻《だいきやうしやう》は容易《ようい》に突破《とつぱ》する能《あた》はす、戰況《せんきやう》甚《はなは》だ悲境《ひきやう》に赴《おもむ》けり。此時縱隊長鮫島將軍《このときじうたいちやうさめじましやうぐん》は自《みづか》ら戰線《せん〱》に立《た》ちて軍情《ぐんじやう》を視察《しさつ》しつゝありたるが、青木隊《あほきたい》の突擊隊悉《とつげきたいこと〱》く否運《ひうん》に陷《おちゐ》るを見《み》て、乃《すなは》ち豫備《びよ》たる岩本大尉《いはもとたいゐ》（京輔《きやうすけ》）の兵《へい》をして最後《さいご》の突撃《とつげき》を試《こゝろ》みしむ。岩本隊《いはもとたい》は此命《このめい》を受《う》けて直《たゞ》ちに前進《ぜんしん》し、第《だい》二胸墻下《きやうしやうか》に立《た》てる突撃隊《とつげきたい》と合《がつ》して姑《しば》らく胸墻上《きやうしやうじやう》の敵《てき》と射撃《しやげき》を交換《かうくわん》し、以《もつ》て機《き》の熟《じゆく》するを待《ま》つ。

◎北砲臺《ほくはうだい》全部《ぜんぶ》の占領《せんりやう》

此時《このとき》に方《あた》りて我《われ》は急《きう》に迫撃砲《はくげきはう》を外壕底《ぐわいがうてい》に、敷置《ふち》し、又噴火口《またふんくわこう》の前縁《ぜんえん》に突撃隊《とつげきたい》の據點《きよてん》たるべき射撃陣地《しやげきぢんち》を搆成《かうせい》し、其工事《そのこうじ》成《な》るに及《およ》んで直《たゞ》ちに迫撃砲《にくげきはう》及《およ》び小銃火《せうじうくわ》を敵壘《てきるゐ》に加《くは》へ、激烈《げきれつ》なる火戰《くわせん》を交《まじ》へたるの後《のち》、敵兵《てきへい》漸《やうや》く退敗《たいはい》の色《いろ》を形《あら》はしたるを以《もつ》て、機《き》を窺《うかゞ》ひたる我《わ》が各突撃隊《かくとつげきたい》は、一齊《せい》起《たつ》て内庭《ないてい》に突入《とつにふ》し、第《だい》二胸墻《きやうしやう》及《およ》び同所《どうしよ》の機關砲《きくわんはう》に爆彈《はくだん》を投《たう》し、多大《ただい》の損害《そんがい》を與《あた》へたり、敗勢《はいせい》に向《むか》ひたる敵兵《てきへい》は、此猛撃《このまうげき》に會《あ》ふて遂《つひ》に支《さゝ》ふること能《あた》はず、爭《あらさ》ふて第《だい》二胸墻《きやうしやう》を捨《す》て、第《だい》三胸墻《きやうしやう》も亦之《またこれ》を守《まも》らす、遙《はる》かに咽喉部方面《いんこうぶはうめん》に退却《たいきやく》せり、依《よつ》て我《われ》は直《たゞ》ちに第《だい》二第《だい》三の胸墻《きやうしやう》を奪《うば》ひ、進《すゝ》んで咽喉部兵舎内《いんこうぶへいしやない》の敗敵《はいてき》を驅逐《くちく》して之《これ》を占領《せんりやう》し、茲《こゝ》に十八日夜《にちよ》十時《じ》を以《もつ》て北砲臺《ほくはうだい》全部《ぜんぶ》を我《わ》が手裡《しゆり》に收《をさ》めたり。此砲臺《ほくはうだい》と砲臺《はうだい》との中間《ちうかん》に堅固《けんこ》なる散兵壕《さんぺいがう》あり、我軍常《わがぐんつね》に呼《よ》んで怪物屋敷《はけものやしき》と云《い》ふ。北砲臺《ほくはうだい》の敗敵《はいてき》は尚《な》ほ此怪物屋敷《このはけものやしき》に據《よ》りて微弱《びじやく》なる抵抗《ていこう》を試《こゝろ》みたるも、我突撃隊《わがとつげきたい》は左右《さいう》より之《これ》を夾撃《けふげき》して之《これ》を占領《せんりやう》し、敵《てき》は遂《つひ》に全《まつた》く北砲臺《ほくはうだい》に斷念《だんねん》して旅順方面《りよじゆんはうめん》に退却《たいきやく》し、我軍《わがぐん》の占領《せんやう》は確實《かくじつ》と爲《な》れり。

◎敵《てき》の全滅《ぜんめつ》、胸墻爆破《きやうしやうはくは》の効《かう》

蓋《けだ》し東鷄冠山北砲臺《ひがしけいくわんざんほくはうだい》の占領《せんりやう》は胸墻《きやうしやう》の爆破《はくは》實《じつ》に其主因《そのしゆいん》を爲《な》す。敵《てき》は胸墻爆破當日《きやうしやうはくはたうじつ》、其守兵全部《そのしゆへいぜんぶ》約《やく》三百名《めい》を擧《あ》げて悉《ことごと》く第《だい》一胸墻《きやうしやう》の掩蓋下《えんがいか》に在《あ》りたるが、俄然脚下《がぜんきやくか》に起《おこ》りたる爆破《はくは》の響《ひゞき》と共《とも》に守兵《しゆへい》の殆《はと》んど全部《ぜんぶ》土中《どちう》に埋沒《まいぼつ》せられ、幸《さいはひ》に生《せい》を保《たも》ち得《え》たる者《もの》は僅《わづ》かに二十餘名《よめい》に過《す》ぎず。(捕虜《ほりよ》の言《げん》に依《よ》る)將校《しやうかう》は當初《たうしよ》十一名《めい》なりしも、漸次減少《ぜんじげんせう》して五名《めい》と爲《な》り、胸墻爆破《きやうしやうはくは》と共《とも》に此生存將校《このせいぞんしやうかう》も亦《また》悉《ことごと》く埋沒《まゐはつ》せらる。敵《てき》が此大打撃《このだいだげき》を蒙《かうむ》り、僅少《きんせう》の兵《へい》を以《もつ》て尚《な》ほ我《わ》が大軍《たいぐん》を支《さゝ》へ、且《か》つ大《おほひ》に我《われ》を惱《なや》ましたるは其勇氣《そのゆうき》多《た》とすべしと雖《いへど》も、我《わ》が不屈《ふくつ》の攻撃《こうげき》に會《あ》ふて之《こ》れに堪《た》ふること能《あた》はず、遂《つひ》に此第《このだい》二の胸墻《きやうしやう》を捨《す》て、第《だい》三胸墻《きやうしやう》には有力《いうりよく》なる二門《もん》の攻城砲《こうじやうはう》を具《そな》ふるにも拘《かゝは》らず、之《これ》をも使用《しよう》せずして退却《たいきやく》したるものにして、乃《すなは》ち胸墻爆破《きやうしやうはくは》の効《かう》の偉大《ゐだい》なりしこと以《もつ》て知《し》るべき也《なり》。

二龍山砲臺《りうざんはうだい》の占領《せんりやう》

◎形勢破竹《けいせいはちく》の如《ごと》し

東鷄冠山北砲臺《ひがしけいくわんざんほくはうだい》の占領《せんりやう》は附近《ふきん》一帶《たい》に聯系《れんけい》せる各砲臺攻略《かくはうだいこうりやく》

の爲《ため》に破竹《はちく》の勢《いきほひ》を作《づく》りたるものにして、同砲臺占領後僅《どうはうだいせんりやうごわづ》かに十日《か》にして又《また》二龍山《りうさん》の砲臺《はうだい》を占領《せんりやう》せり。二龍山砲臺《りうさんはうだい》は東《ひがし》鷄冠山北砲臺《けいくわんざんほくはうだい》と共《とも》に旅順正面防禦《りよじゆんしやうめんばうぎよ》の砲臺中最《はうだいちうもつと》も堅緻《けんち》なるもの丶一にして、九月十九日《ぐわつにち》の第《だい》一回攻擊以來《くわいこうげきいらい》、我《われ》を惱《なや》ましたること尠《すくな》しと爲《な》さず。此方面《このはうめん》の攻擊部隊長《こうげきぶたいちやう》は中央縱隊《ちうわうじうたい》の平佐少將《ひらさせうしやう》(良爲《よしため》)にして、同少將《どうせうしやう》は數回《すうくわい》の攻擊《こうげき》毫《がう》も其效《そのかう》を擧《あ》ぐる能《あた》はざりしを遺憾《ゐかん》とし、今回《こんくわい》は東鷄冠山北砲臺《ひがしけいくわんざんほくはうだい》奪取《だつしゆ》の例《れい》に倣《なら》ふて先《ま》づ胸墻《きやうしやう》を爆破《はくは》して攻略《こうりやく》の道《みち》を開《ひら》かんとし、十一月下旬《ぐわつげじゆん》の攻擊不成效《こうげきふせいかう》に歸《き》したるの後《のち》、直《たゞ》ちに之《こ》れが工事《こうじ》に着手《ちやくしゆ》したり。爾來作業隊《じらいさげふたい》は二龍山《りうさん》の岩層《がんさう》に五條《でう》の坑道《かうだう》を開堀《かいくつ》し、敵《てき》のあらゆる防害《ばうがい》に屈《くつ》せず、連日連夜《れんじつれんや》熱心《ねつしん》に工事《こうじ》に從《したが》ひ、開堀工事《かいくつこうじ》成《な》るに及《およ》んで、各坑道《かくかうだう》に總計《さうけい》十二個《こ》の藥室《やくしつ》を鑿《うが》ち、其藥室《そのやくしつ》に二千九百五十吉《きろ》の爆藥《はくやく》を塡裝《てんさう》し二條《でう》の電線《でんせん》を通《つう》じて導火線《だうくわせん》と爲《な》し、此等《これら》の工事《こうじ》は二十七日《にち》に及《およ》んで悉《こと〴〵》く完成《くわんせい》したるを以《もつ》て、いよ〳〵二十八日《にち》を以《もつ》て攻擊《こうげき》を決行《けつかう》すること丶爲《な》れり。

◎胸墻爆破《きやうしやうはくは》、突擊隊《とつげきたい》の苦境《くきやう》　砲臺占領《はうだいせんりやう》

二十八日午前《にちごぜん》十時《じ》、作業隊《さげふたい》は豫定《よてい》の計畫《けいくわく》に從《したが》ひ導火線《だうくわせん》に電流《でんりう》を通《づう》じたり。忽《たちま》ちにして轟然爆發《がうぜんはくはつ》、天地《てんち》爲《ため》に震動《しんだう》し、黑烟《こくえん》飛散《ひさん》して土石《どせき》を捲《ま》き、漠々濛々《はく〳〵もう〳〵》として咫尺《しせき》を辨《べん》ぜず。須臾《しゆ》にして爆烟《はくえん》の靜《しづ》まるを待《ま》つて前方《ぜんぱう》を見《み》れば、胸墻《きやうしやう》の正面《しやうめん》八十五米突《めいとる》の間《あひだ》は全然粉韲《ぜん〳〵ふんさい》せられて原形《げんけい》を存《そん》せざるに至《いた》れり。爆破《はくは》の效《かう》を奏《そう》するや、平田少將《ひらたせうしやう》は直《たゞ》ちに突擊《とつげき》を命《めい》じたり、突擊部署《とつげきぶしよ》は、山田中佐《やまだちうさ》の隊《たい》を左翼《さよく》と爲《な》し、福谷中佐《ふくやちうさ》の隊《たい》を右翼《うよく》と爲《な》し、山田隊《やまだたい》は藤岡少佐《ふじおかせうさ》の隊《たい》を第一線《だいせん》とし、福谷隊《ふくやたい》は田中少佐《たなかせうさ》の隊《たい》を第一線《だいせん》とし、此第一線部隊《このだいせんぶたい》は外壕《ぐわいがう》に近接《きんせつ》せる突擊陣地《とつげきぢんち》より進發《しんぱつ》し、左右齊《さいうひと》しく進《すゝ》んで砲壘內《はうるゐない》に入《い》り、直《たゞ》ちに敵《てき》の輕砲線《けいはうせん》を奪《うば》ひ、進《すゝ》んで重砲線《ちうはうせん》に迫《せま》らんとす。敵《てき》は小銃爆藥《せうじうはくやく》を以《もつ》て頑强《ぐわんきやう》に死守し、且《か》つ隣砲臺《りんはうだい》より砲《はつ》火《くわ》を集中《しふちう》し、我《われ》は占領地域《せんりやうちゐき》を維持《ゐぢ》すること甚《はなは》た困難《こんなん》に陷《おちゐ》る。然《しか》れども突擊隊《とつげきたい》は毫《がう》も之《これ》に屈《くつ》せず、爆藥小銃《はくやくせうじう》を以《もつ》て之《これ》に應《おう》戰《せん》し、對戰頗《たいせんすこぶ》る激烈《げきれつ》を極《きは》めたり。恰《あた》かも好《よ》し後方陣地《こうはうぢんち》よりは盛《さかん》に掩護射擊《えんごしやげき》を爲《な》し、又步兵陣地《またほへいぢんち》に据置《すゑお》きたる山砲及《さんはうおよ》び機關砲《きくわんはう》を以《もつ》て盛《さかん》に敵《てき》を惱《なや》まし、藤岡隊長《ふぢおかたいちやう》自《みづか》ら戰線《せん〳〵》の最前《さいぜん》に立《た》ちて勇敢《ゆうかん》に指揮《しき》を取《と》りしかば、左《さ》なきだに士氣滿々《しきまん〳〵》たる突擊隊《とつげきたい》は、一層勇氣《さうゆうき》を鼓舞《こぶ》して敵前《てきぜん》に突進《とつしん》す。此際敵《このさいてき》の砲火益々《はうくわます〳〵》甚《はなはだ》しく、我突擊隊《がとつげきたい》は藤岡隊長《ふぢおかたいちやう》を始《はじ》めとし、死傷《しゝやう》頻々續出《ひん〳〵ぞくしゆつ》し、我《わ》が占領區域《せんりやうくゐき》は忽《たちま》ちにして屍山《かばねやま》を築《きづ》くに至《いた》れり。機敏勇敢《きびんゆうかん》なる我作業隊《わがさげふたい》は豫《あらかじ》め準備《じゆんび》したる一萬個《まんこ》の土囊《どのう》と鐵製銃眼《てつせいじうがん》とを肩《かた》にし、彈丸雨飛《だんぐわんうひ》の間《あひだ》を奮進《ふんしん》して外壕內《ぐわいがうゐい》に

來《きた》り、輕砲線上《けいはうせんじやう》に假掩堡《かりえんほう》を急設《きふせつ》し、以《もつ》て據點《きよてん》に於《お》ける我《わ》が損害《そんがい》を防遏《はうかつ》すると共《とも》に、進《すゝ》んで重砲線《ぢうはうせん》に迫《せま》るの便宜《べんぎ》を與《あた》へたり。我《わ》が偵察《ていさつ》する所《ところ》に依《よ》れば、堡壘正面《ほうるゐしやうめん》には約《やく》十二三米《めい》突《とつ》の斷崖《だんがい》あり、嶮峻《けんしゆん》にして攀《よ》ぢ易《やす》からず。強《しひ》て此方面《このはうめん》より進《すゝ》まば我《われ》の損害少《そんがいすくな》からざるべきを以《もつ》て、乃《すなは》ち正面攻撃《しやうめんこうげき》を中止《ちうし》し、左右《さいう》の外壕《ぐわいがう》を迂回《うくわい》して敵《てき》の側面《そくめん》を衝《つ》くことに決《けつ》す。午後《ごゞ》四時《じ》、突撃隊中《とつげきたいちう》の選拔隊《せんばつたい》は、左右齊《さいうひと》しく猛進《もうしん》して内部《ないぶ》重砲線《ぢうはうせん》に迫《せま》り、猛烈《もうれつ》に之《これ》を夾撃《けふげき》せしかば、頑敵《ぐわんてき》遂《つひ》に支《さゝ》ふること能《あた》はず、相共《あひとも》に咽喉部《ゐんこうぶ》に奔竄《ほんざん》せり。我《わが》一隊《たい》は直《たゞ》ちに之《これ》を占領《せんりやう》し、一隊《たい》は敗敵追撃《はいてきつゐげき》に從《したが》ふ。敗敵《はいてき》は咽喉部《いんこうぶ》に據《よ》りて頑強《ぐわんきやう》の抵抗《ていこう》を試《こゝろ》みたるを以《もつ》て、我《われ》は猛烈《まうれつ》に之《これ》を攻撃《こうげき》して遂《つひ》に之《これ》を掃攘《さうじやう》し、午後《ごゞ》七時《じ》半《はん》を以《もつ》て首尾《しゆび》克《よ》く二龍山砲臺《りうさんはうだい》を占領《せんりやう》せり。占領後《せんりやうご》、重砲線《ぢうはうせん》と咽喉部《いんこうぶ》との通路《つうろ》に尚《な》ほ少數《せうすう》の敵兵殘存《てきへいざんそん》して抵抗《ていこう》を試《こゝろ》みたるも、我《われ》は容易《ようゐ》に之《これ》を擊攘《げきじやう》し、二十九日未明迄《にちみめいまで》に全然其占領《ぜんぜんそのせんりやう》を鞏固《きやうこ》にすることを得《え》たり。捕虜《ほりよ》の言《げん》に依《よ》れば、同砲臺《どうはうだい》の守兵《しゆへい》は約《やく》五百人《にん》にして、外《ほか》に若干《じやくかん》の水兵《すゐへい》を有《いう》したるも、胸墻爆破以來其大半《きやうしやうばくはいらいそのたいはん》は戰沒《せんぼつ》したりと云《い》ふ。

松樹山砲臺《しようじゆざんはうだい》の占領《せんりやう》

◎松樹山《しようじゆざん》の孤立《こりつ》

旅順攻圍軍《りよじゆんこうゐぐん》の勢《いきほひ》は眞《まこと》に破竹《はちく》の如《ごと》くなれり、二龍山砲臺《りうざんはうだい》の占《せん》領後《りやうご》、僅《わづ》かに二日《か》を經《へ》て、又々松樹山砲臺《またまたしようじゆざんはつだい》を占領《せんりやう》したり。松樹山砲臺《しようじゆざんはうだい》が旅順背面《りよじゆんはいめん》の永久防禦《えいきうはうぎよ》なるは二龍山砲臺《りうざんはうだい》と同《おな》じく、久《ひさ》しく我攻圍軍《わがこうゐぐん》を惱《なや》ましたるも二龍山砲臺《りうざんはうだい》と同《おな》じく、之《こう》を攻陷《こうかん》するに、方《あた》りて先《ま》づ胸墻爆破作業《きやうしやうばくはさげふ》を以《もつ》てしたるも亦同《またおな》し。唯々《たゞ》異《こと》なる所《ところ》は、殆《ほと》んど姉妹砲臺《しまいはうだい》とも名《な》づくべき二龍山砲臺《りうざんはうだい》の陷落後《かんらくご》、松樹山砲臺《しようじゆざんはうだい》は全《まつた》く孤立《こりつ》に陷《おちい》り、我《われ》は手《て》に唾《つば》して容易《ようい》に之《これ》を占領《せんりやう》したる一事《じ》のみ。是《こ》れ蓋《けだ》し自然《しぜん》の勢《いきほひ》にして、頽勢《たいせいか》彼れが如《ごと》き時《とき》に及《およ》んでは、智力《ちりよく》も勇氣《ゆうき》も遂《つひ》に施《ほどこ》すに處《ところ》なし。

◎三十七年《ねん》掉尾《たうび》の運動《うんどう》、松樹山占領《しようじゆざんせんりやう》

松樹山攻撃《しようじゆざんこうげき》の任《にん》に當《あた》りたるは中央隊《ちうわうたい》に屬《ぞく》する中村少將《なかむらせうしやう》（正雄《まさを》）の率《ひき》ゆる渡邊聯隊《わたなべれんたい》（大佐渡邊祺十郎《たいさわたなべきらう》）にして、一月下旬《ぐわつげじゆん》の攻撃失敗後《こうげきしつぱいご》、此砲臺及《このはうだいおよ》び二龍山砲臺《りうざんはうだい》に於《お》けると等《ひと》しく胸墻《きやうしやう》に坑道《かうだう》を穿《うが》ち、非常《ひじやう》の苦辛《くしん》を以《もつ》て三條《でう》の坑道《かうだう》を完成《くわんせい》し、五個《こ》の藥室《やくしつ》を設《まう》けて爆藥《ばくやく》を裝置《さうち》し、諸般《しよはん》の準備全《じゆんびまつた》く成《な》りたるを以《もつ》て、三十七年《ねん》十二月《ぐわつ》三十一日《にち》を以《もつ》て攻撃《こうげき》を決行《けつかう》するに決《けつ》し、同日午前《どうじつごぜん》十時《じ》を以《もつ》て大爆發《だいばくはつ》を行《おこな》ひたり、其結果甚《そのけつくわはなは》だ良好《りやうかう》にして、松樹山全面《しようじゆざんぜんめん》は勿論《もちろん》、補備砲臺《ほびはうだい》に至《いた》るまで悉《こと〴〵》く黑烟《こくえん》と土砂《どしや》とに包《つゝ》まれ、胸墻《きようしやう》は明白《めいはく》に之《これ》を破壞《はくわい》し得《え》たり。此《こゝ》に於《おい》て突擊隊《とつげきたい》は直《たゞ》ちに突擊《とつげき》に移《うつ》れり。其次序《そのじよ》、聯隊《れんたい》を通《つう》じて選拔《せんばつ》せる決死小隊《けつしせうたい》を先鋒《せんぽう》とし、馬場大隊《ばゞだいたい》を突擊《とつげき》本隊《ほんたい》と爲《な》し、中田大隊《なかだだいたい》を第二突擊隊《だいにとつげきたい》と爲《な》し、突擊本隊長馬場《とつげきほんたいちやうばゞ》少佐《せうさ》は本隊《ほんたい》と選拔小隊《せんばつせうたい》とを率《ひき》ひて破墻口《はしやうぐち》より砲臺內部《はうだいないぶ》に突入《とつにふ》したるに、敵《てき》は例《れい》に依《よ》りて頑强《ぐわんきやう》の抵抗《ていかう》を試《こゝろ》むるものと思《おも》ひきや、胸墻《きようしやう》より砲臺內《はうだいない》部《ぶ》にかけて敵《てき》の隻影《せきえい》を見《み》ず、爲《ため》に我《われ》は一兵《ぺい》をも損《そん》せずして容易《ようい》に該砲臺《がいはうだい》を占領《せんりやう》せり。蓋《けだ》し胸墻爆破《きようしやうばくは》の威力甚《ゐりよくはなは》だ强大《きやうだい》にして、守兵《しゆへい》の多《おほ》くは土中《どちう》に埋沒《まいはつ》し、其僅《そのわづ》かに殘存《ざんぞん》せるものは地雷《ちらい》を爆破《ばくは》して後《こう》方《はう》に退却《たいきやく》したるものにして、之《こ》れが爲《た》め我《われ》は容易《ようい》に該砲臺《がいはうだい》を占領《せんりやう》することを得《え》たるなり。占領後《せんりやうご》、附近砲臺《ふきんはうだい》より砲火《はうくわ》を我《わ》が占領地《せんりやうち》へ集中《しふちう》したりと雖《いへど》も、敢《あへ》て我《われ》を損傷《そんしやう》するに至《いた》らず、我占領《わがせんりやう》は益々確實《ます〳〵かくじつ》と爲《な》れり。

我軍輕氣球を飛して旅順要塞を見る

◎慘《さん》憺《さん》たる敵情《てきじやう》

敗殘兵《はいざんへい》の一部《ぶ》は該砲臺《がいはうだい》の南方高地《なんはうかうち》に退却《たいきやく》し、一部《ぶ》は咽喉部《いんこうぶ》に隱《かく》れたり。我《われ》は直《たゞ》ちに進《すゝ》んじ咽喉部《いんこうぶ》に迫《せま》り、猛烈《まうれつ》なる打擊《だげき》を加《くは》へたれば、敵《てき》は全《まつた》く避易《へきえき》し、白旗《はくき》を掲《かゝ》げて悉《こと〴〵》く降伏《かうふく》したり此時我突擊隊《このときわがとつげきたい》は咽喉《いんこう》部《ぶ》の掩蔽部《えんぺいぶ》に於《おい》て土《ど》石中《せきちう》に敵兵《てきへい》の埋沒《まいはつ》せらるゝ者《もの》あるを發見《はつけん》し、試《こゝろ》みに之《これ》を開《かい》掘《くつ》したるに、生存者續々《せいぞんしやぞく〳〵》現《あら》はれ、忽《たちま》ちにして百六十餘人《よにん》を得《え》たり。是《こ》れ蓋《けだ》し胸墻爆破《きようしやうばくは》の餘威《よゐ》、掩蔽部《えんぺいぶ》の土砂墜落《どしやつゐらく》して其入口《そのいりぐち》を塡塞《てんさい》したるが爲《ため》にして、我《われ》は悉《ことごと》く此埋沒者《このまいはつしや》を救援《きうえん》して捕虜《ほりよ》と爲《な》したり、捕虜《ほりよ》の言《げん》に依《よ》れば、爆破《はくは》の爲《ため》に埋沒《まいはつ》せられて死《し》したる者《もの》百五十名《めい》なりと云《い》ふ。此占領戰《このせんりやうせん》に於《おい》て隊長馬塲《たいちやうばば》少佐傷《せうさきづゝ》き、其他若干《そのたじやくかん》の死傷《しゝやう》を生《しやう》したるも、容易《ようい》に占領《せんりやう》の効《かう》を完《まつた》ふしたるは、一に勇敢《ゆうかん》なる我突擊隊《わがとつげきたい》の功《こう》にして、孤立《こりつ》せる松樹山《しようじゆざん》か到底支《たうていさゝ》ふべからざるは當然《たうぜん》の命數《めいすう》を謂《い》ふべきなり。

望臺《はうだい》の占領《せんりやう》

◎望臺《はうだい》の位置《ゐち》と價値《かち》

右松樹山砲臺《みぎしようじゆざんはうだい》の占領《せんりやう》に依《よ》り、同砲臺《どうはうだい》より蜒蜿聯繫《えんえんれんけい》せる旅順《りよじゆん》本防禦《ほんはうぎよ》の各砲臺中《かくはうだいちう》、其主要《そのしゆえう》なるものは悉《ことごと》く我有《わがいう》に歸《き》せり。其中間《そのちうかん》に介在《かいざい》せる比較的微力《ひかくてきびりよく》の砲臺《はうだい》にして尚《な》ほ敵手《てきしゆ》に存《ざん》するものありと雖《いへど》も、主要砲臺既《しゆえうはうだいすで》に我有《わがいう》に歸《き》したる以上《いじやう》は、他《た》は自然《しぜん》に陷落《かんらく》すべきのみ。獨《ひと》り尚《な》ほ我力《がりよく》を用《もち》ひざるべからざるものは望臺《はうだい》の高地是《かうちこれ》なり。望臺《はうだい》は此方面《このはうめん》に於《お》ける二零《れい》三高地《かつち》にして、東鷄冠山及《ひがしけいくわんざんおよ》び同北砲臺《どうほくはうだい》、盤龍山各砲臺《ばんりうざんかくはうだい》、及《およ》び鉢卷山《はちまきやま》二龍山等《りうざんとう》の各砲臺《かくはうだい》に圍繞《ゐぜう》せられて本防禦内《ほんはうぎよない》に屹《きつ》立《りつ》し、標高甚《へうかうはなは》だ高《たか》く、東北面《とうほくめん》しては我《わ》が攻圍線《こうゐせん》を眼下《がんか》に睥《へい》睨《げい》し、顧《かへり》みては旅順港内《りよじゆんかうない》を瞰制《かんせい》す。我攻圍軍《わがこうゐぐん》が累月攻圍線《るゐげつこうゐせん》に立《た》ちて容易《ようい》に敵壘《てきるゐ》を突破《とつぱ》する能《あた》はざりし所以《ゆえん》のもの、敵《てき》の前面防禦《ぜんめんはうぎよ》の堅實《けんじつ》なりしに因《よ》るは論《ろん》なきも、然《し》かも亦望臺《またはうだい》の瞰射《かんしや》に惱《なや》まされたること鮮少《せんせう》にあらざるなり。右翼方面《うよくはうめん》に於《おい》て二零《れい》三高地《かうち》を奪取《だつしゆ》するの必要《ひつえう》ある以上《いじやう》は、當方面《たうはうめん》に於《おい》ては必《かな》らず望臺《はうだい》を拔《ぬ》かざるべからず。今《いま》や前面《ぜんめん》の主要砲《しゆえうはう》臺《だい》は悉《ことごと》く我有《わがいう》に歸《き》す、此《こゝ》に於《おい》て更《さら》に進《すゝ》んで望臺《はうだい》を奪取《だつしゆ》するの運《はこび》に及《およ》べり。望臺《はうだい》の奪取《だつしゆ》、亦相當《またさうたう》の道《みち》を履《ふ》まざるべからず、先《ま》づ蹴破《しうは》すべきは前面《ぜんめん》の支那《しな》舊圍壁是《きうゐへきこれ》なり。

◎前面障碍《ぜんめんしやうがい》の突破《とつぱ》

△支那圍壁の占領——二龍山及松樹山砲臺《りうおよびしようじゆざんはうだい》を奪取《だつしゆ》に依《よ》り、敵《てき》の士氣沮喪《しきそさう》せるや問《と》はずして明《あきら》かなり、左縱隊及《さじうたいおよ》び中央《ちうわう》縱隊《じうたい》の一部《ぶ》は、此機《このき》に乘《じよう》じて當面《たうめん》の支那舊圍壁《しなきうゐへき》を破壞《はくわい》して望臺《はうだい》に迫《せま》らんと欲《ほつ》し、三十一日夕刻《にちゆふこく》より各々當面《おのおのたうめん》の圍壁《ゐへき》を爆破《はくは》し、直《たゞ》ちに壁内《へきない》に突入《とつにふ》したるに、今迄屢々《いまゝでしばしば》我《われ》を惱《なや》ましたる敵《てき》は、何等抵抗《なんらていかう》を爲《な》さずして後方《こうはう》に潰走《くわいそう》したるを以《もつ》て、我《われ》は容易《ようい》に之《これ》を占領《せんりやう》し、直《たゞ》ちに占領工事《せんりやうこうじ》を施《ほどこ》したり。

△H砲臺及び盤龍山新砲臺の占領——翌明治《よくめいぢ》三十八年《ねん》一月《ぐわつ》一日午前《にちごぜん》七時《じ》、中央縱隊《ちうわうじうたい》の一部《ぶ》はH砲臺《はうだい》を占領《せんりやう》し、次《つい》で盤《ばん》龍山新砲臺《りうざんしんはうだい》を占領《せんりやう》す。此《こゝ》に至《いた》りて旅順背面《りよじゆんはいめん》の各砲臺《かくはうだい》は悉《ことごと》く我有《わがいう》に歸《き》し、屹《きつ》たる望臺《はうだい》は其手足《そのしゆそく》を絶《た》たれて全《まつた》く孤立《こりつ》し、

我攻撃目標《わがこうげきもくへう》は此孤立《このこりつ》せる高地《かうち》の外《ほか》、復《ま》た一物《ぶつ》をも存《ぞん》せざるに至《いた》れり。

◎明治《めいぢ》三十八年《ねん》元日《ぐわんじつ》の偉《ゐ》勲《くん》、望《ばう》臺《だい》占領《せんりやう》

此《こゝ》に於《おい》て軍司《ぐんし》令官《れいくわん》は中央隊《ちうわうたい》の一戸兵團《いちのへへいだん》と左《さ》翼隊《よくたい》の前田《まへだ》兵團《へいだん》とに命《めい》じて、左右《さいう》より望臺《ばうだい》を夾撃《けうげき》せしむ。此命《このめい》を受《う》けたる兩隊《りやうたい》の健兒《けんじ》は勇躍《ゆうやく》一番《ばん》、元日午前《ぐわんじつごぜん》九時《じ》を以《もつ》て前進《ぜんしん》を起《おこ》し、互《たがひ》に先頭《せんとう》を爭《あらそ》ふて中腹迄攀《ちうふくまでよ》ぢ上《のぼ》れり。敵《てき》は絶頂《ぜつちやう》より爆藥《ばくやく》を投《とう》じ、頗《すこぶ》る我軍《わがぐん》を悩《なや》ませしを以《もつ》て、我軍《わがぐん》は一時《じ》中腹《ちうふく》に止《とゞ》まりて敵狀《てきじやう》を偵察《ていさつ》したるに、敵《てき》は絶頂《ぜつちやう》に在《あ》りて我《わ》が進路《しんろ》を瞰《かん》視《し》し、容易《ようい》に退却《たいきやく》の色《いろ》あるを見《み》ず。其守兵《そのしゆへい》の數《すう》は僅少《きんせう》なるも、居《を》る所《ところ》に利不利《りふり》あり、歩兵《ほへい》の突撃《とつげき》を以《もつ》て之《これ》を强奪《がうだつ》せんとせば、勢《いきほ》ひ多數《たすう》の兵員《へいゐん》を損《そん》すべきを以《もつ》て、姑《しば》らく砲兵《はうへい》の援助《ゑんじよ》を得《え》て徐《おもむ》ろに歩兵《ほへい》を突撃《とつげき》せしめんとす。斯《か》くて午後《ごご》二時頃《じごろ》より我《わ》が砲兵《はうへい》は猛烈《まうれつ》なる砲火《はうくわ》を加《くは》へ、望臺《ばうだい》の絶頂《ぜつちやう》は硝《せう》煙《えん》の中《うち》に鎖《とざ》されたり。敵亦之《てきまたこれ》に應砲《おうはう》したりと雖《いへど》も、既《すで》に前《ぜん》面《めん》の砲臺《はうだい》を失《うしな》ひたる今日《こんにち》、其應援《そのおうえん》を假《か》る能《あた》はず。爲《ため》に我《わ》が砲火《はうくわ》は獨《ひと》り其威力《そのゐりよく》を逞《たくま》しふして、敵勢漸《てきせいやうや》く逡巡《しゆんじゆん》の色《いろ》あり。此《この》機《き》に乘《じよう》じて突撃隊《とつげきたい》は一齊《せい》に突進《とつしん》し、獅子《しゝ》奮迅《ふんじん》の勇氣《ゆうき》を鼓《こ》して絶頂《ぜつちやう》に迫《せま》る。此時多數《このときたすう》の敵《てき》は概《おほむ》ね既《すで》に何《いづ》れへか退却《たいきやく》したるも、尙《た》ほ若干《じやくかん》の兵《へい》あり、絶壁《ぜつぺき》の上《うへ》に立《た》ちて爆藥《ばくやく》を投擲《とうてき》し、其《その》最後《さいご》迄我《までわれ》に抵抗《ていかう》を試《こゝろ》みたるが、大勢固《たいせいもと》より既《すで》に定《さだ》まる、其《その》勇氣《ゆうき》嘉《よみ》すべしと雖《いへど》も、以《もつ》て衰運《すゐうん》を挽回《ばんくわい》するに足《た》らず、我突《わがとつ》撃隊《げきたい》は爆彈《ばくだん》の間《あひだ》を潜《くゞ》りて猛進《まうしん》し、遂《つひ》に全《まつた》く敵《てき》を驅逐《くちく》し望臺《ばうだい》全部《ぜんぶ》を占領《せんりやう》し、茲《こゝ》に勇《いさ》ましく日章旗《につしやうき》を掲《かゝ》げたり。時《とき》に元日《ぐわんじつ》午後《ごゞ》三時《じ》三十五分《ふん》なり。此《こゝ》に於《おい》て我《われ》は直《たゞ》ちに大砲《たいはう》を絶頂《ぜつちやう》の要地《えうち》に据《す》え、巨彈第《きよだんだい》一發《はつ》を旅順口《りよじゆんこう》に降《ふら》し、以《もつ》て此高地《このかうち》の占領《せんりやう》と光輝《くわうき》ある新年《しんねん》とを併《あは》せ祝《しゆく》したり、萬歳《ばんざい》の聲天地《こゑてんち》を撼《うご》かす。

旅《りよ》順《じゆん》開《かい》城《じやう》

△我軍猛進の籌略——西《にし》の方《かた》二零《れい》三高地《かうち》を奪《うば》ひ、今又東《いまゝたひがし》の方望臺《かたはうだい》を略《りやく》す、眼《まなこ》を放《はな》てば旅順《りよじゆん》は指顧《しこ》の間《あひだ》に在《あ》り、其死命《そのしめい》全《まつた》く我《わ》が手裡《しゆり》に存《ぞん》す。事既《ことすで》に此《こゝ》に至《いた》りては、如何《いか》に頑强《ぐわんきやう》の敵《てき》を以《もつ》てするも遂《つひ》に策《さく》の施《ほどこ》すべきなし。降伏《かうふく》か、自滅《じめつ》か、將《は》た飽《あ》く迄抵抗《までていかう》せんとする乎《か》、其何《そのいづ》れの道《みち》に出《い》づるやは我《わ》が知《し》る所《ところ》にあらず、我《われ》は敵《てき》の抵抗《ていかう》する間《あひだ》は飽《あ》く迄戰《までたゝか》はざるべからず。依《よつ》て軍司令官《ぐんしれいくわん》は元日望臺占領《ぐわんじつはうだいせんりやう》の後《のち》、令《れい》を三軍《ぐん》に下《くだ》し、此好機《このかうき》に乘《じよう》して當面《たうめん》の敵《てき》を窮追《きうつゐ》し、不休不屈《ふきうふくつ》に舊《きう》年來《ねんらい》の大目的《だいもくてき》を貫徹《くわんてつ》するに努《つと》めしむ。各隊《かくたい》は此命令《このめいれい》に基《もと》づき、益々《ます〳〵》冑徽《ちうき》を繫肅《けいしゆく》し、二日《か》天明《てんめい》を待《まち》て各々《おの〳〵》前面《ぜんめん》の敵《てき》に當《あた》らん

ことを期《き》し、士氣《しき》の兀進《こつしん》譬《たと》ふるに物《もの》なく、全軍《ぜんぐん》の意氣《いき》早《はや》く既《すで》に旅順《りよじゆん》を呑《の》む。

△東鷄冠山其他砲臺の爆發我占領——我軍《わがぐん》は此衝天《このしようてん》の意氣《いき》を以《もつ》て二日《か》の天明《てんめい》を待《ま》つの際《さい》、奇《あや》しむべし一日夜半《にちやはん》に及《およ》んで東鷄冠山《ひがしけいくわんざん》及《およ》びQ砲臺方面《はうだいはうめん》に於《おい》て二三回爆發《くわいはくはつ》の響《ひゞき》を起《おこ》すと同時《どうじ》に、一時熾《じさかん》に小銃《せうじう》を亂射《らんしや》し、霄時《しばし》にして復《ま》た靜肅《せいしゆく》に歸《き》す。此方面《このはうめん》を警戒《けいかい》せる左縱隊《さじうたい》は、斥候《せきこう》を放《はな》ちて之《これ》を偵察《ていさつ》せしめたるに、同砲臺《どうはうだい》の敵《てき》は既《すで》に業《すで》に退却《たいきやく》し、臺上《だいじやう》一人《にん》の影《かげ》を留《とゞ》ます、此《こゝ》に於《おい》て左縱隊《さじうたい》は直《たゞ》ちに前進《ぜんしん》して同砲臺《どうはうだい》を占領《せんりやう》し、且《か》つ其南方《そのなんはう》に聯《つらな》るQ及《およ》びN兩高地《りやうかうち》を占領《せんりやう》せり。奇《あや》しむなかれ東鷄冠山上《ひがしけいくわんざんじやう》の爆發《はくはつ》を、敵《てき》は望臺《ばうだい》の喪失《さうしつ》に依《よ》りて全然旅順《ぜんぐりよじゆん》の運命《うんめい》を制《せい》せられ、乃《すなは》ち開城《かいじやう》の議《ぎ》を我《われ》に提《てい》するに至《いた》りたるを以《もつ》て、東鷄冠山砲臺《ひがしけいくわんざんはうだい》の守兵《しゆへい》は之《これ》を耳《みゝ》にすると共《とも》に、同山絶頂《どうざんぜつちやう》ペトン製《せい》の堅牢《けんらう》なる砲臺《はうだい》を爆破《ばくは》して自《みづか》ら撤《てつ》退《たい》したるなり。

△開城の提議、戰鬪中止——此時《このとき》に方《あた》りて旅順開城提議《りよじゆんかいじやうていぎ》の風説《ふうせつ》は我《わ》が全軍《ぜんぐん》に流傳《りうでん》したりと雖《いへど》も、此《こ》れ唯《たゞ》々一場《ぢやう》の風説《ふうせつ》たるに止《と》まり、未《いま》だ公然軍命令《こうぜんぐんめいれい》に接《せつ》したるにあらず。故《ゆゑ》に全軍《ぜんぐん》は皆《みな》明朝《みやうてう》の攻擊《こうげき》を豫期《よき》し、殆《ほとん》ど狂《きやう》するが如《ごと》く又醉《またよ》へるが如《ごと》き感念《かんねん》を以《もつ》て新春第一日《しんしゆんだいじつ》の夜《よる》を送《おく》りたるが、二日《か》午《ご》前《ぜん》五時頃《じごろ》に及《およ》んで始《はじ》めて戰鬪中止《せんとうちうし》の軍命令《ぐんめいれい》に接《せつ》し、茲《こゝ》に半《はん》歲攻圍《さいこうゐ》の大目的《だいもくてき》を貫徹《くわんてつ》し名譽《めいよ》ある戰局《せんきよく》を終結《しうけつ》せり（平田骨仙）

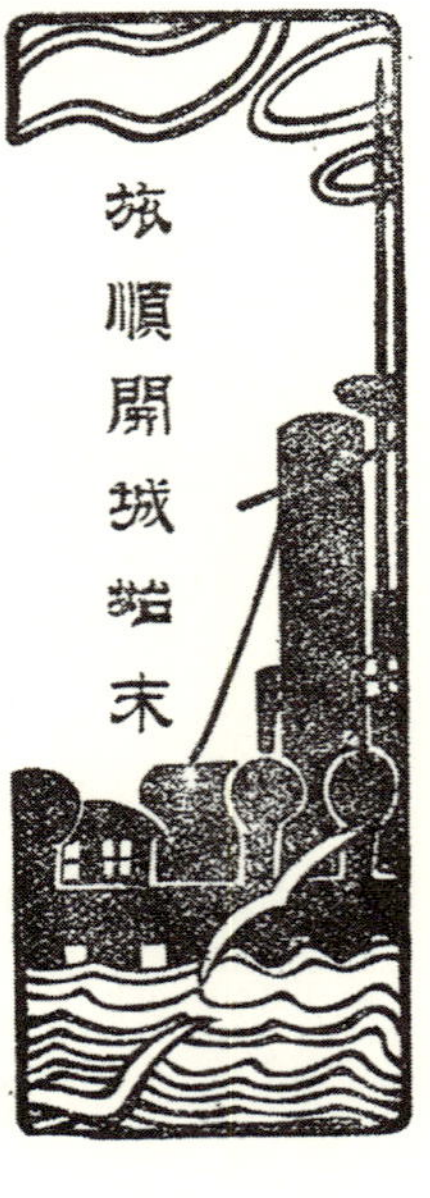

敵將《てきしやう》降《かう》を納《い》る

維《これ》明治三十八年《ねん》一月元旦《ぐわつぐわんたん》、我《わ》が旅順攻圍軍《りよじゆんこうゐぐん》は、百零一發《れいはつ》の皇禮砲《くわうれいはう》に、實彈《じつだん》を裝塡《さうてん》して、敵軍《てきぐん》に向《むか》ひ發射《はつしや》したるは、如何《いか》に我《わ》が士氣《しき》を振《ふる》はしめ、彼《かれ》の膽《きも》を奪《うば》ひたらんと思《おも》はれたり。さらでも客臘尾《かくらうび》に於《お》ける旅順《りよじゆん》の形勢《けいせい》は、實《じつ》に上來述《じやうらいの》ぶる所《ところ》の如《ごと》し。其陷《そのおちい》らざるものは間《かん》一髮《はつ》なりしのみ、加《くは》ふるにバルチツク艦隊《かんたい》は遂《つひ》に逡巡《じゆん〳〵》して來《きた》らず、クロパトキンの通牒亦《つうてうまた》賴《の》むに足《た》らずして、內《うち》には傷病兵日《しやうびやうへいひ》に多《おほ》くして士氣《しき》益《ますま》す沮喪《そそう》せるあり、況《いは》んや驍將《ぎやうしやう》コンドラチエンコの陣歿《ぢんぼつ》は、主將《しゆしやう》ステッセルをして、確《たし》かに一臂《び》を失《うしな》ひたるの感《かん》あらしめたるべく、既喪《きそう》の士氣《しきう》はいよ〳〵集拾《しうじふ》すべからざるに至《いた》る、是《こゝ》に於《おい》てか、ステッセルが

開《かい》城《じやう》降《かう》伏《ふく》の意《い》

乃《すなは》ち決《けつ》せり。蓋《けだ》し參謀長《さんぼうちやう》ライス大佐《たいさ》と凝議《ぎやうぎ》の餘《よ》に出《い》でたるや勿論《もちろん》なるべし。斯《か》くて方針《はうしん》既《すで》に定《さだ》まりたるも、猶《なほ》諸將《しよしやう》を集《あつ》めて、正式《せいしき》の會議《くわいぎ》を開《ひら》かざるべからず、仍《よつ》て一月一日午《ご》前《ぜん》九時《じ》を以《もつ》て、諸將《しよしやう》を白玉山下《はくぎよくざんか》の幕營《ばくえい》に召《まね》く、會《くわい》する者總《ものすべ》て十二名《めい》、コンドラチエンコの倚子《いす》空《むなし》くありて、其人《そのひと》なきを見《み》て、黯然涙下《あんぜんなみだくだ》る者《もの》あり、既《すで》にして魯帝《ろてい》の万福《まんぷく》を頌《しやう》したる後《のち》、壁上《へきじやう》に掲《かゝ》げたる

帝《てい》の肖《せう》照《せう》を撤《てつ》し

さて戰《たゝか》はんか降《くだ》らんかを諮詢《しじゆん》したるに、復《ま》た一人《いちにん》の戰《たゝかひ》を主張《しゆちやう》する者《もの》なし。遂《つひ》に佩劍《はいけん》を脱《だつ》して之《これ》を卓上《たくじやう》に置《お》き、魯帝《ろてい》の萬歳《ばんざい》を唱《とな》へ了《おは》りて、各自降服決議書《かくじかうふくけつぎしよ》に署名《しよめい》し、相顧《あひかへり》みて潸然《さんぜん》たり。ステツセルは副官《ふくくわん》マルチエンコ中尉《ちうゐ》を招《まね》き、軍使《ぐんし》として日本軍《にほんぐん》に赴《おもむ》くべきを命《めい》じ、諸將皆《しよしやうみな》辭し去《さ》れば、ステツセル獨《ひと》り室内《しつない》に殘留《ざんりう》して、萬感叢生《ばんかんさうせい》する者《もの》の如《ごと》し。マルチエンコは命《めい》を領《れう》して直《たゞ》ちに水師營《すゐしえい》に來《きた》り、我《わ》が攻圍《こうゐ》軍參謀長伊知地少將《ぐんさんぼうちやういちぢせうしやう》(幸介《こうすけ》)に會見《くわいけん》して、左《さ》の書簡《しよかん》を交附《かうふ》したるは、此日《このひ》午後《ごゞ》三時《じ》の頃《ころ》なりき。其書《そのしよ》に云《いふ》

旅順口《りよじゆんこう》　一千九百四年《ねん》十二月《ぐわつ》

第二五四五號《がう》

貴下《きか》、交戰地《かうせんち》域全般《ゐきぜんぱん》の形勢《けいせい》を考察《かうさつ》するに、今後《こんご》に於《お》ける旅順口《りよじゆんこう》の

抵《てい》抗《かう》は不《ふ》要《えう》

なり。依《よつ》て無益《むえき》に人命《じんめい》を損《そん》せざる爲《た》め、予《よ》は開城《かいじやう》に付談《つきだん》判《ぱん》せんことを望《のぞ》む、若《も》し閣下《かくか》之《これ》を同意《どうい》せらるゝに於《おい》ては、開城《かいじやう》の條件順序《でうけんじゆんじよ》を討議《とうぎ》する爲《た》め委員《ゐゐん》を指命《しめい》し、幷《ならび》に予《よ》の委員《ゐゐん》が該委員《がいゐゐん》と會合《くわいがふ》すべき場所《ばしよ》を選定《せんてい》せられんことを願《ねが》ふ。

予《よ》は此機會《このきくわい》を利用《りよう》し、予《よ》の敬意《けいい》を表《へう》す。

ステツセル將軍《しやうぐん》

旅順口攻圍軍司令官男爵乃木閣下《りよじゆんこうこうゐぐんしれいくわんだんしやくのぎかくか》

此書《このしよ》十二月《ぐわつ》と署《しよ》したるは、我《わ》が一月《ぐわつ》一日《じつ》は猶魯暦《なほろれき》の十二月《ぐわつ》中旬《ちうじゆん》なるを以《もつ》てなり、伊地知少將《いぢちせうしやう》は書簡《しよかん》を領《れう》しマルチエンコに向《むか》ひて、明日再《みやうにちふた》び此處《こゝ》に來《きた》るべきを命《めい》じて歸陣《きぢん》せしめたるが、ステツセルの降書《かうしよ》の乃木軍司令部《のぎぐんしれいぶ》に達《たつ》したるは、此日《このひ》午後《ごゞ》九時《じ》なりき。軍司令部《ぐんしれいぶ》に於《おい》ては直《たゞ》ちに

參《さん》謀《ぼう》會《くわい》議《ぎ》を開《ひら》き

開城受降《かいじやうじゆこう》の手續《てつゞき》を定《さだ》め、軍參謀長伊地知《ぐんさんぼうちやういぢち》陸軍少將《りくぐんせうしやう》を陸軍委員《りくぐんゐゐん》となし、第一《だい》艦隊參謀岩村海軍中佐《かんたいさんぼういはむらかいぐんちうさ》(團次郎《だんじらう》)を海軍委員《かいぐんゐゐん》となし、更《さら》に若干人《じやくかんにん》の參謀官《さんぼうくわん》並《ならび》に文官《ぶんくわん》を隨行《ずいかう》せしむることゝし、●●二日正午《しやうご》、水師營《すゐしえい》に於《おい》て談判《だんぱん》せんとする旨《むね》の返書《へんしよ》を作《つく》り、參謀山岡少佐《さんぼうやまをかせうさ》(熊治《くまぢ》)河津通譯《かはつつうやく》の二人《にん》、之《これ》を携《たづさ》へて●●二日午前《ごぜん》二時《じ》、軍司令部《ぐんしれいぶ》を發《はつ》し、九時敵《じてき》の前哨線《ぜんしやうせん》に達《たつ》して之《これ》を交附《こうふ》す。乃木將軍《のぎしやうぐん》の覆書《ふくしよ》は左《さ》の如《ごと》し。

千九百五年《ねん》一月二日《ぐわつか》

旅順口攻圍軍司令部《りよじゆんこうこうゐぐんしれいぶ》に於《おい》て

貴下《きか》、予《よ》は玆《こゝ》に開城《かいじやう》の條件及《でうけんおよ》び順序《じゆんぢよ》に付談判《つきだんぱん》せんとする閣下《かくか》の提議《ていぎ》に同意《どうい》するの光榮《くわうえい》を有《いう》す、之《これ》が爲《た》め予《よ》は旅順《りよじゆん》攻圍軍參謀長少將伊地知幸介《こうゐぐんさんぼうちやうせうしやういぢちかうすけ》を委員《ゐゐん》に指命《しめい》し、尙之《なほこれ》に若干名《じやくかんめい》の參謀及《さんぼうおよ》び文官《ぶんくわん》を隨行《ずゐかう》せしむ、即《すなは》ち一九〇五年《ねん》一月《げつ》二日《か》の正午《しやうご》に、水師營《すゐしえい》に於《おい》て、貴軍委員《きぐんゐゐん》に會合《くわいがふ》すべし、双方《さうはう》の委員《ゐゐん》は、調印《ちやういん》の後《のち》、批準《ひじゆん》を待《ま》たずして、直《たゞ》ちに効力《かうりよく》を生《しやう》ずる開城規約《かいじやうきやく》に署名《しよめい》するの全權《ぜんけん》を有《いう》すべく、其全權委任狀《そのぜんけんゐにんじやう》は、双方《さうはう》の最上指揮官《さいじやうしきくわん》の署名《しよめい》したる者《もの》にして、互《たがひ》に交換《こうくわん》すべし。予《よ》は此機會《このきくわい》を利用《りよう》し、敬意《けいい》を呈《てい》す。

籠城《ろうじやう》の苦節《くせつ》

大元帥陛下《だいげんすゐへいか》は開城《かいじやう》の事《こと》を聞召《きこしめ》されステッセルがを嘉みし給ひて、畏《かしこ》き御意《ぎよい》を山縣參謀總長《やまがたさんぼうさうちやう》に降《くだ》し給《たま》ひたれば、參謀總長《さんぼうさうちやう》は●●二日午前《ごぜん》八時發電《じはつでん》を以《もつ》て、左《さ》の如《ごと》く乃木司令官《のぎしれいくわん》に傳達《でんたつ》あり、

將官《しやうくわん》ステッセルより開城《かいじやう》の提議《ていぎ》を爲《な》し來《きた》りたる件《けん》、伏奏《ふくそう》したる處《ところ》

陛下《へいか》には將官《しやうくわん》ステッセルが、祖國《そこく》の爲《た》め盡《つく》せし苦節《くせつ》を嘉《よ》みし給《たま》ひ、武士《ぶし》の名譽《めいよ》を保《たも》たしむべきことを望《のぞ》ませらる

右謹《みぎつゝし》んで傳達《でんたつ》す。

敵《てき》の軍使《ぐんし》の一行《かう》

斯《か》くて約《やく》の如《ごと》く、●●二日正午《しやうご》より水師營《すゐしえい》に於《おい》て開城談判《かいじやうだんぱん》は開始《かいし》せられんとす。仍《よつ》て我《われ》は此日《このひ》朝來全權委員《てうらいぜんけんゐゐん》の會合《くわいがふ》を終《をは》るまで、全線《ぜんせん》に於《お》ける攻擊動止《こうげきどうし》を中止《ちうし》したり。水師營《すゐしえい》の民家《みんか》は大抵砲彈《たいていはうだん》の爲《ため》に破壞《はくわい》せられ、荒敗頗《くわうはいすこぶ》る甚《はなは》だしきも、當時繃帶所《たうじほうたいしよ》として使用《しよう》せし一屋《をく》は、稍完全《やゝくわんぜん》なりしを以《もつ》て、其數室《そのすうしつ》の患者《くわんじや》を他《た》に移《うつ》し、成《な》し得《う》る限《かぎ》り淸掃《せいさう》して會見室《くわいけんしつ》、日本委員控所《にほんゐゐんひかへじよ》、魯國委員控所《ろこくゐゐんひかへじよ》に供《きよう》し、三室《しつ》ともに急《きふ》に倚子及《ゐすおよ》び卓子《ていぶる》を備《そな》へ、煖炉《だんろ》を据《す》ゑ、更《さら》に土間《どま》を掘《ほ》り木炭《もくたん》を焚《た》きて以《もつ》て溫《なん》を取《と》り、日本委員《にほんゐゐん》の室《しつ》には、軍司令部《ぐんしれいぶ》との間《あひだ》に電話《でんわ》を架《か》したり。是《こゝ》に於《おい》て日本委員《にほんゐゐん》の一行《かう》は、當日午前《たうじつごぜん》十時司令部《じしれいぶ》を發《はつ》し、十二時前水師營《じぜんすゐしえい》に達《たつ》すれば、少時《しばらく》して

皆馬《みなうま》に騎《き》して至《いた》り、山岡參謀《やまをかさんぼう》出《い》でゝ之《これ》を我《わ》が前哨線《ぜんしやうせん》に迎《むか》ふ前日《ぜんじつ》まで土《ど》嚢《のう》を以《もつ》て塹壕《ざんがう》を造《つく》りたる前哨線《ぜんしやうせん》の一部《ぶ》を切開《きりひら》きて道路《だうろ》を通《つう》じ、此處《こゝ》より敵《てき》の委員《ゐゝん》を導《みちび》きて、暫《しば》し休憩《きふけい》せしめたる後《のち》、愈《いよい》よ第《だい》一次《じ》の會見《くわいけん》を開《ひら》けり。

我《わ》が委員《ゐゝん》には山岡《やまをか》、津野田《つのだ》の兩參謀《りやうさんぼう》、有賀《ありが》法《はふ》學博士《がくはかせ》、篠田《しのだ》法學士《はふがくし》、兵藤編修《へうどうへんしう》、並《ならび》に河野《かうの》鎌《かま》田《だ》の兩通譯隨行《りやうつうやくずゐかう》し、敵《てき》は關東要塞地區參謀長《くわんとうえうさいちくさんぼうちやう》ライス大佐《たいさ》を陸軍委員《りくぐんゐゝん》とし、同副官《どうふくくわん》マルチエンコ中尉《ちうゐ》之《これ》に副《ふく》とし、「レトヰザン」艦長《かんちやう》セスノヰツチ大佐《たいさ》海軍委員《かいぐんゐゝん》とし、赤十字社理事《せきじうじしやりじ》バラシヨフ中將《ちうじやう》、要塞參謀長《えうさいさんぼうちやう》フボストフ中佐《ちうさ》、第《だい》四師團參謀長《しだんさんぼうちやう》ドミツレブスキー中佐《ちうさ》、同參《どうさん》謀《ぼう》ゴロプチ大尉《たいゐ》同《おな》じく出席《しゆつせき》して、彼我《ひが》の委員《ゐゝん》長卓《ちやうたく》の兩側《りやうがは》に居並《ゐなら》びたり。

握手《あくしゆ》の禮《れい》終りて後《のち》、伊地知少將《いちぢせうしやう》はライス大佐《たいさ》と、岩村中佐《いはむらちうさ》はセスノヰツチ大佐《たいさ》と、互《たがひ》に全《ぜん》權委任狀《けんゐにんじやう》を交換《かうくわん》して、日本委員《にほんゐゝん》より英文《えいぶん》を以《もつ》て記《しる》したる開城規約案《かいじやうきやくあん》及《およ》び附錄案《ふろくあん》を交附《かうふ》し、研究《けんきう》の爲《た》め**一時間《じかん》の猶豫《いうよ》**を與《あた》ふる旨《むね》を告《つ》げたるに、彼《か》の委員《ゐゝん》は去《さ》るに臨《のぞ》み、『此《こ》の規《き》約案《やくあん》は毫《がう》も讓歩《じやうほ》もしくは訂正《ていせい》を請《こ》ふ能《あた》はざるか』と問《と》ひ、我委員《わがゐゝん》は『訂正《ていせい》を許《ゆる》すと否《いな》とは扨措《さてを》き、意見《いけん》あらば一應之《おうこれ》を聞《き》くべし』と答《こた》へ、扨兩國委員《りやうこくゐゝん》の各其控所《くそのひかへしよ》に退《しりぞ》きたるは午後《ごご》一時半《じはん》なりき。彼《かれ》は逐條熟《ちくでうじゆく》議《ぎ》を凝《こら》すを、我《わ》が河津鎌田《かはつかまだ》の兩通譯《りやうつうやく》は、魯國《ろこく》委員控所《ゐゝんひかへしよ》の室外《しつぐわい》に在《あ》りて、時々評議《ときどきひやうぎ》の模樣《もやう》を我《わ》が委員《ゐゝん》に報告《はうこく》せしが、二時半《じはん》に至《いた》り、彼《かれ》の內議《ないぎ》一決《けつ》して、復《ふた》び會見《くわいけん》を請《こ》ひけるより、第《だい》二の會議《くわいぎ》を開《ひら》きて、先《ま》づ彼《かれ》の要求《えうきう》を言《い》はしめたるに、其《その》述ぶる所《ところ》の要點《えうてん》は

(一)規約案《きやくあん》に依《よ》れば、陸海軍人官吏義勇兵《りくかいぐんじんくわんりぎゆうへい》は悉《こと〲》く之《これ》を捕虜《ほりよ》とすとあれども、是《これ》は宥恕《いうぢよ》ありたし。且要塞《かつえうさい》の捕虜《ほりよ》は皆傷 病 者《みなしやうびやうしや》のみなれば、此旨《このむね》了知《れうち》ありたし。

(二)又此戰役《またこのせんえき》の終局《しうきよく》まで、日本《にほん》に對《たい》する戰《せん》鬪行爲《とうかうゐ》をなさゞることを宣誓《せんせい》せば、歸國《きこく》を許《ゆる》さるゝ旨《むね》なれども、我《わ》が魯國《ろこく》には此《かく》の如《ごと》き法律《はふりつ》なきを以《もつ》て、特《とく》に皇帝《くわうてい》に電奏《でんそう》して裁可《さいか》を請《こ》ふことを許《ゆる》されたし。

(三)將校《しやうかう》には乘馬《じやうば》を許《ゆる》されたし、永《なが》き間《あひだ》撫育《ぶいく》したる者《もの》を

海鼠山の占領

俄《にはか》に棄《す》つるに忍《しの》びざれば、費用《ひよう》は自辨《じべん》すべし、又從卒《またじうそつ》一名《めい》をも附《ふ》せられたし。
(四)本國皇帝《ほんごく・わうてい》より、宣誓《せんせい》の上歸國《うへきこく》せよとの電命《でんめい》あらば、行李《かうり》は何程携帶《なにほどけいたい》して可《か》なるか。
(五)赤十字社《せきじしや》に屬《ぞく》する建造物《けんざうぶつ》は、沒收《ぼつしう》せずして保存《ほぞん》し、且内部《かつないぶ》の装置《さうち》も依然存《いぜんそん》じ置《お》かれんことを請《こ》ふ。
(六)旅順《りよじゆん》にある日本《にほん》の捕虜病傷者《ほりよびやうしやうしや》は如何《いか》に處置《しよち》すべきか等《とう》にして、此《こ》の陳述《ちんじゆつ》は三時《じ》七分《ふん》に終《をは》りたれば、我《わ》が委員《ゐん》は之《これ》に答《こた》ふるの協議《けふぎ》を遂《と》げんが爲《ため》に又控《またひかへ》室に退《しりぞ》き三十分《ぷん》を經《へ》て、

第三次《だいじ》の會見《くわいけん》

は開《ひら》かれたりしが、我《われ》の答辨《たうべん》は、
(一)全治兵《ぜんちへい》を悉《ことごと》く免《ゆる》すことは出來難《できがた》きも、義勇兵及《ぎゆうへいおよ》び官吏《くわんり》は之《これ》を免《ゆる》すべし、將校《しやうかう》は勿論《もちろん》なり。
(二)電奏《でんそう》のことは、英語《えいご》ならば之《これ》を許《ゆる》さん。
(四)將校《しやうこう》に馬《うま》を附《ふ》するは不可《ふか》なるも、從卒《じうそつ》一名《めい》は之《これ》を許《ゆる》すべし。
斯《か》く談《だん》じつゝあるの間《あひだ》、軍司令部《ぐんしれいぶ》より電話《でんわ》あり、曰《いは》く『今《いま》旅順市街《りよじゆんしがい》に火起《ひおこ》れり、且白銀山倚子山《かつはくぎんさんゐすざん》の敵出《てきい》で來《きた》り、開城《かいじやう》談判中秩序《だんぱんちうちつじよ》を亂《みた》すこと甚《はなは》だし、敵將《てきしやう》に鎭撫《ちんぶ》せんことを求《もと》めよ』と、乃《すなは》ち敵委員《てきゐゐん》に此意《このい》を通《つう》じたるに、ライス大佐《たいさ》は、直《たゞ》ちに筆《ふで》を執《とつ》て一書《しよ》を裁《さい》し、之《これ》をステッセルに送《おく》らしむ、時《とき》に三時《じ》五十四分《ふん》なり。斯《か》くて談判《だんぱん》は復《ふたゝ》び續《つゞ》けられぬ。我《われ》の答辨《たふべん》は前《まへ》に續《つゞ》きぬ。
(四)退去《たいきよ》の際《さい》、携帶行李《けいたいかうり》の量《りやう》は、日本將校《にほんしやうかう》の量《りやう》に準《じゆん》ずべく、其餘《そのよ》は知人《ちじん》に托《たく》さるゝも可《な》ならん。
(五)赤十字《せきじふじ》社《しや》の建造物《けんざうぶつ》は、貴望《きばう》に應《おう》ずべし。
と答《こた》ふる時《とき》、『家族《かぞく》は如何《いかゞ》すべき』と問《と》ふものあり、我《われ》は之《これ》に答《こた》へて曰《いは》く、『如何《いか》にせらるゝも隨意《ずゐい》なるが、もし歸國《きこく》せしめられんには、我《われ》は相當《さうたう》の便宜《べんぎ》を與《あた》ふべし。』茲《こゝ》に於《おい》て我《わ》れ病者《びやうしや》の數《すう》を質《たゞ》せば、彼《か》れ二萬と答《こた》へ、四時《じ》三十五分《ふん》を以《もつ》て談判《だんぱん》は終了《しふれう》しぬ。時《とき》にライス大佐《たいさ》は直《たゞ》ちにステッセル將軍《しやうぐん》に、『即時《そくじ》

戰鬪《せんとう》を休止《きうし》

せられよ』との書《しよ》を送《おく》り、我《わ》が委員《ゐゐん》は亦乃木將軍《またのぎしやうぐん》に此旨《このむね》を報告《はうこく》し、兩國委員《りやうこくゐゐん》は又各控室《またかくひかへしつ》に退《しりぞ》きて、規約《きやく》の淨寫《ぞうしや》に着手《ちやくしゆ》したるが、七時《じ》に至《いた》り、ステッセルが宣誓《せんせい》に關《くわん》して、魯帝《ろてい》に宛《あ》てたる電奏文來《でんそうぶんきた》りたれば、我《われ》は直《たゞ》ちに之《これ》を發送《はつそう》し、開《かい》城規約及《じやうきやくおよ》び附錄《ふろく》の正本《せいほん》は、有賀博士及《ありがはかせおよ》びマルチエンコ中尉《ちうい》之《これ》を校合《けうがふ》して、兩國委員《りやうこくゐゐん》の全《まつた》く署名調印《しよめいてういん》を了《をは》りたるは、方《まさ》

旅順開城始末

に九時《じ》四十五分《ふん》なり、昨日《さくじつ》の仇敵《きうてき》は忽《たちま》ちにして一堂《だう》の友《とも》となる、是《こゝ》に於《おい》て魯國委員《ろこくゐゐん》は調印了《てういんをは》りて後《のち》、食卓《しよくたく》に就《つ》かんことを請へるを以《もつ》て、我《われ》は其意《そのい》に任《まか》せ、會見室《くわいけんしつ》を以《もつ》て直《たゞ》ちに食堂《しよくだう》に充《あ》て、十時《じ》より陣中所有《ぢんちうしよいう》の酒肴《しゆこう》を開《ひら》きて

晩餐《ばんさん》を饗應《きやうおう》

したるに、魯國委員《ろこくゐゐん》は喜《よろこ》んで之《こう》を受《う》け、互《たがひ》に胸襟《きやうきん》を披《ひら》きて談笑《だんせふ》したるが、會食《くわいしよく》に先《さき》だち、伊地知參謀長《いぢちさんぼうちやう》はライス大佐《たいさ》に向《むか》ひ、今日乃木將軍《こんにちのぎしやうぐん》は我《わ》が天皇陛下《てんわうへいか》より、ステッセル將軍《しやうぐん》の武勇《ぶゆう》を嘉稱《かしやう》し給《たま》ひ、名譽《めいよ》を以《もつ》て之《これ》を遇《ぐう》すべき旨《むね》の勅《ちよく》命《めい》を受《う》けられたる由《よし》を告《つ》げ、さて語《かた》りて曰《いは》く

伊地知少將先《いぢ・せうしやうま》づ曰《いは》く、定《さだ》めて空腹《くうふく》なりしならん。

ライス大佐曰《たいさいは》く、昨夜《さくや》一睡《すゐ》の暇《いとま》を得《え》ず、今朝《こんてう》六時《じ》茶《ちや》を喫《きつ》したるのみ。

伊地知曰《いぢ・いはく》、予《よ》も亦《また》一睡《すゐ》せず、今朝《こんてう》九時《じ》茶《ちや》を喫《きつ》したるのみ

旅順口《りよじゆんこう》にて食物《しよくもつ》は如何《いか》なりしや。

ライス曰《いはく》、食物《しよくもつ》は十分《ぶん》なりしも野菜《やさい》の缺乏《けつぼう》に困難《こんなん》し、爲《た》めに一種《しゆ》の病氣《びやうき》を發生《はつせい》したり。

伊地知曰《いぢ・いはく》、飲料水《いんれうすゐ》は如何《いかん》。

ライス曰《いはく》、飲料水《いんれうすゐ》は不足《ふそく》を感《かん》ぜず、内部《ないぶ》には水源《すゐげん》あり、且淨水機《かつぜうすゐき》をも運轉《うんてん》しつゝあり。

伊地知曰《いぢ・いはく》、旅順口《りよじゆんこう》の總人員《さうじんゐん》は幾何《いくばく》なるか。

マルチエンコ中尉曰《ちうゐいはく》、支那人《しなじん》を合《がつ》して約《やく》三萬五千なり。

伊地知曰《いぢ・いはく》、外國人《ぐわいこくじん》もありや。

マルチエンコ曰《いはく》、佛人獨人多《ふつじんどくじんおほ》くあり、皆商人《みなしやうにん》なり。

伊地知曰《いぢ・いはく》、病兵《びやうへい》の數《すう》は幾何《いくばく》あるか。

バラショフ中將曰《ちうじやういはく》、各病舍《かくびやうしや》に在《あ》る者約《ものやく》一萬四千人《にん》なり

ライス曰《いはく》、兵營内《へいえいない》に在《あ》るものを合算《がふさん》せば二萬《まん》を超《こ》ゆべし野菜《やさい》なく且晝夜勤勞《かつちうやきんらう》して交代《かうたい》せざるを以《もつ》て、神經《しんけい》に異狀《ゐじやう》を呈《てい》する者日《ものひ》々五六十名《めい》を加《くは》ふ、是《こ》れ今回開城《こんくわいかいじやう》に決《けつ》したる一の原因《げんゐん》なり。

伊地知曰《いぢ・いはく》、ステッセル將軍《しやうぐん》は健康《けんかう》なりや。

ライス曰《いはく》、然《しか》り。健康《けんかう》なり。

伊地知曰《いぢ・いはく》、將軍《しやうぐん》は何處《いづこ》に住居《じうきよ》せらるゝや。

ライス曰《いはく》、舊市街《きうしがい》に住《じう》せり。

伊地知曰《いぢ・いはく》、フオーク將軍《しやうぐん》は如何《いかん》。

ライス曰《いはく》、同《おな》じく健康《けんかう》なり。

伊地知曰《いぢ・いはく》、海軍提督《かいぐんていとく》は幾名《いくめい》ありや。

セスノヰッチ大佐曰《たいさいはく》、四名《めい》あり、今《いま》や軍艦《ぐんかん》の數《すう》よりも多《おほ》しと、衆哄笑《しうこうせふ》し、閑談正《かんだんまさ》に盡《つ》きて、會食亦終《くわいしよくまたをは》る、魯國《ろこく》委員去《ゐゝんさ》らんとするに臨《のぞ》み、ライス大佐《たいさ》は特《とく》に伊地知參謀長《いぢ・さんぼうちやう》と握手《あくしゆ》し、ステッセルに代《かは》りて、我《わ》が　大元帥陛下《だいげんすゐへいか》の恩命《おんめい》

を拜謝《はいしや》せり。バラショフ中將《ちうじやう》は又有賀《またありが》博士《はかせ》に向《むか》ひ、曩《さき》に(十二月《ぐわつ》十六日《にち》)軍使《ぐんし》會見《くわいけん》の際《さい》、貴下《きか》より『傷病者救護上《しやうびやうしやきうごじやう》に不足《ふそく》の品《しな》なきか』と問《と》はれ、予《よ》は『無《な》し』と答《こた》へたりしが

今《こん》日《にち》は大《おほひ》に不《ふ》足《そく》

なり、多《おほ》くの患者《くわんじや》は適當《てきたう》の食物《しよくもつ》を得《え》ず、且繃帶材料《かつほうたいざいれう》も不足《ふそく》せり。願《ねが》はくば良好《りやうこう》の麵包《ぱん》粉《こ》、生肉類《せいにくるゐ》、野菜《やさい》及《およ》び繃帶材料《ほうたいざいれう》を、至急給與《しきうきふよ》せられたしと請《こ》ひけるに、博士《はかせ》は直《たゞ》ちに之《これ》を軍醫部員《ぐんゐぶゐん》に電話《でんわ》し軍醫部長《ぐんいぶちやう》明日《みやうにち》親《みづか》ら臨檢《りんけん》して、補給《ほきふ》の事《こと》を取計《とりはか》らふ事《こと》となりしかば、バラショフ大《おほい》に喜《よろこ》びぬ。又伊地知少將《またいぢちせうしやう》は竊《ひそか》にマルチエンコに向《むか》ひ、旅順《りよじゆん》にては食乏《しよくとは》しく馬肉《ばにく》を喫《くら》ひたる由《よし》なるが、今日將校《こんにちしやうかう》の愛馬携帶《あいばけいたい》を禁《きん》じたるため、或《あるひ》は良馬《りやうば》をも屠《ほう》り喰《くら》ふ如《ごと》き事《こと》ありては遺憾《ゐかん》なり明日直《みやうにちたゞ》ちに牛肉《ぎうにく》を供給《きようきふ》すべければ、一切《さい》

馬《うま》を殺《ころ》さゞる

樣取計《やうとりはか》らはれよと謂《い》はれ、マルチエンコは斯《か》くとライスに耳語《じご》しければ、ライスは快然首肯《くわいぜんしゆがう》したり。此時又伊《このときまたい》地《ぢ》知少《せう》將《しやう》は、乃木將軍《のぎしやうぐん》とステッセルと會見《くわいけん》の事《こと》を言出《いひい》で、ステッセル將軍《しやうぐん》の名譽《めいよ》を傷《きずつ》けず、感情《かんじやう》を害《がい》せざる方法《はうはふ》に於《おい》て、實《じつ》行《かう》する希望《きばう》なりと告《つ》げられたれば、ライス大佐《たいさ》も同意《どうい》を表《へう》したり、斯《か》くて互《たがひ》に別《わかれ》を告《つ》げ、我《わ》が兵《へい》をして魯國委員《ろこくゐゐん》を前《ぜん》哨線《せうせん》まで護送《ごそう》せしめたるが、我《わ》が參謀長等《さんぼうちやうら》の軍司令部《ぐんしれいぶ》に歸《き》着《ちやく》したるは、三日の午前《ごぜん》二時過《じす》ぐる頃《ころ》なりき。さて三日《か》には乃木司令官《のぎしれいくわん》は、津野田參謀《つのださんぼう》を使《つかひ》として、旅順《りよじゆん》にステッセルを訪《と》はしめ、改《あらた》めて大元帥陛下《だいげんすゐへいか》の優渥《いうあく》なる恩《おん》旨《し》を傳《つた》へしめければ、ステッセルは、

深《ふか》く感《かん》激《げき》し

『予《よ》は過去幾十年間《くわこいくねんかん》、殊《こと》に此《こ》の旅順要塞《りよじゆんえうさい》に於《おい》ては、殆《ほと》んど力《ちから》を盡《つく》し心《こゝろ》を盡《つく》して、祖國《そこく》の爲《ため》に勤《つと》めたるも、今《いま》や貴國《きこく》天皇陛下《てんわうへいか》の優渥《いうあく》なる恩命《おんめい》に浴《よく》し、予《よ》が光榮《くわうえい》たる至大《しだい》なり』とて、篤《あつ》く謝意《しやい》を表《へう》したり。津野田參謀《つのださんぼう》は更《さら》にステッセルに向《むか》ひ、『我《わ》が乃木將軍《のぎしやうぐん》は、平和成《へいわな》りたる今日《こんにち》に於《おい》て、特《とく》に閣下《かくか》と會見《くわいけん》せんことを希望《きばう》せらる、閣下《かくか》の意《い》は如何《いか》にや』と叩《たゝ》けば、ステッセルは快《こゝろ》よく之《これ》を諾《だく》し、且《かつ》『昨日《さくじつ》の敵《てき》は今日既《こんにちすで》に何等《なんら》の怨恨《えんこん》なし、四海眞《かいしん》に兄弟《けいてい》なれば、予《よ》は乃木《のぎ》將軍《しやうぐん》と相語《あひかた》るを得《え》ば、本懷之《ほんくわいこれ》に過《す》ぎずと』謂《い》へるに、津野《つの》田參謀《ださんぼう》は其會見所《そのくわいけんじよ》に就《つい》て、『軍司令部《ぐんしれいぶ》は遠距離《ゑんきより》にして、閣下《かくか》の來駕《らいが》を煩《わずら》はすに忍《しの》びざれば、水師營《すゐしえい》の一民舍《みんしや》に於《おい》てせんか』と語《かた》り、ステッセル亦之《またこれ》に同意《どうい》しければ、參謀《さんぼう》は辭《じ》して歸《かへ》りぬ。

開城規約《かいじやうきやく》既《すで》に成《な》る、乃《すなは》ち手續《てつゞき》の實行《じつかう》に着手《ちやくしゆ》し、三日彼我兩《かひがりやう》委員《ゐゐん》の協議《けふぎ》を終《をは》り、●●四日朝《あさ》より堡壘砲臺《ほうるゐはうだい》を始《はじ》め、一切《さい》の軍《ぐん》用諸材料《ようしよざいれう》、幷《ならび》に官有諸物件《くわんいうしよぶつけん》の授受《じゆ〱》に着手《ちやくしゆ》し、猶擔保《なほたんぽ》として倚子山《いすざん》、大小案子山《だいせうあんしざん》、及《およ》び其東南《そのとうなん》一帶高地《たいかうち》の堡壘砲臺《ほうるゐはうだい》を受領《じゆりやう》したるが、捕虜《ほりよ》の總數《そうすう》は三萬二千二百餘人《よにん》にして、內宣誓《うちせんせい》したる將校《しやうかう》は八十六人《にん》、又鹵獲《またろわく》せる馬匹《はひつ》は約《やく》千九百餘頭《よとう》あり。

此日《このひ》、周家屯《しうかとん》なる我《わ》が通信所《つうしんじよ》に

魯帝《ろてい》より返電《へんでん》

達《たつ》したれば、直《たゞ》ちに之《これ》をステッセルに致《いた》したるが、魯帝《ろてい》の返電《へんでん》は左《さ》の如《ごと》し。

朕《ちん》は各將校《かくしやうかう》に保留《ほりう》せる特權《とくけん》を利用《りよう》し、現在《げんざい》の戰役《せんえき》に參與《さんよ》せざる義務《ぎむ》を負《おほ》ひ、魯國《ろこく》に歸來《きらい》するか、若《も》しくは兵卒《へいそつ》と運《うん》命《めい》を共《とも》にせんことを許可《きよか》す、卿及《けいおよ》び勇敢《ゆうかん》なる守兵《しゆへい》に、此《この》光輝《くわうき》ある防戰《はうせん》を感謝《かんしや》す。

ニコラス

即《すなは》ち歸《かへ》るも可《か》、留《とゞ》まるも亦可《またか》なりと謂《い》ふに在《あ》り、ステッセルは寧《むし》ろ部下《ぶか》の將卒《しやうそつ》と共《とも》に、捕虜《ほりよ》となりて、日本《にほん》に來《きた》らん意《い》なりしも、夫人《ふじん》の言《げん》に從《したが》ひ、垢《はぢ》を包《つゝ》み本國《ほんごく》に還《かへ》りて、戰死《せんし》者《しや》の遺族《ゐぞく》を慰《なぐさ》むることゝなしたりとなり。

此日《このひ》又津野田《またつのだ》參謀《さんぼう》、川上事務官《かはかみじむくわん》はステッセルを其宿舍《そのしゆくしや》に訪《と》ひ、『乃木司令官《のぎしれいくわん》は、我《わ》が天皇陛下《てんわうへいか》の優渥《いうあく》なる聖旨《せいし》を奉體《ほうたい》し、閣下《かくか》の名譽《めいよ》の爲《ため》に、閣下《かくか》幷《ならび》に閣下《かくか》の將校《しやうかう》の家族《かぞく》は、行李《かうり》と共《とも》に船《ふね》にて出發《しゆつぱつ》せらるゝの自由《じいう》を有《いう》する旨《むね》を傳《つた》へしめらる、又乃木司令官《またのぎしれいくわん》は、明五日午前《みやうかごぜん》十一時《じ》、閣下《かくか》と水師營《すゐしえい》にて會見《くわいけん》せられんとす』る旨《むね》を傳《つた》へ、雞《とり》三十羽《は》、三鞭酒《べんしゆ》一打《だーす》、葡萄酒《ぶどうしゆ》一打《だーす》を贈《おく》りたるに、ステッスル又深《またふか》く其厚意《そのこうい》を謝《しや》し、兩使《りやうし》はステッゼル夫妻《ふさい》と歡晤《かんご》して去《さ》りぬ。此日《このひ》の談《だん》によりて、ステッセルは初《はじ》めてクロパトキンの大敗《たいはい》したること、並《ならび》にバルチック艦隊《かんたい》の未《いま》だ喜望峰《きはうほう》を越《こ》え居《を》らざりしことを知《し》り、其豫想外《そのよさうぐわい》なるに驚《おどろ》きしといふ。

沙《さ》河《か》の會《くわい》戰《せん》

●●●一月五日とはなりぬ、即《すなは》ち我《わ》が乃木將軍《のぎしやうぐん》とステッセルとが水師營《すゐしえい》に會見《くわいけん》すべき日《ひ》なり、東西《とうざい》の兩雄《りやうゆう》、將《まさ》に臂《ひじ》を把《とつ》て一堂中《だうちゆう》に相會《あひくわい》せんとす、是《こ》れ豈《あ》に永《なが》く史上《しじやう》に紀念《きねん》せらるべきの日《ひ》に非《あら》ずや。

此日《このひ》朝來天麗和《てうらいてんうらゝか》に風長閑《かぜのどか》にして、山川草木渾《さんせんさうもくすべ》て喜色《きしよく》ある者《もの》の如《ごと》し、幾《いく》十幾《いく》百の車輛《しやりやう》の旅順市內《りよじゆんしない》に向《むか》つて進《すゝ》むは、我《わ》が受領《じゆりやう》せる物資《ぶつし》を運《はこ》び出《いだ》さん爲《ため》なり、幾多《いくた》の砲車《はうしや》の旅順《りよじゆん》を出《い》て後方《こうはう》に向《むか》ふは、已《すで》に受領《じゆりやう》の手續《てつゞき》を了《おは》りて我《わ》が有《いう》に歸《き》したるなり、唯水師營《たゞすゐしえい》の市内《しない》は、一面《めん》に荒果《あれは》てゝ、滿目石礫《まんもくせきれき》の磊磈《らいくわい》たる路傍《ろはう》に、支那人《しなじん》の立《た》ちて、饅頭豚肉《まんぢうとんにく》の類《るゐ》を賣《う》るあり、曾《かつ》て莊嚴《さうごん》なりし關帝廟《くわんていべう》も、今《いま》は僅《わづか》に斷礎《だんそ》を餘《あま》すあるのみ。

兩《りやう》將《しやう》軍《ぐん》會《くわい》見《けん》

の處《ところ》と定《さだ》められたるは、水師營《すゐしえい》の西南部《せいなんぶ》なる、稍完全《やゝくわんぜん》なる一民屋《みんをく》にして、庭上《ていじやう》には大杏樹《だいきやうじゆ》あり、庭前《ていぜん》には石墻《せきしやう》を遶《めぐ》らし、屋《おく》の内外《ないぐわい》は十分《ぶん》に清掃《せいさう》せられて、會見室《くわいけんしつ》の窓《まど》は、潔白《けつはく》なる布《ぬの》を以《もつ》て掩《おほ》はれたり。やがてステッセル將軍《しやうぐん》は、案内《あんない》の爲《ため》に赴《おもむ》きたる津野田參謀《つのださんぼう》と轡《くつは》を駢《なら》べ、騎馬《きば》の將士數名《しやうしすめい》を從《したが》へ、定《さだ》めの午前《ごぜん》十一時半《じはん》、來《きた》りて乃木將軍《のぎしやうぐん》と會合《くわいけん》せり。乃木將軍《のぎしやうぐん》先《ま》づ口《くち》を開《ひら》いて、『今日《けふ》までは、本國《ほんごく》の爲《ため》に敵《てき》として戰《たゝか》ひたるも、今斯《いまか》く此處《こゝ》に相會《あひくわい》するを得《え》たるは、予《よ》の光榮《くわうえい》とする所《ところ》なり』と謂《い》へば、ステッセルも亦曰《またいは》く、『貴命《きめい》の如《ごと》し、予《よ》も亦本國《またほんごく》の爲《ため》に相敵對《あひてきたい》したるが、今《いま》この會合《くわいがふ》を見《み》るを得《え》たるを光榮《くわうえい》とす。』是《こゝ》に於《おい》て乃木將軍《のぎしやうぐん》は、『我《わ》が　天皇《てんのう》陛下《へいか》が特《とく》に小官《せうくわん》に勅《ちよく》して、

貴《き》下《か》の名《めい》譽《よ》

を維持《ゐぢ》せらるべく命《めい》せられたる』旨《むね》を告《つ》げ、ステッセルは感謝《かんしや》を表《へう》し、頓《やが》て閑談《かんだん》に移《うつ》りたるに、ステッセルは『予《よ》は二頭《とう》の亞拉比亞馬《あらびやうま》を有《いう》す、紀念《きねん》として之《これ》を將軍《しやうぐん》に献《けん》せん』と述《の》ぶれば、乃木將軍曰《のぎしやうぐんいは》く、『厚意《かうい》は多謝《たしや》す、然《しか》るに今日《こんにち》の場合《はあひ》、直接貴下《ちよくせつきか》の賜《たまもの》を拜受《はいじゆ》し難《がた》ければ、一應委員《おうゐゐん》に交附《かうふ》ありたし、されど十分《ぶん》に保育《ほいく》して、天壽《てんじゆ》を保《たも》たしむることに注意《ちうい》すべし、予《よ》が家《いへ》は世々武人《よゝぶじん》として、予《よ》は馬《うま》を好《この》むこと尤《もと》も深《ふか》きが、北泡子崖《ほくはうしがい》の戰《たゝかい》に於《おい》て之《これ》を殪《たふ》し、心《こゝろ》窃《ひそか》に憾《うらみ》とせり。されば貴下《きか》が愛馬《あいば》を失《うしな》はるゝに對《たい》し、殊《こと》に同情《どうじやう》の念《ねん》に切《せつ》なり。』

ステッセル此同情《このどうじやう》の言《げん》を聞《き》きて欣然《きんぜん》たりしが、忽《たちま》ち語《ご》を轉《てん》じて、『私《ひそか》に聞《き》く所《ところ》に依《よ》れば、貴下《きか》は二人《にん》の令息《れいそく》を戰場《せんぢやう》に亡《うしな》はれし由《よし》なるが、實《じつ》に個人《こじん》として悲痛《ひつう》の極《きよく》なり。』と謂《い》ひしに、乃木將軍其厚意《のぎしやうぐんそのかうい》を謝《しや》し、『二兒《じ》を亡《うしな》ふ、悲《かなし》むべしと雖《いへど》も武人《ぶじん》として死所《ししよ》を得《え》たるは、滿足《まんぞく》とする所《ところ》なり』と述《の》べらる。ステッセル之《これ》を聞《き》きて曰《いは》く、『閣下《かくか》は愛兒《あいじ》の戰死《せんし》に對《たい》し其死所《そのしゝよ》を得《え》たるを喜《よろこ》ばる、

實《じつ》に勇《ゆう》猛《まう》無《む》比《ひ》

と言《い》ふべく、予輩《よはい》の遠《とほ》く企《くはだ》て及《およ》ばざる所《ところ》なり』とて、それより午餐《ごさん》を共《とも》にしたる後《のち》、ステッセルは庭上《ていじやう》にて愛馬《あいば》に跨《またが》

り、この間紀念《あひだきねん》の撮影《さつえい》をなして、午後《ごご》一時《じ》三十分《ぷん》歸途《きと》に就《つ》きたるが、津野田《つのだ》參謀《さんばう》は亦《また》旅順《りよじゆん》まで送《おく》りたり。

初《はじ》め兩將軍《りやうしやうぐん》が杯酒《はいしゆ》の間《あひだ》に歡晤《かんご》せる時《とき》、ステッセルの從兵《じゆうへい》は、屋後《をくご》の平地《へいち》にて、我《わ》が兵《へい》と共《とも》に戯《たはむ》れ、或《あるひ》は我兵《わがへい》の携《たづさ》へたる酒《さけ》を酌交《くみかは》しなどして、嬉々《きゝ》團欒《だんらん》せる樣《さま》、和平《わへい》の氣《き》掬《きく》すべき者《もの》あり、ステッセル將軍《しやうぐん》も頗《すこぶ》る此日《このひ》の會見《くわいけん》を歡《よろこ》び、歸途《きと》松《しよう》樹山《じゆざん》補備砲臺《ほびはうだい》の邊《へん》にて、津野田《つのだ》參謀《さんばう》を顧《かへり》み、『予《よ》が乘馬《じやうは》の樣《さま》を見《み》られよ』とて、鞭《むち》を當《あ》てゝ一鞍《くら》を試《こゝろ》み、邸《やしき》に歸《かへ》りて後《のち》も參謀《さんばう》に向《むか》ひて、『予《よ》は乃木將軍《のぎしやうぐん》に面《めん》して

舊友《きうきう》に逢《あ》へる

如《ごと》き心地《こゝち》し實《じつ》に近來《きんらい》の快事《くわいじ》なりき』など語《かた》り出《い》で、其《そ》の幕僚《はくれう》も亦《また》皆《みな》盛《さか》んに乃木將軍《のぎしやうぐん》を頌《しよう》し、白髯童顏《はくぜんどうがん》にして仁《じん》あり勇《ゆう》あり、頗《すこぶ》る我《わ》がステッセル將軍《しやうぐん》に似《に》たり、斯《かゝ》る良將《りやうしやう》の下《もと》に指《し》揮《き》せらるゝは、兵士《へいし》の幸福《かうふく》といふべしなど語《かた》り合《あ》へる、武《ぶ》士《し》交情《かうじやう》の美《び》を見《み》るべきなり。

既《すで》にして、各委員《かくゐゐん》の分擔鞅掌《ぶんたんわうしやう》に依《よ》りて、旅順口有體物件《りよじゆんこういうたいぶつけん》一切《さい》の受領《じゆりやう》、捕虜《ほりよ》の收容送還《しうようそうくわん》の事《こと》、總《すべ》て着々《ちやく／＼》完了《くわんれう》し、全旅《ぜんりよ》順《じゆん》は三區《く》に分《わか》ちて守備《しゆび》せられ、行政《ぎやうせい》の整理《せいり》市街《しがい》の秩序《ちつじよ》亦《また》略《ほ》ぼ整頓《せいとん》したるを以《もつ》て、乃木將軍《のぎしやうぐん》は、一月十三日を卜《ぼく》して

旅順背面の天険

旅《りよ》順《じゆん》入《にふ》城《じやう》の盛《せい》典《てん》

を舉行《きよかう》せらる、部伍《ぶご》堂々《だう／＼》として人馬肅々《じんばしゆく／＼》たり。當日《たうじつ》は此盛典《このせいてん》を見《み》んが爲《ため》に、早朝《さうてう》より來《きた》り集《あつ》まる者《もの》堵《と》の如《ごと》く、東《ひがし》より西《にし》より南《みなみ》より北《きた》より、歩《ほ》する者《もの》、車《しや》する者《もの》、騎《き》する者《もの》、各種各樣《かくしゆかくやう》の人道《ひとだう》路《ろ》に塡咽《てんいん》して、旭旗《きよくき》は門々戸々《もん／＼こ／＼》に飄《ひるがへ》り、進軍喇叭《しんぐんらつぱ》の譜《ふ》は嚠亮《りうれう》として、勇《いさ》ましく響《ひゞ》き渡《わた》り、やがて新市街港頭《しんしがいかうとう》の廣區《くわうく》に於《おい》て、莊《さう》嚴《こん》なる閱兵式《えつぺいしき》は舉行《きよかう》せられぬ。劍佩鏘然《けんはいそうぜん》、輪蹄《りんてい》の音《おと》、軍樂《ぐんがく》の聲《こゑ》と相和《あひわ》して、皇軍《くわうぐん》の英武《えいぶ》を謠《うた》ふ者《もの》に似《に》たり。

斯《かく》の如《ごと》くして、十年前《ねんぜん》に失《うしな》ひたる旅順口《りよじゆんこう》は、今《いま》又《ま》た我《わ》が邦《くに》の占有《せんいう》に歸《き》しぬ。

旅順開城以後最近《りよじゆんかいじやういごさいきん》に至《いた》るの現狀《げんじやう》

『壘是天險壁是鐵。鐵網火穽攻無レ術。我肉飛兮我血迸。嚙レ鐵踏レ火擘レ山裂。朝拔二一壘一夕一壘。巨寇喪レ魄窮如レ蝨。我皇深仁及二草木上虎性狼心亦感發。敵將降兮旅順陷。春王正月第一日』乙巳新年作　錄竹添井々公羽

極東第《きよくとうだい》一の金城鐵壁《きんじやうてつぺき》、難攻不落《なんこうふらく》の要塞《えうさい》と稱《しよう》せられし旅順口《りよじゆんこう》の守將《しゆせう》ステッセルが、勢《いきほ》蹙《せま》りて竟《つひ》に降《かう》を乞《こ》ふに至《いた》りしは、實に明治《めいぢ》天皇《てんわう》の第《だい》三十八年《ねん》、一月《げつ》一日《じつ》に在《あ》りき。旅順既《りよじゆんすで》に降《くだ》り、敵將既《てきしやうすで》に城《しろ》を開《ひら》く。是《こゝ》に於《おい》て東郷聯合艦隊司令長官《とうがうれんがふかんたいしれいちやうくわん》は、先《ま》づ一月《げつ》七日《か》を以《もつ》て、遼東半島《れうとうはんとう》の封鎖解除《ふうさかいぢよ》を宣言《せんげん》せり

旅順口《りよじゆんこう》鎭《ちん》守《じゆ》府《ふ》司《し》令長官《れいちやうくわん》

尋《つい》で旅順口鎭守府《りよじゆんこうちんじゆふ》は新設《しんせつ》せられ、同九日《どうか》柴山海軍中將《しばやまかいぐんちうじやう》は、に補《ほ》せられ、植村海軍少將永孚《うゑむらかいぐんせうしやうえいふ》は同鎭守府港務部長《どうちんじゆふかうむぶちやう》に、玉利《たまり》海軍大佐《かいぐんたいさ》親賢《ちかかた》は同鎭守府參謀長《どうちんじゆふさんぼうちやう》に補《ほ》せらる。其他《そのた》新井《あらゐ》海《かい》軍少將《ぐんせうしやう》、石黑海軍技監《いしくろかいぐんぎかん》は、共《とも》に旅順口《りよじゆんこう》に出張《しゆつちやう》を命《めい》ぜられ、鈴木海軍々醫總監《すゞきかいぐんぐんいそうかん》亦同鎭守府軍醫長《またどうちんじゆふぐんゐちやう》に任《にん》ぜられぬ。此時片《このときかた》岡第三艦隊司令長官《をかだいかんたいしれいちやうくわん》は、尙《な》ほ掃海續行《さうかいぞくかう》の爲《た》め、依然根據《いぜんこんきよ》地《ち》に駐《とゞ》まれり。

而《しか》して旅順要塞《りよじゆんえうさい》に於《おい》ては、一月《げつ》三日《か》以來《いらい》彼我《ひが》擔任《たんにん》委員《ゐゐん》共《とも》に堡壘砲臺《ほうるゐはうだい》、艦船《かんせん》、及兵器彈藥《およびへいきだんやく》の授受《じゆじゆ》に着手《ちやくしゆ》せしも、存在區《そんざいく》域甚《ゐきはなは》だ廣《ひろ》く、且數量頗《かつすうりやうすこぶ》る多大《ただい》なる爲《た》め、急速《きふそく》に授受《じゆじゆ》を終了《しうれう》する能《あた》はず、漸《やうや》く同九日《どうか》に至《いた》りて、悉皆《しつかい》の受領《じゆりやう》を畢《を》はり、陸軍《りくぐん》に屬《ぞく》する者《もの》は、我旅順守備隊長《わがりよじゆんしゆびたいちやう》に、海軍《かいぐん》に屬《ぞく》する者《もの》は片岡第三艦隊司令長官《かたをかだいかんたいしれいちやうくわん》に引渡《ひきわたし》を了《れう》せり。同《どう》十三日午前《にちごぜん》、十時《じ》、我攻圍軍司令官乃木大將《わがこうゐぐんしれいくわんのぎたいしやう》は、威儀堂々《ゐぎだうだう》として、

旅《りよ》順《じゆん》口《こう》の入《にふ》城《じやう》式《しき》

を行《おこな》へり。步砲兵聯隊《ほはうへいれんたい》は中隊《ちうたい》づゝ、騎工兵《きこうへい》は一小隊《せうたい》づゝ、其他之《そのたこれ》に準《じゆん》ずる兵員《へいゐん》をして、白玉山《はくぎよくざん》の北麓《ほくろく》に集合《しふがふ》せしめ、一聲《せい》の號音《がうおん》にて側面縱隊《そくめんじうたい》となり、かくて行進《かうしん》を起《おこ》して舊市《きうし》街《がい》を橫《よこ》ぎり、新市街《しんしがい》に入《い》れり。此時彈痕《このときだんこん》と鮮血《せんけつ》とにて飾《かざ》られし軍旗《ぐんき》が、活氣滿々《くわつきまん〳〵》たる我勇士《わがゆうし》に擁護《えうご》せられ、徐《おもむ》ろに閱兵線《えつぺいせん》を過《す》ぎしとき觀者《くわんじや》をして坐《そゞろ》に無量《むりやう》の感慨《かんがい》に堪《た》えざらしめたり。其壯觀《そのさうくわん》殆《ほと》んど言語《げんご》に絶《ぜつ》せり。半成《はんせい》の市街《しがい》は砲彈《はうだん》に破《やぶ》られ、港內《かうない》に塡塞《てんさい》せる沈沒艦《ちんぼつかん》は、我攻擊《わがこうげき》の壯烈《さうれつ》を偲《しの》ばしめり。在留《ざいりう》の露淸民《ろしんみん》等は、我軍威《わがぐんゐ》に慴服《しふふく》し、我軍紀《わがぐんき》

の嚴肅《げんしゆく》なるに安堵《あんど》して、何《いづ》れも蘇生《そせい》の想《おもひ》をなせるが如《ごと》し。

翌《よく》十四日《か》、

招《せう》魂《こん》の大《だい》祭《さい》典《てん》

を擧行《きよかう》せり。此日《このひ》朝來《てうらい》霧深《きりふ》かくして咫尺《しせき》を辨《べん》ぜず。各部隊《かくぶたい》は水師營北方《すゐしえいほくはう》の招魂祭場《せうこんさいぢやう》に集合《しふがふ》し。『國《くに》の鎭《しづめ》』の軍樂《ぐんがく》は嚠喨《りうれう》として起《おこ》り、乃木《のぎ》司令官《しれいくわん》は、嚴《おごそ》かに祭文《さいぶん》を朗讀《らうどく》し、莊嚴《さうごん》いふべからず。父《ちゝ》にして子《こ》を失《うしな》へる者《もの》、子《こ》の父《ちゝ》を喪《うしな》へる者《もの》、兄弟《けいてい》、親戚及故舊《しんせきおよびこきう》を吊《てふ》する者《もの》、軍隊中《ぐんたいちう》より順次《じゆんじ》に出《い》でゝ參《さん》詣《けい》し、各兵《かくへい》暗涙《あんるゐ》に咽《むせ》んで敬禮《けいれい》す。齋場《さいぢやう》寂《しゆく》として聲《こゑ》なく、勇士《ゆうし》首《かうべ》を挽《た》れて亦《また》仰《あふ》ぎ見《み》る者《もの》なし。北白川宮殿下《きたしらかはみやでんか》、特《とく》に祭《さい》式《しき》に列《れつ》せられ、又《また》滿洲軍司令官《まんしうぐんしれいくわん》よりは、田村參謀《たむらさんぼう》を特派《とくは》せられぬ。祭典《さいてん》の終《をは》らんとする頃《ころ》、濃霧《のうむ》全《まつた》く霽《は》れ渡《わた》りて、一天《てん》春空《しゆんくう》の如《ごと》く、幾萬《いくまん》の英靈《えいれい》笑《わらひ》を含《ふく》んで、地下《ちか》に瞑《めい》じたらんと思《おも》はれしとぞ。それより各將校《かくしやうかう》は、設《まう》けの席《せき》に集《あつま》り、引《ひき》續《つゞ》き旅順陷落《りよじゆんかんらく》の祝賀會《しゆくがくわい》を開《ひら》きぬ。勇士《ゆうし》雲《くも》の如《ごと》く、意氣《いき》天《てん》を衝《つ》かんとす。司令官《しれいくわん》の音頭《おんどう》にて天皇陛下《てんわうへいか》の萬歳《ばんざい》を三唱《しやう》し次《つい》で大迫將軍《おほせこしやうぐん》は、乃木《のぎ》司令官《しれいくわん》の健康《けんこう》を祝《しゆく》せり。此時《このとき》青年諸《せいねんしよ》將校《しやうかう》は透《すか》さず起《たつ》て司令官《しれいくわん》を胴揚《どうあげ》す。三軍《ぐん》の威烈《ゐれつ》、爲《た》めに乾《けん》坤《こん》を動《うご》かせり。

而《しか》して旅順劫後《りよじゆんきよご》の實狀《じつじやう》は、當時《たうじ》果《はた》して如何《いかん》の光景《くわうけい》を呈《てい》したりしか。一月《げつ》十六日《にち》の旅順所報《りよじゆんしよはう》によれば、『旅順戰後整理《りよじゆんせんごせいり》の進行《しんかう》に伴《ともな》ひ、彈藥《だんやく》、糧食《りやうしよく》益《ます／＼》多《おほ》く發見《はつけん》せられ、大砲《たいはう》の使用《しよう》に堪《た》ゆる者《もの》尠《すくな》からず。されど兵營《へいえい》、病院《びやうゐん》に滿《み》つる傷病者《しやうびやうしや》の手當等《てあてとう》は最《もつと》も不完全《ふくわんぜん》にして、降服《かうふく》を速《すみや》かならしめたるは大部分《だいぶぶん》の不平《ふへい》と、一般居留民《はんきよりうみん》の苦情《くじやう》とに依《よ》りし者《もの》と判定《はんてい》せられぬ。露國將校《ろこくしやうかう》の居《を》りし官邸《くわんてい》は、何《いづ》れも善美《ぜんび》を盡《つ》くし、露國政府《ろこくせいふ》が極東派遣者《きよくとうはけんしや》の優遇《いうぐう》に努《つと》めしを見《み》るに足《た》る。大尉《たいゐ》以上《いじやう》は、概《おほむ》ね馬車《ばしや》を備《そな》へ居《を》れり』といふ。又《また》『旅順市街《りよじゆんしがい》の全部《ぜんぶ》に、工事《こうじ》を施《ほどこ》し、各官邸《かく・わんてい》には、必《かな》らず土窟《どくつ》を設《まう》けありし』といふ。一月《げつ》十七日附《にちづけ》なる在旅順《ざいりよじゆん》『タイムス』通信員《つうしんゐん》の所電《しよでん》に曰《い》はく、『セバストポールは百五十呎《フイート》の深水《しんすゐ》に沒《ぼつ》し居《を》るを以《もつ》て、全《まつた》く引揚《ひきあげ》の望《のぞみ》なし。レトウヰザン、ポベーダは他《た》の各艦《かくかん》に比《ひ》して、損害最《そんがいもつと》も大《おほい》に、再《ふた》び之《これ》を使用《しよう》し得《う》べくもあらず。但《たゞ》しレトウヰザンは全《まつた》く望《のぞ》みなきも、ポベーダは多少《たせう》の希望《きばう》なきにあらず。ペレスウヰットは、水面下《すゐめんか》の損害多《そんがいおほ》からず、ポルタワは水上水下共《すゐじやうすゐかとも》に損害最《そんがいもつと》も少《すくな》し。此兩艦《このりやうかん》は容易《ようい》に浮上《うきあが》らしむるを得《う》べし。パルラダとバーヤ《え》ンとは損害多《そんがいおほ》からざる如《ごと》く、是《こ》れ亦浮上《またふじやう》がらしむるを得《え》ん要《えう》するに以上《いじやう》の四隻《せき》《ペレスウヰツト、ポルタワ、パルラダ、バーヤン、》は、相當《さうたう》の鉅費《きよひ》を投《とう》じて、之《これ》を引揚《ひきあ》ぐることを得《う》べきも、旅順《りよじゆん》には

戰鬪艦《せんとうかん》を容《い》るべき船渠《ドツク》

なきを以《もつ》て、戰鬪艦《せんとうかん》の修繕《しうぜん》には、非常《ひじやう》の困難《こんなん》を感《かん》ずることならん』と。さればペレスウヰツト、ポルタワ、パルラダ、及《および》バーヤンの四隻《せき》は、引揚《ひきあ》げを得《う》る者《もの》といふべきか。

旅順《りよじゆん》開城式《かいじやうしき》既《すで》に畢《を》はり、招魂《せうこん》の大祭典式《だいさいてんしき》亦《また》擧行《きよかう》せられぬ此《こゝ》に於《おい》て從來《じうらい》金州《きんしう》に駐在《ちうざい》せし遼東半島守備軍司令官《れうとうはんとうしゆびぐんしれいくわん》西陸軍《にしりくぐん》

大將《たいしやう》は一たび旅順口《りよじゆんこう》に移廳《いちやう》し、後之《のちこれ》を要塞司令官《えうさいしれいくわん》に引渡《ひきわた》して、更《さ》らに大連灣《たいれんわん》に移廳《いちやう》せり。旅順口鎮守府司令長官《りよじゆんこうちんじゆふしれいちやうくわん》柴山海軍中將《しはやまかいぐんちうじやう》は一月《げつ》十七日《にち》を以《もつ》て東京《とうきやう》を發《はつ》し、一旦舊任地呉《たんきうにんちくれ》鎮守府《ちんじゆふ》に立寄《たちよ》り、二十日呉《にちくれ》を發《はつ》して、二月《ぐわつ》一日大連灣《じつたいれんわん》に到着《たうちやく》し、汽車《きしや》に搭入《たうにふ》して、直《たゞち》に旅順口《りよじゆんこう》に入《い》れり。石黒海軍技監《いしぐろかいぐんぎかん》亦《また》一月《ぐわつ》十九日《にち》を以《もつ》て東京《とうきやう》を發《はつ》し、旅順口《りよじゆんこう》に向《むか》へり。旅順《りよじゆん》要塞《えうさい》の守備《しゆび》には、某艦隊之《ぼうかんたいこれ》に當《あた》り、其司令部《そのしれいぶ》亦《また》編成《へんせい》を完了《くわんれう》し、伊地知陸軍少將《いぢちりくぐんせうしやう》は

旅《りよ》順《じゆん》要《えう》塞《さい》司《し》令《れい》官《くわん》

に、佐藤砲兵大佐《さとうはうへいたいさ》は參謀長《さんはうちやう》に、河合主計正《かあひしゆけいのかみ》は經理部長《けいりぶちやう》に任《にん》ぜられぬ。遼東守備軍司令官《れうとうしゆびぐんしれいくわん》は、大連灣《だいれんわん》に駐在《ちうざい》し、坂本海軍大佐《さかもとかいぐんたいさ》は、同灣繫船所司令官《どうわんけいせんじよしれいくわん》の任務《にんむ》を續行《ぞくかう》せり。旅順整理《りよじゆんせいり》に就《つい》ては、一月《げつ》十七日所報《にちしよはう》によるに、地雷《ちらい》の取除《とりの》けは、爾來着々《じらいちやく〳〵》として續行《ぞくかう》せられ、此時僅《このときわづ》かに海岸附近《かいがんふきん》の小部分《せうぶぶん》を剩《あま》すのみなりといへり。又工夫《またこうふ》千二百名許《めいばかり》、大連灣《だいれんわん》より旅順《りよじゆん》に入《い》り、久《ひさ》しく我集彈點《わがしふだんてん》となり、破損《はそん》を極《きは》めたる東港舊船渠《とうかうきうドック》の修繕《しうぜん》に取掛《とりか》れりとの報《はう》ありき。而《しか》して最《もつと》も至難《しなん》の事業《じげふ》といふべきは、實《じつ》に海面《かいめん》の掃海《さうかい》と、港內《かうない》の浚渫《しゆんせつ》とに在《あ》り。旅順港外《りよじゆんかうぐわい》には、無論彼我《むろんひが》の沈沒《ちんぼつ》せし多數《たすう》の機械水雷《きかいすゐらい》ありしが故《ゆゑ》に、我特別任務《わがとくべつにんむ》の艦隊《かんたい》第三艦隊は旅順開城《りよじゆんかいじやう》以來《いらい》、直《たゞち》に全力《ぜんりよく》を擧《あ》げて、之《これ》を掃海事業《さうかいじげふ》に傾注《けいちう》しつゝありしも、其沈置《そのちんち》の當初《たうしよ》に在《あ》りて所在《しよざい》の明瞭《めいれう》なりし水雷《すゐらい》も、久《ひさ》しく海底《かいてい》に在《あ》りては猛風怒濤《まうふうどたう》に動搖《どうえう》せられ、或《あるひ》は繫索《けいさく》を切斷《せつだん》せられし浮流水雷《ふりうすゐらい》あり、或《あるひ》は重錘《ちうすゐ》の位置《ゐち》を變《へん》じたる者《もの》も少《すくな》からず、爲《た》めに其危險《そのきけん》は殊《こと》に甚《はなは》だしく、人《ひと》をして片岡司令長官《かたをかしれいちやうくわん》の勞頗《らうすこぶ》る大《だい》なることを想起《さうき》せしめり。又旅順港內《またりよじゆんかうこう》には、彼我《ひが》の閉塞船《へいそくせん》更《さ》らに錯綜《さくそう》して相横《あひよこた》はるが故《ゆゑ》に、水路甚《すゐろはなは》だ難《かた》く、且港內到《かつかうないいた》る所《ところ》に數多《すうた》の艦船底《かんせんそこ》を膠《がう》して沈沒《ちんぼつ》するあり、海底恰《かいていあた》かも鋸齒《きよし》の山《やま》を築《きつ》きしが如《ごと》く、之《これ》が浚渫《しゆんせつ》、亦容易《またようい》の業《げふ》にあらざるを覺《おぼ》えぬ。石黒技監等《いしぐろぎかんとう》の任務《にんむ》、亦極《またきは》めて至難《しなん》なりしを知《し》らざるべからず。海上《かいじやう》の危險《きけん》に反《はん》し、陸上《りくじやう》に於《お》ける諸砲臺《しよはうだい》は、海岸砲臺《かいがんはうだい》に殆《ほと》んど一の損傷《そんしやう》をも認《みと》めず。概《がい》して完全《くわんぜん》の儘《まゝ》に存在《ぞんざい》せり。旅順整理《りよじゆんせいり》の難事業《なんじげふ》は、蓋《けだ》し

海面《かいめん》掃海《さうかい》と及港內《およびかうない》浚渫《しゆんせつ》と

に在《あ》りしならん。一月《げつ》十九日《にち》の所報《しよはう》によるに、旅順港口《りよじゆんかうこう》には彼我《ひが》の閉塞船《へいそくせん》、依然《いぜん》として水道《すゐだう》を横遮《わうしや》し、小船舶《せうせんはく》の出入《しゆつにふ》さへも、なほ困難《こんなん》を覺《おぼ》ゆる箇所《かしよ》あり。又黃海及遼東半島《またくわうかいおよびれうとうはんたう》沿岸《えんがん》には、なほ殘留《ざんりう》の浮流水雷《ふりうすゐらい》ありて、頗《すこぶ》る危險《きけん》なりき。故《ゆゑ》に當時《たうじ》我海軍《わがかいぐん》は、大連灣方面《だいれんわんはうめん》より旅順口《りよじゆんこう》に向《む》け、急速《きふそく》に大掃海《だいさうかい》を執行《しつかう》しつゝ、安全《あんぜん》なる航路《かうろ》の開通《かいつう》を速《すみや》かならしめんと努《つと》めり。掃海事業《さうかいじげふ》は、着々《ちやく〳〵》として其好成績《そのかうせいせき》を收《をさ》めぬ。一月《げつ》二十四日《か》の所報《しよはう》によれば、旅順《りよじゆん》、大連方面《だいれんはうめん》に、敵《てき》の沈設《ちんせつ》したりし機械水雷《きかいすゐらい》の數《すう》は、非常《ひじやう》の多數《たすう》を算《さん》し、我艦隊《わがかんたい》は依然之《いぜんこれ》が掃海《さうかい》に從事《じうじ》し、此日《このひ》に至《いた》るまで、既《すで》に發見爆發《はつけんばくはつ》したる數《すう》のみにても、實《じつ》に三百九十五個以上《こいじやう》の多數《たすう》に達《たつ》せりといへり。而《しか》して旅順附近《りよじゆんふきん》の鐵道《てつだう》に就《つい》ては、開城後急速《かいじやうごきふそく》に

其工事《そのこうじ》を續行《ぞくかう》し、長嶺子《ちやうれいし》より旅順市街《りよじゆんしがい》に達《たつ》する、

鐵道《てつだう》の改修《かいしう》を竣工《しゆんこう》

し、一月《げつ》十五日《にち》より之《これ》を開通《かいつう》せり。されば二月《げつ》一日《じつ》を以《もつ》て、大連灣《だいれんわん》に着《ちやく》せし柴山海軍中將《しはやまかいぐんちうじやう》の一行《かう》は、即日之《そくじつこれ》によりて旅《りよ》順《じゆん》に入《い》りたる者《もの》の如《ごと》し。二月《ぐわつ》六日《か》、旅順口鎭守府《りよじゆんこうちんじゆふ》は、同司令長官柴山海軍中將《どうしれいちやうくわんしはやまかいぐんちうじやう》の同《どう》一日《じつ》を以《もつ》て旅順《りよじゆん》に入《い》りし後《のち》五日《か》、玆《こゝ》に其開廳《そのかいちやう》をなせり。又《また》旅順口鎭守府艦隊《りよじゆんこうちんじゆふかんたい》の編制《へんせい》も略完成《ほゞくわんせい》を告《つ》げ、他《た》の主要諸艦隊《しゆえうしよかんたい》に屬《ぞく》せざる諸艦隊《しよかんたい》を以《もつ》て之《これ》に充《あ》てられぬ。尋《つい》で大連灣《だいれんわん》に駐《ちう》在《ざい》せる我滿洲守備軍司令官《わがまんしうしゆびぐんしれいくわん》 西大將《にしたいしやう》は、二月《ぐわつ》十一日以後《にちいご》、ダルニーを

大連灣《だいれんわん》と改稱《かいしよう》す

る旨《むね》、其筋《そのすぢ》に向《むかつ》て報告《はうこく》せりといへり。旅順《りよじゆん》、大連《だいれん》に於《お》ける、陸上海上《りくじやうかいじやう》の整理《せいり》は、爾來着々《じらいちやく〳〵》として其歩武《そのほぶ》を進《すゝ》め、旅順《りよじゆん》より大連《だいれん》に亘《わた》れる廣濶《くわうくわつ》の海面《かいめん》には、我第三艦隊《わがだいかんたい》が、特別任《とくべつにん》務《む》の諸艦隊《しよかんたい》を督《とく》して、日夜掃海《にちやさうかい》に盡瘁《じんすゐ》するあり、旅順港内《りよじゆんかうない》には、我《わ》が海軍技監《かいぐんぎかん》等《ら》が、多數《たすう》の人夫《にんぷ》を役《えき》して、沈沒艦船《ちんぼつかんせん》の引揚事業《ひきあげじげふ》に就《つ》き、種々《しゆ〴〵》の設計《せつけい》を立《た》てつゝあり、而《しか》して旅《りよ》順《じゆん》の陸上《りくじやう》に在《あ》りては、彼《か》の白玉山下《はくぎよくざんか》を匿家《かくれが》として、敵艦《てきかん》の隱匿《いんとく》せし箇所《かしよ》、即《すなは》ち我《わ》が重砲《ぢうはう》の集彈點《しふだんてん》たりし東港《とうかう》の一部《ぶ》を除《のぞ》き、市街全部《しがいぜんぶ》には、多《おほ》くの損害《そんがく》を見《み》ず、又其砲臺《またそのはうだい》は、背《はい》面防禦《めんばうぎよ》の陣地《ぢんち》を扼《やく》せし者《もの》が、慘憺《さんたん》たる劫後《こふご》の光景《くわうけい》を呈《てい》し、敗壞《はくわい》至《た》らざるなき外《ほか》、沿岸砲臺《えんがんはうだい》の如《ごと》きは、何《いづ》れも殆《ほと》んど損《そん》害《がい》なく、當年露國《たうねんろこく》の極東大守《きよくとうたいしゆ》が、據《よつ》て以《もつ》て號令《がうれい》を發《はつ》せし、極東第一《きよくとうだい》の軍港《ぐんかう》、今《いま》もなほ其壯觀《そのさうくわん》の大半《たいはん》を失《うしな》はずといへり。大連灣《だいれんわん》に至《いた》りては、夙《つと》に我軍《わがぐん》の占有《せんいう》に歸《き》せし以來《いらい》、敵《てき》が甚《はなはだ》しく破壞《はくわい》するに及《およ》ばずして退却《たいきやく》せし所《ところ》たるだけに、其《その》舊觀《きうくわん》は依《い》然《ぜん》として存《ぞん》し、之《これ》が修繕等《しうぜんとう》も早《はや》く其功《そのかう》を奏《そう》し、既《すで》に儼然《げんぜん》たる遼東半島《れうとうはんとう》の大市街《だいしがい》、大埠頭《だいふとう》たるの實《じつ》ありき。此《この》間《あひだ》に於《おい》て、旅順要塞攻略《りよじゆんえうさいこうりやく》の爲《た》め、畢世《ひつせ》の精力《せいりよく》を竭《つ》くせし、

松村陸軍中將《まつむらりくぐんちうじやう》の病死《びやうし》

を傳《つた》へたりしは、最《もつと》も痛恨《つうこん》に堪《た》えざる所《ところ》なり。中將《ちうじやう》が腦充《のうじう》血《けつ》にて危篤《きとく》に瀕《ひん》せる旨聞召《むねきこしめ》され功三級《こうきふ》に叙《じよ》せられしは、實《じつ》に二月《ぐわつ》四日《か》に在《あ》りき。而《しか》して其遺骸《そのゐがい》の東京《とうきやう》に着《ちやく》せしは、同《どう》十三日《にち》の事《こと》なりき。旅順《りよじゆん》の降服《かうふく》は、人《ひと》をして二百三高地《かうち》の占領《せんりやう》を聯想《れんさう》せしむる如《ごと》く、二百三高地《かうち》の占領《せんりやう》は、又人《またひと》をして直《たゞ》ちに松村將軍《まつむらしやうぐん》を憶起《おくき》せしむ。將軍《しやうぐん》は實《じつ》に其渾身《そのこんしん》の智勇《ちゆう》と、其部下《そのぶか》の大半《たいはん》とを傾《かたむ》けて、二百三高地《かうち》の攻略《こうりやく》に盡瘁《じんすゐ》し、竟《つひ》に病《やまひ》の爲《た》めに逝《ゆ》けり。是《こ》れ直《たゞ》ちに旅順要塞《りよじゆんえうさい》に殉死《じゆんし》したる者《もの》と謂《い》ふべし。之《これ》に反《はん》し、人《ひと》をして滿腔《まんこう》の喜悦《きえつ》を以《もつ》て、歡《くわん》迎《げい》の意《い》を表《へう》せしめたるは、旅順降伏後《りよじゆんかうふくご》、尙《な》は艦隊根據地《かんたいこんきよち》に駐《とゞま》りて、特別《とくべつ》の任務《にんむ》を監督《かんとく》せし、

片岡海軍中將《かたをかかいぐんちうじやう》の凱旋《がいせん》

是《こ》れ也《なり》。片岡中將《かたをかちうじやう》は二月《ぐわつ》十六日《にち》を以《もつ》て、東京《とうきやう》に歸着《きちやく》せり。

同中將《どうちうじやう》の歸京《きゝやう》は、即《すな》はち掃海事業《さうかいじげふ》の完行《くわんかう》を意味《いみ》し、掃海事《さうかいじ》業《げふ》の完行《くわんかう》は、實《じつ》に旅順《りよじゆん》、大連《だいれん》の海面《かいめん》に、安全《あんぜん》の航路《かうろ》を開通《かいつう》し得《え》たることを意味《いみ》す。此豈《これあ》に大《おほい》に祝《しゆく》すべき者《もの》ならずとせんや。

尋《つい》で三月《ぐわつ》廿日頃《かごろ》、旅順在留者《りよじゆんざいりうしや》よりの所報《しよはう》に依《よ》れば、『我旅順《わがりよじゆん》口鎭守府《こうちんじゆふ》は、彼《か》の一時虎視眈々《じこしたん〳〵》として極東《きよくとう》に臨《のぞ》みし、

アレキセーフ大守《たいしゆ》の舊官邸《きうくわんてい》

に置《お》かれ、司令長官以下《しれいちやうくわんいか》、夜間《やかん》と雖《いへ》ども、九時過《じす》ぎに至《いた》るまでも執務《しつむ》をなし、事務頗《じむすこぶ》る繁劇《はんげき》を極《きは》めり。又物價《またぶつか》の貴《たふと》きこと、殆《ほと》んど豫想以上《よさういじやう》に在《あ》り、寒氣《かんき》も亦酷烈《またこくれつ》にしし、靴下《くつした》三枚《まい》を襲《かさ》ね、尙《な》ほ凍痛《とうつう》を感《かん》せり。就中《なかんづく》、最《もつと》も在留者《ざいりうしや》の困難《こんなん》するは、全《まつた》く飲料水《いんれうすゐ》の缺乏《けつぼふ》にして、我駐在《わがちうざい》の諸官吏《しよくわんり》すらも、一人漸《にんやうや》く茶碗《ちやわん》に一杯《はい》の飲料《いんれう》を制限《せいげん》せられ居《ゐ》るの有樣《ありさま》なり』といへり。かゝる困難《こんなん》と缺乏《けつぼふ》とに充《み》てる狀態《じやうたい》の下《もと》に、諸種《しよしゆ》の整理事業《せいりじげふ》は、依然《いぜん》として着手《ちやくしゆ》せられ、若《も》しくば計畫《けいくわく》せられつゝありし也《なり》。二月廿六日頃《ぐわつにちごろ》、旅順在留者《りよじゆんざいりうしや》よりの所信《しよしん》によれば、『港內《かうない》には降雪《かうせつ》甚《はなはだ》しく、寒氣酷烈《かんきこくれつ》を極《きは》めり。されど

沈沒敵艦《ちんぼつてきかん》の引揚作業《ひきあげさげふ》

は、依然《いぜん》として續行《ぞくかう》せられ、各艦《かくかん》が被《か》ぶれる甲板上《かんはんじやう》の方《はう》四尺許《しやくばかり》なる數個《すうこ》の破壞孔《はくわいこう》に、鐵板《てついた》を以《もつ》て蔽《おほ》ひをなし、掛員《かゝりゐん》は恰《あた》かも高砂《たかさご》の翁媼《おうあう》の如《ごと》き狀《じやう》をなして、終始箒《しじうはうき》を携《たづさ》へ、間《かん》斷《だん》なく雪《ゆき》を掃《は》らひつゝ作業《さげふ》を續行《ぞくかう》せり。されどかゝる雪中《せつちう》のことて、未《いま》だ充分《じうぶん》の視察《しさつ》を遂《と》げ得《え》られざるも、漸次時候《ぜんじじこう》の好良《かうりやう》となるに隨《したが》ひ、此等作業《これらさげふ》の進行《しんかう》も亦《また》、著《いちゞる》しく進捗《しんちよく》すべし』といへり。當時《たうじ》雪中酷寒《せつちうこくかん》を犯《をか》して、沈沒艦船《ちんぼつかんせん》の引揚《ひきあげ》作業《さげふ》に從事《じうじ》せし、我海軍技監以下《わがかいぐんぎかんいか》の勞《らう》、亦頗《またすこ》ぶる大《だい》なりしを知《し》らざる可《べか》らず。而《しか》して

旅順口《りよじゆんこう》の近情詳細《きんじやうしやうさい》

を知《し》るに足《た》る者《もの》は、三月八日《ぐわつか》旅順口發信《りよじゆんこうはつしん》に係《か》りし、同地《どうち》の近狀所報《きんじやうしよはう》に如《し》く者《もの》なし。其他人《そのたひと》の多《おほ》く同地《どうち》近況《きんきやう》を記《しる》して、公《おほやけ》に發表《はつぺう》せし者《もの》なきが故《ゆゑ》に、其詳細《そのしやうさい》は毫《がう》も之《これ》を知《し》るに由《よし》なきを憾《うらみ》とするのみ。其所報《そのしよはう》に依《よ》れば、『過《す》ぐる三月六日《ぐわつか》、旅《りよ》順口鎭守府《じゆんこうちんじゆふ》の開廳以來《かいちやういらい》、鋭意《えいい》、諸般《しよはん》の事務作業《じむさげふ》に着手《ちやくしゆ》し、日《ひ》もこれ足《た》らざるの觀《くわん》あり。海面《かいめん》の掃除《さうじよ》は着々《ちやく〳〵》として遂行《すゐかう》せられつゝあるも何分《なにぶん》四隻《せき》の大戰闘艦《だいせんとうかん》、二隻《せき》の大巡洋艦《だいじゆんやうかん》、其《その》他砲艦《たはうかん》、水雷艇《すゐらいてい》、運送船《うんそうせん》、大小《だいせう》二十餘隻《よせき》、點々《てん〳〵》として港內《かうない》に沈沒《ちんせつ》しあることなれば、之《こ》れが掃除《さうじよ》は一朝《てう》一夕《せき》の業《げふ》にあらざるを知《し》るべし。今《いま》

閉塞船《へいそくせん》、沈沒船《ちんぼつせん》の位置《ゐち》

を略記《りやくき》せんに、港口《かうこう》には報國丸《はうこくまる》、米山丸《よねやまゝる》の水道西半部《すゐだうにしはんぶ》を閉《へい》塞《そく》せるあり、黄金山角《わうごんざんかく》に亦《また》二隻《せき》の閉塞船《へいそくせん》を見《み》る。水道《すゐだう》の東《とう》半部《はんぶ》には、開城前敵《かいじやうぜんてき》の沈沒《ちんぼつ》せし艦船《かんせん》三隻《せき》あり。港口外附近《かうこうぐわいふきん》には、我閉塞船《わがへいそくせん》の水面《すゐめん》に見《あら》はれざる者《もの》多數《たすう》あり。次《つ》ぎに敵《てき》の沈沒艦船《ちんぼつかんせん》の位置《ゐち》を列記《れつき》するに、東港《とうかう》の黄金山下《わうごんざんげ》にはバー

ヤンあり、造船所外《ざうせんじよぐわい》には運送船《うんそうせん》エリマークあり、船渠《ドツク》内《ない》にはアムールあり、東港舊市街《とうかうきうしがい》の附近《ふきん》より西港《せいかう》に連《つらな》りて、南《なん》東《とう》より西方《せいはう》に、順次《じゆんじ》數《かぞ》へ來《きた》ればバルラダ、ポビエダ、レトウヰザン、ポルタワ、ベレスウエートあり、西港《せいかう》の沿岸《えんがん》にギリヤークあり、老《らう》虎尾半島《こびはんたう》の西《にし》、魚雷營外《ぎよらいえいぐわい》には病《びやう》院船《ゐんせん》アンガラ、カサン、モンゴリヤあり、其西南《そのせいなん》に運送船《うんそうせん》五隻《せき》を見《み》る。今《いま》

沈《ちん》沒《ぼつ》艦《かん》船《せん》の損《そん》害《がい》狀《じやう》況《きやう》

を記《しる》せば、先《ま》づ西方《せいはう》の沈沒艦《ちんぼつかん》より數《かぞ》へ來《きた》りて、ギリヤークは陸岸《りくがん》に接《せつ》し、著《いちじる》しく右舷《うげん》に傾《かたむ》いて爆破《ばくは》したる者《もの》の如《ごと》く、其《その》かけ替《が》へなき一本《ほん》の檣《マスト》は、艦橋《かんけう》の邊《へん》より破壞《はくわい》せられて、遙《はる》かに左方《さはう》に落下《らくか》しあり。陸《りく》岸《がん》に接《せつ》するとて、引揚《ひきあげ》には其周《そのしう》圍《ゐ》を埋《うづ》め立《た》て、水《みづ》を引《ひ》くの便《べん》あるが故《ゆゑ》に、蓋《けだ》し頗《すこぶ》る容易《ようい》ならんと信《しん》ぜらる。次《つ》ぎに戰闘艦《せんとうかん》ペレスウエートは、傾《かたむ》きもせず、外《ぐわい》方《はう》よりは別《べつ》に大損害《だいそんがい》ある樣《やう》にも見《み》えず、三本《ほん》煙筒《えんとう》中《ちう》、中央《ちうあう》の者《もの》彈丸《だんぐわん》に擊破《げきは》せられ居《を》れり。戰闘艦《せんとうかん》ポルタワも姿勢《しせい》を崩《くづ》さず、外見上大損傷《ぐわいけんじやうだいそんしやう》にもあらざるかの觀《くわん》あり唯《たゞ》艦尾《かんび》の内《ない》部《ぶ》、火災《くわさい》に罹《かゝ》りしを見《み》る。戰闘艦《せんとうかん》レトウヰザンは右舷《うげん》に傾斜《けいしや》し、其《その》後部《こうぶ》は爆發《ばくはつ》したりと見《み》え、滿潮《まんてう》には艦尾《かんび》の大半《たいはん》、水中《すゐちう》に沒《ぼつ》し、干潮《かんてう》には其甲板《そのかんぱん》を現《あら》はせり。戰闘艦《せんとうかん》ポビエダは著《いちじる》しく右舷《うげん》に傾《かたむ》き、前檣《ぜんしやう》は艦橋邊《かんけうへん》より折《を》れて右方《うはう》に垂《た》れ、外部《ぐわいぶ》には損害《そんがい》の箇所《かしよ》を見《み》ず。一等《とう》巡洋艦《じゆんやうかん》バルラダは、傾斜《けいしや》するとなきも、其後部《そのこうぶ》を爆發《はくはつ》したる者《もの》の如《ごと》く甲板《かんぱん》は上《うへ》に押《お》し上《あ》げられ、右《う》舷後部《げんこうぶ》に大孔《だいこう》を見《み》る。黄金山下《わうごんざんか》なる一等巡洋艦《とうじゆんやうかん》バーヤンは、石垣《いしがき》に横附《よこづ》けとなり、其右舷側《そのうげんそく》を破壞《はくわい》せり。蓋《けだ》し埠頭《はとう》に三個《こ》の水雷《すゐらい》を裝置《さうち》して、之《これ》に艦《ふね》を引寄《ひきよ》せ、其激衝《そのげきしよう》によりて爆發《はくはつ》したる者《もの》ならん。三箇《が》所《しよ》に大損傷《だいそんしやう》あれども、埠頭《はとう》に繫留《けいりう》せるが爲《た》め、外側《ぐわいそく》を埋立《うづめた》つるは容《よう》易《い》にして、引揚作業《ひきあげさくげふ》は意外《いぐわい》に困難《こんなん》ならざるべし。或《あるひ》は此艦《このふね》を最《もつと》も引揚易《ひきあげやす》き者《もの》とせん。船渠《ドツク》内《ない》にあるアムールも亦《また》、非常《ひじやう》に傾斜《けいしや》し居《を》れど、船渠《ドツク》内《ない》のこと

ペトロパウロスク爆沈當時の光景

て、其《その》浮《う》き上《あ》がるは、意外《いぐわい》に容易《ようい》なるべし。されど其損害《そのそんがい》は頗《すこ》ぶる大傷《たいしやう》也。病院船《びやうゐんせん》三隻中《せきちう》、二隻《せき》は健全《けんぜん》にして、今尚《いまな》ほ患者《くわんじや》を收容《しうよう》し居《を》れり。赤十字《せきじ》旗及《きおよび》露の國旗《こくき》は、其上《そのうへ》に飜《ひるが》へれり。他《た》の一隻《せき》アンガラは三本煙筒《ほんえんとう》にて、其大《そのだい》なる船體《せんたい》の半《なかば》を水中《すゐちう》に沒《ぼつ》せり。此等《これら》は我有《わかいう》に歸《き》せざる者《もの》の如《ごと》し。運《うん》送船《そうせん》は六隻《せき》ともに大損傷《だいそんしやう》にあらざる者《もの》の如《ごと》し。然《しか》らば

引揚《ひきあげ》作業《さくげふ》の見込《みこみ》

如何《いかん》。右諸艦《みぎしよかん》は大部分《だいぶぶん》引揚《ひきあげ》の見込《みこみ》ありとのことにて、仁川《じんせん》なるワリヤークは、此《この》四月中《がつちう》、旅順港内《りよじゆんかうない》の者《もの》は本年中《ほんねんちう》を期《き》し何《いづ》れも浮《う》き上《あ》がるの見込《みこみ》なりといふ。旅順《りよじゆん》に於《お》いては、今《いま》方《ま》さに艦體《かんたい》の檢査《けんさ》等《とう》に從事《じうじ》しつゝあり、引揚作業《ひきあげさくげふ》の準備中《じゆんびちう》にて、未《いま》だ艦船《かんせん》の引揚《ひきあ》げには着手《ちやくしゆ》せず。而《しか》して引揚作業《ひきあげさくげふ》に最《もつと》も必要《ひつえう》なる大起重器《だいきぢうき》は、老虎尾《らうこび》半島《はんたう》の東端《とうたん》に沈沒《ちんぼつ》しあるを以《もつ》て、先《ま》づ第《だい》一に之《これ》が引揚《ひきあ》げを開始《かいし》せり。該起重器《がいきぢうき》は水《すゐ》上用《じやうよう》の者《もの》にして百噸《トン》クレーンならんといふ。沈沒艦船《ちんぼつかんせん》の甲《かん》板上《はんじやう》には、練炭《れんたん》を積《つ》み、其上《そのうへ》に鐵板《てつはん》を被《ひ》蔽《へい》し、且《か》つ土嚢《どのう》等《とう》を高《たか》く積《つ》み累《かさ》ね、以《もつ》て我《わ》れの砲彈《はうだん》を防《ふせ》ぎしなりき。何等《なんら》の窮策《きうさく》なりしぞ。之《これ》が取片付《とりかたつけ》のみにても、容易《ようい》の業《わざ》にはあらず。由來《ゆらい》軍艦《ぐんかん》の舷側《げんそく》に強固《きやうこ》なる甲鐵板《かふてつはん》を裝《よそ》ふは、海上戰鬪《かいじやうせんとう》に於《おい》て、互《たがひ》に砲戰《はうせん》を交《まじ》うるの時《とき》、舷側《げんそく》の水平線《すゐへいせん》を掩護《えんご》するの目的《もくてき》に外《ほか》ならず。然《しか》るに旅順艦隊《りよじゆんかんたい》には、舷側《げんそく》の裝甲《さうかふ》毫《がう》も其效果《そのかうくわ》を見《み》ず、却《かへつ》て甲板上《かんはんじやう》に此《か》の如《ごと》き防禦《はうぎよ》を試《こゝろ》み、以《もつ》て我《わが》二十八珊《サンチ》巨砲《きよはう》の彈丸《だんぐわん》を防《ふせ》ぐに便《べん》せしは、いかに退嬰的防禦《たいえいてきはうぎよ》専門《せんもん》の軍艦《ぐんかん》が、世《よ》にも異樣《いやう》の醜態《しゆたい》を呈《てい》するかを見《み》るべし。次《つ》ぎに

港口《かうこう》水道《すゐだう》の狀況《じやうきやう》

を一見《けん》するに、我《わが》壯烈《さうれつ》なる閉塞船《へいそくせん》の港口《かうこう》を扼《やく》するは、今《いま》もなほ人《ひと》をして當時《たうじ》を追想《つゐさう》せしむ。敵《てき》の取除《とりよ》けたるにや、軍《ぐん》神廣瀬《じんひろせ》中佐《ちうさ》第《だい》二回《くわい》の閉塞船《へいそくせん》福井丸《ふくゐまる》は見《み》えざれど、其第《そのだい》一回《くわい》の閉塞船報國丸《へいそくせんはうこくまる》と米山丸《よねやままる》との二隻《せき》を目擊《もくげき》すべし。其他《そのた》の閉《へい》塞船《そくせん》は黃金山《わうごんざん》外《そと》に二隻《せき》ある外《ほか》、皆《みな》水中《すゐちう》に沒《ぼつ》して見《み》えず。又《また》水道《すゐだう》には敵《てき》が開城《かいじやう》前《ぜん》に沈沒《ちんぼつ》したる艦船《かんせん》三隻《せき》、報國丸《はうこくまる》、米山《よねやま》丸《まる》の西半部《せいはんぶ》を塞《ふせ》ぐあり。かくて閉塞船《へいそくせん》の港口《かうこう》を塞《ふせ》げると、港外《かうぐわい》に無數《むすう》の水雷《すゐらい》沈置《ちんち》せられあるとの爲《た》め、大船巨舶《たいせんきよはく》の出《しゆつ》入《にふ》は、無論《むろん》不可能《ふかのう》に屬《ぞく》し、唯《たゞ》小蒸汽船《せうじようきせん》が其間隙《そのかんげき》を屈折《くつせつ》幾回《いくくわい》して、漸《やう》く通《つう》じ得《う》べきを見《み》るのみ。

掃海《さうかい》作業《さくげふ》の危險《きけん》

は殊《こと》に甚《はなはだ》しく、旅順口《りよじゆん》鎭守府《ちんじゆふ》が、第《だい》三艦隊《かんたい》の特別任務《とくべつにんむ》を受《う》け續《つゞ》きし以來《いらい》、日々《ひゞ》該作業《がいさげふ》に從事《じうじ》しつゝありしも、其危險《そのきけん》は實《じつ》に豫想《よさう》の外《ほか》に在《あ》り。近《ちか》き頃《ころ》掃海船《さうかいせん》の一隻《せき》、誤《あやま》つて水雷《すゐらい》に罹《かゝ》りしに、船體《せんたい》の微塵《みぢん》に碎《くだ》けしのみか、乘組《のりくみ》十六名《めい》の壯《さう》夫《ふ》は、乍《たちま》ち化《くわ》して海底《かいてい》の鬼《をに》となれりといふ。今後《こんご》掃海《さうかい》を完《くわん》了《れう》する迄《まで》には、更《さ》らに幾多《いくた》の犧牲《ぎせい》を要《えう》するなきかを怕《おそ》る。更《さ》らに

旅順新市街《りよじゆんしんしがい》より東港《とうかう》一帶《たい》

の狀況《じやうきやう》を記《しる》せば、該《がい》一帶《たい》は實《じつ》に歐洲《おうしう》の小天地《せうてんち》ともいふべく大廈高樓《たいかかうろう》は甍《いらか》を連《つら》ね軒《のき》を接《せつ》して、壯觀《さうくわん》いふべからず。されど何《いづ》れも多少《たせう》の彈痕《だんこん》を止《とゞ》めざるはなく、殊《こと》に停車場附近《ていしやぢやうふきん》には、多數《たすう》の軍艦《ぐんかん》、白玉山下《はくぎよくさんか》に匿《かく》れ、我《わ》れの集彈《しふだん》を受《う》けし爲《た》め、家屋《かをく》の損害最《そんがいもつと》も甚《はなはだ》しく、一軒《けん》にて少《すくな》くも二三箇所《しよ》は、必《かな》らず二十八珊砲彈《サンチはうだん》の痕跡《こんせき》を留《とゞ》めり。其最《そのもつと》も甚《はなはだ》しきは

二頭《とう》馬《に》車《しや》を通《つう》ずる程《ほど》の大破孔《だいはこう》

を穿《うが》たるゝを見《み》る。砲彈《はうだん》の激動《げきどう》にて壁《かべ》は落《お》ち、窓《まど》の硝子《がらす》は微塵《みぢん》に碎《くだ》け、慘憺《さんたん》たる戰餘《せんよ》の光景《くわうけい》、人《ひと》をして毛骨悉《もうこつことごと》く悚《りつ》然《ぜん》たらしむる者《もの》あり。占領以來《せんりやういらい》、新市街《しんしがい》の各街路《かくがいろ》には、各々《おの〳〵》日本《にほん》の町名《ちやうめい》を附《ふ》せられ、東郷町《とうがうまち》、乃木町《のぎまち》といひ、何《いづ》れも何丁目《なんちやうめ》と數《かぞ》ふ。嚴島町《いつくしまゝち》、八島町《しまゝち》、初瀨町《はつせまち》、朝日町等《あさひまちとう》、宛然《えんぜん》たる軍艦町《ぐんかんまち》となれり。橋《はし》にも亦日本《またにほん》の名《な》を改《あらた》め附《ふ》せり。櫻《さくら》橋《はし》、大和橋《やまとはし》、日本橋《にほんはし》、東洋橋《とうやうはし》、何《いづ》れも日本《にほん》めきたる名稱《めいしよう》を命《めい》せざるなし。東港《とうかう》より老虎尾半島《らうこびはんたう》に通《つう》ずる渡船場《とせんば》には、頗《すこ》ぶる風雅《ふうが》なる休憩所《きうけいしよ》を造《つく》られ、此附近《このふきん》を下《しも》の關町《せきまち》といふ蓋《けだ》し對岸《たいがん》なる老虎尾半島《らうこびはんたう》を門司《もじ》に擬《ぎ》し、港内《かうない》を馬關海峽《ばくわんかいけふ》に擬《ぎ》したる者《もの》、風流亦掬《ふうりうまたきく》すべし。新市街《しんしがい》には幸《さいはひ》にして、煉瓦《れんぐわ》及石造家屋《およびせきざうかをく》のみなりしを以《もつ》て、火災《くわさい》に罹《かゝ》りし者甚《ものはなは》だ少《すくな》かりしも、若《も》し日本流《にほんりう》の家屋《かをく》なりしならば、全部《ぜんぶ》は既《すで》に烏有《うう》に歸《き》せしならん。

舊市街《きうしがい》なる支那人家屋《しなじんかをく》

は、入城當時頗《にふじやうたうじすこ》ぶる寂寞《せきばく》にして、空屋甚《くうをくはなは》だ多《おほ》かりしに、其《その》後何《のちいづ》れより集《つど》ひ來《きた》りしにや、忽《たちま》ちにして在來《ざいらい》の家屋《かをく》を充《み》たしゝのみならず、其他諸所《そのたしよ〳〵》に急造《きふざう》の家屋《かをく》をも增加《ぞうか》し、利《り》に敏《さと》き支那人《しなじん》は、俄《には》かに種々《しゆ〳〵》の店舖《てんぽ》を開《ひら》き、支那芝居《しなしばゐ》も始《はじ》められ、西洋料理屋《せいやうれうりや》も開業《かいげふ》せられ、さては公許《こうきよ》の支那賣春店《しなばいしゆんてん》さへも設《まう》けられ、早《はや》くも繁昌《はんじやう》を極《きは》むるに至《いた》れり。遠《とほ》からずして日本《にほん》の賣春店《ばいしゆんてん》も亦公許《またこうきよ》せらるゝに至《いた》るべしといふ。次《つ》ぎに

陸上各砲臺《りくじやうかくはうだい》の慘狀《さんじやう》

を記《しる》さんに、背面《はいめん》の各砲臺共《かくはうだいとも》に、一見人《けんひと》をして寒毛卓竪《かんもうたくりつ》に堪《た》えざらしむる者《もの》あり。海戰《かいせん》に用《もち》ゆべき水雷《すゐらい》の山上《さんじやう》に磊々《らい〳〵》たるなど、一種異樣《しゆいやう》の感《かん》に打《う》たらざるを得《え》ず。而《しか》して最《もつと》も慘《さん》の又慘《またさん》を極《きは》めし者《もの》は、乃木將軍《のぎしやうぐん》が、鐵血覆レ山山形改と吟《ぎん》じ、故松村中將《こまつむらちうじやう》が、鐵血山《てつけつざん》と名《なつ》けたる、

二百三高地《かうち》の戰跡《せんせき》

是《こ》れ也《なり》。該高地《がいかうち》は我猛烈《わがまうれつ》なる攻擊《こうげき》の爲《た》め、確《たし》かに三米突位《めーとるくらゐ》は崩《くづ》れたりといへり。我右翼縱隊《わがうよくじうたい》が幾多《いくた》の勇士《ゆうし》を死《し》せしめ最後《さいご》に第《だい》七師團《しだん》と、第《だい》十五第《だい》十六後備步兵聯隊《こうびほへいれんたい》との力《ちから》に依《よ》り、漸《やうや》く之《これ》を占領《せんりやう》し、始《はじ》めより難戰苦鬪《なんせんくとう》、多大《ただい》の犧牲《ぎせい》を供《けう》せしだけに、死屍累々《しゝるゐ〳〵》として堆《うづたか》く、山腹《さんぷく》を遶《めぐ》れる塹壕《ざんがう》には、其職《そのしよく》に斃《たほ》れたる敵味方《てきみかた》の雜糅《ざつじう》して埋《うづ》まれる狀《さま》、最《もつと》も酸鼻《さんび》に耐《た》えず。露兵《ろへい》の大男《おほをとこ》に、防寒外套《ばうかんぐわいたう》一枚《まい》を覆《おほ》ひ、二三個《こ》

の石《いし》を載《の》せたる者《もの》も、風《かぜ》の爲《た》めに吹《ふ》き捲《ま》くられ、眼凹《まなこくぼ》み肉《にく》落《お》ちたる赤毛《あかげ》の頭《あたま》を現《あら》はすなど、悽絶《せいぜつ》の鬼《き》氣人《ひと》を襲《おほ》ふ。其《その》方面《はうめん》の多《おほ》きと、死屍《しし》の數多《かずおほ》きとの爲《た》め、之《これ》が取片附方《とりかたづけかた》に手《て》の届《とゞ》かざるは、怪《あやし》むに足《た》らず。さすが旅順要塞《りよじゆんえうさい》に致命傷《ちめいしやう》を與《あた》へし要衝《えうしやう》にて、彼我《ひが》共《とも》に惡戰《あくせん》に惡戰《あくせん》を重《かさ》ね、苦《く》戰《せん》に苦《く》戰《せん》を重《かさ》ねたるだけに、其狀《そのじやう》歴々《れき〳〵》として人《ひと》の眼球《がんきう》に映《えい》し來《きた》るを覺《おぼ》ゆ。其他《そのた》背面《はいめん》の諸砲臺《しよほうだい》、其敗壞崩落《そのはいくわいほうらく》の跡《あと》を見《み》るに、何《いづ》れも苦戰激鬪《くせんげきとう》の紀念《きねん》を留《と》めざるなし。最《もつと》も惡《にく》むべきは、强慾《がうよく》なる支那人《しなじんなり》也。彈丸《だんぐわん》の導環《だうくわん》より、藥莢《やくけう》の打殼《うちがら》に至《いた》る迄《まで》、之《これ》を拾《ひろ》ひ取《と》らんが爲《た》め、平然《へいぜん》として死屍《しし》の上《うへ》を踏《ふ》み躙《に》じり、さては死屍《しし》を引《ひ》き出《だ》して、種々《しゆ〳〵》の物品《ぶつぴん》を探《さぐ》るなど、其行爲《そのかうゐ》實《じつ》に憎《にく》むに餘《あまり》あり。此等《これら》の支那人等《しなじんら》は、各砲臺《かくはうだい》の跡《あと》に集《あつ》まり、日々《ひゞ》幾《いく》百人《にん》の出入《しゆつにふ》するを見《み》る。宛然《えんぜん》たる夏時《かじ》臭《しう》に集《あつ》まるの蠅《はい》に異《こと》ならず。』當時《たうじ》又旅順《またりよじゆん》の近狀《きんじやう》を報《ほう》せし者《もの》あり。其《その》所報《しよほう》に依《よ》るに

旅順舊市街《りよじゆんきうしがい》の繁昌《はんじやう》

は、既《すで》に恢復《くわいふく》せられ、我憲兵《わがけんぺい》は此程《このほど》舊市街《きうしがい》の戸口調査《ここうてうさ》を了《おは》れり。同市街《どうしがい》には漸次《ぜんじ》清人《しんじん》の歸來《きらい》するありて、昨今《さくこん》は非常《ひじやう》の賑《にぎは》ひを呈《てい》し、各戸《かくこ》共《とも》に開店《かいてん》して、各自《かくじ》に其業《そのげふ》に就《つ》けり。之《これ》に反《はん》して新市街《しんしがい》は、頗《すこ》ぶる寂寥《せきれう》の觀《くわん》あり。是《こ》れ露《ろ》、清《しん》の非難鬪員等《ひなんとうゐんら》、即《すなは》ち同地《どうち》の實業家等《じつげふかなど》が、續々《ぞく〳〵》家族《かぞく》を引纏《ひきまと》めて芝罘《ちーふ》に赴《おもむ》けるが爲《た》め也《なり》。されば新市街《しんしがい》には、門戸《もんこ》を閉《と》ぢたる家屋《かをく》甚《はなは》だ多《おほ》く、空屋《あきや》頗《またすこぶ》る多《おほ》し。印度人《いんどじん》の新市街《しんしがい》に在《あ》る者《もの》、十七名《めい》を算《さん》ずといへり。次《つ》ぎに

掃海作業《さうかいさげふ》の進行《しんかう》

極《きは》めて著《いちじる》しく、多分《たぶん》三月中《ぐわつちう》、遲《おそ》くも四月《ぐわつ》の下旬頃迄《げじゆんころまで》には之《これ》が終了《しうれう》を告《つ》ぐべしといへり。又露兵《またろへい》の傷病者《しやうびやうしや》は、一時《じ》數十棟《すうむね》の家屋《かをく》に收容《しうよう》しありしも、快方《くわいはう》に向《むか》ひし分《ぶん》より、續《ぞく》々内地《ないち》に後送《こうそう》したるが爲《た》め、其數亦《そのかずまた》著《いちじる》しく減《げん》じ、當時《たうじ》に在《あ》りては、舊市街《きうしがい》六棟《むね》の家屋《かをく》に、之《これ》を收容《しうよう》しありしに過《す》ぎずといへり。旅順《りよじゆん》の整理《せいり》、略《ほ》ぼ其大半《そのたいはん》を完《まつと》うし得《え》たりしを知《し》るに難《かた》からず。

更《さ》らに三月《ぐわつ》十日《か》所報《しよほう》、最近着《さいきんちやく》の米國新聞《べいこくしんぶん》によれば、米國汽《べいこくき》船《せん》トレモント號《がう》の齎《もた》らせる報道《ほうだう》として、記載《きさい》し曰《い》ふ。『旅順《りよじゆん》

沈沒船引揚工事《ちんぼつせんひきあげこうじ》

の結果《けつくわ》として、日本《にほん》の海軍力《かいぐんりよく》は、今後《こんご》五十隻《せき》の艦船《かんせん》を增加《ぞうか》し得《う》べく、而《しか》して其多人數《そのたにんず》の協力《けうりよく》を以《もつ》て、之《これ》を引揚《ひきあ》げたるものは、直《たゞ》ちに旅順船渠《りよじゆんどつく》に於《おい》て修繕《しゆぜん》せらるべく、既《すで》に該船《がいせん》渠《きよ》には無慮《むりよ》千二百人《にん》の職工《しよくこう》、日夜《にちや》を分《わか》たず、勞役《らうえき》に服《ふく》し居《を》れり』と。旅順《りよじゆん》の船渠《どつく》は、戰鬪艦《せんとうかん》を容《い》るゝに足《た》らざること、既《すで》に一たび之《これ》をいひし所《ところ》の如《ごと》し。又今後《またこんご》五十隻《せき》の艦船《かんせん》を我《わが》海軍《かいぐん》に加《くは》へ得《う》べしとするは少《すこ》しく夸大《こだい》の言《げん》たるに似《に》たり。されど船渠《どつく》に

無慮《むりよ》千二百人《にん》の職工《しよくこう》

か、日夜《にちや》勞役《らうえき》し居《を》るとは、蓋《けだ》し事實《じじつ》ならん。同月《どうげつ》十日《か》を以《もつ》て長崎《ながさき》に歸着《きちやく》せる御用船《ごようせん》の齎《もたら》す所《ところ》によるに、其後《そのご》旅順《りよじゆん》、大《たい》連共《れんとも》に、其面目《そのめんもく》を一新《しん》し、淸人《しんぐら》等は露國《ろこく》の支配《しはい》せし時《とき》よりも、更《さ》らに一層《そう》の安堵《あんど》をなして、各自《かくじ》其職業《そのしよくげふ》に從事《じうじ》し、又《また》掃海《さうかい》事業《じげふ》も、日々《ひゞ》に進捗《しんせう》して其成績《そのせいせき》は極めて良好《れうこう》なり、かくて敵《てき》の沈沒艦《ちんぼつかん》上《じやう》に飜《ひるが》へさるゝ我日章旗《わがにつしやうき》の影《かげ》は、日《ひ》に其數《そのかず》を增加《ぞうか》せりといへり。尋《つい》で同《どう》十六日《にち》、旅順《りよじゆん》の近狀《きんじやう》を報《ほう》ずる者《もの》によれば、旅順鎭守府《りよじゆんちんじゆふ》に於《おい》ては、日々《ひゞ》諸般《しよはん》の調査《てうさ》と、諸種《しよしゆ》の片附方《かたづけかた》との爲《た》めに忙殺《ばうさつ》せられ、船渠《どつく》の如《ごと》きも、未《いま》だ修繕《しうぜん》に着手《ちやくしゆ》するに至《いた》らざる爲《た》め、必要《ひつえう》の場合《ばあひ》には、從來《じうらい》の儘《まゝ》にて之《これ》を使用《しよう》し居《を》れり。當時《たうじ》捕虜《ほりよ》の傷病者《しやうびやうしや》、尙《な》ほ數千人《すにん》あり、少《すこ》しく回復《くわいふく》に向《むか》ひし者《もの》は、直《たゞち》に內地《ないち》に後送《ごさう》するが故《ゆゑ》に鐵道《てつだう》の如《ごと》きも、非常《ひじやう》の雜沓《ざつたう》を極《きは》め、普通軍人《ふつうぐんじん》さへ纔《わづ》かに乘車《じやうしや》し得《う》るの有狀也《ありさまなり》。但《たゞ》し六七月頃《ぐわつごろ》に至《いた》らば、一通《とほ》り整頓《せいとん》を告《つ》ぐるならんといへり。沈沒艦中《ちんぼつかんちう》、全然引揚《ぜんくひきあげ》の望《のぞみ》なきは、戰鬪艦《せんとうかん》セバストポリー一隻《せき》にて、其他《そのた》は皆引揚《みなひきあ》ぐることを得《う》べし。曩《さ》きに船渠《どつく》の側《そば》にて引揚《ひきあげ》られし運送艦《うんさうせん》アムールの如《ごと》きは、單《たん》にキングスリンを開《ひら》いて沈沒《ちんぼつ》せしめしのみなりしを以《もつ》て、二週間《しうかん》を費《つひ》やさずして之《これ》を引揚《ひきあ》げ得《え》たり。同船《どうせん》は排水噸數《はいすゐとんすう》千二百噸餘《とんよ》、主《しゆ》として旅順《りよじゆん》、芝罘間《ちふかん》、及營口間《およびえいこうかん》に用《もち》ゐられ、堅牢《けんらう》の新造船《しんぞうせん》なりしといへり。而《しか》して我鎭守府《わがちんじゆふ》の從事《じうじ》せんとする引揚作業《ひきあげさげふ》に關《かん》しては、之《これ》が水中《すゐちう》の工事《こうじ》に着手《ちやくしゆ》せんには、五月初旬《ぐわつしよじゆん》を待《ま》たざるを得《え》ず。此等《これら》艦船《かんせん》は一箇年位《かねんくらゐ》之《これ》を水中《すゐちう》に放棄《はうき》し置《お》くも、格別《かくべつ》の損害《そんがい》なからんといへり。四月《ぐわつ》一日《じつ》、旅順《りよじゆん》の最近狀況《さいきんじやうきやう》を報《ほう》ずる者《もの》に曰《いは》く『旅順市街《りよじゆんしがい》には、尙《な》ほ露國非戰鬪員《ろこくひせんとうゐん》(赤十字員《せきじゆうゐん》をも含《ふく》む)五千人許《にんばかり》の留《とま》るあり、漸次《ぜんじ》に他方面《たはうめん》に轉送《てんさう》せらるべし。露國《ろこく》が自《みづか》ら港口《こうこう》に沈沒《ちんぼつ》したるラスボニック號外《がうほか》一隻及《せきおよび》

我閉塞船引揚工事《わがへいそくせんひきあげこうじ》

は、我邦人《わがほうじん》長崎人橋本淸氏に許可《きよか》せられ、着々工事《ちやく／＼こうじ》の進行中《しんかうちう》に在《あ》り市街《しがい》にては、概《がい》して大工事《だいこうじ》なく、唯緊急《たゞけんきふ》の修繕工事《しうぜんこうじ》なるを見《み》るのみ。主《しゆ》として阿部組《あべくみ》の川北一太郎氏が、旅順口海軍主計部《りよじゆんこうかいぐんしゆけいぶ》土木《ぼく》の請負《うけおひ》をなし居《を》るを見《み》る。旅順《りよじゆん》には軍事郵便《ぐんじゆうびん》の外《ほか》、未《いま》だ普通郵便《ふつうゆうびん》あらず。而《しか》して旅順海陸《りよじゆんかいりく》の整理《せいり》事業《じげふ》は、既《すで》に着々《ちやく／＼》として其緒《そのちよ》に就《つ》きつゝあるを見《み》る。旅順《りよじゆん》開城後《かいじやうご》、最近《さいきん》に至《いた》る迄《まで》の狀況《じやうきやう》、其他《そのた》大連附近《たいれんふきん》の狀況《じやうきやう》、實《じつ》に以上《いじやう》敍《じよ》し來《き》れる所《ところ》の如《ごと》し。其他《そのた》なほ記《き》すべきこと多《おほ》きも、そは逐次《ちくじ》定期刊行《ていかんかう》の紙上《しじやう》に讓《ゆづ》らん。

佛生日啜茗雅集

天上人間唯我尊。　龜谷天尊
三千年前奇兒言。　志賀龍
鳥歌花笑春溫存。　岩溪裳川
影欲成雙波上飜。　上夢香
無樹不花皆香園。　小林天龍
風前誰賜花下禪。　塚原夢舟
灌佛之節風日暄。　谷本櫻谷

誰喫生鐵倚崑崙。　結城蓄堂
一棒打破老乾坤。　岸上質軒
新水入池碧無痕。　渡邊雨山
一浮一沈穩夢魂。　勝島仙坡
琴棋有伴酒一樽。　大江敬香
禽聲如水白版門。　谷楓橋
多謝東皇雨露恩。　大久保湘南

軍國新詞

三月十五日。聞奉天之役王師大捷之報至焉。欣然執筆。六首

西岡宜軒 逾明

遼河氷裂響轟然。兩翼分軍陷奉天。露帝胸中無定算。深宮呑涙恨胡祆。

北胡生命釜中魚。豪氣衝空激戰餘。嫁敗結氷欺露帝。厚顏猶上乞身書。

納約韓門返舊都。回頭旅順感何如。再爲降將遼河上。那面重呈宣誓書。

砲聲轟々裂碧空。斫堅衝鋭氣猶雄。鐵嶺興京皆破碎。開原亦落包圍中。

戰敗空亡廿萬兵。上書退職若爲情。露都從卜歸休地。蒐爾無辭答父兄。

露軍全滅滿洲野。秋殺春生王者師。願奉明治天子詔。奉天城上建豐碑。

黒溝臺詩。寄七里雪溪譯官

野口寧齋 弌

自從沙河敗。鐵騎空颮飃。大擧策南下。一軍忽沿洄。以爲建瓴勢。蹴踏山崔嵬。以一能當十。驄馬七尺騋。天曠無一樹。曉行宜啣枚。急攻原隰陰。軍聲虜聲豗。俄傳少將傷。聯隊過荒萊。大尉死何烈。健鬪分隊來。將軍忽一喝。獨占春風魁。諸軍衆目視。曾降無妄災。紛紛天下士。疑我諸將材。

雲壓胡陣頽。唯待天地冬。似謀燃死灰。慣寒又慣戰。擣虚韜略該。將軍聞不驚。亦好孤軍纔。朔氣與劍氣。地凍無一埃。邀擊河岳震。硝烟飛腥煤。鬼燐聚匝地。旅團據崇垓。少佐死何壯。中隊涙滿顋。血漲雪爲紅。鐵笛吹落梅。我兵出國遲。踟躕莫低徊。健兒閑風雪。耳食如輿儓。含垢幾歲月。

欲進不得進。白雪連皚皚。河氷厚可渡。意氣誇雄恢。蹂躙野空濶。輾然相見哈。韓門大旗肅。霜鬢颯于鬆。照人雪如畫。礮火驅疾雷。熊虎蟄在窟。兵屍敵屍堆。又傳大佐傷。大隊心着纔。殊死少尉去。氣旺暖似煨。梅花飃珠霰。今始笳角催。記否八甲田。煩寃新鬼哀。疑我諸卒勇。漸羞休自猜。

蕩滌眼前敵。再鼓蚩尤開。胡將遠遁走。馬頭難復擡。半子故人好。盾鼻千言裁。昔日牡丹臺。威名止啼孩。擧目碧雲遠。

痛飲傾百杯。鏖戰三晝夜。聞道嘆聲咳。將軍曉如舊。兩度長征陪。勳業石亦偉。所嚮枯木摧。此夜鳴雁嗷。故人安在哉。

一皷勝六散。胡血暈碧苔。北風竟不競。將軍偏憐才。歛舌四民撫。好勸山之隈。今日黒溝臺。詩夢呼我回。

時事

嵩古香 後海

兩軍戰沙河。堆積數里野。敵軍全敗也。蠢拙黒鳩公。遺棄器與屍。難立驚旂下。

又

當初奉天府。弩末太劣生。誰是所命名。借它胡將手。遺靈覺羅氏。奉之向天兵。

又

難攻與不落。我軍海亦塡。其然豈其然。獨憫胡將陋。我軍山亦拔。抵死險恃天。

又

郎戰朔北雲。照此秋夜永。妾守孤燈影。征衣裁又裁。燈火豈無心。何辨刀尺冷。

又

我軍又捷矣。飛檄疾於矢。吾兒竟戰死。此死是名譽。日夕大本營。老涙交悲喜。

仰唱萬歲聲。俯數亡兒齒。

病中偶述

勝間田鐵琴稔

一病三旬久。枕衾昕夕親。頭顱易成雪。懷抱不生春。梅意促吟屐。夢魂追戰塵。人間仍殺氣。天地近芳辰。

次韻呈鐵琴翁

福井學圃縣

未廢詩書課。何妨藥石親。知君夢中錦。發此筆頭春。冠冕同丘壑。功名付幻塵。明日出門去。江上采蘭辰。

翁近日將養病于湯河原

疊韻寄學圃盟兄

勝間田鐵琴

息機人臥病。禽鳥亦相親。深巷杏花雨。一年茅屋春。情懷非昔日。巾扇記前塵。茗椀藥爐底。値茲修禊辰。

鐵琴先生見似病中作。次韻以呈。

佐藤竹浦忠淳

淸官如隱士。緗帙日相親。壁畫時牽夢。階蘭儘愛春。爲詩催白髮。因病避紅塵。曳杖三旬後。鶯花好及辰。

次鐵琴盟主病中詩韻

片山精堂勤

斗室談風雅。一甌茶可親。官梅東閣雪。池草謝家春。警句貴於玉。浮名輕似塵。但徯君養病。起及艷陽辰。

鐵琴先生病中有詩見示。依韻賦呈

村岡櫟齋長弼

神交不挾貴。傾倒見情眞。聞有无妄病。杜門空負春。鬱諸雲蔽月。一瞬絕纖塵。拾翠東郊路。追隨當及辰。

贈櫟齋老兄。疊韻

福井學圃

懿此忘年友。風期淡以親。誦茲閒適什。難和是陽春。矧復等身著。潛精眞絕塵。辛夷花下酒。握手記佳辰。

櫟齋舊宅、有辛夷樹、花時招飲余及廣瀨雪堂、下田義天類等、是爲訂交之始、

奉天大捷。奉贈大山元帥。兼呈大島將軍。

島田湘洲孝之

瀋陽烽燧對壁壘。戰鬪線連一百里。敵勢飄如風雨臻。三軍突擊從此始。陰風慘澹晝晦濛。興隆撫順石火中。剪虜如草殷鮮血。尺腿寸臂飛滿空。虜兵獸遁忽敗衂。白日不動元戎纛。淸朝宗社發祥地。秋毫不侵軍令肅。八十萬衆雷霆驅。一戰鏖殺廿萬胡。偉功烜赫耀宇內。如此大捷曠代無。緜憶彼胡暴似虎。幕府板蕩寇疆禦。脅俎割攘樺太島。隱忍卅年屈難抒。又見乙未征淸年。糾合列國威四邊。口唱和平迫還土。撤兵盟約附雲煙。剽畧滿洲據遼左。封家長蛇欲食我。膺懲大義天下宣。出師要在斷後禍。連戰連捷一年餘。大連旅順歸版圖。遼陽奉天已克復。狼藉游魂半掃除。長城以南胡塵滅。天人之仇就天罰。遙望烏拉山上雲。將軍據鞍詠夜月。

乙巳春日作

水越耕南成章

靑簾搖蕩捲東風。梅氣吹薰坐嘯中。世道豈隨時勢變。吾心應與古人同。千秋史冊收殘蠹。萬重關河送斷鴻。滿地雪消春草綠。也知恩澤及遐窮。

冶春詞

淺田三槐玄

芙蓉萬仞帶晴煙。櫻花紅映旭旗鮮。東海波濤春如鏡。迭迎萬里去來船。

玉漏沈沈殘燭幽。梨花院落帶春愁。誰憐夜夜香閨夢。萬里無端到滿州。

雨霽江村十二橋。桃花水暖柳搖々。春帆一片白鷗外。遠嶠如眉涵午潮。

江南江北落花飛。十里輕烟草色肥。聞說沙塢春未到。雪華如掌打戎衣。

漾漾春川曙色分。長隄十里白氤氳。紅暾照破萬花影。爛燦凝成五色雪。

梨花庭院雨絲寒。梟鼎煙消夢也殘。湘簾

半捲人悄坐。新愁如水沁欄干。
白山黑水暗兵塵。一種傷心此麗春。煙柳
風花江上路。綺樓不見倚欄人。

送雨山判官之任長崎次其留別韻

岸上質軒 操

驪歌一曲曷堪聞。明日都門正別君。千里
落花芳草路。新鵑叫裂鎮西雲。

隨鷗吟社第一次大會聯句

（四月三日於向島八百松樓）

萬里征戎獲熊羆 東久世竹亭
乾旋坤轉斗杓移 渡邊無邊
畫船多少截春漪 松浦鷲洲
初櫻一雨回春姿 元田南畝
南國佳人我所思 塚原夢舟
詩與世運同盛衰 入澤雲莊
把杯擬賦大風辭 王漆園
戰餘宰相奈無爲 渡邊雨山
催花風片與雨絲 荒木看雲
邂逅相逢咸友師 木村天南
閑鷗春水太平規 小笠原葵崖
松翠濛濛三園祠 大條金堂
對花心醉齊解頤 小堀錢橋
東亞西歐無藩籬 榎本梁川
河清頌欲獻丹墀 股野藍田
白鷗春水最宜詩 岩溪裳川
不醉花或呼我癡 安廣龍峯
銷魂千古芳草基 永井禾原
壇坫消息如奕棋 大江敬香
仰看皇化宣九夷 萩原錦江
天意到春儘有私 清水梁山
今雨舊雨雨亦宜 濱村藏六
春風無私及貧兒 正木桂所
船上美人花下騎 花房樽東
灃上花木雨露施 長谷川城山
南面百城神融怡 永久保柳雨

檻前愛見鷗鷺隨 盧山鶯堂
閶闔禮樂瞻古儀 山田寒山
佳辰雅會焉可差 長田鍛川
尚見羽檄東西馳 高地閑齋
魯陽戈日安得麾 長井楳夢
撼來天柱與地維 紀成三華
花有風雨月盈虧 土屋琴坡
奎運方興還何悲 菊池惺堂
嘔盡心丹展盡眉 上村寶劍
文章千古杜拾遺 關澤霞庵
一狐腋與千羊皮 小林天龍
一蹶寒逗辛夷楣 谷楓橋
垂楊垂柳雨枝枝 岸上質軒
健兒手中揭青旗 平井楊堂
鐵石心腸氷雪肌 橫川三松
墨水須染吟人髭 伊藤指月
一竿風月心不離 高村馬陵
本事詩成興相追 橫山耐雪
靈腕掣鯨不知疲 結城蓄堂
長房御龍涉葛陂 勝島仙坡
捉書日夜來邊陲 川島香洲
請和使者來何遲 瀧澤止戈
酒家簾幕春雨滋 滯梅處

鷗盟如水復奚疑 高塚樽浦
千秋斯道足維持 倉山松濤
醉歌龍驤虎擲時 谷本鬱谷
六師忠烈定邊危 內田范村
花間嘗樹征露碑 手島汀雪
宇宙消息有誰知 龜谷天尊
沁骨春寒利于錐 飯塚春塘
昭代餘事詩以支 內野皎亭
詩心志厚向陽葵 北條鷗所
斯道不論尊兼卑 谷村映雪
蜂雄爲笑蛺蝶雌 野口寧齋
滿簾花氣沁吟脾 町田柳塘
悄地仍有香風吹 杉浦柳溪
誰家蛾眉隔簾窺 堀內爲山
惱雨紅桃似醉姬 中山虎溪
簾波瑟瑟搖微颸 藤村晴濤
擬同釣人一蓑披 上夢香
詞花爛發還之涯 荒浪櫻崖
雲煙萬壑騰蛟螭 田中五稜
滿洲草木霑天慈 金枝小峴
天下賀捷齊舉巵 三田集外
燕尾剪風影差池 大江香峯
一斗百篇宜酣嬉 木村悟窓
我儕不受功名羈 前田默鳳
力疾尙幸趁佳期 土居香國
如此盛會會無之 江木冷灰
詩家功亦竹帛垂 永坂石埭
縱志欲採商山芝 榎本櫻東
滿堂賓客袂成帷 金井秋蘋
會者七十人有奇 森槐南
不問大雅扶輪誰 大久保湘南

春二十句

落潮や磯菜花ちる梅のかせ　靜江
雨の中摘むべき蕨見て過ぎぬ　枯峯
南椽に老媼が夢や春長閑　綠波
洛外の公卿めて給ふ田螺かな　秀菊
公達の纓洗へとや鳴く田螺哉　靜江
早蕨や首陽の故事の偲はれて　菊韻
白桃や水車のどかに春の里　靜江
梨棚のつくろひするや春長閑　胡蝶
恨みなる蓋堅ふして田螺かな　袖月
早蕨を味ふ木曾の醋味噌かな　櫻桃
田螺ひろい〳〵て捨てし妹かな　翠蔭
おづ〳〵と鼻かぎよるや猫の戀　雨葉
欠伸する生徒もありて春の雨　佳水
若草に胡蝶の舞の蓆かな　琉子
柳原柳植えたき名なりけり　杏花
若草や誰が遠足の竹の皮　雨葉
青柳の藁屋をかくす日和かな　香花
夜をしめる衣桁の袖や春の雨　靜江
柳植へて風に歌よむ日を得たり　萍花
紅梅や袖雪洞の薄明り　櫻桃

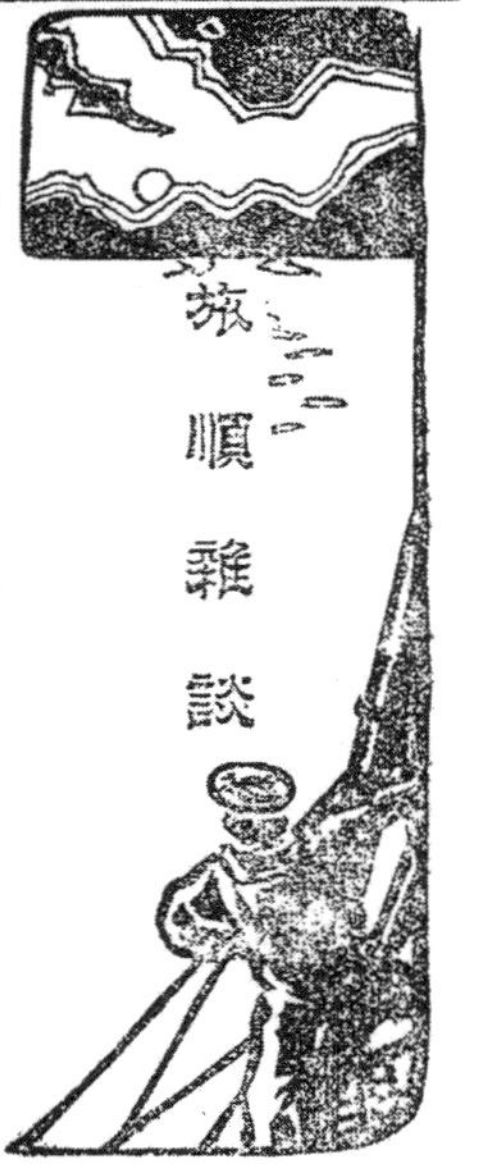

陥《かん》落《らく》と開《かい》城《じやう》

（セダンの降服と旅順の開城）

坪谷水哉

△旅順《りよじゆん》の要塞《えうさい》が、我《わ》が攻圍軍《こうゐぐん》の手《て》に歸《き》するや、之《これ》を陥落《かんらく》と稱《しよう》するものと、開城《かいじやう》と稱《しよう》するものとある。陥落《かんらく》と開城《かいじやう》との間《あひだ》に如何《いか》なる相違《さうゐ》あるか。此《こゝ》に之《これ》を研究《けんきう》して見《み》ようと思《おも》ふ。

△城壁《じやうへき》に立《た》て籠《こも》つたる軍兵《ぐんぺう》が、其《そ》の城《しろ》を敵《てき》の手《て》に渡《わた》す場合《ばあひ》にも、古來《こらい》二種《しゆ》ありて、一は純然《じゆんぜん》たる落城《らくじやう》と云《い》ひ、一は城《しろ》明《あ》け渡《わた》しと云《い》ふた。落城《らくじやう》とは、將卒《しやうそつ》ともに城《しろ》を枕《まくら》にして戰《せん》死《し》し、終《つひ》に城陥《しろおち》いりて寄手《よせて》の有《いう》に歸《き》する場合《ばあひ》で、城明《しろあ》け渡《わた》しとは、多少《たせう》まだ戰鬪力《せんとうりよく》は有《もつ》て居《ゐ》るが、最後《さいご》まで戰《たゝか》ふて無益《むえき》に多《おほ》くの敵味方《てきみかた》を損《そん》することを避《さ》ける爲《ため》に、双方協議《さうはうけふぎ》の上《うへ》、城兵《じやうへい》は或《あ》る條件《でうけん》を約束《やくそく》して城《しろ》を退去《たいきよ》する場合《ばあひ》を云《いふ》て居《ゐ》る。

△日本《にほん》の歴史《れきし》で、落城《らくじやう》の最《もつと》も有名《いうめい》なる例《れい》は、關《せき》ヶ原役《はらえき》の伏《ふし》見落城《みらくじやう》、元和《げんな》の役《えき》の大阪落城《おほさからくじやう》などで、力《ちから》の有《あ》らん限《かぎ》り防《ふせ》ぎ戰《たゝか》ひ、力《ちから》全《まつた》く盡《つ》きて主《おも》なる將校《しやうかう》は皆《み》な戰死《せんし》し、終《つひ》に城《しろ》は陥《かん》落《らく》したのである。また城明《しろあ》け渡《わた》しの著名《ちよめい》なる例《れい》は、天正《てんせふ》十年《ねん》備中高松城《びつちうたかまつじやう》の明《あ》け渡《わた》しで、主將《しゆしやう》清水長治《しみづながはる》は、極力《きよくりよく》織田《おだ》氏《し》の攻圍軍《こうゐぐん》を惱《なや》まし、水《みづ》を城中《じやうちう》に注《そゝ》がれて、力《ちから》將《まさ》に盡《つ》きんとするや、自《みづか》ら死《し》して他《た》の城中《じやうちう》の兵士《へいし》を放還《はうくわん》せしめた。

△陥落《かんらく》と言《い》へば六《む》ケしい樣《やう》だが、落城《らくじやう》と云《い》へば猫《ねこ》にも杓子《しやくし》にも分《わ》かる。また開城《かいじやう》とは取《と》りも直《なほ》さず城明《しろあ》け渡《わた》しの事《こと》である。スルと旅順《りよじゆん》は落城《らくじやう》か城明渡《しろあけわた》しかと言《い》へば、敵味方《てきみかた》の間《あひだ》に開城規約《かいじやうきやく》なども出來《でき》た通《とほ》り、之《これ》を明《あ》け渡《わた》しと言《い》ふ方《はう》が適當《てきたう》である。外國人《ぐわいこくじん》も、開城《カピチユレーシヨン》（Capitulation）と稱《しよう》し、條件《でうけん》附《づき》の降服《かうふく》と名《なづ》け、無《む》條件《でうけん》の降服《サレンダー》（Surrender）とか、または陥落《フオール》（Fall）とは言《い》はない。此《こ》れは開城《かいじやう》と降服《かうふく》または落城《らくじやう》との間《あひだ》には、籠城者《ろうじやうしや》の名譽《めいよ》に大《おほ》いなる差違《さゐ》がある爲《ため》で、今度《こんど》の旅順《りよじゆん》の主將《しゆしやう》ステッセル將軍《しやうぐん》が、まだ戰鬪力《せんとうりよく》の幾分《いくぶん》か殘存《ざんぞん》して居《ゐ》る間《あひだ》に、或《あ》る條件《でうけん》を以《もつ》て開城《かいじやう》を申出《まをしい》で、其《そ》の條件《でうけん》が我軍《わがぐん》に許《ゆる》され、幾分《いくぶん》の面目《めんもく》を保《たも》ちて城《しろ》を明《あ》け渡《わた》したのだからである。

△或《あるひ》はまた、成程旅順《なるほどりよじゆん》は陥落《かんらく》では無《な》かろうが、降服《サレンダー》といふては如何《いかゞ》かと言《い》ふに、成程降服《なるほどかうふく》に相違《さうゐ》ない。左《さ》りながら、百戰《せん》力《ちから》盡《つ》きて、無《む》條件《でうけん》に降服《かうふく》した場合《ばあひ》と、まだ幾分《いくぶん》か抵抗《ていかう》の力《ちから》はあるが、最早《もはや》大勢《たいせい》定《さだ》まつて此上《このうへ》の抵抗《ていかう》は無益《むえき》であると悟《さと》つて、或《あ》る條件《でうけん》を約束《やくそく》して一切《さい》の兵器《へいき》までも引渡《ひきわた》すといふのとは、稍《や》や趣《おもむき》が異《ことな》つて居《ゐ》る。で、之《これ》を條件附降服《でうけんづきかうふく》と云《い》ふは差支無《さしつかへな》かろうが、無《む》條件《でうけん》の降服《かうふく》と云《いふ》のは可愛相《かあいさう》だ。

△條件附降服《でうけんづきかうふく》、または開城《かいじやう》の適例《てきれい》を、外國《ぐわいこく》の戰爭《せんさう》に求《もと》むるときは、近《ちか》く千八百七十年《ねん》の普佛戰爭《ふつせんさう》に於《おけ》るセダンの役《えき》が最《もつと》も適當《てきたう》であろう。當時《たうじ》マクマホン將軍《しやうぐん》に率《ひき》ゐられたる佛《ふつ》軍《ぐん》は、普魯西《ぷろしや》軍《ぐん》の爲《ため》に包圍《はうゐ》せられ、佛國皇帝《ふつこくくわうてい》ナポレオン三世《せ》も、また其中《そのうち》に在《あ》り。九月《ぐわつ》一日《にち》普軍《ふつぐん》のモルトケ將軍《しやうぐん》は二十四萬の大軍《たいぐん》を以《もつ》て、其《そ》の半數《はんすう》に過《す》ぎざる佛軍《ふつぐん》を四方《はう》より圍《かこ》み、砲火《はうくわ》の圓環《えんくわん》を作《つく》つて激《はげ》しく砲擊《はうげき》したので、佛軍《ふつぐん》能《よ》く戰《たゝか》ふたりと雖《いへど》も、主將《しゆしやう》マクマホンも負傷《ふしやう》し、最早《もはや》刻《こく》一刻《こく》に危殆《きたい》の形勢《けいせい》と爲《な》り、また如何《いかん》ともし難《がた》くなつた。で、崩《ほう》壞《くわい》したる佛軍《ふつぐん》は、セダンの市中《しちう》に退却《たいきやく》し、普軍《ふぐん》の砲火《はうくわ》は將《まさ》に市中《しちう》を包圍《はうゐ》して、全滅《ぜんめつ》せしめんとする間際《まぎは》に臨《のぞ》み、普軍《ふぐん》は、其夕《そのゆふべ》暫時《ざんじ》砲擊《はうげき》を中止《ちうし》し、佛軍《ふつぐん》の降服《かうふく》するを待《ま》つた。然《しか》れども佛軍《ふつぐん》は尚《な》ほ屈《くつ》せずして、盡《こと》く斃《たふ》るゝまで戰《たゝか》はんとする態度《たいど》を示《しめ》したれば、普軍《ふぐん》も去《さ》らばと、再《ふた》び砲擊《はうげき》を始《はじ》めたので、佛帝《ふつてい》ナポレオン三世《せ》は、終《つひ》に力屈《ちからくつ》して白旗《はくき》を砲壘《はうるゐ》の上《うへ》に立《た》て、降服《かうふく》を請《こ》ふた。

△此時《このとき》の降服談判《かうふくだんぱん》は、流石《さすが》に有名《いうめい》なるナポレオン三世帝《せてい》と獨逸皇帝《どいつくわうてい》維廉《ウヰルヘルム》一世《せい》及《およ》びモルトケ將軍《しやうぐん》ビスマルク宰相《さいしやう》等《とう》の取組《とりくみ》であるから、頗《すこぶ》る面白《おもしろ》いものであつた。ナポレオン帝《てい》は、白旗《はくき》を樹《た》てると同時《どうじ》に、普魯西王《ぷろしやわう》(後《のち》に獨逸皇帝《どいつくわうてい》)に左《さ》の書《しよ》簡《かん》を送《おく》つた。

　兄《けい》に白《まう》す、余《よ》不幸《ふかう》にして軍隊《ぐんたい》の中央《ちうあう》に於《おい》て死《し》すること能《あた》はず、今《いま》や余《よ》の佩劍《はいけん》を以《もつ》て陛下《へいか》の手裏《しゆり》に置《お》くの外《ほか》なし

此《こ》の書簡《しよかん》は、佛軍《ふつぐん》のカステルノー將軍《しやうぐん》、軍使《ぐんし》と爲《なつ》て之《これ》を携《たづさ》へ、普軍《ふぐん》に到《いた》る、時《とき》にモルトケ將軍《しやうぐん》は、先《ま》づ問《と》ふて曰《いは》く『ナポレオン三世《せ》陛下《へいか》の提出《ていしゆつ》せらるゝ御劍《ぎよけん》は、是《こ》れ佛蘭西《ふらんす》の劍《けん》なるか、または陛下《へいか》の劍《けん》なるか、若《も》し佛蘭西《ふらんす》の劍《けん》ならば、降《かう》服《ふく》の條件《でうけん》は大《おほい》に異《こと》なれり、足下《そくか》の使命《しめい》もまた之《これ》に應《おう》ずるの資《し》格《かく》で無《な》くてはならぬ』と。是《こ》れは帝《てい》の降服《かうふく》か佛國《ふつこく》の降服《かうふく》かと反問《はんもん》したので、佛國《ふつこく》の降服《かうふく》ならば、戰爭《せんさう》は之《これ》で終局《しうきよく》である故《ゆゑ》、外交上《ぐわいかうじやう》の談判《だんぱん》となるが、之《これ》に反《はん》し、唯《た》だ帝《てい》と帝《てい》の親《みづか》ら率《ひき》ゐたる軍隊《ぐんたい》だけの降服《かうふく》ならば、まだ戰爭《せんさう》の終局《しうきよく》では無《な》いのである。で、モルトケ將軍《しやうぐん》の此《こ》の問《とひ》に對《たい》して、カステルノー將軍《しやうぐん》は直《たゞ》ちに『それは帝《てい》の御劍《ぎよけん》だ』と答《こた》へたから降服規約《かうふくきやく》も、單《たん》に軍事上《ぐんじじやう》の條件《でうけん》に止《とゞ》まるものと定《さだ》まり、モルトケと佛將《ふつしやう》との間《あひだ》に談判《だんぱん》を開《ひら》き、佛將《ふつしやう》は『全軍《ぜんぐん》を白耳義《べるぎい》の中立地《ちうりつち》に移《うつ》し、同地《どうち》にて武裝《ぶさう》を解《と》き、自由《じいう》に解放《かいはう》せられたし』と主張《しゆちやう》したけれども、モルトケは之《これ》に反對《はんたい》し、全軍《ぜんぐん》を捕虜《ほりよ》とすべしと論《ろん》じ、其《そ》の夜《よ》の深更《しんかう》に及《およ》ぶも未《いま》だ定《さだ》まらない。ソコでトウ／＼其翌二日《そのよくふつか》の朝《あさ》、ナポレオン三世帝《せいてい》自《みづか》ら普軍《ふぐん》の大本營《だいほんえい》に出懸《でか》けて、直接《ちよくせつ》に普王《ふわう》維廉《ウヰルヘルム》一世《せい》と會見《くわいけん》せんとした。實《じつ》に此時《このとき》のナポレオン三世帝の元氣《げんき》は、旅順《りよじゆん》のステツセル將軍よりも遙《はるか》に勝《まさ》つて見《み》へた。

△此時《このとき》普魯西王《ふろしやわう》維廉《ウヰルヘルム》の傍《かたはら》には、老猾無雙《らうくわいぶさう》の鐵血宰相《てつけつさいしやう》ビスマルクが居《ゐ》るので、降服談判《かうふくだんぱん》の調《とゝの》ふまで、維廉王《ウヰルヘルムわう》をしてナポレオン三世帝《せてい》と會見《くわいけん》せしむるは不得策《ふとくさく》なりと思《おも》ひ、王《わう》に請《こ》ふて暫《しば》らく他所《よそ》に移《うつ》らしめた。斯《か》くとも知《し》らずナポレオン三世帝《せてい》は、蓋《おほひ》を取《と》り除《のぞ》きたる馬車《ばしや》に乘《の》り、部下《ぶか》の諸將《しよしやう》を

旅順雜談

随《したが》へて、普軍《ふぐん》の戰闘線《せんとうせん》に向《むか》はれると、ビスマルクは途中《とちう》まで出迎《でむか》へ、馬《うま》を下《くだ》つて帝《てい》に禮《れい》した。時《とき》に帝《てい》は維廉王《ウヰルヘルムわう》に見《み》へたしと請《こ》ふと、ビスマルク曰《いは》く、我《わ》が王《わう》は在《あ》らずと、終《つひ》に帝《てい》を路傍《ろはう》の空屋《くうをく》に導《みちび》き、自《みづか》ら帝《てい》と會談《くわいだん》した。此時《このとき》の會見室《くわいけんしつ》には、僅《わづか》に二脚《きやく》の椅子《いす》と一脚《きやく》の卓《たく》ある計《はか》りだ。

△ビスマルクは、故《こと》さらに維廉王《ウヰルヘルムわう》を避《さ》けしめて、自《みづか》ら佛帝《ふつてい》と談判《だんぱん》すること一時間《じかん》に及《およ》んだ。當時《たうじ》の談判《だんぱん》始末《しまつ》は、ビスマルク自《みづか》ら其後《そのゝち》之《これ》を記《しる》して曰《いは》く、

『陛下《へいか》は其軍隊《そのぐんたい》の爲《ため》に成《な》るべく寛大《くわんだい》なる降服條件《かうふくでうけん》を定《さだ》むるに最《もつと》も熱心《ねつしん》せらるゝものゝ如《ごと》くなりき、然《しかれ》ども此事《このこと》は純然《じゆんぜん》たる軍事《ぐんじ》に屬《ぞく》するを以《もつ》て、予《よ》は初《はじ》めより陛下《へいか》と之《これ》に就《つい》て妥協《だけふ》するを得《え》ずと奉《ほう》答《たふ》せり、予《よ》はまた更《さら》に陛下《へいか》に對《たい》して、陛下《へいか》は果《はた》して和睦《わぼく》の談判《だんぱん》を開《ひら》かるゝの意《い》ありやと奉問《ほうもん》せしに、帝《てい》は、身《み》は既《すで》に俘虜《ふりよ》なり、また條約《でうやく》を爲《な》すの地位《ちゐ》にあらずと答《こた》へられたり。而《しか》して予《よ》は、帝《てい》の見解《けんかい》によれば佛國《ふつこく》に於《おい》て現今政權《げんこんせいけん》は何人《なんびと》の手《て》にありと爲《な》すべきやと奉問《ほうもん》したるに、帝《てい》は、巴里《パリ》に現在《げんざい》する政府《せいふ》を指示《しじ》せられたり。此點《このてん》は、前日帝《ぜんじつてい》より普王《ふわう》に贈《おく》られたる書簡《しよかん》には未《いま》だ判然《はんぜん》せざりしにより、先《ま》づ之《これ》を確《たし》かめたるなり。然《しか》る後《のち》予《よ》は、果《はた》して然《しか》らば今日《こんにち》の談判《だんぱん》は、純然《じゆんぜん》たる軍事上《ぐんじじやう》に止《とゞ》まるべきものと思惟《しゐ》する旨《むね》を斷言《だんげん》したりき。既《すで》にして帝《てい》は、室《しつ》外《ぐわい》に出《い》で、予《よ》に向《むか》つて帝《てい》の身側《しんそく》に坐《ざ》すべきを命《めい》せられたり』云云《うんぬん》、

日本軍艦の端艇敵の沈設水雷を引揚ぐ

△實《じつ》に戰爭《せんさう》には負《ま》けたくなきものなり。其《そ》一時《じ》は威名赫々《ゐめいくわく〳〵》たる佛國皇帝《ふつこくくわうてい》として、其《その》一擧一動《きよ》が盡《こと〴〵》く世界《せかい》の注目《ちうもく》を曳《ひ》きたるナポレオン三世帝《せてい》も、戰《たゝか》ひ敗《やぶ》れては、自《みづか》ら敵軍《てきぐん》に赴《おもむ》き敵國王《てきこくわう》に面談《めんだん》せんと欲《ほつ》して果《はた》さず、其《そ》の臣下《しんか》と並《なら》び坐《ざ》して談《だん》じ、終《つひ》に『朕《ちん》は初《はじめ》より戰《たゝかひ》を欲《ほつ》せざりしも、輿論《よろん》に推《お》されて據《よんどころ》なく此《こゝ》に至《いた》つたのだ』と愚痴《ぐち》をコボす樣《やう》に立至《たちいた》つた。

△此時《このとき》普魯西王維廉《ふろしやわうウヰルヘルム》は、佛帝《ふつてい》が頻《しきり》に會見《くわいけん》を希望《きばう》すると聞《き》き附近《ふきん》のベルヴイウと稱《しよう》する一小家屋《せうかをく》にて會見《くわいけん》すべき旨《むね》を傳《つた》へられたから、帝《てい》は普軍《ふぐん》の砲兵《はうへい》に護衛《ごゑい》せられて、其所《そこ》に到《いた》れば、普王《ふわう》は未《いま》だ會見《くわいけん》せず、降服談判決了《かうふくだんぱんけつれう》の後《のち》に面會《めんくわい》すべしとの挨拶《あいさつ》だ。佛帝《ふつてい》も遺憾《ゐかん》限《かぎ》りなしと雖《いへど》も、今《いま》はまた如何《いかん》ともすべき樣《やう》なく、終《つひ》に普軍《ふぐん》の指《し》定《てい》する通《とほ》りの條件《でうけん》に服從《ふくじう》し、將士《しやうし》ともに盡《こと〴〵》く俘虜《ふりよ》と爲《な》るに定《さだ》まり、左《さ》の五款《くわん》を約《やく》した。

（一）城塞《じやうさい》と守城戰具《しゆじやうせんぐ》は殘《のこ》らず引渡《ひきわた》す事《こと》

（二）守兵《しゆへい》は俘虜《ふりよ》と爲《な》す事《こと》

（三）將校《しやうかう》と軍吏《ぐんり》は、現在《げんざい》の戰《たゝかひ》に於《おい》て再《ふた》び普魯西《ふろしや》の利益《りえき》に反對《はんたい》して言動《げんどう》せざる旨《むね》を文書《ぶんしよ》を以《もつ》て宣誓《せんせ》したる上《うへ》解放《かいはう》せらるゝ事《こと》

（五）兵器彈藥《へいきだんやく》(軍標旗章銃劍《ぐんひやうきしやうじうけん》)とも悉《こと〴〵》く引渡《ひきわた》す事《こと》

（三）醫務員《いむゐん》は城塞《じやうさい》に留《とゞま》りて負傷者《ふしやうしや》を看護《かんご》する事《こと》

之《これ》を以《もつ》て旅順《りよじゆん》の開城規約《かいじやうきやく》に比《くら》べると、多《おほ》く參考《さんかう》となることがある。

△旅順《りよじゆん》の開城規約《かいじやうきやく》は十一條《でう》より成《な》るも、其《そ》の要點《えうてん》を摘《つ》めば、

（一）旅順　要塞《りよじゆんえうさい》及旅順港《およびりよじゆんかう》の露國陸海軍人義勇兵及官吏《ろこくりくかいぐんじんぎゆうへいおよびくわんり》は總《すべ》て俘虜《ふりよ》とする事《こと》

（二）堡壘砲臺艦艇船舶兵器彈藥馬匹其他《はうるゐはうだいかんていせんぱくへいきだんやくばひつそのた》一切《さい》の軍用材料《ぐんようざいりやう》官舍官有諸物件《くわんしやくわんいうしよぶつけん》は皆《み》な現狀《げんじやう》の儘《まゝ》引渡《ひきわた》す事《こと》

（三）露國陸海軍《ろこくりくかいぐん》の將校及所屬官吏《しやうかうおよびしよぞくくわんり》には、帶劍《たいけん》及《およ》び直接生活《ちよくせつせいくわつ》に必要《ひつえう》なる所有品《しよいうひん》の携帶《けいたい》を許《ゆる》し、且《か》つ本戰役《ほんせんえき》の終局《しうきよく》まで武器《ぶき》を取《と》らずまた日本軍《にほんぐん》の利益《りえき》に反對《はんたい》する行爲《かうゐ》を爲《な》さゞることを筆記宣誓《ひつきせんせい》する者《もの》は、本國《ほんごく》に歸還《きくわん》することを得《え》せしめ、其《そ》の歸還者《きくわんしや》の陸海軍將校《りくかいぐんしやうかう》なるときは、各人《かくじん》に一名《めい》づゝの從卒《じうそつ》を隨行《ずゐかう》せしむるを許《ゆる》す事《こと》。

（四）露國陸海軍《ろこくりくかいぐん》の衞生部員及經理部員《ゑいせいぶゐんおよびけいりぶゐん》は、病傷者及《びやうしやうしやおよび》俘虜《ふりよ》の救護給養《きふごきふやう》の爲《ため》に必要《ひつえう》に應《おう》じ日本軍《にほんぐん》の指揮《しき》の下《もと》に殘留《ざんりう》して引續《ひきつゞ》き勤務《きんむ》に服《ふく》せしむる事《こと》

之《これ》をセダンの降服規約《かうふくきやく》に比《くら》べると、解放將校《かいはうしやうかう》に帶劍《たいけん》を許《ゆる》し一名《めい》づゝの從者《じうしや》を伴《ともな》ふことを許《ゆる》すなど、餘程優待《よほどゆうたい》の恩典《おんてん》が與《あた》へられて居《ゐ》ることが分《わ》かる。

△セダンの降服《かうふく》にも、佛軍《ふつぐん》は未だ十萬近《ちか》くの大兵《たいへい》を有《いう》して相當《さうたう》の戰鬪力《せんとうりよく》を具《そな》へて居《ゐ》たから、種々《しゆ〴〵》なる條件《でうけん》を持《も》ち出《だ》して、規約《きやく》を定《さだ》めようとしたが、冷血《れいけつ》なるビスマルクは、容赦《ようしや》なく盡《こと〴〵》く之《これ》を斥《しりぞ》けて、彼《か》れの如《ごと》き規約《きやく》を定《さだ》めた。然《しか》るに旅順《りよじゆん》の守兵《しゆへい》は、最早力屈《もはやちからくつ》して、彼等自《かれらみづか》ら抵抗《ていこう》の無益《むえき》を認《みと》めて屈服《くつぷく》したのであるが、其《そ》の七ケ月間勇敢《げつかんゆうかん》なる防禦《ばうぎよ》を名譽《めいよ》として、特《とく》に我《わ》が大元帥陛下《だいげんすゐへいか》の思召《おぼしめし》を以《もつ》て彼《か》の如《ごと》き優遇《ゆうぐう》を與《あた》へられたのである。以《もつ》て其《そ》の尋常《じんじやう》一樣《やう》の降服《かうふく》や陷落《かんらく》で無《な》いことを思《おも》ひ見《み》るべきである。若《も》し強《しひ》て陷落《かんらく》や無條件《むでうけん》の降服《かうふく》として目《もく》するときは、我《わ》が陛下《へいか》が敵《てき》の勇武《ゆうぶ》を嘉賞《かしやう》して、軍人《ぐんじん》の面目《めんもく》を全《まつた》ふせしめよと宣《のたま》はせ給《たま》へる叡慮《えいりよ》に背《そむ》き奉《たてまつ》る嫌《きらひ》がある。

△敵《てき》の勇武《ゆうぶ》を賞《しやう》して、其《そ》の名譽《めいよ》を全《まつた》ふせしむべき待遇《たいぐう》を爲《な》したる例《れい》も多《おほ》くあるが、茲《こゝ》に例《れい》に擧《あ》げた普《ふ》佛戰爭中《ふつせんさうちう》、普佛《ふつ》戰爭中《せんさうちう》のファルスブールの降服《かうふく》が、殊《こと》に名高《なだか》く、佛國人《ふつこくじん》は今《いま》も自慢《じまん》して語《かた》るものである。其《そ》の顛末《てんまつ》を掻《か》い摘《つま》めば、一千八百七十年《ねん》八月《げつ》十日《か》ファルスブールに於《おけ》る佛軍《ふつぐん》は、普軍《ふぐん》の爲《ため》に攻圍《こうゐ》せられ、開城《かいじやう》を勸告《くわんこく》せらるゝも頑《ぐわん》として應《おう》ぜず敵《てき》の激《はげ》しき攻擊《こうげき》に對《たい》して勇敢《ゆうかん》に防守《ばうしゆ》し、流石《さすが》に普軍《ふぐん》も此《こ》の一城《じやう》には攻《せ》めあぐみ、開城《かいじやう》せば兵器《へいき》と輜重《しちよう》とを以《もつ》て佛軍《ふつぐん》に

歸順《きじゆん》することを許《ゆる》すと申込《まをしこ》みたるも、守城長官《しゆじやうちやうくわん》タリヤンは、守城會議《しゆじやうくわいぎ》の議決《ぎけつ》に因《よ》り、之《これ》をも拒絶《きよぜつ》し、防戰《ばうせん》四ケ月《げつ》に亘《わた》り、糧食《りやうしよく》全《まつた》く盡《つ》きるに及《およ》び、また守城會議《しゆじやうくわいぎ》を開《ひら》き、邦《はう》家《か》の不利《ふり》を爲《な》さゞる樣《やう》に、砲銃彈藥等《はうじうだんやくとう》、總《すべ》て敵《てき》の戰鬪用《せんとうよう》に供《きやう》し、または勝利《しやうり》の紀念《きねん》となるべき懸念《けねん》あるものは、悉皆《しつかい》破碎《はさい》して後《のち》、始《はじ》めて城門《じやうもん》を開《ひら》き、無條件《むでうけん》に降服《かうふく》した、普軍《ふぐん》も其《そ》の勇武《ゆうぶ》を賞贊《しやうさん》し、降服者《かうふくしや》からは一の條件《でうけん》をも約《やく》さなかつたけれども、尚《な》ほ將校《しやうかう》には帶劍《たいけん》及《およ》び手荷物《てにもつ》携帶《けいたい》を許《ゆる》し、また何《いづ》れの市邑《しいう》にても、兵士《へいし》にも背嚢《はいなう》を携帶《けいたい》するを許《ゆる》し、其《そ》の擇《えら》む所《ところ》に赴《おもむ》くの自由《じいう》を與《あた》へた。

△要《えう》するに旅順《りよじゆん》は、敵《てき》の方《はう》から先《ま》づ自《みづか》ら條件《でうけん》を持出《もちだ》して、要塞《えうさい》の明《あ》け得《わた》しを申込《まをしこん》で來《き》て、我軍《わがぐん》は之《これ》に應《おう》じたのである上《うへ》に、我《わ》が　大元帥陛下《だいげんすゐへいか》の思召《おぼしめし》を以《もつ》て、彼等《かれら》の勇武《ゆうぶ》を嘉賞《かしやう》して、特別《とくべつ》に優遇《いうぐう》の恩典《おんてん》をも與《あた》へられたのである、故《ゆへ》に陥落《かんらく》と云《い》ふは不當《ふたう》で、條件附《でうけんつき》の降服《かうふく》とか、または開城《かいじやう》といふのが最《もつと》も穩當《をんたう》である。

旅《りよ》順《じゆん》の一瞥《べつ》

遠藤鈴川

旅順《りよじゆん》の陥落《かんらく》してからと云《い》ふものは、是《こ》れまで總《すべ》て秘密《ひみつ》にしあつた戰場《せんぢやう》の慘憺《さんたん》たる光景《こうけい》が一度《ど》にどつと判《わか》つた、恰《あだか》も秘《ひ》密《みつ》と云《い》ふ幔幕《まんまく》の中《うち》に鎖《とざ》されて居《を》つた舞臺《ぶたい》が、其《そ》の幕《まく》を拂《はら》つて、樂屋《がくや》の中《なか》までを見《み》せて仕舞《しま》つたのだから、其《そ》の中《なか》に在《あ》る幾多《いくた》の珍聞奇談《ちんぶんきだん》は積《つ》んで山《やま》の如《ごと》しだ。茲《こゝ》に一つ其《そ》の現場《げんぢやう》を見《み》て歸《かへ》つた、角田代議士《つのだだいぎし》(眞平《しんぺい》)の話《はなし》を掲《かゝ》げて見《み》よふか。

一　養《やう》家《か》屯《とん》の捕《ほ》虜《りよ》

南關嶺《なんくわんれい》、榮城子《えいじやうし》、長嶺子《ちやうれいし》、と行《ゆ》くと此《こ》の所《ところ》に乃木軍《のぎぐん》の司令《しれい》部《ぶ》が置《お》いてあつた、其《そ》の長嶺子《ちやうれいし》と云《い》ふ山《やま》は、丁度《ちやうど》飛鳥山《あすかやま》の樣《やう》の格向《かくこう》で、三河島《みかはじま》の方《はう》へだら〳〵下《さが》りに下《さが》つて居《ゐ》る樣《やう》に此《こ》の山《やま》もだら〳〵と延《の》びて居《ゐ》て、此《こ》の所《ところ》から一里《り》半《はん》ばかり行《ゆ》くと、養家屯《やうかとん》と云《い》ふ所《ところ》がある、汽車《きしや》は此《こ》の所迄《ところまで》しか行《ゆ》かない。旅順《りよじゆん》に行《ゆ》くものは此所《このところ》から徒《かち》で行《ゆく》のだ。此《こ》の所《ところ》へ行《ゆ》くと向《むか》ふから來《く》る、第一回《だいくわい》輸送《ゆさう》の捕虜《ほりよ》に出會《であ》つた。此《こ》の所《ところ》が初《はじ》めて此樣《こん》な澤山《たくさん》の捕虜《ほりよ》に出會《であ》つたので、須臾《しばら》く立《た》ち止《どま》つて見《み》て居《を》つた。長《なが》い間《あひだ》の籠城《ろうじやう》をして居《を》つたのだから、其《そ》の樣《さま》と云《い》つたら實《じつ》に見《み》られたものではない。湯《ゆ》に這入《はい》らないから顏《かほ》や首《くび》は眞黑《まつくろ》だ、髪《かみ》は長《なが》くて凡《およ》そ一尺《しやく》もある、服《ふく》は破《やぶ》れて種々樣々《しゆ〴〵さま〴〵》のものを衣《き》て居《を》る、中《なか》には日本兵《にほんへい》の服《ふく》を衣《き》て居《を》るものもある、帽子《ばうし》も冠《かぶ》つたり冠《かぶ》らなんだり、隨分滑稽《ずゐぶんこつけい》な裝《なり》をして居《を》つた。此所《こゝ》で其《そ》の捕虜《ほりよ》の水《みづ》の使《つか》ひ方《かた》が面白《おもしろ》い、みんなバケツの樣《やう》な水入《みづい》れを持《も》つて居《を》つて、之《こ》れに一杯宛《はいづゝ》水《みづ》を容《い》れてやると、此《こ》の水《みづ》で顏《かほ》を洗《あら》つたり、口《くち》を嗽《すゝ》いだり仕舞《しまい》には其《そ》の水《みづ》を飲《の》むと云《い》ふものもあつて、長《なが》い間《あひだ》其《そ》の滑稽《こつけい》を演《えん》じて居《を》つたが、汚穢《きたな》いと云《い》はうか、いやだと云《い》はうか暫時《しばし》は其《そ》の言葉《ことば》も出《で》なんだ。

二　旅順《りよじゆん》の攻圍區域《こうゐくゐき》

柳壽房《りうじゆはう》と云《い》ふ所《ところ》へ行《ゆ》くと、乃木大將《のぎたいしやう》が居《を》つた、一禮《れい》を述《の》べて將軍《しやうぐん》に祝辭《しゆくし》を述《の》べると、大將《たいしやう》は兵《へい》を損《そん》じたと云《い》ふので頻《しき》りに詫言《わびこと》を云《い》つて居《を》つた。次《つぎ》に攻圍《こうゐ》の區域《くゐき》を問《と》ふたら、東《とう》鷄冠山《けいくわんざん》より以《い》東《とう》は總《すべ》て第《だい》十一師團《しだん》の攻撃區域《こうげきくゐき》で、東鷄冠山《とうけいくわんざん》より二龍山《りうざん》に至《いた》る迄《まで》の間《あひだ》が、第《だい》九師團《しだん》の受持《うけもち》で、二龍山《りうざん》より椅子《いす》山案子山《ざんあんしざん》の方《はう》へ連絡《れんらく》しては第《だい》七師團《しだん》の區域《くゐき》で、第《だい》一師團《しだん》は總豫備《さうよび》であつたと云《い》ふ事《こと》だ。

三　砲臺《はうだい》から魚形水雷《ぎよけいすゐらい》

夫《そ》れから又往《またい》つて大島將軍《おほしましやうぐん》に出會《であ》つた、參謀《さんぼう》に足立愛藏《あだちあいざう》と云《い》ふ人《ひと》が居《を》つて、二人《ふたり》で戰況《せんきやう》を精《くは》しく話《はな》された。攻撃中實《こうげきちうじつ》に不思議《ふしぎ》であつた事《こと》は、砲臺《はうだい》から魚形水雷《ぎよけいすゐらい》の墜《お》ちて來《き》たと云《い》ふ事《こと》で、元來《ぐわんらい》魚形水雷《ぎよけいすゐらい》と云《い》ふものは、軍艦《ぐんかん》に乘《の》せてあつて、海軍《かいぐん》が使用《しよう》するものである。然《しか》るに此《こ》の砲臺《はうだい》に魚形水雷《ぎよけいすゐらい》を持《も》つて來《き》てあると云《い》ふ者《もの》は、軍艦《ぐんかん》は閉塞《へいそく》せられて出《で》る事《こと》は出來《でき》ない、從《したが》つて此《こ》の水雷《すゐらい》を使《つか》ふと云《い》ふ所《ところ》は無論《むろん》ない。所《ところ》が陸《りく》では毎日《まいにち》の戰鬪《せんとう》で、兵器彈藥《へいきだんやく》總《すべ》て窮乏《きうぼう》、止《や》むを得《え》んから軍艦《ぐんかん》の魚形水雷《ぎよけいすゐらい》までも引揚《ひきあげ》て使《つか》へと云《い》ふので、持《も》つて來《き》たものだらふ。茲《こゝ》に至《いた》つて、露軍《ろぐん》の如何《いか》に窮迫《きうはく》して居《を》つたかと云《い》ふ事《こと》が明《あき》らかであると云《い》ふて居《ゐ》た。

四　幕僚《ばくれう》五人《にん》の負傷《ふしやう》

大島將軍語《おほしましやうぐんご》を次《つ》ぎて曰《いは》ふ、攻圍軍中余《こうゐぐんちうよ》が五人《にん》の幕僚《ばくれう》は、悉《ことごと》く負傷《ふしやう》して仕舞《しま》つて、此《こ》の老《おひ》の身《み》が獨《ひと》り殘《のこ》つた。之《こ》れも考《かんが》へて見《み》ると年《とし》が寄《よ》つて足弱《あしよわ》の爲《た》めだかとも思《おも》ふ。或《あ》る日《ひ》の事《こと》毎日《まいにち》の攻撃《こうげき》に勞《つか》れて、自分《じぶん》の室《へや》に引籠《ひきこも》つて居《を》つた。元來何事《ぐわんらいなにごと》も相談《さうだん》があると、總《すべ》て自分《じぶん》の室《へや》に來《き》てするのが例《れい》であつたのに、其《そ》の日《ひ》に限《かぎ》つて用事《ようじ》があつて足立《あだち》の室《へや》へ出懸《でか》けて行《い》つて、其處《そこ》で相談《さうだん》をして居《を》つた。すると不思議《ふしぎ》に其《そ》の留守《るす》に彈《たま》が來《き》て、室《へや》を滅茶《めちや》〳〵にしてあたり近所《きんじよ》の物《もの》は悉《ことごと》く粉散《ふんさん》して仕舞《しま》つた。若《も》し足輕《あしが》るに働《はたら》いて早《はや》く相談《さうだん》して歸《かへ》つて居《ゐ》たら、一所《しよ》に敵彈《てきだん》にやられたかも知《し》れなかつたので、之《こ》れも年寄《としよ》つて足弱《あしよわ》の爲《た》めだと思《おも》つて、今《いま》に其《そ》の家《いへ》を紀念《きねん》として、其儘《そのまゝ》殘《のこ》して在《あ》る、即《すなは》ち是《こ》れだと指示《しじ》されて、一驚を喫《きつ》せざるを得《え》なんだ。

五　敵陣《てきぢん》から露貨《ろくわ》十留《ルーブル》

攻撃中《こうげきちう》に敵陣《てきぢん》から手紙《てがみ》に露貨《ろくわ》を十留《ルーブル》包《つゝ》んで投《な》げて來《き》た、開《あ》封《け》て見《み》ると之《これ》はペートルウラジミル某《ぼう》と云《い》ふ露國《ろこく》の二等大尉《とうたいゐ》で、其《そ》の手紙《てがみ》に依《よつ》て見《み》ると國許《くにもと》には長《なが》く病氣《べうき》にかゝつて居《ゐ》る老母《らうぼ》が有《あ》つて、どうか之《こ》れに安否《あんぴ》を知《し》らせて、一日《じつ》も早《はや》く安心《あんしん》させたいが、何分通信《なにぶんつうしん》の道《みち》がないから、此《こ》の金《かね》で是非《ぜひ》本國《ほんごく》へ打電《だでん》して貰《もら》いたい、何分《なにぶん》日本軍《にほんぐん》に頼《たの》むと書《か》いてある。誠《まこと》に不愍《ふびん》だと云《い》ふので、本國《ほんごく》へ知《し》らせた所《ところ》が電報料《でんほうれう》が二十七留《ルーブル》掛《か》つて、十七留《ルーブル》の不足《ふそく》を生《せう》じた。依《よつ》て打電したと云ふ知らせと、金《きん》の不足《ふそく》であつたと云《い》ふ事《こと》を書《か》いて、石《いし》に包《つゝ》んで敵陣《てきぢん》に投《な》げてやつた。すると暫《しばら》く經《た》つて其《そ》の返事《へんじ》が來《き》た。其《そ》の文《ぶん》に何《なん》と書《か》いてあるかと云《い》ふと、誠《まこと》に御信切《ごしんせつ》は難有《ありがた》かつた、何《なん》の禮《れい》を申《まを》したいと云《い》つた所《ところ》で今《いま》の場合《ばあひ》仕方《しかた》がない、然《しか》し本國《ほんごく》で此《こ》の電報《でんぱう》を請取《うけと》つた時《とき》の母《はゝ》の嬉《うれ》しさと、又折角《またせつかく》の依頼《いらい》をやつてくれた僕《ぼく》の嬉《うれ》しさと云《い》つたら、どれ程《ほど》であつたか譬《たと》へ様《やう》もない、此《こ》の嬉《うれ》しい心地《こゝち》は、永《なが》く紀念《きねん》として忘《わす》れられないと云《い》つて來《き》た。

又數日《またすうじつ》たつと、今度《こんど》は日本紙幣《にほんしへい》拾圓《ゑん》を投《な》げて來《き》た、之《こ》れは此《こ》の間《あひだ》の不足《ふそく》を返《かへ》したのだらうと思《おも》ふて問《と》ふて見《み》ると、直《す》ぐ返事《へんじ》が來《き》た、夫《そ》れは此《こ》の頃《ころ》の戰爭《せんさう》に御前《おまへ》の方《はう》の何某《なにがし》と云《い》ふ兵《へい》が私《わたし》の陣地《ぢんち》へ來《き》て、大層目覺《たいそうめざ》ましい働《はたら》きをして戰死《せんし》した、誠《まこと》に憫然《びんぜん》に堪《た》へない、葬むるに當《あた》つて調《しら》べて見《み》ると、金《かね》を拾圓《ゑん》持《も》つて居《を》つた、之《こ》れを取《と》るに忍《しの》びんから、御前《おまへ》の方《はう》へ返《かへ》すから永《なが》く其《そ》の兵《へい》の追悼《つひたう》の費用《ひよう》として貰《もら》いたい、先日《せんじつ》借《か》りた電報料《でんぱうれう》の不足《ふそく》は今手元《いまてもと》に無《な》いから待《ま》つてくれい、ぢきに返《かへ》すと書《か》いてあつた。普通《ふつう》の人《ひと》なら自分《じぶん》の金《かね》だと云《い》ふだらうに、其《そ》の精神《せいしん》の天眞爛熳《てんしんらんまん》、例《れい》の露兵《ろへい》とも思《おも》はれない。

其《そ》の後《ご》の攻撃《こうげき》に此《こ》の大尉《たいゐ》は負傷《ふしやう》して、開城《かいじやう》の時《とき》に丁度大嶋《ちやうどおほしま》師團《しだん》の軍醫《ぐんゐ》が會《あ》つたら、此《こ》の事《こと》を話《はな》して大《おほい》に泣《な》いたと云《い》ふ事《こと》だ。

六　彼《ひ》我《が》の備《び》砲《はう》

先《ま》づ砲臺《はうだい》の下《もと》に行《ゆ》きて、一戸砲臺《いちのへはうだい》から盤龍山東砲臺北砲臺《ばんりうざんひがしはうだいきたはうだい》、八卷山《はちまきやま》、二龍山《りうざん》と總《すべ》ての砲臺《はうだい》を一巡《じゆん》した、所《ところ》が其《そ》の砲臺《はうだい》は非常《ひじやう》に堅固《けんご》のものであつて、我《わ》が軍《ぐん》の阻止《そし》せらるゝも無理《むり》はない、依《よつ》て彼《か》の二〇三の高地《かうち》を奪《う》取《と》つて、此所《こゝ》に觀測所《くわんそくじよ》を置《お》いて、電話《でんわ》で指定《してい》して、敵壘《てきるゐ》を打《う》たしめた、此《こ》の時《とき》に我《わ》が最大口徑《さいだいこうけい》の二十八珊砲《さんちはう》は、第《だい》一師團《しだん》の管轄《くわんかつ》で碾盤溝《てんばんこう》に四門《もん》、第《だい》九師團《しだん》では桔家屯《きつかとん》に二門《もん》、王家甸《わうかでん》に二門《もん》、第《だい》十一師團《しだん》の方《はう》では、大孤山麓《たいこさんろく》に二門《もん》都合《つがふ》十門《もん》であつた。敵《てき》の砲臺《はうだい》はと聞《き》いて見《み》ると、此《こ》の邊《へん》一帶《たい》の地《ち》に、新砲臺《しんはうだい》に砲《はう》五十、永久砲臺《えいきうはうだい》に五百四十六門《もん》を備《そな》へて都合《つがふ》六百四門《もん》あつたと云《い》ふ事《こと》だ。

七　二龍山砲臺《りうざんはうだい》の爆發《はくはつ》

此《こ》の砲臺《はうだい》を爆發《はくはつ》する迄《まで》に至《いた》るの困難《こんなん》と云《い》ふたら、實《じつ》に非常《ひじやう》のものだ、先《ま》づ六人《にん》づゝの決死隊《けつしたい》を作《つく》つて、其《そ》の爆發《はくはつ》させる穴《あな》を掘《ほ》る、所《ところ》が土地《とち》は岩石《がんせき》で敵壘《てきるゐ》へは近《ちか》い、あまり大仕掛《おほじかけ》にすると、敵《てき》に發見《はつけん》せらるゝ。發見《はつけん》せられたら大變《たいへん》だから、極《きは》めて知《し》れない様《やう》にやつて行《ゆ》かねばならん、夫《そ》れ故一日《にち》に僅《わづ》か二尺《しやく》か三尺《じやく》しか掘《ほ》れない、而《しか》して其《そ》の穴《あな》を掘《ほ》つて行《ゆ》く兵士《へいし》には足《あし》に名《な》を書《か》いて、繩《なは》を結《むす》び付《つ》けて長《なが》く後《うし》ろの方《はう》に引張《ひつぱ》つてある。之《こ》れは若《も》し一朝敵《てうてき》から爆發《はくはつ》されて死《し》んだら其《そ》の時手足《ときてあし》がちぎれても何《いづ》れかに分《わか》る所《ところ》が有《あ》る爲《ため》の用意《ようい》で手《て》へ付《つ》けても首《くび》へ付《つ》けても、仕事《しごと》をするに邪魔《じやま》だから足《あし》へ付《つ》けたと云《い》ふ事《こと》だ。愈々《いよ〳〵》其《そ》の堀割《ほりわり》が出來上《できあが》つたので、六百貫目《くわんめ》の綿火藥《めんくわやく》を其《そ》の穴《あな》へ詰《つ》めて、十二月廿八日《にち》に爆發《はくはつ》した、所《ところ》が至極《しごく》うまく成功《せいこう》したので、此《こ》の砲臺《はうだい》に居《を》つた、百何十人《なんじふにん》と云《い》ふ兵《へい》は、粉碎《ふんさい》して了《しま》つて、此《こ》の近所《きんじよ》は實《じつ》に慘《さん》憺《たん》たる光景《くわうけい》を呈《てい》して居《を》つた。故《ゆゑ》に旅順《りよじゆん》の砲臺《はうだい》の近邊《きんじよ》と云《い》つたら、露兵《ろへい》の死屍《しし》ならざるなく、此《こ》の寒氣《かんき》に手《て》や足《あし》が棒《はう》の樣《やう》に凍《こほ》つて、まるで轉々《ころ〳〵》として居《を》る實《じつ》に驚《おどろ》くの外《ほか》はない。又旅順《またりよじゆん》で名物《めいぶつ》は土嚢《どのう》の澤山有《たくさんあ》る事《こと》だ、何《いつ》れの砲臺《はうだい》の下《した》でも土嚢《どのう》の無《な》いと云《い》ふ事《こと》はない、之《こ》れは彈《たま》を除《よ》けて仕事《しごと》をする爲《た》めに隨分澤山使《ずゐぶんたくさんつか》つたと云《い》ふ事《こと》で、嘗《かつ》て陸軍省《りくぐんしやう》へ百萬袋《まんぶくろ》の注文《ちうもん》をしたら、十萬袋《まんぶくろ》の間違《まちがひ》ではないかと照會《せうかい》があつたと云《い》ふ位《くらゐ》だ、之《こ》れに依《よ》つても其《その》一般《ぱん》を知《し》る事《こと》が出來《でき》よう。露《ろ》兵《へい》の方《はう》では此《こ》の材料《ざいれう》に盡《つ》きて居《を》つたと見《み》えて、布《ぬの》や更紗《さらさ》で出來《でき》て居《を》つた。何《な》にしても砲臺《はうだい》の爆發《ばくはつ》と云《い》ふものは、非常《ひじやう》の困苦《こんく》をした者《もの》と見《み》える。

八　旅順《りよじゆん》の名物《めいぶつ》

汚穢《きたな》い樣《やう》だが旅順《りよじゆん》の名物《めいぶつ》は露兵《ろへい》の糞《くそ》だ、砲臺《はうだい》の近邊《きんぺん》一面《めん》に列《なら》んで居《ゐ》る、所《ところ》が中《な》か〳〵面白《おもしろ》い、露兵《ろへい》は永《なが》い間《あひだ》の籠城《らうじやう》だから副食物《ふくしよくぶつ》に欠乏《けつばう》をした、野菜類《やさいるゐ》を喰《く》はない、只黑麵麭《たゞくろぱん》と水《みづ》で生命《せいめい》を繫《つな》いで居《を》つた、即《すなは》ち水《みづ》を飮《の》んでは黑麵麭《くろぱん》を喰《く》ふのみで在《あ》つたから、糞《くそ》はそつくり其儘《そのまゝ》である。得《え》たいと思《おも》ふても海陸《かいりく》の杜絕《とぜつ》、如何《いかん》ともする事《こと》が出來《でき》ない、此《こ》れが廢血《はいけつ》病《びやう》の多《おほ》く出來《でき》る源因《げんいん》で、此《こ》の病人《びやうにん》の多《おほ》く出來《でき》た事《こと》が、開城《かいじやう》第《だい》一の源因《げんいん》となつたと云《い》ふ事《こと》である。

九　砲臺《はうだい》に命中《めいちう》す

此《こ》のH砲臺《はうだい》を据付《すへつ》けてある所《ところ》は、餘程高《よほどたか》い所《ところ》で何《いつ》れの方面《はうめん》も見《み》える、然《しか》るに此《こ》の砲臺《はうだい》は自由自在《じいうじざい》に回轉《くわいてん》して、頗《すこぶ》る有《いう》力《りよく》の砲臺《はうだい》であつた。所《ところ》が吾軍《わがぐん》の二〇三高地《かうち》を取《と》つて、此《こ》の砲臺《はうだい》を觀測《くわんそく》が出來《でき》たので、直《たゞ》ちに攻擊《こうげき》した所《ところ》が、其《そ》の彈《たま》が大砲《たいはう》の臺《だい》へ中《あた》つて、少《すこ》しも用《よう》をなさないのみか、其《そ》の彈片《だんぺん》や砲臺《はうだい》の破片《はへん》で近所《きんじよ》の露兵《ろへい》が悉《こと〴〵》く無慘《むざん》の最後《さいご》を遂《と》げて仕舞《しま》つた、其《そ》の塲《ば》に横《よこた》はれる露兵《ろへい》の屍《しかばね》の狀《じやう》と云《い》つたら、實《じつ》に愴《さう》絕慘絕《ぜつさんぜつ》である。

一〇　沈沒《ちんぼつ》せる敵艦《てきかん》

二〇三を取《と》つて觀測所《くわんそくじよ》を置《お》き、間接射擊《かんせつしやげき》で港內《かうない》の艦船《かんせん》を打《う》たしめた、所《ところ》が旅順《りよじゆん》の港內《かうない》は東西《とうざい》三里《り》南北《なんぼく》一里位《りくらゐ》で在《あ》るから、何處《どこ》に逃《に》げても彈《たま》が中《あた》る、支那人《しなじん》は日本《にほん》の大砲《たいはう》の彈《たま》には目《め》が在《あ》ると云《い》ふて居《を》つた。此《こ》の海《うみ》に沈《しづ》んで居《ゐ》る船《ふね》が、戰《せん》鬪艦《とうかん》四隻《せき》、巡洋艦《じゆんやうかん》二隻《せき》、砲艦《はうかん》十五隻《せき》、其他大小船舶《そのただいせうせんぱく》併《あは》せて八十五艘《さう》ある。其《そ》の內直《うちたゞ》ちに使用《しよう》されるものが三十五隻《せき》ある。小《ちい》さなものは沈《しづ》んで他《た》は悉《こと〴〵》く浮《う》ひて居《ゐ》る、實《じつ》に壯觀《さうくわん》な者《もの》だ、陸《りく》には砲臺《はうだい》が斯《か》くの如《ごと》く破壞《はくわい》され、海《うみ》には數《す》十萬《まん》の價値《かねめ》のものが棄《す》てゝある、徘徊顧望《はいくわいこばう》して、悲愴《ひさう》の感慨《かんがい》浮《うか》ばざるを得《え》ない。

一一　降伏《かうふく》せる露兵《ろへい》

許《ゆる》された丈《だけ》の荷《に》物《もつ》を銘々《めい〳〵》に背負《せお》つて、バケツ、ビール、靴下《くつした》の様《やう》のもの迄《まで》下《さ》げて、大《だい》の男《をとこ》が二三十人《にん》一隊《たい》となり、日本《にほん》兵《へい》に連《つれ》られて、しぶ〳〵として歩行《ある》いて行《ゆ》く、其《そ》の様《さま》は丁《てふ》度《ど》屠所《としよ》に行《ゆ》く羊《ひつじ》の様《やう》だ、奇觀《きくわん》と云《い》つたら得《え》て云《い》ふ事《こと》が出來《でき》ない。殊《こと》に面白《おもしろ》いのは狹《せま》い所《ところ》の土工《どこう》ビルの上《うへ》を歩行《ある》くにも日本《にほん》兵《へい》に會《あ》ふと、道《みち》を讓《ゆづ》つて小《ちい》さくなつて通《とほ》る、實《じつ》に戰敗者《せんはいしや》と云《い》ふ者《もの》は、値打《ねうち》の無《な》い者《もの》だ、之《こ》れを見《み》ると、如何《いか》に國《くに》が大《だい》であつても戰《たゝかひ》に敗《ま》けたら夫《そ》れぎり、如何《いか》に小《せう》國《こく》であつても戰《たゝかひ》に勝《か》つたら肩《かた》の廣《ひろ》い者《もの》だ是非《ぜひ》終局《しうきよく》まで此勝利《このしようり》を續《つゞ》けたいと思《おも》ふ。

旅順《りよじゆん》開城《かいじやう》の其《その》後《のち》

菊雨

▲旅順を見ざる者は、其《そ》の砲臺《はうだい》が如何《いか》に堅固《けんご》に築《きづ》き成《な》されたものであるか、從《したが》つて之《こ》れを占領《せんりやう》するが爲《ため》には、如何《いか》に絶《ぜつ》大《だい》の勇氣《ゆうき》が發揮《はつき》されたであらうかは、到《たう》底《てい》想見《さうけん》する能《あた》はざる事《こと》であると共《とも》に、苟《いやしく》も身《み》其《そ》の境《さかひ》に臨《のぞ》むで、親《した》しく要塞《えうさい》の實地《じつち》を目睹《もくと》したるものは、歷史《れきし》上實《じやうじつ》に斯《かく》の如《ごと》き

我砲艦敵の布設水雷を檢す

▲不名譽なる降伏はあらず、と信《しん》ずるであらう、蓋《けだ》し其《そ》の當時《たうじ》に於《おい》て、屈強《くつきやう》なる體軀《たいく》を持《ぢ》して、能《よ》く出擊《しゆつげき》に堪《た》うる可《べ》き二萬五千の兵士《へいし》と、營養《えいやう》十分《ぶん》なる幾《いく》百十の將校《しやうかう》あり、加之《しかのみ》ならず、最《もつと》も大《だい》なる彈藥庫《だんやくこ》に收《おさ》められたる頗《すこぶ》る多《おほ》くの彈藥《だんやく》は、未《いま》だ手《て》を付《つ》くるに及《およ》ばず、殊《こと》には又天《またてん》を摩《ま》すべき程《ほど》までに、海軍砲《かいぐんはう》に使用《しよう》すべき、諸種《しよしゆ》の彈藥《だんやく》充溢《じういつ》し、其《そ》の糧食《りやうしよく》の如《ごと》きも、假令《たとひ》爾後《じご》の供給《きやうきふ》は杜絶《ぜつ》されたりとも、而《しか》も尚《な》ほ優《いう》に三ケ月《げつ》を支《さゝ》ふるに足《た》るものあり、況《ま》してや水《みづ》の魚類《ぎよるゐ》に富《と》めると、醫藥《いやく》や、燃料《ねんれう》や、其《そ》の他《た》酒類《しゆるゐ》に至《いた》るまで亦甚《またはなは》だ夥多《くわた》なるを、かくても遂《つひ》に此《こ》の不名譽《ふめいよ》なる降《かう》伏《ふく》を敢《あへ》てせる所以《ゆえん》のものは何《な》んであるか疑《うたが》ふ可《べ》くもなく、是《こ》れ其《そ》の將校《しやうかう》が、彈藥《だんやく》の缺乏《けつぼう》よりは、寧《むし》ろ

▲逸樂の缺乏を恐れたると、一方《はう》にはステッセルが、其《そ》の器《き》に非《あ》らずして、此《こ》の重大《ぢうだい》なる任務《にんむ》を負《お》ひたるに基《き》因《いん》するものなること、諸般《しよはん》の事實《じじつ》を綜合《そうがふ》し、又蒐《またしう》集《しふ》したる各種《かくしゆ》の證據《しようこ》に因《よ》つて、明白《めいはく》に推《すゐ》定《てい》し得《え》らるゝ。とは、開城後《かいじやうご》旅順口《りよじゆんこう》を視察《しさつ》したる、在北京《きん》の倫敦《ロンドン》タイムス通信員《つうしんゐん》が、所感《しよかん》として報《はう》じた處《ところ》である、主將《しゆしやう》の不明《ふめい》！

▲旅順の將校が反目の狀態《じやうたい》は、宣誓《せんせい》して解放《かいはう》せられたる彼《か》れ等《ら》將校《しやうかう》の口《くち》づから言《い》ひ出《だ》された處《ところ》で、彼《か》れ等《ら》は其《そ》の本《ほん》國《こく》への歸途《きと》に在《あつ》ても、陸軍將校《りくぐんしやうこう》は、海軍《かいぐん》に對《たい》して、常《つね》に之《こ》れを稱《しやう》するに『怯懦《きよだ》なる艦隊《かんたい》』の語《ご》を以《もつ》てし、水雷指揮官《すゐらいしきくわん》たりし提督《ていとく》ロッキンスキーは、又口《またくち》を極《きは》めて、ステッセルアレキシーフ等《とう》を罵倒《はたう》するの外《ほか》、尙《な》ほ彼《か》れは自身《じしん》と職《しよく》を同《おなじ》うせる、スタルク、ウイットゲフト提督《ていとく》を以《もつ》て『彼《か》れは、其《そ》の職務《しよくむ》に通曉《つうぎやう》せず、一たび上艦《じやうかん》すれば、直《たゞち》に船暈《せんくん》を催《もよ》ふすが如《ごと》き、之《こ》れ寢室《しんしつ》の提督《ていとく》なり』と攻擊《こうげき》し、やがては付《ふ》せらる可《べ》き、

▲軍法會議の席上に、我《わ》れは大《おほい》にステッセル、スクリッドルフ、アレキシーフを批議《ひぎ》す可《べ》しと曰《い》ひ、ステッセルと面《かほ》を合《あ》はするも、終《つひ》に互《たがひ》に語《ご》を交《まじ》へず、また敬禮《けいれい》を施《ほどこ》さずといふに、ステッセルは又《また》、海軍《かいぐん》に對《たい》する不平《ふへい》を語《かた》る可《べ》く之《こ》れを將《まさ》に東航《とうこう》せんとする、

▲波羅的艦隊に託《たく》して『ロジエストウエンスキー（同艦《どうかん》隊司令長官《たいしれいちやうくわん》）は、東航《とうこう》の途次《とじ》、堅固《けんご》なる根據地《こんきよち》を作《つく》らざるを可《か》とす、然《しか》らざれば彼《か》れも亦《また》、旅順口《りよじゆんこう》の海軍將校《かいぐんしやうかう》と等《ひと》しく海上《かいじやう》に出《い》づる事能《ことあた》はざるに至《いた》る可《べ》し』と、痛罵《つうは》したとの事《こと》である、逸樂《いつらく》の缺乏《けつぼう》！之《こ》れも確《たし》かなる事實《じじつ》として傳《つた》へられたる處《ところ》に據《よ》れば、彼《か》れ等《ら》はいよ／＼開城《かいじやう》といふ段《だん》に成《な》ると、少《すく》くも備《そな》え付《つ》けられた、

▲軍用金の五六百萬ルーブルといふものを、銘々《めい／＼》に之《こ》れを分配《ぶんぱい》した、其《そ》の分配方《ぶんぱいかた》に就《つ》いてもだ、固《もと》より露西亞人《ろしやじん》のする事《こと》である、先《ま》づ露清銀行《ろしんぎんかう》には、申譯《まをしわけ》の積《つも》りでもあつたか、僅《わづか》に五千ルーブル計《ばか》りを殘《のこ》し留《とゞ》めて、其《そ》の餘《よ》は、丁度《ちやうど》彼の赤穗《あかほ》の犬侍《いぬさむらい》大野九郎兵衛《おほのくらうべゑ》が、主家退轉《しゆかたいてん》の場合《ばあひ》に、お藏金配分《くらがねはいぶん》の際《さい》に主張《しゆちやう》したる知行割《ちぎやうわり》、彼《か》れ等《ら》にあつては給《きふ》金割《きんわり》といふ事《こと》にしたが、彼《か》れ等《ら》の中《うち》には、成《な》る程《ほど》に日本人《にほんじん》は豪《えら》い人種《じんしゆ》だ、三百年《ねん》の昔《むかし》に在《あ》つても、尙且《なほか》つ愆くまで數理《すうり》に精通《せいつう》した武士《ぶし》があつたのだものといつたか何《ど》うだか、兎《と》にも角《かく》にも東西《とうざい》の怯士《きよし》肝膽相照《かんたんあひてら》して、九郎兵衛《くらうべゑ》をして九泉《せん》の下《もと》に、其《そ》の知己《ちき》に感泣《かんきふ》せしめた結果《けつくわ》はといへば、即《すなは》ち

▲將官は三萬圓より一萬圓《えん》まで、士卒《しそつ》には七八百圓《えん》より三千圓《えん》までの割配《わりあて》、そして各自《かくじ》の向背《かうはい》に就《つい》ては、決《けつ》して干渉《かんせふ》はせぬ、日本軍《にほんぐん》の高義《かうぎ》なる傳達《でんたつ》もあるに依《よ》つて、宣誓《せんせい》して本國《ほんごく》へ立《た》ち歸《かへ》るとも、但《たゞ》しはまた捕虜《ほりよ》と成《な》つて日本《にほん》へ送《さう》遣《けん》せらるゝとも、二者孰《しやいづ》れなりとも、其《そ》の宜《よろし》きを撰《えら》べといふのであつた、ソコで日本《にほん》に送《おく》られた

▲捕虜の連中は此《こ》の割賦金《わつぷきん》で懷中《くわいちう》の温《あた》かな儘《まゝ》に、中々《なか／＼》呑《のん》氣《き》に構《かま》へ込《こ》むで、矢鱈《やたら》に買物《かひもの》などもして、甚《はなは》だ贅澤《ぜいたく》をやつて居《ゐ》て、丸《まる》で戰爭《せんそう》に敗《やぶ》れて、是《こ》れから先《さ》き母國《ほこく》が如何《いか》に成《な》り行《ゆ》くかなどの事《こと》には、露《つゆ》いさゝかも思《おも》ひ及《およ》ぶ風情《ふぜい》もなく此《こ》の優美《いうび》なる皇國《くわうこく》の氣候風土《きこうふうど》に憧《あこ》がれて、何《なん》の苦《く》もない其《そ》の有樣《ありさま》は、實《じつ》に憫然《びんぜん》なる事《こと》の限《かぎ》りであるまいか、其《そ》れといふのも國柄《くにがら》が國柄《くにがら》であるからで、現《げん》に此《こ》の頃《ころ》も在露都《ざいろと》のクロニクル通信員《つうしんゐん》は、

▲露帝は金を以て兵役を免《めん》ぜられたといふ事《こと》を報《はう》じた、

其《そ》れは芬蘭《フヰンランド》の元老院《げんらうゐん》は、露國政府《ろこくせいふ》に對《たい》し軍資金《ぐんしきん》として、百萬磅《まんぽんど》の寄附《きふ》をなさむことを申込《まをしこ》み、同時《どうじ》に其《そ》の寄附《きふ》する事《こと》の條件《でうけん》として、芬蘭人《フヰンランドじん》は一切極東《さいきよくとう》に送遣《さうけん》することなからむ事《こと》を請《こ》ひ、露帝《ろてい》は閣臣《かくしん》と協議《けふぎ》の末《すゑ》、遂《つひ》に之《こ》れを許《ゆる》すこととなり、隨《したが》つて二萬六千の芬蘭人《フヰンランドじん》は、全《まつた》く兵役《へいえき》の義務《ぎむ》を免除《めんじよ》せらるゝ筈《はず》である相《さう》なが、此樣《こんな》意氣地《いくぢ》もない事《こと》で、相《あひ》手《て》もあらうに、日本《にほん》に敵對《てきたい》するなどゝは、以《もつ》ての外《ほか》の心得《こゝろえ》違《ちが》ひだ、それに付けても

▲敵ながら天晴な者《もの》であつたのは、彼《か》れコンドラチンコである、憐《あは》れや其《そ》の五體《たい》は、猛烈《まうれつ》なる日本軍《にほんぐん》の砲音《つゝおと》に紛微《こなみ》塵《ぢん》と碎《くだ》かれて、旅順《りよじゆん》の土《つち》と化《くわ》して仕《し》舞《ま》つたものゝ、敵軍《てきぐん》に取《と》つての其《そ》の功勳《こうくん》は、到底《たうていこ》之《こ》れを沒《はつ》す可《べ》からざるものあるので、流石《さすが》のステッセルも、其《そ》の護《ご》送際《さうぎは》に成《な》つて、是《こ》れぞ我《わ》が軍《ぐん》の殊勳者《しゆくんしや》たる、故《こ》コンドラチンコの墳墓《ふんぼ》であれば、何卒特別《なにとぞとくべつ》のお取扱《とりあつか》ひの程《ほど》こそ願《ねが》ひ度《た》けれと、懇《ねんごろ》なる賴《たの》みもあつたとやら、されば其《そ》の後《のち》彼《か》れが本國《ほんこく》の貴族等《きぞくら》は、諸方《しよはう》よりして香典《こうでん》を集《あつ》め來《きた》つて、彼《か》れが遺《ゐ》族《ぞく》の爲《ため》に五千デンチヤン――一デンチヤンは二エーカー七分《ぶ》、一エーカーは日《に》本《ほん》の四反《たん》十八歩《ぶ》――といふ土地《とち》を購《あがな》つて贈與《ぞうよ》したとは、近頃《ちかごろ》露人《ろじん》に取《と》つて上々《じやうじやう》の出來《でき》であらう。處《ところ》で歸國後《きこくご》のステッセルは何《ど》うしたか、或《あるひ》は勇將《ゆうしやう》として歡迎《くわんげい》せられたといふ報《はう》もあれば、或《あるひ》は▲怯者として冷遇せられたといふ報《はう》もあつて、何方《どつち》か何《ど》うか見《み》た事《こと》でなければ仔細《しさい》も分《わか》らぬが、彼《か》れも此度《こんど》は大抵《たいてい》に諦《あきら》めは付《つ》けて居《ゐ》るであらう、されば開城《かいじやう》の前日《ぜんじつ》に津野田《つのだ》參謀《さんぼう》と會見《くわいけん》した時《とき》にも、自分《じぶん》は露土戰爭《ろとせんさう》の際《さい》には、大尉《たいゐ》參謀《さんぼう》として從軍《じうぐん》して負傷《ふしやう》し、次《つぎ》に北清事變《ほくしんじへん》に負傷《ふしやう》し、今回《こんくわい》また貴軍《きぐん》の打《う》ち出《だ》せる彈片《だんぺん》の爲《ため》に負傷《ふしやう》したり、かく三度戰塲《たびせんぢやう》に臨《のぞ》むで、三度《たび》傷《きずつ》いた上《うへ》は、既《すで》に充分《じうぶん》に、

▲我か國家に對する義務《ぎむ》を盡《つく》し得《え》たいと思料《しりやう》すれば、他《た》日《じつ》本國《ほんごく》に歸還《きくわん》せば、草澤《さうたく》の間《あひだ》に隱《かく》れて、殘年《ざんねん》を終《をは》らむとする決心《けつしん》である、と語《かた》つたといふが、彼《か》れも日本軍《にほんぐん》に手向《てむか》ひさへせずば、また立派《りつぱ》なステッセルで居《ゐ》られたかも知《し》れないのに、飛《と》むだ貧乏籤《びんぼふくぢ》を引《ひ》いたものだと思《おも》うて居《ゐ》るかも知《し》れぬが、而《しか》し彼《か》れは、其《そ》の名《な》を大《だい》にしたのは、第《だい》一には日《に》本《ほん》軍《ぐん》の矢面《やおもて》に立《た》つたお蔭《かげ》と、二つには其《そ》の堅牢《けんらう》なる要塞《えうさい》に數《す》月間《げつかん》隱《かく》れて居《ゐ》られたからであることを忘《わす》れては濟《す》むまい。

さて其《そ》の次《つぎ》に旅順《りよじゆん》の方《はう》はといへば、長《なが》い間《あひだ》

▲露人の暴行虐待を被《かうむ》つて居《ゐ》た、憐《あは》れなる彼《か》れ支那人等《しなじんら》は、旅順《りよじゆん》も全《まつた》く日本軍《にほんぐん》の手《て》に歸《き》する樣《やう》に成《な》つては、其處《そこ》に殘留《ざんりう》する約《やく》八千計《はか》りの露國人《ろこくじん》に對《たい》し、今《いま》こそ積年《せきねん》の恨《うら》みを報《むく》ふべき時到《ときいた》れとなし、彼《か》れ等《ら》の店舖《てんぽ》に亂入《らんにふ》して、或《あるひ》は喧《けん》嘩《くわ》を吹《ふ》き掛《か》け、又《また》は毆打《おうだ》を爲《な》すなんど、種々《しゆじゆ》の暴行《ばうかう》を加《くは》ふるが爲《ため》に、露人《ろじん》は其《そ》の都度《つど》、我《わ》が憲兵隊《けんぺいたい》へ馳《は》せ込《こ》むで、其《そ》の保護《ほご》を願《ねが》ひ出《で》るので、唯《たゞ》さへ戰後《せんご》の經營《けいえい》に忙《いそがは》しい處《ところ》へ、餘計《よけい》な手數《てすう》を懸《か》けられるといふが、啻《たゞ》に獨《ひと》り人間《にんげん》がする復讐《ふくしう》許《ばか》りでなく、四邊《あたり》を彷徨《さまよ》ふ

▲野良犬までも一處《しよ》に成《な》つて、戰後《せんご》我《わ》が軍《ぐん》の厚志《こうし》に依《よ》つ

て、其々《それ〴〵》手厚《てあつ》く埋葬《まいさう》されてある露人《ろじん》の死屍《しし》を掘《ほ》り出《いだ》して、盛《さかん》に其《そ》の肉《にく》を喰《く》ひ、骨《ほね》を喰《くは》へまはる樣《やう》の甚《はなは》だ物《もの》すさまじきに、支那人中《しなじんちう》また此《こ》の犬《いぬ》の眞似《まね》をして、夜暗《やあん》に乘《じやう》じて死體《したい》を發掘《はつくつ》して、其《そ》の衣類《いるゐ》を剝《は》ぎ取《と》る者《もの》が多《おほ》いとは、さて〳〵驚《おどろ》き入《い》つた蠻人共《はんじんども》である。だが

▲利《り》にさかしき●●●●●●彼《か》れ等《ら》支那人《しなじん》は、商店開業許可《しやうてんかいげふきよか》の布達《ふたつ》があるや否《いな》や、兼《か》ねて待《ま》ち構《かま》へて居《ゐ》た事《こと》なり、舊市街《きうしがい》の一部《ぶ》なる教場溝《けうぢやうこう》あたりには、支那人《しなじん》の商店日《しやうてんひ》に相繼《あひつ》いで現《あら》はれ、中《なか》には一時《じ》の間《ま》に合《あ》はせに堀立小屋《ほつたてごや》を建《た》てるものさへあつて、何《いづ》れも劇《はげ》しく商賣《しやうばい》をして居《ゐ》るので、自然《しぜん》と其間《そのあひだ》に競爭《きやうさう》も出來《でき》て、物價《ぶつか》は稍々《やゝ》低落《ていらく》するの傾向《けいかう》はあるが、まだ

▲日本商店の開業●●●●●●せるものがないので、我《わ》が軍人《ぐんじん》の嗜好《しかう》に適《てき》する樣《やう》のものは少《すく》く、却《か》つて居殘《ゐのこ》り捕虜《ほりよ》の便宜《べんぎ》と成《な》つて仕舞《しま》ふ樣《やう》な者《もの》だと、尤《もつと》も一軒《けん》日本料理《にほんれうり》の開店《かいてん》はあつたが、餘《あま》りに高値《たかね》を貪《むさぼ》るが爲《ため》に、所詮《しよせん》多數《たすう》の者《もの》には口《くち》にする事《こと》が出來《でき》ぬといふ。其《そ》れに今《いま》では市街《しがい》の中央《ちうわう》の

▲立派なる演劇場●●●●●●に、支那俳優《しなはいいう》が乘《の》り込《こ》むで、每夜《まいよ》六時《じ》から、開場《かいぢやう》して居《ゐ》るが、觀客《くわんかく》は無論《むろん》支那人《しなじん》で過半《くわはん》を占《し》め、餘《よ》は我《わ》が軍人《ぐんじん》と、殘留《ざんりう》の露兵《ろへい》が入《い》り交《まじ》つて棧敷《さじき》を埋《うづ》めて仕《し》舞《ま》うて、中々《なか〳〵》大繁昌《だいはんじやう》であると、其樣事《そんなこと》は先《ま》づ何《ど》うでもよいとして、一度《ど》白玉山《はくぎよくざん》上《じやう》に上《のぼ》つて、港內《かうない》を展望《てんばう》すれば、

▲沈沒敵艦●●●●　アムール、ユルマーク、バーヤン、バルラダ、ホピエダ、ボルタワ、ベレスウエード等《とう》、或《あるひ》は舳《ちく》を沒《ぼつ》したるあり、或《あるひ》は左舷《さげん》に傾《かたむ》き、或《あるひ》は右舷《うげん》に倒《たふ》れたるあり、ギリヤークは獨《ひと》り新市街《しんしがい》に近《ちか》く沈沒《ちんぼつ》して居《ゐ》るも、是《こ》れ等《ら》多《おほ》くの艦船《かんせん》は、唯《たゞ》に一二隻《せき》の用《もち》ゆ可《べ》からざるものあるの外《ほか》、戰鬪《せんとう》艦《かん》は何《いづ》れも引揚《ひきあ》げて、些《すこし》の修繕《しうぜん》を施《ほどこ》せば、直《すぐ》に戰列《せんれつ》に加《くは》ふる事《こと》を得《う》べく、更《さら》に目《め》を轉《てん》じて、港口《かうこう》に樹立《じゆりつ》せる閉塞船《へいそくせん》の檣頭《しやうとう》を望《のぞ》めば、轉々《うたゝ》當時《たうじ》を追懷《つゐくわい》して、暗淚《あんるゐ》之《こ》れを禁《きん》ずる事《こと》能《あた》はざるものありとは、近《ちか》く寄《よ》せられたる旅順《りよじゆん》よりの消息《せうそく》に記《しる》してあつた。

旅順開城《りよじゆんかいじやう》の半面《はんめん》

石倉翠葉

赫々《くわく〳〵》たる功名《こうみやう》の裡面《りめん》には、必《かなら》ず慘憺《さんたん》たる苦心《くしん》これに伴《ともな》ふ、しかも此目覺《このめざま》しく奏《そう》せられたる成功《せいこう》にのみ謳歌《あうか》して、其如《そのい》何《か》に苦心《くしん》の餘《あまり》に成《な》れるかを想《おも》はざるは、眞《しん》に偉功《ゐこう》を仰《あふ》ぐ所《ゆ》以《ゑん》にあらざるなり、吾人《ごじん》は旅順《りよじゆん》の開城《かいじやう》を以《もつ》て、建國以來《けんこくいらい》未《み》曾有《ぞう》の大快事《だいくわいじ》と爲《な》す、然《さ》れどわが幾多《いくた》の猛將勇卒《まうしやうゆうそつ》が苦心《くしん》よ辛勞《しんらう》の、如何《いか》に深《ふか》く如何《いか》に大《だい》なりしかを憶《おも》へば、又未《またいま》だ曾て覺《おぼ》えざるの悲痛《ひつう》を感《かん》ず、況《いはん》や敵《てき》の金城鐵壁《きんじやうてつぺき》とたのみたる壘上《るゐじやう》には、旭旗高《きよくきたか》く揭《かゝ》げられて紫雲《しうん》になびけど、其蔭《そのかげ》には今尚《いまなほ》多《おほ》くの骨片散亂《こつぺんさんらん》して腐臭《ふしう》を存《そん》し、頭蓋骨邊土筆生《とうがいこつへんつくし》ひ繁《しげ》れるを見《み》るに至《いた》つては、何《なに》を以《もつ》てか是等烈士《これられつし》の靈魂《れいこん》を慰《なぐさ》む可《べ》き、ゑかず滿腔《まんくう》の熱血《ねつけつ》を揮《ふる》つて、是等殉國《これらじゆんこく》の士《し》の如何《いか》に

苦心《くしん》し、如何《いか》に辛勞《しんらう》せしかの蹟《あと》を忍《しの》び、以《もつ》てこれを千秋《せんしう》に傳《つた》へん哉《かな》。

俺《おれ》一人《ひとり》殺《ころ》す氣《き》か

海鼠山攻擊《なまこやまこうげき》の際《さい》、古田中尉《ふるたちうゐ》の部下《ぶか》は、正面《しやうめん》の斜面《しやめん》より突進《とつしん》せんとしたるに、敵《てき》の機關砲雨《きくわんはうあめ》の如《ごと》く下《くだ》り、我兵《わがへい》爲《た》めに進《すゝ》む能《あた》はず、悉《こと〴〵》く斜面《しやめん》に附着《ふちやく》せり、中尉《ちうゐ》時《とき》に厲聲叫《れいせいさけ》むで曰《いは》く『俺一人《おれひとり》殺《ころ》す氣《き》なら、貴樣達《きさまたち》は其所《そこ》に蟻着《ひつ》いて居《を》れ』と、露奴《ろど》の劍銃《じうけん》を杖《つゑ》にしたる儘《まゝ》、猛然《まうぜん》として前進《ぜんしん》したり、是《こゝ》に於《おい》て部下《ぶか》亦《ま》た中尉《ちうゐ》の後《あと》に次《つい》で勇進《ゆうしん》し、雨下《うか》せる彈丸《だんぐわん》を物《もの》ともせず、斜面《しやめん》を驅《か》け登《のぼ》り難《なん》なく砲壘下《はうるゐか》に達《たつ》しぬ、これを見《み》たる中隊長《ちうたいちやう》は『古田中尉《ふるたちうゐ》を殺《ころ》すな〳〵』と、高《たか》く叫《さけ》むで部下《ぶか》を指揮《しき》して之《これ》に次《つ》ぐ、中尉大《ちうゐおほい》に力《ちから》を得《え》て、手《て》にしたる例《れい》の銃劍《じうけん》を投《な》げ棄《す》て、己《おの》れの佩劍《はいけん》を拔《ぬ》くや否《いな》や、疾風《しつぷう》の如《ごと》き勢《いきほひ》を以《もつ》て、敵《てき》の塹壕目掛《ざんがうめが》けて突入《とつにふ》せり、時《とき》に敵《てき》の一將校《しやうかう》亦《また》我《われ》に向《むか》つて猛進《まうしん》し來《きた》り、塹壕《ざんがう》にて雙方相衝突《さうはうあひしようとつ》し、敵《てき》の將校《しやうかう》は右手《めて》に劍《けん》を揮《ふる》ひ、左手《ゆんで》に短銃《たんじう》を持《も》ち居《を》りしが、中尉《ちうゐ》と衝突《しようとつ》するに及《およ》び、彼《かれ》は直《たゞ》ちに短銃《たんじう》を以《もつ》て中尉《ちうゐ》の顏面《がんめん》を擊《う》ちたり、我兵之《わがへいこれ》を見《み》るや勇奮躍進《ゆうふんやくしん》して爆裂彈《ばくれつだん》を拋《なげう》ちしに、轟然《がうぜん》一發《はつ》の響《ひゞき》とゝもに、中尉《ちうゐ》及《およ》び其四邊《そのあたり》にありし敵兵《てきへい》は、悉《こと〴〵》く空中高《くうちうたか》く打揚《うちあ》げられ、四肢粉韲《しふんさい》して片影《へんえい》を止《とゞ》めず、我兵《わがへい》勢《いきほひ》に乘《じよう》じて猛然突擊《まうぜんとつげき》し、終《つひ》に敵壘《てきるゐ》は難《なん》なく我有《わがいう》に歸《き》したり、是《こ》れ全《まつた》く勇敢《ゆうかん》なる古田中尉《ふるたちうゐ》の偉功大《ゐこうだい》なりとし、占領後《せんりやうご》軍《ぐん》は篤《あつ》く故中尉《こちうゐ》の靈《れい》を吊《とむら》へしとぞ。

九個所《かしよ》の彈痕《だんこん》

旅順第三回《りよじゆんだいくわい》の總攻擊《そうこうげき》に、壯烈《さうれつ》なる戰死《せんし》を遂《と》げたる、陸軍大尉《りくぐんたいゐ》北原信次氏《きたはらしんじし》の軍帽《ぐんばう》は、屍體收容《したいしうよう》の際《さい》彼我《ひが》一部休戰《ぶきうせん》して、双方《さうはう》の將校相談笑《しやうかうあひだんせう》せるの時《とき》、前田地區隊《まへだちくたい》の副官少尉角田峯造氏《ふくくわんせうゐつのだみねざうし》が、敵散兵壕《てきさんぺいがう》の邊《へん》に破《やぶ》れたる我將校《わがしやうかう》の帽子《ばうし》あるを拾上《ひろひあ》げ、改《あらた》め見《み》たるに其内《そのうち》より『守護《しゆご》』と印《しる》せる守札《まもりふだ》出《い》で、餘白《よはく》に『北原信次武運長久《きたはらしんじぶうんちやうきう》』と記《しる》しありし爲《た》め、直《たゞ》ちに夫《それ》と判明《はんめい》したる次第《しだい》なるが、仝少尉《どうせうゐ》は最近迄大尉《さいきんまでたいゐ》と同隊列《どうたいれつ》にありしかば、若《も》し他日凱旋《たじつがいせん》するの僥倖《げうかう》あらば、これを遺族《ゐぞく》に送《おく》らんものと、檢《あらた》め見《み》たるに血痕點々《けつこんてん〳〵》、肉片《にくへん》さへ附着《ふちやく》し居《を》り、廂《ひさし》の邊《ほと》り破綻《はたん》して、頂《いたゞき》に二つと三つ、黃章《くわうしやう》に三つと一つ、計九個所《けいこしよ》の彈痕《だんこん》ありて、見《み》るも凄《すさま》じき有樣《ありさま》なるに、傍《かた》への將軍皆大尉《しやうぐんみなたいゐ》の健鬪《けんとう》を讃《さん》せざるもの無《な》かりしと云《い》ふ。

身《み》を以《もつ》て敵砲口《てきはうこう》を塡塞《てんそく》す

旅順要塞《りよじゆんえうさい》の各砲臺前《かくはうだいぜん》に於《お》ける塹壕《ざんがう》は、深《ふか》さ二丈餘《ぢやうよ》、幅數丈《はゞすうぢやう》のものにて、木材《もくざい》も梯子《はしご》も到底之《たうていこれ》に架《か》することを得《え》ず、假し之《これ》に架《か》し得《う》るとするも、附近要塞《ふきんえうさい》よりの射擊《しやげき》と側防機關砲《そくはうきくわんはう》の掃射《さうしや》に遭《あ》ひては、一人《にん》の生《い》きて其《そ》の目的地《もくてきち》に達《たつ》するもの無《な》し、然《しか》るに勇敢《ゆうかん》なる我某々《わがばう〳〵》の二名《めい》（惜《をし》い哉《かな》名《な》を逸《いつ》す）の兵士《へいし》は、去年《きよねん》十一月《ぐわつ》三十日《にち》に於《お》ける攻擊《こうげき》に方《あた》り、大《だい》なる土嚢《どのう》を頭上《づじやう》に差上《さしあ》げ、躍然壕內《やくぜんがうない》に入《い》るよと見《み》えしが、飛馬《ひば》の如《ごと》く馳《は》せ行《ゆ》きて、今《いま》しも急霰《きふさん》の如《ごと》く發射《はつしや》せる、壕壁穹窖《がうへききうこう》の側射砲口《そくしやはうこう》を塡塞《てんそく》し、一時《じ》其目的《そのもくてき》を達《たつ》したりしも、いかで身《み》を完《まつ》たうし得《う》べき、遂《つひ》に數十彈《すうだん》を蒙《かうむ》りて、肉《にく》飛《と》び骨《ほね》散《ち》り、二名共《めいとも》悲慘《ひさん》の最後《さいご》を遂《と》げたり、されど之《これ》が爲《た》め我損害《わがそんがい》の最《もつと》も多大《ただい》なるべき時機《じき》に在《あ》つて、暫時《しばし》なりとも敵《てき》の砲火《はうくわ》を中絶《ちうぜつ》せしめたるは、偉大《ゐだい》なる功績《こうせき》にして、其壯烈《そのさうれつ》も玆《こゝ》に至《いた》りては、實《じつ》に言語《げんご》に絶《ぜつ》せるものと云《い》ふべからずや。

染出《そめいだ》す時《とき》ならぬ紅葉《こうえふ》

去年《きよねん》十一月《ぐわつ》二十六日《にち》以來《いらい》寺田《てらだ》大久保《おほくぼ》の兩中佐《りやうちうさ》が部下《ぶか》を率《ひき》ゐて空前《くうぜん》の大突擊《だいとつげき》を決行《けつかう》せし、彼赤坂山《かのあかさかやま》の堅壘《けんるゐ》は、遂《つひ》に未《いま》だ拔《ぬ》けずして其殘部《そのざんぶ》の將卒《しやうそつ》は、少將馬塲命英《せうしやうばゞめいえい》氏《し》の指揮下《しきか》より一轉《てん》し、吉田《よしだ》少將《せうしやう》（淸一《せい》氏《し》）の指揮下《しきか》に合《がつ》し、卅日再《にちふたゝ》び一大突擊《だいとつげき》を開始《かいし》したり、時《とき》に吉田中佐《よしだちうさ》（新作《しんさく》氏《し》）の三宅大隊《みやけだいたい》は、實《じつ》に其先鋒《そのせんぽう》たりしが、三宅少佐《みやけせうさ》（義德《よしのり》氏）發《はつ》するに臨《のぞ》み、其部下《そのぶか》を勵《はげ》まして曰《いは》く『我等《われら》は今日《こんにち》を以《もつ》て名譽《めいよ》ある初陣《うひぢん》を爲《な》さんとす、汝將卒《なんぢしやうそつ》幸《さいはひ》に他部隊《たぶたい》の笑柄《せうへい》となる勿《なか》れ』と、且《かつ》令《れい》して銃《じう》を本隊《ほんたい》に置《お》かしめ、防寒具《ばうかんぐ》を脫《だつ》し身輕《みがる》なる黑服《こくふく》の上《うへ》に、白《しろ》の襷《たすき》を十字《じ》にあやどり、結目長《むすびめなが》く後《うし》ろに垂《た》れしめ、皆々白刄《みなくはくじん》をひらめかし、以《もつ》て第《だい》一突擊地《とつげきち》に就《つ》かしめたり、時《とき》に三十日午前《にちごぜん》十時《じ》『突擊《とつげき》』の命《めい》は下《くだ》れり、新來決死《しんらいけつし》の一千餘名《よめい》、いざと計《はか》りに霰《あられ》と散《ち》り雨《あめ》と注《そゝ》ぐ砲火《はうくわ》を冒《をか》して、無《む》二無三に突擊《とつげき》し、第《だい》一散兵壕《さんぺいがう》を乘《の》り越《こ》えて、鐵條網《てつでうもう》を切《き》り破《やぶ》り、將《ま》さに山上《さんじやう》の第《だい》二散兵壕《さんぺいがう》に到《いた》んとせる頃《ころ》は、大隊《だいたい》の將士《しやうし》一人《にん》も生存《せいぞん》せる者《もの》を見《み》ず、赤坂山《あかさかやま》の名《な》に負《お》ひて、其山《そのさん》腹《ぷく》は時《とき》ならぬ紅葉《こうえふ》を染《そ》め出《いだ》せりと、何《なん》ぞ夫《そ》れ壯烈《さうれつ》なる。

武《む》者《しや》振《ぶ》りつく敵將《てきしやう》の首筋《くびすぢ》

旅順方面《りよじゆんはうめん》に於《お》ける敵兵《てきへい》は、殊勝《けなげ》にも殆《ほとん》ど手負猪《ておひじゝ》の如《ごと》き勢《いきほひ》なるが、そを物《もの》ともせで勇往邁進《ゆうわうまいしん》せる我兵《わがへい》の勇敢《ゆうかん》は、鬼神《きじん》の夫《そ》れの如《ごと》き面影《おもかげ》あるが中《うち》に、取分《とりわ》けて壯烈《さうれつ》比《なら》びなきの猛《まう》卒《そつ》は、某聯隊《ばうれんたい》六中隊《ちうたい》の上等兵《じやうとうへい》五十嵐春吉氏《いがらしはるきちし》其人《そのひと》なり、渠《かれ》は去年《きよねん》九月《ぐわつ》十九日《にち》、敵《てき》の防備《ばうび》最《もつと》も堅固《けんご》なる某砲壘攻擊《ばうはうるゐこうげき》の際《さい》に於《おい》て、四邊《あたり》に雨下《うか》せる銃砲彈《じうはうだん》を冒《をか》して、早《はや》くも敵壘《てきるゐ》に突進《とつしん》したり、夫《それ》と見《み》るより敵兵《てきへい》は、銃劍《じうけん》を閃《ひらめ》かして、唯一突《たゞひとつ》きと競蒐《きそひか》るを、上等兵物《じやうとうへいもの》ともせず、何《なん》の小癪《こしやく》なと計《はか》りに、彼《かれ》等《ら》を指揮《しき》せる二等少尉目《とうせうゐめ》がけて、奮然驅《ふんぜんか》け寄《よ》り樣《ざま》、彼《かれ》の首《くび》筋《すぢ》に武者《むしや》振《ぶ》り付《つ》けば、二三の敵兵《てきへい》進《すゝ》み出《い》で、上等兵《じやうとうへい》の背後《はいご》に廻《まは》り、處嫌《ところきら》はず滅多斬《めつたぎ》りに斬《き》り付《つ》けたり、これにもひるまず上等兵《じやうとうへい》は、尙《なほ》も兩《りやう》の腕《うで》に力《ちから》を込《こ》めて、彼《かれ》の首《くび》を締《し》めんと爭《あらそ》ふ内《うち》、恰《あたか》も好《よ》し我砲彈《わがはうだん》飛《と》び來《きた》つて、首尾《しゆび》好《よ》く彼《かれ》を仆《たふ》せしが、あはれ彼上等兵《かのじやうとうへい》は、落命《らくめい》する迄《まで》依《い》然《ぜん》として敵《てき》の首筋《くびすぢ》に縋《すが》り付《つ》き居《ゐ》たりしと。

彼《あの》軍曹《ぐんさう》は可哀想《かあいさう》です

砲兵軍曹安藤祇氏《はうへいぐんさうあんどうきし》、亦是旅順包圍軍中《またこれりよじゆんはうゐぐんちう》に在《あ》つて、勇戰健鬪《ゆうせんけんとう》、渠《かれ》遂《つひ》に壯烈《さうれつ》なる最後《さいご》を遂《と》げ、偉名《ゐめい》を天下《てんか》に轟《とゞろ》かせるもの、某日戰友某軍曹《ばうじつせんいうばうぐんさう》と共《とも》に、隊長《たいちやう》の命《めい》を受《う》け、將《まさ》に砲兵陣地《はうへいぢんち》に赴《おもむ》かんとするや、素《もと》より重大《ぢうだい》の任務《にんむ》を命《めい》せし事《こと》とて、隊長《たいちやう》

旅順雜談

更《さら》に渠《かれ》の決然《けつぜん》として辭《じ》し行《ゆ》く後《うし》ろより『安藤確《あんどうしつか》り頼《たの》むぞッ』と呼《よ》べば『ナニ丈夫《だいぢやうぶ》です』と輕《かろ》く笑顔《ゑがほ》に受《う》け流《なが》して、悠《いう》然進《ぜんすゝ》む事殆《ことほと》んど五六十歩《ほ》、時《とき》に俄然空《がぜんそら》を劈《つんざ》いて飛《と》び來《きた》れる彈丸《だんぐわん》は、恰《あたか》も軍曹《ぐんさう》の頭上《づじやう》に在《あ》つて爆發《はくはつ》し轟然《がうぜん》たる響《ひゞき》と共《とも》に彈子《だんし》は雨《あめ》の如《ごと》く落下《らくか》しアッと云《い》ふ間《ま》もあらばこそ、他《た》の軍曹《ぐんさう》は腦震蕩《なうしんたう》を起《おこ》して即死《そくし》を遂《と》げ、安藤軍曹亦《あんどうぐんさうまた》血煙《ちけむり》とゝもに其塲《そのば》に撻《だう》と倒《たふ》れ伏《ふ》し『やあ殘念《ざんねん》』と手《て》を大地《だいち》に支《つか》へて身《み》を起《おこ》さんと悶《もだ》えしが、無殘《むざん》にも右《みぎ》の手《て》は肩《かた》の附《つ》け根《ね》より敵彈《てきだん》の爲《た》めに挐《も》ぎ取《と》られぬ、渠無念《かれむねん》の眼《まなこ》に血《ち》を濺《そゝ》いで『ロスケ、畜生《ちくしやう》め、己《おれ》れの手《て》を持《も》つて行《ゆ》きやがつたな』と、再《ふたゝ》び起《た》ち上《あが》らんとすれば、這《こ》はそも那麽《いか》に右《みぎ》の脚《あし》は膝《ひざ》より下無《したな》し『畜生腕《ちくしやうで》ばかりで無《な》く、足《あし》まで持《も》つて行《ゆ》きやがつたな、何《なん》の糞《くそ》ッ〳〵』と獨語《ひとご》ちつ、常人《じやうじん》なれば氣《き》も絶《た》えなん計《ばか》りなるを、剛毅《がうき》の軍曹朱《ぐんさうあけ》に染《そ》まれる足《あし》を曳《ひ》きずり、横様《よこざま》に斃《たふ》れ居《ゐ》る戰友《せんいう》の傍《かたは》らに這寄《はひよ》り『介抱《かいはう》して遣《や》らうと思《おも》ふが、ア、傷《きず》が痛《いた》くつて、殘念《ざんねん》〳〵』と遉《さすが》の勇士《ゆうし》も覺《おぼ》えず苦悶《くもん》の聲《こゑ》を絞《しぼ》れば、今《いま》しも隊長《たいちやう》は斯《か》くとも知《し》らず雙眼鏡《さうがんきやう》を手《て》にして、前面《ぜんめん》の敵状《てきじやう》を展望《てんばう》し『ふむ、敵彈《てきだん》が破裂《はれつ》したな』と更《さら》に軍曹等《ぐんさうら》の負傷《ふしやう》せるを知《し》らざりしが、又《また》も『痛《いた》い』と叫《さけ》ぶ聲《こゑ》に、不斗《ふと》耳《みゝ》にせる隊長《たいちやう》は『何《なん》だ痛《いた》いと、馬鹿《はか》め、戰場《せんぢやう》に痛《いた》いも痒《かゆ》いもあるものか』と叱《しか》り飛《とば》せば、又《また》も〳〵『痛《いた》いです、〳〵、實際《じつさい》痛《いた》いから痛《いた》いと云《い》つたです』『何《な》に痛《いた》いと』と隊長《たいちやう》身《み》を反《そ》らして見《み》れば、一人《にん》は既《すで》に縡《こときれ》れ、安藤軍曹亦《あんどうぐんさうまた》瀕死《ひんし》の境《さかひ》に在《あ》るを以《もつ》て『これッ、安藤《あんどう》、何《なに》か遺言《ゆゐごん》でも無《な》いかッ』『ハイ、私《わたくし》は別《べつ》に御願申《おねがひまを》す事《こと》もありませんが、彼軍曹《あのぐんさう》は家《いへ》に妻子《さいし》も眷族《けんぞく》もあります、實《じつ》に可哀想《かあいさう》です……、遺族《ゐぞく》の處《ところ》を願升《ねがひます》』嗚呼《あゝ》斷末魔《だんまつま》の息《いき》を吐《は》いて、軍曹《ぐんさう》は只管《ひたすら》戰友《せんいう》の身《み》を案《あん》じ、終《つひ》に自身《じしん》の事《こと》は一言《げん》を發《はつ》せずして絶命《ぜつめい》したるなりき

外國從軍記者旅順の捕虜を訪ふ

旅順包圍軍《りよじゆんはうゐぐん》の總《すべ》てが、身《み》を賭《と》して健闘《けんとう》しつゝありしは、今更《いまさ》ら云《い》ふ迄《まで》も無《な》き事《こと》なるが、就中安藤軍曹《とりわけあんどうぐんさう》の最後《さいご》の如《ごと》きは、實《じつ》に壯烈鬼神《さうれつきじん》を泣《な》かしむるの概《がい》ありと云《い》ふべきにあらずや。

旅順《りよじゆん》は此《か》くの如《ごと》き壯烈無双《さうれつぶさう》なる將卒《しやうそつ》の幾《いく》萬《まん》を賭《と》して、而《しか》して漸《やうや》く贏《か》ち得《え》たるもの、一面開城《めんかいじやう》の快報至《くわいはういた》れるに歎喜《くわんき》したるの吾人《ごじん》は、又《また》一面《めん》に於《おい》て須《すべか》らく熱涙《ねつるゐ》を濺《そゝ》ぎ、以《もつ》て是等勇將猛《これらゆうしやうまう》卒《そつ》の義烈《ぎれつ》を謳歌《あうか》せずむばある可《べか》らず、噫《あゝ》。

旅順《りよじゆん》陷落《かんらく》と列國《れつこく》

吒劍道人

其一　英《い》吉《ぎ》利《りす》

英國《えいこく》の諸新聞紙《しよしんぶんし》は、旅順口陷落《りよじゆんこうかんらく》を以《もつ》て無條件《むでうけん》の投降《とうかう》となし且反覆常《かつはんぷくつね》なき魯《ろ》の將校《しやうかう》に許《ゆる》すに、宣誓歸國《せんせいきこく》の事《こと》を以《もつ》てしたる日本《にほん》の雅量《がりやう》を稱揚《しようやう》せり。

「タイムス」は曰《いは》く、旅順《りよじゆん》は遂《つひ》に陷《おちい》りたり、而《しか》も攻者守者《こうしやしゆしや》共《とも》に勇氣《ゆうき》の限《かぎり》を盡《つく》し、並《ならび》に科學進歩《くわがくしんぽ》の結果《けつくわ》たる武器《ぶき》の偉大《ゐだい》なる力《ちから》と、之《これ》に伴《ともな》ふ所《ところ》の慘酷《ざんこく》なる手段《しゆだん》とを盡《つく》して遂《つひ》に陷《おちい》りたり。獨《ひと》り其規模《そのきぼ》の雄大《いうだい》と、攻守兩軍《こうしゆりやうぐん》の堅忍艱苦《けんにんかんく》とのみを以《もつ》てするに、旅順口攻圍戰《りよじゆんこうこうゐせん》は、實《じつ》に世界戰史上《せかいせんしじやう》の最大偉觀《さいだいゐくわん》たるべし、之《これ》に加《くは》ふるに其軍略《そのぐんりやく》に於《おい》て、最近《さいきん》の科學《くわがく》を最《もつと》も善《よ》く應用《おうよう》したる點《てん》に於《おい》ては、戰史上《せんしじやう》一新紀元《しんきげん》を開《ひら》きたる者《もの》と謂《い》ふべく、歷史家《れきしか》は之《これ》に依《よ》りて、西歐文化《せいおうぶんくわ》の精粹《せいすゐ》を集《あつ》めて、之《これ》を咀嚼《そしやく》し、自家獨得《じかどくとく》の技倆《ぎりやう》を以《もつ》て巧《たくみ》に之《これ》を運用《うんよう》し得《え》たる國民《こくみん》（日本《にほん》を指《さ》す）は、必《かなら》ず全然特殊《ぜんぜんとくしゆ》の文化《ぶんくわ》に依《よ》て涵養《かんやう》せられたる者《もの》にして、又僅々《またきん〳〵》三十年《ねん》の短時日《たんじじつ》に於《おい》て、能《よ》く吾人《ごじん》の有《いう》せる錯雜《さくざつ》せる文化《ぶんくわ》を集成活用《しふせいくわつよう》し得《う》るの技能《ぎのう》を有《いう》せる事《こと》を悟《さと》るべし。從來旅順《じうらいりよじゆん》は到底攻陷《たうていこうかん》し難《がた》しと宣言《せんげん》せられ、其宣言《そのせんげん》は內外《ないぐわい》の齊《ひと》しく信《しん》ずる所《ところ》なりき。蓋《けだ》し旅順《りよじゆん》の强堅《きやうけん》はセバストポールに六倍《ばい》し、セバストポールも猶《なほ》一年《ねん》の間《あひだ》、英佛聯合軍《えいふつれんがふぐん》を惱《なやま》したり。然《しか》るに日本軍《にほんぐん》は僅《わづ》かに、八月《げつ》を以《もつ》て此大要塞《このだいえうさい》を陷《おとし》いれたり。而《しか》も直接防禦線《ちよくせつばうぎよせん》に逼《せま》りしたる時《とき》より算《さん》すれば、僅《わづ》かに五ヶ月《げつ》を要《えう》したるのみ。此間日《このあひだに》本軍《ほんぐん》は、固《もと》より多大《ただい》の犧牲《ぎせい》を出《いだ》したるも、その損害補充並《そんがいほじうならび》に攻圍《こうゐ》の進歩《しんぽ》に向《むか》つて、驚《おどろ》くべき力量《りきりやう》を示《しめ》したり。勿論吾《もちろんご》人《じん》はステルセル將軍《しやうぐん》の頑强《ぐわんきやう》なる防守《ばうしゆ》、並《ならび》に其勇猛果敢《そのゆうまうくわかん》は、殆《ほと》んど讃嘆《さんたん》するに辭《ことば》なく、將軍《しやうぐん》は實《じつ》に露人《ろじん》の勇武《ゆうぶ》を遺憾《ゐかん》なく發揮《はつき》したりと言《い》ふを躊躇《ちうちよ》せずと雖《いへど》も、守城者《しゆじやうしや》を斯《か》く賞讃《しようさん》したる吾人《ごじん》は、更《さら》に何《なん》の辭《じ》を以《もつ》て、攻圍軍《こうゐぐん》を稱揚《しようやう》せんか。日本軍《にほんぐん》が表現《へうげん》したる剛毅《がうき》、勇敢《ゆうかん》、智略等《ちりやくとう》、所謂英雄《いはゆるヒーロー》の一語《ご》中《ちう》に含《ふく》める有《あ》らゆる武德《ぶとく》に對《たい》しては、守城者《しゆじやうしや》は潔《いさぎ》よく其月《そのげつ》桂冠《けいくわん》を、攻城者《こうじやうしや》に讓與《じやうよ》して可《か》なり。

「デーリー、テレグラフ」は曰《いは》く、日本天皇陛下《にほんてんわうへいか》が、ステツセル將軍《しやうぐん》の苦節《くせつ》を嘉《よみ》し、之《これ》を優遇《いうぐう》せしめ給《たま》ひたるは、世《せ》人《じん》と共《とも》に深《ふか》く之《これ》を欽仰《きんがう》する所《ところ》なり。さてもステルセルの如《ごと》き名將《めいしやう》を戴《いただ》く所《ところ》の露軍《ろぐん》にして、遂《つひ》に英武絕倫《えいぶぜつりん》なる日本軍《にほんぐん》の攻圍《こうゐ》に抵敵《ていてき》すること能《あた》はばりき。日本人《にほんじん》は茲《こゝ》に十年以前《ねんいぜん》の恥辱《ちじよく》を雪《そゝ》ぎたると同時《どうじ》に、世界《せかい》の政局《せいきよく》に對《たい》しても、一新生《しんせい》面《めん》を開《ひら》きたる者《もの》なり。

其二　佛《ふ》蘭《らん》西《す》

佛國《ふつこく》の諸新聞紙《しよしんぶんし》は、皆旅順《みなりよじゆん》の陷落《かんらく》を以《もつ》て、重要事件《じうえうじけん》となし日魯兩軍《にちろりやうぐん》の勇武《ゆうぶ》と堅忍《けんにん》とを嗟嘆《さたん》すると同時《どうじ》に、其影響《そのえいきやう》する所頗《ところすこぶ》る大《だい》なるべしとて、稍憂惧《やゝいうぐ》の色《いろ》ある者《もの》の如《ごと》し。

「プチージユールナル」は曰《いは》く、今回《こんくわい》の事《こと》たる、其影響《そのえいきやう》の及《およ》ぶ所大《ところだい》なるは論《ろん》を須《ま》たず、單《たん》に之《これ》を戰略上《せんりやくじやう》より視《み》るも日本人《にほんじん》は最倔强《さいくつきやう》の根據地《こんきよち》を獲《え》たり、魯軍《ろぐん》が再《ふた》び日本人《にほんじん》を此《この》要區《えうく》より驅逐《くちく》せんは、至難《しなん》の事業《じげふ》なりと謂《い》ふべし。日本人《にほんじん》にして、制海權《せいかいけん》を掌握《しやうあく》する限《かぎり》は、其兵力《そのへいりよく》を分割《ぶんくわつ》するは到底《たうてい》不可能《ふかのう》の事《こと》なり、但《たゞ》し魯軍《ろぐん》の主力《しゆりよく》はクロパトキン將軍《しやうぐん》の將《ひき》ゆる軍隊《ぐんたい》にして、此軍隊《このぐんたい》は嚮後《こうご》猶《なほ》為すあるに足《た》る者《もの》なり。

「ユマニテ」は曰《いは》く、魯兵《ろへい》の勇敢《ゆうかん》は之《これ》を稱《しよう》すべきも、ステッセル將軍《しやうぐん》が、數月前《すうげつぜん》に於《おい》て、名譽《めいよ》ある降伏《かうふく》の勸告《くわんこく》を排《しりぞ》け自己《じこ》の不明《ふめい》の為《ため》に、徒《いたづ》らに多數《たすう》の人命《じんめい》を損《そん》したるの責《せめ》は免《まぬが》るべからず。抑《そ》も魯國《ろこく》が開戰《かいせん》以來《いらい》、連戰連敗《れんせんれんはい》に次《つ》ぐに、大《たい》平洋艦隊《へいやうかんたい》の全滅《ぜんめつ》、旅順《りよじゆん》の陷沒《かんぼつ》を以《もつ》てす、是《こ》れやその極東《きよくとう》に於《お》ける魯國勢力《ろこくせいりよく》の滅絶《めつぜつ》を意味《いみ》する者《もの》なり、さはれ魯《ろ》の國民《こくみん》は、之《これ》が為《ため》に痛痒《つうやう》を感《かん》ぜざるべし。何《なん》となれば連敗《れんぱい》の痛苦《つうく》を受《う》くる者《もの》は、獨《ひと》り同國民《どうこくみん》の宿仇《しゆくきう》たる帝政《ていせい》のみなればなり故《ゆゑ》に日本《にほん》の勝利《しようり》は日本人《にほんじん》の為《ため》に之《これ》を喜《よろこ》ばんよりは寧《むし》ろ世界《せかい》の為《ため》に喜《よろこ》ぶべき者《もの》なり。

其三 獨《ど》逸《いつ》

獨逸《どいつ》の諸新聞紙《しよしんぶんし》は、概《がい》して日本軍《にほんぐん》の勇敢《ゆうかん》なる成效《せいかう》を賞讃《しやうさん》し敬意《けいい》を表《へう》すると共《とも》に、又魯軍《またろぐん》の勇敢《ゆうかん》なる防戰《ばうせん》を稱揚《しやうやう》し、而《しか》も旅順《りよじゆん》の陷落《かんらく》は、魯國民《ろくみん》をして、甚《はなは》だしく意氣《いき》を沮喪《そさう》せしめたりといへり。

「ナチヨナル、ツアイツング」は曰《いは》く、日本軍《にほんぐん》は勇敢無比《ゆうかんむひ》なる實力《じつりよく》を表顯《へうけん》したるが、防守軍《ばうしゆぐん》の勇名《ゆうめい》も、亦永《またなが》く史上《しじやう》に不朽《ふきう》なるべし。日本《にほん》は魯國《ろこく》が絶東《ぜつとう》に於《おい》て誇耀《こえう》したる樞要《すうえう》の堅壘《けんるゐ》を占有《せんいう》し、其戰勝《そのせんしやう》に依《よつ》て生《しやう》ずる所《ところ》の利益《りえき》を獲得《くわくとく》し、且《かつ》古來《こらい》歷史上《れきしじやう》に類例《るゐれい》なき堅忍《けんにん》と剛毅《がうき》とを示《しめ》して、遂《つひ》に旅順《りよじゆん》の所有者《しよいうしや》となりたり。

「ベルリノ、ターゲフラット」は曰《いは》く、ステッセル將軍《しやうぐん》の勇敢《ゆうかん》なる防守《ばうしゆ》は、彼《か》のセバストポール要塞《えうさい》の防守《ばうしゆ》にも比《ひ》すべき者《もの》にして、勇敢《ゆうかん》なる魯國陸軍史《ろこくりくぐんし》に、永《なが》く光彩《くわうさい》を發《はな》つものと謂《い》ふべし。又日本《またにほん》に於《おい》ては、最後《さいご》の勝利《しやうり》に對《たい》する熱心《ねつしん》希望《きばう》共《とも》に加《くは》はり、意氣《いき》益《ます〳〵》昂《あが》りて、戰爭繼續《せんさうけいぞく》の熱《ねつ》愈盛《いよ〳〵さかん》なるべく、魯國《ろこく》に在《あつ》ては之《これ》に反《はん》して、戰爭《せんさう》を憎《にく》み平和《へいわ》を望《のぞ》むの情《じやう》、ます〳〵切《せつ》なるに至《いた》るべく、軍隊《ぐんたい》の士氣《しき》も亦《また》愈《いよ〳〵》沮《そ》喪《さう》すべし。或《あるひ》はバルチック艦隊《かんたい》の冒險的東航《ばうけんてきとうかう》も、為《ため》に中止《ちうし》せらるゝに至《いた》らざるべきか、何《なん》となれば、日本艦隊《にほんかんたい》は新《あら》たに有力《いうりよく》なる根據地《こんきよち》を得《え》たるのみならず、全力《ぜんりよく》を擧《あ》げてバルチックに當《あた》るを得《う》べければなり。

其四 北《ほく》米《べい》合《がつ》衆《しう》國《こく》

日魯《にちろ》の成敗《せいはい》に比較上利害少《ひかくじやうりがいすく》なき米國《べいこく》の言論《げんろん》は、從《したが》て頗《すこぶ》る公平《こうへい》に、且樂天觀《かつらくてんくわん》に近《ちか》き者《もの》あり。ニウ、ヨーク發刊《はつかん》の雜誌《ざつし》「サクセッス」は旅順開城《りよじゆんかいじやう》の後《のち》、日魯《にちろ》の勝敗《しやうはい》に就《つい》て論《ろん》じて謂《い》へらく虛喝誇張《きよかつこちやう》を之《こ》れ事《こと》とせる魯人《ろじん》は以謂《おもへ》らく、日本人《にほんじん》は到底黃色《たうていわうしよく》の獼猴《びこう》のみ、吾人《ごじん》豈姑《あにしば》らくも彼等《かれら》と伍《ご》すべけんやと、是《こ》れ魯國《ろこく》に在《あつ》て海陸《かいりく》の將軍《しやうぐん》たると外交官《ぐわいかうくわん》たるとに論《ろん》なく、齊《ひと》しく信《しん》じて疑《うたが》はざりし所《ところ》なり。彼等《かれら》固《もと》より之《こ》を口《くち》にしたるに非《あら》ざるも、之《これ》を事實上《じじつじやう》に於《おい》て大聲明言《たいせいめいげん》したりしなり。彼等《かれら》が外交《ぐわいかう》を誤《あや》まり、日本人《にほんじん》を以《もつ》て與《くみ》し易《やす》しとなし、日本人《にほんじん》を強《しひ》て鴨綠江《あふりよくこう》の戰爭《せんさう》を敢《あへ》てせしめたるもの、職《もと》として之《こ》れ此《こゝ》に依《よ》れり。日本《にほん》は今《いま》より五十年前《ねんぜん》に於《おい》ては、一の機關車《きくわんしや》なく、一の日刊新聞《につかんしんぶん》あらざりき、而《しか》も其進步《そのしんぽ》と力量《りきりやう》とに於《おい》て、前古無比《ぜんこむひ》の發達《はつたつ》を示《しめ》したる者《もの》も、亦日本《またにほん》に非《あら》ずや。されども日本《にほん》を以《もつ》て、彼理提督《ベルリていとく》の訪問《はうもん》に、初《はじ》めて昏夢《こんむ》を覺《さま》したる者《もの》となすは誤《あや》まれり。彼等《かれら》は實《じつ》に提督《ていとく》の訪《はう》問《もん》を待《ま》たずして、其獨自《そのどくじ》の感能《かんのう》に於《おい》て、覺醒《かくせい》し發達《はつたつ》したりし國民《こくみん》なりしなり。提督《ていとく》は唯《たゞ》彼等《かれら》を誘《いざな》ひて、近代進步《きんだいしんぽ》發達《はつたつ》せる諸邦國《しよほうこく》の間《あひだ》に伍《ご》するの道《みち》を敎示《けうじ》せしのみ。今日《こんにち》魯國《ろこく》の敗《はい》は自《みづか》ら招《まね》くの孽《わざはひ》のみ。約言《やくげん》すれば此《こ》れ苛政《かせい》の敗《はい》なり、野蠻《やばん》の敗《はい》なり、專制《せんせい》の敗《はい》なり。

其五　魯《ろ》西《し》亞《や》

魯國新聞《ろこくしんぶん》の悲觀的《ひくわんてき》なるは、流石《さすが》に其所《そのところ》なるべし。半官報《はんくわんはう》の稱《しやう》ある「シーウオエ、ウレーミヤ」が、旅順《りよじゆん》の開城《かいじやう》に付《つい》て論《ろん》ずる所《ところ》左《さ》の如《ごと》し。

旅順口《りよじゆんこう》は降伏《かうふく》したり、此不幸《このふかう》は今日《こんにち》魯國《ろこく》を刺擊《しげき》すること、宛《あたか》も萬雷《ばんらい》の震落《しんらく》せるが如《ごと》きものあり、勇將健卒《ゆうしやうけんそつ》の據守《きよしゆ》せる要塞《えうさい》と雖《いへど》も、其終《そのつひ》に今日《こんにち》あらんは吾人《ごじん》の豫期《よき》したる所《ところ》にして、如何《いか》に人力《じんりよく》を盡《つく》すも、物資《ぶつし》の不足《ふそく》を償《つぐな》ふ能《あた》はざるは明《めい》了《りやう》なり。抑《そもそ》も包圍《はうゐ》せられたる要塞內《えうさいない》に於《おい》て、彈藥《だんやく》匱《き》乏《はつ》し、又外《またほか》より輸入《ゆにふ》する能《あた》はざる場合《ばあひ》に在《あつ》て、如何《いかが》の手段《しゆだん》を講《かう》じ如何《いか》なる勇氣《ゆうき》を振《ふる》ふとも、到底之《たうていこれ》を補充《ほじう》すること能《あた》はざるなり。されば早晚旅順口降伏《さうばんりよじゆんこうかうふく》の已《や》むべからざるは、吾人《ごじん》の之《これ》を諒察《れうさつ》せる所《ところ》なれども、要塞戰史上《えうさいせんしじやう》、此光榮《このくわうえい》なる戰記《せんき》の末頁《まつけつ》に於《おい》て、我《わ》が魯國人《ろこくじん》の心事《しんじ》を悚然《そくぜん》たらしむる者《もの》、それ幾何《いくばく》ぞや。我《わ》が同胞《どうはう》が旅順要塞《りよじゆんえうさい》に濺《そゝ》ぎたる血《ち》と、其具《そのつぶ》さに嘗《な》めたる萬斛《ばんこく》の苦楚《くそ》とは、之《これ》を等閑《なほざり》に附《ふ》するを得《う》べきか。開戰以來《かいせんいらい》七閱月餘《えつげつよ》、日本《にほん》の精銳《せいえい》を牽制《けんせい》したるの功《かう》、決《けつ》して徒勞《とらう》と謂《い》ふべからず。今《いま》や全魯國民《ぜんろこくみん》の蹶起《けつき》すべき時期《じき》は來《きた》れり。全魯國民《ぜんろこくみん》たる者《もの》、豈旅順要塞防守《あにりよじゆんえうさいはうしゆ》の諸英雄《しよえいゆう》に耻《は》ぢざるか。

旅順降伏《りよじゆんかうふく》とステッセル

一記者

△旅順降伏《りよじゆんかうふく》に關《くわん》するステッセルの行爲《かうゐ》に就《つい》ては、隨分非難《ずゐぶんひなん》の聲《こゑ》があつた、中《なか》にも倫敦《ろんどん》タイムス通信員《つうしんゐん》モリソン博士《はかせ》が旅順降伏後同要塞《りよじゆんかうふくごどうえうさい》を目擊《もくげき》し、種々《しゆ〳〵》の點《てん》より其降伏《そのかうふく》の理由《りいう》なきを論《ろん》じた記事《きじ》は、一時《じ》少《すく》なからず世人《せじん》の注意《ちうい》を惹《ひ》いたが其後倫敦《そのごろんど》スタンダード新聞《しんぶん》は、二月《ぐわつ》十五日《にち》ポートサイド發《はつ》の電報《でんぱう》として、其特派通信員《そのとくはつうしんゐん》が同地《どうち》にてステッセル將軍《しやうぐん》と會見《くわいけん》を遂《と》げ、タイムスの非難《ひなん》に對《たい》する同將軍《どうしやうぐん》の答辨《たうべん》なるも

のを掲《かゝ》げた、之《こ》れ一《くち》には旅順重圍中《りよじゆんちようゐちう》の景況《けいきやう》の一斑《ぱん》を知《し》る材《ざい》料《れう》にもなるから、左《さ》に其大要《そのたいえう》を記《しる》して見《み》やう。

△尤《もつと》もステッセルの談話中《だんわちう》、餘程《よほど》事實《じじつ》に反《はん》せる點《てん》もある、例《たと》へば要塞守備兵《えうさいしゆびへい》の數《すう》の如《ごと》き、決《けつ》して彼《かれ》の語《かた》るが如《ごと》く少數《せうすう》のものでは無《な》かつた、之《こ》れ敗軍《はいぐん》の將《しやう》いさゝか體裁《ていさい》を飾《かざ》らんとするのであらう。

◎船《せん》房《ばう》内《ない》の會《くわい》談《だん》

△さて說《と》く、倫敦《ろんどん》タイムスがステッセル非難《ひなん》の一文《ぶん》を掲《かゝ》げた後《のち》、倫敦《ろんどん》スタンダード新聞通信員《しんぶんつうしんゐん》は、其主筆《そのしゆひつ》の命《めい》により今迄《いまゝ》で土耳古《とるこ》コンスタンチノーブルに居《を》つたのが、急行《きふかう》して英領《えいりやう》ポートサイドに到《いた》り、ステッセル以下《いか》宣誓釋放《せんせいしやくはう》されたる露國將校《ろこくしやうかう》が乘組《のりく》める、滊船《きせん》オーストリアン號《がう》の、寄港《きかう》するのを待合《まちあは》せて居《を》つた。

△其内《そのうち》に滊船《きせん》は着《つ》いた。

△元來《ぐわんらい》ステッセルは旅順《りよじゆん》に降伏《かうふく》して歸國《きこく》の途中《とちう》、滊船《きせん》が諸國《しよこく》の港《みなと》に寄港《きかう》すると、會見《くわいけん》を求《もと》むる來訪人《らいはうにん》は引《ひ》きも切《き》らぬが、彼《かれ》は成《な》るべく面會《めんくわい》を謝絕《しやぜつ》し、止《や》むを得《え》ずして對面《たいめん》する事《こと》あるも、旅順防守中《りよじゆんはうしゆちう》の行動《かうどう》に關《くわん》しては、殆《ほと》んど一言《げん》も吐《は》く事《こと》が無《な》かつた。

△然《しか》るにスタンダード新聞通信員《しんぶんつうしんゐん》は、其友人中《そのいうじんちう》にステッセルと親交《しんかう》を有《いう》する者《もの》あり、其紹介狀《そのせうかいじやう》を持《も》つて將軍《しやうぐん》を訪《たづ》ねたので、將軍《しやうぐん》は直《たゞ》ちに快《こゝろよ》く面會《めんくわい》し、船房中《せんばうちう》にて種々《しゆ〴〵》の會談《くわいだん》を爲《な》した。

△其會話《そのくわいわ》は凡《およ》そ一時間《じかん》に渉《わた》り、すべて露語《ろご》を以《もつ》て語《かた》られた此話《このはなし》により彼《かれ》が何故《なにゆゑ》に降伏《かうふく》せしやの理由《りいう》を多少《たせう》知《し》る事《こと》が出來《でき》る。其時會談《そのときくわいだん》の席《せき》に居《を》つたのは、主客《しゆかく》の他《ほか》レース參謀長《さんぼうちやう》他《ほか》三名《めい》の將校《しやうかう》のみであつた。

◎食《しよく》料《れう》欠《けつ》乏《はう》の事《こと》

△通信員《つうしんゐん》は先《ま》づ倫敦《ろんどん》タイムスの旅順降伏《りよじゆんかうふく》を非難《ひなん》せる記事《きじ》を示《しめ》し、之れを一々露語《ろご》に飜譯《ほんやく》して將軍《しやうぐん》に讀《よ》み聽《き》かせた後《のち》、將軍《しやうぐん》の辯解《べんかい》如何《いかん》にと耳《みゝ》を傾《かたむ》けた。

△將軍《しやうぐん》は其非難《そのひなん》の記事《きじ》に對《たい》し一々辯解《べんかい》を爲《な》した。第《だい》一兵糧《へうれう》の問題《もんだい》に關《くわん》して、旅順開城《りよじゆんかいじやう》の當時《たうじ》、猶《な》ほ三ケ月《げつ》を支《さゝ》ふるに足《た》る糧食《りやうしよく》を有《いう》して居《を》つたとの、倫敦《ろんどん》タイムスの記事《きじ》を打《うち》消《け》して云《い》ふに、成程《なるほど》初めの間《あひだ》は、要塞内《えうさいない》に充分《じうぶん》の兵糧《へうれう》を備《そな》へて居《を》つた、然《さ》れど旅順《りよじゆん》の交通《かうつう》が殆《ほと》んど遮斷《しやだん》されてからは其等《それら》の食料《しよくれう》は段々減少《だん〴〵げんせう》するばかりで、十月以後《ぐわついご》守備隊《しゆびたい》の食《しよく》料品《れうひん》とては、一人前《にんまへ》一日《にち》に麵麭《ぱん》三斤《ぎん》、其副食物《そのふくしよくぶつ》として一週《しう》間《かん》に二回《くわい》馬肉《ばにく》三十匁《もんめ》づゝを與《あた》へたに過《す》ぎなかつた。其馬肉《そのばにく》とても後《のち》には盡《つ》きて仕舞《しま》つたのである。

△尤《もつと》も要塞内《えうさいない》には猶《な》ほ二千頭《とう》の軍馬《ぐんば》があつたが、是等《これら》は彈《だん》藥用水等《やくようすゐとう》を運搬《うんぱん》する爲《ため》に、是非《ぜひ》とも使用《しよう》せねばならぬので食料《しよくれう》の爲《ため》に屠殺《とさつ》する事《こと》は實際《じつさい》出來《でき》なかつたのである。

△年末《ねんまつ》に及《およ》んで、要塞内《えうさいない》には殆《ほと》んど肉類《にくるゐ》が無《な》くなり、後《あと》には狗《いぬ》を屠《ほふ》つて、其肉《そのにく》が一磅《ぽんど》五十錢《せん》内外《ないぐわい》で賣買《ばいばい》される樣《やう》になつた、當時《たうじ》麥粉《むぎこ》は猶《な》ほ六十日《にち》を支《さゝ》へるに足《た》る丈《だ》けの分量《ぶんりやう》を

貯《たくは》へて居《を》つたが、開城少《かいじやうすこ》し前《まへ》に英國滊船《えいこくきせん》キングアーサー號《がう》が、七千餘噸《よとん》の麥粉《むぎこ》を陸揚《りくあげ》したとの風聞《ふうぶん》は餘《よ》程《ほど》誤《あやま》つて居《を》る、該船《がいせん》は元來《ぐわんらい》二千噸《とん》に過《す》ぎず、それが何《ど》うして七千餘《よ》噸《とん》の麥《むぎ》粉《こ》を積《つ》んで來《こ》られるものか、實際其時陸揚《じつさいそのときりくあげ》した麥粉《むぎこ》は僅《わづ》かに七百噸内外《とんないぐわい》であつた。

◎要《えう》塞《さい》内《ない》の兵《へい》力《りよく》

△通信員《つうしんゐん》は茲《こゝ》に於《おい》て將軍《しやうぐん》に告《つ》ぐるに、旅順降伏《りよじゆんかうふく》の當時《たうじ》要塞《えうさい》内《ない》には、二萬五千の屈強《くつきやう》なる露兵《ろへい》が居《を》つたとの記事《きじ》を以《もつ》て示《しめ》した。すると將軍《しやうぐん》は直《たゞ》ちに旅順兵數表《りよじゆんへいすうへう》を取出《とりだ》し、之《こ》れを示《しめ》して云《い》ふに、御覽《ごらん》の如《ごと》く開城前夜《かいじやうぜんや》の調査《てうさ》によると、一萬八千の露兵《ろへい》は病院内《びやうゐんない》に居《を》つて、強壯《きやうさう》なる者《もの》は極《きは》めて少《すく》なかつた、然《しか》も陷落當日《かんらくたうじつ》に至《いた》つて、其中《そのうち》四千人《にん》は日本軍《にほんぐん》の爲《ため》に抑《よく》留《りう》される事《こと》を恐《おそ》れ、或《あるひ》は杖《つえ》に凭《よ》り或《あるひ》は擔架《たんか》に助《たす》けられて病《びやう》院《ゐん》を去《さ》つた、されば旅順要塞《りよじゆんえうさい》の引渡《ひきわたし》を了《をは》れる時《とき》、病院《びやうゐん》に留《とゞま》つて居《ゐ》る者《もの》とては差引《さしひき》一萬四千人《にん》で、其中《そのうち》六千人《にん》は孰《いづ》れも負《ふ》傷《しやう》の爲《ため》に惱《なや》んで居《を》つたのだ。

△旅順陷落《りよじゆんかんらく》の數週以前《すうしういぜん》から、負傷者《ふしやうしや》は日々《ひゞ》四百名以上出《めいいじやうで》たのだ元來《ぐわんらい》要塞内《えうさいない》の兵力《へいりよく》は初《はじめ》から餘《あま》り過多《くわた》に見《み》られて居《を》つたのだ實際《じつさい》の兵力《へいりよく》は此表《このひやう》にも示《しめ》すが如《ごと》く、要塞内《えうさいない》には一度《ど》でも、二萬五千人《にん》と云《い》ふ多數《たすう》の兵《へい》の居《を》つた事《こと》は無《な》い。昨年《さくねん》四月《ぐわつ》の末《すゑ》、旅順《りよじゆん》が未《いま》だ包圍《はうゐ》せられなかつた當時《たうじ》ですら、關東半島《くわんとうはんたう》の露軍總數《ろぐんそうすう》は第《だい》四師團《しだん》より成立《せいりつ》し、五個《か》聯隊《れんたい》と豫備《よび》一大隊《だいたい》と、砲兵《はうへい》四大隊《だいたい》とかあつたのみで、其際戰鬪《そのさいせんとう》に堪《た》ゆる兵數《へいすう》は一萬九千六百八十八人《にん》に過《す》ぎなかつたのである、然《しか》るに其兵數《そのへいすう》は段々減《だん/\げん》じて、旅順陷落當時《りよじゆんかんらくたうじ》に至《いた》り、強壯兵《きやうさうへい》は僅《わづ》かに五千九百七十八人《にん》のみとはなつた。

△世間《せけん》では其樣《そのやう》な内情《ないじやう》を知《し》らず、余《よ》が猶《な》ほ二萬五千の強壯《きやうさう》なる兵力《へいりよく》を備《そな》へて居《ゐ》ながら、輕々《かろ/″\》しく降伏《かうふく》したのは實《じつ》に卑《ひ》怯《きやう》な振舞《ふるまひ》だと非難《ひなん》する者《もの》もあるが、其樣《そのやう》な非難《ひなん》を試《こゝろ》みるのは全《まつた》く誤解《ごかい》から來《き》て居《ゐ》るのだ。

△ステッセル將軍《しやうぐん》が斯《か》う語《かた》りかけた處《ところ》に、側《そば》に居合《ゐあは》したる一露將《ろしやう》は口《くち》を挾《はさ》んで云《い》ふに、余《よ》は鷹《たか》の巢《す》砲臺《はうだい》を防守《はうしゆ》する爲《た》め、七百五十の壯兵《さうへい》を提《ひつさ》げて之《こ》れに向《むか》つたが、戰利《せんり》あらずして退《しりぞ》くに當《あた》り、敵《てき》の攻撃猛烈《こうげきまうれつ》を極《きは》め、生《い》きて還《かへ》りし者《もの》は余《よ》と共《とも》に僅《わづ》かに十七人《にん》のみであつた、之《こ》れを見《み》ても要塞内《えうさいない》には、連日如何《れんじついか》に多《おほ》くの負傷者《ふしやうしや》が出來《でき》るかと云《い》ふ事《こと》を想像《さうぞう》するに足《た》るだらう。

△然《しか》るに世間《せけん》では、旅順《りよじゆん》が包圍《はうゐ》を受《う》けて居《を》つた間《あひだ》、露軍中《ろぐんちう》將校《しやうかう》の戰死者及《せんししやおよ》び負傷者《ふしやうしや》は、總計《そうけい》二百を過《す》ぎなかつたなどと云《い》つて居《ゐ》る、之《こ》れ實《じつ》に誤聞《ごぶん》の甚《はなはだ》しきもので、開城當時病《かいじやうたうじびやう》院《ゐん》に在《あ》りし將校《しやうかう》は六百名《めい》に上《のぼ》り、中《なか》には一度《ど》全快《ぜんくわい》した後《のち》、再《ふた》び負傷《ふしやう》して病院《びやうゐん》に入《い》つた者《もの》も澤山《たくさん》あつたのだ。

◎砲《はう》彈《だん》に關《くわん》する談《だん》話《わ》

△次《つぎ》にステッセルは、タイムス通信員《つうしんゐん》が掲《かゝ》げた「旅順要塞《りよじゆんえうさい》の彈丸《だんぐわん》に關《くわん》する怪事《くわいじ》」なる記事《きじ》に對《たい》し辯解《べんかい》して云《い》ふに、成《なる》程《ほど》開城當時《かいじやうたうじ》多數《たすう》の彈丸《だんぐわん》が猶《な》ほ殘存《ざんそん》して居《ゐ》つた事《こと》は事實《じじつ》に相《さう》

違《ゐ》ない、然《しか》し殘存《ざんそん》せる彈丸《だんぐわん》は要塞軍《えうさいぐん》に於《おい》て、到底使用《たうていしよう》する事《こと》の出來《でき》ぬもの丶みであつた、如何《いかん》となれは、其等《それら》の彈丸《だんぐわん》は最重砲又《さいぢゆうはうまた》は最輕海軍砲《さいけいかいぐんはう》に屬《ぞく》する彈丸《だんぐわん》で、其彈丸《そのだんぐわん》を裝塡《さうてん》し得《う》べき種類《しゆるゐ》の大砲《たいはう》は實際要塞内《じつさいえうさいない》には無《な》かつた。即《すなは》ち殘存《ざんそん》して居《を》つた彈丸中《だんぐわんちう》七萬發《はつ》の三十七ミリ彈丸《だんぐわん》の如《ごと》きは、如何《いかん》ともする事《こと》の出來《でき》ぬ代物《しろもの》である。

△斯《か》く語《かた》つた將軍《しやうぐん》の顏《かほ》には多少激昂《たせうげきこう》の色《いろ》が見《み》えた、恐《おそ》らく世間《せけん》の無遠慮《むえんりよ》なる非難《ひなん》に對《たい》して憤《いきどほ》る處《ところ》があるのだらう。又《ま》た將軍《しやうぐん》は露國海軍《ろこくかいぐん》の事《こと》を口《くち》にする毎《ごと》に、一種《しゆ》云《い》ふに云《い》はれぬ不快《ふくわい》の色《いろ》を浮《うか》べた、之《こ》れを見《み》ても旅順《りよじゆん》に在《あ》りし露國海陸《ろこくかいりく》軍《ぐん》が、如何《いか》に反目《はんもく》して居《を》つたかと云《い》ふ事《こと》が分《わか》る。

△將軍《しやうぐん》は更《さら》に砲彈《はうだん》に關《くわん》する談話《だんわ》を續《つゞ》けて云《い》ふに十二月《ぐわつ》に於《おい》て余《よ》が手《て》に有《いう》せし十一吋臼砲彈《インチきうはうだん》の用《よう》に立《た》つべきものは、僅《わづか》に百八十個《こ》ありしに過《す》ぎず、而《しか》して其中《そのうち》百六十個《こ》は正《まさ》しく日本軍《にほんぐん》より發射《はつしや》せられたるものである、此等《これら》は折《をり》よく柔軟《じうなん》の場所《ばしよ》に命中《めいちう》した爲《た》め破裂《はれつ》しなかつたのを、我軍《わがぐん》にて一々拾集《しふしふ》し更《さら》に之《これ》を敵方《てきかた》に發射《はつしや》し返《かへ》したるのである。斯《か》く云《い》へば甚《はなは》だ奇怪《きくわい》のやうに聽《きこ》えるだらうが、其說明《そのせつめい》は六ケ敷《し》くない、元來日本軍《ぐわんらいにほんぐん》の使用《しよう》して居《ゐ》る臼砲《きうはう》はアームストロング會《くわい》社《しや》で製造《せいぞう》したもので、同會社製造《どうくわいしやせいぞう》の臼砲《きうはう》は一般《はん》の砲《はう》と同《おな》じく、其砲身《そのはうしん》の螺旋《らせん》は右から左に向《むか》つて卷《ま》いて居る、然《しか》るに露軍《ろぐん》の臼砲《きうはう》の螺旋《らせん》は、左《ひだり》から右《みぎ》に向《むか》つて卷《ま》いて居《ゐ》るから、日本軍《にほんぐん》の彈丸《だんぐわん》を無理《むり》に使用《しよう》する事《こと》も出來《でき》たのだ、若《も》し彼我《ひが》螺旋《らせん》の方向《はうかう》が同《おな》じかつたなら、到底異《たうていこと》なる砲《はう》の彈丸《だんぐわん》を使用《しよう》し得《え》ない事《こと》は、少《すこ》し大砲《たいはう》の事《こと》に通《つう》じて居《ゐ》る人《ひと》は、皆知《みなし》つて居《を》る處《ところ》である。

◎ス將軍《しやうぐん》の傷心《しやうしん》

△旅順《りよじゆん》が遂《つひ》に陷落《かんらく》する樣《やう》になつたのは、日本軍《にほんぐん》の爲《ため》に二百三高地《かうち》を奪取《だつしゆ》されたのが最大原因《さいだいげんいん》で、其處《そこ》から市街及《しがいおよ》び港《かう》内《ない》を瞰下《かんか》して、巨彈《きよだん》の猛射《まうしや》を加《くは》へられたるに因《よ》るとは、世《せ》間《けん》一般《ぱん》に傳《つた》へられて居《ゐ》る處《ところ》だが、余《よ》は確信《かくしん》する、二百三高《かう》地《ち》の陷落《かんらく》が、直《たゞ》ちに旅順陷落《りよじゆんかんらく》の最大原因《さいだいげんいん》となつたとは思《おも》はれぬ、然《しか》し同所《どうしよ》の陷落《かんらく》が餘程我等《よほどわれら》に痛擊《つうげき》を加《くは》へた事《こと》は事實《じつ》である、巨大《きよだい》な砲彈《はうだん》が絶間《たえま》なく二百三高地《かうち》の頂上《ちやうじやう》から飛《と》んで來《き》て、市街《しがい》の人家《じんか》を碎《くだ》き、港内《かうない》の軍艦《ぐんかん》を一隻《せき》〳〵擊沈《げきちん》して行《ゆ》くのを見《み》て、余《よ》は實《じつ》に傷心《しやうしん》に堪《た》えなかつた、此傷心《このしやうしん》が旅順《りよじゆん》の陷落《かんらく》を一日早《にちはや》からしめたものであらうと思《おも》ふ。

◎世界無比《せかいむひ》の激戰《げきせん》

△十月《ぐわつ》十七日《にち》には日本《にほん》の兵氣《へいき》は實《じつ》に悽《すさま》じいものであつた。クロパトキン砲臺《はうだい》の外東方《ほかとうはう》一切《さい》の砲臺上《はうだいじやう》には悉《こと〴〵》く日本軍旗《にほんぐんき》が飜《ひるがへ》つたが、其時我露軍《そのときわがろぐん》も亦《ま》た大勇氣《だいゆうき》を現《あら》はし、數時間《すうじかん》の後之《のちこ》れを回復《くわいふく》した、然《しか》し又《ま》た直《す》ぐに日本軍《にほんぐん》に攻取《せめと》られた、其戰爭《そのせんさう》の激《はげ》しい事《こと》は實《じつ》に世界無比《せかいむひ》と云《い》ふべきである。或時《あるとき》の如《ごと》きカボニールを隔《へだ》て丶、彼我《ひが》十ヤード以内《いない》に相對《あひたい》し、數時間《すうじかん》に亘《わた》る射擊戰《しやげきせん》を試《こゝろ》みた事《こと》もあつた。

◎第《だい》二防禦線《ばうぎよせん》の有無《うむ》

△日本軍《にほんぐん》が勝利《しようり》を得《え》た一原因《げんいん》は、其坑道作業《そのかうだうさげふ》に熟練《じゆくれん》して居《を》つた事《こと》である、然《しか》し日本軍《にほんぐん》が巧《たく》みに坑道作業《かうだうさげふ》を爲《な》し得《え》たのは、頗《すこぶ》る精良《せいりやう》なる器具《きぐ》を有《いう》して居《を》つた爲《ため》で、其點《そのてん》に於《おい》ては露軍《ろぐん》は多少劣《たせうおと》つて居《を》つた、其器具《そのきぐ》の如《ごと》きも堅《かた》き巖層《がんそう》に逢《あ》へば物《もの》の用《よう》に立《た》たなくなる。

△又《また》世間《せけん》では旅順要塞《りよじゆんえうさい》に第《だい》二防禦線《ばうぎよせん》なるものがある樣《やう》に云《い》つて居《ゐ》るが、之《こ》れ全《まつた》く噓《うそ》である、旅順《りよじゆん》の永久的防禦線《えいきうてきばうぎよせん》は唯《たゞ》一個《こ》のみで、所謂第《いはゆるだい》二防禦線《ばうぎよせん》など云《い》ふものは決《けつ》して無《な》い、其第《そのだい》二防禦線《ばうぎよせん》と見《み》えたのは、急造《きふざう》の一時《じ》的土工《てきどこう》坑道塹壕《かうだうざんがう》の類《るゐ》を云《い》ふのだらう、故《ゆゑ》に旅順《りよじゆん》は第《だい》一線《せん》が敵手《てきしゆ》に落《お》ちた以上《いじやう》は、到底防禦《たうていばうぎよ》を續《つゞ》ける事《こと》は出來《でき》ぬのである。

◎旅順《りよじゆん》は開城《かいじやう》すべき時《とき》に開城《かいじやう》したのだ

△以上《いじやう》は旅順要塞《りよじゆんえうさい》の守備《しゆび》に就《つ》いて、ス將軍《しやうぐん》の述《の》たべ談話《だんわ》の一端《たん》であるが、通信員《つうしんゐん》は更《さら》に語《ご》を進《すゝ》めて、然《しか》らば旅順《りよじゆん》は開《かい》城《じやう》の時開城《ときかいじやう》せずば、更《さら》に幾日《いくひ》を支《さゝ》へ得《え》たらうと問《と》ふた、ス將軍《しやうぐん》はレース參謀長《さんぼうちやう》を顧《かへり》みて答《こた》へて云《い》ふに、左樣《さやう》、其時《そのとき》より二三日《にち》も支《さゝ》へる事《こと》も出來《でき》なかつたらう。

△と云《い》ふのは、第《だい》一彈藥《だんやく》の缺乏《けつぱふ》と粗惡《そあく》、第《だい》二兵力《へいりよく》の減少《げんせう》、第《だい》三食料《しよくれう》の不足《ふそく》、此《こ》の三大弱點《だいじやくてん》があつては、最早何《もはやど》うしても防禦《ばうぎよ》を續《つゞ》ける事《こと》は出來《でき》ぬ、中《なか》にも兵力《へいりよく》の減少《げんせう》は實《じつ》に甚《はなはだ》しく、守備兵《しゆびへい》は日々《ひゞ》其數《そのすう》を減《げん》じて、殆《ほと》んど健康《けんかう》なる者《もの》は無《な》くなつた、負傷《ふしやう》を除《のぞ》いては、レウマチス及《およ》び敗血病《はいけつびやう》最《もつと》も多《おほ》く、半身不隨《はんしんふずゐ》になつて、銃《じう》を取《と》る事《こと》さへ出來《でき》ぬ者《もの》が澤山《たくさん》あつた。

△斯《か》かる狀況《じやうきやう》となつたので、余《よ》は最早日本軍《もはやにほんぐん》に降伏《かうふく》するのが正當《せいたう》であると悟《さと》つた、若《も》し余一個人《よこじん》の名譽《めいよ》の爲《ため》なら飽《あく》まで抵抗《てゝかう》を繼續《けいぞく》したいのだが、斯《か》くせば日本軍《にほんぐん》は必《かなら》ず一大强襲《だいきやうしふ》を以《もつ》て旅順要塞《りよじゆんえうさい》を拔《ぬ》くべく、同時《どうじ》に守備兵及《しゆびへいおよ》び市街民《しがいみん》は盡《こと〴〵》く虐殺《ぎやくさつ》される事《こと》を免《まぬか》れまいと思《おも》つた、之《こ》れ余《よ》の忍《しの》ぶ能《あた》はざる處《ところ》である、余《よ》は九月以後《ぐわついご》は必要《ひつえう》に應《おう》じ、何時《なんどき》にても日本軍《にほんぐん》に降伏《かうふく》し得《う》る許可《きよか》を皇帝《くわうてい》から受《う》けて居《を》つたので、余《よ》は最早正當《もはやせいたう》に降伏《かうふく》すべき時期《じき》が來《き》たと信《しん》じて降伏《かうふく》したのである。

◎ス將軍《しやうぐん》なか〳〵元氣《げんき》である

△猶《な》ほ將軍《しやうぐん》はいろ〳〵の事《こと》を語《かた》つたが、中《なか》に斯《か》う云《い》ふ事《こと》も云《い》つた、余《よ》は日本軍《にほんぐん》の司令官乃木大將《しれいくわんのぎたいしやう》と會見《くわいけん》した時《とき》、彼《かれ》はなか〳〵の英傑《えいけつ》であると思《おも》つた、余《よ》は紀念《きねん》の爲《ため》に余《よ》の愛馬《あいは》を彼《かれ》に送《おく》つた、世間《せけん》では乃木大將《のぎたいしやう》が其《そ》れを受《う》ける事《こと》を拒《こば》んだなどと云《い》つて居《を》るが、彼《かれ》は決《けつ》して拒《こば》んだのでは無《な》い、正當《せいたう》の手續《てつゞき》を以《もつ》て之《こ》れを受納《じゆなふ》し、此後家族《このごかぞく》の如《ごと》き優遇《いうぐう》を與《あた》へやうと約束《やくそく》された。

△其他將軍《そのたしやうぐん》はコンドラチエンコ將軍《しやうぐん》の事《こと》などを語《かた》つたが、餘《あま》り長《なが》くなるから畧《りやく》す、彼《かれ》はスタンダード新聞通信員《しんぶんつうしんゐん》と以《い》

上《じやう》の談話《だんわ》を爲《な》した後《のち》、ホートサイドを發《はつ》して本國《ほんこく》に向《むか》つた、彼《かれ》は元氣《げんき》更《さら》に衰《おとろ》へず、夜《よる》は妻君等《さいくんら》と共《とも》に奏樂舞踏《そうがくぶたふ》を爲《な》して居《ゐ》る樣《さま》など、何《ど》う見《み》ても敗軍《はいぐん》の將《しやう》とは思《おも》はれなかつたとの事《こと》である。

旅《りよ》順《じゆん》の昨《さく》今《こん》

小瀧水郷

悲慘《ひさん》なる戰後《せんご》の面影《おもかげ》漸《やうや》く其跡《そのあと》を治《おさ》めて、旅順《りよじゆん》は今春《いましゆん》風《ぷう》春《しゆん》水《すゐ》のうれしき眺《なが》めとはなり來《きた》りぬ、市街《しがい》の四圍《ゐ》に聳《そばだ》つ各砲《かくはう》臺《だい》に尚《な》ほ巨砲《きよはう》のいかめしきあり、敵艦《てきかん》半海《なかはうみ》に沈《しづ》んで檣頭《しやうとう》を示《しめ》すの慘事《さんじ》、漣波《れんはう》美《つく》しき港内《かうない》の風光《ふうくわう》を害《がい》するありと雖《いへど》も、竿頭《かんとう》飜《ひるがへ》る旭旗《きよくき》の影《かげ》、野《の》に秣《まぐさか》ふ軍馬《ぐんば》の嘶《いなゝ》きにも、來《き》にけん春《はる》の長閑《のどけ》さは量《はか》られて、俄《には》かに輕裝《けいさう》したる兵士《へいし》共《ども》が足《あし》の運《はこ》びもいと〳〵輕《かろ》し、彈丸《たま》の雨《あめ》より春雨《はるさめ》の靜《しづ》かさに返《かへ》りし旅《りよ》順《じゆん》の今日《けう》此頃《このごろ》、目新《めあた》らしきものゝみを摘記《てきき》すれば先《ま》づ左《さ》の如《ごと》し。

▲貸《かし》座《ざ》敷《しき》の開《かい》業《げふ》

貸座敷《かしざしき》といへばとて裲襠裝《うちかけすがた》の綺麗《きれい》は未《まだ》しも紅粉膩《こうふんぢ》の艶《えん》なる姿《すがた》見《み》らるゝに非《あら》ず、見《み》るも苦《くる》しき支那《しな》の婦人《ふじん》が陋室《ろうしつ》の片隅《かたすみ》に郎《らう》を送《おく》り郎《らう》を迎《むか》へて、はかなき夢《ゆめ》に黄金《わうごん》貪《むさぼ》る淺《あさ》ましさ、貸座敷《かしざしき》とは眞《しん》の名《な》ばかり、其實《そのじつ》醜業婦《しうげふ》の賤《いや》しきにも較《くら》べられて二度《ど》と足踏《あしふ》み入《い》れらるべき場所《ばしよ》ならず、最初《さいしよ》此等《これら》の醜《しう》業婦《げふ》は舊市街《きうしがい》の各所《かくしよ》に轉在《てんざい》して憲兵等《けんぺいら》の目《め》を掠《かす》め私《ひそ》かに淫《かん》を賣《う》りつゝありしかど、其筋《そのすぢ》の注意《ちうい》の嚴密《げんみつ》なる爲《た》め、一時《じ》は其影《そのかげ》を示《しめ》さぬ迄《まで》にさびれしが、此程《このほど》に至《いた》り公然《こうぜん》貸座《かしざ》敷《しき》の開業《かいげふ》を許可《きよか》したりしに願出《ぐわんしつ》るもの五十餘《よ》名《めい》の多《おほ》きに及《およ》びぬされど夫々《それ〳〵》檢黴《けんばい》の結果《けつくわ》許可《きよか》したるもの僅《わづ》かに二十九名《めい》に留《とゞま》り、舊市街中《きうしがいちう》一區劃《くわく》を定《さだ》めて茲《こゝ》に見《み》すぼらしき花柳《くわりう》の巷《ちまた》は出來《でき》たれど、座敷《ざしき》は唯《たゞ》床上《しやうじやう》に毛布《もうふ》を敷列《しきなら》べしのみ、白木綿《しろもめん》又《また》は露西亞《ろしあ》更紗《さらさ》を天井《てんじやう》より吊《つ》りて隣席《りんせき》との境《さかひ》をたて、酒《さけ》あるに非《あら》ず肴《さかな》あるに非《あら》ず、汚臭《おしう》限《かぎ》りなき室内《しつない》に一時《じ》の春《はる》を賣《う》るに留《とゞま》る、等差《とうさ》を特等《とくとう》と上等《じやうとう》とに別《わか》ち相場《さうば》は特等《とくとう》が三圓《えん》上等《とう》が一圓《ゑん》、此下《このした》に中等《ちうとう》といふものありて五十錢《せん》との由《よし》なれど、此等《これら》は上等《じやうとう》を價切《ねぎ》りたるの結果《けつくわ》なるべし、まこと千客《かく》萬來《はんらい》の好景氣《かうけいき》、先客《せんきやく》未《いま》だ寢室《しんしつ》にあるに、後客《こうきやく》扉《とびら》外《くわい》に在《あつ》て面々《めん〳〵》押寄《おしよ》せ〳〵門番《もんはん》切《しき》りと戸《と》を叩《たゝ》く、淺《あさ》ましき餓鬼道《がきだう》の面々押寄せ宛然《さながら》開城《かいじやう》前《ぜん》旅順《りよじゆん》の支那人《しなじん》をして其防禦《そのはうぎよ》に疲《つか》れしむるさま各砲臺《かくはうだい》の戰鬪《せんとう》を再《ふた》び此處《こゝ》に殘《のこ》して物凄《ものすご》しとも物凄《ものすご》し。

▲清《せい》潔《けつ》法《はふ》勵《れい》行《かう》

さらでも戰後《せんご》の都會《とくわい》は惡疫《あくえき》の流行《りうかう》を見《み》ること多《おほ》き例《れい》なれば當路者《たうろしや》の苦辛《くしん》大方《おほかた》ならず、夫々《それ〳〵》部署《ぶしよ》を定《さだ》めて着々《ちやく〳〵》清潔法《せいけつはふ》の實施中《じつしちう》にあり、余等《よら》が當地《たうち》に到着《たうちやく》せし際《さい》の如《ごと》き街路《かいろ》の不潔《ふけつ》實《じつ》に名狀《めいじやう》すべからず、血《ち》に染《そみ》たる露兵《ろへい》の着衣《ちやくい》塵埃《ぢんあい》と共《とも》に路《ろ》上《じやう》に散亂《さんらん》するあり、籠城《ろうじやう》の苦慘《くさん》を物語《ものがた》るの材料《ざいれう》として食用《しよくよう》に供《きやう》せし牛馬《ぎうば》の脚《あし》やら甚《はなはだ》しきに至《いたつ》ては狗頭《くとう》の猶《な》ほ新《あたら》しき血《ち》を流《なが》して路側《みちはた》に放棄《はうき》しあるあり、砲彈《はうだん》の爲《た》め粉碎《ふんさい》せられし家屋《かをく》の道路《だうろ》を越《こ》えて崩壞《ほうくわい》せるもの、煉瓦《れんぐわ》硝子《らす》の足踏《あしぶ》み入《い》るべき隙間《すきま》もなく錯亂《さくらん》せるなど何所《どこ》より手《て》を附《つけ》なば旅順市街《りよじゆんしかい》の整頓《せいとん》は見《み》らるべきぞと思《おも》はしめしもの〻昨今《さくこん》見違《みちがへ》るほどの清潔《せいけつ》となり、麗《うら》かなる小春日和《こはるひより》の輕風《けいふう》を征《せい》衣にうけて白《はく》玉山上《ぎよくさんじやう》に佇《たゝず》み試《こゝろ》みに舊新兩街《きうしんりやうかい》を一眸《ぼう》の中《うち》に收《おさ》めば、あゝ何《なん》たる壯觀《さうくわん》ぞ、白堊《はくあ》櫛比《しつぴ》して大廈宏屋《たいかくわうをく》の見事《みごと》さ身《み》歐洲大都《おうしうだいと》會《くわい》の中央《ちうあう》に立《たち》が如《ごと》き心地《こゝち》して、快感《くわいかん》寔《まこと》に極《きはま》りなし、皇軍《くわうぐん》の威武《ゐぶ》は此《こ》の壯景《さうけい》(敢《あへ》て美景《びけい》といはず)を範圍《はんゐ》に入《い》る、余《よ》は國民《こくみん》と共《とも》に大快《たいくわい》を叫《さけ》んで殆《ほと》んど狂《きやう》せんと欲するものなり、塵芥《ぢんあい》を積載《せきさい》したる馬車《ば しや》相往來《あひわうらい》織《お》るが如《ごと》きを見《み》よ、汚物《をぶつ》を燒《しよう》盡《じん》する白煙中《はくえんちう》を劃《くわく》して天《てん》に上《のぼ》るを見《み》よ、何等《なんら》の快《くわい》ぞ、殘留《ざんりう》幾《いく》千の露國捕虜《ろこくほりよ》此《これ》を見《み》て果《はた》して如何《いかん》の感慨《かんがい》にかくるゝ。

▲旅《りよ》順《じゆん》文《ぶん》學《がく》

例《れい》の風流大尉《ふうりうたいゐ》手《て》塚《つか》葭村氏《そんし》主宰《しゆさい》となり十七詩會《しくわい》なるもの起《おこ》り盛《さかん》に俳《はい》の闘句《とうく》催《もよほ》さる、既《すで》に三回《くわい》(毎月《まいげつ》一回輯集《くわいしうしふ》)を經《へ》て前途《ぜんと》頗《すこぶ》る有望《いうばう》なり、此《これ》に對《たい》して某々《ばう〳〵》の面々《めん〳〵》旅順文學《りよじゆんぶんがく》なるものを起《おこ》し、十七詩會《しくわい》を壓倒《あつたう》せんものと目下計畫中《もくかけいくわくちう》。

明治三十八年四月二十日發行(寫眞畫報第貳拾壹巻 旅順現狀寫眞帖)

不許複製

編輯兼發行人　齋木寛直
印刷人　水谷景長
印刷所　東京市小石川區久堅町百八番地　博文館印刷所

發行所　東京日本橋區本町三丁目　博文館

米國醫學博士アイ、ピー、デーヴィス氏原著
海軍大軍醫隱岐敬治郎君譯述

女子衛生學 附結婚論

全一册

（近日發行）

洋裝袖珍上製總クロース金文字入紙數約三百頁美本

女子衛生學は米國の大醫アイ、ピー、デーヴィス氏の著にして譯者米國漫遊の砌特に著者の委囑に依て譯述を約せしの珍書なり其說く所世の年少婦人特に妙齡の女學生の爲めに懇切叮嚀を極め、片言隻句皆な衛生の原則、人道の眞理ならざるなし、且つ米日素と國俗風習を異にし女尊男卑の淵源たる米人の所說なるにも拘はらず或點までは其主張の頗る孔孟主義（實に女大學）に近邇し又た文明の粹華を訓ふるに拘はらず反つて東洋の教義に則とれるが如きは最も東西折衷主義を能く發揮して毫も餘蘊なしと謂ふべし尚附錄とする結婚論は文學家として有名なる英國のハーディー氏が世の青年男女の爲めに書かれたる趣味豐多の珍書にして着眼の奇警なる將た觀察の妥當にして其の說述の美逸なる讀者をして不覺通讀の妙を得せしむるなり。

女學世界記者　中村鈴子女史著

名流百家 家庭の模範

極彩色井筒姫の圖入　（製本既成）

全壹册　正價金三拾八錢（和製）　郵稅金六錢

權門　毛利公爵家　谷子爵家　加納子爵家　鍋島侯爵家　岡部子爵家　平田男爵家

名門　兒島惟謙氏　三宅文學博士　島田三郎氏　片山工學士　水野法學博士　山脇玄氏

武人　樺山大將　伊集院中將　石本中將　伊東大將　黑木大將　出羽中將

實業家　原六郎氏　某實業家　佐々熊太郎氏　小山健三氏　片岡直家氏　中橋德五郎氏

方今社會の上中流に通じて其家政一般を見るに表面錦繍を飾りて裏面に糞土を包める如く破倫破德を行ふて靦然愧ざる人多し爲めに一家は惡魔の棲所となり風波絕ゆる時なく和氣靄然の家庭は全く其蹤跡を失ふに至れり是れ一家の小にして實は國家の大に及ぼす利害ならずや女學世界記者中村鈴子女史久しく誌上に家庭訪問欄を擔任し數年名家を歷訪して其直話を世に紹介せり今本書に其模範となるべきもの數家を撰摘して一層世に益する所あらしむ權門有力者の家庭學者名士の家庭軍人實業家の家庭等其各家の主人に親接して實踐躬行の直話を寫眞し温かき香ばしき家庭を作らんとするの眞模範に資するなり諸子一本を備へて美質良風に涵養せらるべし

發兌元　東京日本橋區本町三丁目　博文館

發兌元＝二大法典豫約發賣＝博文館

博文館編輯局編纂

（第十七版）

改正增補 帝國六法全書 全壹冊

洋裝袖珍美本 紙數千八百餘頁 全部新規組替

洋布上製 定價金壹圓 郵稅拾貳錢

總革特製 定價金壹圓廿五錢 郵稅拾四錢

豫約法

總革包表紙特製 金九拾五錢

總クロース上製 金七拾五錢

四月三十日迄の御申込に限り

帝國法典と合せ御注文特價 金壹圓七拾錢

帝國法典と合せ御注文特價 金壹圓五拾錢

外に要送料

初刊以來非常の好評を博したる本書は今や删補改正を加へて第十七版を發行するに至れり、其載する所のものは、憲法、法例、裁判所構成法、民法、商法、民事訴訟法、刑法、刑事訴訟法、監獄則の九大法律と、之れに附屬の法規は、法律と訓令若くは告示に論なく、又内地に行はるゝものと臺灣に限らるゝ特則とを問はず、悉皆之れを網羅したり其數無慮數百、總紙數一千八百餘頁に及べり其内容の豐なる知るべきなり、權利の擁護に忠實なるの士は、座右に一本を備ふるを怠るべからざるなり、今回前記の豫約方法に依り發賣致候間、期限中至急御申込あらんことを。

增訂 帝國法典

全一冊 袖珍總クロース上製 帝國六法全書同型千五百頁 正價金壹圓 郵稅拾貳錢

本書類を分つこと十有三、曰く帝國議會、曰く地方制度、曰く租稅、曰く土地及水面、森林及原野、道路渡津及橋梁、砂防、水利及水道、河川、開港、曰く通信、曰く勸業、曰く教育、感化、年號、曆時、曰く貨幣及度量衡、曰く會計、曰く訴願及行政訴訟法、曰く警察、曰く軍事。而して大は詔勅法律より、小は訓令告示に至るまで、法令を輯むること無慮一千に及ぶ、皆日常必須のもの、みにして而して日常必須のもの之に盡くると謂ふも可なり、序次整然、搜索に極めて便、校正最嚴確、殊に携帶の便を計り、菊判半截形となし用紙は舶來の上等滑質紙を選みたれば、眞に是れ帝國の寶典にして帝國六法全書と併せて法令書中の双璧たり。

內閣總理大臣伯爵桂太郎君題辭
內務大臣子爵芳川顯正君題辭
司法大臣波多野敬直君題辭
內閣法制局長官一木喜德郎君序文
博文館編輯局編纂

增訂現行 日本法令大全

全壹冊洋裝背皮金文字入堅牢頗美本
大判總紙數三千八百餘頁全文新規組替
正價金四圓五拾錢小包料四拾錢

法規を類聚せるもの、中に於て最も精確なるものとして好評を博したる本書は茲に十三版を發刊するの盛運に會せり、蓋し法規は維新以來明治卅七年十月に至る三十六年十ヶ月間に發布せられ現に其効力を有するものは大小新古を問はず殆ど之を網羅したり、類を分つ二十有餘、類中更に篇、章、節、款に分ちて序次整然、加ふるに目次には總目次あり又類別編年の諸目錄ありいろは引索引ありて其搜索に便せるが上に今回よりは新に爪掛見出を附したるを以て收むる所の法令約一萬に逾せるに拘らず搜索に時を要せざるは編者數年の經驗上得る所のものにして本書の誇とする所なり殊に本書は新規編纂せしものなるを以て、世上に見受くる前版に增補せしもの、如く、法令の追加、改廢等の爲め前後を併覽せざれば其用を缺くが如き煩なきは勿論、全文悉く新鑄の活字を以て極めて鮮明に印刷せり、其他製本は堅牢にして繁き使用に耐へ體裁は高尙にして机邊の裝飾たるに適す、請ふ一本を座右に備へられんことを。

發兌元 東京本町 博文館

（後付の四）

文藝倶樂部 第拾壹巻第六號 定期增刊

全一冊　洋裝美本　紙數三百二十餘頁

◉表紙＝山中古洞畫伯筆
◉木版口繪＝武内桂舟畫伯筆
◉木版刷錦繪一枚
◉光澤寫眞版四頁
◉寫眞銅版拾枚

明治俳句の隆昌を企圖せんと**文藝倶樂部**が聊か**五百金**の賞を懸けて江湖の俳人より募集せる俳句は、今や既に當代著名の宗匠諸氏に依りて其選定を終り、來る**四月十五日**の**定期增刊**に**明治俳句風流陣**の名を以て、目覺むるばかりの盛裝を凝らして世に現はれんとす。何人か果して**入選**の月桂冠を飾らるゝの榮譽を擔ふべき。尚本書の**附錄**として明治の俳人**故十千萬堂紅葉氏**の**句集拾遺**を掲載するのみか**鼇頭**には文藝倶樂部編輯局新撰の俳人必携**明治歳時記**を始めとして、未だ世に公けにせられざる俳道の**珍籍奇書**を網羅し加も全巻を飾るに各宗匠の**肖像書齋及び眞筆**を寫眞版として挿入す。苟も明治の俳を談ずるものは、須く一本を坐右に備ふべき也。發刊の日を待ちて、賣切れざる内、購讀の榮を賜はらんことを。

肅白

四月十五日發行　正價貳拾五錢　郵税貳錢五厘

發兌元　東京市日本橋區本町三丁目　博文館

巖谷小波君著
每編有名畫伯密畫挿入

少年日露戰史

每月一回發行　洋裝大判約百頁
正價一冊拾貳錢　郵税一冊四錢

（既刊）

- ◉第壹編　開戰の卷
- ◉第貳編　決死隊の卷
- ◉第參編　九連城の卷
- ◉第四編　南山の卷
- ◉第五編　得利寺の卷
- ◉第六編　摩天嶺の卷
- ◉第七編　大石橋の卷
- ◉第八編　黃海の卷
- ◉第九編　遼陽の卷

發兌元　東京本町　博文館

滿洲軍參謀長兒玉陸軍大將題辭

陸軍步兵大尉佐藤信亮君校閲　杉本文太郎君著

戰鬪圖解

全一册洋裝
大判二百頁
近日發行

◎正價金參拾錢　郵稅金六錢

軍隊は如何にして編制せられ各兵種の性能は如何にして發揮せられ充員召集は如何行軍は如何宿營は如何又戰鬪は如何にして開始せられ攻擊は如何にして擧行せられ追擊は如何防禦は如何戰場に於ける死傷者の處置、戰鬪後の處置其他行李、輜重を初め兵器及び彈藥の補充、被服裝具の補充、人馬の補充等本書は戰鬪全般に關する幾多の動作を圖解して些の遺憾あらしめず就中旅順の如き浦鹽の如き大要塞の組織並に攻擊法を說明網羅するに至りては先人未だ這般の著なし軍國民たる者豈に一本を購はざるべけんや

海軍機關總監工學博士宮原次郎君校閲　海軍造船技師工學士増田知藏君著

軍艦詳說

全一册洋裝大判上製本
正價壹圓貳拾錢郵稅拾五錢

帝國の海軍は、世界最强の名譽を博せり。此の赫々たる名聲を、永遠に傳ふべきは、帝國臣民の責任ならずや。而して其の任務を全うせむには、先づ海軍に關する思想知識を磨かざるべからず。然るに今日一般が、海軍思想に缺乏する所あるは、識者の夙に慨嘆する所たり。これ國民が海軍に冷淡なるが故に非ずして、適當なる參考書を有せざるが故也。本書の著者多年其局にあり玆に看る所ありて、此軍艦詳說を編述せらる。海軍の進步を迅速ならしむるものは、決して黃金の力にあらず、正に國民の海事思想の發達これなり。其の發達や、斯くの如き良書に因らずんば能はざるなり。本書は尤も平易なる文字を以つて、軍艦に關する一切の事項を詳述して餘蘊なし。海事思想の發達は、先づ軍艦の何物たるかを知るにあり。戰捷國の臣民として其の名に負かざらむと欲する諸士は、須らく此書を繙かざる可らず。

發兌元　東京市日本橋區本町三丁目　博文館

法學博士有賀長雄先生陣中著述

滿洲委任統治論

全一册洋裝大判美本
紙數約百六拾頁
正價金五拾錢郵稅四錢

今や皇軍連勝已に北奉天を占領し露軍をして復た立つ能はざらしめんとす此時に當て滿洲の處分を畫する敢て早計たらざるべし抑も**滿洲の處分**は東亞の大事にして亦世界の問題也日露交戰の餘力を以て之を解決するに非ざれば何の日か解決するの機あらん著者は**征露軍國際法顧問**の要職に在り其實驗と其學識とは化して本書となり滿洲の主權外交軍政司法民政經濟東淸鐵道の處分其他實際に起るべき重要の問題は學理と先例とに依據して之れを斷じ國民今後の覺悟に**一大教訓**を與へたるもの苟も經世の志あるの士は此の眞面目なる著者の言に聽くべきなり

發行所　東京牛込　早稻田大學出版部

發賣元　東京本町　博文館

博文館發行日露戰爭實記
（臨時增刊第六十六編）
旅順現狀寫眞帖
明治三十八年四月廿日發行
毎月四回三の日及八日發行
明治三十七年二月十八日
第三種郵便物認可

（東京市小石川區久堅町百八番地　博文館印刷所印行）

『満鮮観光案内記之一　旅順案内』

（満鮮旅行案内社、一九一三年一二月）

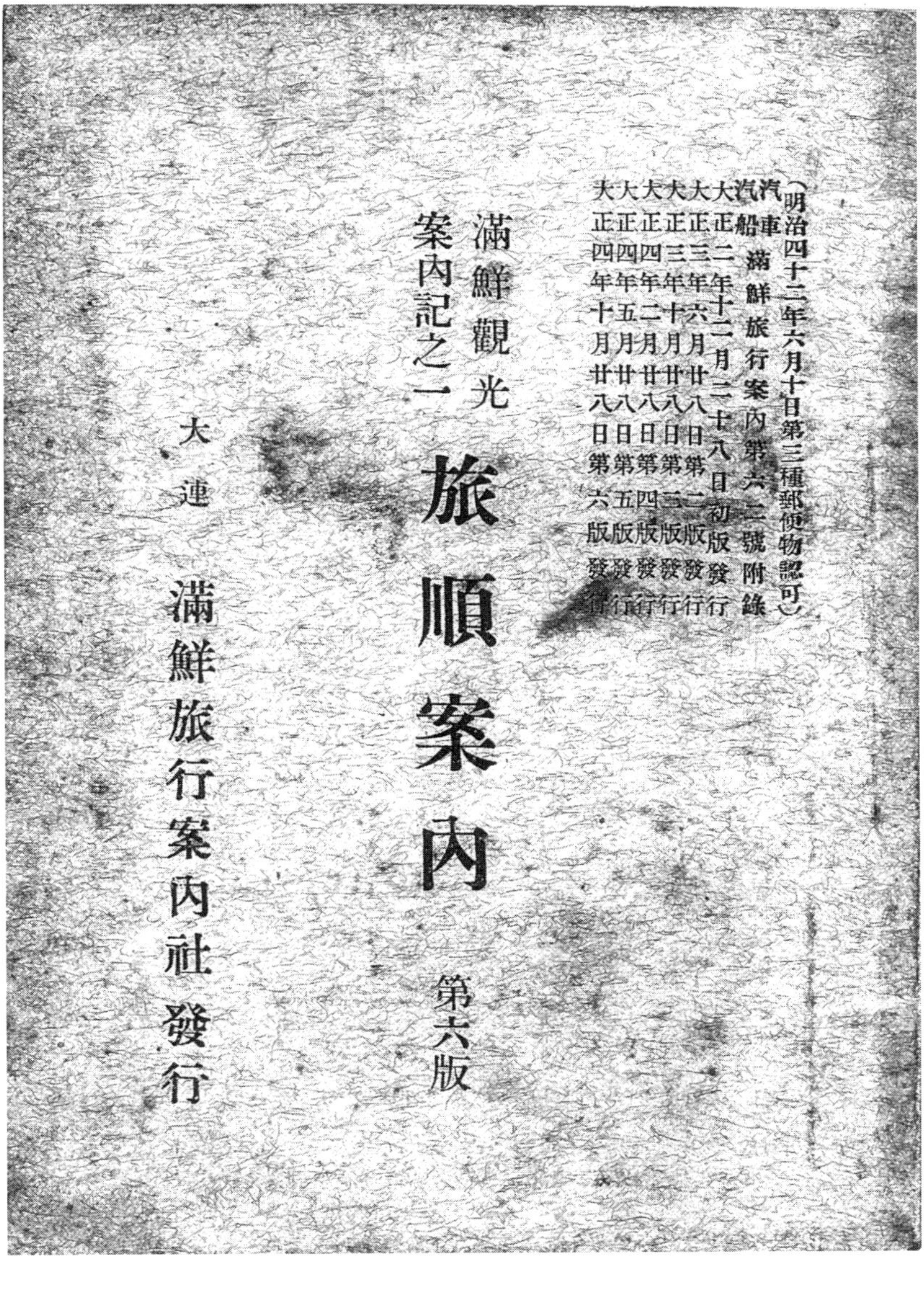

（明治四十二年六月十日第三種郵便物認可）

汽車汽船 滿鮮旅行案内第六二號附錄

大正二年十二月二十八日初版發行
大正三年六月廿八日第二版發行
大正三年十月廿八日第三版發行
大正四年二月廿八日第四版發行
大正四年五月廿八日第五版發行
大正四年十月廿八日第六版發行

滿鮮觀光案内記之一

旅順案内

第六版

大連 滿鮮旅行案内社發行

緒言

本書は固と本社の取扱にかゝる観光員諸君の視察に便する爲め滿鮮各地を各別に編纂したる案内記の一にして観光者が其地に臨んで繙讀するに便ならしめんが爲め其記事を簡にし其容を小にし可成観光の道順によりて編纂したるものなり初め昨年一月號の附錄として初版を出版したる以來版を累ぬること五回忽ちにして何れも其全部を賣盡したれば今や更に第六版を發行するに當り幾分の訂正を加へたりと雖ども尙其記事の精粗一樣ならざると字句の不適當なるものあるを免かれず他日精查を遂げて訂正增補する處あるべし

村松自操誌

滿鮮旅客の便利

（共通**クーポン**の發行）

○各地を旅行する場合宿泊の等級を定め又は茶代祝儀等の心付を爲すに其程度に迷はるゝもの多きは屢ば聞く所なり況んや滿洲朝鮮の旅行に於ては一層其痛切を感ずる所とす

○然るに本社發行の滿鮮各地及內地の有名なる旅館へは概ね共通する宿泊並食事**クーポン**なるものは宿泊料、茶代、祝儀其他の心付一切を含むを以て決して是等の考慮を要せざるなり

○此便利なる共通宿泊並に食事**クーポン**の料金は左の如し

	特等	一等	二等	三等	四等
宿泊券（二食一泊）	三、五〇	二、五〇	一、七〇	一、二〇	、八〇
中食券（一　食）	一、二〇	、九〇	、七〇	、五〇	、三五

但等級は滿鮮（第一區）を本位とし內地（第二區）は一等を繰上げ、滿鮮以外各地（第三區）は一等宛繰下げたる待遇とす、故に第一區に於ては四等、第二區に於ては特等、第三區に於ては三等及四等の**クーポン**は適用せず

○本券は本社及門司大阪商船會社支店內本社出張所並に各地に於ける本社の特約旅館に於て販賣し不用なる場合には本社及出張所は一割引各特約旅館は一割五分引を以て買戻すべし

○本券は旅行者への餞別又は遣物として最も適當なり又婦人年少者の旅行には殊に御便利なり

共通クーポン發行所　大連　**滿鮮旅行案內社**

満鮮観光案内記の一　旅順案内

目録

満鮮観光案内記之一
旅順案内

旅順概說

旅順は英國人は之をポート、アーサーと云ひ露人はポルトアルトルと稱す關東州の最南端に位し古來よりの寄港地にして約一千年前渤海國時代尙旅順の名稱ありしが如し黃金山、老鐵山等は唐時代の所謂金山鐵山にして黃金山下の古碑は唐の靺鞨策明使鴻臚卿催忻が寄港の紀念として歷史上最も有名なるものなり、旅順城は明の遺蹟にして水師營は淸の太宗山東を剿淸するの時軍船を出帆せしめたる所なり、康熙帝の朝此地に水師營を設けて海警に備ふ今の水師營は其殘影なり又旅順を軍港となせしは今を距る三十餘年前當時の直隸總督北洋大臣李鴻章が渤海防備の爲め旅順威海衞を經營せしを起因とす東港の營造物は概ね其頃に建築せられたるなり、港は東西二港に分かれ兩水の相合して外海に通ずる一條の水道は所謂旅順口にして其幅僅かに二百七十三米突に過ぎずと雖も水深くして大艦巨船の來往自在なり其左は黃金山砲

二

臺右は老虎尾半島に扼せられ背面は丘巒重疊、天然の牆壁を築き防守に易くして攻略に難き要害の地なり、停車場は龍河の邊りにあり之を中心として以東を舊市街とし以西を新市街とす前者は東港に面し後者は西港に沈む、新市街には官衙學校官舍あり其建物皆宏壯にして主に露國人の建築に係る舊市街は商業地にして會社商店皆玆にあり旅順民政署管内の戸口は二千六百二十五戸九千八百九人(大正三年五月調)あり

關東都督府民政部

新市街に在り由來新市街には露國の置土產多く民政部の建物は其最たるものにて都督府亦此中にあり現任都督は松樹山砲壘攻擊に白襷隊長として有名なる陸軍大將中村覺男にして民政長官は白仁武氏なり

都督府陸軍部

都督府は民政部と陸軍部とに分たれ陸軍部は即ち民政部の後方にあり皎々たる白堊の大厦は嚴然として壯麗なり

旅順工科學堂

明治四十三年一月二十日の開校にして工業に關する高等教育を授く其科目は機械工藝科、電氣工學科、採鑛冶金學科及び共通學科の四科にして入學資格は中學校若くは工業學校を卒業したる滿十七年以上のものとす

旅順中學校

明治四十二年五月一日の開校にして同年十月二十八日今の大迫町に移る其程度は內地に於ける府縣中學校と同等と認めらる

後　樂　園

新市街大迫町の海岸に在り東西百二十間南北百間にして規模甚だ小なりと雖ども樹木鬱蒼として夏時の逍遙に佳なり園內温室あり四時花卉を貯ふ、又音樂堂あり時々海軍樂隊の吹奏あり、旅順に於ける唯一の公園にして各種の歡送迎會又は園遊會は槪ね此公園に於てするを例とす

ニコライ堂敷地

龍河左岸の高地港口に面する所にあり停車場を距てゝ白玉山と相對す

露國が六拾餘萬圓を投じて東洋第一の大伽藍を設けんとし既に敷地を設けしも未だ成らずして開城となる、停車場より新市街に通ずる右側の高所に石材根基の壯大なるものは即ち是なり今は只其儘に放置するのみ露國の意思の存せし處を窺ふに足らん乎

白玉山

旅順停車場の前に高く矗立せる高丘にして海拔四百〇八尺龍河其西を繞り敎場溝其東を流れ南麓は近く港口の水道に濱し新舊市街の中間に横はれり之に登りて四方を眺めば旅順の市街は近く眼下に瞰られて戶戶皆指點すべく、背後の諸山は一起一倒伏牛奔馬の如し更に遠く眼光を放つて港外を望めば渤海灣の煙波洋々として際涯なく風光甚だ佳なり、納骨堂、表忠塔共に山顚にあり登山には東西南の三道あり何れも馬車によりて昇降し得べし

白玉神社

白玉山上の納骨堂を稱して白玉神社と云ふ旅順要塞戰に參加して名譽の戰死を遂げたる我海陸軍將卒二萬二千七百十九の英靈を合祠せる所

なり納骨祠は約七尺の石垣を疊みて方約二十餘間の臺を築き臺の上面はコンクリートを以て固め周圍に鐵柵を繞らし東西南の三方に石段を設け臺の北隅に更に一段高く石を疊み下部には遺骨を保存し上部は横九尺縱六尺の石造祠殿を建つ正面の階下には華表あり、華表の兩側に高十尺の石燈籠一對あり猶其左右には嘗て東鷄冠山西砲臺の備砲たりし二十五珊砲二門を裝置せり每年五月、十一月の兩度に大祭を行ふ

表忠塔

日露戰役に於ける旅順要塞戰沒者の英靈を慰め其遺烈を千載に傳へんが爲め東鄕、乃木兩大將の發企して建設したる一大高塔にして白玉山の山顚に聳立せり塔の全高二百十五尺其顚は海拔六百二十三尺あり下部四十尺は花崗石を積み上部はコンクリートを用ふ頂上の砲彈型は高二十九尺外徑十一尺あり其周圍には鐵柵を附したる回廊を設け以て眺望の所とす塔の內部は十階にして螺旋狀二百四十三段の階段を備へ之によりて昇降すべし又砲彈型臺の中には竪四尺橫七尺二寸五分の表忠塔記の額面あり銅板を以て造り東鄕乃木兩大將の共選に成り鹽谷時敏

氏之を書す、此高塔は明治四十年六月二十日起工し約二載の月日を重ねて四十二年十一月十二日竣工式を擧行し其式日には伏見宮殿下を初め東郷乃木兩大將等臨場し旅順ありて以來殆んど空前の儀式を擧げたり、塔上に登りて港口の水道を望めば閉塞船隊の諸勇士が決死の働きを爲して芳名を不朽に留めたる鯨濤怒號岸を嚙むの古戰場を眼下に瞰視し得て坐ろ當時の壯烈を偲ばしむ、夜間は塔上に電燈を點じ遠く十數里の距離より認め得るを以て渤海灣口出入の船舶は非常に其便利を得るに至れり

赤十字病院

鮫島町二丁目にあり元露國皇后陛下の企望により設立したるものにて建築の規模至つて宏壯なり我赤十字社亦之を利用し公立病院として士民一般の診療に從事す院內溫室を設け四時花卉を蓄へ入院患者の心神を娛ましむる等設備完全して東洋稀に見るの病院なり

黃金山下の海水浴場

露國時代別莊地域と稱せられたる黃金臺の南にあり後に黃金山を負ひ

白砂遠く連りて渤海灣の澎湃たる海岸に洗はれ滿洲有數の海水浴場として夏季市民の游泳を試むるもの少なからず

旅順要塞記念品陳列館

驛より約十六町日露戰役に於ける旅順要塞の戰利品を陳列せり館の外には大小機關砲、臼砲、速射砲、山砲、野砲等より鹿柴、横釘架、鐵條網、土嚢、胸壁、壘壁、掩蓋、銃眼、砲眼、皆其當時實地に使用したるものを集め館内には露軍の被服、馬具、食料品より器具武具は勿論探照鏡、踏落地雷、魚形水雷、抛彈等攻擊防禦の機械器具等其數非常に多し、又東鷄冠山堡壘及び二龍山砲臺の其當時に於ける攻擊前後二樣の模型あり尙正面一段高き處に當時の勅語竝に令旨及び我參加各將軍の肖像を掲げあり今に至りて其當時の慘憺なる戰況を偲ぶ好個の紀念館なり入場料大人拾錢小人五錢にして軍人軍屬及び學生は半額とす

露國共同墓地

小案子山の東麓に長五十間幅二十間の煉瓦塀を設け内には花崗石、普

通石、鐵、木製等の十字架の墓標を立列ね露軍幾萬の戰死者を玆に集め埋葬したる露國共同墓地あり正面には明治三十九年十一月より始めて四十二年三月竣工せる屋形の如き花崗石を以て造られたる忠魂碑あり我政府の建立にかゝり正面には露文を以て「旅順防禦戰の露國殉難烈士の遺骸玆に安眠す千九百七年日本政府此碑を建立す」とあり左側面には漢字を以て「旅順陣沒露軍將卒之碑」とあり又右側面には「明治四十年十月日本政府建立」と刻み背面には大島都督の撰による左の碑文あり

嗚呼不幸殞命於戰場者無論仇敵掩埋骸骼所以勵忠義而弘仁愛道也況於昨爲仇讐今爲友邦者乎大日本帝國政府向下令旅順要塞司令官査索露國殉難將卒假瘞各所者以禮改葬案子山麓舊露國軍民之墓地仍樹碑表之以弔英靈於百世揚義烈千載云

明治四十年十月　關東都督　子爵大島義昌

明治四十一年六月十日除幕式あり日本よりは乃木大將を派して祭祀を爲し露國よりは西伯利亞軍團長陸軍中將グルングロース氏初め將佐官以下總計二十名を派遣し露國皇帝の勅命によりて北京よりイーチンチ

ー僧正以下數名の僧官列席し希臘敎の式を以て壯嚴なる除幕式を行ふ

水師營

停車場の北方里餘戶數二三百の一小村落にして往時康熙帝の時此地に水師營を設けて海警に備へ又淸の太宗山東を勦蕩するの時軍船を出帆せしめたる所なり、明治三十八年一月二日旅順開城に際し我軍よりは伊地知參謀長、山岡津野田各參謀、有賀博士、河津通譯、露軍よりは要塞參謀長レース大佐、赤十字社長バラショフ、第四師團參謀長、レトウヰザン艦長、海軍見習士官及通譯等、水師營我衛生隊宿舍の手術室に鳩首して開城談判を結び、其後一月五日に彼れの請によりて乃木將軍が露軍ステッセル將軍と一室の中に手を把り臂を一卓の上に倚せて一見舊知の如く會見二時間に及びたる有名の地なり、其家屋は同村會西北街十九番戶にして門前に白く塗りたる旗竿を樹て之を標記す

陸上戰蹟案內

天險に倚れる支那舊砲臺を改修して更に人工の精を盡したる旅順の要塞は元露の名將ウエルチンデンの經營に係り築造最も堅牢を極め殊に各種の砲何れも最新式のものを備へ其砲臺と砲臺との間は自由に聯絡を保ち難攻不落と稱へて露國が自ら誇りたる各堡壘も明治三十七年二月八日我聯合艦隊が驅逐艦をして旅順口外の敵艦隊を襲擊せしに始まり或は港口閉塞の壯擧となり或は港外の大海戰となり陸には乃木將軍の率ふる第三軍司令部の上陸したる以來惡戰を重ぬるに惡戰を以てし彼れ能く防守したるにも拘はらす我貔貅の精銳には支へ難くして遂に三十八年一月一日を以て降を請ふに至れり而して其總攻擊は四回にして

第一回　自八月十九日　至八月廿四日　（盤龍山東舊砲臺、同西舊砲臺及鉢卷山の一部を陷る）

第二回　自九月十九日　至九月廿二日　（クロパトキン砲臺、海鼠山、水師營の南方なるA、B、C砲臺を陷る）

第三回　自十月廿六日　至十月卅一日　（案子山、白玉山、白銀山、勞葎嘴砲臺に損害を與ふ）

第四回　自十一月廿六日至十二月六日（二〇三高地は勿論二龍山、松樹山、東鷄冠山等殘餘の砲臺に向つて劇烈なる大攻擊を爲す）

其間彼我の手によりて滿山縱横に掘鑿せられたる坑道は其後年所を經たる事とて雨雪の爲に殆んど舊形を失ひたるも敗殘の戰蹟尙ほ轉た當時の慘憺を偲ばしむるものあり今普通見物の順序によりて之等戰蹟と其當時の概況を擧ぐる時は左の如し

○東北方面

東鷄冠山砲臺

此砲臺は永久的築城にして當時正面に二十二口徑十五珊加農砲四門、背面には三砲臺ありて各四門、咽喉部には克式八珊七野砲五門、東南には加農砲十八門、都合三十九門の大小砲を備へ山麓より幾重となく鐵條網を引廻はし之に電力を通じて觸るゝものは直に電擊に罹るの裝置を施し防備至つて堅固なり頃しも明治三十七年八月十六日軍參謀山岡砲兵少佐をして敵軍に降伏を勸告せしも拒絕せしにより同十九日より第一回の襲擊に著手し其包圍線は左翼は黄海沿岸の鹽廠より右翼は渤海岸の雙島灣に亘り戰線實に十里餘の長きに達し前線遠きは一千米突近きは五六米突の距離より敵の要塞兵と相對峙し全線を通じて敵味方の大砲の數のみにても一千門以上と稱せらる偖我海軍重砲隊は十九日の未明より一齊に砲門を開き二龍山松樹山の兩砲臺に向つて專ら砲彈を集中せしも敵克く應戰して我重砲隊が午後八時砲擊中止に至るまでに一門の發砲數三百以上に達せしまで猛烈に攻擊せり翌二十日も引續き海陸の重砲野砲協力砲擊して漸く効果現はれ二十一日には午後六時より四國の步兵第二十二聯隊の突擊となり其主力は砲臺に乘込んで一且之を占領せしも敵の逆襲に逢ひ損害愈多く村上少佐以下將校八名特務曹長二名戰死し下士以下殆んど死傷し悲慘なる退却を爲せり步兵第十二聯隊は二十二聯隊に代り十月二十六日より五日間攻擊し三十日の午後一時十分兒玉大隊の二箇中隊は中腹の散兵壕を奪取して高く日章旗を樹てしに猛烈なる敵火に支ふる能はず遂に三四十分にして退却せり

十一月二十五日より更に第三回の砲擊を初め二十六日には中腹の散兵壕を占領せんとし二回迄攻込みしも敵の側防火の猛烈と優勢なる逆襲

の爲め又々取戻されたり此如く數回の逆襲に如何ともする能はず殊に砲臺の堅固なる實に驚く計りにて二十八珊榴彈五六百を費やせしも遂に破壞するを得ず殆んど持餘せしに敵は三十八年一月一日望臺を占領せし其夜敵自ら大爆破を行ひて退却し新山地區隊直に之を占領せり

吉永砲臺

q砲臺といふ臨時築城にして克式二十珊半加農一門、八珊七野砲三門七珊半野砲四門其他機關砲等を雜へて十五門の備砲あり、三十七年八月二十一日第一回の攻擊に步兵第四十四聯隊第一大隊奮鬪して大隊長吉永少佐は胸部貫通の重傷を負ひ大隊殆んど全滅せしを以て此名あり僅かに生存者は鐵條網下の地隙に退却して援兵の來るを待ちしに一兵も來らず哀れなる戰友の死屍を眼前に控へ怨を呑み齒を噛んで翌二十二日の黃昏迄僅かに敵の直下十數尺の處に十三時間の久しき唯銃を握つて敵方を睨み詰めたる悲慘事あり、或は松岡大尉の如き大腿の傷口より血は瀧の如く迸り呼吸次第に迫るに拘はらず懷中せる機密地圖を引破り鐵條網に罹りたるまゝ壯烈なる最後を遂げたるあり悲慘實に語

るに堪へず
其後十月第三回の攻撃に第四十四聯隊の香阪大隊と工兵二小隊とも殆んど全滅の慘況に陷り之に代りて十月二十六日同聯隊の萩田大隊は午後一時を期して突撃せしも之亦多大の損害を受けて占領するを得ず然るに三十八年一月二日東鷄冠山の大爆破と共に敵は退却して我軍直に之を占領せり

東鷄冠山北砲臺

永久的構造にして壕の內面は悉くベトンにて穹窖を造り克式八珊七の野戰砲六門、其他種々の砲二十門又咽喉部の空地に機關砲五門都合三十餘門の砲を備へ頗る堅固に堅められたり三十七年八月二十一日第一回の總攻擊に當つて四國の步兵第四十四聯隊第二大隊は朝七時より電流ある鐵條網を難なく切斷して五時三十分には壕の外岸の頂上まで登つて日章旗を押立て進んで砲臺內に乘込まんとせしも不意を喰つた敵は機關砲を以て劇しく薙立て之にも構はず一步も退かずして外岸の頂上の位置を固守して翌日迄奮鬪を續けしも何分堅固なる防禦物の中にありて銃眼より狙撃せらるゝ事とて損害益多く今や將に大突撃を行はんとする時乃木司令官の命令にて見合せとなりしが當時の戰況は最も悲慘を極めたり茲に於て正攻法に據り巖々たる石山に延長四十米突の大坑道を施す事となり四面は雨霰と砲火銃彈の飛散るあり地下には地雷火の埋めるあり、岩石は墜落する拋彈は投付らるゝ其作業中々容易ならず其危險を冒し多くの死傷者を出して十月二十三日には遂に壕の附近迄掘來れり然るに敵に近付くに隨つて益防害甚しく迚も尋常の坑道にては掘鑿困難なるを以て愈隧道の如く抉貫くことゝなりしに敵も之を覺つて前方からも穿つて來る響はあれども其方向は何れとも明かならず只何時爆發さるゝかも判らず故に我工兵は足に紐を付け萬一爆發して埋沒せらるゝ事あらば死體丈は引出さんとする譯にて全く惡戲小僧に捕はれた蛙か甲蟲の如くにして氣味惡き事限りなし、果して二十七日の眞夜中今や壕の外岸に貫かんとする間際に爆發せられ死傷六名を出せり然るに餘り爆藥の强過ぎたるが爲め敵の方も穹窖の一角を打壞し周圍の鐵條網も十米突計り刎飛し爲に自ら攻路を開けた事となり我軍にても同時に爆發を行ひ內部のコンクリート壁を打壞り機關砲を以て壕内の敵を射擊し古綿や枯草に石油を注ぎ火を點じて壕内へ投込み遂に穹窖内の一部を占領せり其翌三十日の夜我二十二聯隊の二大隊は此破壞孔より外壕に出で對岸の砲臺に飛込まんとして敵の機關砲に掃立てられ其七八分を仆され第二回に再び試みしも同じく乘込む事を得ず其後は每日此狹き穹窖内にて小競戰を爲すのみ其距離十間を過ぎざる所とて敵と味方の睨合中長き間の事とて酒と麵麭との交換を爲す等種々面白き談話を爲したることあり、十一月下旬には我軍より二十八珊の榴彈砲を打蒐け敵大に辟易せり、之より前日々砲臺の胸壁下に穴を穿ち八百キロの爆藥を埋めて十一月二十六日の夜一時に爆發せしめ其聲天地を覆し煙炎天に漲る然るに僅かに一部の破壞に止まり他は依然たれども敵は悲鳴を上げて非常に狼狽せしかば福地少佐は最先に飛込み各兵續て砲臺に飛込みしも機關砲の劇しきに退却の止を得ざるに至れり青木大佐は之を見て大に憤慨し軍旗を押立て自ら下知して大突擊を行ひ火花を散して勇戰猛鬪仆るゝ屍を踏踰ゐ乘踰へ奮戰せしも片端より擊仆さるゝ事とて止を得ず又々退却せり其時の死傷は實に夥だしく壕内は全部死人を以て埋められたれば十二月一日には敵と交

渉し時刻を約して中立地帶を定め互に死體を收容せり

其後又更に二條の坑道を掘込み坑の前端に八箇所の爆發物を塡充し十二月廿八日午後二時大爆破を行ふ然るに其力餘りに强大、爲めに我突擊隊の權藤大隊の過半と第三突擊隊の全部は掩蓋の下に埋沒せられたり此時敵は四門の機關砲を以て擊出し我亦三門の機關砲と一門の山砲を山上に運搬して攻擊を初め互に戰ふ事多時鮫島師團長は參謀長以下の將校と共に胸壁の上に半身を露はし偵察して時分はよしと突擊を命じ追擊奮鬪敵遂に支ふる能はずして夜の十一時五十分頃自ら掩蓋の一部を爆發して遁出せり當時死人の山、血の河、其慘狀實に形容の出來たるものにあらず、玆に於て鮫島師團長は直に砲臺に上りて東に向ひ天皇陛下の萬歲を三唱し將士一同之に和せしは實に十二月二十八日夜の十二時なりし此時初めて知る所によれば守將コンドラチエンコ將軍は十二月廿五日砲臺掩蔽部に軍議の最中我二十八珊の重砲彈の爲めに十數名の幕僚と共に戰死したりと

望　臺

攻撃正面中第一に高き砲臺にして臨時築城なり十五珊速射加農砲二門を備へ今尚記念として保存せり時恰も八月廿四日四國兵の青木聯隊は西北方面より又遠藤少佐の率ふる一隊は東南方面より攻登つて西北方なる高地迄來るや敵の逆襲甚しく非常の損害を受け殆んど戰鬪に堪ふる者なきに至れり此報に接したる突撃司令官石原大佐は直に應援を送りしかども何れも途中にて打斃され一人として目的地に達する事能はず之が爲め元の高地に死守せる遠藤少佐も午後四時に至り止を得ず引返さんとして途中遂に敵彈の爲めに戰死せり此時聯隊の將校死傷四十名に達し青木聯隊の死傷又六十名あり彼の肉彈の著者櫻井中尉の負傷せしは實に此時にあり、其後十二月三十一日松樹山は爆破し一月一日には歩兵第三十五聯隊左の山麓に攻寄せ、四十三聯隊の突撃隊長松田少佐は一の戸堡壘より圍壁を乘踰ゑ北國兵の一部亦突撃して午前十時には山の七八合目迄攻登り午後三時三十五分には遂に我軍の占領する所となる當時敵は今此望臺にして占領せられんか爾靈山は既に十二月六日を以て占領せられ最早死守の到底見込なきを知り望臺の占領に後るゝ事僅かに二十五分即ち午後四時遂に開城の降使を我軍司令部に送

りたる事とて望臺の占領は實に金城湯池の旅順に最後の止めを刺したるものなり

一戸砲臺

望臺の前面にあり三十七年十月二十日歩兵第三十五聯隊及藤村工兵隊勇闘して之を占領せしも東鷄冠山北砲臺Ｈ高地支那圍廓より猛射を受け殊に敵襲烈しく爆彈は盡き將校殆んど戰死して再び奪返されたる時一戸旅團長憤慨措かず自ら散兵線を指揮し午後十一時更に確實に占領せり故に此名ありと云ふ

盤龍山東堡壘

三十七年八月二十二日第七、第三十五の兩聯隊東西の一部を占領す此時大内聯隊長の如きは一身二十八彈を受けて戰死せりと云ふ以て其苦戰の狀察すべきなり

盤龍山西堡壘

三十七年八月二十二日第九師團第十九聯隊濱口中隊之を占領す、敵數回猛烈なる逆襲なせし所なり

鉢卷山

二龍山の東方にあり我軍敵の水源阻絶に著手し攻略大に進捗するに隨ひ、我作業を防害すること甚だしく殊に鉢卷山の敵は頗る防害を加ふるを以て二龍山攻撃の命を受けたる第九師團長は先づ之を占領するに決し十月十六日午後一時より砲撃を開始し同四時を以て攻撃動作に移り五時二十分遂に之を占領せり

二龍山堡壘

背面防禦線内中最も廣大なる砲臺にして備砲は十五珊加農砲五門克式八珊七の野砲十一門を首として各種の火砲四十七門あり初め守兵五百餘名他に幾分の水兵を雜ふ、我軍は九月十九日より二十二日に亘る戰鬪によりて黑鳩公砲臺を占領して水源池の阻絶に從事し十月十六日には鉢卷山を占領して益攻迫し十月三十日午後一時には我金澤師團の右翼隊は他の突撃隊と同じく躍進して前面の壕岸に攻寄せ更に進んで一氣に乘込まんとせしも多くの火砲を浴せられ遂に目的を達せず、此頃中央縱隊の指揮官たる第九師團長大島中將(久直)は上下眞黑の軍服の

上に白縮緬の兵兒帯を結び大刀を打込んで宛然古武士の装立にて陣頭に立ち全軍の士氣を鼓舞せり、十一月二十五日には深夜服部聯隊長は十九聯隊の二中隊を先頭として破壞孔より進入せしも死傷多くして乘込む事を得ず次には三筋の坑道を穿ち其先端に十二の藥室を造り之に電線を通じて十二月二十八日午前十時一齊に大爆發を行ひ巧に成功せり然るに今しも爆破と共に突撃せんとて待構へたる三十六聯隊の選拔部隊の過半は哀れ此土の下に埋沒せられたり、今は猶豫の時にあらずと歩兵第十九聯隊は藤岡少佐、同三十六聯隊は田中少佐隊長として猛烈に突撃し十時半頃には早既に乘込まんとせし時藤岡隊長は斃れ之に代つて辻少佐は防禦工事を行ひ一ト先足止りを造りしが敵の重砲及左右の胸壁より打出す銃火と椅子山より打出す砲彈にて田中少佐以下數名の將校は一時に落命に及び午後三時には金山砲兵大尉山砲を引上來つて敵の機關砲を沈默せしめ此機に乘じて十餘時間に亘る大奮闘を爲し翌二十九日午前三時遂に全く之を占領せり敵の守兵五六百人或は戰死し或は爆破によりて埋沒し殘る處只僅かに二三名に過ぎず實に古來稀なる大激戰なりし

松樹山砲壘

永久築城にして備砲は十五珊米突速射加農砲二門外に各種の砲を合せ二十二門又此附近の附屬砲臺に五門の砲あり、此砲臺は鐵道線路に添ふ關門たるを以て頗る堅固に固守せり故に我軍は水師營の南方幾多の堡壘を破り十月初旬二龍山と同時に攻擊する事となせり、指揮官は一師團の中村少將（覺）にして進路作業に甚しく困難を極め十月十一日頃八里庄の鐵橋を占領し十四日遂に山の中腹に達せり其後每日の戰爭間斷なく十月二十六日より三十日迄は或は取り或は取返され工兵大隊長大木少佐は此時戰死せり三十日には突擊隊長渡邊大佐步兵第二聯隊工兵第一大隊を指揮して砲臺に突擊せんと企てゝ成らず、間もなく三十一日の夜明方となりて敵の大逆襲に逢ひ幸に追拂ふ事を得たるも其死傷は實に少なからざりし、十一月十七日には一方を爆破し得て進入し二十六日には側面の框舍を占領したるも敵の防害に悉く打斃され更に十五聯隊より二箇中隊の新手を加へ突擊を決行したるも是亦目的を達せず第三回の突擊亦損害多くして遂に其効を奏せず、於茲て中村少將は各隊より總員三千百十名の特別豫備隊を組織し自ら之が指揮に任じ第七師團の磯川少佐を參謀とし何れも防寒外套の上に白木綿の襷を掛け携帶口糧二日分彈藥百五十發を携へ外に十字鍬、方匙、鐵線鋏、手投爆藥、國旗及携帶梯子を携帶し十一月二十五日の日沒より出發して松樹山補備砲臺に向ふ各兵枚を含み進んで一旦砲臺内に突入せしも敵の猛烈なる防害に少將は傷き兵の死傷殆んど過半に達して尚ほ占領するを得ず二十七日午前二時には餘りの悲慘に乃木大將の命令により遂に退却することゝなる之れ實に有名なる白襷隊の勇壯なりし、其時中村少將の命令書は左の如し

白襷隊の約束並注意

一、特別豫備隊は最も名譽ある任務を帶ぶ、然れども亦非常の困厄に遭遇するの覺悟なかる可からず、固より一人たりとも生還を期せず、決死以て目的の達成に努力すべし

二、本職の次に第二の指揮者たるべきものは渡邊大佐（水哉）第三の指揮者は大久保中佐（直道）以下順次代はるべき指揮者を豫定し、之を部下に告知し置くべし

三、夜間に於ける襲撃は銃劍突撃を以てすべし、而して松樹山補備砲臺に突入する迄は假令敵より猛射を受くるも應射する事を嚴禁す
前記砲臺占領後は彼我の識別最も分明にして毫も疑なき時に限り射擊するを許可す

四、前後左右隣接隊及各縱隊に於ける聯絡は密を保ち隣接部隊若くは先進部隊等と互に相見

失ふが如き事ある可からず
五、前進目標並に其目的等は一般に知悉せしめ置かざる可からず
六、各部隊は部下を聯絡し散亂せしめざる樣努力すべし部下は亦隊長の手裡を脱せざる事に深く意を用ふべし
七、堡壘の正面に當らば成る可く之を避け總て側面より攻擊する樣謀るべし
八、集團せる敵に遭遇せば兵力の如何を問はず躊躇なく突擊すべし
九、故なく後方に止まり又は伍隊を離れ若くは退却するものあらば幹部に於て之を斬るべし
十、壕又は斷崖に遭遇し之を超越する能はざる時は沿ふて側面に轉進し通過點を求むべし
此場合に於ては目標を誤らざる樣特に注意すべし
但墻の通過法等に就ては充分の研究を爲し且之を部下一般に指示し置く事肝要なり
十一、敵の電信線又は電話線等を發見せば直に之を切斷すべし但强壓電流の通じたる疑ある時は之を切斷する器具に充分注意を要す
十二、敵の將帥と認むる時は生擒するに力むべし若し能はざる時は射擊すべし
十三、所屬部隊を見失ひたるものは直に附近の部隊に合して行動すべし
十四、彈藥の補給は最も困難なるべきに付充分注意節用すべし
十五、死傷者は衛生部員に一任す、故に毫も之が保護に意を用ふる事なく一意勇往邁進すべし
十六、當特別隊に屬する者は識別し易からん爲め總て右肩より左腋に白木綿の襷を掛くべし
但夜間に限るものとす

第一師團の歩兵第二、第三聯隊に於ても夜間は同樣の記章を用ふべし

十七、夜間は喫煙又は火光を發するを禁ず

十八、赤十字の徽章ある家屋に亂入し又は射擊せざるは勿論非戰鬪員たる事明瞭なる者には決して害を加ふ可からず

中村少將

其後十二月三十一日午前七時の大爆破巧に功を奏し砲臺一面に顚覆して守備兵三百餘名は悉く土砂中に埋沒す玆に於て馬場少佐の一隊は午前十一時を以て全く之を占領せり實に我下瀨火藥の効力顯著なる同時に一方の補備砲臺までも損害を及ぼせりと云ふ

○西北方面

二〇三高地

占領後乃木將軍之に命名して爾靈山と云ふ本來は老爺山又附近のものは候石山と云ふ標高二百三米突の高丘にして新市街の西北約一里にあり絕頂にありて四方を眺むる時は東は黃金臺より椅子山案子山は勿論松樹山及遠く白銀山、望臺を眺むべく西港全部又東港をも見得べし而して西は鳩灣羊頭灣より楊樹溝、趙家屯、高家屯より雙島灣附近一帶

の光景凡て一眸の中にあり實に旅順の死命を制すべき樞要の地にして攻圍軍の數ば惱まされたるも亦此山の爲にして旅順要塞中の天王山なり今山上より附近當時の陣地を指示する時は南の方足許三町許にあるは陣笠山にして其形の似たるを以て此名あり、其南山上一面に掘崩されたる稍高きは楊樹山にして即ち大陽溝北砲臺なり、東方山上の開掘せられたるは赤阪山にして東京の赤阪聯隊が占領したるを以て名あり其れより谿を隔てゝ西北に蟠まるは海鼠山、更に北に方つて屹然として一角を現はすは大頂子山一名百七十四高地の砲臺なり

初め此高地は左したる防備あらざりしも高崎山及大頂子山砲臺陷落後非常に堅固なる防備工事を施し山腹には散兵壕を三段に穿ち强固なる鐵條網を二重に張廻はし內部の掩蔽部より外面の散兵壕に通ずる隧道を設け塹壕には上に軌道を渡して鐵板を蓋ひ、二十一口經十五珊米突攻守城加農砲一門、四十七密米突及び二十七密米突の速射加農砲各一門其他機關砲數門を備へたり

攻圍軍の右翼は松村中將の率ゐたる第一師團及び後備步兵の第一旅團なり、其左翼の指揮官は中村少將にして椅子山の北方よりし、中央は

山本少將海鼠山より、右翼は友安少將にして西海岸に接したる大頂子山方面より何れも此高地に向つて肉迫せり

初め三十七年九月の第二回總攻擊より攻擊を開始し彼我頗る力戰し友安少將の突擊隊は九月十九日其半數を失ひ二十日には其步兵第十五聯隊の三中隊は猛進突擊、第一散兵壕の敵を蹴破りて第二散兵壕をも乘踰ね猛烈なる爆烈戰を爲し進んで頂上に出でんとして敵火の爲めに後方と連絡を絕たれ、山本少將の中央隊は其午後十一時第三回の突擊によりて頂上迄攻登り折角之を占領したるに猛烈なる敵の逆襲に將卒殆んど斃れ此の如くして四晝夜の間新手引替へ或は小銃戰により或は大格鬪により寢食を廢して間斷なく攻擊するも敵は或は爆彈巨石を投げ或は機關砲を打蒐ける爲め突擊更に成功せず況んや二十四日には山本旅團長の戰死(旅順戰に於て將官の戰死は少將一人のみ)せるあり其慘憺たるの一班としては當時此戰爭に參與せる戰鬪力二十二箇中隊中殘存僅かに三百十八名の少なきに減滅せしによりて知らるべし斯かる力戰も其効少なき爲め第一師團は轉じて松樹山方面を攻擊する事となり二〇三高地の攻擊は暫く見合はせしため敵は其間に益防備を嚴にせり

更に十一月二十七日再攻撃となり中央隊は馬場少將山本少將の後を受けて指揮し第三軍よりは攻城砲を以て牽制動作を繼續し敵の散兵壕の掩蔽部を碎き鐵條網を破壞する等其威力中々爽快なり然れども中央隊の第三大隊は山頂に突撃し第二大隊の赤阪山に向ひしも何れも機關砲の掃射に逢ひ山顚に向ひしものは其夜十時三十分第一散兵壕に退却し得たるもの僅かに四十名を餘す丈に擊たれ又右翼隊の第一回突擊は殆んど全滅し第二回の突擊亦前同様の損害を受け岩石の突出下に漸く頭を隱して夜通し爆藥を投じて死守するの悲慘に遭へり、翌二十八日も同じく突擊効を奏せず當時攻圍軍諸士の日誌は血と涙に染め出され悲絕慘絕譬ふるに物なし去ながら當時バルチック艦隊は蘇西運河を通過し殊には日露戰局の發展上旅順の餘命は一日も緩ふす可からざる場合の事とて益急迫の必要あり更に新手の第七師團長大迫中將は第一第七兩師團を指揮する事となり十一月二十九日の晩より三十日に掛け猛烈なる射擊を行ひしも攻路工事の不完全なる上正面よりの猛射と赤阪山よりの側射に攻立てられ午前十時迄には前進の五箇中隊は大抵途中にて擊斃され步兵陣地迄達せるものは僅かに百六十八人に過ぎざるに至れり又西南面の香月聯隊は敵の猛射非常にして悲慘の境遇となりしかば友安少將は副官乃木少尉を西北方面の村上縱隊に遣はし南北相應じて突擊するの命を傳へしが乃木副官は第三步兵陣地迄赴て其命令を傳へ間もなく敵彈に中つて戰死せり是即ち乃木將軍の次男なり、命を得たる村上縱隊は死體を踏越ゑ奮進して攻擊せしも優勢なる敵の逆襲を受けて殆んど全滅し香月聯隊も一度は山顛に攀登りしも午前二時頃には多數の敵兵押寄せ來りて殘念にも再び敵に取戻されたり、如此く十一月二十七日以來は連日連夜十數回の突擊を爲せしも攻擊軍の幹部は概ね斃れ部隊も大に混亂したる事とて十二月四日迄兵力を休養し愈四日午後より更に攻擊の命令下りぬ此時には第四旅團長齋藤少將二〇三高地の攻擊隊長となり步兵第十三旅團長谷田少將は赤阪山の攻擊隊長となり野戰重砲兵第二第三の兩大隊並に徒步砲兵第二聯隊第二大隊は山下村落なる太平溝附近に砲列を布き西大陽溝及び其西の鳴胡嘴砲臺を威嚇砲擊を行ふ、又海軍陸戰隊と二十八珊榴彈砲の諸砲は西大陽溝北砲臺並に案子山、椅子山方面の敵の砲を制壓することゝし、礮磐溝二十八珊榴彈及び野戰重砲兵聯隊第一大隊は同時に赤阪山をも攻擊する事とし、獨立徒歩砲兵大隊及び松樹山西北麓に放列を布きたる十二珊榴彈砲は二〇三高地の背面一帶を攻擊して此山の交通を妨害する事とせり左れば攻擊隊長齋勝少將は歩兵第二十七、二十八の兩聯隊同第二十五聯隊等より勇敢なるものゝみを選み海鼠山の西南方面より攻上る事と定め明くれば十二月五日早朝より砲擊を開始し午前八時より發射の速度を早め八時三十分に至り稍砲火の効力顯はれたるにより攻擊隊は豫て準備せる三十名宛の一團を連續して高地の頂上を目蒐けて攻上り九時十分には第二十七聯隊の三中隊は遂に頂巔に登りて敵火の間に防禦工事を行ひ引續いて各隊到り午前十時二十分には愈確實に之を占領せり、夕刻には山巔二箇所に機關砲各二門宛を据付け屢ば敵の逆襲あるも悉く之を擊拂ひ堅固に塹壕をも築上げたり、敵は既に此高地を占領せられたるが爲め其夜の內に東方赤阪山及南の陣笠山を打捨て退却したるを以て翌六日には力を要せずして遂に此附近一帶我軍の手に歸す、此連續十日間に亘る攻擊は實に血を以て洗ひ血を以て埋め敵味方の死傷は合せて一萬五千に達し世に稀なる大激戰にして我軍將校のみの死者百〇四人負傷百八十四人下士卒の戰死は二千二百六十一人負傷五千〇二十九人合計實に七千五百七十八人の多數に上り露軍は開城後此附近の死體を收容したる時此高地の戰死者のみにて尙五千四百餘人あり前二回の戰死者を合する時は少なくも六七千人に達したるべしと云ふ

二〇三高地　　乃木將軍

爾靈山險豈難攀　男子功名期克難
鐵血覆山山形改　萬人齊仰爾靈山

二〇三高地より各展望地への距離

二龍山へ	八、五〇〇米突	松樹山へ	八、五〇〇米突
椅子山へ	二、五〇〇米突	案子山へ	三、〇〇〇米突
白玉山へ	六、〇〇〇米突	東　港へ	八、〇〇〇米突
黃金山へ	八、三〇〇米突	饅頭山へ	八、五〇〇米突
老鐵山へ	七、六〇〇米突	大陽溝へ	一、八〇〇米突

赤阪山

東京赤阪聯隊の占領によりて此名あり、二〇三高地と海鼠山との間に介して二〇三高地と唇齒相依り兩者相待ち始めて防禦の全きを得べし故に二〇三高地を奪はんが爲には必ず又赤阪山を攻めざるを得ず左れば十一月二十七日より第一師團寺田聯隊の第二大隊は特に赤阪山の突撃に任じ二十八日に一大隊を増し新に第七師團歩兵第二十六聯隊第一大隊の半部を増加し三十日の未明より我重砲隊より盛に砲火を集中して歩兵の突撃を援助し同日の深更には第二十七聯隊の第一大隊は第一第二中隊を率ゐて馳付け第三大隊亦作業材料を運搬して工事に努め之等の増援に力を得て盛に攻撃するも天險に加工せる堅牢なる陣地とて遂に拔く事能はす一旦戰鬪を中止するの止を得ざるに至れり然るに其後二〇三高地陷落すると共に地勢上孤立の姿となり敵は現狀を維持する事能はずして十二月六日戰はずして退き我攻擊隊は一兵も失はずして芽出度之を占領せり

海鼠山

二〇三高地の北に横はり露人は之を「ロングヒル」と云ふ我軍にては初め寺兒溝西北方高地と稱せしが後其形狀によりて海鼠山と稱す臨時築

城の砲臺に座を設け二十二口徑十五珊米突加農砲二門、三十七密速射加農三門及機關砲五門其他尙若干の野砲ありしが如し
時しも八月二十一日の午後十時月皎々として白晝を欺き中央部隊たる山本少將の第一線部隊の進攻は明かに見別け得る事とて小銃及機關砲の掃射を受け非常の苦戰なりしが午後十一時五十分より運動を起し激戰奮鬪の後二十二日午前四時には東北角の塹壕を占領し直ちに防禦工事に著手せり敵は午前五時頃各砲臺より盛に砲火を送り約一小隊の歩兵逆襲せしも之を擊退し六時過には約一中隊の逆襲あり兵數益增加して遂には約一大隊の兵となり三回迄逆襲し來りしも我兵亦續々到著して不殘之を擊退せり於玆引續き海鼠山全部を攻略せんとせしも損害多くして非常の悲慘を呈せしかば一時見合はする事とせり此時敵の死屍の戰場に遺棄せられたるもの百二十を算せり、其後占領地點には全力を擧げて防禦工事を施し特に工兵歩兵戮力し一週間を費して攻擊前進路を掘開し三條の攻路を作り九月十九日午後一時より攻城砲の砲擊を開始し午後六時頃には各突擊隊は攻路を進んで突擊せしも敵の猛火激烈にして進むを得ず暫くして樋口少尉は部下を率て岩石の下を潛行し

二箇の爆彈を投入して敵を脅威し奮然突入し吉田少尉も同時に飛込み壯烈なる格鬪を爲して遂に中腹の散兵壕を占領せり、然るに頂上の敵は尙頑として抵抗し我兵の前進を許さず其夜は屢ば忍來りて爆彈を投下し終夜射擊を交換せり

翌二十日午前十一時五十分第一聯隊長寺田中佐は各中隊より下士以下十名宛各大隊よりは小隊長一名宛選拔して突擊隊を編成し自ら强襲せんとせしが聯隊の半部到著せざるを以て午後四時自ら突擊隊を指揮し有名なる大神宮の軍刀を揮ひ疾風の如く一躍頭上の壘に迫り豫備も亦之に續て前進せり敵は必死の防戰を爲し我兵の五米突に達する迄二門の重砲を打蒐け硝煙の爲に我兵頗る困難したるも屈せず撓まず突擊奮戰して敵を追退け午後五時には遂に全く我軍の占領する所となる

其後直に海鼠山に觀測所を設け電信電話等を以て二十八珊米突榴彈砲砲臺と通信し二〇三高地の陷落する迄は常に港內間接射擊に便せり

高崎山

二〇三高地の東北に當り其高さ百二十米突、山上には十五珊榴彈砲二

門、十二珊加農砲二門、十珊七加農砲三門其他大小都合二十門の大砲を据ゑ鐵條網を張り用心頗る堅固なり我軍は三十七年八月十三日の戰に於て千田聯隊長は彈丸に當りて負傷し同十四日には獨立突擊隊の第六中隊は一時に八十七名の死傷者を出し其苦戰甚しかりしが十五日の拂曉より野戰砲兵第二旅團の第十六聯隊及野戰砲兵第一聯隊の第二大隊野戰重砲兵大隊等力を協せて砲擊を加へ敵は椅子山の砲臺と共に頻りに砲擊して應戰したれども遂に十五日午前十一時十分には山本少將の率ゐたる中央隊によりて全く我軍の占領する所となる

標高一三一高地

右翼隊たる後備步兵第一旅團は友安少將之を率ゐ中央隊と連絡して八月十三日より一三一高地及其附近に跨る防禦線の攻擊に取掛れり然るに後備步兵第十五聯隊の前面なる鐵條網は線鐵太くして容易に切斷する事能はず躊躇する間に敵の劇しき射擊によりて敵壘前四百米突の位置に退却して工事を施しつゝ止まる事となれり此時第一聯隊は小東溝西南高地を占領して翌十四日は終日敵の砲火を受けつゝ其位置を守り

又同第十六聯隊（一大隊缺）は同日午後四時に西涯西南の高地に達し同五時には約一大隊の敵の逆襲を受けしも之を撃退して進み其時野戰砲兵第二旅團の第十七第十八兩聯隊は胡家屯の北方千米突の河原に放列を布き十四日の午前九時頃より砲撃を開始し又野戰砲兵第一聯隊は胡家屯の東南方五百米突の所に陣地を布き同午前六時より攻撃し又野戰砲兵第一大隊は由家屯に放列を布き同九時三十分より共に攻撃を初め翌十五日は未明より諸砲一齊に何れも此高地に向つて砲撃せり敵之に堪得ずして退却を始むるや直に後備歩兵第十五聯隊突撃して之を占領せり而して小東溝を居守せる第一聯隊及び各砲兵は今や退却する敵に猛火を浴びせ掛け少なからざる損害を與へしも我軍亦三日間に於ける此攻擊によりて第一師團に屬する死傷一千三百三十四人の多きに達せり

一七四高地砲臺

一に大頂子山と云ふ旅順要塞中西北端にあり城廓ならば角櫓ともいふべき所にして備砲は十五珊榴彈砲四門、克式十二珊加農砲二門、六珊海軍上陸砲二門、克式八珊七野砲五門及び三十七密米突速射加農砲三門合計十六門の大砲を据付けあり三層の防禦線を造り非常に堅固にして露の狙撃歩兵第十三聯隊の第二大隊半同第五聯隊一大隊同二十八聯隊の二中隊其他隊號不明の兵も加はり殊に附近の山は一帶に古來渤海の寒濤に洗はれ山骨を露出し崖岸屹峙し天然の石壁を築き要害頗堅固なり然るに第一師團の兵は八月十三日より此附近を攻擊して十五日には一三一高地を占領し、高崎山をも占領したれば後備歩兵第一旅團並に騎兵半小隊と工兵一小隊とを以て攻擊する事となり數日來高崎山及び一三一高地を砲擊したる砲兵第一聯隊及び野戰重砲兵一大隊は前位置にありて新たに第一師團に屬したる野戰砲兵第十七聯隊と共に八月十九日朝より砲擊を開始せり敵の砲火次第に緘默せるを見て後備歩兵第一聯隊は北西の麓なる小東溝の丘陵より進み午前九時半には其先鋒部隊は猛火を冒して益高地に登らんとせしに太平溝の南方に在りし敵兵横合より射擊して我兵二箇中隊は殆んど死傷せり然れども我軍は之をものともせず益々增援を送りて其山腹に踏止まり敵兵亦其反對の斜面に在りて互に山顚を隔てゝ暫く睨合の體なりしが吾兵の大奮戰の爲め遂に之を撃退して前進せり、其時一三一高地に在る後備歩兵第十五聯隊は第一聯隊の前進を見て山を下り更に西北の谷間より前進せしに三重の散兵壕より敵の小銃の一整射撃に遭ひ又海鼠山より劇烈なる砲撃を受けて大隊長中隊長悉く死傷し上長官一人も殘らず僅かに生存したる少數者は岩蔭に身を潜めて立往生の有樣なり其日の午後三時に至りては師團長の命令により更に鐵條網切斷の目的を以て大隊長五十君少佐は總豫備隊の中より歩兵第二聯隊第一大隊を率ひて第十五聯隊に加はり第一聯隊の方面よりも後備歩兵第十六聯隊の二中隊を增加せり然るに鐵條網切斷の計畫は夜半に至るも効を奏せず其間に少佐は遂に傷たり此日第十聯隊の第一大隊は五十君大隊の前進に續て一三一高地に進み各砲兵は日沒迄間斷なく砲撃を續け諸隊其儘に夜を徹す、翌八月二十日は前日來の經驗により早朝より砲彈を打掛け稍々其效力の現はれたりと見るや後備第十五聯隊は午前十時頃敵の猛火を冒して崖を攀登り四十分にして第一散兵壕を占領し更に十一時三十分頃には第二散兵壕を乘取り續て一時間許り壯烈なる激戰を爲し遂に大頂子山全部の砲臺を占領し了せり當時露軍は斜面を利用しドシドシ石を投付け爲めに我軍は足溜りを得ず何れも足を滑らして谷底迄落込み更に登りて又落つるの有樣は實に非常なる苦戰にして我軍の死傷は將校五十名下士以下一千五百六十二名に達せり而して露兵の死骸は堡壘の内に遺棄せるもの三百五十ありしによりて見るも總ての死傷は一千以上なりしならんと云ふ

クロバトキン砲臺

水源地守備の爲めに設けたる砲臺にして我軍は之を龍眼北方砲壘と云ふクロバトキン將軍が東方巡遊の際必要を認めて備へたるものなれば此名あり鐵道線路に近く開濶せる田園中の一小丘なり中央聯隊の右翼隊なる鯖江の第三十六聯隊及び第十五聯隊の一部は八月十九日より攻擊を初めしも不成功に終り其後九月十九日より二十日に亘り最も强硬に攻擊して遂に之を占領せり我損害少なからず

港口附近海戰の大要

明治三十七年二月八日　第一回攻擊翌日續て港外の敵艦を砲擊す
二月十四日　第二回旅順攻擊、我驅逐艦の奇襲
二月二十四日　第三回攻擊、第一回閉塞事業決行
二月二十五日　我主力艦隊は港內を砲擊し、我巡洋艦隊は西鳩灣にて敵の驅逐艦ワヌシテリヌイ號を擊沈
三月十日　第四回旅順攻擊、戰史未曾有の驅逐艦の大激戰あり此時スラレグシチー號擊沈
三月二十一日　第五回旅順攻擊、午後富士、八島間接射擊をなす
三月二十七日　第六回旅順攻擊、第二回閉塞壯擧決行
四月十二日　より十五日に亘り第七回旅順攻擊、此時日進、春日は初陣し敵の旗艦爆沈してマカロフ司令長官戰死
五月三日　第三回閉塞決行、此時閉塞完成
五月十四日　大窰口掃海中の宮古艦觸雷沈沒
五月十五日　巡洋艦吉野山東沖にて春日艦と衝突沈沒、同日其沖間

にて初瀬及び八島水雷に罹り相前後して沈没
五月十八日　砲艦大島金州灣にて赤城と衝突して沈沒す
五月二十日　强行偵察中曉號觸雷沈沒
六月二十三日　彼我主力接戰、夜に入りて水雷の强襲あり
八月十日　敵艦大擧出動　黃海の大海戰あり此時敵艦隊は四分五裂、主力は殆んど此時に盡く、其敗餘の殘艦は密に沿岸を徘徊するのみ

此附近の海戰は略ぼ此時に終りを告げ其後は陸上の攻圍軍と戮力して間斷なく港內を攻擊するのみ其間我海軍の辛苦艱難實に容易のものにあらず

港口閉塞の壯擧

第一回閉塞船隊　總員七十七名

總指揮官　海軍中佐　有馬良橘

第一　天津丸（二九四二噸）指揮官　海軍中佐　有馬良橘　乘員十七名

第二　報國丸（二七六六噸）同　海軍少佐 廣瀨武夫 同 十六名
第三　仁川丸（二三三一噸）同　海軍大尉 齋藤七五郎 同 十六名
第四　武州丸（二二四九噸）同　海軍中尉 島崎保三 同 十四名
第五　武揚丸（一一六三噸）同　海軍大尉 正木義夫 同 十四名

明治三十七年二月二十三日午後五時軍艦と同色に塗換へられたる閉塞船天津丸以下五隻、圓島附近に於て盛なる主力艦隊の送別を受け眞野中佐の率ゐる第五驅逐隊先驅となり櫻井少佐の率ゐたる第十四艇隊後尾となり其中間に狹まりて明くれば二月二十四日午前一時半頃早くも港外に驅附けたり此時後援隊なる第四驅逐隊は直に港口に突入して偵察を遂げたるに港外にはアルム型の艦内より微に火光を認むるのみ敵は我艦の斯く接近したるに氣附かざりしかば魚形水雷二發を見舞つて引退きしも敵は尚まだ覺らず、斯くする間に午前四時二十分となり閉塞船は天津丸を先頭として驀地に突入を始めたり、四隻の水雷驅逐艇は東西に分れて港口沿岸附近に遊弋し手に汗を握つて成功如何にと待構へたり、時既に殘月渤海に沒し夜色更に暗憺、敵艦は見ねず砲臺は眠るが如し、閉塞決行の好時機は此時にあり七十七人の勇士五隻の汽船は今將に此港口に自ら生沒せんとす誠に壯烈鬼神を泣かしむるものあり各艦隊は八節の速力にて西方饅頭山下に突進す此頃より敵は忽ち四基の探照燈を燿かし續て無數の探海燈を左右に回轉して我航路を遮ると同時に四方の砲臺からは十二吋八吋六吋の各砲彈を亂發せり、基より期したる決死隊、更に物ともせず砲彈の雨を浴びつつ益々勇を鼓して港口に突進し愈々進めば砲火は愈々劇しく、電光眩くして見透しは附かず、進路は間違ひ舵機は破損して自由を失ふ船も出來た、決死の勇士は撓まず屈せず猛進せしが先頭の天津丸は未だ港口に至らずして老鐵山の東海岸に坐礁せり次に廣瀨少佐の報國丸は敵彈數十發を被り帆檣折れ舳艫挫け、舵索は切斷せられ短艇は破壞せらるゝ悲慘の光景なりしが豪勇なる少佐は馳せ來りし隋力によりて激烈なる猛火を冐し猪の如く突進し竟に敵艦レトウキザンの防材に衝突せり、此時最早爆發燃料に點火すべき電導線さへ切斷されて用を爲さず幸にもレトウキザンより放つた砲彈のために積載の火藥燃料は乍ち爆發して沈沒せり次に仁川丸は當に港口に入らんとして沈沒船に障へられ進航する事能はず依て自ら爆發を行ひ、武陽丸は天津丸沈沒の外方約四百米突の海面にて自爆沈沒し、武州丸は天津丸と武陽丸の中間を通過し更に船首を左舷に轉ぜんとする時敵の一彈舵機に中りて饅頭山下に擱坐して沈沒せり、此行閉塞の目的は充分ならざりしも艦船の出入頗る不便となりしのみならず此勇敢なる動作は益々敵をして恐怖せしめたり、此時の我損害は戰死一名微傷三名其他皆無事なりしは全く驅逐隊の後援と水雷艇隊が敵火を冒して收容に盡力せしによる

第二回閉塞船隊　總員六十五名

總指揮官　海軍中佐　有馬良橋

第一	千代丸	指揮官	海軍中佐	有馬良橋	乘員十七名
第二	福井丸	同	海軍少佐	廣瀨武夫	同　十八名
第三	彌彥丸	同	海軍中尉	森　初次	同　十五名
第四	米山丸	同	海軍大尉	正木義夫	同　十五名

第一回に閉塞沈沒したる報國丸は當時港口の左方に橫はり敵艦の出入に障害を與へしも其後敵は位置を動かし出入自由となりしが如き樣子なりしを以て玆に再度の閉塞を行ふ事となり復び決死隊を編成する事

となれり然るに忠魂義膽の將卒死を見ること歸するが如く競ふて要請する者多かりしかば東郷長官も滿足に堪へざるものゝ選擇に困り總指揮官以下將校は二三名の外前回に經驗を積みたる士を選び下士以下は新志願者を採用する事とせり

例の如く圓島沖間に集合せる四隻の閉塞船は十一隻の驅逐艇及び六隻の水雷艇に擁護せられ三月二十六日午後二時四十分同所を發し翌二十七日午前二時三十分港外に差掛れり此夜は雲密にして月光を見ず四面暗淡、侵入には至つて好都合の空合、我將士は時こそ得たりと港口を距る二哩の海上迄突進せり此時初めて敵の探海燈に照射され兩岸の砲臺及び哨艇ポープル、オトウアズヌイの二隻から猛烈なる砲火を受けた固より敵は累次の我攻擊に油斷を爲さず海陸共に警戒に警戒を加へ殊に此月七日世界三大戰術家の一人として有名なるマカロフ海軍中將の太平洋司令長官として着任し指揮せるあり我等將卒遂行の困難は譬ふるにものなし何れも彈雨を冒し全速力にて港口に突進し四船雁行水道に闖入せり先頭船有馬中佐の率ふる千代丸は黃金山の西側海岸僅かに半鏈の水面にて船首を右にして自ら爆沈し、第二船廣瀨少佐の福井丸は千代丸の左側を過ぎて尚前方に突進し將に投錨爆沈せしめんとし杉野兵曹長は船艙に下つて點火せんとする一刹那敵の發射せし魚形水雷一發は見事に船腹に命中し船は轟然たる音響と共に沈沒し始めたり廣瀨少佐は乘員を指揮して端艇に乘移らせ自ら最後に船を退かんとせるに股肱の杉野兵曹長見ねざる爲め杉野々々と喚びつゝ三度まで船艙を搜索したれども更に應へなし此時既に船は沈みて潮水は上甲板迄浸せしかば少佐は今は止を得ず無念の憾を遺して端艇に移る此時友船悉く爆沈を終り各乘員何れも遠く退却して港口には此福井丸の一行あるのみ左れば敵の銃砲彈は霰雨の如く一時に福井丸に集注し少佐は身を以て衆を掩ひ端艇は次第に海外に進む時敵の一彈は飛んで少佐の頭部を掠め少佐の全身は海中に投ぜられ船頭に留まるものは唯一片の赤血二錢銅貨大の淋漓たるものゝみ之即ち世に軍神と稱せられた廣瀨少佐の最後なりし、第三船彌彥丸は福井丸の左側に出で投錨爆沈して無事に引揚げ、最後の米山丸は將に港內に入らんとする時指揮官正木大尉は右肩に砲創を負ひたるも毫も屈せず勇を鼓して前進し敵の一驅逐艦の艦尾に乘掛けしに敵艦は狼狽して激しく砲擊を初め船尾に在りて指揮せる島田中尉先づ仆れ之に代りて指揮せる鹽谷兵曹亦傷きしも屈せずして進み其時既に沈没を終りたる千代丸と福井丸との間を過ぎ港口水道の中央に至りて錨を投じたり偶々敵の水雷一發を受けて爆發し隋力の爲めに更に左岸に馳せ沈没し乘員は端艇に移り雨の如き大小砲彈の爲めに負傷するもの四名指揮官正木大尉は負傷せる右手に舵を握り氣息奄々たる島田中尉を己が膝を枕として横臥せしめ全身を以て砲火を遮りつゝ引揚げたり

此擧に於ける死傷は廣瀬少佐以下合計十五名其他は無事に水雷艇驅逐艦等へ收容せられたり此苦辛の遂行によりて巡洋艦以上の大艦は出入頗る困難となり東郷大將の大本營に報告したる末尾に敵の猛烈なる砲火の下に於て此の如く閉塞船が勇敢沈著其任務を遂行したるは事業として間然する所なく實に賞讃するに餘りありと以て我海軍の雄武絶倫なるを知るに足るべし

第三回閉塞船隊　總員百五十九名

總指揮官　海軍中佐　林　三子雄

第一　佐倉丸　指揮官　海軍少佐　白石葭江　乘員二十名

第二	遠江丸	同	海軍少佐	本田記民	同	十八名
第三	愛國丸	同	海軍大尉	犬塚太郎	同	二十四名
第四	江戸丸	同	海軍少佐	高柳直夫	同	十八名
第五	三河丸	同	海軍大尉	匝瑳胤夫	同	十八名
第六	小樽丸	同	海軍少佐	野村勉	同	十七名
第七	朝顔丸	同	海軍少佐	向菊太郎	同	十八名
第八	相摸丸	同	海軍少佐	湯淺竹次郎	同	二十六名

既に二回の閉塞を行ひ世界の耳目を聳動し敵の膽を挫き氣を奪ひたれども遺憾ながら多少の困難を忍べば敵艦尚ほ港口を出入し得られ閉塞の効果未だ十分ならざるにより茲に第三回閉塞の必要となり今回こそは一擧に港口を閉塞せんものと其船數を增加して實に十二隻とせり其內新發田丸を總指揮船となし釜山丸小倉丸長門丸は特別裝置を施し共に爆沈せざるを以て前表には之を省く、敵は第一回第二回の閉塞に悟る所ありて港口兩岸の低處に砲臺を增築し防備を嚴にし港口には二重の防材を敷設し水雷を沈置し要意頗る怠りなく我艦にして再び來らば立所に粉碎せんと構へたり左れば總指揮官林中佐は先づ決行の前に於

て、各指揮官及決死隊の各將校を第三、第四、第五驅逐隊の各艦に分乘して敵の現狀及位置を偵知する爲め四月二十七日の夜港口約三千五百米突の距離に至り翌朝五時迄此附近を遊弋して充分に偵察を遂げ其翌二十九日海州邑の根據地に歸著せり、越ゑて愈五月二日閉塞の目的を以て同島附近に集合せしに恰も風强く波高くして天候險惡なりしがば東鄕司令長官は三笠より信號して曰く「天候不良なるが如し總指揮官の意見如何」と林中佐之に答へて曰く「北風は常なり旅順口の濤は靜穩なるべしと信ず」と玆に艦隊と別るゝ事となり皆萬歲を唱へ「成功を祝す」との信號によりて午後七時三十分袂別せり、各驅逐隊及艇隊は閉塞船と前後し全速力にて夜十一時速くも波浪を冒して港外に至り視界隈なく搜索を遂げたるも敵の艦艇は影だに見ゑず玆に於て驅逐隊は東西二手に分れ第二第三兩隊は老鐵山の下に第四第五は黃金山方面に其中間には水雷艇隊を見張せしめ少し後れて閉塞諸船は十二船一整に列を正し一直線に狂瀾怒濤の間を潜り同夜正子の刻漸く港外迄漕付たり、其時東南の烈風俄かに起り山の如き波濤は甚だしく船體を動搖し各船に設備せし端艇は波の爲めに浚はれんとし航行の艱難一方ならず行動頗る不利なりしかば總指揮官は思ふやう此風波を冒して突進せば閉塞船爆沈後に隊員の收容甚だ困難ならん固より生還を期せざる決死の士とは言ひながら救ひ得らるべき將士を徒らに損ずるは策の得たるものにあらずと即ち遠矢參謀に謀り今夜の行動は中止す各船引揚げよとの命令を下し軍艦赤城より各船に信號せしも此時風波益高く各船は分離して此命令は盡く達せず中には達したるものもありしが兼て死を期したる勇士は毫も肯せずして烈風怒濤の中を奮進せり

夜は既に更けて三日の午前二時頃となるや一天暗く風浪益激しく總指揮官の苦心焦慮も各船に通ずるに由なく各閉塞船は殆んど各箇の運動となり而も相前後して港外に突進せり、其時匝瑳大尉の三河丸は港外を偵察せる第十四艇隊に對つて放ちたる敵の砲火を見て前進船の既に港口に突入したるものと誤認し我後れじと先頭第一に港口に進入せり敵は忽ち發見して港口各燈臺より電光を射照し各砲臺より急霰の如く砲彈を送り又敷設水雷を爆發する等防禦頗る劇しきに拘はらず三河丸は毫も屈せず港口防材の一部を破壞し奥深く水道に闖入して中央の好位置に投錨して爆沈せり、之に次で佐倉丸は港口の水道に乘込み尖岩の附近に投錨爆發し乘員殆んど戰死して爲めに其勇行は之を詳にすることを得ず、尋で各船皆我劣らじと港口に驀進し遠江丸は敵の砲艦及老虎尾の砲臺より打出されたる砲彈に冷罐汽筒を打破られ蒸氣は洩れ舵機は破壞し、前檣は打折られ、羅針盤は粉碎し火災は起る進退全く谷りて最早是迄なりと本田指揮官は電纜に點火を命ぜしも電纜破壞して用を爲さず纔かに左舷に殘りし一條にて爆發し船首忽ち西に向つて沈沒せりこは敵の第一防材を乘越ね第二防材に觸れんとして停止したるものにて實に港口水道の半部を閉塞せり、江戸丸は未だ港口に達せざる內敵の巨彈船の後部を打貫き海水進入したるも屈せず港口に這入つて適當の位置迄乘付け高柳少佐は羅針盤によりて更に船體を廻轉し探海燈の火光を避けて投錨せんとせし一刹那黃金山砲臺の巨彈の爲に腹部を射られて壯烈なる戰死を遂げ永田中尉直に代つて投錨爆沈せり愛國丸は敵の水雷に中り港口にて爆破したるも屈せずして突進したるに敵彈更に左舷側を貫き汽關室に命中して同時に港口より約五鏈の處にて爆沈し指揮官附內田大尉機關長青木機關士以下八名は行衞不明となる、小樽丸は猛烈なる砲火と探海燈の射照を冒し黃金山の探海燈を目標として奮進し午前三時五分港口の防材を突破して水道に入る此時敵艦の射撃によりて舵機を破壞せられ水道の西岸近く船首を西北に向けて投錨爆破せり野村少佐笠原大尉以下多く戰死し岩瀨機關少監以下下士卒七名は敵の爲めに救助せられ岩瀨少監は其後旅順病院にて憤死せられたり、飛彈丸は小樽丸に次で港外に至り徐々港口附近に機械水雷を沈設しつゝ進航し午前三時二十分頃港口防材の間隙より東岸に沿ふて水道に闖入し小樽丸と相並んで船首を西北に向け水道の右半一部を閉塞する如く完全に爆沈を遂げたり其沈著大膽の態度殆んど名狀す可からず、爆沈後敵彈四周より亂注し端舟は太抵破壞せられて用を爲さず殘れる一艇亦漏水甚しく忽ち顚覆して湯淺少佐以下多く溺死し九名の殘員は敵の爲めに捕虜となる、朝顏丸は未だ港口に達せざる前既に敵の爲めに舵機を破壞し午前三四時頃岸を距る遠からざる所に爆沈し、一人の生存者なくして詳細今に判明せず

斯くして忠勇無比の閉塞隊八隻は其目的を遂行し最早巡洋艦以上のものは出入不能となりぬ、而して新發田丸以下四隻は總指揮官の命令により中止し其沈沒を遂げたる八隻の勇士百五十九名は固より生還は期

せざりしもの丶全員の三分の二は港口に生きながら塡死し旅順方面の海戰中此第三回の閉塞程慘憺悲痛の光景を呈せし事なしと云ふ

旅順案内　終

大正二年十二月二十八日初版發行
大正三年六月二十八日第二版發行
大正三年十月二十八日第三版發行
大正四年二月二十八日第四版發行
大正四年六月二十八日第五版發行
大正四年九月二十八日第六版發行

本誌定價　一部金拾貳錢　郵稅金壹錢

發行編輯兼印刷人　村松武一郎

發行所　大連市西公園町フ區第二號　滿鮮旅行案内社　電話七六一番　振替大連一一一番

印刷所　安東縣市場通六丁目　安東縣支局
大連市大山通七十四號地　小林又七支店

本誌販賣所
大連市大山通　大阪屋號
同　天野滿書堂
同伊勢町　文英堂書店
同驛構內　太田待合所
旅順青葉町　大阪屋號支店

旅順青葉町　文英堂書店
同驛構內　福壽館賣店
各地書籍店　各驛停車場　各地旅館
各線列車內　各驛食堂　滿鐵調辨所

旅順民政署 編

『旅順事情』

（一九二一年）

旅順事情
旅順民政署編

緒　言

始政茲ニ十有餘年邦人ノ發展ハ諸般施設ノ面目ヲ更新シタルモノ甚タ多ク、從ツテ將來ノ經營亦更ニ一段ノ重キヲ加フ。仍テ大正八年始メテ「旅順事情」ヲ上梓シ以テ當地ノ實況ヲ紹介スル所アリシカ爾來政務ノ進展ト社會ノ推移ニ伴ヒ、精粗其ノ選ヲ異ニセサル可ラサルモノアリ今更ニ刊ヲ重ヌルニ當リ增補改删ヲ加ヘタリト雖、體樣未タ整ハス他日ヲ俟チ更ニ修補セムトス。本書ノ目的トスル所帝國施設ノ一般、民政ノ梗概、邦人發展ノ狀態竝ニ在住支那人ノ實況ヲ略述シ以テ管內事情ノ概要ノ紹介ニ資セントスルニアリ、翼クハ讀者幸ニ是レヲ諒セラレムコトヲ。

大正十年十月

旅順民政署

目次

目次

目次

目次

旅順表忠塔

關東廳

關東軍司令部

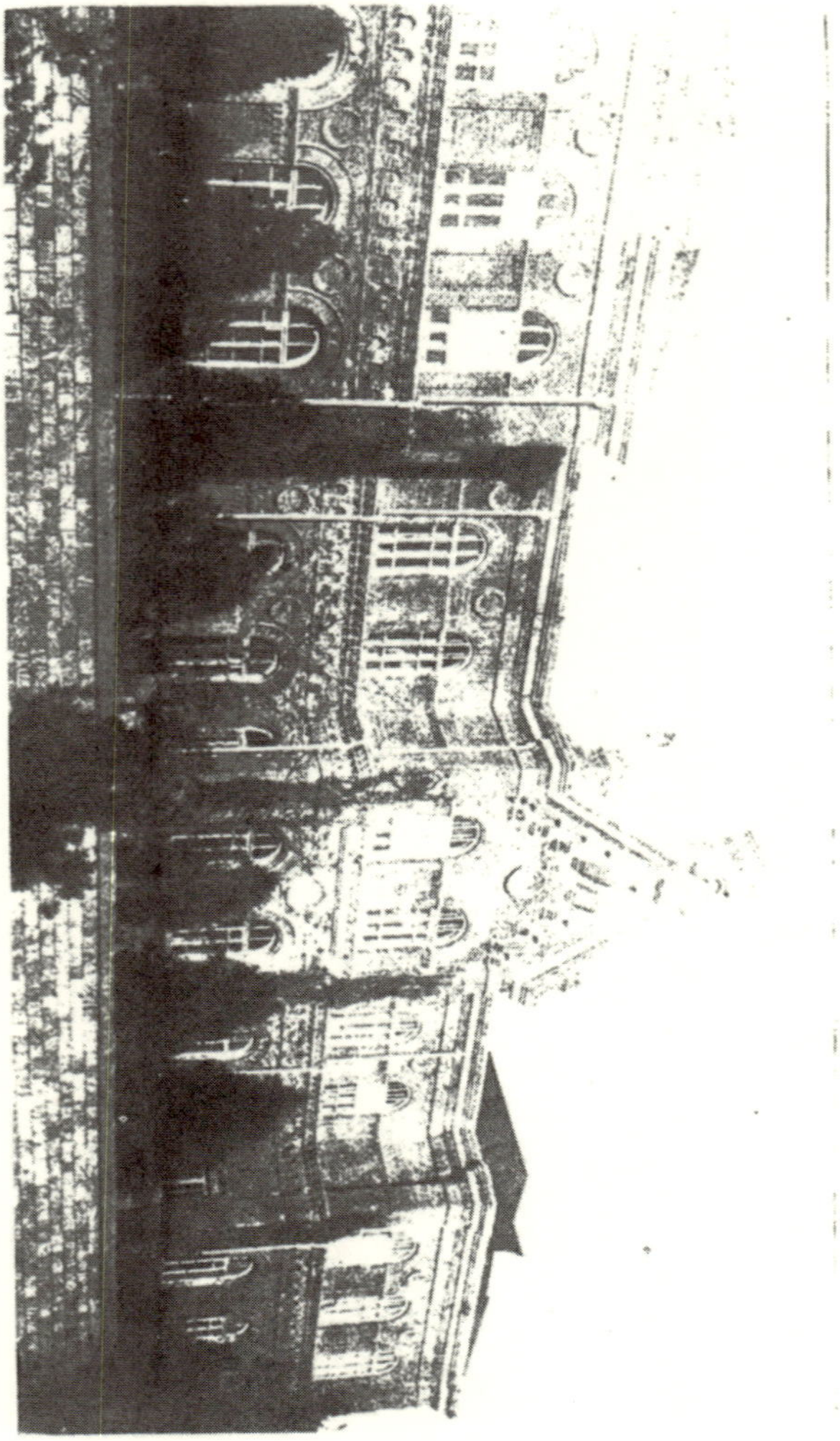

旅順民政署

旅順要港部

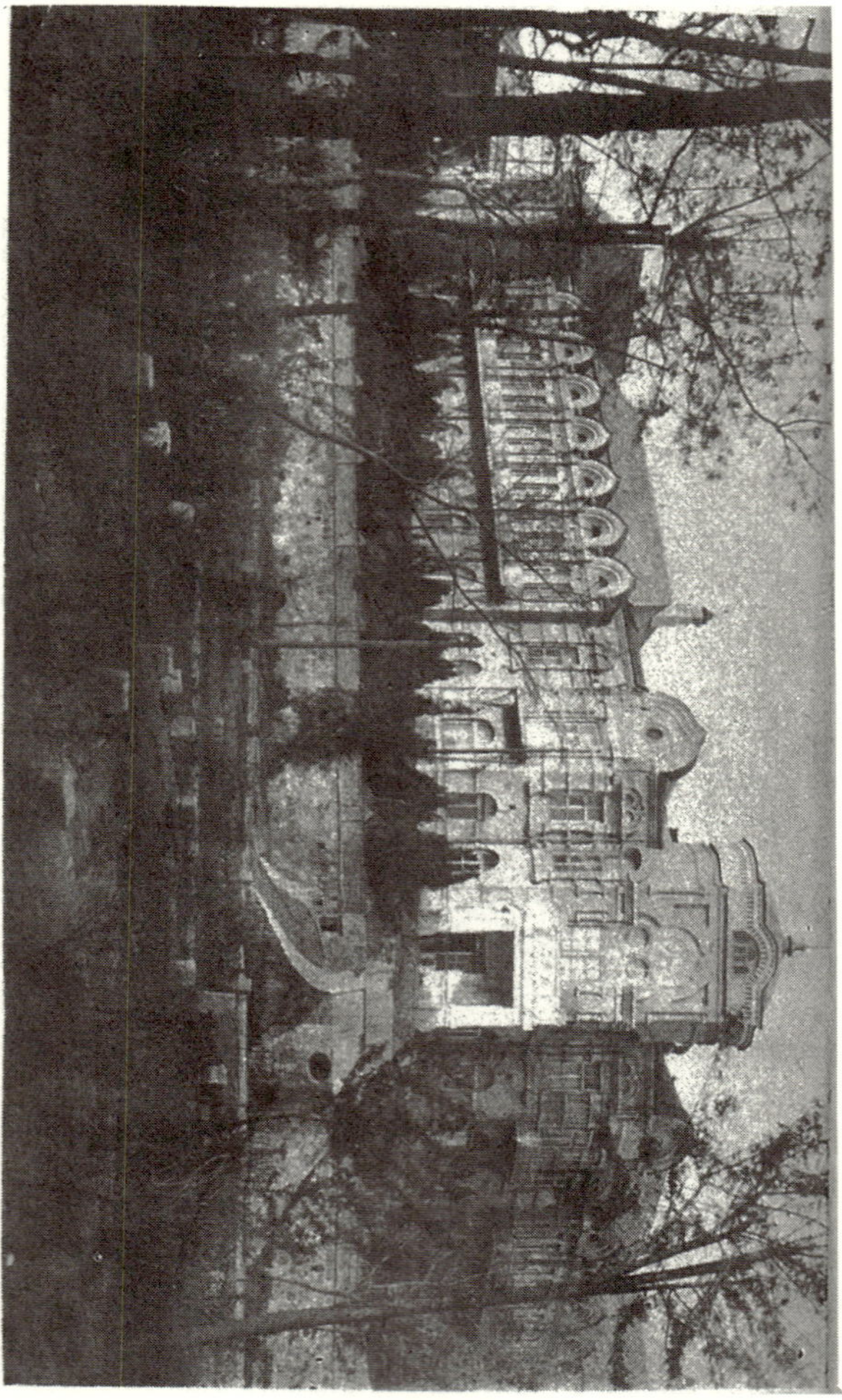

關東廳醫院

旅順事情

第一章　沿革

旅順ハ滿洲最南端金州半島ノ岬角ニ位シ、渤海ノ灣頭ニ臨ミ峯巒重疊トシテ三面ヲ擁シ、挺秀嶄立ノ黃金山、羊腸タル老虎尾半島ハ狂瀾怒濤ヲ絕チ相抱テ港口ヲ扼シ、地勢ハ天成ノ軍港ヲ形成シ、港內水深ク波靜ニシテ恰モ一大湖水ノ如ク實ニ滿洲唯一ノ不凍港ニシテ滿鮮水陸ノ要路ヲ占メ、地形ノ利ニ依リ其ノ名夙ニ顯ハル。此地元獅子口ト稱ヘシモ明朝時代ニ至リ南方移民ノ渡來スル者漸ク多ク、船艘商賈ノ來往亦繁ヲ極メ獅子口ハ之カ門戶トシテ又水陸行旅ノ順路ニ當ルヲ以テ遂ニ旅順ノ名ヲ稱フルニ至レリト云フ。

支那廣茫上下五千載三皇五帝ノ茫漠タル時代ヨリ、延イテ三代春秋戰國時代ニ至ル迄時ニ大聖アリ、名君賢相アリ烈士アリ、史上ニ光明ヲ放ツモノ尠シトセス、加フルニ漢民族ノ黃河地帶ニ於テ文明ノ徵候ヲ開キシヨリ異族ノ衝突、勢力ノ爭奪、盛衰興亡ノ跡ハ紛然一ナラスト雖、此間旅順ハ特ニ記スヘキ事蹟ヲ殘サス、次イテ晋朝以來南北擾亂ニ乘シ高麗國ノ興起ヲ見、遼東ヲ攻略スルニ至リ、始メテ旅順ノ史的價値ノ躍如トシテ史上ニ光彩ヲ放ツニ至ル、初メ高麗ノ遼東ニ兵ヲ進ムルヤ常ニ旅順ヲ以テ軍ノ策源地トナシ、從ツテ爭奪ノ中心點トシテ幾多ノ活劇ヲ現出セシカ、唐ノ高宗四年七月帝謀臣蘇定方ヲ將トシ高麗ヲ討タシム、營州都督旅順ニ於テ高麗軍ニ包圍サレ、惡戰苦鬪スルヤ高宗直ニ薛仁貴ヲ遣シ、之ヲ救ヒ、大ニ黃金山下ニ戰ヒ、麗軍ヲ破リ遂ニ旅順ハ唐ニ歸セリ。薛仁貴之ニ據リ築城ヲ環ラシ兵備ヲ嚴ニシ以テ後顧ノ憂ヲ斷ツニ至ル。爾後旅順ノ地ハ唐朝ニ依リテ永ク經營セラレ、開元二年鴻臚大夫崔晰宜宗ノ詔ヲ奉シテ此ノ地ニ使シ、黃金山西北麓ニ新井二口ヲ開鑿シ碑ヲ建テ功ヲ記シ、名ケテ鴻臚井ト言フ後清朝ニ至リ、大ニ修飾ヲ加ヘテ保存ヲ便ニス、今ノ晰井卽チ之ナリ碑ハ甲午ノ役魚雷營ノ下ニ埋沒モシカ、甲辰ノ役偶々我海軍ノ發見スル所トナリ、現ニ宮內省ニ保存セラレツツアリ。唐ノ中世時代ヨリ契丹族ノ蹶起トナリ、又女眞ノ勃興トナリ支那全土ヲ統一シ威ヲ歐洲ニ奮ヒ、世祖ノ宗都臨安ヲ陷レシヨリ元ハ支那本土ニ君臨スルコト九十年、覇權ハ永ク北方ノ韃靼ニ歸セシカ、順帝ニ至リ奢侈ト荒政トハ元室ノ威權ヲ失墜セシムルニ至リ、此間ニ乗シテ朱元璋(明ノ大祖)金陵ニ據リ覇ヲ中原ニ爭ヒ北伐ノ檄ヲ飛ハシ、胡虜百年ノ運ナキヲ告ケ燕京ヲ陥シ、滿洲ヲ略シ世ハ遂ニ明朝ニ歸スルニ至レリ、明ノ大祖ハ遼東都督指揮史ヲ遼東ニ置キ、其ノ下ニ海州蓋州、金州、鐵嶺ノ四衞ヲ設ケ、四衞ノ下ニ更ニ十戸ヲ置キ以テ兵農的移民ヲ奨勵シテ各地堡壘ニ駐在セシメタリ。當時旅順ハ金州營中左千戸所ノ防備所ニ屬ス、後日本軍ノ朝鮮ヲ討ツヤ明ハ朝鮮ヲ援クルニ際シ、旅順ハ水路糧食其ノ他軍需品供給ノ要路ニ當リタルヲ以テ一時是等船舶ノ出入頻繁ヲ極ムルニ至ル、降テ天啓二年喜宗、毛文龍ヲシテ平遼ノ總兵トシ軍容ヲ盛ニシ、雙島一帶ヲ鎮守セシム。時人呼テ東江ノ巨鎭トス後、莊烈帝ノ時旅順ニ島師ヲ置キ常ニ兵備ヲ嚴ニス、偶々毅宗帝ノ時女相ノ一種愛親覺羅氏ノ族多爾袞、奴爾哈赤ノ後ヲ承ケ盛ニ遼東ヲ侵略シ、後金(清)ト稱ス當時旅順ノ主將黃龍部下ノ水師ヲ割キ之ニ討タシム。此空虚ニ乘シ一部ノ清兵旅順ヲ襲フ、黃龍防戰能ク努メシモ城中彈藥矢石共ニ盡キ、勢窮シテ遂ニ自刎シテ死ス、茲ニ至リテ旅順ハ後金ノ有ニ歸ス、時ニ明帝五年ナリ現今黃金山麓ニ祭ルモノ卽チ之ナリ。

其後清朝康熙五十年清宗ノ時、旅順海濱靜ナラス金州ノ管轄亦遠キニ過キ海陸ノ要路武備ノ要アルヲ認メ、同五十四年旅順ノ北十里（支那里一里ハ我約六町）水師營ニ屯營ヲ置キ以テ海道ノ安靜ヲ計リ附近ノ民ヲ既ニ分ッテ正黄、廂黄、正白ノ漢軍三旗ヲ編制シ、毎年二箇月間交代ヲ以テ旗署ニ當リ、又春秋二回檢閲操演ヲ施行シ海上ニ於テハ木造戰艦十隻、帆船四隻ヲ備ヘ常ニ海面ノ警備ニ當リ、文宗ノ咸豐年間英佛二國ト難ヲ構ヘ、聯合軍ノ長驅北京ヲ衝クヤ清國政府ハ遽ニ港灣防備ノ策ヲ講スルニ至リ、光緒五年（明治十二年）冬北洋大臣李鴻章上奏シテ旅順ハ渤海ノ要路宜シク武ヲ用フルノ地ナルヲ論シ、周盛傳ヲシテ工ヲ監セシム周、命ヲ承ケ旅順ニ軍港ヲ築キ、翌年更ニ獨逸工兵少佐「ハンネツケン」ヲ聘シ、大ニ工事ヲ興シ、黄金臺ヲ始トシ爾來五箇年間四方ニ砲臺ヲ築キ船渠ヲ設ケ、後十四年ニ至リ北洋水師始メテ成立シ、提督丁汝昌戰艦二十餘艘ヲ率ヒ來リ以テ北洋ノ水師ニ當ル、内外人呼テ世界五港ノ一ト稱揚ス、尙別ニ道臺衙門ヲ置キ沿海一帶ノ營務ヲ管理セシメ、商業日ニ繁榮ヲ加ヘ人口實ニ四萬ヲ算スルニ至ル。

光緒二十年日清和ヲ失フヤ、水師提督丁汝昌ハ大小戰艦三十餘隻ヲ率ヒ旅順、威海衛ヲ根據トシ以テ渤海ノ制海權ヲ掌握セシカ、明治二十七年九月十七日黃海ニ敗衂スルヤ爾後威海衞ニ蟄伏シ、袖手陸上ノ不運ヲ傍觀スルニ至リ制海權全ク我軍ニ歸シ、一面陸上ニ於テハ九月我軍ハ花園口ニ上陸シ、漸次南進旅順ヲ衝クニ至リ、清軍奮戰防禦能ク努メタリト雖、我軍ノ攻擊ヲ支フルコト能ハス二日ニシテ全要塞我有ニ歸セシモ、翌光緒二十一年我國ハ旅順ヲ清國ニ還附セリ、清國ハ顧元勳ヲシテ嵩武軍數百ヲ率ヒ來テ此地ヲ接領セシム同十一月宋慶亦來リテ駐シ、更ニ南洋巡洋艦五隻調來シ以テ水師トセシモ、戰後ノ凋落又昔日ノ比ニアラス。

是ヨリ先露西亞ハ常ニ東方侵略ノ機ヲ覦ヒツツアリシカ、遂ニ一千八百九十六年彼ノ有名ナル「カシニー」條約ニ依リ南滿洲鐵道ノ布設權ヲ得、露清銀行ヲ設立シ後二年旅順、大連ノ租借條約ヲ締結スルト共ニ、步兵四大隊、騎兵一中隊、野砲二中隊、砲兵六中隊、工兵一中隊ヲ駐屯セシメ、一面行政ヲ布キ關東州ト稱シ政廳ヲ置キ、海軍大將「アレキセーフ」ヲ關東總督ニ任シ、以テ東亞ニ於ケル露國勢力ノ中心タラシメ、國力ヲ擧ケテ海陸防禦ノ工事ニ努メ鐵道、家屋ノ工役大ニ興リ市街又殷賑ヲ極ム、次テ三十七年二月六日日露ノ國交斷絕スルヤ劈頭、我艦隊ノ旅順口外敵艦襲擊ニ始マリ、總攻擊ヲ重ヌル四回、翌三十八年一月一日ヲ以テ全ク旅順ヲ陷落セシムルニ至レリ。實ニ敵ハ自然ノ天險ニ據リ築城防禦工事ニ就テハ文明ノ粹ヲ盡シ、苦心慘憺以テ修築シタル流石ノ堅壘モ、我カ精銳カ包圍半歲遂ニ主將「ステツセル」以下二萬四千餘ノ捕虜ヲ出シテ我手ニ歸ス、後兩國講和談判ノ締結ニ依リ關東州ノ租借權ハ日本ニ移ル所トナレリ。

初メ旅順ノ開城ト共ニ我軍此ノ地ニ軍政署ヲ開廳シ、遼東守備軍司令部ニ隸屬セシメ、軍政委員ハ軍政署長トナリ、軍政ニ關スル諸般ノ事務ヲ處理シ、區劃ヲ第一第二區ニ分チ、第一區ハ旅順市街及一會トシ、第二區ハ之カ五會ニ分チ、前者ハ軍政委員ノ直轄ニ屬シ、之ヲ新市街ニ設ケ以テ行政事務ヲ管理セシメ、後者ハ水師營ニ置キ管區長(陸軍通譯)一名ヲ派シ會村長ヲ監督シ、諸般ノ行政事務ヲ處理セシム。同年六月二十三日關東州民政署事務開始(大連)ト共ニ軍政ニ關スル諸般ノ事務ハ旅順民政支署ハ引繼キ軍政署閉鎖シタリ。越エテ明治三十九年九月一日關東都督府官制實施サルルニ及ヒ旅順民政署設置セラレ從來ノ民政支署ニ於テ管掌シタル事務ハ旅順民政署ニ於テ處理スルコトトナリ以テ今日ニ至レリ。

第二章　旅順

旅順ハ滿洲ノ最南端ニ位シ、關東州ノ一角ヲ占ム。骨ヲ刺ステフ西比利亞嵐モイツシカ和キテ白玉嵐ト變リ、空氣淸澄山紫水明之レ旅順ノ眞景ニシテ滿洲ノ仙境トシテ千山ニ次クト謂フヘシ

市街ハ白玉山麓ヲ縫フ龍河ニ依ツテ新市街ハ西南ニ、舊市街ハ東北ニ別タル。市ノ北西ハ山容重疊、翠色連リ南東一面ハ渤黃兩海ニ面ス、起伏縱横ノ地形モ其ノ坂路ハ急ナラス、坦ナラス街衢整々建築淸麗、座シテ郊外ノ風光ニ接スルノ妙趣ハ一度旅順ヲ訪ヘル者ノ忘ル能ハサル處ナルヘシ。若シ夫レ敎育地トシテ旅順ヲ觀ンカ一山、一丘、一草、一木、是レ皆兩戰役ヨリ來レル歷史上ノ遺跡ニテ、彼ノ乃木將軍ノ詩ニ曰フ鐵血蔽山山形改、萬人齊仰爾靈山、當年戰士ノ英靈ヲ慰メ其ノ遺勳ヲ千載ニ傳フ白玉山頭ノ表忠塔、巍然トシテ天ヲ摩スル老鐵山一トシテ精神的敎養ニ資セサルハナシ、加フルニ各校堂ノ雄大ト設備ノ完全トハ滿洲唯一ノ育英地ト稱シテ憚ラサルナリ。

母國人ノ多クハ今猶朔風荒フ滿洲ハ滿目荒涼四季ヲ通シテ享樂ニ乏シキ地ナルカ如ク思フモ、千山ノ仙境、大連ノ文化的發達ト共ニ我旅順ハ光風清明ノ勝地トシテ知ラル。春光融融トシテ東風渤海ヲ渡リ來ルヤ、凋落セル山容水色ハ一變鮮カニ四望ノ連山ヲ覆ヘル松柏ハ一段ノ青翠ヲ加ヘ、菜花ハ黄ニ麥苗ハ碧ク蓓蕾已ニ綻ム李桃ノ花ハ紅白參差シ、禽鳥ハ幽谷ヲ出テ晴空ニ吟スルノ興趣ハ母國人ノ意想ノ外ニアリ、殊ニ夏ノ旅順ハ是レ正ニ誇ルヘキモノノ一ニシテ、炎威燒クカ如キ日中ト雖モ、涼影地ニ滿チテ清風故人來ルノ感アリ、夜ノ龍河ハ螢火幾千舞フカ如ク、又一日西港ニ網センカ、幾多ノ銀鱗ハ網中ニ躍リ殊ニ龍河ニ於ケル鰻ト沙魚ハ頗ル快トスル處ニテ味亦美ナリ、更ニ奇勝老鐵山ニ登攀ヲ試ミンカ、遙ニ山東角ヲ望見シ脚下深潭藍ヲ湛ヘテ白帆ノ點々タルアリ、又ジャンク船ニ白帆ヲ張リテ一度港外ニ出テンカ、海氣天ニ連ル大海原ニ雪ノ如キ浪花ヲ蹴ツテ、黄金臺ニ至ル興趣ハ筆勢ノ及フ處ニアラス、黄金臺ハ旅順市民ノ二大行樂場トシテ、春秋ノ學童運動會ト夏季ノ海水浴ヲ擧クヘク、又其ノ東ニ連ルハ白銀山ニシテ、大小丘阜ハ露軍最後ノ砲兵陣地ナリ、老頭山觀測所トシテ有名ナリシ北斗山ヨリ肉彈地下戰ヲ以テ有名ナル東鷄冠山及望臺ハ又其ノ北西ニ連リ、全山稚松ヲ以テ覆ハレ柏葉燃ユルカ如ク、錦繡ヲ綴リテ觀客ノ低徊去ルニ忍フ能ハサルハ千山ニ亞ク佳景トナス、朔風颼々タル冬ノ旅順ハ新粧一變銀裳ヲ著ケタル諸丘ハ到ル處、兎族出沒シ山七面鳥、雁、鴨等群ヲ爲シテ飛翔シ來リ好獵家ノ血ヲ湧カシム。又黃金山麓及大正公園ニ於ケル湛水ハ凍リテ、スケート場トシテ老幼男女嬉々トシテ群レ遊フ旅順ノ天地ハ實ニ四季ノ風光一トシテ佳ナラサルハナク、寒暑共ニ酷シカラス、健康地トシテ將又育英教化ノ地トシテ滿洲中他ニ其ノ比ヲ見ス、鐵路一時間ニシテ大連ニ達スヘク、又近ク旅大兩市間自動車道路完成ノ曉ニハ、更ニ一層ノ利便ヲ增スヘク、物資ノ供給圓滿ニシテ、理想的住宅地トシテ推稱セラルルニ至ルヘシ。滿洲ノ荒蓼タル天地モ旅順ヲ得テ初メテ清艶ノ氣ニ滿チ浩然ノ氣ヲ養フヲ得ヘシ。

第三章　土地及氣象

旅順民政署管內ハ遼東半島ノ南端卽チ關東州南西ノ一隅ヲ占メ、東徑百二十一度、北緯三十八度、東西六里、南北八里、面積三六・八〇平方里ニシテ（關東州ハ本州及附屬島嶼チ合セテ二百十八平方里餘、內地ノ縣ニ比スレハ滋賀縣ヨリ稍小ク岡山縣ノ約半ニ當ル）州内ノ約五分ノ二ニ相當ス、東ハ起伏重疊セル山脈ニ從ヒ横斷シテ大連民政署所管ト界シ、他ノ三面ハ渤海灣ニ臨メリ、管内大部ハ山嶽ヲ以テ圍繞セラレ唯北西一部坦々タル平地ヲナセルノミ

（一）土　地

管内行政區劃ハ一市六會ニシテ、總面積一億七千一百七十二萬四千二百三十坪ナリ、内七千五百萬九千五百三十六坪ハ官有ニ屬ス、是等官有地ハ露治時代ニ於テ未墾地ヲ官有トシテ認定シ來リタルモノト、諸般設備ニ充當スル爲主要地域ニ於テ廣面積ノ土地ヲ買收シ、之ニ多數ノ建物建設シタルモノトカ其ノ大部分ヲ占ムルモノニシテ、日露戰役當時我軍事ノ行動ノ防害ヲ加ヘタル者ニ對シ、軍事法廷ニ於テ沒收宣告ヲ與ヘタルモノヲ包有ス、今一市六會別面積ト土地ノ種目ヲ掲クレハ左ノ如シ。

（イ）面　積

坪種別／市會別	坪數	方里	里程

旅順市	五、七九七、五〇四	一・〇二	東西 一里二十六町	南北 一里二十六町
方家屯會	三七、八七四、二五一	八・一〇	東西 二里六町	南北 五里二十八町
水師營會	一八、七六七、五六六	四・〇二	東西 二里十町	南北 一里三十町
山頭會	一六、三〇九、二八〇	三・五〇	東西 二里十町	南北 一里五町
三澗堡會	二五、〇一五、四六七	五・四〇	東西 二里十町	南北 二里六町
營城子會	三四、一二二、四一七	七・三〇	東西 三里八町	南北 四里三町
玉家店會	三三、八三七、七四五	七・二〇	東西 二里十二町	南北 二里十一町
計	一七一、七二四、二三〇	三六・五四	東西 六里	南北 八里

(ロ) 官民有地種目別

種目	官有	民有
林野	七一、〇四二、七六〇	一、六五四、〇九八
田地	六六、〇八九	

軍用地	八、七七六、九七一	—
宅地	五五、五四〇	一、五八八、三〇二
畑地	一、四六八、九一九	七六、七八七、七四二
墓地	六六、〇三八	六〇八、四二六
社寺敷地	六八〇	三二、六九五
鹽田	一、六六八、六八〇	—
池地	一五、三二〇	—
鐵道	—	二九五、八三三

（二）氣　象

關東州內ハ到ル處丘陵伏起シ、平地少ク其ノ大陸ト接續セル一部ヲ除ケハ全ク海洋ニ臨ムヲ以テ氣候ハ殊ニ海陸兩者ノ支配ヲ受ケ、就中冬季大陸ノ影響ヲ蒙ルコト極メテ著シク、時ニ寒風連日ニ亙リ攝氏零下十六七度ヲ示スコトアルモ、忽然快晴眞ニ温和ノ天候ヲ來スヲ常トス、此地方氣候ノ特徵トシテ氣層傾度ノ緩漫ナル時期ニ於テハ海洋的氣候ノ狀態ヲ現ハシ、寡雨乾燥ニシテ天候良好ナルモ、冬季ニ於テハ北風ノ速度强大ナリト雖州內中最モ氣候温和ナリトス。今大正九年中ノ當旅順ノ氣象ヲ揭クレハ左ノ如シ。

（イ）氣　温

（－）印ハ零度以下ヲ示シ（－）一五、三ハ零度以下十五度三ト稱スルカ如シ

	最高		最低		平均
一月	五•二	六日九日	(一)一五•三	一三日	(一)三•六
二月	四•〇	一日	(一)一七•九	一〇日	(一)五•九
三月	一四•二	二〇日	(一)八•〇	三日	二•七
四月	二三•三	二八日	一•五	五日	一〇•五
五月	二八•六	一八日	七•九	一日	一七•五
六月	三四•二	二九日	一二•一	五日	二〇•二
七月	三三•二	三日	一七•四	六日	二四•三
八月	三四•五	一日	一八•八	二〇日	二五•一
九月	二九•〇	一日	九•七	二四日	一八•九
十月	二三•六	二〇日	六•三	三〇日	一五•六
十一月	二四•四	二日	(一)五•五	五日	六•九
十二月	一三•六	一日	(一)一一•三	八日九日	(一)〇•九
年中	三四•五	八月一日	(一)一七•九	二月十日	一〇•九

（ロ）平均氣壓（粍）

一月	七六一•二
二月	七六五•九
三月	七六一•四
四月	七五六•五
五月	七五一•三
六月	七四七•五
七月	七四八•三
八月	七四七•五
九月	七五五•二
十月	七五八•二
十一月	七六〇•五
十二月	七六三•五
平均	七五六•四

（ハ）平均風速度（米/秒）

一月	二月	三月	四月	五月	六月	七月	八月	九月	十月	十一月	十二月	平均	最强速度
五・六	四・九	四・八	五・〇	四・三	五・二	三・八	三・三	四・五	五・三	六・一	六・四	四・九	二四・九 十一月三日、四日

(ニ) 降水量 (粍)

一月	二月	三月	四月	五月	六月	七月	八月	九月	十月	十一月	十二月	計	一日中ノ最多量
七・九	一八・九	二・五	一八・四	四・五	三一・三	二六五・三	一三九・八	二〇五・六	二六・八	二七・六	二・七	七五一・三	一六六・八 七月十六日

(ホ) 各種日數

雨	雪	霰	雹	雷雨	霧	暴風	霜	快晴	曇天
七七日	三日	三日	—	一一日	二二日	一二五日	五八日	一一四日	七六日

第四章　戸口

（一）　戸口及職業

内地人ノ戸口ハ時ニ多少增減アレトモ、滿蒙ノ開發ニ伴ヒ遞次增加ノ趨勢ヲ示シ、今ヤ旅順市ニ在リテハ二千二百餘戸九千餘人ヲ算スルニ至レリ、又支那人ニ在リテ光緒五年清朝カ當旅順ヲシテ東洋ノ重鎭タラシムヘク國帑ヲ傾ケ、六箇年間ニ涉ル大工事ヲ營ミ、商業繁榮ヲ極メ人口數萬ヲ算シタリト云フ。其ノ後日淸日露ノ戰役ニヨリ時々一張一弛アルモ三十八年我軍ノ有ニ歸セショリ帝國施政ノ下ニ生活ノ安固ヲ得、一視同仁ノ善政ニ信賴シ爲メニ來住者日ニ增シ月ニ進ミ現在戸數二千餘戸、人口一萬餘人ニシテ是等ハ大抵土著民ナリトス、村落ニ在リテハ今尙內地ノ居住者極メテ少キモ從來ノ支那土著ノ者ハ戸數一萬四千戸、人口九萬五千餘人ノ多キヲ算ス

內地人ノ職業ハ年ヲ逐フテ著實眞摯ニ向ヒ、各自事業ヲ經營シ殊ニ農工業等永久的事業ニ從事スル者逐次增加ノ好況ヲ呈シツヽアリ、而シテ旅順市ニ於テハ在住者中官吏多數ヲ占

メ村落ニ於テハ農業林業者ヲ主トス。

(イ) 戸數及人口

大正九年末現在

	派出所名	戸數 日本人 內地人	戸數 日本人 朝鮮人	戸數 支那人	戸數 外國人	戸數 計	人口 日本人 內地人 男	人口 日本人 內地人 女	人口 日本人 朝鮮人 男	人口 日本人 朝鮮人 女	人口 支那人 男	人口 支那人 女	人口 外國人 男	人口 外國人 女	人口 合計 男	人口 合計 女	人口 計
市內	十年町	六	一	三七九	―	三八六	八	二四	二	六	一、三一九	五六四	―	―	一、三二九	五九四	一、九二三
	柳町	四七	二	八四三	―	八九二	八〇	一八三	四	一六	二、六四二	一、一三二	―	―	二、七二六	一、三三一	四、〇五七
	鮫島町	一三二	―	三三〇	二	四六四	二六六	三三三	―	―	一、一五一	六二九	三	六	一、四二〇	九五八	二、三七八
	迎橋	四四四	二	二一〇	―	六五六	八五〇	七五三	三	―	七七一	三〇八	―	―	一、六二四	一、〇六一	二、六八五
	乃木町	五二一	―	一三七	二	六六〇	一、〇五一	九〇六	一	―	五八三	一八二	五	三	一、六四〇	一、〇九一	二、七三一
	東洋橋	三一二	一	一三	―	三二六	五六三	五四九	九	二	六八	六	―	―	六四〇	五五七	一、一九七
	日本橋	五八	一	五六	―	一一五	一一七	一一〇	一	―	二二三	一一一	―	―	三四一	二二一	五六二
	大迫町	四〇三	―	四八	―	四五一	七九一	七一七	―	―	一七八	四〇	―	―	九六九	七五七	一、七二六

明治町	三六〇	一	五一	二	四一四	九三一	八〇六	三	一	二六九	四八	二	二	一、一八七	八五七	二、〇四四
計	二、二八三	八	二、〇六七	六	四、三六四	四、六三九	四、三七一	一三	二五	七、〇二四	三、〇二〇	一〇	一一	一一、八七六	七、四二七	一九、三〇三
村																
乃木町	六	—	二四	—	三〇	九	一一	—	—	七四	六五	—	—	八三	七六	一五九
明治町	四九	—	三八	—	八七	八四	五五	—	—	一一〇	七〇	—	—	一九四	一二五	三一九
柏嵐子	九	—	六三六	—	六四五	二〇	九	—	—	二、三一〇	二、一八六	—	—	二、三三〇	二、一九五	四、五二五
南山裡	五	—	七八三	—	七八八	六	四	—	—	二、九〇三	二、七九八	—	—	二、九〇九	二、八〇二	五、七一一
羊頭窪	四	—	一、三五六	—	一、三六〇	四	四	—	—	四、三四六	四、四七四	—	—	四、三五〇	四、四七八	八、八二八
雙島灣	一〇	—	一、一一八	—	一、一二八	一三	九	—	—	三、五一九	三、八七四	—	—	三、五三二	三、八八三	七、四一五
山頭村	二	—	一、一五八	—	一、一六〇	三	一	—	—	四、三五六	四、一五一	—	—	四、三五九	四、一五二	八、五一一
三澗堡	九	—	一、九二七	—	一、九三六	一一	八	—	—	六、二一〇	六、三五八	—	—	六、二二一	六、三六六	一二、五八七
水師營	七	—	一、四一四	—	一、四二一	一七	一〇	—	—	五、一三一	四、一七四	—	—	五、一四八	四、一八四	九、三三二
龍頭	九	—	五五八	—	五六七	一五	一五	—	—	一、八七一	一、八一二	—	—	一、八八六	一、八二七	三、七一三

落																
鹽廠	二	—	七八五	—	七八七	四	三	—	—	二、四四七	二、四一九	—	—	二、四五一	二、四二二	四、八七三
龍王塘	四	—	六五三	—	六五七	四五	三	—	—	二、六七五	一、八八〇	—	—	二、七二〇	一、八八三	四、六〇三
黃泥川	三	—	四九一	—	四九四	五	三	—	—	一、四八六	一、五五二	—	—	一、四九一	一、五五五	三、〇四六
營城子	一四	—	一、〇三二	一	一、〇四七	二	一六	—	—	三、四二七	三、六二二	一	三	三、四四六	三、六四一	七、〇八七
牧城驛	三	—	六六三	—	六六九	六	五	—	—	二、五一七	二、五〇八	—	—	二、五二三	二、五一三	五、〇三六
計	一三六	—	一二、六三六	一	一二、七七三	二六三	一五六	—	—	四三、三七九	四一、九四三	一	三	四三、六四三	四二、一〇二	八五、七四五
總計	二、四一九	八	一四、七〇三	七	一七、一三七	四、九〇二	四、五二七	二三	二五	五〇、四〇三	四四、九六三	一一	一四	五四、三三九	四九、五二九	一〇四、八六六

(ロ) 常住人口職業別

大正九年末現在

職業	日本人		支那人		外國人		合計		
	男	女	男	女	男	女	男	女	計

大分類	業別										
農林漁業	農業及畜産業	本業者	三七	三	一六、〇九六	二〇三	―	―	一六、一三五	二〇六	一六、四三一
		從屬者	一三二	四〇	一七、六七五	三三、三七七	―	―	一七、八〇七	三三、四一七	五一、二二四
	林業及狩獵業	本業者	一〇	―	―	―	―	―	一〇	―	一〇
		從屬者	一五	一二	―	―	―	―	一五	一二	二七
	漁業及製鹽業	本業者	三七	―	一、六八五	―	―	―	一、七二二	―	一、七二二
		從屬者	二三	三八	二、〇二四	三、七二七	―	―	二、〇四七	三、七六五	五、八一二
鑛山業	鑛山業	本業者	―	―	六	―	―	―	九	―	六
		從屬者	―	九	九	一六	―	―	六	二五	三四
工	綿絲及織物製造業	本業者	七	六	一六五	四	―	―	一七二	一〇	一八二
		從屬者	一〇	一七	七一	三八	―	―	八一	五五	一三六
	皮革及角牙類製造業	本業者	―	―	七七	二	―	―	七七	二	七九
		從屬者	―	―	三六	二七	―	―	三六	二七	六三
	紙及紙製品製造業	本業者	四	―	八	―	―	―	一二	―	一二
		從屬者	二	四	一〇	七	―	―	一二	一一	二三

第四章　戸口

木竹品製造業	本業者	二八	二	一五〇	—	—	—	一七八	二	一八〇
	從屬者	一九	四〇	一四〇	三五	—	—	一六〇	七五	二三五
金屬品製造業	本業者	三五	—	二一四	—	—	—	二四九	—	二四九
	從屬者	二二	四九	一四一	一六七	—	—	一六三	二一六	三七九
陶磁器及硝子類製造業	本業者	七	—	一三	—	—	—	二〇	—	二〇
	從屬者	一〇	一六	四	二	—	—	一四	一八	三二
油脂類製造業	本業者	—	—	八	—	—	—	八	—	八
	從屬者	—	—	一一	四	—	—	一一	四	一五
化學製品製造業	本業者	三	—	一三	—	—	—	一六	—	一六
	從屬者	三	—	六	五	—	—	九	五	一四
飲食料品製造業	本業者	五七	二三	一五七	二	一	—	二一五	二五	二四〇
	從屬者	三三	四五	九三	一一五	—	三	一二六	一六三	二八九
衣服及身装品製造業	本業者	五一	二〇	一四七	三〇	—	—	一九八	五〇	二四八
	從屬者	二二	二八	四六	八四	—	—	六八	一一二	一八〇
機械類學術品及娛樂品製造業	本業者	二三	—	九一	—	—	—	一一四	—	一一四
	從屬者	一二	二八	二八	四八	—	—	四〇	七六	一一六

二〇

業								商							
交通機関製造組立業		建築業		天然力ノ発生及分配業		其ノ他ノ工業		物品販売業		金融売買媒介及保険業		貸貸業及倉庫業		宿屋及料理店	
本業者	従属者	本業者	従属者	本業者	従属者	本業著	従属者	本業者	従属者	本業者	従属者	本業者	従属者	本業者	従属者
二五	一	九〇	七三	一〇	七	二三八	一五八	一一六	一六六	一一	三三	九	九	一〇七	八九
—	三	—	一五八	—	一五	四〇	三〇四	六六	二二八	一	六三	—	二三	六七	八一
六九	二	二九八	一〇八	一三	四	六七四	三九六	九一八	四八〇	三一五	三三	一七	一八	九〇	八九
—	四二	—	二四一	—	六	一九	四七七	五	六〇五	五四	三〇	九	三六	四	六六
—	—	—	—	—	—	一	—	—	—	—	—	—	—	—	—
—	—	—	—	—	—	—	一	—	—	—	—	—	—	—	—
九四	三	三八八	一八一	一三	一一	九〇三	五五二	一、〇三四	六四六	三二六	五五	二六	二七	一九七	一七八
—	四五	—	三九八	—	二	五九	七八二	七二	八三二	五五	九二	九	五九	七一	一四七
九四	六七	三八八	五七九	一三	一三	九六二	一、三三四	一、一〇五	一、四七八	三八一	一四八	三五	八六	二六八	三二五

第四章　戸口

	業		交通業								政務ニ關スル業			
	其ノ他ノ商業		郵便電信電話業		鐵道馬車運輸業		船舶運輸業		其ノ他ノ運輸交通業		軍人軍屬警察官		一般政務ニ關スル業	
	本業者	從屬者	本業者	從屬者	本業者	從屬者	本業者	從屬者	本業者	從屬者	本業者	從屬者	本業者	從屬者
	七二	三七	五七	五三	五六	三九	三三	一九	二七	一七	五三〇	四〇八	四七七	四六一
	三三	一四七	一八	八八	—	一一六	—	六三	—	三三	—	七一四	二	八九四
	六〇七	二五七	七	二	三八三	一二六	二六四	一三一	六一	七九	三七	四四	二三	五九
	一八三	三五五	—	一〇	—	二三九	—	三四七	—	一三四	—	六〇	—	三五
	—	—	—	—	—	—	—	—	—	—	—	—	—	—
	—	—	—	—	—	—	—	—	—	—	—	—	—	—
	六七九	二九六	六四	五五	四三九	一六五	二九七	一五〇	八八	九六	五六七	四五二	五〇〇	五二〇
	二一六	五〇二	一八	九八	—	三五五	—	四一〇	—	一六七	—	七七四	二	九二九
	八九五	七九八	八二	一五三	四三九	五二〇	二九七	五六〇	八八	二六三	五六七	一、二二六	五〇二	一、四四九

自由業										其ノ他職業			
祭祀宗教ニ關スル業		教育ニ關スル業		醫療保健ニ關スル業		裁判法律ニ關スル業		文學技術慈善道德ニ關スル業		娯樂ニ關スル業		其ノ他ノ職業	
本業者	従屬者	本業者	従屬者	本業者	従屬者	本業者	従屬者	本業者	従屬者	本業者	従屬者	本業者	従屬者
二一	二一	二〇七	二〇九	四〇	四〇	三二	三一	二一	二三	八	一三	一四九	五四
—	一九	一一	三八六	五三	七八	—	四三	二	三六	一七二	一六	六〇	八七
四〇	四七	一三一	九七	一三	七	二	五	四	一三	一一	八	三、〇六三	二、一四七
二	五六	四	一五〇	四	一一	—	四	二	四	三二	一四	四三	三、八五八
一	四	—	—	—	—	—	—	—	—	—	—	—	—
三	三	—	—	—	—	—	—	—	—	—	—	—	—
七二	七二	三三八	三〇六	五三	四七	三四	三六	二五	四五	一九	二一	三、二一二	二、二〇一
五	七八	一五	五三八	五七	八九	—	四七	四	四〇	二〇三	三〇	一〇三	三、九四五
七七	一五〇	三五三	八四二	一一〇	一三六	三四	八三	二九	八五	二二二	五一	三、三一五	六、一四六

無職業者										
財産及恩給等ノ生活者	本業者	三	一二	九	四四	一	—	一三	五五	六八
	従属者	五	一五	一七	一六	三	四	二五	三五	六〇
無職業者	本業者	三〇	二七	二八	二八	—	—	五八	五五	一一三
	従属者									
総計	本業者	二、六二五	五七八	二五、八八一	六〇二	四	三	二八、五一〇	一、一八三	二九、六九三
	従属者	二、二六一	三、九二〇	二四、四六七	四四、四三一	七	一一	二六、七三五	四八、三六二	七五、〇九七
	無職業者	三八	五三	五四	八八	—	—	九二	一四一	二三三
	合計	四、九二四	四、五五一	五〇、四〇二	四五、一二一	一一	一四	五五、三三七	四九、六八六	一〇五、〇二三

(八) 現住日本人地方別

本籍地	男	女	計
東京	二五八	二三八	四九六
青森	二三	七	三〇
三重	七六	五六	一三二

神奈川	四四	九六	一三一
埼玉	五五	三五	九〇
千葉	六一	四八	一〇九
茨城	四六	四七	九三
栃木	三九	二六	六五
群馬	二三	一一	三三
福島	一〇五	八四	一八九
宮城	八三	七二	一五五
秋田	四三	三一	七四
島根	七八	七五	一五三
鳥取	六一	四八	一〇九
徳島	四四	三八	九二
香川	八九	七三	一六二
北海道	四四	四二	八六
長野	八七	七七	一六四
山梨	二七	二四	五一
新潟	一〇四	七四	一七八
富山	二八	二〇	四八
石川	七五	七一	一四六
福井	三八	三〇	六八
愛知	一〇三	一〇六	二〇九
高知	七八	八五	一六三
福岡	三七五	三四五	七二〇
宮崎	六六	六四	一三〇
佐賀	二九七	二六七	五六四
長崎	三〇八	四二三	七三一
京都	八一	七六	一五七
大阪	一〇八	九五	二〇三
奈良	二九	二二	五一
和歌山	四八	四一	八九
兵庫	一一二	九六	二〇八
岡山	九八	九八	一九六
山口	二五九	二五四	五一三
大分	一七四	一六四	三三八
熊本	六五	二五九	五二四
鹿児島	二一六	一九六	四一二
沖縄	三	一	四
朝鮮	二三	二五	四八
臺灣	二	一	三

愛媛	一六一	一三三	二九四
巖手	三二	三四	六六
岐阜	五三	二六	七九
滋賀	七九	四九	一二九

(二) 家屋

旅順市ニ於ケル家屋建築ニ關シテハ明治三十八年六月關東州旅順民政支署當時ヨリ之カ建築假規程ヲ定メ、民政支署ニ於テ許可ヲ與ヘリ。越エテ明治四十三年十一月關東都督府令ヲ以テ旅順市內ニ家屋ヲ建築シ、又ハ其ノ構造ヲ變更セムトスル時ハ民政署ニ願出許可ヲ受クヘキ旨ヲ定メラレ、當署ニ於テハ之ニ基キ許可內規ヲ制定シテ建築ノ許可ヲ與ヘ居レリ。

明治三十八年軍政署ニ於テ調査セシ邦人民有家屋總計一千六百九十九棟ヲ算セシカ、其後ニ於ケル累年ノ增加ノ勢ヲ示セハ左ノ如シ。

明治三十九年
同四十年
同四十一年
同四十二年
同四十三年
同四十四年
大正元年
同二年
同三年
同四年
同五年
同六年
同七年
同八年
同九年
計

四五	七三	六四	六二	七八	九〇	一一九	一六九	六二	二〇	五五	二二	三四	八四	一〇三	一、〇七九

前表ニ依ルニ一箇年平均六十九戸強ノ増加ニ過キサルモ、市ハ官公衙及陸海軍衙所在地ナルヲ以テ職員宿舎ノ増築ハ年々多數ニ上リ、兩者ヲ合スレハ一年平均優ニ百戸以上ヲ算スヘシ。

（三）家屋使用途

用途別	關東廳所管		當署所管	
	棟數	建坪數	棟數	建坪數
廳舎用家屋	一五	三、〇七七坪	六〇	二、三七二坪
宿舎用家屋	二三七	一三、三七一	一三七	三、八五五
校舎用家屋	一五	一三、三三〇	三五	一、七八二
校舎附屬寄宿舎	一八	三、九七三	—	—
病院用家屋	九	八八九	三〇	九九七

病院附屬宿舍	一九	一、〇五八	｜	｜
市場	｜	｜	五	五二一
公園用	｜	｜	三	一二六
火葬場	｜	｜	九	一〇三
貸付用	｜	｜	五七	三、〇四六

第五章　交通、通信

旅順市內ノ通信機關トシテ郵便局二箇所、郵便所一箇所、電信取扱所三箇所、電話交換所一箇所、自動電話七箇所、郵便切手賣捌所二十四箇所ヲ算ス。大正九年中ニ於ケル各種業務ハ一般經濟界ノ比較的好況ナリシト事業ノ發展トニ伴ヒ孰レモ増加ノ狀況ヲ呈セリ。

(一)交通

(イ)道路

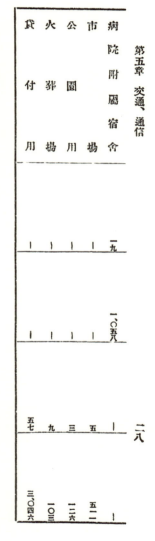

市街道路ハ關東廳ノ直營事業ニシテ鋭意整備ニ力メシ結果、今ヤ殆ント完成ノ期ニ達セリ道幅ハ場所ニ依リ一定ナラスト雖モ、所謂一等道路ハ十八間ノ幅員ニシテ之ヲ歩道及車道ニ分チ、左右兩側ヲ排水溝ヲ設ケ側溝ト歩道ノ中間ニ並木敷ヲ置キテ胡藤、白楊、ポプラノ樹木ヲ植エ、尚主要道路ニハ「コールター」ヲ塗布セリ。是等道路ノ延長ハ十九里餘ヲ算シ、內歩道ヲ有スルモノハ五里九町ニ達ス。又市外道路ノ主ナルモノハ各砲臺ニ通スルモノノ二線、大連竝ニ金州ニ通スルモノ二線アリ、而シテ數年前旅順大連ノ兩市ヲ連絡スヘキ完全ナル道路ヲ開鑿シ兩市間ノ交通ヲシテ一層利便ナラシムルノ必要ヲ認メ、本年度ハ專ラ自動車運轉ニ適スル道路開修ノ工ヲ起セリ。兩三年ヲ以テ全通ノ見込ナリ、砲臺道路ハ關東廳直營トシ大連、金州ヲ通スル分ハ沿線ノ會ニ於テ之カ維持ス。又各會間聯絡道路ハ馬車ノ交通ニ支障ナシ。其外村落ニ於ケル主要道路ハ幹支線共大正七年全部ノ改修ヲ了シ、其ノ維持ノ爲毎年春秋ノ二期ニ各會ヲシテ修理セシメツツアルモ、橋梁架設ノ如キ多額ノ經費ヲ要スル場合ハ會財政上、直ニ著手シ難キモ經費ノ許ス範圍ニ於テ最善ノ方法ヲ講シ緩急ニ從ヒ年々架設ヲ行ヒツツアルヲ以テ、遠カラス面目一新スルニ至ルヘク、今管內ニ於ケル村落道路ノ里數ヲ揭クレハ、奉天道路ハ八里三十四町、旅大中央道路ハ三里二十三町、同海岸道路ハ五里三十町、其他ノ道路一百里合計百十八里餘ニ達ス。

(ロ)　鐵　道

管內ノ鐵道ハ南滿洲鐵道株式會社ノ經營ニ係ル所ノ旅順線一線ニシテ、周水子驛ヨリ旅順ニ至ル三十一哩六ナリトス。而シテ旅大間ノ哩數ハ三十七哩ニシテ一時間ニテ達スヘシ。同鐵道ハ廣軌式ニシテ大連管內周水子驛ニ於テ奥地ト聯絡ス。大正九年中ニ於ケル管內各驛乘降人員竝ニ旅順驛主ナル取扱貨物等ヲ揭クレハ左ノ如シ。

各驛昇降者人員

大正九年

		一月	二月	三月	四月	五月	六月	七月	八月	九月	十月	十一月	十二月	計
		人	人	人	人	人	人	人	人	人	人	人	人	人
旅順	乘車	九、六四一	七、三三六	一一、一五五	一一、〇七〇	一二、〇〇三	一〇、二八九	九、五〇五	一〇、二二三	九、四〇四	一一、七四七	八、五三一	八、八三〇	一一八、七三四
	降車	八、一四四	七、五二二	一〇、九七六	一〇、四五九	一一、四一九	一〇、三八三	八、三一六	九、〇四六	九、三三七	一一、一二九	八、四六五	八、二五四	一一三、四四九
龍頭	乘車	二、二五五	二、一三五	二、六九七	二、五五一	二、一五八	二、〇三六	一、八〇三	二、〇五〇	一、九六五	二、一三三	二、一一八	二、七三四	二五、六三四
	降車	二、〇七〇	二、三九七	二、三九七	二、四四六	二、〇四三	二、四五九	一、八七〇	一、九一八	一、九七五	二、二四八	一、九六九	一、五八九	二五、三八一

營城子 乘車	營城子 降車
一、三二七	二、九六五
二、三五二	三、一〇四
三、一五二	二、八二二
三、六四八	三、一七九
二、九九一	二、九三〇
三、二六三	二、六九六
二、五六九	二、四九二
三、〇八八	三、〇四一
二、八三四	二、四九九
二、七〇八	一、九五二
二、五七六	二、一一八
一、九二〇	一、八三三
三二、四二八	三一、六三〇

旅順驛發著貨物種別

（單位ハ斤トス）

品目	種別 發送	種別 到著
米	四二三、一七一	三、四四五、九八四
麥	一三、三四一	五八五、二一二
小麥	三、五〇八	二五一、二一五
大豆	五〇〇、八二一	四五、三九一
小豆	四一、三五三	五六、一五三
味噌醬油	三五七、八六九	二九八、九八六
野菜果物	四八一、九七一	三九一、九三八
魚介類	三五、九六一	一〇、三二一
麥酒	五二一、七一四	二五三、九〇二
鹽	一二、八〇五	二、八二三、五三六
砂糖	三五、一二五	七二一、二一二
石材	二六二、三三一	五四八、六九二
セメント石灰	一三、五六九	九三二、六四五
金屬	一五三、五八二	四五八、七六〇
藥品	三、〇三八	四〇八、三二一
日本酒	五一、八四五	五九、六八〇

豆粕	二九六、九六九	一、五九四、三五八
高粱	八、九六二	二〇八、五二〇
粟	二七二、〇三五	九五一、七八二
薪炭	二八、五九八	二、一四六、二三四
麥紛	一七、五九三	二、二八三、五六七
木材	五一〇、二四五	五二六、一三三
豆油	九、六七二	一八〇、三〇八
罐詰	三三、七一五	四九、六一八
支那酒	二八、三五三	二七三、九一九
煙草	五、三五八	一二五、八〇二
鹽干魚	二一二、一二五	七九、七九〇
乾物	二、五三八	二六、五一二

(二) 郵便及電信業務取扱數

大正九年度

普通及小包郵便			引受數	配達數
普通郵便	日本人		二、〇五一、九八二	二、四二二、二〇七
	支那人		九七、一二四	一四四、二二四
	計		二、一四九、一〇六	二、五六六、四三一
小包郵便	日本人		一七、四七八	三九、三九九
	支那人		五九七	一、六三九
	計		一八、〇七五	四一、〇三八
電信			**發信數**	**受信數**
	日本人		四三、八四五	四一、九七五
	支那人		一、一〇四	二、二一三
	計		四四、九四九	四四、一八八

第六章　行政機關

(一)總說

關東州ニ於ケル一般行政ハ關東廳ノ所管ニ屬ス、關東長官ハ關東州ヲ管轄シ南滿洲ニ於ケル鐵道線路ノ警務上取締ノコトヲ掌リ、兼テ同鐵道會社ノ業務ヲ監督ス關東長官ノ下ニ一般行政ヲ管掌セシムル爲、民政署長同支署長アリ、民政署長ハ關東廳事務官ヲ以テ之ニ充テ、民政支署長ハ關東廳理事官又ハ屬ヲ以テ之ニ充ツ、現今關東州ヲ三管區ニ分ケ、旅順大連及金州ニ各民政署ヲ置キ、金州民政署ノ管內ニハ更ニ普蘭店、貔子窩ニ民政支署ノ設ケアリ、又大連及旅順ニハ市ヲ置キ、村落地方ニハ會ヲ置ク會內ヲ更ニ分チテ屯ヲ設ケリ市、會、屯ニハ各一人ノ長ヲ置キ地方事務ノ一部ヲ分任セシメ居レリ。然レトモ是等ノ市會及屯ハ未タ法制上自治ノ體制ヲ認ムルニ至ラス、僅ニ舊慣ニヨリテ認メラレタルモノニシテ漸次發達ノ氣運ニ向ヒツツアリ、又關東州內及南滿洲ニ於ケル鐵道沿線ノ警察事務ヲ處理セシムル爲、警務署長及同支署長ヲ置ク、警務署長ハ關東廳警視ヲ以テ之レニ充テ、同支署長ハ警視又ハ警部ヲ以テ之ニ充ツルコトトナレリ。

以上ノ外長官監督ノ下ニ特殊事務ヲ處理スル爲、法院、通信官署、海務局、監獄署等ヲ置ケリ。

(二)　市

旅順市ハ大正四年(九月)府令第二十六號ヲ以テ大連及旅順市規則ノ發布ニ依リ同年十月一日ヨリ設置セラレタルモノニシテ、母國ノ制度トハ異ナリ未タ自治團ト認ムルニ至ラサルモ蓋シ我カ關東州內ニ於ケル自治團體ノ階梯タルヘキモノト見ルヲ得ヘシ、其權限トシテハ、一、公衆衛生ニ關スル事務、二、小學校及公學堂ノ普通事務(授業料ノ徴收、事務費、傭人ニ關スル諸費ノ仕辨竝ニ宿舍ノ管理兒童就學ニ關スル事務)三社會事業ニ關スル事務、其他特ニ關東長官ノ指定シタル事務ヲ掌理ス、市ニハ市長ヲ置ク、市長ハ市會ノ推薦セル候補者三名中ニ就キ關東長官之ヲ選任シ、名譽職又ハ有給トス現在市長之ヲ名譽職トセリ、市長ハ市ヲ代表シ市ノ事務ヲ擔任ス、其ノ任期ハ四年トス、又市會ハ十六名ノ議員ヲ以テ組織シ、其半數ハ民政署長之ヲ選任シ他ノ半數ハ選任セラレタル者ニ於テ之ヲ選擧シ、民政署長ノ認可ヲ受ケシム其ノ任期ハ二箇年ナリ。市會ノ權限ハ概ネ內地ノ市會ニ準セリ、市ニ住所ヲ有スルモノハ日支人ヲ問ハス市費分擔ノ義務ヲ有スルハ內地ノ制度ト異ルコトナキモ、現行法ニ於テハ住民權トシテ認メラレタルモノナシ、市規則實施以來茲ニ七星霜、其間未タ成績ノ擧ケテ數フヘキモノ尠シト雖、一般市民ノ氣風淳良ニシテ市政圓滿ニ行ハレツツアルヲ以テ、漸次良好ナル治績ヲ見ルニ至ルヘシ。今大正十年度ニ於ケル歲入出豫算ヲ揭クレハ左ノ如シ。

旅順市歲入歲出豫算

歲入

經常部

市税		五〇、三三二
	戸別割	五〇、三三二
使用料及手數料		七、二三一
	使用料	二、五四〇
	授業料	四、〇一一
	手數料	六八〇

第六章　行政機關

雜收入		二三、〇五八
	汚物處分收入	二二、七一〇
	過年度收入	二三〇
	雜入	一一八
歳入經常部計		八〇、六二一

臨時部

償還金		一、〇〇〇
	受託工事費償還金	一、〇〇〇
前年度繰越金		六、〇四七
	前年度繰越金	六、〇四七
繰入金		七四
	繰入金	七四
補助金		一一、七〇〇
	關東廳補助金	一一、七〇〇
歳入臨時部計		一八、八二一

歳入總計	九九、四四二
歳出	
經常部	
市役所費	二〇、〇七七
費用辨償	一、〇三〇
俸給	三、三九二
雜給	一〇、八四二
旅費	七〇
宿舍料	八七六
需品費	二、九六四
修繕費	九〇三
會議費	一〇〇
會議費	一〇〇
公會堂費	二五一
營理費	二五一

三八

第六章　行政機関

衛生費		三二、六二八
	汚物掃除費	二〇、七〇〇
	撒水費	六、三八一
	修繕費	四〇〇
	傳染病豫防費	五、一四七
教育費		三四、三一三
	小學校費	二五、五一九
	公學堂費	八、四二〇
	教育奬勵費	三七四
水道費		一、三九九
	諸給與	五八八
	需用費	八一一
救育諸費		八〇
	救育諸費	八〇

豫備費			一、六〇〇
	豫備費		一、六〇〇
歳出經常部計			九〇、四四八

臨時部

臨時手當			七、九九四
	臨時手當		七、九九四
下水工事費			一、〇〇〇
	下水工事費		一、〇〇〇
歳出臨時部計			八、九九四
歳出總計			九九、四四二

（三）會

會ハ地方行政機關トシテ母國ニ於ケル町村ニ該當シ、其事務ハ市ニ於ケルカ如ク制限的ナラサルモノアリ、舊慣ニ基ク露治時代ノ制度ヲ踏襲セシモノナリ。大正八年二月關東廳ニ於テハ會行政準則ヲ制定シ、現在之ニ據リテ會ノ事務ヲ施行シツツアリ、當署管内ハ之ヲ方家屯、山頭、水師營、三澗堡、營城子及王家店ノ六會ニ分チ、一會十六屯ヨリ多キハ三十一屯ヲ包容シ總數百五十一屯ヲ算ス、會ニ會長、屯ニハ屯長アリテ屯長ハ屯民ニ依リ、會長ハ屯長ニ依リテ選擧セラル。會ハ民政署長ノ監督ノ下ニ現今造林 農耕ノ奬勵、道路橋梁ノ修築、維持及普通學堂ノ管理其他諸般ノ公共事務ヲ執行ス、會費トシテ會住

營城子會事務所

民ヨリ徴收シ得ヘキモノハ戸別割及反別割ノ二種ニシテ、會經費ハ逐年增加ノ趨勢ナリ。而シテ會事務費ノ主ナルモノハ教育殖産ニ關スルモノニシテ、事務所費之ニ亞ク、最又基本財産ノ造成ニ努メ造林ノ經營積立銀ヲ爲シツヽアリ、又一般民智ノ啓發ヲ圖ル等會行政ノ面目一新セントスルニ至レリ。今大正十年度ニ於ケル各會豫算ノ一班ヲ掲クレハ左ノ如シ。

各會歳入歳出豫算

旅順民政署管内

歳入

科目＼會名	方家屯	山頭	水師營	三澗堡	營城子	王家店	計
財產收入	二四	—	九四	六九	五〇五	八	七〇〇
使用料	二〇	一二	八〇四	二一	二三	二三	九〇一
繰越銀	六〇〇	七〇〇	七〇〇	四〇〇	九〇〇	二一五	三、五一五
雜收入	七〇四	二五五	一、二九三	七二五	一、四四七	八〇六	五、二三〇
會賦課銀	二三、四四二	七、八九四	一〇、一二七	一二、九五〇	一二、五八二	一〇、五八〇	七六、六七五
畝捐收入	七六九	五三四	六〇八	七一六	六〇七	六六九	三、九〇三
寄附銀	—	—	—	—	—	四〇〇	四〇〇
歳入合計	二四、五五九	九、三九五	一三、六二六	一四、八八一	一六、〇六三	一二、七〇〇	九一、二二四

歳出

經常部

科目＼會名	方家屯	山頭	水師營	三澗堡	營城子	王家店	計
會事務所費	五、八六三	二、三五七	三、七三六	二、八八六	三、五一八	三、四四二	二一、八〇三
普通學堂費	一二、五九五	三、五三八	五、八一八	七、六四八	八、〇七七	五、三四一	四三、〇一七
土木費	八〇	六〇	二三三	五五	一五〇	八〇	六五八
獎學費	四八一	三二九	一八四	一三〇	三二一	三三一	一、四八八
勸業費	二五〇	二〇一	三六三	二九七	四二二	四三〇	一、九六三
苗圃費	一、八九三	一、五七四	一、五二一	一、六五三	一、四七二	一、五二四	九、六三七
地方改良費	五〇〇	二〇〇	二〇〇	二六〇	二六〇	二六〇	一、六八〇
警備費	七一	一九八	二一六	二七九	三〇九	二四五	一、三一八
救護費	二六五	五〇	三五	四〇	一〇〇	五〇	五四〇

基本財産造成費	八〇〇	三五〇	三〇〇	三〇〇	五〇〇	三〇〇	二、五五〇
雜支出	一二	—	一五	三〇	—	一〇	六七
豫備費	八三〇	三七二	三〇〇	七〇六	五九一	四九九	三、二九八
歳出合計	二三、六四〇	九、一二九	一二、九二二	一四、二八五	一五、五三二	一二、五一二	八八、〇一九

歳出臨時部

科目 ＼ 會名	方家屯	山頭	水師營	三澗堡	營城子	王家店	計
會事務所營繕費	—	—	三〇〇	—	—	—	三〇〇
普通學堂營繕費	二〇〇	—	—	—	—	—	二〇〇
補助費	七一九	二六六	四〇五	五九六	五三一	一八八	二、七〇五
臨時部合計	九一九	二六六	七〇五	五九六	五三一	一八八	三、二〇五
歳出合計	二四、五五九	九、三九五	一三、六二六	一四、八八一	一六、〇六三	一二、七〇〇	九一、二二四

第七章　財産、經濟

(一)　租稅及稅外收入

當署取扱ニ屬スル收入ノ重ナルモノハ、國庫所屬ニアリテハ地租、鹽稅、土地家屋、貸下料等ニシテ地方費所屬ニアリテハ營業稅、雜種稅、電氣水道ノ收入ナリトス。而シテ租稅中地租ノ納期ハ每年十一月ニシテ、各自ノ負擔スヘキ租額比較的輕少ナルヲ以テ從來曾テ滯納者ナク納稅成績ハ頗ル良好ナリ、鹽稅ノ增減ハ一ニ採鹽時期ニ於ケル天候ノ關係ニ左右セラルルモノニシテ、大正八年度ノ總移出高一一一、七〇二石餘、稅額六七、〇二一圓餘ニ對シ大正九年度ハ一二一、〇七四石餘、稅額七二、六四四圓餘ニシテ五、六二三圓餘ノ增收ヲ來セリ。而シテ本年度ヨリ新ニ法人所得稅令制定セラレ、年額約一萬圓内外ノ收入ヲ計上セリ、又地方費收入中ノ營業稅及雜種稅ハ前年度ニ比シ大差ナキモ、諸物價昂騰ノ結果自然幾分ノ增收ヲ見タリ。今大正九年度中ノ各目ニ就キ其實績ヲ揭クレハ左ノ如シ。

(イ)　關東廳歲入　(實收額)　　旅順民政署

歳入經常部	
關東總歳入	一五二、一九四・四三〇
租税	一一九、八一五・七二〇
地税	四四、二三四・三七〇
鹽税	七二、六四四・七〇〇
所得税	二、九三六・六五〇
官業及官有財産收入	三一、五〇七・二九〇
土地家屋貸下料	三一、五〇七・二九〇

(ロ) 地方費收入 (實收額)

經常部	三一六・一四〇・三四〇
租税	四九、五二四・六三〇
營業税	二八、七三九・三一〇
雜種税	二〇、七八五・三二〇

雜收入	八七一・四二〇
懲罰及沒收金	五七九・〇五〇
雜入	二九二・三七〇
歳入臨時部	
官有物拂下代	二五三・九三〇
物品拂下代	一六四・八〇〇
建物拂下代	八九・一三〇
合計	一五二、四四八・三六〇

旅順民政署

事業及財産收入	二六三、九二三・二八〇
電氣收入	一七四、四六〇・一八〇
水道收入	七七、六二七・八二〇
營造物貸下料	三、五一三・五七〇

屠獸場收入	六、六一〇・九〇〇
火葬場收入	九五〇・〇〇〇
紀念品陳列所收入	七六〇・八一〇
雑收入	二、六九二・四六〇
授業料	一七七・七〇〇
免許及手數料	二、三三二・六〇〇
雑入	一九二・一六〇
臨時部	六、六七四・〇二〇
物品拂下代	六、六七四・〇二〇
不用品拂下代	六、六七四・〇二〇
合計	三三二、八一四・三九〇

（八）租稅納額別人員表

種目	二百圓以上	百圓以上	五十圓以上	二十圓以上	十圓以上	五圓以上	三圓以上	二圓以上	一圓以上	五十錢以上	五十錢以下	計
地租　支那人	—	—	一三	一九九	七四〇	一、二八〇	一、二八〇	二、二八〇	一、八九五	七三八	三七二	八、七九七
營業税　日本人	一六	二〇	四〇	八八	九六	七四	一三	—	—	—	—	三四七
營業税　支那人	四	一三	三六	一四八	九五	一二九	一九	—	—	—	—	四四三
雑種税　日本人	—	六	五六	一八二	九〇	三〇〇	三〇	九	三	—	—	六七六
雑種税　支那人	—	二	一三	八〇	二七四	二五四	二七	二四九	六二	—	—	九六〇

（ニ）租稅負擔額表

		地租	營業稅	雜種稅
納稅者一人當負擔額	日本人	円 —	円 四六・七九〇	円 一五・五七〇
	支那人	五・〇二〇	二八・二九〇	一〇・六八〇
人口一人當平均額	日本人	—	一・七一〇	一・一一〇
	支那人	〇・四六〇	〇・一三〇	〇・一〇〇
戶數一戶當平均額	日本人	—	六・六八〇	四・三三〇
	支那人	三・〇〇〇	〇・八五〇	〇・六九〇

（二）通　貨

日露戰役中我政府ハ舊日本一圓銀貨ヲ兌換本位トシテ軍用手票ヲ發行シタリシカ、平和克復後之カ整理ヲ兼ネ滿洲ニ於ケル通貨制度ノ缺陷ヲ補ハンカ爲、正金銀行一覽拂手形ヲ發行セシメタリ。次テ撤兵ノ進捗ニ伴ヒ軍用手票回收ニ關スル事務ヲ正金銀行ニ引繼クト共ニ、同行ニ銀劵ノ發行ヲ認可シタリ該銀劵ハ關東州及滿鐵附屬地ニ於テ無制限ニ通用スルコトヲ得セシメタルノミナラス、日支商人間ニ於ケル取引ノ決算ハ多ク其ノ媒合ニ由ル必要アリシ爲、廣ク州内ニ於テ之カ流通ヲ見タリ。然レトモ當時本位貨ト補助貨トノ連絡ナキト邦人ノ渡來益々多キヲ加ヘタルヲ以テ邦貨ノ流入ヲ促進スルノ動機ヲ作リタリ、後都督府及滿洲駐屯軍ノ收入ヲ金ニ改メラルルニ及ヒ日本銀行兌換劵ノ勢頓ニ擴張サレ爲ニ、銀本位貨幣ハ大ニ其ノ必要ヲ減殺サルルニ至レリ。政府亦此ノ大勢ニ鑑ミ大正二年七月正金銀行ニ許容スルニ金劵ノ發行ヲ以テシタリ。之ヨリ先キ朝鮮銀行發行ノ金ハ已ニ滿洲ニ於テ流通セシカ、爾來同行ノ業務ヲ滿洲ニ擴張スルニ伴ヒ、其金劵流通ノ範圍及流通高漸次多キヲ加ヘ信用亦彌々確實トナレリ。乃チ政府ハ大正六年十一月正金銀行ノ金劵發行權ヲ朝鮮銀行ニ移シ、且其ノ金劵ノ關東州及滿鐵附屬地ニ於テ無制限ニ通用スルコトヲ得セシムト共ニ、正金銀行銀劵ノ强制通用地域中ヨリ右兩地ヲ除外シタリ。蓋シ滿洲ニ於ケル邦人ノ發展、滿洲自體ノ開發及地方ニ於ケル現銀ノ缺乏竝對日貿易ノ增進等ハ滿洲ニ於ケル取引ノ本位貨ヲ金ニ限定スルノ機運ヲ促進シタルニ由ルナリ。然レトモ對支商人ノ取引上銀劵ノ流通亦遂ニ禁止シ得サルノ事情アリ是レ其ノ强制通用ノ地域ヲ縮少シタルニ止マリ商民間ノ授受ハ相互ノ任意ニ放任シ、敢テ禁止セサリシ所以ナリトス。

滿洲ニ於ケル在來固有ノ通貨ハ支那他地方ト同シク混亂紛糾ヲ極メ、殆ント貨幣制度ヲ有セスト云フモ不可ナシ。各種ノ硬貨雜然トシテ竝行ハレ、加フルニ發行及準備ニ付何等據ル所ノ準則ナク、且製造粗雜ニシテ眞僞相交レル小額面錢票アリ十分ナル準備基礎ヲ有セス、殆ント不換紙幣ニ似タリ小洋錢代表ノ銀劵アリ、從ツテ取引貨幣ノ混淆錝錯セル狀況ハ母國人士ノ意想以外ニ在リ、唯關東州ハ其ノ錯雜ノ度比較的少キヲ異トスルノミ。而モ小洋錢ノ如キハ廣ク土民ノ間ニ通用セラレ銅貨亦多少ノ流通ヲ見ル。然レトモ是等ハ一切ノ公納ニ用フルヲ得サルハ勿論正金、朝鮮兩銀行ハ絕對ニ之カ受拂ヲ拒絕ス、獨リ正隆銀行當初以來小洋錢建ノ取引ヲ爲セルノミ。

露治時代ニ於テハ露國通貨ノ流通ハ蕩然トシテ全滿洲ヲ風靡シタルモ、日露戰役ニ至リ邦貨ノ流通ニ伴ヒ漸次南滿洲ヨリ驅逐セラレ、殊ニ最近ノ動亂以來南滿洲ヨリハ全ク其ノ影ヲ沒シ纔ニ北滿ニ於テ其餘喘ヲ保テルノミ。

(三) 金　融

戰時財界好況ノ反動ハ大正九年ニ入リテ漸ク顯著トナリ、季初ニ於テ輸移入品代金決濟竝ニ諸會社拂込ニ要スル資金等相踵キ、市場金融ハ逐次圓滑ヲ缺キ一面金融業者ハ頓ニ警戒的緊縮方針ヲ採ルト共ニ、金利ヲ引上ケ對證券ノ融通力ヲ薄弱ナラシメタルヲ以テ、市況活氣ヲ失シ逐日不況ニ陷ルノ狀勢ヲ辿リ、殊ニ三月中旬內地株式ノ暴落ヲ動機ニ諸物價慘落、恐慌狀態ヲ惹起セシ以來財界倍々惡化シ下半季ニ入リテモ猶恢復ノ曙光ヲ認メス、例年夏枯閑散期ニ加フルニ帝國議會ノ解散ノ爲、大正九年度豫算不成立ノ結果、官業起ラス金融業者ハ漸次資金涸渴シ依然警戒ヲ緩メサルヲ以テ金融硬塞シ、市場寂寞僅ニ小口當用取引ヲ爲スニ過キス。而シテ晩秋貿易期ニ入リ例年活躍スヘキ商況ハ氣溫ノ關係ニ農產品ノ出廻リ捗々シカラス、且物價ハ安定ヲ缺キ信用取引失墜シ、加之銀價續落滿洲產雜穀禁輸令ノ發布ヲ見ル等、財界四圍ノ情勢頗ル不良ナルモノアリ、隨テ商況ハ萎靡不振ヲ來シタリシカ當局ノ指導當業者ノ自警其ノ效ヲ奏シ、一般財界ニ緩和的好影響ヲ與ヘ、歲晩ノ市況ハ反テ平穩ノ現象ヲ呈シ越年シ今ニ至レリ。

（四）金融機關

（イ）朝鮮銀行旅順支店

朝鮮銀行旅順支店當支店ハ大正七年一月一日正金銀行當地支店ノ後ヲ繼キ設置セシモノニシテ、金庫事務ヲ取扱フ外一般銀行ノ事務ヲ取扱ヒ、開業日尚淺サキモ鋭意業務ノ擴張ヲ圖リシ結果、日ニ隆盛ニ向ヒ其ノ成績見ルヘキモノアリ、大正九年中ニ於ケル資金及爲替取扱等左ノ如シ。

預金

種別		前年越高	本年受高	本年拂出高	年末現在高
定期預金	日本人	円 四四五、六九八	円 五九〇、二九九	円 五五七、三七二	円 四七七、九二五
	支那人	六八〇	七二一	六八〇	七二一
	外國人	一、〇〇〇	一、二七五	二、〇〇〇	九七五
當座預金	日本人	七四、九八八	三、三九五、七九九	四、四五四、〇九二	一一五、七一四
	支那人	四五五	一四九、四四〇	四一、九九〇	一、一五〇
	外國人	一八、六〇一	一、三四九、一九一	二二六、七五六	四八、七七二

特別當座預金	日本人	一三〇、九三〇	五二二、五六四	五一四、六一三	一三六、三〇七
	支那人	三、〇八〇	一五七、八一〇	一五一、二六八	一、一五〇
	外國人	三、二八五	一八、六一四	二三、二四〇	九、七〇五
別段預金	日本人	一〇、五七五	一〇二、六三三	八四、八〇八	二八、三九九
	支那人	—	—	—	—
	外國人	—	—	—	—
合計	日本人	六六二、一九二	四、六一一、二九六	五、六一〇、八八七	七五八、三四六
	支那人	四、二一六	二〇七、九七二	一九三、九三七	三、〇二二
	外國人	二二、八八六	一、三六九、〇八一	二五一、九九六	五九、四五三

爲替及貸出金額　大正九年

區分		金額
受入	送金爲替	三、〇二九、七七三円
	取立爲替	—円
	代金取立手形	九〇〇、〇八〇円
	計	三、九二九、八五三円
拂出	支拂送金爲替	六、四三四、一〇六円
	買爲替	—
	代金取立手形	二三三、四二二円
	計	六、六六七、五二八円
貸出總計(年末現在高)		一一八、五六三円

(ロ) 正隆銀行旅順支店

本店ハ日支合辦金融機關ノ一ニシテ、明治四十四年當地ニ支店ヲ設置シ商業銀行トシテ一般業務ヲ營ミ、日支商人ノ金融機關タル外關東廳地方費及旅順市費ノ出納ヲ掌リ、業務日ニ進ミ信用月ニ厚キヲ加フ。大正九年中ニ於ケル預金及爲替取扱等左ノ如シ。

預金

種別		前年越高	本年中受高	本年中拂高	年末現在高
		円	円	円	円
定期預金	日本人	七七四、四一〇	八九七、八七四	一、〇三六、五〇四	六三五、七八〇
	支那人	—	九七	—	九七
	外國人	一、九六〇	三、六〇〇	一、九六〇	三、六〇〇
當座預金	日本人	四〇七、九九〇	七、五〇二、一二四	七、二九二、七〇七	六一七、四〇七
	支那人	六、八〇八	五一、九二三	五一、七一七	七、〇一四
	外國人	二二七	一、八六五	二、〇四三	五〇

諸預金	日本人	六四、七四五	四五一、〇四二	四五六、六八一	五九、一〇六
	支那人	七五五	—	七五五	—
	外國人	—	—	—	—
合計	日本人	一、二四七、一四六	八、八五一、〇四一	八、七八五、八九三	一、三一二、二九四
	支那人	七、五六三	五二、〇二〇	五二、四七二	七、一一二
	外國人	二、一八七	五、四六六	四、〇〇三	三、六五〇

備考　當座預金中ニハ特別當座預金ヲ含ム
諸預金ハ貯蓄預金、預金證書、別段預金トス

爲替及貸出金額

大正九年

種別		金勘定	銀勘定
受入	送金爲替	三、六一七、〇七四円	二五〇
	代金取立手形	五四六、四九八円	—
	合計	四、一六三、五七二円	二五〇
拂出	支拂送金爲替	九五八、一四七円	—
	代金取立手形	三四八、四九五円	—
	合計	一三六、六四二円	—
貸出總計（年末現在高）		三二五、一六五円	一〇、〇〇〇

(ハ) 株式會社旅順銀行

當會社ハ資本金十五萬圓ヲ以テ大正七年六月ヲ以テ設立セラレ、一般銀行業務ヲ營ムノ外貯蓄預金ヲ取扱ヒツツアリシカ、大正九年二月ニ至リ資本金一百五十萬圓ニ增加ス、設立日淺キモ確實ナル營業振ナルニヨリ一般ノ信用ヲ博シ、漸次發展ノ氣運ニ向ヒツツアリ、大正九年中ニ於ケル預金及爲替取扱等左ノ如シ。

預金

種別		前年越高	本年受高	本年拂高	年末現在高
		円	円	円	円
當座預金	日本人	一〇八、八六七	一、四八九、七三二	一、五〇八、七七〇	八九、八三〇
	支那人	三、〇七八	八七、三四八	八六、三六八	四、〇五七
	外國人	—	—	—	—
定期預金	日本人	四〇、八四六	一〇五、〇一四	一〇三、七二四	四二、一三六
	支那人	—	一、〇〇〇	一、〇〇〇	—
	外國人	—	—	—	—

別段預金	日本人	二三,九〇〇	二九五,九一四	三一九,八〇五	九
	支那人	—	—	—	—
	外國人	—	—	—	—
合計	日本人	一七三,六一四	一,八九〇,六六二	一,九三二,三〇〇	一三一,九七六
	支那人	三,〇七八	八八,三四八	八七,三六八	四,〇五七
	外國人	—	—	—	—

爲替及貸出金　大正九年

區分	種別	金額
受入	送金爲替	三一五,八六二円
	取立爲替	—
	代金取立手形	一〇六,二六一円
	計	四二二,一二四円
拂出	支拂送金爲替	一五九,〇〇四円
	買爲替	—
	代金取立手形	二四〇,六五一円
	計	三九九,六五六円
貸出總計		五二九,一六三円

(五)郵便爲替　大正九年度

種目	日本人		支那人	
	度數	金額	度數	金額
振出	一五、二〇一	一九八、六〇五円	一九七	九〇五円
拂渡	五、六六一	一五九、二六八	二〇	四一四

(六) 郵便貯金

大正九年度

種目	日本人		支那人	
	度數	金額	度數	金額
預入	二二、五〇一	六六一、〇八〇円	一二三	一二、八二四円
拂戻	一三、四五五	二九二、三九〇	四八二	二〇、二四一

(七) 振替貯金

大正九年度

種目	日本人 度數	日本人 金額	支那人 度數	支那人 金額
拂込	八、四二八	六〇三、六一一円	二九	六六八円
拂渡	九四三	一、一二〇、七〇	三七	六、七九一

第八章　教育及社寺宗教

(一) 教育

當地ニ於ケル教育機關ハ逐年邦人ノ増加ニ伴ヒ完備ノ氣運ニ進ミツツアリ、之ヲ明治三十八年兵馬倥偬ノ後ヲ承ケ內外ノ施設多端ナルノ秋ニ當リ、支那公議會ノ一部ニ小學教育ノ濫觴ヲナセルノ當時ニ比スレハ眞ニ隔世ノ感ナクンハアラス、今ヤ幼稚園、小學校ノ初等教育ヲ初メ工科學堂、中學校、高等女學校等專門教育及中等教育機關ノ設備ニ亞クニ、東洋協會設立ノ旅順語學校等アリ、更ニ近來高等教育機關ヲ設立シ、啻ニ在滿同胞ノミナラス內地及ヒ支那人子弟ヲモ收容シ、滿蒙開發ニ有用ナル人材ヲ養成スルノ計畫アリトノ聞アリ、支那人敎育ニ至リテハ師範學堂及普通學堂ノ設置アリテ近來人文ノ發達ニ伴ヒ支那人間ノ敎育思想著シク向上シ逐年生徒數增加シツツアリ今項ヲ逐ヒ各校ノ概況ヲ擧ケン。

(イ) 專門敎育

旅順工科學堂

旅順工科學堂

本校ハ官立唯一ノ專門學校ニシテ工業ニ須要ナル學術技藝ヲ敎授スルヲ以テ目的トシ、明治四十三年四月各府縣中學校長ノ推薦ニ係ル入學志願者百十七名ヲ第一學年ニ收容シ、爾來卒業生ヲ出スコト六回、四百九十二名ニ及フ。是等ノ卒業生ノ多クハ滿洲及支那內地ニ入リ工業界ノ中堅トナリ、大ニ成績ヲ收メツツアリ。而シテ入學資格ハ中學校、工業學校卒業者竝同學堂豫科ヲ卒業セル者ニシテ學科ノ內容ヲ機械工學科、電氣工學科、採鑛冶金科ノ三科ニ分チ、各科修業年限ヲ四箇年トス。大正八年末ノ職員生徒數等ヲ掲レハ左ノ如シ。

學級及職員

學級	學長	教授（奏任）	助教授（判任）	書記	囑託	雇員以下
一六	勅任 一	二〇（内勅任 二）	一〇	五	一〇	三五

生徒數

學科別＼學年別	第四學年	第三學年	第二學年	第一學年	計
機械工學科	三三	三〇	三七	三七	一二七
電氣工學科	二五	二九	三三	三三	一二〇
採鑛冶金科	二七	二四	二八	二八	一〇七
計	七七	八三	九八	九八	三五四

（ロ）中等教育

(1) 旅順中學校

本校ハ明治四十二年五月ヲ以テ開校シ、第一學年百三十三名、第二學年二十三名ヲ入學セシメ、爾來滿蒙ノ開發ニ伴フ人口ノ增加ト共ニ、逐年生徒數ノ增加シ今ヤ卒業者ヲ出スコト二百數十名ニ上レリ。大正八年末ノ職員生徒數左ノ如シ。

學級及職員數

學級	校長	奏任教諭	判任教諭	書記	囑託	雇員	計
一三	一	四	一六	三	六	五	三六

生徒數

第一學年	第二學年	第三學年	第四學年	第五學年	計
一一六	一〇二	六七	七五	六八	四二七

(2) 高等女學校

旅順高等女學校ハ明治四十三年七月一日ヲ以テ開校ス、當時一、二學年ヲ收容セス、第三學年四十五名、第四學年十五名ヲ收容シ修業年限ヲ五箇年トセリ。爾來卒業生ヲ出スコト百九十四人ニ達ス。大正七年三月修業年限ヲ四箇年ニ改メ、第一學年ヨリ收容シツツアリ。本年更ニ時代ノ推移ニ鑑ミ修業年限高等女學校規則ヲ改メ、修業年限ヲ四年若クハ五年トセリ。本校ハ修業年限ヲ五年ト改メラレタリ大正九年末ノ職員生徒左ノ如シ。

學級及職員數

學級	校長	教諭	書記	囑託	雇員	計
一〇	一	一五（内奏任二名）	一	二	四	三三

生徒數

第一學年	第二學年	第三學年	第四學年	第五學年	計
一一三	七二	七七	—	四七	三〇九

（ハ）初等教育

(1) 小學校

管内小學校二校ヲ有シ旅順新舊市街ニ各一校ヲ置ク、其舊市街ニ在ルモノハ明治三十九年五月ノ創立ニシテ、當時兵馬倥偬ノ後ヲ承ケ庶政未タ其ノ緒ニ就カサル秋ナリキ。當時分教場ヲ新市街ニ設ケリ。明治四十二年ニ至リ本校ヲ旅順第一小學校トシ新市街ノ分教場ハ之ヲ獨立セシメ旅順第二小學校ト稱ス孰レモ高等科ヲ併置セリ。次テ本年三月ニ至リ兒童通學ノ便ヲ顧慮シ、伏見町ナル從來ノ分教場ニ増築工事ヲ施シ第一小學校ヲ移轉シタリ。大正九年末現在ノ學級數及職員、兒童數等左ノ如シ。

職員數

學校名	學級數	校長	訓導	屬教員	事務員	計
第一小學校	一八	一	二一	―	一	二三
第二小學校	一二	一	一三	―	一	一五

生徒數

學校名		第一學年	第二學年	第三學年	第四學年	第五學年	第六學年	高等科第一學年	第二學年	計	日々出席平均數
第一小學校	男	六九	六三	六二	六二	五二	六一	一三	一一	四〇三	九九・七八
	女	七七	六三	四五	五六	四四	五八	三一	五	三八〇	
第二小學校	男	四二	三二	三九	三五	三〇	二八	一七	五	三二八	九二・三二
	女	三五	三八	三三	四七	二九	三〇	二	二	二一六	

(2) 幼稚園

旅順市内ニ二園アリ孰レモ篤志家ノ私立經營ニ屬シ舊市街ニ在ルヲ旅順幼稚園ト稱シ、新市街ニ在ルヲ「リツテル」幼稚園ト稱ス。旅順幼稚園ハ宅島猛雄氏ノ管理ニ屬シ、明治四十一年ノ設立ニシテ年々四五十人ノ幼兒ヲ收容シ來リシカ、大正四年ニ至リ園舍狹隘ヲ告ケタル依リ三千六百圓餘ヲ投シ現在ノ園舍ヲ建テリ。「リツテル」幼稚園ハ米國婦人「リツテル」氏ノ事業費寄贈ヲ基因トシテ大正二年四月同國人「ブライアン」夫人ノ經營ノ下ニ開園シタルモノナルカ、其ノ後同夫人歸還シタルニ付大正四年ヨリ都督府補助金ト保育料トヲ以テ之ヲ維持シ來レリ。而シテ第二小學校長之ヲ管理ス創立以來今日ニ至ル兩園ノ幼兒數ヲ掲クレハ左ノ如シ。

園名	設立年月日	保姆數	幼兒		
			男	女	計
旅順幼稚園	明治四十二年五月	二	三三	三五	六八
リツテル幼稚園	大正二年四月	一	二〇	一六	三六

（二）支那人教育

（1）師範教育

師範學堂

本學堂ハ支那人ニ普通教育ヲ授クル教員ヲ養成スル所ニシテ大正五年六月ノ開堂ナリトス修業年限ヲ三箇年トシ今日ニ至ルマテ三回六十七名卒業者ヲ出ス、是等卒業者ハ州內普通學堂ノ敎員トシテ勤務シツツアリ。尙ホ本年度ヨリ女子部ノ開設ト共ニ日本人敎員(小學校公學堂)ノ養成部ヲモ併置セラル。女子部ハ修業年限ヲ二箇年トシ、養成部ハ本科及研究科ノ二部ニ分ツ、本科ハ中學校卒業生ヲ收容シ修業年限一箇年トシ、內地ノ二部ト同樣ノ組織ナリ研究科ハ內地師範學校ノ卒業者ヲ收容シ、研究期間半箇年ニシテ專ラ當地ノ事情ニ付キ研究セシメツツアリ。本年卒業生十五名ヲ出ス、大正九年末現在學級職員生徒數等左ノ如シ。

學級數及職員

學級數	堂長	教諭	訓導	書記	囑託教員	雇員	計

五	一	二（内奏任二）	五	日本人 二 支那人	日本人 九 支那人 一	五 —	— 二	三六

生徒數

第一學年	第二學年	第三學年	計
三八	三二	二九	九九

公學堂

公學堂ハ支那人ノ子弟ヲ教育スル所ニシテ、兒童身體ノ發達ニ留意シ日本語ヲ教ヘ、德育ヲ施シ竝其ノ生活ニ必須ナル普通ノ知識技能ヲ授クルヲ以テ本旨トス。現在所管内ニ於テハ旅順三澗堡ノ二學堂ノ設置アリ、旅順公學堂ハ明治三十八年十月、三澗堡公學堂ハ翌三十九年十月孰レモ開設シタルモノニシテ、開堂以來時代ノ要求ト社會ノ推移トニヨリ時ニ

旅順公學堂

内容組織等多少變更ヲ見タルモ、今日ニ於テハ普通科高等科及補習科ノ三部ニ別チ（三澗堡ハ普通科ヲ設置セス）教授シツツアリ、高等科及補習科卒業生ノ多クハ普通學堂教員トナリ或ハ諸官衙日本人經營ノ會社等ニ奉職ス、大正九年末現在ノ學級職員生徒數等左ノ如シ。

學級數及職員

學堂名	學級數	堂長	教諭	教員	計
旅順公學堂	一三	一	九	日本人 二 支那人 五	一七
三澗堡公學堂	六	一	二	日本人 一 支那人 三	七

生徒數

水師營普通學堂

學堂名		普通科 第一	普通科 第二	普通科 第三	普通科 第四	高等科 第一	高等科 第二	補習科 第一	補習科 第二	合計
旅順公學堂	男	九六	六八	五四	三一	四五	二一	二二	—	三三七
	女	三六	二三	一二	一三	五	六	二	—	九六
三澗堡公學堂	男	—	—	—	—	八二	六五	一三	四	一六四
	女	—	—	—	—	—	—	—	—	—

普通學堂

普通學堂ハ支那人兒童ニ初等教育ヲ授クル所ニシテ、元小學堂ト稱セシカ大正四年六月關東都督府令第十七號ヲ以テ普通學堂規則ヲ制定發布セラルルニ及ヒ普通學堂ト改稱ス。修業年限ハ四箇年ニシテ教科目ハ修身日本語、漢文、算術、體操ノ五科トス。但シ女子ノ爲メニ裁縫科ヲ加設セラル。經費ハ會村費ヲ以テ支辨シ民政署長之ヲ監督ス、大正九年末現在所管内同學堂ノ學級生徒數等左ノ如シ。

普通學堂教員及兒童數

學堂名	學級數	教員數	兒童數 第一學年	第二學年	第三學年	第四學年	計	指定後ノ卒業者	大正九年度經費豫算
水師營普通學堂	八	九	一三三	一二九	八七	五九	四〇八	二〇六	三、二八七
龍頭普通學堂	七	七	四七	三三	四一	四五	一六六	一四七	二、五三二
營城子普通學堂	五	五	一〇九	五〇	三六	三二	二二七	一〇六	二、四二六
金龍寺溝普通學堂	五	五	七九	三五	二五	一六	一五五	九〇	一、七五四
牧城驛普通學堂	九	九	一二七	九三	七二	六〇	三五二	一〇三	三、八八七
土城子普通學堂	七	八	一六四	一〇五	七三	七四	四一六	一八二	三、七四六
柳樹房普通學堂	三	三	六〇	七六	二二	二二	一八〇	一二	一、〇四三
長嶺子普通學堂	五	五	七六	四六	三四	三五	一九一	六七	一、九一九

山頭村普通學堂	于家溝普通學堂	冷家屯普通學堂	雙島灣普通學堂	方家屯普通學堂	柏嵐子普通學堂	鵝呼咀普通學堂	南山裡普通學堂	金家屯普通學堂	揚家屯普通學堂	龍王塘普通學堂	黄泥川普通學堂	總計
六	四	五	六	五	四	四	四	三	五	五	三	一〇三
六	四	五	六	五	四	四	四	三	五	五	三	一〇五
九〇	四四	四〇	八四	八八	七二	五八	七七	三五	七八	六二	三九	一、五六二
六六	四一	二七	七一	六五	五〇	五二	五〇	三五	七三	三五	三三	一、一六五
四五	三七	三二	六一	四六	三八	四六	四五	二三	五五	二六	一五	八五九
三九	一四	二五	四六	一九	三六	一九	一三	一九	三三	一六	一二	六三四
二四〇	一三六	一二四	二六二	二一八	一九六	一七五	一八五	一一三	二三九	一三九	九九	四、二二〇
一七〇	八九	九六	一八二	七八	一四八	三六	六三	六一	四七	一一七	三六	二、〇三六
二、〇二五	一、五一三	一、八五六	二、〇三〇	一、九六八	二、三八八	一、九六八	一、四八五	一、二四六	一、九八三	二、〇〇六	一、二五六	四二、三一七

(ホ) 其他ノ教育

旅順語學校

本校ハ東洋協會滿洲支部ノ設立ニシテ、實際ニ適切ナル日語、支那語、英語、數學、簿記等ヲ教授シ滿蒙啓發ニ資スル目的ヲ以テ明治四十二年九月ノ創立ニ係ル當時修業年限ヲ三箇年トシ、卒業者百餘名ヲ出セシカ現在ハ修業年限ヲ二箇年ニ改メ、教授時數ヲ增加シ專ヲ速成ヲ期シ滿蒙開發ニ貢獻シツツアリ。開校以來茲ニ七百餘名卒業者ヲ出シ、今ヤ滿蒙各地ニ於テ各自其業ニ當リ日支親善ノ楔子トシテ本校ノ貢獻スル所尠シトセス、今大正九年末現在學級及職員生徒數等左ノ如シ。

學級及職員數

學級數	學校長	專任教諭	囑託	書記	計
一三	一	一	五	一	八

生徒數

英語	支那語	日語	數學	簿記	計
六五	一三二	一三五	二五	一三	三七〇

（二）宗教

當地ニ於ケル邦人ノ宗教的信念ハ植民ノ基礎漸ク健實ナルト共ニ、人心摯實ニ趣キ敬神崇祖ノ美風ハ年ヲ逐フテ向上シツツアリ。管內日本人宗教ハ神道三派、佛教五宗、基督教三派アリテ各布教ニ努メ漸次基礎ヲ固メツツアリ其勢力ハ佛教ヲ主トシ、神道、基督教之ニ亞ク。而シテ佛教五宗中三寺ハ寺號ノ公稱ヲ認可セラル。大正九年末現在各信者數等ヲ揭クレハ左ノ如シ。

名稱	宗派	信者數	建坪數
本派本願寺	眞宗	人三〇〇	坪一六二
大谷派本願寺	眞宗	一五〇	二九〇
龍心寺	曹洞宗	二〇〇	六〇
影現寺	眞言宗	一七〇	二六〇
日清寺	日蓮宗	一〇五	四〇
明照寺	淨土宗	四一〇	一五五
出雲大社教	—	三〇〇	四三八
金光教	—	一六一	四四
修德宣教所	—	一三九	一二四
日本基督教會	—	七〇	九二
耶蘇教講書堂	—	七五	五〇

支那人宗教

支那人間ニ於ケル今日ノ宗教觀念ハ薄弱ニシテ、唯因襲ニ囚ハレタル宗教心ヲ有スルニ過キス、現ニ存在セル宗教ハ頗ル多キモ、我管內ニ於テハ道教、佛教、在理教ハ主ナルモノニシテ之ヲ細別スレハ左ノ如シ。

道教ニ屬スルモノ	廟	二十二
佛教ニ屬スルモノ	寺院	十六
在理教ニ屬スルモノ	堂宇	二

道教

道教ハ老子ヲ祖トスル宗教ニシテ老聃ノ道德經五千言ヨリ出テ淸淨虛無恬談ヲ主トシ、一切ノ物慾ヲ制シ心ヲ養フヲ主旨トシタルモノナリシカ、之ニ神仙不死ノ說其他陰陽家ノ主張スル各種ノ說等ヲ混合サレ今日ノ道教トナレリ、而シテ本尊トシテ玉皇大帝ト書シタル位牌ヲ安置シ、老子ヲ太上老天ト稱シ其偶像ヲ之ニ配祀シ、天地水ノ三官ヲ神トセリ。其堂宇ハ寺ト言ハス觀、宮、庵、廟等神祉ト佛寺ノ中間的名稱ヲ付シ、此ノ內ニ起臥セル結髮辮服者ハ道士ト稱シ大抵鬚ヲ蓄ヘ髮ヲ結ヒ道帽ヲ被リ道冠ヲ戴キ、一見容易ニ圓頂緇衣ノ僧侶ト區別サル。而シテ道士ノ日常ノ行爲ハ僧侶ニ比シ寧ロ俗息ヲ離レ仙骨ヲ帶ヒ、道戒ヲ嚴守シ女色ヲ遠ケ、葷酒ヲ戒メ晨起シテ參禪シ磬ヲ鳴ラシ、板ヲ敲キ時刻ヲ告ク等勤務整然タリ。昔時道士カ陰陽五行ノ事ニ精通セルモノトシ、天子カ道士ヲ率ヒ

廟ノ一部

テ紫禁城ニ召サレ旱天ニ雨ヲ禱ラシメ、又ハ政略上ニ道教ヲ用ヒ、時ニ金錢ヲ賜フコトアリ之ヲ以テ自然下民モ道士ノ筮ニ信賴シ延イテ今日ニ及ヒ、卜筮ニヨリ生活セル道士尠シトセス。而シテ我管內ニ於ケル道教ト稱スルモノハ多ク同宗教ヨリ分カレタル變態的ノモノナレトモ、本尊其他ノ形式ハ同宗教ニ則リ特種ノ祭神ヲ合祀セリ。

佛　敎

佛敎ニ關シテハ世人周知ノ事實

ナルヲ以テ茲ニ之ヲ述フルヲ略ス、唯同敎ハ元、淸兩朝ニハ餘リ之ヲ優遇セス、殊ニ淸隆時代ニハ寺院ノ新築修繕ヲ禁止シ、僧侶ノ數ヲ制限スル等種々ノ禁令ヲ發布サレシコト等アリテ今日頗ル不振ノ狀態ニアリ、又僧侶ノ多クハ無學文盲ノ徒ニシテ敎化ノ能力ナク、僅ニ堂ヲ守リ喜捨ニ依リテ生計ヲ維持スルニ過キス。而シテ是等寺院ニハ大抵關帝廟、娘々廟財神廟等アリテ善男善女ノ淨財ヲ集ムル方法トシテ合祀セリ。

在理敎

本宗敎ハ寧ロ宗敎的色彩ヲ帶ヒタル祕密結社ト云フヲ適當トス、今ヨリ七十餘年前天津邊ニ創マリ漸次普及シ當管內ニ入リシハ今ヨリ二十年前ナリ。一說ニハ其本尊ハ觀世音菩薩ナリト云フモノアリ、加盟中ハ勿論脫退後モ其祕密ハ父母妻子ト雖モ之ヲ洩スヲ許サス、萬一此ノ禁ニ背ク者ハ其加盟者ヨリ戮殺サルトモ稱セラレ、眞相今尙不明ナリ、外觀加盟者ハ飮酒喫煙ヲ斷チ、牛肉ト無鱗ノ魚ヲ食セス、極メテ緝睦義氣ニ富ミ互ニ氣脈ヲ通シ、苦樂ヲ倶ニシ各地ニ集合場ヲ設ケ、長者ノ指揮ノ下ニ勸行禮拜等ヲ行ヒツツアリテ、支那人宗敎トシテハ生氣アルモノニシテ、旅順市ニ靈神廟ヲ開設以來漸次村落ニモ信徒ヲ有スルニ至レリ。

第九章　產　業

(一)　普通農業

管內支那人住民ノ三分ノ二ハ農業者ニシテ、一萬三百戶是等ノ者ハ元多ク山東出稼人ニ屬シ、開墾ニ從事シ相應ノ產ヲ造リシモノニシテ、今ヤ土著ノ農家トシテ多クノ熟地ヲ所有シ、州內從來ノ旗人ヲ壓倒スルニ至レリ。古史ニヨレハ春秋戰國以前ニ於テ既ニ滿洲ノ一部ハ農耕牧畜ニ從事セシモノノ如ク後、遼、金角逐時代ヨリ元朝ニ至ル間、農耕ノ業衰エ游牧ノ野ト變シ、後淸朝ニ至リ最初漢人ノ侵耕ヲ禁シ滿洲ノ土地ハ八旗ノ菜邑トナセリ。然ルニ旗人ハ武功ヲ誇リ、農耕ヲ賤視シ自ラ耕作スルヲ耻トシ、漢人ヲ小作人トシテ耕作セシメシカ、漢人ハ小作ノ傍、盛ニ荒地ヲ開墾シ漸次其耕作區域ヲ擴張シ、一方旗人ハ分不相應ノ消費ヲナスカ爲、小作料以外金穀ノ融通ヲ漢人ニ請ヒ、其結果負債嵩ンテ遂ニ土地ヲ典地ノ形式ニヨリ長租權ヲ與ヘルニ至リ、斯クシテ是等漢人ノ勢力加ハリ延イテ今日ニ至リ、今ヤ管內ニ於ケル大地主ト見做スヘキ者ハ大抵漢人ニ屬ス、今百畝以上ヲ所有スル者ヲ擧クレハ左ノ如シ。

種別／會名	百畝以上	二百畝以上	三百畝以上	計
方家屯會	二八	三	一	三二
山頭會	九	二	一	一二
三澗堡會	七〇	四	二	七六
王家店會	七	三	一	一一
水師營會	二一	一	五	二七
營城子會	七六	一四	九	九九
合計	二一一	二七	一九	二五七

前記ノ如ク管內農業者ノ多クハ漢人ニヨリテ支配サレツツアリ、而シテ現在是等農業經營ノ方法ヲ略記セハ自作農、小作農、自作竝小作ノ兼農、協同農ノ四種ニ大別シ得ヘク、自作農ハ內地ト同樣ナルヲ以テ之カ記述ヲ略シ、茲ニ準自作農トモ云フヘキ特種ノ習慣アリテ是ハ土地ヲ擔保トシテ金ヲ貸シ、此ノ土地ヲ金錢返濟期マテ自己ノ土地トシテ耕作ス、之

ヲ典地ト稱ス。而シテ其收益ハ金利トシテ債權者ノ所有トシ、債務者ヨリ債務履行セル時ハ再ヒ元ノ地主ニ返還サレ、茲ニ典地關係ハ消滅ス。次テ小作農ノ小作方法ハ内地ト同樣ニシテ之レヲ別チテ租竝ニ永租ノ二種ニ區別サル、租トハ通常ノ小作ニシテ永租ハ消滅期限ナキ小作權ニシテ、數十百年ニ亙リ子孫ニ其權利カ相續サレ殆ント所有權ト相

驢馬ヲ使役シテ製粉ノ狀況

違ナキナリ、之カ契約ニハ大抵租帖《ツウテエー》又ハ租契《ツウトイ》ト稱スル書面ヲ作製スルヲ普通トス而シテ其小作料ニハ錢租ト糧租ノ二種アレトモ、多クハ糧租卽チ穀物ニテ包米、高粱、粟等ノ其土地ニ作付ケセシ物ヲ以テ仕拂フ小作料ハ土地ニヨリ一定セサルモ管内ニ於ケル土地一天地ノ租ハ一石五斗、中等地一石、下等地五斗位ヲ普通トス。次ニ自作兼小作農ハ前

記兩者ヲ兼ネシ者ニテ、協同農ハ挿具ト稱シ資力ナキ小農家ニ依リテ行ハルル方法ニシテ二、三ノ農家協同シテ各人所有ノ牛、馬、騾驢、農具等ヲ醵出シ協同各人ノ土地ヲ耕作ス。

以上ハ農耕種別ノ大要ニシテ、次ニ農法ニ關シテ概記セン、其農法ヲ見ルニ其農具ト云ヒ役畜ノ使用法ト云ヒ、又作付法ト云ヒ實ニ合理的ニシテ、農具ノ如キモ一見粗雜ナルモ其製式ハ克ク土地ノ狀況ニ適合シ、唯タ工業ノ幼稚ナル爲メ材料粗惡ニシテ構造堅牢ナラサルヲ恨ミトスルノミ。次ニ役畜ノ使用法ニ至リテハ賛嘆ノ外ナク、農民ノ家畜ヲ使役スルニ唯タ號令ヲ以テ自由ニ使役シ、恰モ自己ノ手足ヲ使フト同樣ニシテ、彼等ハ起耕ハ勿論播種、中耕、除草乃至脫穀ニ至ルマテ總テ畜類ニヨリ人ハ唯之ヲ助力號令スルノミナリ。又耕作法ヲ見ルニ多年ノ經驗カ彼等ニ敎ユル所ニヨリ、耕種上ノ性質全ク相反スル荳科植物ト禾本科植物トヲ巧ニ按排シ、間作及輪作法ニ行ヒ地力ノ減耗ヲ防キ、一方肥料ノ經濟ヲ圖リツツアリ、尙ホ耕作ノ方法ニ關シテハ項ヲ改メ之ヲ記述セントス。

支那人農民耕作ノ概況

地勢丘陵起伏シ平地少ク、年々人口ノ增殖ト共ニ僻陬ノ地ト雖、山腹ニ至ル迄苟モ耕作シ得ヘキ土地ハ悉ク鍬鋤ヲ加ヘサルハナク、地味ハ低地ノ平野ハ肥沃ナルモ概シテ磽确ノ地多シ、氣候ハ州内中最モ溫和ナレトモ所謂大陸的氣候ナルカ故ニ寒暑ノ差甚シク、降水量ハ内地ノ約三分ノ一ニシテ、各月分量ハ均齊調和ヲ缺キ、圃土ハ乾燥ニ過ルモ幸ニ作物ノ生育季六、七、八ノ三箇月ハ俗ニ雨期ト稱シ雨量多シ、從ツテ割合ニ生育良好ナリ。然レトモ往々夏季旱魃ニ遭ヒ凶作ヲ招クコト少カラス、耕地面積ハ全面積ノ五分ノ二弱ニ當リ、一戸平均一町五反歩餘ニシテ大面積ヲ有スル農民多カラス、支那農民ノ使用スル農具ヲ擧クレハ左ノ如シ。

種類	用途
犂《リ》丈《チアン》	耕耡及耕培土及播種用
碌《タオン》子《ツ》	覆土及鎮壓
耮《ラオ》	整地用
鐝《チユー》頭《トー》	打起シ用
鎬《カオ》頭《トー》	鶴嘴ノ用途
鍘《ソーワ》刀《タオ》	家畜飼料切斷器
鎌《リエン》刀《タオ》	刈取用
條筐《ディアオクワン》	笊運搬車
簸《ボオ》箕《イ》	篩用
口《カイ》袋《タイ》	穀麥容器
碾《ティエン》子《ツ》	
磨《モオ》	

鐵杴《テイシイエン》	シヤベルノ代用
木杴《ムシイエン》	穀麥撰種用其他
鋤子《チユウツ》	除草用
鏟子《ハアンツ》	移植鏝ノ代用
耙子《パアツ》	木製レーキ
拉板《ラパアン》	脫穀ノ際實集器
掃箒《サオシユ》	掃キ用
扁擔《ピインタン》	運搬用棒
擡筐《タイクワン》	運搬用
糞筐《フエンクワン》	施肥用竝ニ肥料採取用
糞叉子《フエンツアツ》	糞取用
鐵叉《テイツア》	糞土掬ヒ用
叉子	脫穀ノ場合乾燥用
檣《チアン》	杯
升《シヨン》	桝(一升)
斗《トヲ》	桝(一斗)
大車《タチヤオ》	
二齒鈎《アルツタオウ》	糞土掬用
三齒鈎《サンツタオウ》	落花生採取用
點葫盧《テンフホルウ》	粟麥等播種器
把斗子《パアトウツ》	包米、高粱、麥蕎麥等播種ノ際容器
轆轤《ルオウルウ》	蔬菜園水汲器
韮菜刀《チユウツアイタウ》	韮菜刈取器
連枷《リエンチヤ》	包米脫粒器

主要作物ハ主食物タル包米(玉蜀黍)ヲ第一トシ高粱、粟、黍、豆、麥トス。耕作竝ニ栽培ノ方法ハ各作物ニ依リ異ナルモ、其大要ヲ擧クレハ晩秋各作物ノ收穫後土地ヲ犁丈《リチヤン》(支那犁牛馬二頭曳)ニテ耕耘シ更ニ耮《ラオ》(內地ノ馬耕代)ヲ用ヒテ土塊ヲ紛碎及地均ヲナシ、耕地ヲ膨軟ニシ以テ土地ノ風化作用ヲ援ケ土壤ヲ肥沃ナラシメ、春季ニ至リ犁丈ヲ以テ第二回ノ耕耘及耮ヲ用ヒ

テ整地ヲナシ、而シテ後畑ニ糞土ヲ運ヒ適當ノ場所ニ點々堆積シ、又ハ糞尿ヲ運搬シテ圃場ニ糞土ヲ作リ施肥ノ準備ヲ了シ、四月下旬ヨリ六月ニ渉リ各種作物ノ播種ヲ行フ。播種ノ方法ハ犂手ハ犂丈（支那犂）ヲ用ヒ、牛又ハ騾、馬ノ二頭曳ニテ耕起シ畦溝ヲ作リツツ進ミ同時ニ播手ハ直ニ種子ヲ播キ（高粱包、米豆類ハ點播粟、黍、蕎麥、麥等ハ條播）施肥手ハ二三人ニテ堆積シアル糞土ヲ糞筐《フエンクワン》（糞土ヲ入レ運搬及撒施スル笊用ノ器具）ニ入レ、適當ニ種子ノ上ニ施肥ス、覆土手ハ石頭磙子《シイトウクオンツ》（石製ノ覆土及鎮壓器）ヲ用ヒテ驢一頭ニ曳カシメ、廻轉ニ依リ覆土及鎮壓ヲナス（粟ハ二箇磙子ヲ以テ鎮壓ス然レトモ降雨多キトキハ木製ノモノニテ覆土ス）。以上ノ作業ニテ播種ヲ終リ後發芽スレハ其生長ノ度ヲ計リ人力ニテ鋤子《チウツ》（内地ノ萬能ニ似タル除草器）ヲ使用シ、又ハ手ニテ適當間引ヲナス、一尺内外ニ生長スレハ犂丈ヲ使用シ畦間ヲ淺ク耕鋤シ、除草中耕ヲ兼ネ培土ス、收穫期ニ至レハ鎌刀《リイエンタオ》（支那鎌）ニテ刈取リ、又ハ拔キ取リ束ネテ荷馬車ニ積ミ、各自收納場ニ運搬ス後脱粒場ニテ乾燥シ石頭磙子《シトウクオンツ》（脱粒専用ノローラー）ニテ脱穀ス、包米（玉蜀黍）ハ連枷ヲ以テ脱粒ヲ脱穀終レハ把子ヲ用ヒテ寄集シ木掀（木製シヤベルノ如キモノ）ヲ以テ穀物ヲ掬ヒ高キ空中ニ揭ケ自然ノ風力ニテ精選シ貯蔵スルモノナリ、副業トシテハ未タ特筆ス可キモノナシ。近來農民漸ク副業ノ有利ナルヲ認メ果樹、蔬菜ノ栽培、養蠶、養蜂、粉條子製造（支那素麺）養鶏、養豚、杞柳栽培等ニ意ヲ傾グルニ至レリ。

耕地面積

會名	水田 上	水田 中	水田 下	水田 合計	畑 上	畑 中	畑 下	畑 合計
		畝	畝	畝	畝	畝	畝	畝
市内	—	二	一二・五	一四・五	一七・〇	四三七	五五七	一、一六四
水師營	—	—	一二・五	一二・五	八〇六・五	一三、一八三	一五、八八九	三七、一三七
方家屯會	—	—	—	—	二二五・七	一八、八八九	二四、二一三	五四、三五九
王家店會	—	—	一三・二	一三・二	一、八五二・一	一八、六八〇	一三、七二〇	五〇、九二一
山頭會	—	—	—	—	四四五・三	九、九七七	五、四七八	一九、九〇八
三澗堡會	—	—	一六・五	一六・五	三三五・〇	一六、九九五	二八、七四八	四九、〇九二

營城子會	—	—	一〇・〇	一〇・〇	一二、五二六・〇	一五、五七四	一八、八九三	四六、九九三
總計	—	二	五三四・五	五三六・五	五八、三四二・〇	九三、七三五	一〇七、四九七	二五九、五七四

農用官地貸下高

大正九年末

會名	水田用	果樹園用	其他	合計
市内	二二三畝	二九一三七畝	三〇一六畝	三三三六七畝
水師營會	—	三九〇	二四九五二	二五三四二
方家屯會	—	九七二	二五〇七〇	二六〇四三
王家店會	一一八五	—	二一一七	三三〇二
山頭會	—	一二四	三二六九	三三九三
三澗堡會	八〇〇	—	九九六六	一〇七六六
營城子會	六五〇	九二三	八六六四	一〇二三七

總計	二八四七	三一五四八	七七〇五六	一一一四五三

備考　本表果樹園用反別ト果實作付反別ト一致セサルハ作付未濟ノモノアルニ由ル。

農業戸數

専業			兼業			合計
日本人	支那人	計	日本人	支那人	計	
一七	九、一三〇	九、一四七	一九	一、一五一	一、一七〇	一〇、三一七

農業人員

専業						兼業						合計		
日本人			支那人			日本人			支那人					
男	女	計	男	女	計	男	女	計	男	女	計	男	女	計
三二	一一	四三	一六、四五七	三、三〇〇	一九、七五七	二二	六	二八	五、四八四	九一三	六、三九五	二一、九九五	四、二三〇	二六二、二五〇

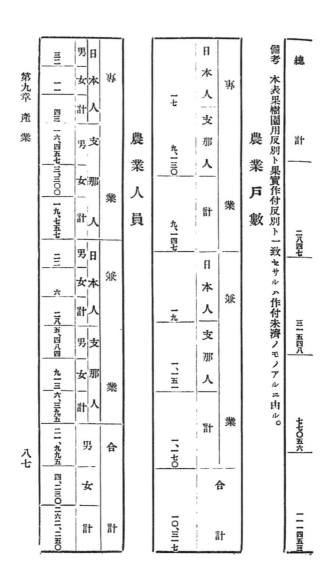

農作物作付反別及收穫高ノ一（穀菽類）

種別	作付反別	收穫高
包米	八〇三、八〇一畝	六〇、四二三石
高粱	二六二、九七六	三二、五一一
穀子	一八七、七八八	一六、〇六八
秘子	二六、九九七	二、三七六
水稻	二、〇四九	六八三
大麥	一、三二六	一六一
小麥	五四、四〇二	一、九八七
蕎麥	一、九八〇	一〇三
黄豆	一二九、八二二	六、二八九
青豆	六七、二九六	八七〇
綠豆	二八五、三八四	四、七〇九
黑豆	三〇〇、七三六	七、二二六

小豆	五、一三六	一六五
總計	二、〇九九、六九六	—

備考　表中豆類反別中六八二、七三四畝ノ間作ヲ含ム。

農作物作付及反別收穫高ノ二

種別		作付面積	收穫高
蔬	蘿蔔	一四八七七・〇畝	二、四六九、三二九斤
	葱	二九一三・〇	一七一、三九五
	茄子	一一八二・〇	一四一、三六八
	牛蒡	六七八・〇	一一三、三三〇
	韮菜	六七二・〇	六〇、一七〇
	蒜頭	四〇五・〇	二六、七一六
	胡瓜	六六〇・〇	一四六、六五九
	甜瓜	一八〇三・〇	三〇六、三一八

蔬菜	西瓜	一四一六・〇	四二四、六九〇
	南瓜	二三七・六	四〇、三〇三
	甘藷	一二九五四・〇	二六五、五六二
	馬鈴薯	九三〇・〇	一〇六、九一九
	落花生	一二一六八・〇	一五二、六〇〇
	白菜	八五四九・四	二、二六二、七五〇
	其他	二六三四・〇	三八六、四六一
	計	六二〇七九・〇	七、〇七四、五七〇
果	葡萄	二五八六・〇	七〇、九三三
	桃	二〇七〇・〇	一六七、六六六
	苹果	四七七〇・〇	一二七、〇九五
	梨	六四六八・〇	四〇〇、五五一

實		
雜果	一一五二・〇	六六、三五〇
計	一七〇四六・〇	八三二、五九五
總計	七九一二五・〇	七、九〇七、一六五

(二) 果樹

管內ノ氣候風土ハ果樹栽培ニ適スルヲ以テ、明治四十一年ヨリ日本人ニヨリ年々各所ニ果樹園ヲ開設スルニ至リタルヲ以テ、關東廳農事試驗場ニ於テハ年々同場生產ノ苗木又ハ內地ヨリ購入シタル苗木ヲ無償ニテ配付シ、一面剪定整枝施行及病蟲害驅除豫防等ノ指導獎勵ニ努メタルノ結果、近年長足ノ進步ヲ遂ケ、大正九年ニ至リテ果樹園反別百四十四町六反步、收穫高七十六萬一千六百六十二斤ニ達シ、一般農民モ其有望ナルコトヲ認ムルニ至レリ。本年ハ旱魃ノ爲活著步合良好ナラス其他一般果樹ノ生育及果實ノ收穫不良ナリシモ、唯葡萄ノミハ降雨少ナキ爲炭疽病ノ被害少ナク結實良好ニシテ前年ニ比シ五割以上ノ增收ノ成績ヲ擧ケ、苹果、桃及梨ハ平年ニ比シ一、二割ノ減收ヲ見タルモ、前年ヨリハ成續良好ニシテ且ツ價額ニ於テモ高價ニ販賣セシ結果、當業者ハ相當ノ收益ヲ得タリ。

(三) 蠶　業

管内ニ於ケル家蠶ノ飼養ハ由來農民ノ娯樂的飼養ニ過キサリシカ、關東廳ニ於テハ夙ニ氣候、風土ノ蠶業ニ適スルヲ認メ之カ奬勵方法トシテ、明治四十三年以來桑苗ヲ大正二年以來蠶種ノ無償配付ヲナシ來レル結果、斯業ニ從事スル者年ヲ逐フテ增加シ、將來益々有望視セラルルニ至レリ。一面會經營ノ模範養蠶所ノ設置、關東廳蠶業試驗場ニ於ケル講習生ノ養成生、產繭品評會ノ開催等ニ依ル指導奬勵ト相俟チ、頓ニ斯業發達シタルモ大正九年春以來財界不況ノ影響ハ絲價暴落ヲ告ケ、爲ニ斯業ニ一頓挫ヲ來セシハ最モ遺憾トスル處ナリ、然レトモ斯ル狀況ハ一時的現象ナルヲ以テ近ク其復活ヲ見ルヘシ。今大正九年ニ於ケル狀況ヲ表示セハ左ノ如シ。

桑苗配付數		桑園	春蠶ノ飼育				夏秋蠶ノ飼育			
關東廳交付苗	地方苗圃養成成苗	反別	飼育戸數	蠶種掃立枚數	收繭額	賣上價格	飼育戸數	蠶種掃立枚數	收繭額	賣上價格
—	一五一、五五九本	八五・八五町	二八五戸	五九三枚半	一、四〇二貫	五、六九三円	六九戸	一五七枚	二〇〇貫	五一一円

（四） 畜産

滿洲ニ於ケル家畜飼養ハ昔時ヨリ農家ノ副業トシテ普及シ毎戸殆ント家畜ヲ有セサルハナシ、蓋シ土地能ク之カ飼育ニ適セルニ依ルモノニシテ將來有望ヲ以テ囑セラル。管内ニ於ケル現在家畜頭數ハ左表ノ通ニシテ一家平均大小各一頭、家禽五、六羽ヲ有スル狀況ナレトモ是等ハ多ク劣等ナル在來種ナルヲ以テ、之カ改良

放牧ノ狀況

ノ急務ナルヲ認メ、先ツ王家店會、營城子會、三澗堡會ノ三會ニ於テハ養豚改良ノ目的ヲ以テ大正八年七月金州種畜場ヨリ改良種ノ下付ヲ受ケ、其普及ヲ圖リ又旅順農會ニ於テハ畜牛改良ノ目的ヲ以テ、昨年五月朝鮮種種牡牛三頭ヲ購入シ管內ノ牝牛ニ對シ種付ヲ行ヒシニ其ノ結果、良好ノ成績ヲ收メツツアリ、尚ホ一面農民ニ飼育方法ノ周知ヲ圖

ルト共ニ水師營ノ家畜市場ヲ開設スル等指導奨勵ニ努メツツアリ。

家畜

大正九年末

市會別	牛	馬	驢	騾	山羊	緬羊	豚
市内	八七頭	二六二頭	一一三頭	六六頭	二頭	—頭	二七九頭
方家屯會	五九四	五九	一、九九七	六九九	—	—	二二〇
水師營會	一三九	七八	五八一	六三九	—	—	一、〇〇二
營城子會	四六八	一〇六	八四三	九〇七	一八三	—	二、五〇六
王家店會	一一五	一六	八二五	四三四	七六三	一五	一、七六一
山頭會	四三六	一五	五〇一	二四五	—	—	三〇〇
三澗堡會	四七〇	七一	一、二六六	四七〇	一五三	—	一、五四六
總計	二、三〇七	六〇七	六、一二六	三、四六〇	一、一〇二	一五	七、六一四

家禽

大正九年末

市會別	鷄	鶩	鵞鳥	七面鳥
市内	三、〇三七羽	一七五羽	四〇羽	五羽
方家屯會	九、四六二	三〇四	一一	―
水師營會	五、〇六四	四一五	九	―
營城子會	九、九一九	五八	一〇	―
王家店會	五、五六四	五二九	一一	―
山頭會	三、四六七	五二	六	―
三澗堡會	七、五〇七	八二五	一三	―
總計	四五、〇二〇	二、三五八	一〇〇	五

(五) 林業

管内ノ山野ハ概シテ砂質粘土ニシテ地味造林ニ適スト雖モ昔時濫伐ノ結果山骨露出シ禿山相連ルノ現狀ヲ呈シ、大雨一度臻ラハ土砂ノ流失及溪谷ノ崩壞熾ニシテ益々地力ヲ減退シ耕地ヲ埋沒スル憂ナキ能ハス、露治時代ニ至リ官憲ハ關東州ノ瘠野ヲ擧ケテ一大林地トナスノ計畫ヲ立テ樹木ノ伐採ニ嚴重ナル制限ヲ加ヘ一面植樹用地區貸與規則ヲ制定

旅順郊外放羊の群

シ、官有荒蕪地ノ無償貸下及國稅地方稅ノ免除ヲ令スル等種々畫策スル所アリタリキ、後我軍政署時代ニ至リテ更ニ造林獎勵規則ヲ制定シ公衆衞生、水源涵養、風致、防風、水害等ニ必要ナル箇所ニハ官行造林ヲナシ其ノ他官有地貸下、種苗下付等ノ方法ニヨリ民間森林ヲ獎勵シ、次テ民政署時代ニ至リ益々之カ督勵ニ努メ、大正三年各會ニ地方苗

圃ヲ設置シ苗木ノ養成ニ勉メタル結果、造林盛ニ行ハレ各會會有林ノ著シキ増加ト共ニ個人ノ造林思想愈々發達シ、今ヤ管内林野面積二萬四千町歩中一萬四千町歩ノ立木地ヲ見ルニ至レリ。

（イ）會苗圃

經營費ノ過半ハ關東廳ノ補助ヲ受ケ、他ハ部民自ラ出役シテ之ヲ償ヒ經營數年ニ亙レリ。部民ハ次第ニ育苗ニ熟練シ地味ノ改良セラルモノ多キニ至リシモ、前年ハ旱魃ノ爲床替苗木數極メテ少シ、今管内六箇苗圃ノ作業成績ヲ掲クレハ左ノ如シ。

樹種	床替數量	播種數量	備考
松	一、〇〇七、二四五本	五・二〇石	
胡藤	三九、〇四四	一・七三	
イタチハギ	—	〇・四二	
白楊	六二〇	—	白楊ハ挿入セリ
栗	七三〇	—	

楮	一、〇〇〇	―
桐	一、〇〇〇	―
計	一、〇四九、六三九	七、三三五

本年ハ作業以來降雨順調ナリシ爲メ、播種ハ發芽良好又床替苗木ニアリテハ枯死セルモノ極メテ少ニシテ發育良好ナリ。

（ロ）造林

山地造林ニアリテハ松ヲ主木トシ、之ニ胡藤或ハ樗ヲ混植シ道路並木及土砂杆止植栽ニアリテハ胡藤ヲ主木トシ白楊、イタチハギ等ヲ混植ス。前年ノ旱魃ノ爲苗圃、養成苗木少ク又山地植栽苗木ノ枯損多カリシヲ以テ補植ヲ主トセリ。

左ニ前年秋季及本年春季公有造林數ヲ擧ク。

季別	新植		補植		計	
	面積	種苗數	面積	種苗數	面積	種苗數

前年秋季	町 二三・〇〇	本 九〇・二〇〇	町 二四九・一三	本 六〇四・六〇〇	町 二七二・一三	本 六九四、八〇〇
本年春季	〇・〇二	一三〇	三二・〇九	五二、七五〇 石 一・〇〇	三二・一一	五二、八八〇 石 一・〇〇
計	二三・〇二	九〇、三三〇	二八一・二二	六五七、三五〇 石 一・〇〇	三〇四・二四	七四七、六八〇 石 一・〇〇

但シ種子ハ樗種子ニテ山地ニ直播セルモノナリ。

（ハ）被害狀況

造林ノ被害中最モ恐ル可キハ火災ニシテ、松蛄蟖之ニ次ク前者ニ付テハ枯草期間各會ノ壯丁ヲシテ常ニ巡視セシメ、其他巨細ニ豫防方法ニ留意シツツアルヲ以テ、被害極メテ尠少ナリ、後者ニ付テハ春期冬季間幼蟲ヲ驅除シ、更ニ八九月ノ候結繭ヲ採集シ、驅除ヲ懈ラスト雖未タ被害ヲ絶滅スルニ至ラス、唯之カ爲ニ枯死ニ至ルモノ少ナキヲ幸トスルノミ。此他松ノ心喰蟲ニ犯サレ點々新梢ノ枯死ヲ見、又風強キ北面傾斜地ニアリテハ寒害ヲ蒙リ枯死セルモノ亦多少アリ、今被害中最大ナル松蛅蟖驅除ノ大正九年中ニ於ケル成績ヲ擧クレハ左ノ如シ。

繭	一九、三六四斤
幼蟲	一五、一九〇
成蟲	一〇九、五一五
計	一四四、〇六九

(六) 鹽業

(イ) 概説

當地方ノ製鹽方法ハ天日法ニシテ之カ起因ハ清初康熙年間天主教傳導師ノ傳フル

松林害蟲驅除ノ狀況

所ナリト謂フ。康熙帝ハ此ノ方法ヲ普ク天下ニ紹介シ、公益ヲ圖ラントシ、直隷省沿海ニ模範鹽田ヲ開設シ後、上諭ヲ以テ各省中天日製鹽ニ適スル沿海各地ノ地方官ニ命シ、鹽田開設ヲ奬勵シタル結果、天日製法ノ有利ナルコト一般民衆ノ知ル所トナリ爾來長足ノ進歩ヲ以テ普及發達シ今日ニ至レリ。

當管内ニ於テモ製鹽箇所十三箇所ニ達セリ、大正九年ハ降雨尠ナク炎天打續キシ爲、其成績優良ニシテ製產高實ニ十一萬九千八十一石、價格三十三萬六千百十九圓ニ達スル盛況ヲ呈セリ。由來本業ハ州内產業中最モ有望ナルモノノ一ナルノミナラス、管内ニハ尚ホ鹽田ニ適スヘキ箇所尠カラサルヲ以テ、將來一層ノ勃興ヲ見ルニ至ルヘシ。蓋シ當地方ハ空氣乾燥シ降雨少ク蒸發多大ニシテ氣象能ク此ノ製法ニ適ス。又最近木盤製鹽ノ法ハ漸ク

採鹽ノ狀況

其有利確實ナルコトヲ認メラルニ至リタルヲ以テ、廣ク斯法ニ依ル製鹽行ハルニ至ラハ著シク生產費ヲ節約スルヲ得ルノミナラス良質ノ製鹽激增スルニ至ルヘシ。製鹽期間ハ毎年三月下旬ヨリ十一月中旬ニ至ル凡ソ八箇月間ナルモ梅雨期（七月ヨリ八月ニ跨リ約一箇月間）ヲ中間トシテ之ヲ春秋二期ニ分チ、六月迄ヲ春期トシ、七月以降ヲ秋期

トス此ノ両期間中五、六二箇月ハ生産最盛ノ時期ニシテ、全期間生産額ノ殆ント過半ヲ占ム。

製鹽場

鹽田所在地	製鹽業者戸數	製鹽業者數	鹽灘數	鹽田面積	製鹽高 石數	製鹽高 價格
方家屯會 大口井、胡家屯、後三羊頭屯	三	二七	三七	坪 一、一八六、三三三	石 八五、〇六八	円 二五〇、一三六
同 江西涯、小潘家屯	一二	三二	六	九九、二六三	六、五八四	一三、〇九六
鬱城子會 小廖家屯、早島屯	一五	三七	六七	一六六、五〇七	一二、二三七	三三、九四五
方家屯會 下楊樹溝屯、盛家屯	二	三〇	五	九三、〇八三	一、二〇二	一一、〇一二
山頭會 鹽廠、山虎、金家屯、大圓屯	六〇	一一三	二二	二九〇、九一六	一三、九九〇	二七、九八〇
總計	九二	二三九	七七	一、八三六、一〇三	一一九、〇八一	三三六、一六九

(ロ) 品質

製鹽ハ前述ノ如ク天日製法ニ依ルヲ以テ採鹽中浮泥混入シ、又貯藏後放塵附著ノ爲自然色相ヲ損シ外觀不良ナルモ、之ヲ分析ノ成績ニ徵スル時ハ純分ニ於テ、內地ノ二等鹽ト伯仲ノ間ニアリ、故ニ採鹽ト貯藏上ニ注意セハ品質色相共ニ善良ナルヲ得ヘク、現ニ管內雙島灣ニ於ケル大日本鹽業株式會社ノ試驗ニ依ル煉瓦床結晶池生產鹽ノ如キハ、其色相ノ佳良ナル殆ント理想的ノ純白鹽ト稱シ得ヘシ。今元關東廳中央試驗分析成績ヲ擧クレハ左ノ如シ。

產地	種類	硫酸石灰	硫酸苦土	鹽化苦土	鹽化加里	水分	不溶解分	鹽化曹達
旅順	支那人製鹽	〇、三三八	〇、五五一	一、一三一	〇、三三七	五、七四五	〇、八五九	八九、四四七
羊頭灣	同	〇、八二四	〇、三五六	〇、三〇〇	〇、二四五	二、五六七	一、二八九	九三、一七〇
營城子	同	〇、六七〇	鹽化石灰 〇、〇七八	〇、二九一	〇、二〇八	二、二三〇	一、四九四	九三、二一六
雙島灣	同	〇、五〇三	〇、六八九	一、〇九四	〇、三〇六	五、五〇五	〇、一八九	八八、六三三
同	大日本鹽業株式會社	〇、八五三	〇、一一二	一、一六一	〇、三六七	二、六五八	〇、五〇八	九二、六〇二

(ハ) 用途

鹽ハ結晶粒ノ大ナルト泥土附著セル爲、不溶解分比較的多キモ鹽化曹達量平均八九・五%以上ヲ有シ、苦汁分少キヲ以テ用途ニ依リテハ却テ之ヲ賞用サレ、内地仕向鹽ノ大部分ハ醬油釀造原料ニ費消セラレ、又近年朝鮮各地ニ勃興セル再製鹽業者ノ需要甚タ多シ、漁業用鹽トシテハ結晶粒ノ大ナルト泥土・附著セルトニ依リ

製鹽積出ノ狀況

原鹽ノ儘使用スルトキハ魚體ニ泥土附著シ外觀ヲ損スルコト多キモ、之ヲ立鹽トシ又ハ再製鹽トシテ使用スルトキハ佳良ナル製品ヲ得ヘク、農商務省水産講習所漁業用鹽試驗報告ニ徵スルトキハ原鹽ノ儘、撒鹽漬トシテ使用スルトキハ外觀ヲ汚損スルモ其肉味ハ内地下等鹽ヨリモ遙カニ優良ナリト以テ其價値ノ如何ヲトスヘシ。

（七）漁業

州内近海ノ水族ハ暖流魚族ノ二、三ヲ除クノ外、概ネ存在シ、就中タヒ、ボラ、タチ、サハラ、タラノ類極メテ豊富ナリ、殊ニ管内ハ地形上三面海ニ臨ミ、海岸線延長七十哩ニ達シ此間旅順ノ良港ト幾多避難ノ灣澳ヲ有スルト共ニ、一面販路ニ於テハ大連、旅順兩市ノ外海路山東、直隷ノ都市亦遠カラス、陸路ハ鐵道ニヨル沿線奥地ヘノ輸送ノ至便ナルヲ以テ漁業上好箇ノ地トシテ今ヤ遠洋及近海通シテ斯業ニ使用セラル船舶一千百七隻、人員二千七百餘人、一箇年間ノ漁獲高四十一萬餘圓ノ巨額ニ達スルノ盛況ヲ見ルニ至リ、諸産業中重要ノ地位ヲ占ム。

漁船　　大正九年

支那形漁船		日本形漁船	西洋形漁船	發動機付漁船	漁獲物運搬船	合計
戎克	舢船					
二二二	七九八	三七	—	—	—	一、〇五七

漁具　大正九年

網類		数
	鯛網	一
	建網	五
	刺網	一三
	繰網	一九
	張網	一三六
	曳網	一四二
	敷網	一一三
	風網	二九
	掛網	二〇六
	小網	一、〇〇五
	袖網	三九
	施網	三三
	落網	九八
	其他	六
	合計	一、八五三
釣具数	延網	三、六一八
	一本釣具	一、三三三
	合計	五、四七五
其他漁具	潜水器	八
	合計	八

水産物漁獲高　大正九年

魚介名 日本名	魚介名 支那名	数量 日本人ノ分	数量 支那人ノ分	数量 合計	價額 日本人ノ分	價額 支那人ノ分	價額 合計
タイ	海鯽魚	九、六二五貫	一三一貫	九、七五六貫	二六、一一三円	一、八八九円	二八、〇一一円
タラ	大口魚	八〇〇	一四、二四三	一五、〇四三	九六〇	七、七八四	八、七四四
タチウヲ	鱗刀魚	五六	一八五、八五九	一八五、九一五	六七	八四、三六四	八四、四三一
グチ	黄花魚	一五〇	一〇九、一二三	一〇九、二七三	一五〇	三四、八二三	三四、九七三
			一、〇四〇、七一四	一、〇四〇、七一四		一九八、三八一	一九八、三八一

サワラ	鮁魚	二〇〇	二、八一三	三、〇一三	六〇〇	三、八九二	四、四九二
ヒラメ、カレイ	扁口魚	―	四、二六四	四、二六四	―	三、二〇四	三、二〇四
スズキ	鱸子魚	三〇	二、四八一	二、五一一	二〇	二、六五七	二、六七七
エイ	滑子魚	―	四七、四六一	四七、四六一	―	一二、二八六	一二、二八六
ボラ	鮻魚	―	一、七六二	一、七六二	―	二、四七二	二、四七二
サバ	臺把魚	一〇〇	六、三三六	六、四三六	二五〇	四、六五四	四、九〇四
フカ	沙魚	四〇〇	一一、五九六	一一、九九六	二〇〇	二、八九四	三、〇九四
ニベ	鰵子魚	三〇〇	三〇〇	六〇〇	六〇〇	二七二	八七二
イワシ	撇丁魚	―	二、八四五	二、八四五	―	四六二	四六二
ヒラス	黄光子魚	―	一、三八〇	一、三八〇	―	一、七七八	一、七七八
アナゴ	鯽魚	―	七三三	七三三	―	五五〇	五五〇
ウナギ	鰻魚	―	六八	六八	―	二二四	二二四
イシモチ	梟子魚	―	六〇九	六〇九	―	二一七	二一七

コノシロ	鰶魚	—	五〇九	五〇九	—	四一四	四一四
カナガシラ ホチボウ	紅娘子魚	二、八〇〇	一二、四三二	一五、二三二	一、三二五	三、九五一	五、二七六
サヨリ	大鰟子魚	—	二九一	二九一	—	二五九	二五九
メバル、アブラメ	黒魚	—	一、六三五	一、六三五	—	一、〇九一	一、〇九一
タコ	章魚	—	二一二	二一二	—	二八四	二八四
クラゲ	海蜇	—	一、五〇四	一、五〇四	—	一五七	一五七
ナマコ	海参	—	三、一九八	三、一九八	—	二、四〇八	二、四〇八
カキ	海蠣子	—	三〇四	三〇四	—	一二一	一二一
アワビ	鮑魚	—	三七〇	三七〇	—	九三二	九三二
エビ	海蝦	一五	七一五	七三〇	二五	五六三	五八八
カニ	蟹	—	三七三	三七三	—	四五	四五
メイボー	皮甲魚	—	三七四	三七四	—	一四二	一四二
ツナシ	白漂子魚	—	二、一四三	二、一四三	—	四五〇	四五〇

其他ノ魚介類	四	三二、六四八	三二、六五二	四	―	―
計	一四、四八〇	四四八、七一三	四六三、一九二	三〇、三三三	一九〇、三五九	二二〇、六八二
		一、〇四〇、七一四	一、〇四〇、七一四		一九八、三八二	一九八、三八二

備考　本表以外遠洋漁業ト稱スルハ主ニ「グチ」漁ニシテ支那人ノ漁業ニ屬シ毎年五月末熊岳城、利津腔洞島方面ニ出漁スルチ謂フ、漁獲高「タヒ」二萬九千八百貫此價格三萬四千餘圓、「グチ」三百二十萬三千六百貫此價格十二萬一千餘圓、「カナガシラ」三千五百貫此ノ價格八百七十五圓ヲ算ス。前表中左傍ハ遠洋漁業ナリトス。

（イ）　漁期及漁族

當地ニ於ケル漁期ハ通常四月末ニ始マリ十一月末ヲ以テ終了ヲ告クルヲ普通トス、冬期ニ至リテハ鱈、鮃、鰈類ヲ除クノ外一般魚族ハ水溫ヲ追フテ南方ニ移動スルヲ以テ漁場モ亦南方ノ一部分ニ狹縮セラル。春陽ノ季ニ至レハ魚族集團ノ來游夥シク、夏季ニ至リテハ黄渤兩海灣到ル處魚族ノ散游ヲ見、漁場モ從ツテ擴大ス。而シテ晩秋水溫ノ下降ト共ニ再ヒ漁場ハ南方ニ移動スルヲ常トス。

（ロ）　本邦人漁業

邦人漁業ノ創始ハ明治二十七八年日清戰役當時ニ在リシモ、平和克復後一旦中絶シ再ヒ三十七八年戰役開始サレ、金州半島ノ大半我軍ノ占領スル處トナルヤ、出征軍隊ニ鮮魚供給ノ目的ヲ以テ渡來シ斯業ニ從事スルニ至レリ、當時鯛延繩漁業ノミナリシカ、爾來一本釣其他各種漁業經營セラルルニ至レリ。漁場ハ最初近海ノミナリシカ今ヤ區域擴張セラレ、遠ク熊岳城、龍口等ニ出漁スルニ至ル。是等從事者ノ多クハ春季渡來シテ秋季ニ歸國スルヲ常トシ當地ニ移住漁業ニ從事スル者極メテ少數ナリシモ、近年ニ至リ水産組合奬勵其ノ他各種ノ勸誘ニヨリ年々移住者多キヲ加フルノ狀況ヲ呈ス。

(ハ) 支那人漁業

當地方支那人漁業ハ山東省ノ登州ト旅順トノ航路ハ遠ク一千年漢時代ヨリ開カレ、當時ヨリ當地ノ水産物ハ山東方面ニ輸出サレタルモノノ如シト雖、支那人漁業ハ幼稚ニシテ漁獲種類モ極メテ少カリシカ日露戰役後邦人漁業者ノ渡來以來鯛延繩、潛水器漁業其ノ他打瀬網ノ如キ何レモ邦人ヨリ漁法ヲ學ヒ、邦人ノ漁船漁具ヲ購入シ爾來長足ノ進歩ヲ促シタリ。而シテ漁具ハ「タチ」、「タラ」各延繩、風網等最ナルモノニシテ漁業區域ハ遠洋、近海ニ分チ遠洋漁業ハ多ク戎克船ヲ用ヒ之ニ舢板二、三隻ヲ搭載シ、母船組織ノ下ニ從事シ而シテ漁獲物ハ大抵船内ニ鹽藏シ其ノ滿載ヲ俟チテ歸航乾製ス。

（ニ）漁獲物ノ處理（日本人從業者）

管内漁獲物ハ旅順、營城子ヲ根據地トシテ水揚シ直ニ大連、旅順ノ魚市場ニ搬送シ又ハ生鮮ノ儘委託販賣ニ附ス、又龍口方面ニテハ一部ハ龍口ニ水揚シ、一部ハ天津山海關地方ヨリ來レル支那人出買船ニ販賣スル等、總テ生鮮ノ儘又ハ氷藏シ以テ定期汽船便ニヨリ大連旅順ニ輸送シ、更ニ奥地ニ轉送スルヲ常トシ鹽藏又ハ乾燥セラルルハ極メテ尠シ。

水産物製造高

大正九年

種別		數量 日本人ノ分	數量 支那人ノ分	數量 合計	價格 日本人ノ分	價格 支那人ノ分	價格 合計
鹽	タチウチ	—	四〇、〇一六貫	四〇、〇一六貫	—	二一、六六六円	二一、六六七円
	タラ	—	二〇〇	二〇〇	—	七〇五	七〇五
	サバ	—	二〇〇	二〇〇	—	二〇〇	二〇〇

藏品及乾製品						
イワシ	—	—	—	—	—	—
フカ	—	二,七〇四	二,七〇四	—	二,六〇六	二,六〇六
フカノヒレ	—	—	—	—	—	—
クラゲ	—	三四七	三四七	—	一七一	一七一
エビ	—	五,九九〇	五,九九〇	—	七,三六九	七,三六九
ナマコ	—	—	—	—	—	—
カラスミ	—	—	—	—	—	—
カレイ	—	—	—	—	—	—
アカエイ	—	二,二七〇	二,二七〇	—	一,一七五	一,一七五
スズキ	—	—	—	—	—	—
ツナシ	—	—	—	—	—	—
小魚	—	二,四九〇	二,四九〇	—	一,四二三	一,四二三
貝類	—	一,四二三	一,四二三	—	一一,二八三	一一,二八三

合計	—	五五、六四〇	五五、六四〇	—	四六、九九七	四六、五九七
加工品 鑵詰	—	—	—	—	—	—
加工品 カマボコ	一〇七	四八	一五五	三七四	一七七	五五一
加工品 合計	一〇七	四八	一五五	三七四	一七七	五五一
計	一〇七	五五、六八八	五五、七九五	三七四	四六、七七四	四七、一四八

（ホ）水産組合

管内ニ於ケル水産團體トシテ特ニ記スヘキモノハ關東州水産組合旅順支部ニシテ、本組合ハ明治三十八年ノ設立ニ係リ本部ヲ大連ニ置キ、支部ヲ旅順及金州民政署管内ナル貔子窩ニ設置シ専ラ州内水産業ノ改良、發達及水産動物、植物ノ繁殖保護其ノ他組合員ノ共同ノ利益ヲ圖ルヲ目的トス、其重ナル事業ヲ掲クレハ左ノ如シ。

(1) 組合員ノ保護監督

(2) 出稼及移住漁業ノ奨勵

(3) 水産業ニ關スル諸般ノ代辨
(4) 漁船漁具物品ノ保管
(5) 餌料ノ供給
(6) 天氣豫報及暴風警報ノ信號
(7) 遭難又ハ病死者ノ保護取締
(8) 移住漁村ノ經營

組合員ハ州内ニ於ケル同業者ヲ以テ組織ス、管内ニ於ケル大正九年末現在ノ組合員日本人六百十九名、支那人一千七百五名ヲ算ス。

(ヘ) 滿洲水産株式會社

本會社ハ明治四十一年一月ノ設立ニシテ資本金百萬圓ヲ有シ、專ラ魚市場事業ヲ經營スルノ外水産物ノ賣買、冷藏庫業、漁業資金及漁具ノ貸付、漁獲物ノ廻送受託、鹽乾魚ノ製作等ニ從事シ本店ヲ大連ニ、支店ヲ旅順ニ設置ス。今旅順ニ於ケル魚市場ノ取引商ヲ掲クレハ左ノ如シ。

年別／種別	數量	價格
大正三年	六九、二八八貫	五四、八四九円
大正四年	七六、二四九	五〇、六二五
大正五年	七四、一七九	五三、八七八
大正六年	九〇、五三三	七七、三六七

年別／種別	數量	價格
大正七年	七五、七九八貫	九二、六一四円
大正八年	五七、五三五	九六、二一九
大正九年	四七、八九二	一〇三、三九七

（八）商業

由來旅順市ハ經濟關係上殆ト一ノ消費地タルニ止マリ、商業トシテハ特ニ記スヘキモノナシ、唯其ノ特產品タル鹽業會社ノ撤監ハ年々輸出產額ノ増加ヲ示シ、又數年來古鐵材ノ產出モ相當ノ數量ニ上リシモ、元來沈沒船引揚品タルヲ以テ數量ニ限リアルト、近年鐵價ノ下落トニ依リ其產額追々減少シシツアリ。大正八年中各種工業ノ勃興ニ連レ商況稍見ルヘキモノアルニ至リタレトモ、本年五月株式ノ暴落ト共ニ財界ノ變動ヲ來タシ、爾來其ノ活氣喪失シタリ、輸入品ノ主タルモノハ毎年木材、穀類等ナルカ大正九年ニ於テハ滿洲產石炭不足ノ結果本品ハ輸入品ノ最高位ヲ示セリ。

現在市ノ重ナル店舗ハ雜貨商ニシテ一ノ直輸入商ナク各種營業者ヲ合シ營業税年額金六十圓以上ヲ納付スルモノハ(料理店飲食店ヲ除ク)日商二十六、支商三十四計六十ニシテ日商ノ最多額ハ四百五十圓餘、支商ハ同三百六十一圓餘ナリ。管内ニ於ケル會社ハ大正九年末ニ於テ株式會社十七(支店ヲ含ム)、合資會社七、合名會社三、計二十七ニシテ内大正九年中ニ設置シタルモノ株式會社五、合資會社二ナリトス。尚近時事業界ノ變動ニ伴ヒ一般ニ活氣ヲ呈セス。或種會社ノ如キ維持困難ヲ告ケツツアルモ辛クモ經營ヲ持續シ來リテ解散ニ至リタルモノ未タ之ナシ。

(イ) 會　社

會社名	所在地	本店所在地	設立年月日	營業種目	資本 總額	資本 拂込
滿洲水産株式會社旅順支店	旅順市朝日町	大連	明治四十一年一月十一日	魚類販賣及魚業奬勵	一,〇〇〇,〇〇〇円	三八五,〇〇〇円
滿洲澱粉株式會社	同金比羅町	同	大正七年七月二十一日	澱粉製造、販賣	二〇〇,〇〇〇	五〇,〇〇〇

渤海黄海祐民漁業株式會社旅順支店	同朝日町	同	大正四年五月二十九日	漁業漁獲物製造販賣	三五〇、〇〇〇	三五〇、〇〇〇
大連製氷會社旅順支店	同乃木町	同	大正六年三月二十九日	製氷清涼飲料水製造販賣	五〇〇、〇〇〇	四〇〇、〇〇〇
株式會社正隆銀行旅順支店	同鯖江町	同	明治四十四年七月八日	銀行業	二〇、〇〇〇、〇〇〇	七、九五〇、〇〇〇
株式會社朝鮮銀行旅順支店	同青葉町	京城	大正七年一月十一日	同	八〇、〇〇〇、〇〇〇	五〇、〇〇〇、〇〇〇
株式會社旅順銀行	同嚴島町	旅順	大正七年五月六日	同	一、五〇〇、〇〇〇	四八七、五〇〇
旅順機業株式會社	同土屋町	同	大正八年九月二十日	織物	一〇〇、〇〇〇	二五、〇〇〇
株式會社旅順鐵工場	同乃木町	同	大正七年十月二十三日	製鐵其他金屬製造	五〇〇、〇〇〇	一二五、〇〇〇
滿洲貯金信託株式會社旅順支店	同乃木町	大連	大正九年六月四日	信託、講會經營	二、〇〇〇、〇〇〇	六五〇、〇〇〇
內外商事株式會社	同乃木町	旅順	大正九年二月二十六日	株式賣買其他	一、〇〇〇、〇〇〇	二五〇、〇〇〇
南滿畜産株式會社	同大島町	同	大正九年三月二十二日	畜牛、牛乳搾取販賣	四〇〇、〇〇〇	一〇〇、〇〇〇
滿洲醬油株式會社	同朝日町	同	大正九年三月十三日	醬油、味噌釀造販賣	一、〇〇〇、〇〇〇	二五〇、〇〇〇
旅順窯業合名會社	同金比羅町	同	大正五年四月十八日	瓦、土管、其他陶器製造販賣	一七、〇〇〇	—
合名會社旅順染料公司	同	同	大正七年八月五日	白土、染料製造販賣	一五、〇〇〇	—

株式會社秋田商會旅順支店	同乃木町	奉天	大正五年四月一日	木材販賣	三,〇〇〇,〇〇〇	七五〇,〇〇〇
合資會社旅順牧場	同桃園町	旅順	大正二年六月二十日	畜牛、改良牛乳搾取販賣	二五,〇〇〇	—
大陸大理石工業合名會社旅順支店	同乃木町	大連	大正九年六月一日	大理石加工、石材採掘販賣	三〇,〇〇〇	三〇,〇〇〇
合名會社佐藤商會旅順支店	同鮫島町	同	大正四年三月二十日	電氣機械器具、材料販賣	六〇,〇〇〇	—
合資會社孤山農園社	同乃木町	旅順	大正四年一月十三日	開墾農業、製氷	三〇,〇〇〇	—
旅順大理石合資會社	同名古屋町	同	大正九年四月五日	大理石加工、石材採掘販賣	二六,〇〇〇	二六,〇〇〇
旅順檢番株式會社	同忠海町	同	大正七年六月六日		二三,〇〇〇	二三,〇〇〇
南滿洲製帽合資會社 龍頭公司	同伊地知町	同	大正六年十一月廿二日	各種帽子製造販賣	三〇,〇〇〇	三〇,〇〇〇
旅順運輸合資會社	同乃木町	同	大正九年三月十一日	運輸業	四五,〇〇〇	四五,〇〇〇
遼東畜産合資會社	同鮫島町	同	大正九年一月十三日	畜牛、牛乳搾取販賣	五〇,〇〇〇	五〇,〇〇〇
合資會社丸三商會	同大津町	同	大正七年十月十六日	動産不動産ノ賣買貸借仲介	一一〇,〇〇〇	—
旅順殖産株式會社	同乃木町	同	大正八年十月八日	購會其他經營	五〇〇,〇〇〇	一二五,〇〇〇

（ロ）市場

市場トシテハ旅順舊市街ニ於ケル魚菜市場、滿洲水產會社旅順支店ノ魚糶市場竝ニ新市場ノ三箇所ニシテ孰レモ當署ノ管理ニ屬ス。而シテ之レカ經營ノ目的ハ日用食料品ヲ安價ニ販賣シ併セテ衞生上ノ注意ヲ爲シ一般價格ノ統一ヲ期スルニアリ、其ノ建築物ハ十數年前築造ニ係リ構造設備等遺憾ノ點多キヲ以テ目下新築ノ計畫中ナリ。

大正九年度ニ於ケル賣上高ヲ示セハ左ノ如シ。

箇所別	店舗數	魚類	鳥獸類	野菜果實	其他	計
		円	円	円	円	円
舊市場	二二	四四、三二二	九、二〇八	一八、〇一〇	二三、六六九	九五、二〇九
新市場	九	—	二、九九八	六四五	一六、四一四	二〇、〇五七
水產會社糶市場	一	一〇三、三九七	—	—	—	一〇三、三九七
計	三二	一四七、七一九	一二、二〇六	一八、六五五	四〇、〇八三	二一八、六六三

(ハ) 度量衡

當地方ニ於ケル度量衡ハ複雜ニシテ未タ其ノ基本ナシ、從來行ハルルモノハ度ハ尺ヲ、量ハ石ヲ、衡ハ斤ヲ單位トセハ寸ハ尺ノ十分ノ一、斗ハ石ノ十分ノ一、兩ハ斤ノ十六分ノ一ト云フ割合ニシテ、大概ハ日本ノ算定法ト相似タレトモ其單位タル尺石斤等カ各地ニ於テ相違シ、支那全土ニ於テ實ニ驚クヘキ等差アリテ、南滿洲殊ニ旅順管內ニ於テモ差異ヲ生ス、之レ未タ關東州ニ於テハ度量衡ニ關スル一定ノ制度取締ノ法ナク、民間ノ私造ニ任セシ結果ナリトス。故ニ利ニ敏キ支那人ハ自己ニ利益ナル物ヲ私造シ、賣買ニヨリテ二樣ノモノヲ使用スル者サヘ有ルニ至ル、故ニ之カ制度統一ヲ圖ルコトハ最モ必要ナリトス。今管內廣ク行ハル度量衡ニ就キ大要ヲ記セン。

度卽チ尺度ハ普通使用セラルル官尺、裁尺ニ就テ見ルニ十尺カ一丈ナルハ各所一定セルモノノ如キモ、一疋ハ其品ニヨリ異ナルモノニシテ十丈ヲ算スルモノモ、又七丈ノ物モアリ故ニ支那ノ反物《コン》ヲ買フ場合ハ其物品ニ付キ一疋ノ丈數ヲ尋ネ、其上購入ノ要アリ、丈量尺ハ五尺カ一弓、一弓平方カ一步、二百四十步カ一畝、六畝カ一天地又ハ一晌地ト稱ス（故ニ日本ノ六畝カ支那ノ一畝ニ相當シ三十六畝カ支那ノ一天地ニ相當ス）以上ハ田畑ノ丈量法ナルモ、里程ハ一弓カ卽チ一歩ニシテ七反二十歩カ一里、十里カ一舗ト稱ス（當地方ノ一里ハ日本ノ六町ニ相當ス）次ニ量卽チ斛子ハ普通門斗ト稱シ百四十斤內外ナリ、是ハ容積ト重量ヲ混同シタル嫌アルモ今容積ニ就テ述ヘムニ、元來北京ニ於テ標準トセルモノハ一斗ノ容積殆ト我カ一倍半ト略算シ得ヘク、而シテ當地方ハ二斗以上ニ相當スルモアレハ時ニ一斗四五升ニ足ラサルモノアリ、然トモ普通ハ一斗六升五合ヲ標準トスルモノノ如シ。

次ニ衡ニテ平《ヒン》ト戳子《チヨーツ》ノ二種ニシテ、平ハ卽チ秤ニシテ斤以上ニ用ヒ、戳子ハ斤以下ヲ衡ルニ用ユ、支那ノ一斤ハ十六兩、一兩ハ十錢、一錢ハ十分ト云フ割合ニシテ單位ノ一斤ハ亦所々ニヨリ秤量ヲ異ニス、當地方ニ於テハ一斤ハ日本ノ百五十三匁內外トス。

（九）工　業

管內工業界ハ兩三年來特ニ勃興シ、其ノ經營資本ノ如キモ驚クヘキ增加ヲ示シツツアリシカ大正九年五月項ヨリ財界ノ變動ハ延イテ各種事業ノ不振ヲ誘致シ、一時隆昌ヲ告ケシ工業界モ一變稠落ノ悲境ニ陷リ爲ニ粉條子、澱粉、耐火煉瓦、油房等ノ各工場ハ孰レモ休業ノ止ムナキニ至リタルモノアルモ、財界安定セハ再ヒ繰業スル至ルヘシ。

諸工場

大正九年末日現在

工場名	所在地	設立年月	資本金額	動力 種類	動力 馬力	職工延人員 日本人	職工延人員 支那人	職工延人員 合計	製造品 種類	製造品 單位	製造品 數量	製造品 價額
旅順石鹸製造所	旅順市青葉町	大正三年六月	二五、〇〇〇円	電力	三	三七五	一、〇八〇	一、四五五	石鹸	箇	二〇四、八〇九	二六、六三五円
滿洲耐火煉火工場	同桃園町	大正五年六月	一〇〇、〇〇〇	同	三五	二、一〇〇	二、五〇〇	四、六〇〇	煉瓦	同	六六、〇〇〇	三、三〇〇
旅順塗料トラスト工場	同金比羅町	大正六年六月	一〇、〇〇〇	同	五	三二五	四五〇	七七五	塗料	貫 噸	四〇〇 五〇	一、二八〇 四〇〇
旅順窯業會社	同	大正五年四月	一七、〇〇〇	同	五	二五〇	三五〇	六〇〇	瓦	枚	一九、一〇〇	五、五〇〇
河村綿織物工場	同鎮遠町	大正五年一月	二〇、〇〇〇	同	一〇	—	一、〇九五	一、〇九五	タオル	打	一六、九七二	三四、〇七六
柏木鐵工場	同朝日町	明治四十一年七月	五〇、〇〇〇	同	三	四〇〇	二、五〇〇	二、九〇〇	鑄物	箇	三五〇	三五、〇〇〇
武田煉瓦工場	方家屯會鹽灘	明治四十三年四月	一〇、〇〇〇	—	—	九六	三〇、九八六	三一、九八二	煉瓦	同	三四〇、一〇〇	七四、八二〇
東光堂菓子製造所	旅順市敦賀町	明治三十九年四月	一〇、〇〇〇	電力 機罐	三五 一	一、八〇〇	三、〇〇〇	四、八〇〇	菓子 麵麭	斤	七、八〇〇	二八、五〇〇

木村屋菓子製造所	同 乃木町	大正四年六月	五,〇〇〇	―	―	六〇〇	三,〇〇〇	三,六〇〇	同	同	四,五〇〇	一八,九〇〇
中日粉干工場	同 桃園町	大正八年六月	三〇,〇〇〇	汽罐	七〇ホ	四五〇	三,四八〇	三,九三〇	粉干	斤	二,六八九	四,四四一
滿洲澱粉會社	金比羅町	大正八年三月	二〇〇,〇〇〇	電力	五	二一五	一,四六五	一,六八〇	澱粉	貫	一五八,〇八〇	三一,三三三
岸本製靴工場	同 乃木町	大正二年四月	五,〇〇〇	―	―	―	一,八〇〇	一,八〇〇	靴	足	九六三	一三,〇〇〇
滿洲醬油會社	同 朝日町	大正九年三月	一,〇〇〇,〇〇〇	電力	一五	三五〇	七,三五〇	七,七〇〇	味噌 醬油	貫 石	三三,〇八九 一,七三八	三三,三四七 三一,七九九
滿洲麥酒會社	同 桃園町	大正六年三月	一,〇〇〇,〇〇〇	汽罐	三ホ	一,五〇〇	六四八	二,一四八	麥酒	石	四一六	二九,〇九七
旅順鐵工場	同 乃木町	大正七年十一月	五〇〇,〇〇〇	電力	三三	三,五〇〇	四三,五〇〇	四七,〇〇〇	諸機械	箇	二,〇〇〇	一七,〇〇〇
山崎陶器工場	同 朝日町	大正九年八月	五,〇〇〇	―	―	三五〇	二,一〇〇	二,四五〇	土管	同	七,三〇〇	九,六〇〇
旅順機業會社	同 土屋町	大正九年四月	一〇〇,〇〇〇	―	―	―	九,四九〇	九,四九〇	絹紬	反	二〇五	三,三三五
那須ラムネサイダー工場	同 忠海町	大正元年六月	一〇,〇〇〇	電力	三	三五〇	一,〇〇〇	一,三五〇	ラムネ サイダー	本	七〇,〇〇〇 七〇,〇〇〇	三,〇〇〇 一八,〇〇〇
華信油房	同 柳町	大正九年六月	五〇,〇〇〇	電力	四五	―	五,二五〇	五,二五〇	豆油 豆粕	斤 枚	四三,〇〇〇 八四,〇〇〇	五〇,四〇〇 一三〇,〇〇〇
赤坂煉瓦工場	龍頭	大正八年七月	六,〇〇〇	―	―	―	五〇〇	五〇〇	煉瓦	箇	五〇,〇〇〇	七二〇
總計	―	―	三,一七三,〇〇〇	―	一五三 一二七ホ	一三,四九一	一二〇,六四四	一三四,一三五	―	―	―	七二四,三八四

第十章　衞　生

當管内ハ滿洲ノ最南端ニ位シ、且三面海ヲ繞ラスヲ以テ寒暑ヲ緩和シ、氣候風土内地ニ髣髴タルモノアリテ滿洲唯一ノ健康地タルヲ失ハス、一般住民ノ健康狀態ハ概シテ良好ニシテ大正九年ニ於ケル死亡率ハ日本人一・五八％、支那人一、八三％ニシテ今其死亡病類別ニヨリ觀ルトキハ呼吸器病、消化器病、熱性病等最多數ヲ占ム。呼吸器病及熱性病ハ秋冬ノ季ニ消化器病ハ春末ヨリ初秋ニ至ル間ニ最モ多ク發生スルヲ常トス、而シテ旅順市ニ於テハ上水道今ヤ完成ノ期ニ達セシモ下水道ニ在リテハ幹線ノ布設完成セサル爲、未タ十全ノ期ニ達セサルハ遺憾トスル所ナリ、然レトモ市ニ於テハ年々多額ノ費用ヲ投シ、汚水搬出ニ努メ以テ公衆衞生上支障ヲ釀スカ如キ憂ナキヲ期セリ。又一般醫療設備モ完備シ年々良好ノ成績ヲ擧ケツヽアリ。

大正九年中ニ於ケル出生並死亡者數左ノ如シ。

常住人口出生死亡

大正九年

種別			日本人 內地人	日本人 朝鮮人	支那人	外國人	總計
出產	嫡出	男	一三〇人	—	一、九七七	—	二、一〇七
		女	八四人	—	一、八三六	—	一、九二〇
	私生	男	二〇人	—	六	—	二六
		女	一〇人	—	三	—	一三
死產	嫡出	男	一五人	—	七	—	二二
		女	八人	—	五	—	一三
	私生	男	—人	—	—	—	—
		女	—人	—	二	—	二
死亡	病死	男	七七人	—	八四八	—	九二五
		女	七二人	—	七三七	—	八〇九
	其他	男	—人	—	二四	—	二四
		女	—人	—	四	—	四

（一）旅順水道

旅順市ニ於ケル水道ハ當初清國政府（光緒五年 明治十二年）ニ於テ築造セシモノヲ起源トシ後、露國政府之ニ改良ヲ加ヘ主トシテ海軍ノ用ニ供給シ來タリタルヲ、明治三十八年一月旅順開城ト共ニ我帝國政府ノ經營ニ移シ爾來總テノ設備ヲ改造シ、一面市ノ膨張ニ伴フ自然ノ結果トシテ更ニ大孤山水源及配水管ノ增設ヲナシ、普ク市內一般ニ給水スルコトトシ今日ニ至レリ。

關東都督府以前ノ經營ニ係ル淸國露國陸軍水道班時代ニ屬スル設備費ニ關シテハ其詳細ヲ知ルヲ得サリシモ、諸種ノ資料ニ依リ綜合スルニ其額通シテ二十六萬七千八百九圓二十三錢ナルモノノ如シ、而シテ明治四十年四月關東都督府ノ經營ニ移リシヨリ大正十年三月末日迄ニ增設改修ニ費セシ工費ハ十八萬八千四百八十二圓八十五錢ナルヲ以テ現在ノ總設備費ハ實ニ四十五萬六千二百九十二圓八錢ニ達セリ。

從來ノ送水設備ハ日本人二萬五千人、支那人一萬人、合計三萬五千人迄ニ給水スルノ標準ナリシモ尙給水能力ヲ增加スヘキノ目的ヲ以テ目下施行中ニ係ル送水設備ノ改造工事完成ノ後ハ其水量ハ約二倍ノ人口ニ給水シ得ラルヘキノ豫定ナリ、今事業ニ關スル概況ヲ擧クレハ左ノ如シ。

水道設備

喞筒所	金比羅町	一箇所
	大孤山	一箇所
喞筒	金比羅町	二臺
	大孤山	二臺
汽罐	金比羅町	二
	大孤山	二
鐵管延長		三一、九五六間
淨水池		一
貯水池		二
配水池		一
聚水井		一
消火栓		一一七
隧道		五九八間

給水能力

一日ノ給水能力		一二五、〇〇〇立方尺
豫定極度給水人口	日本人歐米人	二五、〇〇〇
	支那人	一〇、〇〇〇
一日一人ノ消費量	日本人歐米人	四立方尺
	支那人	一立方尺

全市一日ノ給水狀況

給水區分		栓數	日本人	支那人	消費水量
家事用		一、六一八	二一、五六四	—	一、一七七、三三三
		四二	—	一、四一七	一九、三三三
湯屋用		四	—	—	二四、九九〇
噴水、撒水、瀧用		七	—	—	三、三〇〇
原動力、汽罐用		五	—	—	八三、四三三
工事用		一六	—	—	三九、九六六
船舶用		四	—	—	一二、八三三
計		—	—	—	一、三六〇、八三一

收入及支出

收入調定額	支出額
七八、四〇一、七七〇	九一、七四八、六四〇

上水試驗成績

（大正十年四月四日前日晴當日晴配水池）

氣溫	水溫	清濁	色相	臭味	反應	格魯兒	硫酸	硝酸	亞消酸	安母尼亞	有機質ノ酸化ニ要スル過滿俺酸加里量	固形物總量	硬度	細菌聚落數
一〇・〇	一一・〇	透明	無色	異狀ナシ	アルカリ性	七八・二四〇	痕跡	痕跡	檢出セス	檢出セス	〇、九九五	三二八、〇〇〇	七・五五	一四

（二）下水道

旅順市ニ於ケル下水道ハ未タ完成ノ期ニ達セサルモ、明治四十一年工事ニ著手シ大正二年ニ至リ主要下水線ノ敷設成リ爾來漸次其普及ノ工ヲ進メツツアルヲ以テ、近ク完成ノ域ニ達スヘシ。而シテ之カ設計方式ハ合流法ニヨリ舊市街ノ一部開渠ナル外、大部分ハ暗渠式ニシテ現在ノ下水道ハ暗渠三百六十間、開渠三百二十五間「モルタル」管四千百六十五間、掘放下水百十二間、雨水吸込桝五百七十五箇入孔者百三十四箇等ニシテ工費三萬二千餘圓ヲ要シタリ。

(三) 關東廳醫院

當院ハ旅順舊市街ニ在リテ旅順唯一ノ治療機關ニシテ、明治四十年六月露國赤十字病院ヲ修築シ之ニ充テシモノニテ、爾來增改築其ノ他ノ設備ヲ施シ殆ト間然スル所ナキニ至レリ。又新市街ニハ出診所ヲ設ケ醫員、調劑手、看護婦其ノ他ヲ常設シ、患者ノ便益ヲ圖リツツアリ現在ニ於ケル職員ハ醫長五人(内一名ハ院長ヲ兼ヌ)、醫員五人、藥局長一人、調劑手三人、書記三人、囑託醫雇、看護婦若干人ヲ配置シ内科、外科、産科、婦人科、小兒科、眼科、其他耳鼻咽喉科ノ各部ニ分チアリ。今大正九年中ニ於ケル外來入院患者數竝是等ノ病名ノ大要ヲ掲クレハ左ノ如シ。

病類別	性別	在院患者			外來患者		
		日本人	支那人	計	日本人	支那人	計
全身病	男	一五二	二二	一七四	二〇	三	二三
	女	一六二	九	一七一	一七	一	一八

神經系病	男	二六四	六六	三三〇	｜	｜	｜
	女	二七三	一二	二八五	｜	｜	｜
循環器病	男	八七	三六	一二三	一四	二	一六
	女	六二	一〇	七二	四	三	七
眼及其附屬器病	男	六三一	一六六	七九七	五	三	八
	女	四六六	四一	五〇七	八	｜	八
耳病	男	五四九	八九	六三八	二	｜	二
	女	三八〇	一一	三九一	五	｜	五
鼻咽喉病	男	一、〇六七	一一九	一、一八六	三二	二	三四
	女	八二四	二四	八四八	八	｜	八
呼吸器病	男	一、三三二	九二	一、四二四	一一四	｜	一一四
	女	一、三一二	三六	一、三四八	八六	一	八七
消化器病	男	一二六	九九五	一、一二一	八六	七	九三
	女	二四	八五八	八八二	五六	｜	五六
皮膚及其附屬器病	男	六九六	六一七	一、三一三	一四	八	二二
	女	六七三	一三三	八〇六	六	四	一〇

	泌尿生殖器病 男	泌尿生殖器病 女	外傷 男	外傷 女	妊娠及産 男	妊娠及産 女	其他 男	其他 女	計 男	計 女	水痘 男	水痘 女	痲疹 男	痲疹 女	風疹 男	風疹 女
	六一	六五五	三五七	一八六	—	六七四	一〇七	一〇二	五、四二九	五、七九三	三二	三〇	一三	一〇	二	—
	二三	三六	二九四	三二	—	一三	六八	一四	二、五八六	一、二三九	—	—	—	—	—	—
	八三	六九一	六五一	二一八	—	六八七	一七五	一一六	八、〇一五	七、〇三二	—	—	—	—	—	—
	二〇	九九	二一	五	—	二五六	二〇	六	三五七	五五六	—	—	四	五	—	三
	四	五	二六	七	—	二	七	五	六二	二四	—	—	—	—	—	—
	二四	一〇二	四七	一三	—	二五八	二七	九	四一九	五八〇	—	—	—	—	—	—

實布垤利亞	男	|	|	|	一	|	|
	女	二	|	|	三	|	|
流行性耳下腺炎	男	七三	|	|	一	|	|
	女	八九	|	|	|	!	|
流行性感冒	男	三七九	一七	|	八四	一	|
	女	三六一	六	|	八三	|	|
麻剌利亞	男	五	一	|	一	|	|
	女	三	|	|	一	|	|
丹毒	男	四	二	|	二	|	|
	女	三	|	|	一	|	|
放線菌病	男	三一五	一二五	|	!	|	|
	女	三〇六	八六	|	|	|	|
トラホーム	男	一三七	一七	|	二	|	|
	女	一五三	三	|	二	|	|
疫咳	男	|	|	|	九	|	|
	女	|	|	|	一	|	|

	腸窒扶私 男	腸窒扶私 女	細菌性赤痢 男	細菌性赤痢 女	其他 男	其他 女	計 男	計 女	合計 男	合計 女
	—	—	—	—	—	—	九六九	九五七	六、三九八	六、七五〇
	—	—	—	—	—	—	一六二	九五	二、七四八	一、三二四
	—	—	—	—	—	—	一、一三一	一、〇五二	九、一四六	八、〇七四
	四	四	二一	二一	八	四	一二七	一一八	四八四	六七四
	—	—	二	—	—	—	三	—	六五	二四
	—	—	—	—	—	—	一三〇	一一八	五四九	六九八

(四)　旅順療病院

當院ハ明治四十年七月傳染病患者ノ診療ヲ掌ラシムル爲メ當時民政署ニ於テ建設シ、次テ同四十三年六月關東都督府療病院規程ニヨリ組織ヲ改定シ以テ今日ニ至ル。職員ハ院長以下九名ニシテ敷地面積二萬七百四十三坪、建坪六百十一坪ヲ算セシカ大正九年更ニ經費七萬六千四十二圓餘ヲ投シ二百五十八坪ノ增築工事ヲ施シ殆ト理想的ニ諸般ノ設備ヲ爲セリ同年中收容セシ患者數ハ三百七十九名ニシテ其ノ主ナル病數ヲ揭クレハ赤痢百四十九名、腸チブス十九名、實布丁里亞二十名、瘧痢五名、インフルエンザ百二十九名、其ノ他四十七名ニシテ其ノ成績頗ル良好ナリ。

(五)　旅順婦人病院

當院ハ娼妓其ノ他特種婦人ノ檢診治療ヲ掌ラシムル爲メ、明治三十八年軍政署ノ建設ニ係リ同四十一年關東都督府婦人病院規程ニヨリ組織ヲ改定シタルモノトス。現在職員院長以下九名ナリ大正九年中收容患者ハ四百十一名ニ達セリ。

(六)　火葬場

火葬場ハ從來私人ノ經營ニシテ設置以來歲月ヲ經過シ場屋モ荒廢ニ屬セシヲ以テ之ヲ買收シ經費一萬四千餘圓ヲ投シ共同墓地ニ隣接シテ官營トシテ、大正五年工ヲ起シ同六年一月竣工同年二月以來一般人ニ使用セシメツツアリ。

(七)　墓地

日本人墓地ハ明治四十三年三里橋ニ設置セルモ死體ハ多ク之ヲ火葬トシ、其ノ遺骨ハ内地ニ送還スルヲ以テ墓地ヲ使用スルモノ至ツテ尠ク、纔ニ貧困者、行路病者及幼兒ノ死體ヲ埋葬スルニ過キス且ツ縁者ノ如キ年年退去シ無縁ノ状態ヲ呈スルニ至レリ。大正六年墓地ノ整理ヲ遂ケ大ニ面目ヲ一新スルニ至レリ。

(八) 屠場及屠畜状況

旅順屠場

旅順屠場ハ最初露國政府經營ニ屬シ明治三十八年開城ト共ニ我要塞整理委員ノ手ニヨリ整理セラレ、其ノ後民政施行ニ際シ民政署ニ配屬セシメ旅順屠場ト改稱セリ。次テ大正五年ニ至リ建物其ノ他不完全ノ爲改築ノ必要ヲ認メ工費三萬九千餘圓ヲ投シ現在ノ屠場建設ヲ見ルニ至レリ。敷地一千九百十六坪家屋十五棟ヲ算ス本年更ニ關東廳ノ主管ニ移サレタリ現在ノ屠殺手數料及大正九年中ニ於ケル屠殺數等左ノ如シ。

屠殺手數料

大牛	中牛	小牛	馬	騾	驢	羊	山羊	豚
円 四・〇〇	円 二・五〇	円 一・〇〇	円 一・七〇	円 一・七〇	円 一・〇〇	円 〇・七〇	円 〇・七〇	円 一・〇〇

屠殺數

年次＼畜種別	牛	犢	馬	騾	驢	羊	山羊	豚	收入手數料
明治四十五年 大正元年	頭 一、〇四二	頭 一	頭 一二	頭 九	頭 —	頭 —	頭 二八	頭 二、五八八	円 七、三二五
大正二年	一、〇〇四	九	一四	三四	三〇	—	二七	一、九六七	四、九九八
大正三年	九一九	一六	一二	一七	二三	三	二二	二、五〇八	四、八四四
大正四年	八四八	一七	六	一三	一九	二	六四	三、〇九四	五、一〇六

大正五年	九三五	一四	六	一四	一九	｜	五九	二、八二三	五、一五三
大正六年	七七四	一一	七	一一	一八	二	六九	二、六九四	四、五一六
大正七年	六九五	一八	八	一三	五五	一	四三	二、八六三	四、四二〇
大正八年	六八六	九	六	一九	八一	｜	六一	二、二三七	四五、九六四
大正九年	六四〇	｜	八	一一	六八	七	二八	四、〇三二	六、六一〇

第十一章　旅順電氣

旅順電氣ハ元露國ノ施設經營ナリシカ明治三十八年我軍ノ手ニ歸セシ以來、發電所及線路其ノ他諸般施設ノ改善ニ努メ、最初陸軍ニ使用ノ目的ヲ以テ明治三十八年四月送電ヲ開始シタリ、當時ノ設備ハ發電容量百二十「キロワット」發電機一臺ニシテ燈數約四百ニ過キサリシカ、爾來邦人ノ發展ハ駸々トシテ興隆ノ運ニ向ヒ、滿蒙開發ノ氣運ヲ招徠スルニ至リタルヲ以テ同三十九年四月一日一般市民ノ需ニ應スル爲、豫算二十四萬九千六百圓ヲ以テ發電所及線路ノ建設ヲ企畫シ、同年五月工事ニ著手、翌四十二年十二月竣成セリ。此ノ發電容量二百五十「キロワツト」二臺、供給燈數約八千燈ニ達ス爾來電氣ノ需要ハ逐年增加シ如上ノ設備ヲ以テスルモ尙供給普ネカラサルヲ以テ、更ニ大正七年度ニ於テ一大擴張ヲナスノ計畫ナリシモ歐洲大戰ノ爲、設備品ノ調辨困難ナリシニヨリ豫定ヲ變更シ六萬六百圓ノ豫算ヲ以テ應急工事ヲ施行スルコトトナリ、旅順海軍要港部ヨリ二百五十「キロワツト」發電機一臺竝之ニ附屬スル汽罐汽機類ノ讓渡ヲ受ケ、大正七年四月起工翌八年三月竣工セリサレト一面電力ノ需要ハ將來益々增加ノ傾向アルヲ以テ、本年度ニ於テ五百「キロワツト」發電機一臺增設スルコトトシ、之ニ要スル工事總額三十一萬四千圓ヲ算シ、目下起工中ニシテ工事完成ノ上ハ近キ將來ニ於テハ電力ノ不足ヲ告クカ如キコトナカルヘシ。今事業ニ關スル概要左ノ如シ。

電氣設備

大正十年八月現在

發電機	汽機	汽罐	發電所	線路延長	
				高壓線	低壓線
二百五十キロワツト 三臺	三臺	三臺	一箇所	二五七、五二七	五六六、四五八

電燈數

大正十年八月現在

箇所別	燈數	備考
官衙	九、〇一四	
陸軍	二、六一六	
市民	六、八八一	
計	一八、五一一	

動力用途別

用途別	馬力及臺數	
X光線用	一馬力半	一
	二馬力	一
	四馬力	一
直流發電機用	二馬力	一
	三馬力	一
揚水喞筒用	一馬力	一
	一馬力半	一
	二馬力	一
製材用	十馬力	一
海軍原動力用	三十馬力	三
印刷用	一馬力	一
精米用	二馬力	一
	五馬力	四
清涼飲料水製造用	一馬力	一
菓子製造用	一馬力	三
耐火煉瓦工場用	五十馬力	一
タオル工場用	二馬力	一
	七馬力半	一
製氷用	十五馬力	一

用途	馬力	臺數
工科事堂原動力用	五馬力	一
	二十五馬力	一
	五十馬力	一
塗料製造用	五馬力	一
人造米製造用	五馬力	一
	七馬力	一
冷藏用	十馬力	一
綿打用	一馬力	一
澱粉製造用	十馬力	一
	二十馬力	一
石鹼製造用	三馬力	一
豆腐製造用	一馬力	四
昇降用	二馬力	一
窯業用	五馬力	一
製瓶用	五馬力	一
鐵工用	三十馬力	一
	三馬力	三
	五馬力	三
織物用	二十馬力	一
	七馬力	一

合計	
1HP	二
1.1HP	
1.5HP	二
2HP	六
3HP	四
4HP	一
5HP	一〇
7.5HP	二
10HP	五
25HP	二
30HP	四
50HP	二
總馬力	四三五、三
臺數	三三

本表ノ外電力ノミヲ供給スル電氣按摩一、醫療用四、寫眞用アーク一、電氣熔爐一、活動アーク一計九アリ。

電量用途別

大正十年八月現在

電燈用	電力用
九三〇、〇五九キロワット	二八三、五七五キロワット

第十二章　法務

從來民政署長ノ權限ニ屬セシ裁判事務ハ大正八年六月十日關東州裁判令ノ改正ノ爲民事訴訟調停登記、公證、執達事務ヲ除クノ外總テ地方法院管轄ニ移レリ而シテ大正九年中民政署ニ於テ取扱ヒタル雜事件及執達件數ハ左表ノ如シ。

（イ）民事雜事件數

種別	舊受	新受	計	既濟	未濟
督促	—	—	—	—	—
假差押假處分	—	—	—	—	—
強制執行	—	—	—	—	—
支配人登記	—	一	一	一	—
合名會社登記	—	五	五	五	—

(ロ)執達件數

種別	合資會社登記	株式會社登記	建物登記	船舶登記	其他	公證	確定日附	共助	其他	總計
受理 舊受	—	—	—	—	—	—	—	—	—	—
受理 新受	二	五〇	一〇八	—	六二	五	三一	四三五	—	七一八
受理 計	二	五〇	一〇八	—	六二	五	三一	四三五	—	七一八
既濟	二	五〇	一〇八	—	六二	五	三一	四三五	—	七一八
未濟	—	—	—	—	—	—	—	—	—	—

送達	|	四〇八	四〇八	四〇八	|
執行	|	二〇	二〇	二〇	|
拒絶證書作成	|	二	二	二	|
其他	|	一	一	一	|
總計	|	四三一	四三一	四三一	|

第十三章　警察

(一)　警察説諭事項

非違警防ノ手段トシテ行フ所ノ説諭事項中最モ多キハ衛生及交通ニ關スルモノニシテ之ニ亞クモノハ風俗ニ屬スル事項ナリトス、而シテ是等ハ主トシテ外勤巡査ノ取扱ニ係リ事態稍大ナルモノ及複雜ナル事件ハ監督者巡視ノ際或ハ本署ニ於テ説諭ヲ行フ等適當ノ措置ヲ採レリ。

人民ノ願出ニ係ル説諭事項ハ日支人ヲ通シテ賣掛代金及貸金勞働賃金ノ不拂等多キヲ占ム

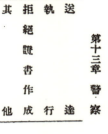

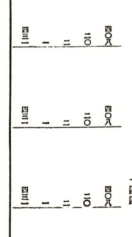

是等ハ警察本然ノ事項ニ非サルカ如キモ輕微ナル事件ニ付テハ出訴スルコトヲ好マス便宜處分トシテ加諭シツツアリテ其成績ハ極メテ良好ナリト。

（二）警察取締營業

警察取締ニ屬スル營業者ノ數ハ別表ノ通リニシテ之カ取締ニ關シテハ毎月一回乃至四回警察官吏ヲシテ臨檢セシムルノ外藥品、牛乳飲食物、飲食用器具、原動機其ノ他特殊ノ設備場所等ニシテ公安及衞生上技術的檢査ヲ要スルモノハ警察官吏ニ技術員ヲ附シ定期又ハ臨時ニ檢査ヲ施行ス營業者ノ規則違反行爲ニ對シテハ能ク其ノ內情ヲ調査シ寬嚴宜シキヲ制スルノ方針ヲ以テ處分ス取締營業者中最モ異動多キハ荷馬車、人力車、行商等ニシテ是等從業者ハ常ニ轉輾極マリナキ日稼人大部分ヲ占ムルヲ以テ之カ取締ニ就テハ最モ嚴重ニ規程ノ勵行セラレツツアルカ如シ。

警察取締營業者　大正九年

區別	日本人	支那人	計	區別	日本人	支那人	計

印刷業	三人	二人	五人
印判彫刻業	三	二	五
代書業	一	—	一
案内業	五	—	五
電氣使用業	三四	四	三八
汽機汽罐使用業	一七	一	一八
銃砲火藥類販賣業	一	—	一
石油商	—	一五	一五
鍛冶業	六	四〇	四六
鑄物業	二	五	七
質屋	一〇	九	一九
演劇場	一	一	二
寄席	一	—	一
古物商	一一人	二四人	三五人
宿屋	五	一一	一六
下宿屋	三	—	三
料理屋	二九	—	二九
飲食店	二〇	三八	五八
貸座敷	—	一九	一九
藝妓檢番	一	—	一
藝妓	六六	—	六六
酌婦	一三四	—	一三四
娼妓	—	六七	六七
雇婦女	一七	—	一七
灸治業	二	—	二
藥種商	八	九	一七

勧商場	二	—	二
遊戯場	二	—	二
遊藝師匠	五	—	五
諸遊藝人	六	一	七
湯屋	二	四	六
醫術開業	二	—	二
歯科醫開業	三	—	三
産婆業	一九	—	一九
看護婦業	七	—	七
按摩業	二	—	二
鍼治業	二	—	一
理髪業	七	一五	二二
女髪結	一四	—	一四
賣薬商	二	—	二
賣薬請賣商	八	二	一〇
阿片小賣	—	一二	一二
屠夫	—	五	五
賣肉商	八	三五	四三
獸骨商	一	—	一
化成場業	一	—	一
牛乳搾取業	一	—	一
清涼飲料水製品	一	—	一
製氷製雪貯藏販賣	九	三	一三
罐詰製造	一	—	一
仲介業	二	—	二
物品行商	一	五五二	五五三

乗合馬車	—	一〇七	一〇七
人力車	—	一八五	一八五
荷馬車	—	二二九	二二九
運送業	二	二	四
回漕業	二	—	二
艀船業	五	一	六
潜水業	一	—	一
古物直	—	三〇	三〇
屑物買	—	一五〇	一五〇
露店	—	二九	二九
雨沓業	—	一四	一四
介辨業	一	—	一
自動車業	一	—	一
計	五〇〇	一、六二三	二、一二三

(三) 犯罪及檢擧

大正九年中ニ於ケル犯罪件數ハ三百八十七件、檢擧件數四百二十四件ニシテ之ヲ大正八年ニ比スレハ犯罪件數ニ於テ百十四件檢擧數ニ於テ七十九件ノ減少ヲ示セリ犯罪種類中最モ多キハ竊盗ニシテ警察處罰令違反賭博之ニ次ク而シテ是等ノ大部分ハ支那人ニシテ特ニ山東方面ヨリ出稼ニ來レル者ナリ彼等ノ内常習的傾向アリテ到底矯正ノ見込ナキモノト認ム

ル者ニ對シテハ犯罪ノ體操輕重ヲ斟酌シ本籍地ニ送還ノ方法ヲ採リ以テ犯罪豫防ノ一助ト爲セリト云フ

犯罪及犯罪檢擧數

大正九年

種別	犯罪件數	檢擧 件數	檢擧人員 內地人 男	內地人 女	支那人 男	支那人 女	滿國人 男	滿國人 女	外國人 男	外國人 女	計 男	計 女
窃盗	一三九	一四二	一二人	三人	七二人	ー	ー人	ー	ー	ー	八三人	三人
横領	一五	二六	一三	ー	四	ー	ー	ー	ー	ー	一七	ー

第十四章　公　園

淸澄鏡ノ如キ旅順西港ノ東濱樹木欝蒼トシテ天ヲ掩ヒ小鳥樹間ニ囀ヒテ百花艶ヲ衒ヒ芳ヲ競フノ處之ヲ後樂園トス面積一萬餘坪規模敢テ大ナラサルモ滿蒙ニ於ケル植物ハ勿論內地

種其ノ他各種ノ珍卉奇木ヲ蒐集シ斯界ノ好研究材料トシテ稱讃セラレツツアリ顧フニ當園ハ露治時代ノ經營ニ成リシカ明治三十八年兵馬倥偬ノ後ヲ承ケテ民政署ノ管理スル所トナリ當時百事草創ノ折柄トテ空シク戰後ノ荒廢ニ委セラレシカ其ノ後之ヲ一ノ公園トシテ經營スルノ議成リ爾來年々隴畝ヲ修ヌ温室ヲ設ケテ珍

公園ノ一部（後樂園）

草奇花ヲ萃メ池沼ヲ掘開シ噴水ヲ設置スル等諸般ノ規模ヲ改造スルニ及ヒ昔日ノ面目頓ニ一新シテ今ヤ綠樹幽草超然タル仙境ノ觀ヲ成スニ至ル若シ夫レ一タヒ杖ヲ曳キテ此所ニ遊ハンカ老鐵ノ奇峯ハ遠ク翠黛語ルカ如ク蜓々タル老虎尾半島ハ近ク靄然笑フカ如シ眸ヲ轉スレハ海灣波靜カニシテ水禽浮沒スル所白帆風ヲ孕ンテ搖曳スルノ風光眞ニ掬スヘク愛スヘシ實ニ紅塵圈外ニ

旅順後樂園公園ノ池邊

超絶セル好箇ノ市民樂園ト謂フヘキナリ。

後樂園ノ北數町ニシテ又一園アリ之ヲ大正公園ト稱ス同公園ハ新市街北方二萬坪ノ高地ヲ相シテ大正四年施設シタルモノニシテ開築日尚淺ヲ以テ設備未タ十分ナラサルモ自然ノ勝形ハ港内ヲ俯瞰ス後方ニハ松林連ル小丘ヲ負ヒ眺望絶佳閑雅幽邃ノ趣アリ。

第十五章　博物館

博物館ハ旅順新市街霧島町ニ於ケル古考館千歳町元露淸銀行跡圖書閲覽場及本館ノ三館ヨリ成ル本館ハ工費二十七萬餘圓ヲ投シテ露治時代陸軍將校集會所トシテ築造セシ半成家屋ヲ修築セシモノニシテ大正五年十一月工事ニ著手シ七年十一月竣功セリ建坪五百三十八坪高サ八十二尺煉瓦造擬石塗ノ建物

ニシテ其主要部ハ石材ヲ用ヒ玄關ハ內地德山產ノ花崗石ヲ以テアイヲニック式圓柱ヲ立テ右方ノ大階段ハ美濃產大理石及水戶產寒水石ヲ以テス建築ノ樣式ハ近世復興式ヲ參酌シ正面ハ左右均等ノ平法ヲ採リテ嚴正ノ美ヲ整フルト共ニ裝飾的柱形及彫刻等ヲ點綴ス其輪環ノ美ヲ極ムル滿洲建築界ノ權威ニシテ工科學堂ト相並ヒ壯觀ヲ呈ス。

陳列品ノ蒐集ハ滿蒙ヲ主トシ傍々參考品ヲ陳列セリ其數鑛物二百七十四點動物二萬二千九百五十二點植物一千三百十四點水產部九百四十五點考古部一萬八千五百七十九點數學部百六十四點圖書二千點參考部一千三百五十三點ヲ藏シ一般公衆ノ知識及趣味ノ向上ヲ圖リ兼テ學術研究上ニ必要ナル資料ヲ供給セリ。

旅順博物館

第十六章　旅順要塞戰記念品陳列場

本場ハ露軍ノ構築セル新式築城

ニ對シ十有餘萬ノ精兵ヲ以テ六閲月ニ亙ル間海陸兩方面ヨリ之ヲ攻擊シ六萬有餘ノ犧牲ヲ拂ヒテ贏チ得タル旅順要塞ノ兵服器具等二千四百九十餘點ヲ蒐集陳列シ一ハ以テ當年苦戰ノ跡ヲ追憶シ一ハ戰史研究ノ參考ニ供スルト共ニ我國民固有ノ精華タル士道奬勵上ニ資スル爲明治三十九年ノ創設ニ係レルモノナリ。

旅順要塞戰紀念品陳列場

旅順要塞砲臺砲壘ノ模型ハ勿論奉天會戰ノ模型及ヒ戰役當時ノ各會戰地ノ寫眞幾十枚ヲ掲揚シ日露戰役當年ノ旅順激戰ノ蹟ヲ偲ヒ各地戰鬪ノ大要ヲ知ラントセハ先ツ必ス本場ニ就テ詳細研究シタル上現地ヲ視察スルヲ便トス

因ニ本場ハ戰役當時ニ於ケル露軍ノ將校集會場ニシテ我軍砲擊ノ彈痕今尚現存セルヲ以テ攻圍當時ノ慘況ヲ偲フニ足ルヘシ又附近ニハステツセル

將軍ノ避難セル住屋及露國ノ驍將コントラテンコ少將ノ官舍等ノ好箇紀念物アリ。

第十七章　海水浴場

旅順舊市街ノ南方黄金山麓ニ添ヒ俗界ト斷ッテ超然仙境ヲ爲ス所之ヲ黄金臺海水浴場トス此地元露治時代ニ於ケル別莊地域ナリシカ我カ有ニ歸セシ以來年々適當

旅順黄金臺海水浴場

ノ施設ヲナシ殊ニ近年ニ至リ別莊ハ滿鐵會社ノ經營ニ移シ協力以テ著々諸般ノ施設ノ改善ニ努メ爲ニ自然ノ勝地ニ一層ノ風致ヲ添フルニ至ル場ハ渤海ノ灣ニ臨ミ碧海拭フカ如ク波靜カニ汀汀渚ヲ洗ヒ銀砂遠ク連ル所幾多ノ更衣場ハ點々シ後方清洒ナル別莊ハ綠林翠樹ノ間ニ見エ風光掬スヘク滿洲ニ於ケル唯一ノ勝景地ニシテ保養ニ適合ス。

近時別莊、ホテルノ設備漸ク成リ四季内外人ヲ以テ滿タサル殊ニ夏季ニ於テハ海水浴客ノ來リ集ル者日々幾千ヲ算シ實ニ盛況ヲ極ム。

第十八章　劇場

當地ニ於ケル劇場ハ特ニ劇場用トシテ建設セルモノトテハナク唯露治時代ノ曲馬場ヲ改修シテ之ニ充テタルモノト支那人ノ經營ニ係ル茶園一及常設活動寫眞館一ヲ有スルノミ然レトモ孰レモ規模狹少、設備不完全ニシテ優良ナル興行ヲ爲シ難ク植民地經營上一缺陷タルヲ免レス之カ改善ノ要ハ夙ニ一部ノ間ニ唱道セラレツツアルモ未タ之カ實現ヲ見ルニ至ラス。

支那劇ノ一部

第十九章　慈善事業

管内ニ於ケル慈善事業概況左ノ如シ。

(一)日本赤十字社旅順支部社業概況

社員表

大正十年五月現在

社品總數	本邦人					外國人				
	有功	特別	終身	正社員	計	有功	特別	終身正	正社員	計
五、三〇四	二	三九	五九二	一、四七五	二、一〇六	—	一六	七七〇	二、四一二	三、一九八

普通救療患者

大正九年度

入院		外來	
實人員	延人員	實人員	延人員
三八人	九四四人	二四人	四三三人

結核患者

大正九年度

入院		外來	
實人員	延人員	實人員	延人員
一〇	八一一	三	一四九

巡回救療患者

大正九年度

實人員	延人員
八六四	四、二九〇

救療業務ノ概況ヲ一言セムニ普通患者診療及結核豫防診療、巡回施療ノ三種トス普通患者ハ赤貧ニシテ救療ノ資ナキ者ニ對シ本委員支部ノ施療證明ニヨリ施療劵ヲ發給ス入院患者ハ一期六週間外來患者ハ四週間結核患者ハ一期三箇月孰レモ關東廳醫院、委託診療ヲ爲シ巡回施療ハ一箇年三回ニ分チ醫員一名書記一名ヲ管内村落ニ派遣シ主ニ支那人ノ傷病者ヲ

治療セシメ居レリ患者ハ時期ニ依リ増減アルモ概ネ一回五百人内外ナリ從來支那醫ト稱スル者アルモ何レモ醫術上ノ經驗ナク僅カニ患者ノ言ニ依リ投藥スルニ過キス然ルニ赤十字社巡回施療ヲ開始スルヤ日本人醫術ニ信頼シ道ノ遠近ヲ問ハス陸續多數ノ患者來集シ診療ヲ請フニ至リ延イテハ社業發展ニ好影響ヲ來セリ又本救療ヲ開始以來關東廳醫院ノ如キモ多數支那人有料診療ヲ請フモノ日一日ニ増加スルノ傾向アリ。

(二)　鎌倉保育園旅順支部

當園ハ旅順市ニ在リテ大正二年ノ開設ニ係ル爾來日尚淺キモ慈惠救濟上大ニ見ルヘキモノアリテ現在育兒人員ハ生後二箇月許リノモノヨリ十八歲位ノ者ニ至ル孤兒三十一名ナリ一箇年經費ハ四千餘圓ヲ算シ補助金、寄附金、農作物收入、園兒勞働所得金等ヲ以テ其費用ヲ辨シツツアリ事業ノ主ナルモノハ果樹園ノ經營ニシテ目下四町歩ヲ有シ現ニ培養セルモノハ梨、桃、林檎等已ニ結實スルニ至ル其ノ他年長者ノ勞役就職等アリ今ヤ家屋ノ新築モ完了シ組織ヲ財團法人ニ改メ其基礎漸ク强固トナルニ至レリ。

附録

第一　戰跡

東鷄冠山砲臺

自旅順驛約一里二十三町

一、任務　東及東北正面ニ於ケル遠戰砲臺ノ基幹ナリ

二、備砲　15珊加農四、克式八珊七、野砲五

三、防禦工事ノ狀態ペトン製永久砲臺ニシテ開戰迄ニ完成シアリ前面ニ電流鐵條網アリ

四、攻擊經過ノ大要

第一回　總攻擊

自八月十九日至二十一日夜、第十一師團在縱隊ノ一部ハ砲擊及鐵條網破壞ヲナシ突擊ヲ準備ス。

八月二十二日　午前六時突擊隊ノ主力一旦砲臺ニ進入シテ之ヲ占領セシカ比隣堡壘砲臺ノ集中砲火竝再三ノ逆襲ニヨリ殆ント全部死傷シ午後五時退却ニ就ク此戰ハ唯敵勢ノ牽制

ヲナセルノミナリ。

自十月二十六日至同三十日　砲撃ヲ行ヘリ。

十月三十日　午後一時歩兵第十二聯隊ノ二箇中隊之ノ砲臺ニ向ヒ中腹散兵壕ヲ奪ヒ斜堤上ニ日章旗ヲ樹テタルモ同一時五十分ニハ猛烈ナル敵火ニヨリ撃退セラル（瘤山ニハ同聯隊ノ一中隊突入セリ）

十一月二十六日　本攻撃開始迄ニ我坑路ハ散兵壕ヲ距ル事五十米ノ地點ニ達シアリ。

Ｃ23榴彈砲等ノ砲撃ノ後左ノ部隊ヲ以テ中腹ノ散兵壕ニ向ヒ二回突撃ヲ實施シ二回共一旦之ヲ占領セシニ拘ラス側防火ヲ受ケ且優勢ナル逆襲ヲ蒙リ目的ヲ達セス。

歩兵第十二聯隊、歩兵第四十四聯隊ノ一中隊騎兵一分隊機關砲一小隊迫撃砲七門工兵一中隊。

明治三十八年一月一日夜、敵ハ自爆ヲナシ退却セルヲ以テ直ニ之ヲ占領セリ本砲臺ニ對シテハ二十八珊榴彈ノミニテ八百二十ヲ費シ且數回ノ突撃ニヨリ幾多ノ肉彈ヲ以テ終ニ爰ニ至レルモノナリ。

東鷄冠山北砲臺

同上約一里十五町

一、任務　1　北正面ノ右翼及中央ニ對スル敵ノ進路ヲ射擊ス。

2　小孤山ニ接近スル敵ヲ射擊ス。

二、備砲　克式38野砲六門、各種口徑砲二〇門外ニ咽喉部外ノ空地ニ機關砲五門。

三、防禦工事ノ狀態　東北正面中最モ堅固ナル永久築城ニヨル堡壘ニシテ開戰當時ニハ略完成シアリタリ。

旅順北堡壘第一回爆破の光景

四、攻擊經過ノ大要

第一回總攻擊

（我參加部隊ノ主ナルモノ　歩兵四十四聯隊第二大隊）

八月十九日同二十日　砲擊

八月二十一日　午前三時ヨリ電流鐵條網ヲ破壞シ同五時三十分外壕ニ達シタルモ携帶橋短クシテ用ヲナサス勇敢ナル將卒壕內ニ飛下リタルモ機關銃ノ掃射ニヨリ全滅セリ。

同二十二日　僅ニ現位置ヲ固守シタルノミ。

自九月十九日至二十二日ノ攻擊ハ單ニ敵ノ行動ヲ牽制ニ止マレリ。

十月二十三日　坑路ハ敵ノ外岸頂ヲ距ル五十米以内ニ達シ坑道作業ニ移ルニ至レリ。

第二回　總攻擊

十月二十七日　外岸ヲ距ル三米ニテ敵ノ對坑道爆發アリ我傷六名ヲ出セルモ裝藥過量ナリシ爲鐵條網十米ヲ破壞シ外岸側穹窖ノ一角ヲ破壞スルニ至レリ。

二十八日　前夜ヨリ今朝マテニ二回更ニ火藥ニテ「ペトン」體ヲ破壞シ歩兵一分隊ヲシテ機關砲ヲ以テ壕内ヲ射擊セシム。

二十九日　前夜更ニ大爆破ヲナシ七米ノ破壞孔ヲ開キ之ヨリ木ニ石油ヲ注キタルモノヲ壕内ニ投シテ敵ヲ惱マシ其ノ機ニ乘シテ穹窖ノ一角ヲ占領セリ爾後土嚢ヲ轉進シテ漸次占領區域ヲ擴メタリ。

三十一日　午後一時ヲ期シテ破壞孔ヨリ外壕ニ出テ堡壘ニ突入セントセシモ殆ント全滅シ師團長ノ命シタル第二回突擊ハ成效セス敵ハ益々增加スルノミ但シ穹窖ハ全部占領シ得タリ。（我參加部隊ノ主ナルモノ歩兵二十二聯隊第二大隊）

三十一日　突撃部隊ハ二回壘内ニ突入ヲ試ミタルモ成效セス外斜面ニ膠著シ且壕ノ遮斷通路ヲ設ク。

十一月一日　外岸爆破ヲ企圖シ垂坑路ノ掘開ヲ行ヒ砲兵亦綏除ナル射擊ヲナスノミニテ總攻擊ノ局ヲ結ヘリ。

第三回　總攻擊

十一月二十六日　28珊彈砲ヲ以テ朝來砲擊ヲナシ破壞效力顯ハル胸墻下二箇所ニ裝シタル爆藥八百吉瓦ノ爆破ヲ行ヘリ遠方ヨリ見タル時ハ堡壘全部破壞セル如クナリシモ煙ノ飛散スルヤ破壞ノ一部ナリシコトヲ知レリ然レトモ此ノ機ニ乘シ靑木聯隊、福地大隊ハ堡壘ニ突入シ一部ノ將校ハ壘内ニテ格鬪セリ由テ聯隊ハ續々援兵ヲ送リタルモ機關砲ノ掃射ノ爲擊退セラレ夕刻聯隊長ハ更ニ一大突擊ヲ決行セルモ唯兵ヲ損スルノミニテ其ノ效ナカリキ。

十二月十五日　「コンドラムエンコ」將軍ハ咽喉部掩蔽部内ニ於テ我カ28珊砲彈ノ爲ニ戰死セリ。

十七日ニ至リ胸墻大爆破ノ準備完結ス卽チ高サ一米幅一米八ヨリ成ル二條ノ坑道ノ端末ニ藥室八箇所計二、三〇〇吉瓦ノ火藥ヲ裝セリ。

十八日　午後爆破實行ノ筈ナリシカ敵ノ爆藥ノ爲導電線切斷セラレ二時十五分爆破ヲ實行シ爆煙ノ散スルヲ待テ步兵第二十二聯隊及步兵第四十四聯隊第二大隊ハ突擊ヲ實施セルカ第二、第三突擊隊ノ大部ハ爆破ノ餘波ヲ受ケ掩蓋下ニ埋沒セラレタルモ其ノ他ノモノハ機ヲ逸セス突進シ胸墻ヲ占領セリ然ルニ敵ハ第二胸墻ニヨリ機關銃ヲ以テ我レヲ掃射ス依テ機關銃三門山砲一門ヲ胸墻上ニ据エ敵ノ機關銃ニ當ラシメ聯隊旗ヲ胸墻上ニ樹テ奮戰セシニ敵モ亦健鬪シタル爲我軍前進不可能ナリ夕刻師團長ハ幕僚ヲ率ヒ外壕内ニ來リ二中隊ヲ增加シ突擊セシメ其ノ成效セサルヤ自ラ胸墻上ニ半身ヲ露出シ更ニ二中隊ヲ增加シ最後ノ突擊ヲ敢行セシメ午後十一時五十分餘堡壘ヲ占領シ陛下ノ萬歲ヲ三唱セリ。

二龍堡壘　同上約三十五町

一、任務　龍河河孟ノ射擊

二、備砲　15珊加農五門、克式八珊七門、野門一一門、各種口徑砲一五門、密速射砲一六門計四七門。
三、防禦工事ノ狀態　東北正面中最大ノ永久的堡壘ニシテ概略完成セリ。
四、攻擊經過ノ大要。

第一回　總攻擊

龍眼北方高地ヲ占領セントシテ成效セス未タ本堡壘ノ攻擊ニ著手スルニ至ラス。
九月二十日　龍眼北方高地ヲ占領スルニ及ヒ第九師團長ハ二龍山ノ攻擊ヲ命セラル。
十月十六日　當時二龍山ニ對スル攻路大ニ進涉シタルモ敵ハ我作業ヲ妨クルコト甚シク殊ニ鉢卷山ハ其ノ甚シキモノナルヲ以テ此日午後砲擊ノ後夕刻前之ヲ占領セリ。

第二回　總攻擊

十月二十六日　第九師團右翼隊ハ斜堤ノ散兵壕ヲ占領シ、二十七日ハ前日占領セル散兵壕ノ占領工事ヲ益々堅固ニス、二十八日總攻擊ヲ敢行シ、二十九日東肩角側穹窖ノ一部ヲ爆破ス、翌三十日午後ニ至リ第九師團右翼隊ハ他ノ突擊隊ト共ニ奮進シテ外岸ニ肉迫シ外壕ニ架橋ヲ企テタルモ幅十四米深八米ニ達スル大壕ナルカ上ニ敵ノ防害甚タシク架橋ヲ破壞サレ其ノ他ノ壕ノ埋塡外岸壁爆破等ヲ試ミタルモ遂ニ成效スルニ至ラスシテ終ルニ依リテ、二十一日外岸崩壞ノ目的ヲ以テ垂路ノ掘下ニ著手ス。

十一月一日ヨリハ緩徐ナル砲擊垂坑路ノ掘進ニテ第二回總攻擊ハ自然ニ局ヲ結フ。

第三回　總攻擊

十一月二十六日　步兵第十九聯隊ノ一部ハ外岸ノ破墻孔ヨリ壘內ニ突入セルモ二回三回共ニ全滅シ僅ニ胸墻ノ東部一角ヲ保チタルモ後之ヲ捨ツルニ至レリ。

十二月二日　坑道作業ニ著手シ三條ノ坑道ト其端末二十二ノ藥室ヲ設ク。

二十七日　坑道ニ於ケル全部藥室ノ裝塡ヲ終リ(其裝藥量計二、八四〇吉瓦)タルニ付翌二十八日ハ午前十時四分其爆破ヲ實施ス二十米乃至二十六米突ノ漏斗孔三箇ヲ生シ其ノ土石ハ守兵ノ大部ヲ埋沒スルト共ニ我最前線部隊ニモ損害ヲ與ヘ選拔部隊ノ過半ハ一時地中ニ埋沒セリ。

午前十時三十分步兵第十九聯隊、步兵第三十六聯隊ハ猛烈ニ突進シテ火線ヲ占領セリ然レトモ敵ハ重砲線及比隣砲臺ヨリ砲火ヲ集中スルヲ以テ其ノ後ノ前進進渉セス。午後三時山砲ヲ破壊セル胸墻上ニ引上ケ敵ノ機關銃ヲ破壊セシメ同四時兩聯隊突進シテ重砲線ヲ占領シ翌午前三時全ク堡壘ヲ占領セリ。

松樹山堡壘　　同上約三十町

一、任務　二龍山ニ對スル敵ノ近迫ヲ妨ケ又椅子山前面ニ對スル射撃ヲナス。

二、備砲　15珊速射加農二門、其ノ他各種砲二〇門。

三、防禦工事ノ狀態　永久堡壘ニシテ「ペトン」部、胸墻、外壕ハ完成シ咽喉部未完成。

四、攻撃經過ノ大要。

第一囘　總攻撃

第一師團左翼隊カ九月二十日水師營南方ノＡＢＣ三堡壘ヲ奪取スル迄ハ力ヲ之ニ加フルコト能ハサリキ。

十月八日　松樹山ニ對スル對壕ヲ開始ス（歩兵第二聯隊工兵第一大隊）

十一日　松樹山北麓鐵道線路附近ニ達シ小企圖ノ夜襲ヲ以テ鐵道橋ヲ占領シ其ノ前方ニ

步兵陣地ヲ構成ス。

十四日　堡壘前方ノ散兵壕ヲ奪取シ第五步兵陣地ヲ構成セリ。

第二回　總攻擊

十月二十六日　第一師團左翼隊（內步兵三中隊機關砲二門追擊砲五門以上攻擊部隊、工兵三中隊步兵三百人以上工事隊）ハ砲擊ノ成果ヲ利用シ午後五時堡壘前ニアル敵ノ散兵壕ニ突入シ其ノ中央部ヲ占領シ爆藥戰ノ後其ノ兩翼ヲ占領セリ於此椅子山案子山等ヨリ猛烈ナル集中砲火ヲ受ケタルモ占領工事ヲナシ確實ニ之ヲ保存セリ、二十七日ハ前日占領セル散兵壕ノ占領工事ヲ堅固ニセシ外二條ノ攻路計十四米ヲ進ミ、二十八日新ニ据付ヲ終リタル28珊彈砲ノ爲松樹山ノ掩蓋ヲ有スル12珊加農及咽喉部ノ砲車ヲ砲壞セリ旅順市街ニハ二回火災起リ我軍士氣大ニ振フ然レトモ我兵ノ攻擊前進ニ最モ妨碍ヲ與フル支那土壘竝諸散兵壕ニ對スル砲火ノ效力十分ナリキ、然ルニ二十九日ニハ拂曉敵兵三四百我第五步兵陣地ニ對シ逆襲シ來リ我レ衆寡敵セス一時之ヲ捨テタルモ午後之ヲ奪還セリ之ニ入リ攻路ハ進涉シテ鐵條網前十五米ニ達セリ。

三十日　突擊隊ハ正午迄攻路ノ構築敵壘ノ偵察ニ努メシモ目的ヲ達セス午後〇時三十分爆發班ハ爆藥ヲ外岸頂ヨリ吊下シテ外岸壁ノ破壞ヲ試ミタルモ奏功セス但シ壕ノ深幅等ヲ偵察シ猶且ツ側防穹窖ヲ有スルノ件ヲ知ル。右偵察ノ結果作業隊ハ午後一時ヨリ各自塡實セル土囊ヲ携行シテ壕內ニ投入ヲ計リタルモ敵火ノ爲

埼子山砲臺ノ一部

忽チ失敗セリ。午後一時十五分突擊ヲ實施シ外岸頂ニ達シ一部ハ壕內ニ飛入リタルモ如何トモスル能ハス大部分ハ外岸頂ニ止リ僅ニ身ヲ容ルル掩體ヲ構築シ作業隊ハ後方ヨリ之ニ通スル土囊對壕ノ積進ニ努メ以テ拂曉ニ及フ。

三十一日ニ至リテハ攻擊作業步一步困難ヲ增シ終ニ本日ヨリ外岸崩壞ノ目的ヲ以テ垂坑路ノ掘下ヲ實施スルコトトシ

十一月一日ヨリハ垂坑路ノ掘下ヲ續クルノミニテ自然第二回總攻擊ノ終ヲ告ケタリ。

第三回　總攻擊

十一月一日以來ノ攻擊作業ニヨリ已ニ測防穹窖ヲ占領シ外壕ノ通過手段ハ大體ニ於テ實施セラレ更ニ其兩側面ヨリ咽喉部ニ向ヒ攻路ヲ進メツツアリタリ。

十一月二十六日ニハ午後一時突擊ヲ實行シ若干ノ勇士ハ壘內ニ突入セシモ後續部隊ハ外斜面ヲ經過スルニ至ラス（步兵三中隊）午後五時三十分更ニ第二突擊隊（步兵二中隊）ヲ突進セシメタルモ前回同樣ニシテ多ク外斜面上ニ仆ル、又一面松樹山東側ヨリ直ニ支那土壘ニ迫ル攻擊ヲモ實施セシカ是亦成效セス。

十二月二日　胸墻爆發ノ目的ヲ以テ三條ノ坑道ノ堀鑿ニ著手ス、二十九日坑道ノ端末ニ設ケタル五箇所ノ藥室ハ完成シ裝塡ヲ了ル其ノ藥量左ノ如シ。

藥量、三、七〇〇吉瓩

三十一日　午前十時豫定ノ如ク爆破ヲ行フ其ノ結果頗ル良好ニシテ啻ニ胸墻ノ大部分ヲ飛散セシメタルノミナラス暗路ノ媒介ニテ延テ敵ノ火藥庫ニ及フ我カ突擊隊ハ黑煙ノ飛

散ヲ待チ突擊ヲ敢行シタルニ大ナル抵抗ヲ受クルコトナク午前十一時全ク堡壘ヲ占領セリ。

二〇三高地

同上約一里二十五町

一、防禦工事ノ狀態　開戰當時ニハ未タ何等ノ設備ナカリシカ五月下旬ヨリ工ヲ起シ殊ニ高崎山附近ノ占領後ニハ堅固ナル半永久堡壘ト

乃木保典君戰死之所

ナレリ。

二、備砲　15珊加農二門、小口徑輕砲若干。

三、攻擊經過ノ大要。

第一回　總攻擊

第一回總攻擊ノ當時ニ在リテハ第一師團ハ大項子山及海鼠山東北角ノ線ヲ占領シタルノミニテ本高地ニ逼迫スルニ至ラス。

九月十九日　第一師團右翼隊ハ朝來砲擊ノ成果ニヨリ夕刻ヨリ西南嶺頂ニ向ヒ突擊

ヲ實施シタルモ近距離ニ於ケル小銃機關銃火竝海鼠山赤坂山方面ヨリスル側砲火ノ爲失敗ニ了ル、依リテ翌二十日ニハ拂曉ヨリ攻撃ヲ再興シ第一第二散兵壕ヲ突破シ西南角ニ達セシモ成效セス、又中央隊ハ選抜突撃隊ヲ驀進セシメ午後五時之ヲ占領セシモ猛烈ナル逆襲ニヨリ殆ント全滅シ小數ノ殘兵ハ第二散兵壕ニ退却ス、二十一日ニハ屢々增援隊ヲ送リ終日壯烈ナル戰鬪ヲ續行セルモ成效セス依リテ、二十二日、午前零時ヨリ盛ナル小銃戰ヲ交ヘ午前五時後備歩兵第十五聯隊長香月中佐自己ノ負傷ヲ顧ミス勇壯ナル喊聲ト突撃喇叭トヲ以テ士氣ヲ鼓舞セシメ終ニ山頂ニ攻メ上リ一大格鬪ヲ始メタルモ爆彈巨石ノ投下ト猛烈ナル火力ノ爲死傷續出シ二十二箇中隊ノ兵力モ僅ニ三百八十名ニ減シ辛ウシテ其ノ位置ヲ保持セリ然ルニ夕刻三羊頭附近ニ顯ハレタル敵ノ野砲二門ハ突撃隊ノ背後ヨリ曳火彈ヲ浴セ掛ケ到底其ノ位置ヲ保チ能ハサルニ至リ午後七時三十分師團命令ニ依リ退却セリ。

第二回　總攻撃

單ニ攻路ヲ進メタルノミニテ攻撃ヲ行ハス。

第三回　總攻擊

十一月二十七日　28珊榴彈砲ノ效力大ニ現ハレタルヲ以テ第一師團右翼隊ハ午後七時三十分ヨリ二縱隊トナリ西南嶺頂ニ向ヒ突擊ヲ行ヒタルモ常ニ他側防火ノ爲目的ヲ達セス中央隊（步兵第一旅團、步兵第十五聯隊ノ一大隊缺）ハ午後六時ヨリ東北嶺頂ニ向ヒ突擊ヲ實施セルモ赤坂山ヨリ猛烈ナル機關銃火ヲ蒙リ悲慘ヲ極メ遂ニ失敗ニ終ル、又中央隊ノ一部ハ赤坂山ヲ同時ニ攻擊シ一旦其嶺頂ヲ取リタルモ逆襲及二〇三嶺頂ヨリノ射擊ニヨリ失敗ス。

二十八日ニハ右翼隊ノ一部ハ午前十時四十分西南嶺頂ヲ占領シタルモ陣笠山西太陽溝、老鐵山ヨリ猛烈ナル射擊ヲ蒙リ殆ント全部死傷シ僅ニ第一散兵壕ヲ保持セリ、中央隊モ亦二回赤坂山ト東北嶺頂ニ突擊セシモ成效セス午後四時ヲ期シ兩縱隊ハ師團命令ニヨリ突擊ヲ實施シ苦戰ノ後西南嶺頂東北嶺頂竝赤坂山第一散兵壕ヲ占領スルヲ得タリ。

二十九日　前夜夜半敵ノ逆襲ヲ受ケ二〇三嶺頂占領部隊ハ多大ノ損害ヲ以テ前日突擊前ノ位置ニ擊退セラレ之ヲ保持シタルモ第一師團ハ數回ニ涉ル突擊及逆襲ニ依リテ多大ノ損

失ヲ受ケ攻擊ノ餘力ナキニ至リタルニ依リ、第七師團ハ二〇三及赤坂山ノ攻擊ノ任ニ當ルコトトナレリ。

第七師團長ハ左ノ如ク攻擊部隊ノ兵力ヲ區署セリ。

二〇三高地攻擊ノ爲
步兵九大隊半　工兵若干

赤坂山攻擊ノ爲　步兵五大隊　工兵若干

二〇三高地

三十日、午前十時頃我猛烈ナル砲火ノ威力現ハレタルニ依リ我步兵隊ハ二〇三ノ兩嶺頂及赤坂山ニ向ヒ突擊ヲ實施セシカ悉ク成效セス依リテ第七師團長ハ赤坂山ノ攻擊ヲ斷念シ一意二〇三高地ヲ攻擊スルニ決シ午後六時乃至七時ノ間ニ攻擊ヲ再開シ小銃竝爆藥ニヨル激戰ノ後終ニ二〇三ノ兩嶺頂ヲ占領シ敵ノ大部ハ其ノ場ニ戰死シ其一部ハ反對側ノ掩蓋下ニアリテ爆藥ヲ以テ我レニ抗セリ我軍萬難ヲ排シ混亂ノ中ニ敵兵ノ驅逐ニ努メタリ然ルニ翌十二月一日午前二時頃敵ハ更ニ增加兵ヲ得テ猛烈ナル逆襲ニ轉シ來リ我軍ハ之カ防戰ニ力メタルモ前日來多大ノ死傷ヲ出シ守持シ難キニ至リ終ニ兩嶺頂ヲ捨テ突撃前ノ位置ニ退却ス。

第七師團長ハ部隊ヲ整頓シ午後三時再ヒ攻撃セン

黄金山ヨリ見タル陷落後ノ旅順西港

トセシカ諸準備伴ハサル爲之ヲ中止シ現狀維持ニ決ス。敵モ亦殆ト全滅シ僅ニ西南稜上ニ止レル我部隊ニ迫ル力ナシ

二日　更ニ我軍ハ二〇三高地ニ向ヒ近接作業ヲ行フニ決シ占領工事後方交通路ヲ强大ニシ且ツ二〇三高地東北部ニ向ヒ一新攻路ヲ開設セリ敵ハ二〇三高地ノ東南斜面ヨリ漸次增加兵ヲ送リシカ松樹山方面ヨリスル我重砲射撃ノ爲大損害ヲ受ク。

三日　軍司令部ヨリ野戰重砲二大隊ヲ增加セラル。
第七師團ハ攻擊工事ヲ續行セリ。
四日　第七師團長ハ五日攻擊ヲ實行スル爲次ノ如ク攻擊部隊ノ部署ヲ變更セリ。
二〇三高地攻擊ノ爲　步兵八大隊半　工兵五中隊半　機關砲二門
赤坂山攻擊ノ爲　步兵三大隊　工兵半中隊　砲兵隊、野砲二箇聯隊、豫備隊步兵二大隊。
攻擊ノ順序ハ先ツ二〇三高地ノ西南嶺頂ヲ取リ逐次東北頂及赤坂山ニ向フ如クス。
五日　朝來ノ砲擊ニヨリ突擊ノ機玆ニ熟シ午前九時第一突擊隊ヲ前進セシム。
該隊ハ直ニ西南嶺頂ニ向ヒ其頂界線ヲ占領セシモ各方面ノ敵砲臺ハ砲火ヲ集中セシヲ以テ更ニ一中隊ノ增援隊ヲ送リ突擊ノ後西南嶺頂全部ヲ占領シ防禦工事ニ著手ス其ノ他ノ攻擊部隊續々嶺頂ニ達シ確實ニ之ヲ占領ス午後一時過中央鞍部竝東北嶺頂ノ敵兵大ニ減少ノ模樣アリ依リテ左翼部隊ヲ此ノ方面ニ向ヒ突擊セシメタリ此ノ部隊ハ全ク敵ノ抵抗ヲ受クルコトナク東北嶺頂ニ達シ確實ニ之ヲ占領セリ敵ハ夕刻迄反對側掩蓋下ニアリテ爆藥石片ヲ以テ我レニ抗シ又後方諸砲臺ヨリ盛ナル砲擊ヲ加ヘタリ午後七時四十分約一

望臺占領當時ノ狀況

小隊ノ敵ハ二〇三高地ト赤坂山トノ中間鞍部ヨリ逆襲ヲ試ミタルモ遂ニ之ヲ擊退セリ第三回總攻擊中二〇三高地攻防ニヨリ死傷數。

日軍			
	死	將校	一〇四
		下士卒	二、二六一
	傷	將校	一八四
		下士卒	五、〇二九
	計		七、五七八
露軍			
	死	將校	三七
		下士卒	一、一四八
	傷	將校	一一六

望臺　下士卒　五、四三八　同上約一里七町
計　六、七三九

明治三十七年八月二十四日攻擊開始步兵二十二聯隊及第四十四聯隊之ニ向ヒ惡戰苦鬪ノ後翌三十八年一月一日更ニ步兵第四十三聯隊及第六師團ノ一部挺進シ小銃爆藥戰ヲ以テ之ヲ占領ス。

第二　旅順海戰概況

第一次攻擊

明治三十七年二月六日佐世保軍港ヲ發セシ東鄉聯合艦隊ハ同九日仁川ニ敵ノ二艦ヲ屠リ越エテ同八日旅順口ニ於ケル露國東洋艦隊ニ劈頭ノ一擊ヲ加ヘリ卽チ同日第一艦隊ニ屬スル第一、二、三ノ驅逐隊ハ東鄉司令長官ヨリ「豫定ノ如ク進擊セヨ一同ノ成功ヲ祈ル」トノ進擊命令ヲ受ケ同午後六時根據地ヲ出テ旅順口ニ航行シ夜ニ入ルモ燈ヲ滅シ潛行ス、時ニ敵ノ

主力艦隊ハ港口外泊地ニ假泊セルヲ認メ九日午前零時三十分弦月未タ登ラス敵探海燈ハ光芒遠ク闇ヲ破リツツアル間ヲ粛々トシテ敵艦ニ肉迫シ先登ノ白雲先ツ最初ノ魚雷ノ一發ヲ送リ續イテ各隊敵艦襲撃ノ擧ニ出テ敵探海燈ノ照射ト敵彈雨注ノ間ニ馳驅シ各々任務ヲ遂ケ功ヲ奏シ悠々襲撃ヲ終リテ歸航ノ途ニ就ク此ノ一撃ニ敵艦多少ノ損害ヲ蒙ラサルハナク殊ニ戰艦ツエザレウヰチハ艦體傾キ舵機室ヲ破壞サレ、レトウヰザンハ水線下唧筒室ノ側方ニ大孔ヲ生シ巡洋艦パルラーダハ中央水線下汽機室ノ附近ヲ毀傷セシメ敵將卒ノ心膽ヲ寒カラシメタリ亞テ二月八日午後六時東郷聯合艦隊司令長官ハ自ラ第一、第二、第三戰隊ヲ率ヒ旅順港外敵艦襲撃ノ擧ニ出ス時ニ敵ノ大艦十二隻其ノ餘ノ諸艦港外ニ羅列スルヲ認メ益々之ニ肉迫シ東郷司令長官ハ戰機方ニ熟スルヲ視ルヤ旗艦三笠ノ檣頭高ク「勝敗ノ決此一戰ニ在リ各員奮闘努力セヨ」トノ信號ハ揭ケラレタ、時ニ午前十一時五十分敵ヲ去ル八千五百米ノ距離ニ於テ先ツ三笠ノ巨砲第一彈ハ試發サレ此ノ一彈忽チ敵ノ應戰ヲ誘致シ敵陸上ノ諸砲臺モ一齊ニ砲撃ヲ開始シ彼我ノ距離益々近ツクニ及ヒ砲撃愈々熱シ砲煙天ニ漲リ雷轟電激彼我ノ巨彈交々飛ンテ海水爲メニ跳ル斯クテ敵艦隊ニ多大ノ損害ヲ與ヘ午後零時四十五分各戰隊ヲ率ヒ戰鬪旗ヲ徹シ隊列ヲ整ヘ豫定地ニ向フ此ノ襲擊敵ノ數隻ヲ屠リ士氣大ニ振フ。

第二次　攻　擊

東鄕司令長官ハ第一次襲擊ニヨル敵艦隊ノ創痍未タ癒エサルニ乘シ更ニ艦隊ノ一部ヲ以テ第二次攻擊ヲ加ヘント欲シ第二ヨリ第五ニ至ル各驅逐隊ヲシテ敵艦襲擊ノ任ニ當ラシメシモ時シモ二月ノ中旬朔風凛烈骨ヲ徹セシモ將卒ノ意氣大ニ揚リ各隊其ノ行動ノ途ニ上ル途上天候次第ニ險惡ヲ告ケ風愈々加ハリ怒濤天ヲ衝キ驅逐隊ノ行動ヲ妨クルコト大ナリシモ各員必死ノ勇ヲ鼓シ邁進セリ十四日ニ至リ降雨サヘ加ハリ怒濤澎湃トシテ艦隊ヲ飜弄シ艦隊ハ凍氷ニ包マレ航行困難ヲ極メ爲ニ僚艦ト相別ルル等幾多ノ冒險的困難ヲ排シ敵艦ヲ砲擊シ各々奇功ヲ奏ス此ノ襲擊ニヨリ敵艦隊ハ港內深ク潛入スルニ至レリ。

第三次　攻擊及第一回閉塞

東鄕司令長官ハ旅順港外ノ敵艦ノ港內潛入ヲ知ルト共ニ港口ヲ閉塞シ以テ敵艦隊ノ出動ヲ遮斷セントシ閉塞ノ手段方法ヲ講スルト共ニ閉塞隊員希望者ヲ募集セルニ瞬間ニシテ募ニ

應スル者二千餘人ノ多キニ達シ意氣壯烈內ニ指ヲ刺シ血書出願スル者アルニ至ル然レトモ閉塞ノコトタルヤ固ヨリ生還ヲ期シ難キ冒險ノ任務ナルヲ以テ東郷司令長官ハ爲メニ多數ノ士ヲ失フヲ惜ミ人選ヲ愼重ニシ終ニ六十七名ヲ選拔ノ上各自閉塞船ニ分乘シ爆沈裝置其ノ他ノ諸準備ニ著手セリ其ノ編成左ノ如シ。

一番船　天津丸（排水量　四、三二五噸）　有馬中佐外十七名
二番船　報告丸（排水量　二、四〇〇噸）　廣瀨少佐外十六名
三番船　仁川丸（排水量　二、八〇〇噸）　齋藤大尉外十五名
四番船　武陽丸（排水量　一、二〇〇噸）　正木大尉外十三名
五番船　武州丸（排水量　一、六〇〇噸）　島崎中尉外十三名

二月二十三日各閉塞船及之カ掩護戰隊竝ニ驅逐隊ハ仁川港口ヲ出テ目的地ニ向ヒ二十四日午前零時三十分老鐵山

ノ南東方ニ達セシモ月將ニ沒セントシテ四邊既ニ暗ク敵ハ探海燈ヲ照シ警戒頗ル嚴ナルモノノ如シ是ニ於テ閉塞船隊ハ暫ク老鐵山麓ニ漂泊シ以テ突進ノ機ヲ窺フ午前四時十五分突入ノ機到レリトナシ天津、報國、仁川、武陽、武州ノ順序ニテ前進セルニ嚮導船天津丸ハ老鐵山ノ東方開洋礁附近ノ岩礁ニ擱坐セルヲ以テ已ムヲ得ス其ノ儘爆破シ第二番船報國丸ハ坐礁セル天津丸ヨリ「面舵ニ取レ」トノ注意ニ接シ直ニ右舷ニ轉シテ港口ニ進ミ三番船仁川丸モ報國丸ニ倣ヒ之ト相竝ヒテ疾航セリ四番船武陽丸ハ天津丸ノ坐礁セシヲ解セス其ノ橋頭ニ掲クル信號燈ヲ見テ港口附近ニ達セルモノナリト信シ天津丸ノ附近ニ至リシ際第五番船武州丸ハ既ニ舵機ヲ撃タレ運轉ノ自由ヲ失ヒ天津丸武陽丸ノ間ヲ過キ西口附近ニ至リ爆沈セリ之ヲ見シ武陽丸ハ愈々港口ニ達セルモノト確信シキングストン弁ヲ開キテ退艦セリ是ニ至リ報國丸、仁川丸、ノ二船ハ敵探海燈ノ集中照射ヲ受ケツツ全速港口ニ猛進セシカ報國丸カ纔ニ之ニ達セシ頃敵彈ニ舵機ヲ損シ又火災ヲ起シ港口燈臺下ニ擱坐セルヲ以テ廣瀬少佐ハ大聲爆發ヲ令セシニ電線敵彈ニ破斷セラレテ發火セス然レトモ火災ノ熾ナルヲ以テ自ラ爆沈スヘキヲ思ヒ乘員ト共ニ退却シ仁川丸ハ報國丸ノ右方ニ出テ水道ニ向テ將ニ轉舵鬪入セントセシ時船底ニ故障ヲ生セシヲ以テ爆沈シ乘員一齊ニ祝聲ヲ擧テ端舟ニ移レリ此時兵卒一名敵彈ニ斃レ下士卒四名負傷セリ此間掩護ノ驅逐隊ハ敵彈雨注ノ間ニ閉塞隊員ヲ探索救助ニ努メ全部之ヲ收容スルヲ得タリ其ノ後驅逐隊ノ襲撃及主力艦隊ノ第四次戰鬪行ヒタルモ之ヲ略ス。

第五次　攻　撃

本攻撃ハ專ラ間接射撃ニシテ我カ發射セル彈丸ハ多數港內ニ落下シ陸上殊ニ舊市街ニ多少ノ損害ヲ與ヘシモノノ如シ斯ク間接射撃ノ行ニ當リシハ富士、八島ニシテ自餘ノ第一戰隊ノ諸艦ハ老鐵山沖ヲ警戒シツツアリ三月二十二日巡洋艦バーヤン、アスコッド、ヂイリヤーナ、ノーウイク等順次港口ニ現ワレ港內ノ諸艦モ亦熾ニ黑煙ヲ上ケ出港ノ準備ヲ爲シツツアルモノノ如ク然シテ午前十時四十二分戰艦ペトロパウロウスク現ハレ次テ同ポルターワ出テ其ノ他ツエザレウヰーチ、レトウヰサンヲ殘シ他ノ主力艦隊全部出港シ單縱隊ヲ作リ饅頭山下ヲ運動シツツアリ是ニ於テ我カ將士勇躍シテ一大快戰ヲ試ミントセシモ敵ハ徒ラニ砲臺下ニ顧眄ノ狀ヲ示シ敢テ進ミ來ラス暫時ニシテ港內ニ退避セルヲ以テ我艦隊モ止ムナク根據地ニ歸來ス。

第六次　攻擊及第二回閉塞

聯合艦隊ハ二月二十四日旅順港口ノ閉塞ヲ試ミシモ其ノ効未タ完カラス敵艦ノ出入依然タリシヲ以テ更ニ第二次閉塞ノ壯擧ヲ企圖シ三月十八日隊員募集ノ命ヲ下シ志願者數千名中ヨリ五十餘名ヲ選拔セリ其ノ船名指揮官等左ノ如シ。

一番船	千代丸	（排水量　三、七七八噸）	有馬中佐外十七名
二番船	福井丸	（排水量　四、〇〇〇噸）	廣瀨少佐外十七名
三番船	彌彦丸	（排水量　四、〇〇〇噸）	齋藤大尉外十五名
四番船	米山丸	（排水量　三、七四五噸）	正木大尉外十五名

斯クテ隊員ハ閉塞船ニ移乘シ二十三日ニ至リ諸般ノ準備完成セリ。

東鄕司令長官ハ三月二十三日第六次攻擊ニ關スル大要左記ノ命令ヲ發セリ「聯合艦隊ハ再ヒ旅順口ヲ閉塞セントス第一、第三戰隊第一、第二、第三、驅逐隊第丸艇隊ハ閉塞船ヲ掩護シ二十四日ノ朝出スヘシ（韓國北西岸）水雷艇雁ハ閉塞船千代丸、燕ハ福井丸、鵲、眞鶴ハ米山丸ノ衞艇タルヘシ其ノ他敵驅逐艦、偵察隊ニ對スル處置閉塞隊員ノ收容方法敵主力艦隊出動ニ對スル對抗ノ方案等詳細ナル命令ヲ下シ是ニ於テ聯合艦隊ハ二十四日午前六時ヲ以テ行動ヲ開始シ二十六日午後六時三十分豫定地ニ於テ第一及第三戰隊ト分離シタル閉塞船ハ（第一及第三戰隊ハ閉塞隊ヲ夾ミ登舷禮式ヲ行ヒ萬歲ヲ三唱シ其發程ヲ壯ニセリ）驅逐隊、艇隊ニ掩護セラレテ前進シ翌二十七日午前二時老鐵山南方ニ達シ是ヨリ千代丸、福井丸、彌彥丸、米山丸ノ順序ヲ以テ港口ニ突進セリ此夜輕霧海ヲ罩メ月色爲ニ明カナラス天此ノ壯擧ヲ掩護セルモノノ如シ各船此ノ機ニ乘セントシ汽力ヲ增シ港口ニ猛進セシカ三時三十一分一番船千代船先ツ敵ニ發見サレ哨艦及陸岸砲臺ハ一齊ニ砲火ヲ開キ彈丸忽チ亂レ飛ヒ三面ヨリ照射スル探海燈ハ其ノ光電閃ノ如ク人目ヲ眩シテ前程ヲ諦視シ能ハサリシカ各艦ノ指揮官船橋ニ立チ衆ヲ勵シ愈々進ミ千代丸ハ港口ノ燈臺ニ向ヒ進路ヲ取リシカ燈光ニ眩惑セラレ明ニ港口ヲ認ムル能ハス遂ニ黃金山下水道ノ入口ニ投錨シ爆沈セリ福井丸ハ千代丸ノ爆沈セルヲ見其ノ左側ニ出テ正ニ錨ヲ投セントスル際敵水雷命中シ船底忽チ裂ケ同時ニ起ル自爆ノ聲ト共ニ瞬間ニ沈沒シ三番船彌彥丸モ亦福井丸ノ左側ニ出テ之ト並ヒテ爆沈セリ四番船米山丸ハ港口ニ近キシ際彌彥丸ノ左側ニ尙ホ航路ノ餘裕アルヲ見福井、彌彥二船ノ中間ヲ過キ水道ノ中央ニ出テシモ船ハ隋力ノ爲メ錨ヲ曳キ老虎尾半島ノ陸岸ニ近カントスルヲ以テ更ニ他舷ノ錨ヲ投ケ將ニ爆沈セントセシ時敵水雷ニ中テラレ燈臺直下ニ於テ船首ヲ西向シ港口ヲ横キリテ沈沒セリ。

閉塞船ノ各爆沈ヲ終ルヤ隊員皆端舟ニ乘シ沖合ニ出テシカ敵ハ更ニ砲火ヲ注キ海岸ヨリハ機關小銃ヲ亂射シ此間我水雷艇隊驅逐隊ト敵ノ驅逐隊トノ戰鬪アリ其ノ內ニ於テ我艇隊ハ閉塞隊員ノ搜索收容ニ努メリ是ヨリ先キ福井丸指揮官廣瀨少佐ハ該船ヲ爆發セシメ乘員ヲ端舟ニ乘シ人員ヲ點呼シテ爆發藥點火ノ爲メ船艙ニ下リシ上等兵曹杉野孫七ノ缺ケタルヲ知リ乃チ彈雨ヲ冒シテ其ノ名ヲ呼ヒツツ船內ヲ一巡シ端舟ニ歸リシモ見エス再ヒ尋ネ三度索メテ尙得ス船ハ漸ク沈下シテ今ヤ海水上甲板ニ及ヒ此ノ刹那ヲ過クレハ船體沈沒ノ餘勢延イテ端舟ヲモ覆沒セシムルノ恐アリ已ヲ得ス去ツテ端舟ニ移リ沖合ニ向ヒシニ敵哨艦ノ發見スル所トナリ砲火ノ集中ヲ蒙リ一彈來ツテ少佐ヲ奪ヒ舟中留ムル所僅ニ一塊ノ肉ノミ海軍大機關士栗田富太郞以下下士卒四名負傷セリ翌二十七日午前八時敵艦ペトロハウロスクヲ先頭トシ他ノ戰艦陸續港外ニ現ハレ我戰艦ト砲火ヲ交ヘシヲ以テ第二回ノ閉塞モ亦其

ノ壯圖功ナラサリシヲ知レリ。

第七次及第八次攻擊

第二回閉塞モ亦完全ニ目的ヲ達スル能ハサリシヲ以テ東鄉司令長官ハ敵艦隊ノ浦鹽斯德ニ遁走センコトヲ慮リ三月二十八日村上第二艦隊司令長官ニ命シ第二、第三及ヒ第四戰隊ヲ以テ彼ノ脫出ニ備ヘシメ片岡第三艦隊司令官ハ朝鮮海峽ノ配備ヲ嚴ニスヘキヲ命シ二十九日更ニ閉塞船ノ準備ヲ大本營ニ要請シ一面亦之カ決行ニ先タチ潛ニ機械水雷ヲ旅順港外ニ敷設セントセリ三月十一日歐洲ヨリ回航セル日進、春日ノ新銳ハ來リテ其ノ麾下ニ屬セシヲ以テ十二日午後五時四十分第四、第五、驅逐隊第十四艇隊及特務船蛟龍丸ハ作業ノ準備成リ圓島ヲ發シ旅順ニ向フ時恰モ密雲空ヲ鎖シテ濛氣海ヲ蔽ヒ水雷ノ沈沒ニハ最モ適當ノ天候タリ各隊ハ十一時頃港口外ニ達セシカ雨暗ウシテ物色ヲ辨セス爲ニ敵ノ照射ヲ幸ヒ逃レ順次豫定區域ニ機械水雷ヲ沈沒シテ歸還セリ翌十三日十四艇隊港口外ヲ遊弋セシニ午前五時五十分老鐵山ノ南方敵驅逐艦一隻ノ旅順口ニ敗航スルヲ發見セリ是ニ於テ俄ニ敵ノ前路ヲ扼シ直ニ砲火ヲ交ヘ敵ニ大損害ヲ與ヘ敵ハ火災ヲ起シ次テ煙突端舟ハ粉碎セラレ火焰迸發シ蒸氣噴逸シテ同二十五分全ク行進ヲ停メ砲火モ亦沈默セリ此ノ時バーヤン忽然港外ニ現レ突進シ來レルヲ以テ終ニ退却ス此ノ敵驅逐艦ハ「ストラーシヌイ」ニシテ七時頃全ク沈沒セリ三月十二日午後七時二十分出羽司令官ハ千歲、高砂、笠置、吉野、常盤、殘間ノ順序ニテ單縱隊ヲ作リ偶々港外ニ遊弋スル敵艦バーヤンヲ射擊シ誘戰ニ努ム時ニ敵ノ驅逐艦數隻ハ小平島方面ヨリ歸港シ亦ノーウヰリ、アスコリドヂイヤーナ(巡洋艦)等相踵テ出港シ港口ノ附近煤煙天ニ漲レリ午前八時ニ至リペトロバウロウスク、セワストポリ、アスコリド、ヂイヤーナ、ノーウヰクノ五隻ハ驅逐艦九隻ヲ右側ニ從ヘ濛霧ノ中ヨリ現レ敵ハ其ノ優勢ヲ恃ミ我レニ攻勢ヲ取リ我レヲ追擊シタルヲ以テ出羽司令官ハ應戰シツツ之ヲ洋中ニ誘出セント欲シ「敵艦主力港外ニアリ我今之ト砲戰中」ト電報ヲ三笠ニ發シ速力ヲ加ヘ第一戰隊ノ所在地ニ向ヒシニ敵益々迫リ要塞ノ彈著界ヲ去リ遠ク十五海里ノ外洋ニ出テテ戰フ彼我ノ距離六千五百米突ニシテ敵彈我四邊ニ爆發ス時ニ九時十五分南方我カ第一戰隊ノ出現スルヲ見忽チニシテ追擊ヲ止メ港口ニ向ヒ退却ス此ノ時濛氣全ク散シ港口ヲ認メ得ルニ至リシカ敵ハ入港スルノ色ナク徐々トシテ鮮生角ノ方ニ航進其ノ狀我レヲシテ突進セシメ砲臺ト共ニ相俟チテ痛擊ヲ加ヘントスルモノノ如クナリシカ先頭ノ旗艦ペトロパウロスク(司令官マカロフ中將座乘)ルチン岩附近ニ到ルヤ霹靂一聲黒煙宛然天ニ沖シ二分間ニシテ全ク沈沒リル是レ前夜我カ敷設セシ水雷ニ觸レ爆發セシモノニシテ當時之ヲ目擊セシ敵砲臺ノ將卒ハ一齋ニ脱帽シテ祈禱ヲ始メ或ハ涕泣シ或ハ卒倒セル者サヘアリト云フ次テ戰艦ポベーダ亦俄然爆發傾斜シ自餘ノ諸艦ハ狼狽シテ頻ニ附近ヲ猛射シツツ港內ニ遁入セリ次テ四月十六日第八次旅順口攻擊ヲ決行セシモ特ニ記スヘキ戰況ナシ。

第三回　旅順口閉塞

旅順港口ノ閉塞再度ニ及ヒシモ未タ其ノ效ヲ全フスル能ハサリシヲ以テ更ニ大規模ノ閉塞ヲ敢行スルコトニ決シ鳥海艦長海軍中佐林三子雄ヲ擧ケテ總指揮官トシ第三回閉塞隊ヲ編成セリ卽チ左ノ如シ。

一番船　新發田丸　(排水量 四、二〇〇噸)　林中佐外二十三名
二番船　小倉丸　(排水量 三、三四〇噸)　福田少佐外二十一名
三番船　朝顏丸　(排水量 三、五五〇噸)　向大尉外十七名

四番船　三河丸　(排水量 二、三二〇噸)　匝嵯大尉外十七名
五番船　遠江丸　(排水量 二、三八〇噸)　本田少佐外十七名
六番船　釜山丸　(排水量 二、九二〇噸)　大角大尉外十七名
七番船　江戸丸　(排水量 一、八五〇噸)　高柳大尉外十七名
八番船　長門丸　(排水量 二、一二〇噸)　田中少佐外二十一名
九番船　小橋丸　(排水量 三、〇〇〇噸)　野村大尉外十七名
十番船　佐倉丸　(排水量 三、七〇〇噸)　白石大尉外十九名
十一番船　相模丸　(排水量 二、一〇八噸)　湯淺大尉外二十三名
十二番船　愛國丸　(排水量 一、六五〇噸)　犬塚大尉外二十三名

新發田丸外十一隻ノ閉塞船ハ五月二日午後七時豫定地點ヲ發シ赤城鳥海及驅逐艇隊ニ掩護セラレツツ旅順口ニ向ヒシカ十時頃ヨリ南風俄ニ加ハリ波濤狂奔シ怪雲月ヲ蔽ヒ海上暗朧各隊ノ序列漸ク紊レ掩護艦隊ノ如キモ閉塞船隊ト分離セルモノ甚タ多シ是ニ於テ林總指揮官ハ天候ノ險惡ナルヲ以テ收容事業ノ困難ニシテ徒ラニ人命ヲ失ハンコトヲ慮リ當夜ノ行

動ヲ中止セントシ後續船ニ傳ヘ赤城ニハ之ヲ各船ニ傳達センコトヲ依賴シ針路ヲ反轉セリ然レトモ行動中止ノ命令ヲ了セシハ小倉、長門ノ二船ニテ他ノ八隻ハ各自港口ニ向テ突進セリ四番船三河丸ハ二重ノ防材ヲ衝破シ砲火ノ焦點トナリ火災ヲ起シツツ猛進シ港口ノ左方ニ爆沈シ佐倉丸ハ其ノ右方ニ爆沈セリ遠江丸、小樽丸、相模丸、江戸丸、愛國

黃海々戰前旅順西港ニ密集碇泊セル露國艦隊

丸ノ五船ハ期セスシテ港外ニ會シ共ニ港口ニ突入セルモ敵ノ敷設水雷ニ觸レ爆沈シ或ハ火災ヲ起シ慘憺タル光景ノ下ニ夫々任務ヲ遂行セリ此行ヤ三回中最モ壯烈悲慘ヲ極メ八隻ノ乘員百五十八名中我收容隊ニ救ハレシモハ唯六十七名ニシテ敵ニ收容サレシ者、（沈沒人事不省トナリ敵ニ收容サル）十七名自餘ノ七十四名ハ壯烈ノ戰死ヲ遂クルニ至レリ此ノ閉塞ニヨリ大艦ノ出入不可能トナレリ。

五月十八日ニ至リ既ニ閉塞セル港口ニ通路ヲ開キイウキクノ出現ヲ見ルニ至リ是ニ於テカ敵艦隊ノ遁竄ヲ防キ港口ノ封鎖ヲ嚴ニセルモ敵モ亦種々ノ方法ヲ講シ暗夜或ハ濃霧ニ乘シ巧ニ「ジヤンク」等ヲ利用シ以テ屢封鎖ヲ破リ加フルニ此等ノ「ジヤンク」ハ機械水雷ヲ沈置スルノ虞アリタルヲ以テ東郷司令長官ハ大本營ノ命ニ基キ封鎖宣言ヲ發布セリ

八月十日黄海海戰

越エテ六月二十三日敵ハツエザレウヰチヲ先頭トシ戰艦巡洋艦合セテ十一隻及驅逐艦七八隻ト港口ヲ出テ南ニ向テ脱出ヲ圖レリ我カ封鎖艦隊ハ遇岩附近ニ敵ノ先頭ヲ壓迫激擊セシヲ以テ敵ハ直ニ艦首ヲ回轉シ港口ニ退却ヲ始ム時恰モ日沒ナリシヲ以テ夜ニ入リ我驅逐艇ノ總攻擊ヲ開始シ其ノ數隻ヲ破ルニ至レリ。

黄海々戰

我聯合艦隊ハ六月二十三日旅

順敵艦隊ノ大擧出港ニ威壓ヲ加ヘ爾來益々封鎖ヲ嚴ニセリ八月十日敵艦隊大擧旅順口ヲ出テ病院船モンゴリヤ號ヲ從ヘ一意南東ニ逸走ヲ企テリ東郷司令長官ハ三笠、朝日、富士、敷島、日進、春日ヲ從ヘ敵ノ港口ニ退却スルヲ慮リ之ヲ洋中ニ誘出シツツ午後一時三十分砲火ヲ開キ開戰半ニ第三戰隊モ參加シ彼我ノ砲擊愈々劇シク敵ハ多大ノ損害ヲ被

コルサコフニテ我カ追擊艦ニ擊破セラレタル露艦「ノーウ井ク」

リツツ一意南下ヲ企圖シ脱出ヲ圖リ速力ヲ增シ外海ニ逸出シ彼我ノ距離漸ク遠サカルヲ見テ一旦射擊ヲ中止ス之ヲ第一合戰トス。

亞テ我艦隊ハ敵ヲ追躡スルコト約二時間午後五時三十分山東高角ノ北方約四十海里ノ地點ニ於テ其ノ先頭トノ距離七千米突ニ近ツキ砲擊ヲ開始シ第一戰隊ハ敵ノ先頭ヲ壓シ激戰一時間午後六時三十分我巨彈敵旗艦司令塔ニ炸發シ同艦

ハ其ノ舵機ヲ損セシカ如ク忽然自己ノ列中ニ突入セルヲ以テ各艦ノ隊列混亂ス此機ニ乘シ敵ヲ包圍攻擊セシヲ以テ愈々潰亂西方ニ遁レントセシ際恰モ好シ我淺間及第五戰隊ノ一部此ノ方面ニ現レ相應シテ益々狹擊セシヲ以テ敵ハ遂ニ四分五裂シ復戰フ能ハス混亂ス時日既ニ暮レ漸ク艦體ヲ識別スヘカラサルニ至リシヲ以テ午後八時驅逐隊ニ襲擊ヲ命シ戰鬪ヲ中止ス同夜敵ハ我カ强力ナル驅逐隊ノ襲擊ニ堪ヘス各艦箇々別々ニ潰走シ敵艦ノーイックハ一度膠州灣ニ入リ更ニ浦鹽ニ航走セシモ我對島、千歲ノ追擊ニ遇ヒ遂ニサガレン島コルサコフ市海岸ニ擱坐破壞サレ旗艦ツエザレウイッチ驅逐艦ベスシユームヌ外一艦ハ損害多大ニシテ到底浦鹽ニ航行シ難キヲ以テ膠州灣ニ遁入抑留サレアスコリード、ノーウキックハ同樣呉淞ニヂイヤーナハホンガイ(佛領)ニ何レモ抑留サレレシーテヌイ(驅逐)ハ芝罘ニ遁入セシモ我艦是ヲ捕獲ス斯ノ如ク此ノ一戰ニヨリ旅順艦隊ノ過半ハ破壞若クハ武裝解除サルルニ至レリ其ノ他ノ艦隊ハ大損害ヲ蒙リ旅順口ニ遁入セリ。

旅順艦隊ノ全滅

露國婆羅的艦隊東航ノ期漸次切迫セルヲ以テ我カ艦隊ノ旅順閉塞ヲ許ササル事情アルニ付

東郷司令長官ヨリ旅順攻圍軍乃木司令官ニ旅順敵艦隊ノ滅亡ヲ一日モ早カラシンメカ爲メ先ツ爾靈山ヲ占領セラレンコトヲ交渉シ二十三日陸上ノ第三軍ハ總攻撃ヲ開始シ二十七日ヨリ爾靈山ノ奪略ヲ企圖シ激戰夕刻ニ至ル此ノ間軍艦濟遠ハ雙島灣方面ヨリ赤城及蛟龍丸ト共ニ爾靈山ノ攻撃ヲ聲援中機械水雷ニ觸レ艦ハ三分間ニシテ沈沒セリ三十日ニ

膠州灣ニ逃入セル露艦「ツエザレウヰチ」

至リ爾靈山ハ我カ軍ノ手ニ歸セシモ十二月一日敵ノ逆襲ヲ受ケ同山ノ東北嶺ヲ失ヒタルモ西南嶺ハ我軍ノ保持スル所ニシテ旅順口ヲ有利ニ展望スルコトヲ得ルヲ以テ同所ニ防禦堅牢ナル觀測所ヲ設ケ通信設備ヲ完全ニシ二十八珊砲ト海軍砲トヲ以テ猛撃ヲ加ヘレトウヰザン、ペレスウエート、ポベーダ、ポルターワ、バヤーンバルラーダノ諸艦ハ或ハ沈沒シ或ハ火災ヲ起シ或ハ破壞シ全ク戰闘力ヲ失フニ至レリ獨リセスハトポリーノミハ僚艦ノ轍ヲ踏ムヲ屑トセス九日未明卒然東港錨地ヲ去リ港外ニ出テ城頭山ノ南方約一海里ニ到リ砲艦アツワージヌイノ外側ニ碇泊セシモ其ノ後我水雷ノ襲擊ヲ受ケ柏嵐子ノ沖合ニ於テ自爆シ是ニ旅順艦隊遂ニ全滅スルニ至レリ。

アア我艦隊ハ數囘ノ旅順ノ攻擊、閉塞隊ノ勇敢ナル活動長日月ニ渉ル封鎖勤務ハ敵ノ敷設及浮流水雷ノ危害、風濤濃霧、寒氣等アラユル艱難ト闘フテ能ク其ノ功ヲ奏シ又陸上第三軍ト策應シ敵ノ全艦隊ヲ殲滅セシ偉勳ハ長ヘニ世界海戰史ヲ飾ルヘシ。

第三　名所及名物

白玉山納骨祠　（自旅順驛約十三町）

市ノ中央ニ蟠居セル白玉山(高四百十五尺)頂上ニ在リ日露役旅順攻圍戰ニ於ケル我陸海軍ノ戰死病歿者二萬六百九十六名ノ遺骨ヲ納ム明治三十八年十一月起工同四十一年三月竣工ス爾後毎年春季施行ノ祭典ニハ各地ニ於ケル遺族其ノ他參拜スルモノ多シ。

表忠塔 同上

旅順攻圍戰ニ於ケル戰病死者ノ英靈ヲ慰メ其ノ遺烈ヲ千載ニ傳ヘン趣旨ニ因リ攻擊戰ニ參加シタル陸海軍ノ首將乃木、東鄕兩大將之ヲ企劃セラレ地ヲ白玉山頂トシ工費二十五萬圓ヲ以テ明治四十年六月起工同四十二年其工ヲ竣レリ塔高實ニ二百十八尺アリ塔身ハ圓壔形ニシテ鐵筋コンクリート

白玉山納骨祠

ヲ以テ構成シ塔內鐵製螺旋形階段ニヨリ塔頂ノ廻廊ニ達スレハ一望遠ク山東ニ及ヘリ。

露國忠魂碑 同上約二十五町

明治四十一年六月十日竣工市外小案子山東麓ニアリテ我政府ノ建立ニ係ル長サ五十間幅二十間ノ煉瓦塀內ニ多數ノ十字架標ト共ニ存置シ目下露國ノ管理ニ委セリ。

水師營 同上約一里二十町

旅順開城談判水師營來著のステツセル將軍と其幕僚

明治三十八年八月一日旅順開城ニ際シ乃木「ステツセル」兩將軍會見ノ地ニシテ當時使用シタル民家ハ目下戰跡保存會ニ於テ保存シツツアリ。

旅順八景

水師營會見所

甕海口東　爲景致者　白黃金山山麓有井　唐使建碑　今雖不存古津可知　秋空一碧　皓月昇山光射海天　煌々燿々　靜波蕩漾金蛇四走　翠鬟凝粧　影落鏡中款乃之聲　柔櫓之響　與潮音祐妙絕難描

白玉夕照

旅順中央　一峯突起　街衢擁麓　海灣控前　表忠之塔　高聳半空　納骨之堂　崇輝千古
松櫻荻花　椨樹躑躅　參差雜植　紅翠蔽山　夕陽一閃　滿山爲燦　幾萬忠魂　髣髴來遊

龍河煙雨

峰巒中斷　一水貫流　二橋架之　北曰桃園　南曰日本　紅霓橫空　爲峽口趣　丹崖青松
沙堤翠揚　參差扶疎　喜吟容眼　烟漠々晨　雨縟々夕　天韻彷彿　幽寂可愛

陽溝落雁

太陽溝濱　長堤之畔　自爲沙洲　蘆葦叢生　曉煙濃時　羣鷗淡邊　雁影杳々　掠山背落
或浴淸波　或眠淺渚　優遊自適　使人羨焉　朝昏對之　心自悠然

爾靈朝雪

雙頂相連　兀抽群丘　雖不太高　可瞰全港　日露之役　波此攻守　同屯竭力　因不遇然
六出紛飛　山嶺截白　紅暾反映　寒光陸離　朝起遙望　心神忽快　以磨志氣　以養吟魂

鹽浦晩潮

峰巒中斷　潮水去來　是爲鹽灘　其接港處　板橋有三　名日太陽　夏夜近涼　秋晩垂釣
新潮時至　皓月共生　烟波千頃　蒼瀾廻合　橋東橋西　瀲々瀧々　墨汁以外　自然文章

老鐵晴嵐

山臨渤海　屹聳雲表　旅順寰裡　爲所中宗　此地少雨　山嵐颯爽　氣象醞釀　朝昏變容
乍而濃碧　色而淺紫　變約頃刻　無有窮極　眞是一幅　天然畫圖

虎尾歸帆

虎尾黃金　地勢相迫　以爲海口　疇昔皇師　試杜塞處　析戟沈沙　經年已久　晴日融々
不留舊痕　煙波縹緲　與天相際　夕陽影裡　歸帆點々　凝望少時　悠然神遠

名物

鶉狩

旅順管內ニ於ケル名物トシテ一般ニ知ラレ特筆スヘキモノハ鶉ノ捕獲ニシテ年々捕獲高約二十萬羽價額一萬圓以上ニ達ス例年獵期ニ入レハ好獵家ヲシテ血ヲ湧カシメ各自思ヒ〳〵

ノ狩姿ニ身ヲ窶シ黎明ノ星ヲ戴キ颯々ノ金風ニ獵衣ヲ吹カシ黃葉蕭草ヲ踏ミテ狩座ニ急ク樣ハ旅順唯一ノ行事ナリ。

鶉ニハ二種類アリテ土人間ニテハ鵪鶉《アンチユ》、黃懶子《ホワンランツ》ト稱ヘ鵪鶉ハ俗ニ喧嘩鶉ト云ヒ其ノ大サ小鳩位ニシテ內地產ノモノト相似タリ黃懶子ハ鵪鶉ノ二分ノ一位ニシテ兩者共單ニ食用トサレツツアリ其美味

鶉狩ノ狀況

ニ於テ古來ヨリ一般愛用セラル內地ニ於テモ昔時ハ鶉椀トカ燒鶉ハ大名ノ料理中ニモ高貴ナルモノナリシコトハ周知ノ事實ニシテ今日ニ於テモ食道樂者間ノ食膳ノ珍味トシテノ賞玩サレツツアリ而シテ其形態ハ尾短ク從テ後方急搾セルカ如ク體軀ハ中膨ニシテ其ノ上短頸ナルカ故ニ其容姿奇異ノ感ヲ呈スルモ洒脫ニテ內地ニ於テハ多ク愛育セラルルナリ形態ニ於テ如斯性質モ頗ル

溫順ノ樣ナルモ鶴鶉ハ勇氣ニ富ミ若シ雄會スレハ例ノ洒脫ノ體ヲ飜シ猛然トシテ挺身突擊シ倒レテ後止ムノ概アリ故ニ土人等ハ常ニ之ヲ鬪ハシ娛樂トセル者多ク內地ニ於テモ昔ノ武士ハ鶉ヲ愛育シ彼ノ隼人種族ノ血液ヲ繼キ維新マテ鞘割侍ト唄ハレシ薩摩武士ハ特ニ鶉ヲ飼育セシト聞ク之雅ニシテ勇ナル意氣ヲ愛セルモノナラン之ヲ內地ノ小鳥ヲ以テ評セカン鶯ハ女性的ニシテ鶉ハ男性的ナリ。

通常鶉ハ暖ヲ追フテ移住スル鳥ニシテ（內地ニ於テハ土着ノモノモアリ）時候ノ變化身ニ感スレハ群ヲナシ暖氣ノ地方ニ涉渡スルモノナリ故ニ當地方ニ來ルハ每年秋色正ニ動カントスル九月例ノ洒脫ノ姿ヲ顯ハシ十一月中旬ニ至レハ全ク其ノ影ヲ絕ツヲ例トセリ從テ捕獵期モ此ノ期間ニ限ラル、其ノ最モ盛況ヲ呈スルハ九十ノ兩月ナリ、捕獲ノ法ハ種々アレトモ最モ廣ク行ハルル方法ニ就テ述ヘンニ凡鶉ハ沈著ノ小鳥ナルヲ以テ之ヲ利用シ捕獲スルモノニシテ全盛季ハ恰モ高粱ノ收獲期ヨリ初マルヲ以テ高粱ヲ刈取ル際一部ハ畑ノミ其儘殘シ置キ其ノ一方ニ幅約三間長サ五六間七八分目位ノ網ヲ以テ高粱ヲ蔽ヒ置ク鶉ハ食ヲ漁ランカ爲ニ此高粱ノ下ニ集ル土人ハ曉ニ及ンテ潛行シツツ高粱畑ニ近ツキ網ヲ張リ又反對方面ニ位置ヲ定メ聽テ旭日東天ニ上ラントスルヤ一齊ニ起チ棒ヲ以テ地ヲ靜ニ鼓キ或ハ手打チツツ「ホ、ホ、ホ」ト連呼シツツ追ル鶉ハ時ノ殘夢未タ覺メサルニ俄然敵襲ニ遇ヒ驚キナカラモ例ノ沈著ナル態度ヲ以テ歩ミナカラ折々停止顧首シテ敵ヲ監視シツツ除々ト高粱ノ間ヲ縫ヒツツ同志ヲ叫合シ一集團トナリ網ノ方向ニ退却ヲ續行ス斯クシテ十人ハ網ノ前方一、二間ニ壓迫セハ忽チ一齊ニ鬨ノ聲ヲ出シテ脅ス流石ニ沈著ノ鶉モ數人ノ一唱ニ遇ヒ地ヲ離レテ低ク飛ヒテ網ニ入リ捕獲セラルルナリ斯ク述ヘ來レハ容易ナル如クナレトモ追手ト鶉トノ距離及追手ノ動作掛聲等巧拙ニ依リテ成否定マルモノニシテ日本人ハ性急ナル國民性ヲ發揮シ一氣呵成ニ功ヲ收メントシテ却テ失敗シツツアリ之ニ反シ支那人ハ悠長ナル氣分ニテ所謂遲久ノ功ヲ積ムトモ云フヘク常ニ捕獲成績良好ナリトス鶉狩ニヨリ其國民性ヲ窮ヒ知ルモ亦一奇ト謂フヘシ。

以上ハ黄頰子狩ノ概況ニシテ鵪鶉捕獲モ前記黄頰子ト同様ニシテ唯之ハ囮ノ鶉ヲ使用シ高粱畑ニ終日啼カシメ他ノ鵪鶉ハ其ノ聲ヲ聞キ集リ來ルモノニシテ其ノ他夜間燈火ヲ點シ柄ノ付キシ網ヲ以テ捕ヲル等ノ方法アレトモ極メテ少數ナリ斯クシテ捕獲サレシ鶉ハ左表ノ

如ク十五萬羽餘ナレトモ之ハ商人間ニヨリテ賣買サレシ數ニシテ土人カ直接旅順市內其ノ他ニ販賣セシ數ハ五萬以上ニシテ是等ヲ合スレハ二十萬羽以上ニ達スヘシ如斯ク當地ニ多數ノ鶉ノ飛來ヲ見ルハ例ノ暖ヲ追テ北地ヨリ飛ヒ來リ滿洲ノ最南端タル老鐵山ニ至リ前方ハ海ニ望ミ一時進路ヲ遮斷サレ爲ニ老鐵山ノ山麓ニ集マルモノナラン本年九月ヨリハ産地ナル方家屯會ニ於テハ會事業トシテ鶉市場ヲ開設シ會住民ノ捕獲シタル鶉ヲ悉ク爰ニ集メ取引ノ公正ヲ圖ルコトトナレリ。

捕獵數及價額

派出所名	種額 鵪《アン》鶉《チユ》	種額 黃《ホワン》懶《ラン》子《ツ》	計	價額 鵪鶉	價額 黃懶子	平均單價 鵪鶉	平均單價 黃懶子	計
南山裡	羽 三五、〇〇〇	羽 五三、〇〇〇	羽 八八、〇〇〇	円 三、三八五	円 一、五八〇	厘 〇九七	厘 〇一八	円 四、九六五
羊頭窪	一三、三七〇	七、二〇〇	二〇、五七〇	七四六	一九〇	〇五五	〇二六	九三六
山頭・村	一、二七〇	六九〇	一、九六〇	一七〇	三五	一三〇	〇五一	二〇五

柏嵐子	一三、〇〇〇	一八、五〇〇	三、〇五〇〇	一、二〇〇	五五五	一二〇	〇三〇	一、七五五
雙島灣	八、〇〇〇	一〇、〇〇〇	一八、〇〇〇	八〇〇	三一〇	一〇〇	一〇〇	一、一一〇
計	六九、六四〇	八九、三九〇	一五九、〇三〇	六、三〇一	二、六七〇	一〇〇	〇三一	八、九七一

第四　支那風俗習慣

風俗習慣ハ國家社會ト共ニ幾多ノ沿革ヲ經テ歷史的ニ發達セルモノナリ故ニ古今國ノ東西自ラ特異ナカルヘカラス之レ歷史ノ然ラシムル所ニシテ接壤比隣ノ地ト雖モ亦然リ況ンヤ旅順管內ノ如キハ支那各地ヨリ來住スル者多ク從ツテ風俗習慣等ヲ異ニシ詳細ニ渉レハ千差萬別一片紙葉ノ盡シ得ヘクモアラス今當管內ノ住民ヲ大別スレハ明人ト滿洲旗人ニ別ツヲ得ヘク而シテ明人ハ最モ多キヲ占ムルヲ以テ以下記述ノ大要ハ土著明人ヲ中心トシ「滿蒙通覽」「無盡藏ノ支那貿易」「滿洲紀要」「支那ノ眞相」「臺灣慣習錄」其ノ他ノ著述ヲ參考トシ併セテ土著支那人ノ意見ヲ質シタルモノナリ。

(一)　家　屋

支那ニテハ家屋ノ敷地ヲ房基《ファンチー》ト稱シ其ノ構内ノ空地ヲ院子《ヨワンツ》ト呼フ普通ノ住宅ハ平家建ニテ(市街地ヲ除ク)之カ構造ハ周圍ハ青磚《チンチヨワン》ト稱スル灰黒色ノ組糙ナル煉瓦葺草葺泥屋根等ノ區別アリテ市街若ハ上流者ハ多ク瓦葺ニシテ(日本瓦ノ約半分位ニシテ且ツ薄キモノ)草葺ハ農家ニ多ク葭、粟、高粱ノ稈(時ニ海草チ用フ)等ヲ用ユ次ニ泥屋根ハ屋根ヲ蒲鉾形ニ拵ヘ其上ニ高粱稈ヲ載セ泥ヲ塗リ更ニ漆喰ニテ固メシモノニテ下流農村又ハ漁村等ニ多ク内部ノ構造ハ頗ル簡單ニテ大抵土間ノミニテ時ニ煉瓦ヲ敷キ板ヲ張リシモノハ稀ナリ壁ハ模様ノアル紙ニテ張リ色紙ノ細キモノニテ縁取リヲナス天井ハ普通農村ニテハ屋根裏ヲ露出シ中流以上ニハ高粱稈ヲ交叉シテ之ニ紙ヲ張ル吊天井ニシテ室内ニハ炕《カン》卽チ温坑《オンドル》ヲ設備シ蓆子《シーツ》ト稱スル葦ニテ編ミシ「アンペラ」ヲ敷キ(上流者ハ薄キ蒲團又ハ獸皮チ敷ク)此ノ上ニ横ハリ昆布ノ如キ薄キ蒲團ヲ掛ケ之ニテ下ヨリノ熱ニヨリ夢温ク眠ルモノニシテ經濟的ナル防寒設備ト云フヲ得ヘク尙中流者ニアリテハ多ク前房、正房、後房ノ三棟縦列シテ建築スルヲ通例トシ更ニ上流者ニアリテハ廂房、耳房等ヲ附設ス前房ハ家僕、門番又ハ應接室ニシテ正房ハ主人正妻等ノ室トシ後房ハ妾婦下婢ノ居室トス而シテ建築トシテ特異ノ點ハ(市街地ヲ除ク)大抵家ノ中央ニ出入口ヲ設ケ其レヨリ左右ニ箱ヲ列ヘシ如ク一列ヲナス故ニ奥行二間半若クハ三間位ニシテ之ヲ單列ニ建テ或ハ直角ニ建テシノミニテ間取等ハ技巧ヲ要セス極メテ單純ナルモノナリ而シテ中流以上ノ家屋ニテハ門内ニハ影壁ト稱スル見陰塀ヲ建テ多クハ(福)ト云フ字ヲ大書スルヲ常トス又家ノ周圍ニハ大抵塀ヲ繞シ農家ハ石ヲ積ミ重ネテ塀トセリ、要スルニ家屋ハ一家團欒生活ノ中心ニシテ土地ノ氣候風土ニ適合シ且ツ火災盗難ヲ防キ生命財産ヲ保護スル城廓ナルヲ以テ其ノ家屋ハ昔時警察制度不完全ナリシヲ以テ盗匪ニ對スル防備ト一ハ火災ニ對シ或ハ氣候ヲ顧慮セルモノニシテ能ク土地ノ情況ニ適應セシモノト言フヲ得ヘシ。

(二)食　事

食事ハ之レヲ飯粥《ファンチヨフ》ト點心ノ二種ニ區別スルヲ得ヘシ點心ハ普通菓子トシテ解サレ間食トシテ出スモノニシテ乾菓即チ落花生、胡桃、西瓜及冬瓜ノ種子、榛子《チヨンツ》、蓮子《レンツ》等ノ鹽炒又ハ砂糖漬若クハ饅頭、餑々《ボー〳〵》、餃子《チャオツ》、麵類等モ亦點心トシテ少量ヲ用フルモ其實ハ食事ニ代用サレツツアルモノノ如シ而シテ食事ハ大抵兩頭飯即チ一日二回午前十時頃午後五時頃ノ二食ニシテ此ノ間ニ二回ノ點心ヲ用ユル習慣ナレトモ夏期ニ於テハ三食ヲナス者モアリ（勞働者ハ夏期三食）支那人ノ食事ハ上流ト下流者間ノ差甚シク上流者ハ復雜ニシテ下流者ハ單調ナリ上流者ノ分ハ吾人ノ所謂支那料理的ナルモノニシテ其内或種ノ分ハ日常之ヲ用ヒツツアリテ料理ノ方法ヲ分類セハ蒸《チエン》、炸《チャイ》、煮《チー》、燉《タン》熗《ホイ》、炒熘等ノ方法ニシ

支那人飲食物露店ノ狀況

テ蒸トハ蒸シタルモノ炸トハ油ニテ揚ケタルモノ煮トハ水煮ニシテ醬油テ味ヲ付ケタルモノ燉トハ肉類ヲ爛ルマテ煮テ野菜ヲ混和セシモノ熗トハ煮物ニ葛ヲカケシモノ炒トハ油ニテ煎リシモノ熘トハ油ニテ煎リ葛ヲカケシモノニシテ煎、煮、燉ノ三法ニ依テ作ラレシ汁氣ノアルモノヲ總テ湯《タン》ト稱シツツアリ而シテ以下述ヘントスル所ハ管内ニ於ケル一般農村ノ狀況ニシテ概シテ

粗食ナリ粟餠若ハ粟粥、高粱粥ヲ常食トシ副食物トシテハ菜葉九分ニ豚肉一分位ノモノヲ用ヒ又ハ鹽漬ノ茄子、大根位ナルヲ以テ一人一日ノ食費ハ十錢內外トス、日常多ク麵類即チ饂飩ヲ多ク用ユ、饂飩ノ製法ハ巧ニシテ普通饂飩ノ汁ハ鍋ニ少量ノ油ヲ入レ韮、蒜及葱ヲ刻ミシモノヲ投シ油ヲ混シ能ク煎リ之ニ水ヲ注キ沸騰セシメ後鹽ニテ味ヲ付クルニ過キサルモ相當ノ味ヲ有ス又蔬菜類ハ內地人ト同シク多ク之ヲ用ユルモ特ニ強キ香ヲ有スル葱、韮、蒜、芹等ヲ嗜好ス(日本人又ハ外國人ニ接スルモノハ努メテ之ヲ用ヒヌ樣注意シツヽアリ)一般勞働者ハ之ノ臭氣ト豚ノ脂ノ臭トカ混シテ一種ノ奇臭ヲ放ツモ之ヲ常食トシツツアル者ハ此ノ臭氣ヲ辨セヌモノヽ如シ(支那人カ是等ノ野菜等ヲ食スレハ一ツニ消毒ノ意味ニテ疫病ノ豫防上ニ出スルモノナリトシ豚肉ノ如キ寄生蟲ノ多キモノヲ常食トスルニ必ス〻ニシテ尚ホ體ヲ溫メ消化ヲ助クト謂フ)次ニ醬油ハ普通小麥又ハ大麥ノ同量ヲ蒸シテ混シ甕內ニテ醱酵セシメ鹽ヲ加ヘ更ニ大豆ニ三倍スル清水ヲ混シテ製造シ之ヲ總テ戶外ニテ竹又ハ葭ニテ蓋ヲナス許リニテ、日ニ曝サレ雨ニ打タシツツアルヲ以テ其味ニ至リテハ頗ル不味ニシテ到底日本品ドハ比較スヘクモアラス故ニ近來日本ノ下等品カ多ク用ヒラレツツアリ以上ハ食事ニ關スル大體ナルモ食事ニ關聯シテ支那人ノ挨拶ニ付キ附言セントス支那人カ相遇ノ時ハ一方カ吃飯了麼《チイフアンラマ》(御飯ヲ食ヘマシタカ)ト聲ヲ掛ケ相手ハ(遍過了《ピエンコーラ》)(濟マシマシタ)ト答フルヲ常トス吾々日本人ヨリ之ヲ見レハ不可思議ニ可笑感ヲナスモ之カ起源ハ不明ナリ今ハ唯タ參考トシテ茲ニ記セシノミ。

(三)　酒

當地方ニ於テ普通用ヒラレツツアルハ紹興酒《シヤノチンチウ》、黃酒《ホワンチウ》(清酒《チンチウ》、老酒《ラオチウ》)燒酒《シヤヲチウ》等ニシテ紹興酒《シヤヲチンチウ》ハ糯米ヲ原料トシテ釀造シ日本酒ニ比シ酒精分少ナク淡白ニシテ多ク上流社會ニ用ヒラル黃酒《ホワンチウ》ハ糯米ヲ釀造シ清酒ト老酒トノ二種アリ清酒ハ淡黃色ヲ帶ヒ少シク酸味ト苦味ヲ帶フ老酒ハ釀造ノ時ニ黃米《ホワンミ》ヲ焦シテ醪中ニアル時間ノ長キモノニシテ黑褐色ヲ呈シ少シク苦味ヲ有シ農家ニ多ク用ヒラルルモノノ如シ燒酒《シヤウチウ》ハ卽チ高粱酒《カオリヤンチウ》ニシテ糯、高粱ヲ主タル原料トシ小豆大麥等ニテ作リシ糀ニテ醱酵セシメ錫製ノ蘭引ニテ蒸溜セシメシモノナリ之ヲ日本ノ燒酒ニ比スレハ一種ノ臭ヲ有シ攪拌スルトキハ微弱ナル泡沫ヲ生ス酒精分ハ通常五十七內外ナリ。

支那人ハ概シテ酒料ハ多大ナレトモ醉態ヲ現ハスコト少ナク故ニ日本人ノ如キ醉歩蹣跚ノ醜態ヲ演スル者ハ曾テ見サル所ニシテ飲酒ヲ愼ムハ支那人ノ長ナリト謂フヘシ。

（四）婚　姻

支那人間ニ於ケル早婚ノ弊ハ世上周知ノ事實ナルモ特ニ滿洲ニ於テハ著シク男子ハ普通十七八歳ニシテ結婚スル者多ク而シテ年長ノ女子ヲ以テ之ニ配スルヲ習トシ十七八歳ノ男子カ二十一二歳ノ女子ヲ娶ルヲ常トス蓋シ其目的タルヤ之ヲ以テ婦職ノ外母職ヲ兼ネシムルト共ニ老親ニ事ヘ併セテ家庭ノ看護者タラシムルニアリ而シテ最モ奇異ニ感スルハ新郎新婦ノ相互間ニ於テ一面識モナク全ク兩者父母ノ意志ニヨリ婚約ハ成立サレ所謂强制的結婚ナリ故ニ結婚後自然男子ハ妾ヲ蓄ヘルニ至リ遂ニ一見一夫多妻主義ノ如ク化シ數人ノ妾ヲ置クヲ寧ロ一種ノ誇トスルモノ多シ而シテ女子ハ三從四德ノ道德的羈絆ヲ脱スルコト能ハスシテ全ク自己ノ理想ト相反スル男子ノ爲ニ百年ノ齡ヲ委ネサル可ラサルノ運命ヲ荷ヘリ然レトモ其ノ裏面ニ於テハ人論ヲ紊シ婦道ヲ失スルモノ尠トセス之早婚ト强制的結婚ヨリ起ル弊ニシテ諺ニモ寧嫁ニ窮漢子一、莫レ嫁ニ弦蛋子一ト其ノ意ヤ貧困ナル壯夫ニ嫁スルモ良家ノ幼童ニ嫁スル莫レト云フニ在リ又相看（見合）ノ如キモ近時ノ智識階級者ニハ直接見合サレ一部間ニハ其ノ弊風ノ打破ニ關シ高唱サレツツアルモ尚一般ノ陋習ヲ脱スルヲ得ス今其結婚ノ方法ヲ儀式ノ順序ニヨリ簡單ニ列記センニ結婚ハ普通媒妁《メイシコオ》、相看《シャンカン》、放定《フワンチン》、過禮《クヲオリ》、謝狀《シエチユワン》、娶親《チユンーン》、嚮房《シャンフワン》、雙朝《ソワンチマオ》、囘門《ホイメシ》、對日《トゲコエ》、等ノ順序ニヨルヲ常トス。

媒妁ハ所謂媒介人ニテ兩者ノ間ニ於テ異議ナキトキハ兩者ノ生年月日ヲ紙札ニ書キ媒介人ハ之ヲ易者ニ托シ吉凶ヲ判斷セシム(之ハ形式的ニシテ大

路傍ノ易者

抵ハ吉)之カ吉ナレハ更ニ黃道吉日ヲ擇ヒ相看卽チ見合ヲ行フ此ノ相看ハ將來ノ新郎新婦カ見合スルニアラスシテ相方ノ父母及兄弟カ婿タリ嫁タル者ヲ見其ノ結果相方ノ兩親ニ於テ異議ナキトキハ茲ニ婚約成立ス而シテ後日ヲ擇ヒ放定(結納ノ式)ヲ行フ放定ノ贈物ハ區々ニシテ金錢ニ白粉簪點心等ヲ添ヘ婚約書ヲ作リ女家ニ送ル次ニ過禮ノ式アリ之ハ結婚二三箇月以前ノ吉日ニ

男家ヨリ婚姻ノ日、時刻ヲ女家ヘ書キ送リ添フルニ酒反物等ヲ以テス（儀式ノ上ヨリセハ酒八罎、白鳥八羽、小豚八頭、羊八頭若クハ四箇宛ヲ送ルヲ例トセリ）此ノ過禮通書カ濟メハ男女ノ兩家共ニ初メテ婚姻ノ事ヲ親戚友人ニ通知ス次ハ謝粧ノ式ニシテ結婚ノ前日嫁ノ荷物ヲ婿ノ方ニ送ル（女家ニテハ之ヲ送粧ト云ヒ男家ニテハ迎粧ト云フ）當日媒人ハ嫁方ノ家ニ行キ挨拶ヲナス之カ答禮トシテ婿ハ嫁方ニ行キ岳父夫婦ニ叩頭ノ禮ヲ行フ之ヲ謝粧ト云フ。

次ハ娶親ノ式ニテ卽チ婚禮ナリ當日新郎自身新婦ヲ迎ヘンカ爲ニ官轎子（花嫁ノ乘ルヘキ籠、下級者ハ荷馬車ヲ裝リ之ニ代フ）彩燈綵傘其ノ他ヲ立テ行列ヲ整ヘ樂隊ニテ噺シ新婦ノ家ニ至リ新婦ヲ轎子ニ乘セ新郎モ別ノ轎子ニ乘シ前同樣男家ニ行キ儀式ヲ行フ（儀式ニハ種々ノ慣習アレト冗長ニ流ルルヲ以テ之ヲ略ス）擧式ノ翌朝男家ニテハ門ニ彩綢ヲ掛ケ祝宴ヲ開ク之ヲ雙朝ノ式ト云フ次ニ囘門ノ式ハ結婚後四日目又ハ六日目ニ行ハレ日本ノ所謂里歸リニ相當ス次ニ最後ノ對月ノ式ニテ結婚諸式全部ヲ了スル次第ナリ對月トハ二度目ノ里歸リニシテ旬日若クハ一箇月男家ニ歸ラサルモノノ如シ、儀式ニ伴フ費用ハ莫大ニシテ下級者ハ之カ資金ヲ得ンカ爲數年間營々トシテ働キ彼ノ山東ノ苦力カ滿洲ニ蒲團一枚ヲ肩ニシテ出稼スルモ大抵ハ嫁娶ノ資金ヲ得ンカ爲ニシテ彼等畢生ノ目的ハ妻ヲ娶リテ一家ヲ經營スルニ過キサルナリ而シテ當地方下級ノ勞働者間ニハ儀式漸次省略サレ單ニ男子ノ方ヨリ女子方ニ金錢ヲ贈リ（大抵五六十圓ヲ通常トス）結納其ノ他ノ儀式ノ費用トシテ妻ヲ娶ル者多キカ如ク故ニ彼等ハ常ニ妻ヲ買フト稱ヘツツアリテ此ノ種風習ノ漸次中流者ヘ普及サレツツアルモノノ如シ惟フニ支那ノ二大禮トシテ重大視サレツツアル儀式中ノ一ナル紅事ハ今ヤ如斯簡略ノ氣運ニ向ヒツツアルハ時勢ノ然ラシムル所ナリトス。

（五）葬儀

支那ハ昔ヨリ禮儀ノ國ニシテ禮儀三千威儀三百ト稱セラレシモ時代ノ推移ニ從ヒ漸次舊態ヲ脱シツツアリ而シテ冠婚葬祭ノ四大儀式中冠祭ハ殆ント形式ニシテ（或ハ之ヲ略シ）婚葬ノ二種ニ重ヲ置キ此ノ二大禮ノ爲ニ資産ノ一半ヲ投スルカ如キ者アリ從ツテ式ハ甚タ複雜ナルヲ以テ茲ニ其ノ大要ヲ記セントス。

人將ニ死セントスルニ當リ家族ハ病人ヲ擁シテ更衣セシメ（息ノ有ル間ニ更衣セシメサレハ魂カ裸テ飛ヒ出スト云フ傳說）理髮

人ヲシテ辨髮ノ周圍及顏ヲ剃ラシメ直ニ木床ノ上ニ移シ（南方ニテハ死シテヨリ本床ニ移スモ當地方ハ木床ノ上ニテ死セシム之ハ炕ノ上ニテ死セシメハ土ヲ背負フトノ傳說）氣息ノ絶ユルニ至リ麻繩ニテ脚ヲ縛ス（是レハ死人カ迷フテ立チ上ラヌ爲トノ傳說）式ノ順序ハ停床、入殮伴宿、點主、送殯、上墳、守制、徐眼ニ分タレ停床トハ已ニ死セントスル者ヲ床ニ移シ哭泣スル儀式、入殮トス入棺式、伴宿トハ最後ノ通夜、點宿ハ位牌ノ儀式、送殯ハ出棺式上墳トハ墓參リ守制トハ忌服ナリトス而シテ斯ル鄭重ナル儀式ハ何人ニ對シテモ行ハルモノニアラス尊族ニ對シテノミ行ハレ卑族殊ニ十歲以下ノ小兒ハ時ニ死屍ヲ山野ニ捨テ鳥獸ノ餌食トナシテ顧ミサル風アリ（州內ニ於テハ警察ノ取締嚴重ナルヲ以テ現今斯ル墓地ニ土ヲ蔽フノミ）之ハ初メ儒敎カ極端ニ孝道ヲ說キ其ノ慣習カ後世擬善的ノ厚葬トナリシカ如シ。

偖テ送葬セントスレハ其ノ前夜大ニ哭シテ棺ヲ出シ六人乃至十六人多キハ二三十人ノ擡夫棺木ヲ擔ヒ鼓樂者數人前導シ（時ニ紙製ノ童男、童女牛馬ノ僞殉者棺ニ前後ス）數色ノ旗幟ヲ立テ（普通ハ白旗ヲ禮トセルモ現今ハ色々ノ旗幟ヲ立ツ）棺後ニ喪家ノ男女喪服ニテ（白衣）靈位ヲ俸シ哭泣シツツ人ニ擁セラレ親戚友人之ニ從フ其ノ行列中時々爆竹ヲ放チテ惡魔ヲ拂ヒツツ徐々ニ墓地ニ至ル墓地ハ日本ト異リ平地ニ棺ヲ置キ（棺ノ方向ハ道士ニ判斷セシメテ之ヲ定ム）土ヲ以テ之ヲ蔽ヒ圓墳トス（貧富ニヨリ時ニ石棺アリ又ハ添棺アリ昔ハ木棺ニテモ厚サ五六寸ナル物ヲ用ヒシモ今日ニ於テハ薄キ物ヲ用ユルカ如シ）奠酒哭泣シ之ニテ葬事ヲ了スルナリ而シテ埋棺後第一日ニハ導師ヲシテ讀經セシメ家族一同喪服ニテ親戚友人ト共ニ靈前ニ禮拜シテ泣哭ス之ヲ開吊ト稱シ第二日ハ單ニ導師ノ讀經ニ止メ之ヲ出棚ト云フ第三日ハ墓前ニ紙錢ヲ燒キ三十五日目ニ傘ヲ燒キ六十日目ニ紙ノ船及紙橋ヲ燒キ百日目ニハ封筒ノ表ニ子孫ヲ記載シ銀錠及紙錢ヲ此封筒ノ內ニ入レ外ニテ燒キ棄ツ之ニテ第一期ノ喪ヲ終ユルナリ此間ニハ剃髮飲酒ヲ禁シ專ラ謹愼哀悼ノ意ヲ表スルナリ而シテ喪ニ服スルコトヲ守制ト云ヒ漢禮ハ二十七箇月滿禮ハ百箇日ト稱スルモ事實ハ混同サレツツアルモノノ如シ。

（六）辮　髮

男子ノ辮髮ハ清朝三百年來制度ノ遺物ニシ當時僧侶ノ剃髮道士ノ結髮仙人ノ蓬頭幼童ノ丱角ヲ除クノ外ハ男子ノ頭髮ヲ辮髮ニ一定シ之ニ違フモノハ刑罰シ清朝建國ノ際其ノ政令徹底ノ可否ヲ甄別スル標識トシテ强制的ニ明朝結髮ノ習慣ヲ打破シ辮髮ヲ勵行セシメシモノニシテ支那原來ノ風俗ニアラス故ニ心アル漢人ハ北狄ノ風俗ト看做シテ韃子ト稱セシ位ニテ之ハ韃靼人ノ風俗ニシテ北滿地方ノ一部ニ古代ヨリ行ハレツツアリシモノノ如シ。

曾テ北京ニ於ケル日本人有志ノ間ニ發行セラル(燕塵)ナル雜誌ニ辨髪令ノ起源ヲ記載セシモノアリシヲ以テ左ニ其ノ一部ヲ摘示セン。

順治元年四月山海關ニ居ツタ明ノ北邊防備ノ將吳三桂ハ流賊李自成ノ大軍ニ到底敵スヘカラサルヲ知リテ一策ヲ案シ當時關外ニ陣スル清ノ攝政王叡親王ニ逆ニ救援ノ兵ヲ哀

路傍ノ支那靴店

求セシニ攝政王ハ鷸蚌ノ爭利用スヘシトシテ其ノ請ヲ容レ大軍ヲ率ヒテ山海關ニ到著スルニ及ヒ吳三桂ハ大ニ喜ヒ自ラ辨髪トナツテ之ヲ迎ヘ臣ト稱スルニ至ル此日吳三桂ノ兵ハ清兵ノ援助ニヨリ大ニ李自成ヲ破リ李自成ハ北京ニ逃レ攝政王ハ卽日令ヲ下シテ山海關城内ノ兵士人民ヲシテ悉ク辨髪ノ風ニ遵ハシム是カ辨髪令ノ發布サレシ最初ニシテ爾後民軍利アラス天下擧ツテ清

朝トナルヤ前述ノ如ク政令ヲ發シ一般ニ之ヲ强制シ遺民ノ自朝ニ對スル服從心ノ深淺ヲ測リシモノニシテ爾來一ノ風習トシテ今日アルニ至リシナリト。

現今ニ於テハ斷髮ハ大ニ流行シ知識階級者竝ニ市街地ニ住居スル者ハ大抵之ヲ行ヒ唯苦力老人等ニ多ク漸次斷髮者ヲ增シツヽアリ。

(七)　婦人ノ纏足

纏足ノ起因ニ就テハ諸種ノ說行ハレ一說ニハ或夫カ嫉妬ヨリ其ノ妻ヲ幽閉センカ爲ニ起ルト云ヒ或ハ唐ノ玄宗高帝ノ皇妃楊貴妃ハ天下ノ美人ニシテ足ノ長サ僅カニ三寸ニ過キス能ク金製ノ蓮花上ヲ步ミ渡リ其楚々タル容姿ハ帝ノ觀賞ヲ得、後人之ヲ倣ネシト云ヒ又南唐後主ノ宮人ニ窅娘ナル者アリ纎麗ニシテ善ク舞フ後主ハ金蓮ノ高サ六尺ナルモノヲ作リ飾ルニ寳物ヲ以テス窅娘ニ命シ帛ヲ以テ纏足シ纎小ニ屈上シテ新月ノ狀ヲ作シ素襪（靴足袋ノ儘）ニテ金蓮花中ニ舞ハシメ觀賞シタリ是ヨリ世人皆之ニ倣ヒ纏足ノ風漸次社會ヲ風靡スルニ至ル而シテ此事タルヤ已ニ五代ニ始マルニアラス古時ニ舞人ニシテ纏足シタルモノアリシヤ想像スルニ難カラス唐人ノ詩賦中溫庭筠カ織女ノ束足ヲ餐シ白居易ノ詩ニ小頭ノ鞋履穿衣裳ノ句アリ然リ而シテ纒足ノ風習ハ南唐ニ始リ宋以後ニ至リ習染スルコト日ニ深ク幾ント婦女ニ對シ普通ノ事ト爲ス又一説ニ六朝ノ世齊東昏侯ノ潘貴妃ヲ寵シ金ヲ以テ蓮華ヲ造リ地ニ敷キテ妃ヲシテ其ノ上ヲ歩マシメ歩々ニ金蓮ヲ生スト賞美セリトノ故事ヨリ起リ終ニ足ヲ縛シテ蓮花ニ擬スルノ風習ヲ致シタリト云フ以上纒足ノ起因ニ關スル諸説アルモ纒足ノ形容ヲ稱シテ蓮花ニ擬スル點ヨリ考察スレハ金蓮ノ説ハ直想ニ近キモノニシテ（爲教貼作金蓮）ノ句ヤ味フヘク唯其時代ヲ審ニセス茲ニ諸説ヲ述ヘ讀者ノ判斷ニ委セントス而シテ之カ方法ハ大抵五、六歳ノ頃長サ五尺位ノ白布ヲ以テ足ヲ卷キ拇指ヲ除キ他ハ總テ内側ニ折リ込ミ人工的ニ畸形ト爲スモノニシテ特ニ外部ヨリ堅固ナル靴ヲ穿ツニアラス專ラ血液ノ流通ヲ止メ生理的ニ發育ヲ妨クルモノナリ故ニ發育旺盛ナル十三、四歳ヨリ十七、八歳マテハ苦痛禁シ難ク深窓夜モスカラ哀號悲泣スル者モ尠シトセス斯ノ如キ苦痛ヲ忍ヒ拇指ヲ除ク他ノ四指ハ自然ニ足ノ裏ニ屈折シ踵ト拇指ノミカ地上ニ觸レ歩行蹣跚タル狀ハ可憐ニ堪ヘス之ヲ文學的ニ形容スレハ楚々タル姿ハ嬌態歩々蓮花ヲ生ストモ云フヘキカ普通ノ妻女カ歩行スルヲ見レハ家鴨ノ犬ニ追ハレシカ如キ異様ヲ呈ス庶莫之カ美醜ハ國民ノ情緒ニ訴フヘキモノナルヘシト雖モ天足ヲ人工的ニ畸形トシ婦女ノ活動力ヲ阻止シ終生苦痛ヲ與フルハ人道ノ上ニ於テ將又其ノ經濟生活上等閑視スヘキニアラサルヲ以テ管內ニ於テハ之カ慣習打破ニ關シ極力盡瘁シツツアリ又近時支那一部社會ノ覺醒ト共ニ南方ニテハ天足會ヲ起シ此弊風ヲ矯メツツアルヲ以テ漸次其數ヲ減スルニ至レリ。

(八)　年中行事

各地方ニヨリ異ナリ固ヨリ一定セサレトモ特ニ旅順管內ニ於ケル普通一般ニ行ハルル概要ヲ記サントス。

(1)　正月(陰曆ナリ以下同シ)除夜ヨリ寢ス午前零時ニ至レハ各家齊シク爆竹ヲ放チ諸神ヲ拜シ祖先ヲ祭リ一家團欒シテ餃子其ノ他ヲ美食シテ天明ニ至ル朝堂門ヲ出ツル時ハ必ス吉方ニ向ヒ喜神ヲ迎ヘテ後屋內ニ入ル此日新衣ヲ著ケ新帽ヲ戴キ新鞋ヲ穿チテ神廟ニ詣ツ又門ノ左右ニハ春聯ト稱シ吉慶ニ因メル對句ヲ赤紙ニ大書シテ貼リ付ケ、吉星高照トカ又門ニ對シタル門外ノ壁ナトニハ出門見喜トカノ字句ヲ赤紙ニ書キテ貼リ付ケ農家ニテハ特ニ中庭ニ長竿ヲ樹テ其ノ頂ニ松ノ枝ヲ細リ付クルモアリ、年賀ハ概ネ元日ハ近隣同族ノ家ニ至リ、二日ハ母方、三日ハ妻ノ家ニ至リ其ノ餘暇ニ友人ノ家ニ至ルヲ常トスルカ廻禮ノ客ハ門戸ノ隙間ヨリ名刺ヲ投シ餘程親シキ間柄ニアラサレハ屋内ニ入ラヌナリ、元日ヨリ五日間ハ一般ニ休業ス又、五日間ハ飯ヲ爨カス、故ニ五日間ノ飯食物ハ年ノ暮ニ總テ用意シ置クナリ、元日ニハ家内中餑々饅頭ヲ食フコトニナリ居レルカ其ノ餑々ノ中ニ銅貨一枚ヲ入レタルモノヲ一箇作リ置キ之レヲ食ヒ當テタルモノハ其年ハ幸運ナリトイフ、二日黎明ニ天神地祇ヲ祭リ爆竹ヲ放チ附近ノ財神廟ニ詣ツ三日ハ二日ト同シ、四日以後二十五日ニ至ル間親戚朋友招待シテ饗應ス、五日此日ハ破五ト稱シ婦女初メテ針ヲ執ッテ裁縫ス、六日一般商家ハ此日ヲ以テ賣初メヲナス、七日ヲ人日ト稱ス七日ハ二十歳以下十七日ハ五十歳以下二十七日ハ六十歳以下トシ其等ノ各日天氣晴朗ナラハ喜、風冷カナラハ災アリトセリ九日道教ノ所謂玉皇帝ノ誕生日ニシテ商民何レモ廟ニ至リテ拜ス十日此ノ日ハ穀日ト稱シ必ス粟飯ヲ食ス。

(2) 元宵節正月十五日ハ上元又ハ元宵節ト稱シ俗ニ燈節トイフ各神及祖先ヲ祭リ戸毎ニ彩燈ヲ掲ケ元宵糕《ユワンシヤヲカヲ》ト名ツクル白玉團子ニ密ヲカケタルモノヲ食フ習慣アリ、各地ノ青年ハ龍燈彩船、高脚等ノ戯ヲナシ市中ヲ練リ歩ク、之レヲ唱秧歌トイフ、此ノ夜ニ限リ各家ノ婦女ハ出遊シテ燈ヲ見ルヲ許サルルナリ。

(3) 花朝《ホワチャヲ》（龍擡頭）二月二日龍擡頭又ハ花朝ト稱ス一陽來復シ今マテ蟄伏セル龍モ頭ヲ擡ケ出スロナリ此ノ日ハ豚ノ頭及饅頭ヲ食ヒ、男女共龍王廟ニ燒香跪拜シ夜ハ蠟ヲ點ス、婦女ハ此ノ日ニ於テ裁縫ヲナスコトヲ忌ム。

(4) 蟠桃會《パンタヲホイ》三月三日ハ蟠桃會ト稱シ西王母ヲ祀ル蟠桃會若ハ壽神ノ廟ニ詣テテ長壽ヲ祈ル

(5) 清明節三月初旬ノ或ル日ヲ清明節ト稱ス各地城ノアル處ニテハ城隍神ヲ祭リ、又縣官出テテ孤魂ヲ祭ル清明前一日ヲ寒食トイヒ昔、晋ノ介子推焚死ノ日トテ火ヲ燒クヲ禁ス清明節ニハ各家祖宗ノ墓地ニ至リ、紙錢ヲ燒キ磕頭ノ禮ヲ行ヒ家內ニテハ酒宴ヲ催ス。

(6) 釋迦誕生日、四月八日ハ釋迦ノ誕生日トテ佛教信者ハ佛寺ニ至リテ拜ス。

(7) 海神誕生日、四月十八日ハ海神ノ誕生日ニシテ二十日ニ至ルマテ娘々神聖會ト稱シ各地娘々廟ニテハ祭祀アリテ演劇ヲナス。

(8) 取引決濟期五月一日ヨリ五日マテハ商工業者及勞働者ハ概ネ休業シ諸取引ノ決濟ヲナ

ハ期節トセリ此取引決濟終レハ親戚友人、隣保、取引先等ノ間ニ季節相應ノ贈物ヲ交換シ又相互ニ禮應ヲナス。

(9) 端午節五月五日ハ端午節ト稱シ諸神ヲ祭リ祖先ヲ祀リ爆竹ヲ放チテ酒筵ヲナスコト正月ノ如シ即チ端午節ハ正月ト八月十五日ト所謂三大節ノ一ナリ此日ハ門戸ニ蒲艾ヲ挿ミ粽子

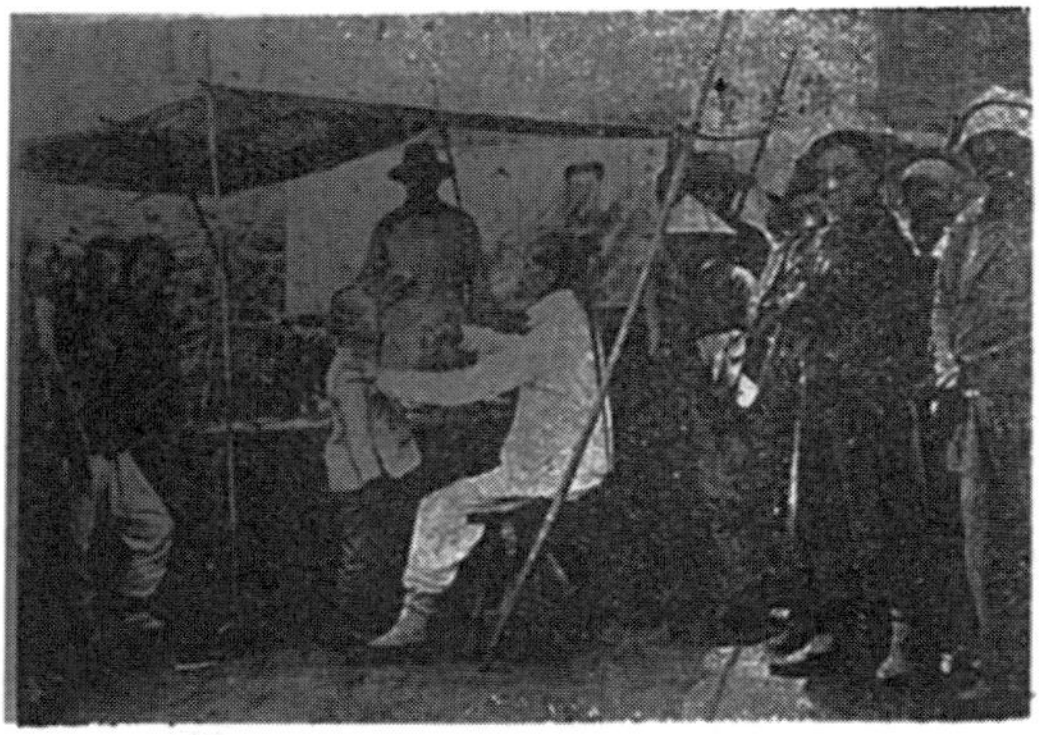

路傍ノ齒醫者

ヲ食シ鍾馗ノ畫像ヲ貼リ五毒酒ト稱シ毒蟲ノ害ヲ避ケル爲ニ雄黃酒ヲ飲ム婦女ハ綵絲ヲ以テ小袋ヲ作リ蒜ヲ擬ヒ又、布ヲ以テ小虎ヲ作リ兒女ニ與ヘテ除災ノ意トナス。

(10) 關帝廟祭關帝廟ハ又老爺廟トモ稱シ六月二十四日ヲ祭日トス關帝廟ハ武人ハ軍神トシテ尊ヒ商估ハ財神トシテ崇ブ祭日ニハ皆廟ニ至リテ禮拜シ家ニハ關帝ノ畫

像ヲ貼リ酒肉ヲ獻シ夜ハ例ニヨリ紙錢ヲ燒ク。

(11) 七夕ノ節七月七日ハ七夕節ニシテ織女渡河ノ日ナリ女兒ハ裁縫ノ上達ヲ祈ル爲水盤ニ水ヲ入レ高粱ノ穗ノ針ノ如キ細絲ヲ採リテ水ニ浮ヘ其ノ影カ細キ時ハ上達ノ見込アリ、太キトキハ見込ナシト言慣ハセリ又女兒ハ夜間ニ至レハ女神ヲ祭ル。

(12) 中元節七月十五日ハ中元節ニシテ各家ニ於テ祖先ノ靈前ニ供物ヲ飾リ祖先ヲ祀リ門ニハ提燈ヲ揭ケ寺院ニ詣テテ紙錢ヲ燒キ香ヲ焚キテ禮拜ス又、各城ニテハ城隍廟ト無主ノ孤魂ヲ祭ル。

(13) 仲秋節《ションチウチエ》八月十五日ハ仲秋節ニシテ支那ニ於ケル三大節ノ一ナリ、諸神及ヒ祖先ヲ祭リ爆竹ヲ放チ酒筵ヲナス、又、取引決濟期ナルヲ以テ贈答及饗應ヲナス各家ニハ月ヤ兎ナトノ畫ヲ貼リ付ケ月餠ト稱シ經三寸乃至五寸位厚サ四、五分ノ大皷形ノ餡入リノ菓子ヲ神ニ供ヘ人々亦之レヲ食フ。

(14) 重陽節《チョンヤンチエ》九月九日ハ重陽節ト稱ス、此日ハ登高トテ高キニ登リ豚ヲ殺シテ美食ス。

(15) 祖先祭十月一日ハ清明節及ヒ七月十五日ト同シク墓地ニ至リテ紙錢ヲ燒キテ祖先ヲ祭

ル。

(16) 臘《ロー》八兒《パール》粥《チョウ》十二月八日ヲ臘八兒粥トイフ米、麥、粟、蓮、實等八種ノモノニテ炊キタル粥ヲ神佛ニ供ヘ又之レヲ食フ此ノ日ハ煤拂ヒヲナス日ニシテ之レヲ怠レハ目カ盲レルトイフ。

(17) 灶神《ツァヲシン》祭十二月二十三日ハ灶神トシテ竈ノ神ノ祭日ナリ相傳フ此日灶神上天シテ人間界ノ善惡一切ヲ上帝ニ告ク上帝ハ之レニヨリテ賞罰ヲ行フ、故ニ祭壇ヲ設ケ供物ヲ列ヘ大ニ賄賂シテ神慮ニ媚ヒサルヘカラストナス、此日ハ一切焚火ヲ禁シテ屋内ヲ燻ラセス夜ニ至レハ灶神ノ像ヲ祭リ灶神ヲ拜シテ爆竹ヲ放チ灶神ノ口ニ糖瓜兒テフ菓子ヲ摩擦シ其ノ飴ヲ舐ラスニヨリ、希クハ上帝ノ面前ニ至リ我カ善事ノミヲ告ケ惡事ヲ語ル勿レト禱ノ言ヲ述ヘ後灶神像ヲ燒キ捨テ大晦日ニ至リテ新シキモノニ換フ又此日ヲ小過年ト稱ス。

(18) 除夜十二月大晦日ヲ除日トイフ、拂曉各神像ヤ祖先ノ靈前ニ供物ヲ獻シ燭ヲ點シ香ヲ焚キ午前六時ニ至レハ茶酒ヲ供シ祭神ノ式ヲ行フ午後ニ至レハ子弟ヤ婦女ニ菓子其ノ他ノ物ヲ與ヘ又歳錢ト稱シ金錢ヲ分ニ應シテ與フ、夜ニ至レハ一家相集リテ飯食シ終夜就寢セス此日終日爆竹ヲ放チ夜ハ點燭シテ親友近隣互ニ賀ヲ交フ之ヲ辭歳トイフ。

以上列記シタル年中行事ノ外孔子祭、東山、獄祭、藥王祭等アリテ盛大ナル祭典ヲナスモノアリ。

（滿日社印刷）

水津文夫 編

『旅順商工案内』

（旅順商工協会、一九三八年九月）

旅順商工案内
旅順商工協會

凡例

一、本書は旅順市に於ける邦人商工業者を、一般に紹介し以て商工取引の發展と便宜とに資せんが爲め、編纂したものである。

一、本書所載の商工人名錄は、昭和十三年五月末現在調査に依つたものである。

一、本書は旅順市の事情一般を記述し、以て江湖の參考に資することゝした。

一、本書は附錄として、名所舊蹟並に戰蹟の概要を記述し、以て戰蹟見學者其の他旅行者の便に供せり。

一、本書編纂に當り、種々御便宜を與へられたる各位に對し、厚く感謝の意を表す。

昭和十三年六月

編　者　識

昭和十三年五月二十三日旅順要塞司令部検査済

旅順白玉山表忠塔

旅順白玉山納骨祠

旅順港口閉塞隊記念碑

旅順博物館

旅順大正公園

旅順市役所

旅順市青葉町通

旅順商工案内

目次

旅順商工人名錄

製鹽並ニ輸出業

旅順市嚴島町十四番地

矢原商會

矢原重吉

木盤製鹽場
再製鹽工場　旅順市外楊樹溝

電話八一番
四四六

貯鹽場　旅順

鹽田所在地　旅順港・羊頭灣・龍王塘

呉服一切在品豊富

自店別仕立小學生服
國防色サージ男生服
日毛紺サージ
セーラ型女生服
ベビー服類一切
仕立コート

旅順市乃木町三丁目

えびす屋呉服店

電話一三〇番
振替大連二三二六番

吉野洋行

旅順市青葉町四六

電話一八六 四五五番

旅順商工案内

第一章　沿革

一　旅順の名稱

旅順は滿洲の最南端に位し、渤海灣頭に臨み、三面を廻くらすに重疊たる峰巒を以てし、自ら天然の良港たる地形を有す。而も港內の水深く波靜にして恰も湖水の如くなると、滿洲唯一の不凍港たる特質を持つことゝに依り、夙にその名聲を讃へらる。

此地古代(東晋明代)馬石津と云ひ、中古隋及唐初時代は都里鎭とも稱へしものゝ如く、又唐代に在りては俗稱獅子口として知られたり。

明朝時代に至り漢族の北方移民として、此地に渡來するもの漸く多く、從つて船艘商賈の來往亦繁く、獅子口は之が門戶として水陸行旅の順路に當るが故、遂に旅順の名を稱ふるに至れりと言はる。

二　旅順の史蹟

清朝の咸豊年間、清國が英佛と難を構ふるや、英佛聯合軍は長驅して北京を衝けり。茲に於てか清國政府は、遽に港灣設備の要を感じ、光緒五年（明治十二年）冬北洋大臣李鴻章の上奏獻策する所を容れ、渤海の要路たる旅順を用武の地となし、大に工事を興し周盛傳をして之を監せしむ。翌年更に獨逸工兵少佐「ハンネッケン」を聘し、大工事を營み、爾來五ヶ年間此地には黄金台を始め四方に砲台は築かれ、東港成り又船渠設けられたり。後十四年に至り、北洋水師始めて成立し、提督丁汝昌戰艦二十餘艘を率ひ來り、以て北洋の水師に當る。內外人呼んで世界五港の一と稱揚す。尙別に道台衙門に依り營務は管理せられたるが、他方又商業も日と共に繁榮を加へ人口實に四萬を以て算せらるゝに至れり。

光緒二十年（明治二十七年）日清和を失ふや、水師提督丁汝昌は大小戰艦三十餘隻を率ひ、旅順威海衛を根據とし、渤海の制海權を掌握せしも、同年九月十七日黄海に敗衂後は威海衛に蟄伏し、袖手海上の不運を傍観するに至り、制海權は全く我軍の手に歸したり。一面陸上に於ても亦、九月花園口に上陸したる我軍漸次南進して旅順を衝くに至り、清軍は奮鬪防護能く努めたるも、我軍の猛攻を支ふる能はす、二日にして全要塞を我手に委したりしが、我國は翌年之を清國に還付せり。

これより先露西亞は、常に東方侵畧の機を覗ひつゝあり、遂に千八百九十六年彼の有名なる「カシニー」條約に依り、南滿洲鐵道の敷設權を獲得、同時に露清銀行を設立、旅順大連の租借條約を締結すると共に、此地を關東州と稱し、政廳を置き、海軍大將「アレキセーフ」を關東都督に任し、次て東亞に於ける露國勢力の中心を確立したり。此間彼は國力を擧けて、海陸防備の整備に努め、鉄道家屋の工設をも大に興し、市街の殷賑を極めはしめたり。

明治三十七年二月六日日露の國交斷絶するや、劈頭我艦隊は、旅順の敵艦を襲擊し、陸軍亦之に總攻擊を加ふること四回、翌年一月一日には全く旅順を陷落せしむるに至れり。

第二章　地　誌

一　土地及氣象

旅順は東徑百二十一度北緯三十八度に位す。而して管内東西六里南北八里、面積三十九平方里餘にして州內の約六分の一に當る。東は重疊せる山脈連亘横斷して大連市所管區域と界し、他の三面は黃渤兩海に臨む。管内概ね山岳起伏し唯北西の一部に平地を存せるのみ。

旅順の氣候は海陸兩面の支配を受け、就中冬季大陸の影響を蒙ること著しく、稀には零下十四五度の寒氣を示すことあるも、概ね氣候温和にして海洋的氣候の狀態を現はし、寡雨快晴四季を通じて風多く常に乾燥の度强し。

二　戶口及職業

昭和十二年六月末に於ける旅順市の戶口は、

區分	市内 戸數	市内 人口	村落 戸數	村落 人口	計 戸數	計 人口
日本人	二、四六七戸	一一、五六五人	一六九戸	六五八人	二、六三六戸	一二、二二三人
滿洲國 中華民國人	三、八一六	一八、九九八	一五、九七二	二一、四五〇	一九、七八八	一三〇、四四八
外國人	七	一八	五	一五	一二	三三
計	六、二九〇	三〇、五八一	一六、一四六	二二、一二三	二二、四三六	一四二、七〇四

にして商工業者の來住する者尠く、日本人は公務に從事する者全人口の約八割を占む。

第三章　交通

一　旅順港

旅順港は三面山を繞らし、黄金山、老虎尾半島は深く港口を抱く。港口僅に[redacted]米

港内は湖状を形成し、天惠の良港を爲す。

港灣として當港に人工的施設を加ふるに至りしは、今より五十餘年前、淸國政府が經營せしに端を發し、露國租借後極東に於ける軍の策源地として、之に改修を加へつゝありしも、不幸事半ならずすして戰亂の禍中に入り、半歳に涉る我軍の攻擊に因り殆んど荒廢に歸せり。後我國が露國の租借權を繼承し、以來銳意之が整理に努めたるも純然たる軍港に止まり、一般商船の出入するもの極めて少し、唯だ關東州沿岸或は對岸山東諸港に往來する、少數の汽船と近海航行の戎克船の入港を見るのみなりしが、大正十一年十二月要港部の撤廢に伴ひ、東港一部を除き全部解放せらるゝに及び、滿鐵會社の石炭輸出補助港として、陸海諸施設漸次改善を加へられ、更に大正十五年二月以來西港の一部埋立繼續事業として、新埠頭築造中なりしが昭和四年三月より開埠して、船舶の着埠を見つゝあり、加之六年九月以來勃發せる滿洲事變等に次いで、滿洲國建設を見るに至り、我海軍に於ては、國防上當港の重要性を認め昭和八年四月要港部を復活せしめたり、而して今次支那事變勃發以來、海上封鎖艦隊の寄港頻繁にして、軍港としての機能を遺憾なく發揮しつゝあり、諸船の情勢より推して今後軍港として將又商、漁港として之が發展を期待し得べし。

二　鐵　道

旅順管内の鐵道は周水子に於て、滿洲本線より分岐する旅順支線にして南滿洲鐵道株式會社の經營する所なり。本鐵道は元東淸鐵道の時代五呎の廣軌なりしを、我軍占領と同時に三呎六吋に改修せしが、會社が政府より引繼を受けると共に、廣軌式に改築計畫を立て明治四十年十二月旅順大連間を四呎八吋二分の一の廣軌に改修せり。

管内を通ずる線路約二十哩にして旅順を終點とす。沿線地勢概ね平坦にして隧道及急勾配なし。旅順大連間の鐵道は三十七哩なり。

三　道　路

旅順市街道路は露治時代半成の儘戰時に入り、加ふるに軍事行動中運輸通行頻繁にして修繕の之と伴はざりし爲荒廢極度に達せしが、我軍占領後應急修理を加へ、後關東廳直營の事業として鋭意整備に力めたる結果、今や殆んど完成の期に達せり。

道路の築造は「マカダム」式を採用す。而して幹線道路は人道、車道に分ち、側溝並木敷を設け、胡藤「ポプラ」類又は櫻等を植樹す。既成道路の延長は幅員　其外内車道、人道の區別あるもの

市内の外廓を廻る各砲臺に通ずる道路あり。

會屯部落の道路は大連、奉天に通ずるものを除き殆んど道路として見るべきものなく、各部落の交通は概ね河床を利用したり。然れども是等河床は雨季に入れば、氾濫漲溢して交通杜絶するの狀況なりしを以て、露國租借後先づ道路の改善を急務とせしは故なきに非ず、我國租借權繼承の後之が完成に努め、各會に於ける主要地を聯絡する幅員　間の幹線道路七線、延長十七里餘と幅員　間内外を標準とする支線道路、五十四里餘の道路網を完成せり。橋梁は概ね粗石橋又は脚工橋なり。道路維持には橋梁、暗渠等の施工を除き會民の賦役負擔とし、沿道各會に於て之を維持す。

尚旅順大連間交通聯絡を圖る爲、大正十年工を起し同十三年完成せる道路あり、本道路

は旅順管內の南側を通じ、老座、白銀の二大隧道、龍王塘、玉の浦の二大橋梁あり。其延長十一里餘に亙り、沿道の風景明媚管內唯一の道路にして之を旅大道路と通稱す。其構成は自動車道及荷馬車道を區別し、自動車道は「マカダム」式碎石道にして、路面には「コールター」を撒布し、兩側に竝木を植え、又荷馬車道は碎石道路にして幅員五間あり、旅順より水師營を經て旅順管內の北側を通ずる、幅[redacted]にして自動車道荷馬車道を區別し、自動車道は「マカダム」式碎石道にして、荷馬車道は碎石道の道路あり、本道路は約九里にして周水子に至り金州、甘井子及沙河口方面に行く道路に分岐す之を旅周道路と通稱す。

四　通　信

旅順市內に於ける通信機關は、新舊市街に各一箇所の郵便局の外、舊市街に郵便所及電信電話旅順支局各一箇所あり、郵便局及郵便所は一般通信事務を取扱ふ外、郵便貯金を取扱ふ。村落に於ては各警察官吏派出所に郵便取扱所を置き普通郵便事務を取扱ふ。

第四章　商工業の概況

一　商業

日露戰役後、日本の扶植せる勢力は根蔕深く、經濟的勢力亦大なりとは云へ由來旅順は殆んど一の消費都市たるに過ぎざると、近くに南滿經濟の中樞地たる大連を控へ居る關係上一の貿易商なく、主として食料雜貨等の小賣商人大部を占む。かゝる狀態に於て昭和十二年五月三十年來の支柱として商工業者一般の顧客たる關東州廳の大連移轉實現するに及び一時火の消へたるか如き觀あり、市況頓に萎徵沈衰せるも七月央支那事變起り海軍の活發なる動きとなり、軍港としての生命を吹き込まれつゝあるを以て一般生氣を得、更生振興に專心しつゝあり。而して市街地に於ける主要なる企業經營は、比較的資力大なる邦人の手に依ると雖、個人營業殊に小商人は滿洲國商人に一籌を輸する傾あり。是れ一般に滿洲國人は生活簡易にして忍耐力强く些少の利益にも勤勞を惜しまず、之に反し邦人は生活高く持久力亦乏しきに因るが如し。

輸出品の主なるものは石炭及鹽にして、日本內地、朝鮮、南支方面に仕向けらる。次は硅石にして、若松其の他に、玉蜀黍は中國各地に、魚類は主として滿洲國方面に移出せらる。輸入品は內地及支那各地よりする雜貨を首位とし、北支那の穀類之に次ぎ、其他山東より野菜、果實及安東より木材を輸入するも多くは管內に於て消費せらるゝものなるを以て其の數量徵々たるものなり。

同業組合として殊に邦人發展の爲めに經營の合理化を計るべく、鋭意當局の推奬もあり旅順菓子商、精米業者等適法の組合を組織し、業容改善に努めつゝあり、又全滿各地に設けられたる輸入組合も同業の趣旨により、在住邦商の堅實なる發展を企劃し、旅順に於ても本組合は盛に活躍しつゝあり。其他吳服、古物、藥種、質屋、理髮業等の各種の組合も夫々活動し、而して其の目的として價格料金の統一、同業者發展、親睦、救濟に努めつゝあり。

旅順市內には舊市街に公設魚菜市場一箇所あり、公有家屋にして市役所の管理に屬し、日用食料品其の他を販賣せしめ價格の統一均齊を計りつゝあり。又魚糶市場は水產會の經營にかゝり漸次事業の發達と共に取引增加の傾向あり。

旅順に於ける時價の高低は絹布類、其の他內地生產品を除くの外魚菜、雜貨其の他一般日常生活必需品の價格は內地に比し稍低廉なるを常とす。

二　工　業

管內に於ける工業は其の二、三を除けば他は殆んど小規模の家內工業なるが故に昭和四年末以來深刻なる世界的不況に依る、一般經濟界の緊縮竝其の消費節約と未曾有の銀安に因り、從來比較的健實なる華商方面に於ても、其の影響を蒙り經營困難に陷り、從て事業休止の已むなきに至れるものあり、爲に其の生產額亦減退せり。

現在工業として主なるものは大日本鹽業株式會社双島灣製塩工場、同和塩業株式會社、旅順製氷株式會社等にして、其の外個人經營に依る工場數四三あり其資本總額六百萬圓、生産額一箇年約金百二十萬圓にして、生産品は製塩の日本內地及朝鮮に、粉條子塗料等の日本內地、青島及上海方面に輸出せらるゝ外、關東州及滿鐵沿線に於て販賣せられつゝあり別に旅順要港部工作部及專賣局工場等あり。

三　金　融

金融機關の主なるものは、朝鮮銀行旅順支店、滿洲興業銀行旅順支店の二とす。

朝鮮銀行旅順支店は大正六年六月設置したるものにして、金庫事務を取扱ふ外一般銀行業務を爲し、又關東州廳地方費及旅順市費の出納を掌り鋭意業務の擴張を圖りつゝある結果、日々隆盛に向ひ其の成績見るべきものあり。滿洲興業銀行旅順支店は昭和十二年の設立に係り商業銀行として一般業務を營み、日滿商人の金融機關として業務日々に進み信用日に厚きを加ふ。

會屯金融機關は從來何等の施設なく、爲に農村金融としては利率高き個人間の融通に依りしものなるが、農村の如き收益の薄き事業の融通資金として困難を感じ、從つて產業開發上一大障碍を釀しつゝある狀況なりしが、時恰も關東廳に於て之が金融機關設置の急務を認め、大正十三年五月基金として金壹萬圓の補助金を交付し、管內水師營會に同會內を組合區域とせる金融組合を設置し、大正十四年四月區域を管內全般に及ぼし、旅順金融組合と改稱し積極的金融事業に當りたるが、昭和三年金融組合令の發布と共に、其の組織を改め旅順會屯金融組合と稱するに至れるが、更に昭和三年十一月旅順金融組合（都市金融組合）設立せられ、兩々相俟つて庶民金融機關として活躍し、堅實なる基礎の下に業容を進めつゝあり。旅順無盡株式會社は資本金六萬圓昭和二年九月設立せられ、一般大衆の金融機關として太ひにその職能を發揮し堅實なる業歩を辿り、逐年鞏固なる業礎を築きつゝあり。

四　鹽　業

旅順に於ける製鹽方法は天日法にして、製塩箇所九箇所面積三百七十二萬七千坪に達し既往三箇年平均製塩二十六萬余石價額八十萬余圓に達し年々增加の傾向に在り。而して品質は前述の如く天日法に依るを以て、採鹽中浮泥混入し又貯藏後放塵附着の爲自然色相を損じ、外觀不良なるも之が分析の成績に徵するときは、純分に於て內地の二等鹽と伯仲の間にあり。又同和鹽業製塩場に於ては州鹽の色相及品質の向上を期せんが爲、煎熬鹽として年々約五百萬斤の產出あり。大日本鹽業株式會社雙島灣出張所に於ては、昭和二年六月粉碎、洗滌工場を建設し、年額八千萬斤の產出を見るに至れり。

營業種目

各種自動車用品
各種タイヤー
各種油類販賣
各種自動車
オートバイ
發動機
修理、改造
フエンダー製作
ウエス卸・小賣
鐵工々事一切
ラッカー塗装工事
幌、クッション装飾

滿洲モーター代理店
SMスパークプラグ海外輸出總代理店
太洋ゴム株式會社滿、鮮、支總代理店

德永商會

營業所　旅順市乃木町三丁目四十五番地
電話四七五番

工場　旅順市乃木町三丁目二十二番地

資本金　百五拾萬圓

本社　大連市北大山通四番地

旅順市乃木町三丁目五一

秋田商會木材株式會社
旅順支店

電話特長一七七番

支店　大連、旅順、京城、奉天、新京、青島

出張所　安東、新義州、荻

旅順商工人名録

販賣業

一 食糧品

販賣業

營業種目	營業稅（円）	開業年月	營業所	電話番號	商號	氏名（振替口座）
食糧雜貨一切	二一・〇〇	昭六、六	青葉町五三	一六四	早瀬商店	早瀬新藏
仝	八・八〇	明四三、三	乃木町二丁目一九	長二五三	大西商會	大西重次郎（大連一、五六三番）
仝	二三・一〇	明四三、三	朝日町市場内	六三一	大西商會食料部	大西重次郎（大連一、五六三番）
仝	五一・〇〇	大六、一	仝	五四一	山口屋商店	山口屋清輔
仝	五五・三〇	明三九、五	大津町一	一七六	齋藤商店	齋藤幸次郎（大連二、六四五番）
仝	七・〇〇	明三九、五	大津町病院構内		齋藤商店	齋藤幸次郎（大連二、六四五番）
仝	八・一〇	大六、一	乃木町三丁目七五	五一八	中村商店	中村津
仝		昭五、三	青葉町四六	一八六 六三六	吉野洋行	吉野爲雄（大連二、四九七番）
仝	七六・三〇	大二、一	月見町五	五五七	月見酒保	兒玉恒三

販業賣

食糧雑貨一切	一七・三〇	昭一〇、	元寳町一三五	六八二	關東刑務所酒保	山川富治
仝	八・七五	昭三、一〇	土屋町四	三三八	伊勢屋	芝田新太郎
食糧雑貨納品	七・七〇	明四、二	敦賀町九	一四九	久野商會	久野儀一郎
仝		明四、一	鮫島町三ノ六	一三四	大矢組株式會社旅順出張所	坂口竜之助
酒、醤油、味噌罐詰、清涼飲料水	三・五〇	昭四、一〇	敦賀町二三	六九八	藤田商店	藤田トメ
仝	五・二五	大二、七	松村町二二	六四九	三浦商店	三浦大吉
仝 米、酢	九七・六〇	明四一、四	乃木町三丁目三四	一〇六	金水商會	小櫻治三郎 大連二、八〇六番
仝	三・〇〇	大六、一	青葉町四五	一八五	西本商店	西本勝衞 大連三四九五番
白米、醤油、味噌	八・七五	昭七、一	鮫島町一一	七五六	宮川商店	宮川勝三郎
氷、麥酒清涼飲料水	四・二〇	昭一〇、一〇	嚴島町二	一一〇	旅順製氷株式會社	兒島夘吉
酒類、清涼飲料水	一一・二〇	大八、五	鯖江町三	一九〇	入江商會	入江常太郎 大連三、一三〇番
酒、醤油	三・五〇	大八、六	鮫島町一一	三八三	香川商會	香川光治

販賣業

酒、酢		昭八、三	忠海町二八	三〇七	三勢商會	廣垣治助
酒		大一四、一〇	乃木町二丁目一七	三二三	神田商店	神田小太郎
白米		昭七、六	青葉町七二	三五八	西海洋行出張所	野田九十九（大連二、六一七番）
仝		明四〇、六	乃木町二丁目一六	一六八	合資會社丸山茶舗	丸山芳藏
牛肉（輸出商）	四・九五	明三九、八	青葉町六七	二四九	合資會社山口商會	山口世基（大連、五六二番）
牛豚、野獸肉、雞肉 雞卵、罐詰	八〇・三〇	明四一、一〇	乃木町三丁目四一	二七五	金太屋	森本福一
洋酒	三・五〇	昭五、三	乃木町三丁目三六	七八八	濱田商店	濱田安次
仝		明四五、二	乃木町三丁目六七	三六一	パイジス商會	小野原近（大連四、二九九番）
仝		昭九	乃木町三丁目二二			藤原良男
仝		昭九、五	乃木町三丁目三七	五二八	T.K洋行	高澤又藏
味噌、醤油		明四五、一	乃木町三丁目四五	一三三	合資會社吉村商會	柴田定彦（大連二、五四五番）
仝		大八、五	末廣町二	三六二	宮崎醤油店	宮崎幸一郎

牛乳	三九・四〇	大 六、一〇	大島町一丁目五	一四五	松崎牧場	松崎秀憲 大連一、六二〇番
仝	一九・八〇	昭 一〇、	厩町番外	六六四	旅順牧場	池田輝夫
削鰹節	六・六〇	昭 八、一〇	敦賀町一五	六一四	淺田商會	淺田國次郎

一 煙草

營業種目	營業税	開業年月	營業所	電話番號	商號	氏名 振替口座
煙草	円 一〇・五〇	明四五、二	乃木町三丁目六七	三六一	パイツス商會	小野原近 大連四、二九九番
仝	三・五〇	昭 四、二	乃木町三丁目二二	六八九	有美堂	幸福十
仝		昭 三、一〇	土屋町四	三三八	伊勢屋	芝田新太郎
仝	七・〇〇	昭 九、	乃木町三丁目二二			藤原良男
仝	一三・一〇	昭 一〇、	乃木町三丁目三七	五二八	T.K.洋行	高澤又藏

營業種目	營業税	開業年月	營業所	電話番號	商號	氏名（振替口座）
煙草		大二、三	乃木町三丁目二〇	三四一	美濃屋	栗田五三郎
仝		昭六、六	青葉町五三	一六四	早瀬商店	早瀬新藏
仝		大九、三	月見町五	五五七	月見酒保	兒玉恒三
仝		昭二、	元寶町一三五	六八二	關東刑務所酒保	山川富治

一　石炭薪炭

營業種目	營業税	開業年月	營業所	電話番號	商號	氏名（振替口座）
石炭	三五九・〇〇	明四一、一	八島町五	三一 二〇四	矢幡商會	矢幡謙治（大連一、四七〇番）
仝	二七九・六五	昭二、一〇	朝日町二丁目一二	三〇六 五八二	日滿商事株式會社旅順出張所	久保親治
薪炭	一三・二〇	大二、一〇	青葉町七二	三五八	西海洋行出張所	野田九十九（大連二、六一七番）
仝		昭六、六	青葉町五三	一六四	早瀬商店	早瀬新藏
仝		昭七、六	鮫島町一一	七五六	宮川商店	宮川勝三郎

販賣業

販賣業

營業種目	營業稅	開業年月	營業所	電話番號	商號	氏名（振替口座）
薪炭		大二、二	乃木町三丁目七三	六一一	フダバヤ	小路先治
仝		大三、一	敦賀町	五〇一	小森商店	小森進
薪炭 炭團	一一・五〇	明四一、一	鮫島町一〇	二六三	佐々木洋行	佐々木滿五郎（大連二、二五三番）
煉炭		大三、五	朝日町一丁目四〇	三九四	山崎土器製造所	山崎光之助

二二

一魚類

營業種目	營業稅	開業年月	營業所	電話番號	商號	氏名（振替口座）
魚類	一〇〇・八〇	大二、一	朝日町市場内	三三三	㊀	井町正八（大連三、八五四番）
仝	五・五〇	昭五、一〇	忠海町八	一一一	(東)支店	那須梅吉
仝		昭六、六	青葉町五三	一六四	早瀬商店	早瀬新藏

一菓子類

販賣業

營業種目	營業税	開業年月	營業所	電話番號	商號	氏名（振替口座）
滿洲の華高粱シルコあられ其他	一三・〇〇	大九、三	白玉山町一〇	五三二	東金堂	加藤傳吉
菓子	三二・〇〇	大六、四	乃木町三丁目五九	四五四	山岸洋行	山岸信寄（大連二、九九九番）
仝	二五・四五	明四二、一	敦賀町二三	七七	東光堂	岩永幸三郎（大連一、二一七番）
仝	四五・五五	明四四、一	乃木町三丁目二四	一二六	木村屋	矢原定治（大連一、六三六番）
仝	三・三〇	大一三、九	嚴島町一四	五七五	水月堂	中牟田佐太郎（大連三一六番）
仝	四・二〇	昭七、一〇	名古屋町七	八二二	梅屋	青木釼次郎
仝	七・六〇	大三、五	八島町二四	一三五	河北商店	河北種喜（大連四、七〇五番）
仝	六・三〇	昭九、三	乃木町三丁目二〇	六七二	桃太郎	大松時三郎
仝	七・四五	昭七、四	松村町二一	五八三	花園	深川フデ
仝	五・三五	昭三、一	青葉町三五		泉屋	小泉近藏

販賣業

菓子	三・五〇	大二、一	鯖江町四四		荒木屋	荒木メイ
仝		昭三、一〇	土屋町四	三三八	伊勢屋	芝田新太郎
仝	一九・二五	昭八、四	敦賀町七	四三一	桐之家	樋口稲吉
仝		昭六、六	青葉町五三	一六四	早瀬商店	早瀬新藏
仝		大二、一	月見町五	五五七	月見酒保	兒玉恒三
饅頭	三・五〇	明四〇、一〇	鮫島町一〇	三五九	松岡商店	松岡新藏
仝		昭一〇、三	敦賀町一九		島根屋	伊丹友太郎
仝	六・六〇	大一五、七	中村町八		さくらや	瀨野平治
仝	三・五〇	昭七、四	乃木町三丁目七六	一八一	のんき家	高橋昇太郎
甘栗	三・五〇	昭六、九	敦賀町一九	八一五	愛知屋	杉浦悦次郎

一　建築材料

營業種目	營業税	開業年月	營業所	電話番號	商號	氏名（振替口座）
石材	五・二五	大一〇、一	乃木町三丁目六八		大福公司	福田勇次郎
仝 砂	三・五〇	大八、二	乃木町三丁目八一	四六七	大六運送店	山本寅吉（大連一、二七九番）
仝	五・二五	大七、四	朝日町二丁目一七	一一二	日の出	榊原コマ
仝		大一五、八	扶桑町二	二七二	興和公司	眞田公松
木材、セメント	六六・八五	明三九、三	乃木町三丁目八二	六八	合資會社西野商會	山崎之知
仝	八三・五五	明四〇、三	乃木町三丁目五一	一七七	秋田商會木材株式會社旅順支店	秋富久太郎
金物、セメント	四七・五〇	明四三、八	乃木町三丁目四五	一〇二	村上信二商店	村上信二
鐵材		大八、一	乃木町三丁目三〇	一九七	本田商會旅順支店	坂田資郎（大連一、五四九番）
金物、鐵材		大一四、八	乃木町三丁目六六	三八二	合資會社岳南公司	大川忠吾
古鐵	二・二〇	明三八、九	三笠町三	一〇四	華信洋行	宮田仁吉

販賣業

一 世帯道具類

營業種目	營業税	開業年月	營業所	電話番號	商號	氏名（振替口座）
陶器、硝子器、漆器 金物	一八・四〇	明四三、一	乃木町三丁目八二	四二	緒方商店	緒方増太郎 大連一、三七〇番
仝	三七・二〇	明四一、一	乃木町三丁目八四	四二九	久富商店	久富松一郎 大阪三、九〇七番 大連二、三七九番
陶磁硝子器		大九、三	月見町五	五五七	月見酒保	兒玉恒三
陶器、花瓶 讃岐工藝品		大一四、一	乃木町三丁目三七	六六六	丸宮商店	王野茂三郎
茶器		明四〇、六	乃木町二丁目一六	一六八	合資會社丸山茶舗	丸山芳藏 大連二、三六四番
仝		大三、二	乃木町三丁目八一	一八七	廣瀬茶舗	廣瀬政太郎

一 時計、眼鏡、寶石、貴金屬類

營業種目	營業税	開業年月	營業所	電話番號	商號	氏名（振替口座）
時計、眼鏡	九・四五	明四〇、一	青葉町六九	六六七	原田時計店	原田マサ子

時計、眼鏡	一一・五五	大六、一	青葉町五八	四八〇	新見時計店	新見愛次郎
仝	二・九七	昭五、八	中村町七		山田時計店	山田伊三郎
仝	九・九〇	昭三、六	乃木町三丁目五八	八四一	池田時計店	池田光江
仝	九・九〇		鯖江町	七七三	日ノ丸時計店	新美留吉
仝	三・三〇		乃木町三丁目四七		修正社	富永松藏
時計、眼鏡、貴金屬	二四・三〇	昭三、六	乃木町三丁目二二	一九五	松本時計店	松本武一（大正二、四三八・一四）
貴金屬、時計、寳石刀劍		明三九、九	末廣町一二	四三九	後藤商店	後藤勇太郎
貴金屬		明三九、二	敦賀町二七	五四四	海渡商店	海渡勇作
寳石、眼鏡		大二、八	敦賀町五一	六九三	藤井金細工店	藤井英太郎
寳石（アメチスト）		大三、四	乃木町三丁目六八		大福公司	福田勇次郎

一 蓄音器和洋樂器

販賣業

販賣業

營業種目	營業稅	開業年月	營業所	電話番號	商號	氏名（撥替口座）
蓄音器		昭六、四	乃木町三丁目二二	一九五	松本時計店	松本武一（大連二、四三八番）
仝	七・〇〇	昭六、一	敦賀町一九		三光商會	長谷喜一
仝			鯖江町	四〇七	山本商店	山本寅藏
蓄音器、和洋樂器	二四・五〇	大一、一三	青葉町六六	八七	高治洋行	高田透（大連一、九三一番）
仝		大一四、一	乃木町三丁目三七	六六六	丸宮商店	王野茂三郎
和樂器	五・七三	明四三、一〇	名古屋町七			根來眞次郎

一 器具、機械材料類

營業種目	營業稅	開業年月	營業所	電話番號	商號	氏名（撥替口座）
電氣器具、機械、船具		明四二、八	乃木町三丁目四五	一〇二	村上信二商店	村上信二

販賣業

電氣、器具、機械船具	九七・二六	大一四、八	乃木町三丁目六六	三八二	合資會社岳南公司	大川忠吾
仝	八三・三〇	大一一、一	乃木町三丁目三〇	一九七	本田商會旅順支店	坂田資郎 大連一、五四九番
電氣器具、機械ラヂオ	二五・五〇	明三九、四	乃木町三丁目一九	一四〇	圓橋商會	西田泰助 大連一四〇番
仝	二五・九〇	大一〇、三	乃木町三丁目四六	五〇八	金澤屋	涌波初三郎
電氣器具、機械ラヂオ自動車部分品修理	四八・四〇	大一五、一	乃木町三丁目	四六四	津田商會	津田雄二郎 大連三、一二二番
自動車部分品修理ウエス	六八・〇〇	昭七、二	乃木町三丁目四五	四七五	德永商會	德永貫一
電氣器具、ラヂオ		昭三、一〇	鯖江町五九	四〇七	山本商店	山本寅藏
ラヂオデンチンランプミシン		大一、三	青葉町六六	八七	高治洋行	高田透 大連一、九三二番
ラヂオ		大一三、二	乃木町三丁目八一	一八七	廣瀬茶舗	廣瀬政太郎
兵器手入並寫眞材料		明四一、二	乃木町三丁目一四	三三六 三四〇	田中商會	田中德三郎 大連九〇六番
寫眞器械並材料	三・五〇	大三、七	乃木町三丁目七八	四七二	旅順寫眞館	松田哲雄 大連一、八二九番

販賣業

營業種目	營業税	開業年月	營業所	電話番號	商號	氏名 振替口座
寫眞機械並材料		大一四、七	松村町二一	二五九	成松寫眞舘	成松新市
自轉車	四・七七	大八、一〇	乃木町三丁目二〇	四〇一	富永商會	富永正平
仝	一〇・五〇	昭一〇、七	乃末廣町三四	七七九	三昌洋行	瀧井定吉
仝	一七・五〇	昭一一、	乃木町三丁目二〇	五六〇	田村商會	小田益人
ミシン	二六・〇〇	明四五、一	乃木町三丁目二二	六九二	ミンガーミシン會社旅順支店	田中竹次郎
ラヂオ		昭一三、六	乃木町三丁目	六七三	不二ラヂオ商會	柴田定彦

一油塗料

營業種目	營業税	開業年月	營業所	電話番號	商號	氏名 振替口座
油		明四三、八	乃木町三丁目四五	一〇二	村上信二商店	村上信二
油塗料		大八、一	乃木町三丁目三〇	一九七	本田商會旅順支店	坂田資郎 大連一、五四九番
仝		大一三、六	乃木町三丁目六六	三八二	合資會社岳南公司	大川忠吾

販賣業

營業種目	營業稅	開業年月	營業所	電話番號	商號	氏名（振替口座）
仝		昭四、三	嚴島町一四	一九〇	入江商會	入江常太郎 大連二、一三〇番
仝		明四一、二	乃木町三丁目一四	三三六 三四〇	田中商會	田中德三郎 大連九〇六番
油		大三、一〇	乃木町三丁目二〇	四六四	津田商會	津田雄次郎 大連三、一二一番
仝		昭七、二	乃木町三丁目四五	四七五	德永商會	德永貫一

一　醫療具、醫療並工業藥品

營業種目	營業稅	開業年月	營業所	電話番號	商號	氏名（振替口座）
醫療具 醫療並工業藥品	七九・〇〇	明四〇、五	青葉町四二	一七〇	宮竹藥房	宮竹淸介 大連二、六一〇番
仝	一七・五〇	明四〇、八	敦賀町四	四二八	萬代號藥房	山本義辰
仝	七七・三五	明四一、二	乃木町三丁目一四	三三六 三四〇	田中商會	田中德三郎 大連九〇六番
仝	五・三五	明四四、八	松村町二二		服部藥房	西村タケ
仝	八・七五	明四三、三	鮫島町二五	五八七	日滿藥房	菅誠一
藥種	三・五〇	大一一、五	名古屋町二八	五五一	合資會社 一誠堂藥房	友廣豊

販賣業

一　和洋雜貨、小間物、化粧品

營業種目	營業稅	開業年月	營業所	電話番號	商號	氏名（振替口座）
和洋雜貨、小間物化粧品	一五一・三〇	昭四、三	青葉町四六	一八六 六三六	吉野洋行	吉野爲雄（大連二、四九七番）
仝	八九・八〇	明四一、一〇	青葉町七二	二四一	外山洋行	外山キク（大連一、五八二番）
仝	三一・五〇	明四一、一	乃木町三丁目一〇	四一六	友田商店	友田ハル（大連一、〇四一番）
仝	一八・六〇	明四四、五	松村町二二	五七	藤井洋品店	藤井寛逸（大連一、二二一番）
仝		大三、一	敦賀町	五〇一	小森商店	小森進
仝	一六・二〇	大四、一	乃木町三丁目三七	六六六	丸宮商店	王野茂三郎
仝	七〇・八三	大二、一	乃木町三丁目七四	六一一	ふたばや	小路先治
化粧品・小間物	一〇・五〇	大六、三	青葉町六三	七九四	山本商店	山本大助
帽子、メリヤス毛糸・編物		大九、一二	月見町五	五五七	月見酒保	兒玉恒三

營業種目	營業税	開業年月	營業所	電話番號	商號	氏名（振替口座）
靴下、ハンカチ 石鹼、齒磨		昭七、八	大迫町一三	三〇四	マスヤ	中西嘉七
シャツ、手袋、靴下 タオル、石鹼、靴墨		大一四、二	八島町二四	一〇五	河北商店	河北種喜 大連四、七〇五番
靴下		昭四、九	末廣町			山田富三郎
靴下、足袋、ハンカチ		昭六、三	鯖江町一〇		武藏屋	關澤つた 大連五、五九八番

一 呉服、綿、絲類

營業種目	營業税	開業年月	營業所	電話番號	商號	氏名（振替口座）
呉服、服地、小供服	一九一・五〇	明四一、一	乃木町三丁目一九	一三〇	ゑびすや	古澤薰治
呉服、服地	一三三・七〇	明三九、一〇	乃木町三丁目五五	七九	近江屋	宇治原末藏 大連五、〇三一番
仝		大一三、七	松村町二二	五五九	近江屋出張所	宇治原末藏 大連五、〇三一番
仝	一〇六・八〇	明三九、三	青葉町六五	七四	合資會社池田洋行	池田岩夫 大阪六、四七三番 大連二、八一八番
綿布モスリン	三三・二〇	大一四、四	敦賀町二	九二	合資會社玉屋モスリン店	兒玉英一

販賣業

營業種目	營業税	開業年月	營業所	電話番號	商號	氏名
和洋服	一七・五〇	明三九、二	敦賀町二七	五四四	海渡商店	海渡勇作
毛皮		明三九、九	末廣町一二	四三九	後藤商店	後藤男太郎
糸類		昭六、一	青葉町七一	二五四		安田ミツ
仝		大一三、一	敦賀町	五〇一	小森商店	小森進
綿		昭三、七	乃木町三丁目三	六五九	みやこ	長谷重吉 大連三、六四八番
眞綿	三・五〇	昭四、九	末廣町二三	五二二	掃煙社	山田富三郎
蒲團、綿、綿布、足袋、糸、毛糸	三・五〇	大一一、一	乃木町三丁目二六		佐野屋	瀧山康夫
絲、綿、足袋		大九、三	月見町五	五五七	月見酒保	兒玉恒三
呉服		昭五、四	中村町一〇	六一五	合資會社京屋	北浦長七 大連四、五一八番

一 書籍、文房具、紙、運動具

營業種目	營業税	開業年月	營業所	電話番號	商號	氏名（振替口座）
書籍、文房具 運動具	六九・一〇	明四〇、六	青葉町四五	二〇七	文英堂	山縣富次郎 大連一二、一九七番

販賣業

仝		昭二、五	松村町二二	六一〇	文英堂出張所	山縣富次郎 大連一、一九七番
書籍、文房具	四七・〇五	明四三、二	青葉町五六	三五一	大阪屋號書店	新田貞義 大連八五番
書籍	二一・〇〇	昭四、三	中村町七	六六九	多以良書店	野中義雄 大連四、八五〇番
紙、文房具 製圖測量用具	一一・三三	大六、一	乃木町三丁目八一	二六九	松浦屋	古川喜三郎 大連二、一七三番
紙文房具	三〇・五〇	明三九、九	青葉町四八	二五四	鮎川紙店	江里口忠幸 大連三、二七六番
仝	一四・八〇	大七、三	青葉町六二	一二八	松崎商店	松崎隆義 大連三、五八八番
文房具		大三、九	乃木町三丁目八一	六〇九	マルゼン商店	仲勳
文房具、運動具	三三・七五	昭七、八	大迫町一三	三〇四	マスヤ	中西嘉七
文房具	三・五〇	昭一〇、	乃木町三丁目二四		梶原商店	梶原一男
運動具	九・一〇	大三、一	敦賀町	五〇一	小森商店	小森進
古本、萬年筆	三・五〇	昭三、一〇	繡江町五九	四〇七	山本商店	山本寅藏
萬年筆	三・五〇	昭一〇、	乃木町三丁目四二			佐野恒男

販賣業

營業種目	營業税	開業年月	營業所	電話番號	商號	氏名（振替口座）
封筒、便箋 半紙、塵紙		大四、二	八島町二四	一三五	河北商店	河北種喜（大連四、七〇五番）
仝		昭三、一〇	土屋町四	三三八	伊勢屋	芝田新太郎

一 玩具

營業種目	營業税	開業年月	營業所	電話番號	商號	氏名（振替口座）
玩具	一〇・五〇	大九、六	敦賀町一	七九〇	井上商店	井上ツル
仝		大一、二	青葉町六三	七九四	山本商店	山本大助
仝	三・五〇	明四〇、四	乃木町三丁目三			川上コノ
仝	五・三五	昭六、七	乃木町三丁目二四	二〇一	黒岩商店	黒岩榮吉

一 記念品、土産品

營業種目	營業税	開業年月	營業所	電話番號	商號	氏名（振替口座）
記念品、土産品	二七・四〇	大九、六	乃木町三丁目二〇	六一	東京堂	大西守一

記念品、土産品	三·六〇	明四五、四	出雲町紀念舘構內		記念舘 休憩所	川谷竹次郎
仝		大七、四	朝日町二丁目驛前	一一二	日の出	榊原コマ
仝	七·〇〇	明四一、一	朝日町二丁目驛前	一二二 四六〇	福壽舘	矢澤四郎
仝		大三、三	白玉山上		白玉山 休憩所	西澤宇志
仝	三·五〇	大二、三	爾靈山上 自宅鎭遠町六			高橋仲
仝		昭四、二	乃木町三丁目二二	六八九	有美堂	幸福十
仝	一四·〇〇	大三、三	乃木町三丁目八一	六〇九	マルゼン商店	仲勳
仝	三·五〇	大一五、一	朝日町二丁目驛前	六二三	旅順軒	谷シヅ
仝		昭二、六	乃木町三丁目九	五五〇	福井屋	川村佐丸
仝		明四〇、六	青葉町四五	二〇七	文英堂	山縣富次郎 大連一二九七番
仝		明三九、九	末廣町一二	四三九	後藤商店	後藤勇太郎
仝		明四二、一二	青葉町五六	三五一	大阪屋號書店	新田貞義 大連八五番

營業種目	營業税	開業年月	營業所	電話番號	商號	氏名
仝		昭三、一〇	土屋町四	三三八	伊勢屋	芝田新太郎
仝		昭六、三	鯖江町一〇		武藏屋	關澤つた 大連五、五九八番
仝		昭二、一〇	東雞冠山 自宅十年町二六			栂野正範
仝		大一四、一〇	水師營西北街		會見所休憩所	野々下德太郎

一釣道具

營業種目	營業税	開業年月	營業所	電話番號	商號	氏名 (振替口座)
釣道具		大一三、四	八島町二四	一三五	河北商店	河北種喜 大連四、七〇五番
仝		大八、四	乃木町三丁目四六	五〇八	金澤屋	涌波初三郎
仝		昭四、五	乃木町三丁目五	六七	熊井洋行	相坂千代吉
仝	五・三五	昭五、三	八島町一八	六〇四	井上商店	井上敏行

營業種目	營業税	開業年月	營業所	電話番號	商號	氏名（振替口座）
仝	三・五〇	昭一〇、	乃木町三丁目二二			藤原シマ

一 履物、傘

營業種目	營業税	開業年月	營業所	電話番號	商號	氏名（振替口座）
履物、傘	九・八〇	大一一、三	乃木町三丁目二〇	三四一	美濃屋	栗田五三郎
仝	一九・二五	昭八、六	乃木町三丁目三	六五九	みやこ	長谷重吉
仝	七・〇〇	昭六、二	乃木町三丁目二三	三九三	村瀬商店	村瀬信一
仝	五・二五	昭七、七	松村町二一			西村又一
仝	三・七〇	大三、八	敦賀町一	五〇二	ヤマ一商店	大崎ウメカ
仝		大九、三	月見町五	五五七	月見酒保	兒玉恒三
仝		大一一、二	青葉町六三	七九四	山本商店	山本大助

販賣業

一 茶

營業種目	營業税	開業年月	營業所	電話番號	商號	氏名（振替口座）
日本茶	六・四〇	明四〇、六	乃木町二丁目一六	一六八	合資會社丸山茶舗	丸山芳藏 大連二、三六五番
仝	三・五〇	大三、二	乃木町三丁目八一	一八七	廣瀬茶舗	廣瀬政太郎
仝		昭六、九	敦賀町一九	八一五	愛知屋	杉浦悦次郎
仝		昭七、四	乃木町三丁目五四	一八一	のんき家	高橋昇太郎
仝	四・二〇	昭七、六	乃木町三丁目	五二〇	井上商店	井上寛一
日本茶、紅茶、コーヒー		大九、三	月見町五	五五七	月見酒保	兒玉恒三
紅茶、コーヒー		昭九、五	乃木町三丁目三七	五二八	T.K.洋行	高澤又藏
仝		昭五、二	乃木町三丁目三六	七八八	濱田洋酒店	濱田安次
仝		明四五、二	乃木町三丁目六七	三六一	パイツス商會	小野原近 大連四、二九九番

一 盆栽、生花、製花材料

營業種目	營業税	開業年月	營業所	電話番號	商號	氏名（振替口座）
盆栽、生花	円 三・三〇	昭七、二	朝日町二丁目二二		陽樹園	川上萬次郎
仝			鯖江町		樂々園	内田熊治郎
生花、製花材料		明四五、二	乃木町三丁目六七	三六一	パイツス商會	小野原近（大連四、二九九番）
製花〔材料		昭四、二	乃木町三丁目二二	六八九	有美堂	幸福十
生花		昭三、七	乃木町三丁目三	六五九	みやこ	長谷重吉（大連三、六四八番）
仝	三・三〇	昭二、	乃木町三丁目			川谷竹次郎

一 古物

營業種目	營業税	開業年月	營業所	電話番號	商號	氏名（振替口座）
書畫、骨董、潰金銀、古道具	二九・七五	明三八、三	末廣町一二	四三九	後藤商店	後藤勇太郎

販賣業

營業種目	營業税	開業年月	營業所	電話番號	商號	氏名
古道具	三・五〇	大三、四	敦賀町	二六六		河西文太郎
仝	三・五〇	昭二、	乃木町三丁目八一			中山萬吉
仝古本		昭六、一	敦賀町一九		三光商會	長谷喜一
古本		昭三、一〇	鯖江町五九	四〇七	山本商店	山本寅藏

一　其ノ他

營業種目	營業税	開業年月	營業所	電話番號	商號	氏名（振替口座）
馬糧	六二・七〇	明四二、一	鮫島町三ノ六	一三四	大矢組株式會社旅順出張所	坂口竜之助
鶉		大八、九	西町三二	一二〇	一力	佐々木又兵衛
仝		大八、九	青葉町六九	六六七	原田時計店	原田マサ子
仝		大三、九	乃木町三丁目二二	四三二		渡邊フヂ
仝		昭三、九	方家屯會北鴉鶻嘴屯			林源一郎（大連三、一六八番）
武道具		大一五、一〇	乃木町三丁目四六	五〇八	金澤屋	涌波初三郎
仝		昭七、八	大迫町一三	三〇四	マスヤ	中西嘉七

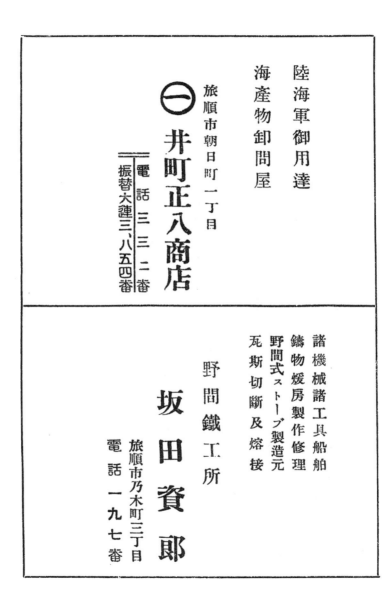

製造業

販賣業

一　酒類

營業種目	營業税	開業年月	營業所	電話番號	商號	氏名（振替口座）
清酒	二五・六〇	大一〇、一	明治町五七	四四七	合名會社北川酒造	北川良太郎（大連四、三七一番）
仝	二六・八〇	大一三、九	八島町一三	七九八	合資會社村上酒造	村上武一
仝	一〇一・二〇	大一五、一〇	乃木町二丁目一七	三二三 七八二	神田酒店	神田小太郎
仝	三一・三〇	大一三、一	鮫島町一〇ノ七	三三四	西本酒造部	西本勝衛
仝	三一・一〇	大一三、一〇	中村町八	二八四	三勢商會	廣垣治助

一　豆腐

營業種目	營業税	開業年月	營業所	電話番號	商號	氏名（振替口座）
豆腐	八・八〇	昭三、五	明治町二			茂木シヅ
仝	五・二八	昭六、三	青葉町四七	一一六	釘島商店	釘島松一

販賣業

一 味噌、醬油

營業種目	營業稅	開業年月	營業所	電話番號	商號	氏名（振替口座）
味噌、醬油	二七・五〇	明四〇、一	乃木町三丁目四五	一三二 六七三	合資會社吉村商會	柴田定彥（大連二、五四五番）
仝	一四・七四	大八、五	末廣町二	三六二	宮崎商店	宮崎幸一郎（大連一、四五三番）

一 鹽

營業種目	營業稅	開業年月	營業所	電話番號	商號	氏名（振替口座）
鹽	八〇・六〇	明三九、七	朝日町二丁目五二	一三七 一七三 五三五	大日本鹽業株式會社旅順出張所	先山榮治
仝		昭九、三	嚴島町一四	六三二	同和鹽業株式會社	鈴木格三郎
仝		大一〇、三	三笠町三	一〇四	華信洋行	宮田仁吉
仝		大九、三	嚴島町一四	八一	矢原商會	矢原重吉
仝		大九、三	明治町四六	二四六	武田製鹽場	武田政吉

一　洋服

營業種目	營業税	開業年月	營業所	電話番號	商號	氏名（振替口座）
洋服	三[illegible]・〇〇	明三九、八	乃木町三〇目一八	三六四	岩崎洋服店	岩崎小吉（大連二、四五一番）
仝	三[illegible]・五〇	明四三、一	乃木町三丁目八二	三二九	中山洋服店	中山萬吉
仝	一〇〇・八〇	明四〇、一	敦賀町二五	一七九	島村洋服店	島村紋太郎（大連四四四番）
仝	八二・六〇	明四四、一	松村町二二	二二七	高田洋服店	三田新左衛門
仝	三三・八〇	大四、四	青葉町四六	一八六 六三六	吉野洋行洋服部	吉野爲雄（大連二、四九七番）
仝	一〇・三三	大四、七	名古屋町二五	六五二	宮下洋服店	宮下袈裟松
仝	一七・六〇	大八、三	乃木町三丁目三七	一五七	井本洋服店	井本スヱ（大連五、七九二番）
仝	二八・六〇	昭三、二	乃木町三丁目二〇	六五六	齋藤洋服店	齋藤小久造
婦人洋服	五・六八	昭八、	青葉町四三		友平洋裝店	友平ケイ
仝		昭三、	敦賀町五五		マミー洋裁店	河西文太郎

製造業

一 染物、洗張

營業種目	營業稅	開業年月	營業所	電話番號	商號	氏名（振替口座）
京染、洗張、紋書	六・六〇	明四三、三	青葉町五九		日界堂	中野雪三
京染、洗張	五・二八	昭二、六	乃木町三丁目九		福井屋	川村佐丸
京染	六・六〇	昭五、四	中村町一〇	五五〇	合資會社京屋	北浦長七（大連四、五一八番）
洗張		昭六、六	朝日町一丁目二四	六一五		町田彥平
京染、洗張	六・〇〇	昭一〇、	鯖江町六		丸成京染店	藤澤成次

一 靴、革製品

營業種目	營業稅	開業年月	營業所	電話番號	商號	氏名（振替口座）
靴、皮革製品	一五・四〇	明三九、一〇	敦賀町二四	六三七	阪本洋行	阪本種吉（大連四、〇四一番）
仝	五・三五	昭三、三	松村町二二	五六一	阪本洋行支店	阪本利一
皮革ズック製品	三七・七〇	明四三、一	乃木町三丁目五	六七	熊井洋行	相坂千代吉

一　疊

營業種目	營業税	開業年月	營業所	電話番號	商號	氏名（振替口座）
疊			敦賀町二三		宮澤疊店	宮澤章
仝	三一・九〇	明四〇、一	青葉町六八	五八四	谷商店	谷梅吉
仝	二四・一〇	明四三、七	乃木町三丁目六七	一九四	宮地疊製造所	宮地梅次郎
仝	一三・二〇	昭六、三	敦賀町九ノ二	三一九	竹本疊店	竹本廣一
仝			鯖江町三		興石疊店支店	興石德治

一　家具表具

營業種目	營業税	開業年月	營業所	電話番號	商號	氏名（振替口座）
和洋家具		明三九、九	末廣町一二	四三九	後藤商店	後藤勇太郎
仝	一三・二〇	明四三、二	敦賀町六一	三一三	山北和洋家具店	山北富吉

仝　仝	二〇・八〇	昭四、六	敦賀町三五	六七五	清水洋行	清水元助
仝			忠海町一	六〇六	礒谷組	礒谷捨吉
表具	一七・六〇	大七、三	敦賀町一二	五三三	榮年堂	原彌吉

窯業

營業種目	營業税	開業年月	營業所	電話番號	商號	氏名（振替口座）
耐火、耐酸耐水煉瓦、土管モルタル	六・二四	大一三、一	金比羅町一	五二五	小林耐火煉瓦工場	小林治作
煉瓦	一七・四〇	大一二、八	金比羅町二	二四〇	涌波商會	涌波初三郎
耐火煉瓦、土管	一三・二〇	大九、二	朝日町一丁目四〇	三九四	山崎土管製造所	山崎チヱ
煉瓦	一五・六〇	大一二、八	方家屯楊樹溝	二四六		武田政吉
陶器	四・四〇	大一四、六	榮町三二			岡本正酉
煉瓦	一五・六〇	昭一〇、	桃園町二四			鳩澤太吉郎

一塗料、漆器、塗物

營業種目	營業稅	開業年月	營業所	電話番號	商號	氏名（振替口座）
塗料パテ 防腐劑、殺虫劑	一・五〇	大九、八	金比羅町一一	三七	合資會社 旅順塗料製造所	石井榮一（大連一、八九八番）
漆器	四・四〇	大三、一	名古屋町二七		博榮堂	樋口茂平
看板	五・二八	大三、一〇	末廣町九			上岡儀三郎
仝	二・〇〇	昭六、二	乃木町三丁目四七	六一三	鬼頭看板店	鬼頭美臣

一仕立

營業種目	營業稅	開業年月	營業所	電話番號	商號	氏名（振替口座）
和服	二・六四	大一〇、六	敦賀町五六			松平菊之助
仝	三・二〇	昭一〇、	乃木町三丁目			清水富治
洋服	二・六四	大一〇、七	敦賀町			中島紂一
仝			忠海町一			村上萬作

一　其ノ他各種

營業種目	營業稅	開業年月	營業所	電話番號	商號	氏名（振替口座）
麵類	一三・二〇	明四〇、二	敦賀町一四	四七一	吉田製麵所	吉田キモ
紙函	四・四〇	大一四、一	乃木町三丁目二四	二〇一	黑岩商店	黑岩榮吉
石鹼		大三、五	青葉町六七	二四九	合資會社山口商會	山口世基（大連五六二番）
清涼飲料	二〇・八〇	明四五、五	忠海町六	二一八	櫻泉社	那須梅吉
製氷	六九・〇〇	昭一〇、一〇	嚴島町二	一一〇	旅順製氷株式會社	兒島卯吉
製米	六三・六〇	昭三、一〇	乃木町三丁目五九	八八	岩田精米所	岩田金彌
蒲鉾	一五・四〇	大一三、一〇	朝日町一丁目三五	三三二	㊀	井町正八（大連三、八五〇番）
ゴム印、印判彫刻	一三・三三	明四〇、一	青葉町五七	六三	瑞章堂	長溝學
刺繡		昭六、六	朝日町一丁目二四			町田彥平

製造業

營業種目	營業稅	開業年月	營業所	電話番號	商號	氏名
刺繡		大三、二	青葉町五九		日界堂	中野雪三
樽	三・二〇	昭一〇、	乃木町三丁目			熊谷文吾
船		明四五、三	朝日町一丁目一六	六七九	ササキ	佐々木末吉
金銀細工	七・四八	大二、八	敦賀町五一	六九三	藤井金細工店	藤井英太郎

一 修繕業

營業種目	營業稅	開業年月	營業所	電話番號	商號	氏名（振替口座）
人力車		大八、九	柳町六		正記洋行	難波愼三郎
剃刀及物研鋸目立		昭六、九	西町		上郷商店	上郷芳晴
自動車		大三、一〇	乃木町三丁目二〇	四六四	津田商會	津田雄二郎
仝		昭七、二	乃木町三丁目四五	四七五	德永商會	德永貫一

請負業

一　土木建築

營業種目	營業税	開業年月	營業所	電話番號	商號	氏名（振替口座）
土木建築	八〇四・〇〇	大 二、三	乃木町三丁目二七	四一一	本田組	本田與市（大連三、二五五番）
仝	一、二七六・〇〇	明 四三、六	名古屋町一九	一一三	石井組	石井本一
仝	三六・四〇	明 三九、三	大津町四一	三四三	前西組	前西熊市
仝	一四・〇〇	大 八、五	乃木町三丁目	四七三	川谷組	川谷竹次郎
仝	一四・〇〇	明 四〇、六	忠海町二八	三〇七	廣垣組	廣垣治助
仝	一八七・六〇	明 三九、一〇	名古屋町八	七五二	大谷組	大谷守
仝	五六・〇〇	大 三、三	忠海町一	六〇六	磯谷組	磯谷捨吉
仝	四二・〇〇	明 四一、三	乃木町二丁目四	三九七	築島組	築島源吉
仝	二八・〇〇	明 四〇、四	乃木町三丁目二五	四八三		森谷吉五郎

一 塗工、左官

請負業

和田武吉		五八八	乃木町二丁目一九	大三、四		仝
木下豊一	木下組	二二五	鮫島町一	明四五、一	五六・〇〇	仝
水間又吉		三八一	朝日町一丁目三七	明四〇、三	三〇・八〇	仝
山村梅吉		五八九	大津町一一	大一五、五	二六・〇〇	仝
久野順吉	久野組	一五三	鮫島町一	明四〇、九	一四・〇〇	仝
橋本要	橋本組	五九〇	鮫島町一	昭二、五	八・四〇	仝
村田梅吉		二六	忠海町一	明三八、三	一六・八〇	仝
清水元助	清水洋行	六七五	敦賀町五二	昭九、	八・四〇	仝
宮川勝三郎	宮川商店	七五六	鮫島町一一	大一四、六	三・三六	仝

一電氣設備

營業種目	營業稅	開業年月	營業所	電話番號	商號	氏名（振替口座）
左官	五・六〇	昭九、	乃木町二丁目			花田三太郎
塗工	五・六〇	明四三、七	乃木町二丁目七			牧野嘉助
仝	二・八〇	大六、七	金比羅町一一	三七	旅順塗料製造所	石井榮一
仝			乃木町二丁目	一四〇	圓橋商會	西田泰助（大連一四〇番）

一鐵工及煖房

營業種目	營業稅	開業年月	營業所	電話番號	商號	氏名（振替口座）
電氣設備		明三九、四		一四〇	圓橋商會	西田泰助（大連一四〇番）
仝	三・三〇	大八、四	乃木町三丁目五五	五〇八	金澤屋	涌波初三郎

營業種目	營業税	開業年月	營業所	電話番號	商號	氏名（振替口座）
鐵工及煖房	二〇・九〇	明三九、九	朝日町一丁目三六	一八三	柏木鐵工所	柏木正三郎
仝	五二・四〇	大一、三	乃木町三丁目三〇	一九七	野間鐵工所	坂田資郎
鐵工	三九・六〇	大一〇、一	西町三九	五〇九	山下鐵工所	山下好太郎

一 勞力供給

營業種目	營業税	開業年月	營業所	電話番號	商號	氏名（振替口座）
勞力供給	四五二・一〇	昭四、一	朝日町二丁目	五三九	福昌華工株式會社	中島千吉
仝	一六・五〇	大一五、八	扶桑町二	二七二	興和公司	眞田公松
仝	二四七・五〇	明三九、一二	敦賀町九	一四九	久野商會	久野儀一郎
仝	八六・三	明四三、三	乃木町二丁目一九	二五三	大西商會	大西重次郎（大連一、五六三番）

一設計

營業種目	營業税	開業年月	營業所	電話番號	商號	氏名（振替口座）
建築設計	二八・〇〇	昭五、四	忠海町四	六〇六	礒谷建築事務所	礒谷喜久一

一其他

營業種目	營業税	開業年月	營業所	電話番號	商號	氏名（振替口座）
煙突掃除	三・二〇	大九、四	末廣町二三	五二二	掃煙社	山田富三郎
炊事	三五・七六	明四〇、一〇	鮫島町一〇	三五九	松岡商店	松岡新藏

最新滿洲寫眞帖
旅順戰蹟寫眞帖
旅順戰蹟繪葉書
旅順戰蹟案內地圖
滿洲風俗繪葉書
圖書雜誌
文房具
運動用具
發賣元

旅順市青葉町

文英堂書店

電話二〇七番
振替大連一一九七番
新市街出張所

松村町圖書館前
電話六一〇番

諸官衙各學校御用達

内外羅紗
洋服材料　商

MS

島村洋服店

旅順市敦賀町
電話一七九番
振替口座大連四四四番

貸付業

一　擔保貸付

營業種目	營業税	開業年月	營業所	電話番號	商號	氏名	振替口座
担保貸付	九〇・〇〇	明三八、一〇	鰆江町五〇	一九〇	入江商會	入江常太郎	大連二、一三〇番
仝	一三・四〇	昭四、四	朝日町一丁目一	五一二		長尾豊治	
仝	三・六〇	昭四、二	中村町七	六四〇	水旭堂	水野忠三郎	
仝	五・四〇	昭四、三	鰆江町二四	三九〇	福永代書事務所	福永新七	
仝	七・二〇	昭五、一	松島町一			柳清吉	
仝	三六・〇〇	昭五、五	松島町一			下久豊四郎	
仝	一五・二〇	昭五、六	忠海町二五	六九七	共榮社	溝端金治	
仝	一六二・〇〇	昭六、三	鰆江町三四	四〇四	吉安代書事務所	吉安克道	
仝	一六・九六	昭六、一〇	大津町三三			西寺止	大連二、四二三番

貸付業

營業種目	營業稅	開業年月	營業所	電話番號	商號	氏名（振替口座）
仝	三四・〇〇	昭六、一〇	乃木町三丁目八〇	六八	西野商會	西野孝一
仝	二五・二〇	昭一一、	大津町			伊福久泰
仝	三六・〇〇	昭九、	大津町三三			遠藤幸太郎
仝	一〇・八〇	昭九、	鎭遠町			黑田隆

一物品貸付

營業種目	營業稅	開業年月	營業所	電話番號	商號	氏名（振替口座）
船	一四・〇〇	大七、七	朝日町一丁目一六	六七九	ササキ	佐々木末吉
仝	八・四〇	昭五、三	八島町一八	六〇四	井上商店	井上敏行
人力車	一一・二〇	大八、九	柳町六		正記洋行	難波愼三郎
本		昭三、一〇	鯖江町五九	四〇七	山本商店	山本寅藏
葬式道具	一九・六〇	昭六、一〇	敦賀町八	六四一	精蓮社	中野福松

營業種目	營業税	開業年月	營業所	電話番號	商號	氏名（振替口座）
仝	五六・〇〇	大一〇、一〇	乃木町三丁目八一	四六七	大六運送店	山本寅吉（大連一、二七九番）

一　家屋

營業種目	營業税	開業年月	營業所	電話番號	商號	氏名（振替口座）
貸家		明三八、一〇	鯖江町五〇	一九〇	入江商會	入江常太郎（大連二、一三〇番）
仝		明四一、一	八島町五	三一 三〇六	矢幡商會	矢幡謙治（大連一、四七〇番）
仝		明四三、五	鯖江町五九	一四一		大越スズ
仝		明四三、五	乃木町三丁目八〇	六八		西野菊次郎（大連五一番）
仝		明四三、六	名古屋町一九	一一三	石井組	石井本一
仝		大一三、五	朝日町二丁目三七	三八一		水間又吉
仝		大一四、一〇	鮫島町一〇	二六三	鴻業公司	管理人 佐々木満五郎（大連二、二五三番）
仝		昭二、一	名古屋町一一		武藏屋	太田直吉（大連三、〇四〇番）

金融業

一　金融業

營業種目	營業税	開業年月	營業所	電話番號	商號	代表者名（振替口座）
會社		昭三、一	乃木町三丁目二一	一一五 二五八	株式會社滿洲興業銀行旅順支店	久池井太郎（大連二三四番）
仝	一、三二〇・〇〇	大六、六	青葉町五五	二三 二九	株式會社朝鮮銀行旅順支店	與賀田靖雄（大連三、〇六五番）
仝	七五・三〇	昭二、九	乃木町三丁目六二	二五一	旅順無盡株式會社	池田岩夫（大連四、六六七番）
組合		大三、五	鯖江町六一	一六五	旅順會屯金融組合	本庄宗三（大連一、六九七番）
仝		昭三、二	鯖江町六一	一六五	旅順金融組合	本庄宗三（大連一、六九七番）
仝	一〇・八〇	昭五、二	乃木町三丁目六二	二五一	庶民共濟會	竹中延太郎

運送業

一旅客運送

營業種目	營業税	開業年月	營業所	電話番號	商號	氏名（振替口座）
鐵道		明四一、四	朝日町二丁目旅順驛	四〇八 三四四 一四	南滿洲鐵道株式會社旅順驛	山本澄江
バス	一、三五八・五〇	昭三、六	乃木町三丁目三八	六七八 八二一	大連都市交通株式會社旅順營業所	小山光記
仝		昭三、六	松村町二二	三五五	仝新市街待合所	小山光記
タクシー	六六・〇〇	昭四、三	敦賀町三〇	二六二	滿洲タクシー	阪本種吉
仝	八八・〇〇	昭四、七	朝日町二丁目一七	五二三	驛前タクシー	野中勇次
仝	三七・四〇	昭六、二	松村町二一	四七九	第一タクシー	結城忠三

一貨物運送

營業種目	營業税	開業年月	營業所	電話番號	商號	氏名（振替口座）
鐵道		明四一、四	朝日町二丁目旅順驛	四〇八 三四四 一四	南滿洲鐵道株式會社旅順驛	山本澄江

運送業

營業種目	營業税	開業年月	營業所	電話番號	商號	氏名（振替口座）
自動車	七二・〇〇	大九、三	乃木町三丁目五三	五五	旅順運送合資會社	境次郎
仝	三〇・九〇	大一三、三	乃木町三丁目八一	四六七	大六運送店	山本寅吉（大連一、二七九番）
仝	八二・五〇	昭二、四	橋立町一〇	三八四	常盤商會	高橋熊吉

一　海運

營業種目	營業税	開業年月	營業所	電話番號	商號	氏名（振替口座）
廻漕		明三八、三	巖島町一二	一〇三	宅島商會	宅島秋雄（大連一六七番）
仝		大一三、八	巖島町一四	五七二	高木商會	高木直次
仝		昭六、一	朝日町二丁目一〇		五反田事務所	五反田德穗

陸海軍糧食品御用達
關東州廳購買組合御指定
關東軍月見酒御指定
滿鐵ヤマトホテル御指定
各學校寄宿舍御指定
安田生命保險株式會社代理店

金太屋本店

精肉商 **森本福一**

廣島縣人

本店 旅順市乃木町三丁目四十二番地
電話 二七五 六一二 番

支店 旅順水師營市場內

和洋御料理

吉乃屋食堂

旅順市乃木町三丁目
電話四七八番

時計
貴金屬
眼鏡
双眼鏡
ラヂオ
蓄音器
レコード

旅順市乃木町三丁目
（舊名櫻井）
松本時計店
電話百九十五番

旅順市乃木町
近江屋呉服店
電話七九番

旅順市松村町
近江屋呉服店
支店
電話五五九番

和洋菓子
並生麵麭

陸海軍御用達

東光堂

岩永幸三郎

旅順市敦賀町二十三
電話七七番
振替口座大連一二一七

營業種目
和洋紙文房具
事務用品
學用品一式
製圖測量用品
石版活版印刷
諸官衙御用達
旅順市乃木町三丁目八一

松浦屋 古川喜三郎

電話二六九番
振替大連二一七三番

代理業

一 保險

代理業

營業種目	營業税	開業年月	營業所	電話番號	商號	氏名（擬容口座）
安田生命		明四四、五	乃木町三丁目二一	一一五 二五八	株式會社滿洲興業銀行旅順支店	久池井太郎（大連二三四番）
大正生命		大五、四	乃木町三丁目八〇	六八		西野孝一
愛國生命		大九、四	青葉町六六	八七	合資會社高治洋行	高田透（大連一、九三一番）
有隣生命		大一四、九	乃木町三丁目八四	四二九	久富商店	久富松一郎（大阪二二、九〇七番 大連三、二七八番）
共保生命		昭六、八	末廣町三一			三井鐵太郎
千代田生命 朝鮮海上火災	六・〇〇	大三、一	八島町二五	三一	矢幡商會	矢幡謙治（大連一、四七〇番）
日本生命 帝國火災	八・〇〇	大六、一	青葉町六五	七四	合資會社池田洋行	池田岩夫（大連六、四七三番 大連三、八一八番）
明治生命サン火災 扶桑海上火災 朝日海上火災	四・八〇	大一五、一〇	青葉町四五	一八五	西本商店	西本勝衞（大連二、四九五番）
福昌公司保險部		明四三、八	乃木町三丁目四五	一〇二	村上信二商店	村上信二

代理業

營業種目	營業税	開業年月	營業所	電話番號	商號	氏名（振替口座）
豐國火災		大五、三	青葉町六七	二四九	山口商會	山口世基（大連五六二番）
第一徵兵	四・〇〇	大九、二	乃木町三丁目二七	四一一	本田組	本田與市（大連三、二五五番）
大連海上火災 三井物産保險部	四・〇〇	大三、二	乃木町三丁目一四	三三六 三四〇	田中商會	田中德三郎（大連九〇六番）
帝國海上火災		大九、三	乃木町三丁目五三	五五	旅順運送合資會社	境次郎
日本海上火災		昭五、五	嚴島町一四	五七二	高木商會	高木直次
帝國生命	四・〇〇		乃木町三丁目六六	三六一	パイジス商會	小野原近（大連四、二九九番）
第一徵兵		昭三、	朝日町一	三三二	㊀商店	井町正八

一　代書

營業種目	營業税	開業年月	營業所	電話番號	商號	氏名（振替口座）
代書	四・〇〇	昭八、九	旅鯖江町六		馬場代書事務所	馬場清次郎
仝	八・〇〇	昭六、一	鯖江町二五	八三八	森原代書事務所	森原陽三

仝	二〇・〇〇	昭四、三	鯖江町二四	三九〇	福永代書事務所	福永新七
仝	四八・〇〇	昭六、三	鯖江町三四	四〇四	吉安代書事務所	吉安克道
仝			鯖江町四一	二六〇	中島代書事務所	中島誠明
仝		昭三、	敦賀町			山口屋彌一

一 船舶

營業種目	營業税	開業年月	營業所	電話番號	商號	氏名（振替口座）
	三六・〇〇	明三八、三	巖島町一二	一〇三	宅島商會	宅島秋雄（大連一六七番）
	四四・〇〇	大一三、八	巖島町一四	五七二	高木商會	高木直次
	二〇・〇〇	昭六、一	朝日町二丁目一〇	五三〇	五反田事務所	五反田德穗

一 銀行、運送・其他

代理業

代理業

營業種目	營業稅	開業年月	營業所	電話番號	商號	氏名（振替口座）
日本銀行 勸業銀行		大六、六	青葉町五五	二三 二九	株式會社朝鮮銀行旅順支店	與賀田靖雄（大連三、〇六五番）
國際運輸株式會社		昭六、四	八島町二五	三一	矢幡商會	矢幡謙治

石井組

石井本一

本店　旅順市名古屋町一九番地
電話一一三番

大連市惠比須町二五番地
電話(3)一七三四番

出張所　鞍山北四條町七ノ一番地
電話二〇九四番

奉天霞町六八番地
電話(3)三三一九番

新京永昌路四〇一番地
電話(2)三九四四番

旅順市青葉町

旅順ホテル

電話局三六七番
振替大連三五六八番

旅順市乃木町三丁目

寶來館

電話局五六番
振替口座大連五五七番

旅順市青葉町三七

旅館 防長館

電話二八二番

日本ペイント製造株式會社
ダンロップ護謨株式會社
大連火災海上保險株式會社
三井物産大連支店保險部

旅順代理店

藥種寫眞材料
ペイント油類塗料
兵器手入諸材料
船具諸雜貨類

旅順市乃木町參丁目一四

合資會社

田中商會

田中德三郎

電話三三六番
電話長三四〇番

支店

奉天平安通一一
電話長三八七〇番

新京富士町三丁目一〇
電話長三四五八番

旅順料理店組合

旅順検番専属

新花月 旅順市敦賀町五九 電話二四二番	青葉 旅順市青葉町六 電話一二一番	君乃家 旅順市青葉町三〇 電話四二六番
彌生 旅順市乃木町三 電話三三七番	まねき 旅順市名古屋町 電話五九六番	瓢亭 旅順市乃木町三 電話四九番

其他

一　寫眞業

營業種目	營業税	開業年月	營業所	電話番號	商號	氏名（振替口座）
	三三・〇〇	明三八、四	三笠町一七	一四三	橋本寫眞館	橋本新平（大連三、五八四番）
	三一・〇〇	明四五、一	鮫島町一	三九九	玉井寫眞工藝所	玉井庶吉
	一一・〇〇	大三、三	厩町陸兵七二號			圓岡正雄
	一三・二〇	大九、八	十年町二六			栂野正範
	一一・〇〇	大一〇、二	乃木町三丁目七八	四七二	旅順寫眞館	松田哲雄（大連一、八二九番）
	五・五〇	大一三、九	白玉山上		白寫玉眞館	西澤宇志
	四四・〇〇	大一四、七	松村町二一	二五九	成松寫眞館	成松新市
	三一・〇〇	昭二、三	中村町八	六六三	齋藤寫眞館	齋藤林八
	二七・五〇	昭三、三	青葉町四二	六六〇	愛光寫眞館	高見寛治

其他

其他

	一六・五〇	昭四、五	朝顔町一ノ三	二九八	金子寫眞館	金子健吉
	三三・〇〇	昭一〇、	乃木町三丁目五八	六三八	木村寫眞館	木村虎雄
			乃木町三丁目二〇	八一二	東陽寫眞館	加藤政太郎

一印刷業

營業種目	營業税	開業年月	營業所	電話番號	商號	氏名（振替口座）
活版	三二・〇〇	明三九、七	乃木町三丁目一七	五四	山田商店	山田杢次
仝	二二・〇〇	明四四、五	青葉町六二	一二八	松崎商店	松崎隆義 大連三、五八八番
仝	四・〇〇	昭一〇、	名名古屋町二八			平本玉次郎
仝		大五、五	乃木町三丁目八一	二六九	松浦屋	古川喜三郎 大連二、一七三番
仝		昭一〇、	乃木町三丁目二四		梶原商店	梶原一男
活版、石版	三三・〇〇	大六、四	末廣町二七	一五六	旅順活版所	小島亀太郎

一倉庫業

營業種目	營業税	開業年月	營業所	電話番號	商號	氏名（振替口座）
冷藏庫	三・〇〇	昭三、一〇	島町二五	三一	旅順倉庫	矢幡謙治（大連一、四七〇番）
		昭一〇、一〇	嚴島町二	一一〇	旅順製氷株式會社	兒島夘吉

一周旋業

營業種目	營業税	開業年月	營業所	電話番號	商號	氏名（振替口座）
戰跡案内	六・〇〇	大五、五	乃木町三丁目七二			佐藤福長
仝	六・〇〇	大三、四	大津町二二			大坪要三郎

一演劇映畫興行

營業種目	營業税	開業年月	營業所	電話番號	商號	氏名（振替口座）
		明四一、二	乃木町三丁目三五	六九四	内田興行部	内田佐助

其他

其他

營業種目	營業稅	開業年月	營業所	電話番號	商號	氏名（振替口座）
		昭二、三	乃木町三丁目二一	一七五	株式會社旅順映畫館	野口清
		昭三、四	朝日町 昭和園	二四	栗田興行部	栗田次助

一介辦業

營業種目	營業稅	開業年月	營業所	電話番號	商號	氏名（振替口座）
		昭四、二	乃木町三丁目六三	三四六	日清興信所旅順支所	堀內務

一取次店

營業種目	營業稅	開業年月	營業所	電話番號	商號	氏名（振替口座）
新聞		明四三、三	青葉町七二	二四一	外山洋行	外山キク（大連一、五八二番）
全		大一〇、一	乃木町三丁目三七	五三一	遠州屋	河合八郎
株式		大八、八	乃木町三丁目七二	三七七	菊池商店	菊地萬次郎

營業種目	營業税	開業年月	營業所	電話番號	商號	氏名 振替口座
仝	二〇・〇〇	昭八、一〇	青葉町六二		射越屋旅順支店	壇茂利

一洗濯業

營業種目	營業税	開業年月	營業所	電話番號	商號	氏名 振替口座
	一五・〇〇	大五、一〇	敦賀町三一	一九二	角屋	堤傳次
	一二・〇〇	明四二、一	鯖江町五四	五〇四	大脇洗布所	河内チヨ
	一八・〇〇	明四四、二	嚴島町一四	四五〇	山本洗布所	山本小吉郎
	一三・〇〇	大三、一	乃木町三丁目五一	六五四	ミカド洗布所	石浦多喜與
			大津町三六		福田洗布所	福田治助

一湯屋

營業種目	營業税	開業年月	營業所	電話番號	商號	氏名 振替口座
	一八・〇〇	昭五、五	青葉町四四	二八二	大和湯	宇野九一

其他

	一八・〇〇	昭一〇、	朝日町一丁目一一	一一一	櫻温泉	那須梅吉

一 旅館下宿

營業種目	營業稅	開業年月	營業所	電話番號	商號	氏名（振替口座）
旅館	三七一・四一	明四一、三	黄金臺	二二六	ヤマトホテル	田中芬
仝	五三・〇〇	明三九、二	青葉町三八	三六七	旅順ホテル	中尾判太郎（大連三、五六八番）
仝	三三・〇〇	明三九、一〇	乃木町三丁目二九	五六	賓來館	玉木テイ（大連五七番）
仝	六・四〇	大二、九	朝日町二丁目 旅順驛前	一三三	福壽館	矢澤四郎
仝	二〇・〇〇	大一四、六	乃木町三丁目三三	六四二	富士屋	藤田フミ
仝	四〇・〇〇	昭五、五	青葉町三七	二八二	防長館	宇野スヱ
旅館、下宿	八・〇〇	大三、四	八島町一一		肥前屋	香田サト
仝	八・八〇	大一四、一	鯖江町七		大和屋	中田保次郎

一 乳搾取業

營業種目	營業税	開業年月	營業所	電話番號	商號	氏名（振替口座）
牛乳		大六、一〇	大島町一丁目五	一四五	松崎牧場	松崎秀憲（大連一、六二〇番）
仝		昭九、八	厩町番外		旅順牧場	池田輝夫

一 理髪

營業種目	營業税	開業年月	營業所	電話番號	商號	氏名（振替口座）
理髪	三・六〇	明四四、七	中村町七	六四〇	水旭堂	水野忠三郎
仝	三・六〇	昭一三、四	乃木町三丁目七五		衛生軒	伊藤清
仝	三・〇〇	昭六、七	千歳町九		千歳軒	村上岩藏
仝	一三・六〇	昭六、九	乃木町三丁目一〇	八四八	中央館	河島幸作
仝	二四・〇〇	昭九、	乃木町三丁目一	八二三	常盤軒	木村吉十郎

其他

其他

營業種目	營業税	開業年月	營業所	電話番號	商號	氏名
仝	一八・〇三	昭六、二	青葉町五		橋本理髪店	橋本久満枝

七八

一 結髪

營業種目	營業税	開業年月	營業所	電話番號	商號	氏名（振替口座）
結髪	二四・〇〇	昭六、四	敦賀町一〇	二二三		中久保キマ
仝	六・〇〇	昭一〇、	鯖江町			金田キワ
仝	一三・二〇	昭五、六	青葉町一		カンナ美粧院	松本年枝
仝	四・八〇	昭九、一二	敦賀町九	呼出 五三三	今村美粧院	今村サメノ
仝	三・六〇	昭五、五	中村町八	六六九	ミラノ美粧院	野中コト（大連四、八五〇番）
仝		昭七、三	乃木町三丁目二〇	八四八	オリエント美容院	伊藤芳子

一 遊技場

營業種目	營業税	開業年月	營業所	電話番號	商號	氏名（振替口座）
撞球	一四・四〇	大三、九	敦賀町六四		大正倶樂部	井上ツル
仝	三・〇〇	昭四、二	乃木町三丁目二二	二二二	朝日倶樂部	本田與市
仝	七・二〇	昭六、二	鯖江町六一		商工倶樂部	佐藤福長
仝	一〇・八〇	昭七、五	敦賀町一		昭和倶樂部	江角芳治
撞球、麻雀	三・八〇	昭七、五	乃木町三丁目九〇	六四	力彌倶樂部	林田キクエ
圍碁		昭六、四	鯖江町五		旅順碁友倶樂部	馬場清次郎
撞球		昭三、	乃木町三ノ七九	三九八	千勝倶樂部	吉越憲治
仝		昭三、二	乃木町三ノ二〇		旅順倶樂部	高木駒太郎

其他

其一

料理店

營業種目	營業税	開業年月	營業所	電話番號	商號	氏名（接客口座）
藝妓檢番	三九・六〇	大七、六	敦賀町一八	七一	株式會社旅順檢番	四谷久馬雄
料理店置屋	三一・〇〇	明三八、九	敦賀町五九	二四二	新花月	四谷久馬雄
仝	二三八・〇〇	明四二、七	青葉町六七	一二一	靑葉	岡野武市
仝	二一〇・〇〇	大五、三	乃木町三丁目三一	四九	瓢亭	笠松福松
仝	二三二・〇〇	大六、一	乃木町三丁目三八	三三七	彌生	高田善作
仝	八七・五〇	大二、九	青葉町三〇	四二六	君之家	賀村キン
仝	六〇・二〇	昭五、九	名古屋町五	五九六	萬年喜	中島ハル
料理店	一〇四・五〇	明四〇、七	西町二六	二四七	蛤亭	山口豊藏
	一一〇・〇〇	大二、一〇	川端町二〇	一六三	遼東館	九門シマ

其他

料理店	六一・六〇	大二、一〇	西町二五	一〇八	東洋軒	内山惣市
仝	二七五・〇〇	大六、八	十年町一〇	四三〇	松葉	村田秀男
仝	八九・〇	大九、一	川端町二六	二四三	笑福樓	田尻寅松
仝	一四三・〇〇	大一三、一	西町三二	一二〇	一力	佐々木又兵衞
仝	四四・〇〇	大一五、二	朝顔町九	五〇六	堺樓	曾々木カメ
仝	四四・〇〇	昭三、九	西町三三	三二一	喜樂	稲村クニ
仝	九三・五〇	昭四、二	西町三五	三七四	榮福樓	益田ヨネ
仝	三五・〇〇	昭四、二	西町三六	三六八	吾妻樓	谷口ワイ
仝	一七六・〇〇	昭六、三	柳町一五	六九	濱名館	山本ヒサヨ
仝	八八・〇〇	昭六、三	橋立町二三	六九一	遊樂	荒木カズノ
仝	三九・六〇	大一三、三	川端町一六		平樂	崔順鳳
仝	八二・五〇	大一四、九	東町三	六四八	春海館	金且順

其他

營業種目	營業稅	開業年月	營業所	電話番號	商號	氏名
仝	三一・〇〇	大一四、一二	川端町二九	三三〇	滿月樓	朴泰華
仝	四一・八〇	昭三、二	川端町三三		昭和樓	金且順
仝	六一・七〇	昭六、一〇	西町三八	七五九	新世界	金亭植

一 飲食店、カフヱー

營業種目	營業稅	開業年月	營業所	電話番號	商號	氏名（振替口座）
飲食店	八・〇〇	明三九、九	朝日町二丁目旅順驛前	一一二	日の出	榊原コマ
仝	一四・四〇	大二、九	朝日町二丁目旅順驛前	一三三	福壽館	矢澤四郎
仝	三一・〇〇	大二、三	西町二四	二六一	富の家	早瀨シヅ
仝	七二・〇〇	大一五、一〇	名古屋町三	二八一	つぼみ	橋本萬助
仝	一六・〇〇	昭三、六	松村町二一		富士屋	鈴木喜作
仝	三三・〇〇	昭三、一〇	土屋町四	三三八	伊勢屋	芝田チカ

其他

仝	一六・〇〇	昭五、四	朝日町二丁目旅順驛前	六二三	旅順軒	谷シヅ
仝	八・〇〇	昭五、五	中村町七	六五五	朝日屋	濱崎藤四郎
仝	二四・〇〇	昭五、二	松村町二二	五六六	文化亭	最上トモ
仝	二四〇・〇〇	明四四、四	敦賀町三	三〇五	木村食堂	浮田寅二郎
仝	三八・〇〇	大一四、三	乃木町三丁目一五	四七八	吉乃屋	吉藤ツネ
仝	八・〇〇	昭九、三	鯖江町五九	四〇七	スミレ食堂	山本寅藏
仝	一九・二〇	昭八、五	青葉町五八	四九三	ヤマト軒	濱崎四郎
仝	四・〇〇	昭八、六	青葉町四七		松竹	釘島松一
仝	五六・〇〇	昭八、九	乃木町三丁目五二	三七九	金八	綿末シノ
仝	一四・四〇	昭九、三	乃木町三丁目七七	三一七	大黒	今井スヱ
仝	八・〇〇	昭六、九	乃木町三丁目二二		吟月	島崎壽子
仝	四四・〇〇	昭八、六	乃木町三丁目二二	六八九	クロヴアー	田方嘉平

其他

仝	五六・〇〇	昭八、九	乃木町三丁目九二	五一〇	マルイ食堂	矢野シガ
仝	五六・〇〇	昭九、八	札幌町			田方嘉平
仝	一四・四〇	昭八、三	乃木町三丁目		滬速食堂	中村富三郎
仝	八・〇〇	昭一〇、二	敦賀町二三	六九八	安兵衛	藤田トメ
仝	四・八〇	昭一〇、一〇	名古屋町		きはらし	中野ツメ
カフェー	三一・〇〇	大五、四	敦賀町六四	七六〇	太楽	林ノブ
仝	五・六〇	大二、六	青葉町五六		改良軒	平野千鶴
仝	五三・〇〇	昭二、八	敦賀町五	一三六	松金	松島一夫
仝	四一・六〇	昭三、二	忠海町二	六四五	千代の家	野田チヨ
仝	三一・〇〇	昭四、五	敦賀町四	八五九	コンパル	八木龍平
仝	二四・〇〇	昭六、四	乃木町三丁目五八	六三八	海月	田中松太郎
仝	四〇・〇〇	昭六、九	敦賀町六一	三一三	満両	丹野ミヨシ

其他

仝	四〇・〇〇	昭四、四	乃木町三丁目七八	三六四	駒の家	木下多賀
酒場	八・〇〇	昭一〇、五	乃木町三丁目	五二八	タカバー	高澤又藏
食堂	二四・〇〇	昭六、四	學台三	七六六	民政署倶樂部	江口新太郎
仝	三八・〇〇	大一三、七	千歳町二	六二二	千歳	石川ケイ
飲食店	三二・〇〇	昭八、六	乃木町三丁目四七	二九〇	ミヨシ食堂	馬場ヨソノ
カフエー	八・〇〇	昭一一、三	乃木町三丁目八一	七五一	新玉	藤井ナカ
飲食店		昭九	乃木町三丁目		信濃屋	青木義一
仝		昭一三、	乃木町三丁目	二四五	しきしま食堂	石橋政美
仝		昭一三、九	乃木町三丁目	七七七	大勝	上坂正太郎

其他

一 西洋料理仕出

營業種目	營業税	開業年月	營業所	電話番號	商號	氏名（振替口座）
西洋料理仕出	三一・〇〇	明四〇、九	乃木町三丁目四一	二七五	金太屋	森本福一
仝		明四四、四	敦賀町三	三〇五	木村食堂	浮田寅二郎
仝		大一四、三	乃木町三丁目一五	四七八	吉乃屋	吉藤ツネ

一 壽司仕出

營業種目	營業税	開業年月	營業所	電話番號	商號	氏名（振替口座）
壽司仕出	七二・〇〇	明四五、三	鯖江町八	七六	奴壽し	竹内元三
仝	八八・〇〇	大三、六	鮫島町一一	二七八	大阪屋	森谷一雄
仝	三六・〇〇	昭四、四	乃木町三丁目三五	六九四	巴壽し	南カツ子

一 うどん、そば

營業種目	營業税	開業年月	營業所	電話番號	商號	氏名（振替口座）
	六四・〇〇	明四〇、三	末廣町三三	二五五	新更科	坂本大三（大連、九四八番）
	四八・〇〇	昭三、一〇	青葉町五九	五〇三	岡女庵	野澤リン
	八・〇〇	昭八、九	乃木町三丁目四三		信濃屋	青木義一
	二四・〇〇	昭八、三	乃木町三丁目二二	六七一	藪そば	坂本又六

一 喫茶店

營業種目	營業税	開業年月	營業所	電話番號	商號	氏名
喫茶	一六・〇〇	昭四、七	青葉町五二	六八一	スズラン	妹尾イマ
仝	四・〇〇	昭九、七	乃木町三丁目五九	四五四	山岸洋行喫茶部	山岸信寄
仝	三一・〇〇	昭一〇、八	松村町		ウラル	村田筆子
仝	六・四〇	昭一〇、六	松村町	八六二	甘味舗	須田ゲン

其他

旅順市乃木町三丁目六十二番地

旅順無盡株式會社

電話二五一番

振替大連四六六七番

帝國火災
日本生命
旅順代理店

池田屋呉服店

旅順市青葉町
電話七四番

内地土産
御進物用品

弊店製造品並營業目錄

滿洲寫眞帖出版　各地繪葉書
戰役記念火ばし　記念繪葉書
表忠塔模型　石炭細工
滿洲及旅順寫眞帖　記念茶卓
表忠塔繪付葉書入箱　支那燒茶器
滿洲特産絹紬風呂敷　ドンス風呂敷
ケンチユ記念半月　記念塔付タオル
上海紫壇細工、煙草入　硯箱、茶盆
ヒスイ、麻雀　支那人形
銅器、錫器製品　美術花瓶
額椽、アルバム　旅行用具

滿洲寫眞帖出版元

東京堂　大西守一

本店　旅順市乃木町三丁目
電話六一一番
振替口座大連一六六七番

支店　大連市銀座通本町角
電話長三二一九五番
振替口座大連四〇五番

會　社

一　株式會社

會社名	代表者（振替口座）	營業目的	資本金	事務所（電話番號）	設立年月日
株式會社滿洲興業銀行旅順支店	久池井太郎（大連二三四番）	銀行業	円	乃木町三丁目二一（一一五、二五八番）	昭三、一一
株式會社朝鮮銀行旅順支店	與賀田靖雄（大連三、〇六五番）	銀行業	四〇,〇〇〇,〇〇〇	青葉町五五（二三、二九番）	隆熙三、一〇、二九
南滿洲鐵道株式會社旅館部旅順支店	田中芬	旅館	八〇〇,〇〇〇	中村町一三（二二六番）	
株式會社大矢組旅順出張所	坂口龍之助	穀類馬糧	一,〇〇〇,〇〇〇	鮫島町三ノ六（一三四番）	明三九、三、一
同和壚業株式會社	鈴木格三郎	壚田經營壚ノ製造販賣	二,〇〇〇,〇〇〇	嚴島町一四（八一番）	昭九、三、一九
旅順製氷株式會社	兒島夘吉	製氷及冷藏業	三五〇,〇〇〇	嚴島町二（一一〇番）	昭一〇、一〇、一五
旅順無盡株式會社	池田岩夫	無盡・金融業	六〇,〇〇〇	乃木町三丁目六二（二五一番）	昭二、九、一三
株式會社旅順檢番	四谷久馬雄	藝妓檢番	三三,〇〇〇	敦賀町一八（七一番）	大七、六、六
秋田商會木材株式會社旅順支店	秋富久太郎	土木建築材料販賣	一,五〇〇,〇〇〇	乃木町三丁目五三（一七七番）	大九、四、二

會社名	代表者（振替口座）	營業目的	資本金	事務所（電話番號）	設立年月日
大日本塩業株式會社旅順出張所	先山榮治	塩田經營、塩ノ製造販賣	四,〇〇〇,〇〇〇	朝日町二丁目五二（一三七番、一七三番、五三五番）	明 三九、九、八

一 合資會社

會社名	代表者（振替口座）	營業目的	資本金	事務所（電話番號）	設立年月日
旅順運送合資會社	境次郎	海陸貨物ノ運送勞力ノ供給請負	円 三〇,〇〇〇	乃木三町丁目五三（五五番）	大 九、三、二〇
合資會社池田洋行	池田岩夫（大阪六、四七三 大連二、八一八番）	呉服、反物和洋雜貨ノ販賣、保險會社代理店	二五,〇〇〇	青葉町六五（六四番）	大 三、一、二〇
合資會社山口商會	山口世基（大連五六二番）	物品賣買、石鹼製造販賣代理業	一四,〇〇〇	青葉町六七（二四九番）	大 三、二、二五
合資會社木村屋	矢原定治（大連一、六三六番）	麵包菓子製造販賣	一一,〇〇〇	乃木町三丁目二四（一八四番）	大 三、三、二九
合資會社吉村商會	柴田定彦（大連二、五四五番）	醬油、味噌製造販賣	四五,〇〇〇	乃木町三丁目四五（一三二番）	大 三、三、一三
合資會社丸山茶舖	丸山芳藏（大連二、三六四番）	茶、陶器、茶器販賣	七,〇〇〇	乃木町二丁目一六（一六八番）	大 一四、三、一七
合資會社岳南公司	大川忠吾	電氣器具、機械、船具販賣、代理業	七,〇〇〇	乃木町三丁目六六（三八二番）	大 一四、七、二〇
合資會社松崎商店	松崎隆義（大連三、五八八番）	和洋紙、文房具販賣、印刷業	一五,〇〇〇	青葉町六二（一二八番）	昭 二、三、一九

會社

合資會社富永商店	富永正平	自轉車、オートバイ販賣修理	四,000	乃木町三丁目二〇 四〇一番	昭二、六、一四
合資會社東光堂	岩永幸三郎 大連二、二二一七番	菓子麵包製造販賣	四0,000	敦賀町二三 七七番	昭六、一〇、二三
村上酒造合資會社	村上武一	清酒釀酒販賣	三,000	八島町一四 七九八番	昭九、五、一八
合資會社高治洋行	高田透 大連一、九三一番	ラヂオ蓄音器販賣保險代理、新聞取次店	一五,000	青葉町六六 八七番	昭九、八、一三
合資會社一誠堂藥房	友廣豐	藥種販賣	一,000	名古屋町二八 五五一番	昭一〇、三、三〇
合資會社玉屋モスリン店	兒玉英一	綿布モスリン販賣	五,000	敦賀町二 九二番	昭一〇、六、二四
合資會社第一タクシー	高橋啓作	自動車運輸業	八,000	松村町二一 四七九番	昭一一、八、二八
合資會社西本商店	西本勝衞 大連二、四九五番	酒類製造販賣食料品販賣、保險代理業	10,000	青葉町四五 一八五番	大一五、六、一〇
合資會社旅順寫眞館	松田哲雄 大連一、八二九番	寫眞撮影寫眞機械附屬品販賣	三,00	乃木町三丁目七八 四七二番	昭三、六、二三
合資會社京屋	北浦ヨシ 大連四、五一八番	京染悉皆業務呉服類販賣	二,000	中村町一〇 六一五番	昭三、八、二〇
合資會社商工ビルディング	那須梅吉	貸家業不動産賣買管理	三0,00	忠海町八 二一八番	昭四、一〇、二五

一　合名會社

會社名	代表者（振替口座）	營業目的	資本金	事務所（電話番號）	設立年月日
北川酒造合名會社	北川良太郎（大連四、三七一番）	清酒釀造販賣	一五、〇〇〇圓	明治町五七（四四七番）	昭八、八、二六

組合團體

名稱	所在地	代表者	電話番號
旅順商工協會	旅順市役所内	宮竹清介	一七〇
旅順商工青年會	乃木町三丁目六三	水津文夫	二四九
旅順商工貯金積立會	乃木町三丁目	本田與市	四一一
旅順古物商組合	末廣町	後藤勇太郎	四三九
旅順藥業組合	乃木町三丁目	田中德三郎	三三六

組合團體

旅順精米業組合	乃木町三ノ九五	岩田金彌	八八
旅順呉服商組合	乃木町三丁目	古澤薫治	一三〇
旅順市場組合	朝日町	山口屋清輔	五四一
旅順料理店組合	敦賀町	四谷久馬雄	二四二
旅順飲食店組合	鯖江町	竹内元三	七六
旅順新町料理店組合	西町三二	佐々木又兵衛	三一七
旅順理髪業組合	中村町	水野忠三郎	六四〇
旅順旅館組合	青葉町三八	中尾半太郎	三六七
旅順人力車馬車荷馬車組合	橋立町一二	島貫虎太郎	
旅順土木建築請負業組合	名古屋町一九	石井本一	一一三
旅順食料品組合	大津町一	齋藤幸次郎	一七六
旅順輸入組合	朝日町	錦織琢	三四八

組合團體

旅順金融組合	鯖江町	西野菊次郎	一六五
旅順菓子商信用組合	敦賀町	岩永幸三郎	七七
旅順洗濯業者組合	嚴島町	山本小吉郎	四五〇
旅順文房具商組合	青葉町	山縣富次郎	二〇七
旅順洋服商組合	乃木町三ノ一八	岩崎小吉	三六四
旅順煙草販賣商組合	乃木町三丁目六七	小野原近	三六一
旅順和洋雜貨商組合	青葉町四六	吉野爲雄	一八六
旅順紀念品商組合	青葉町	山縣富次郎	二〇七
旅順電氣業組合	乃木町三丁目	津田雄次郎	四六四
旅順印刷業組合	乃木町三丁目一七	山田杢次	五四
關東州廳職員新旅順購買組合	中村町九	木村要平	四〇三
關東州廳職員舊旅順購買組合	敦賀町三八	蟻川久太郎	四四〇

一　役　員　（順序不同）

會　　長　宮竹清介
副會長　石井本一
常任平議員　村上信二　矢幡謙治　山縣富次郎
　　　　　　水津文夫　與賀田靖雄
評議員　池田岩夫　那須梅吉　久池井太郎
　　　　本荘宗三　錦織琢　古澤薫治
　　　　井町正八　浮田寅二郎　大川忠吾
　　　　竹中延太郎　宇治原末藏　小山光記
　　　　齋藤幸次郎
顧　問　高山勝司　蟻川久太郎

乃木町三
塗装
看板
鬼頭看板店
電話六一三番

和洋御料理
マルイ食堂
電話五一〇番

橋本寫眞館

表具商
原榮年堂
原彌吉
旅順市敦賀町
電話五三三番

陸海軍諸官衙 御用達
旅順偕行社特約
酩酒神代釀造元
神田商店
旅順市乃木町三丁目
電話三二二番

陸海軍諸官衙
御用達
食糧品雜貨
卸小賣
旅順市大洋町一番地
齋藤商店
電話一七六番
振替大連二六四五番

歐米雜貨化粧品商
柳行李類製造販賣
S.I.
外山洋行
旅順市青葉町七十二番地
電話二四一番
振替大連一五八二番

建築設計監督並施工
關東州廳檢定建築主任技術者
礒谷喜久一
礒谷建築事務所
旅順市忠海町四（電六〇六）

附録

一　名所舊蹟

白玉山納骨祠　　自旅順驛十二町

旅順攻圍の第一總攻擊より、開城に至る迄の我陸海軍戰死病沒者二萬百七十九人の遺骨をして、其尊嚴を保たしめんが爲に。旅順市の中央に位する白玉山頂形勝佳絶の地をトし、壯麗偉大なる納骨祠を設け、以て其英靈を永遠に祭祀せり。祠は明治三十八年十月一日工事に着手し、五萬餘圓を投じて四十年四月完成す。

表忠塔　　自旅順驛約十四町

日露戰役に於て國に殉ぜし我陸海軍將士の忠魂を慰め、其の勳功を萬世に傳へんが爲、東郷・乃木兩大將の企圖により建設せられしものなり。塔は海拔[redacted]尺なる白玉山頂の南方に建設せられ、三町餘を隔てゝ北方の納骨祠と相對し、全高[redacted]尺、三方に入口を設け、臺石は主として花崗岩を用ひ、塔身は圓壔形にして鐵筋コンクリートを以て構成し、塔內鐵製螺旋形階段により塔頂に達すれば、一望遠く山東に及ぶ。明治四十年六月二十日起工、二十五萬圓を投じ、二年五箇月の歲月を要して竣工す。

水師營會見所

明治三十八年一月二日日露兩軍委員の第一次會見あり、越へて一月五日我司令官乃木將軍と露軍司令官ステッセル將軍は、各幕僚を從へ彈痕新なる荒屋に集まり、歷史的劇的會見を爲せり。小學唱歌に依り人口に炙膾されし棗の古木は、今尙庭に繫りて往時を髣髴たらしむ。

後樂園

清澄鏡の如き旅順西港の北濱樹木欝蒼として天を掩ひ、小鳥樹間に囀り百花艶を衒ひ芳を競ふの處之を後樂園とす。面積一萬餘坪規模敢て大ならざるも滿蒙に於ける植物は勿論內地種其の他珍卉奇木を蒐集し、殊に春風駘蕩の候櫻桃の花を以て埋む、若し夫れ一度杖を曳きて此所に遊ばんか、老鐵の奇峰は遠く翠黛語るが如く、蜒蜿たる老虎尾半島は近く靄然笑ふが如し、眸を轉ずれば海灣波靜かにして水禽浮沒する所白帆風を孕んで搖曳するの風光眞に掬すべく愛すべし、實に紅塵圏外に超絶せる好個の市民樂園たり

大正公園

本公園は新市街の東北、小案子山南麓二萬餘坪の丘地に位置す。綠森蓊欝として高丘を以て圍まれ、峽間橋を架し、水極まる處大池沼を爲す、珍草奇木の間を廻る小徑を逍へば身仙境に在る如く、櫻白桃紅仕謝すれば蒼藤紫袖を池面に映し、薔薇芬々凉風を薰ず。萩花茱穗中秋三五の月に映ずれば蟲聲唧々として靜なり。紅楓散し梧葉落ちて北風池面を渉れば池水凍結して鏡の如く、氷滑場として旅順健兒の活躍を見る。眼を放てば旅順の港灣眼下に展け、老虎尾の翠巒連る、遠く老鐵の奇峯聳へ渤海の波靜かに白帆來往する自然の風光は杖を曳く者をして恍惚たらしめ、後樂園と共に旅順の樂園なり。

博物館

後樂園の隣地に位し、露治時代陸軍將校集會所として築造せし半成家屋を、工費二十七萬餘圓を投じて修築せるものにして大正五年十一月起工、七年十一月竣功せり。建坪五百三十八坪、高さ[redacted]尺、煉瓦造擬石塗の建物にして、其の主要部は石材を用ひ、玄關は内地德山産の花崗石を以て「アイヲニック」式圓柱を立て右方の大階段は美濃産大理石及水戸産寒水石を以てす。建築の樣式は近世復興式を參酌し、正面は左右均等の平法を採りて嚴正の美を整ふると共に、裝飾的柱形及彫刻等を點綴す。陳列品の蒐集は滿蒙を主とし參考品をも併せ、先史の遺物より現代に至るまで一萬餘點陳列し、東隣地には世界各地より蒐めたる、動物園を兼營し共に一般公衆の知識及趣味の向上を圖り、兼て學術研究に必要なる資料を供給せり。

記念館

本館は露軍の構築せる旅順の新式築城に對し、十有餘萬の精兵を以て九閲月に亙る間海陸兩方面より之を攻擊し、五萬有餘の犧牲を拂ひて贏ち得たる旅順要塞の軍服、器具等二千五百餘點を蒐集陳列し、一は以て當年苦戰の跡を追憶し一は戰史研究の參考に供すると共に、我國民固有の精華たる士道奬勵上に資する爲明治三十九年の創設に係れるものなり。又旅順要塞砲臺、砲壘の模型を始めとし、奉天會戰の模型及戰役當時の各會戰地の寫眞數十枚を揭揚し、以て日露戰役當時の旅順其の他の地方に於ける激戰の跡を偲ばしむ。當時旅順の戰鬪の大要を知らむとせば先づ必ず本館に就て當時に於ける兵器、築城等に對する概念を得、然る後實地に付視察するを便とす。本館は戰役當時露軍の將校集會場にして我軍砲擊の彈痕今尚現存せるを以て攻圍當時の慘狀を偲ぶに足るべし、又附近には「ステッセル」將軍の避難せる家屋及露國の驍將「コントラチエンコ」少將の官舍等の好記念物あり。

黃金臺海水浴場

旅順舊市街南方數町、黃金山麓に沿ひ、渤海に臨み、灣恰も弦月の如く滄波を抱き、後に翠色滴る山を負ひ、波靜に寄せては返す男波女波は汀々として渚を洗ひ、白砂遠く連り、首を廻せば松柏綠翠を競ふ白銀の連巒は靄を含みて悠々たる實に山紫水明の仙境を爲す所、之を黃金臺海水浴場とす。是れ嘗ては露國が別莊地として當時豪奢を極めるの地にして、之等清洒なる別莊は、綠林翠樹の間に隱見し以て風光掬すべく、滿洲唯一の勝景地にして又保養の地たり。夏季「プール」の設備、脫衣場、其の他海氷浴場必然の施設備はる、されば盛夏此處に暑を避くる者日々幾千なるを知らず。

閉塞船隊記念碑

日露戰端開かるゝや、我海軍は敵の旅順艦隊をして、我陸兵輸送に當り運送船の航路を脅かすこと得ざらしむる目的を以て、敵艦隊の封鎖を企圖し、此に萬難を排して港口の閉塞を敢行することゝなれり。一度閉塞隊編成の報傳へらるゝや、直ちに之に應ずる決死の士二千餘名に及び、中には血書を以て其榮譽を擔はんとする者等あり、意氣已に敵を吞む。三十七年二月二十日、此の二千餘名の勇士より選拔せる七十七名を、天津丸外四隻に分乘せしめ、有馬中佐之が指揮に當り、一路港口に突進す。この奇襲に驚駭せる敵は、四基の探海燈を照射し、續いて十數の探海燈を回轉して各砲臺より、猛射を加ふ。されど決死の我勇士は、豪膽沈着、各々其の乘船を自爆自沈し、數名の死傷を出したるのみにて歸還せり、然れども此閉塞の結果完からず、敵將マカロフ提督は敗殘艦隊を修復し、時々近海を遊弋して我虛に乘ぜんとする懼あるを以て、更に三月二十七日第二回閉塞隊を組織し、有馬中佐再び總指揮官となり、福井丸外三隻を率ひて港口に向ふ、これを知りたる敵は兩岸の砲臺、哨艦より猛火を浴びせ、極力我計畫を妨害せしも、勇敢なる我決死隊は、突進又突進、遂に港口に達し自爆して任務を完行せり。此壯擧に加はりし者は六十五名なりしが、廣瀨少佐以下十五名は敵彈に殪れ壯烈なる戰死を遂ぐ。七生報國の至誠を以て護國の鬼と化せし廣瀨中佐の勇名は、閉塞隊の名と共に永遠に朽ちざるべし。此後五月三日、第三回閉塞を敢行す。隊員百五十九名、前回に勝る敵彈の雨注に其隊員の大半を失ひしもよく七隻を港口に沈め、以て巡洋艦以上の通航の自由を失はしめ、遂に閉塞の目的を達したり、閉塞隊は實に我國武士道の精華を發揮し、世界海戰史上に燦然たる光輝を放ち、萬世不滅の好鑑を殘せり。今や、和平の陽光に映ゆる老虎尾半島上嚴然として屹立する閉塞船隊記念碑は、忠勇義烈の我勇士が英靈を慰め、其の遺烈を千載に傳へ居れり。因に驛前より白玉山に向ひ登ること丁餘にして、第三回閉塞に戰沒したる我勇士の屍を、露軍が手厚く葬りたる記念地あり。櫻山公園と稱し、此處に記念碑を建て、其の忠靈を弔ふ。

二　戰　蹟

東鷄冠山砲臺

此砲臺は永久築城にして火砲九門を備へ、背面には四基の臨時砲臺ありて各種の火砲計十二門、又側防として東南砲臺に十八門瘤山に二門等防備全き堅壘なり。明治三十七年八月十九日、第一回總攻擊の開始せらるゝや、第十一師團の右翼部隊に屬する第二十二聯隊之が攻擊に當り、同月二十二日早朝、一旦之を占領せしも、比隣砲臺の銃砲火及び機關銃火の集中を受け、突擊部隊は殆ご全滅し、爲めに再擧を圖るの餘儀なきに至る。第二回總攻擊に於て步兵第十二聯隊は、單に當方面の敵の牽制に努めたるのみなりしも、十月二十六日、第三回總攻擊開始せらるゝや、同聯隊陶山大尉は同月三十日瘤山を占領す。又同日兒玉大隊は、東鷄冠山砲臺を一旦占領せるも、猛烈なる敵の逆襲を蒙り、遂に退却の已むなきに至れり。越えて三十八年一月二日午前一時、敵は砲臺を自爆して退却せるを以て直ちに之を占領す。

東鷄冠山北保壘

此保壘は當時に於ける最新式築城學の粹を蒐めて完成せる永久築城にして、備砲二十五門、二龍山保壘と共に東北方面に雙强を誇りしものなり。我第十一師團の諸隊之が攻擊に當り、十一月二十六日、敵の胸墻下迄坑道を掘り之を爆破せしも、堅壘牢固として僅に其の一部を破壞したるに過ぎざりしを以て更に二條の坑道を掘り、十二月十八日午後二時、之が大爆破を決行す。此機に乘じ高知縣隊及後備步兵第三十八聯隊の一部は、猛烈なる突擊を試み、敵も亦頑强に抵抗せしが、夜に入り自ら掩蔽部を爆破して退却し、漸く我が有に歸せり。

此の外東部方面には一戸保壘、望臺砲臺、白銀山砲臺、遠く大小孤山、劍山保壘等の戰蹟あり。

二龍山保壘

北面に在る保壘中最大のものにして、攻擊正面の中心に當り、從つて防禦手段も良く盡され、備砲四十七門の多數に及べり。十月三十日、第九師團の右翼第十九聯隊は其の外壕に達し、架橋を企しても破壞せられ、更に壕に梯子を下し、株を塡め敵壘に肉迫せるも失敗せり。斬くて最後手段として坑道作業に依りて外壁の一部を破壞しこれより侵入して壯烈極まる肉彈戰を演じたるも占領する能はず、已むなく三條の坑道を穿ち、十二月二十九日一齊に大爆破を行ひしに、之がため我が突擊隊の一部は落下するペトンの下敷となる悲運に遭遇せるも此の機を逸せず、我が第十九、第三十六兩聯隊の貔貅は突擊又襲擊、壘上の敵兵を掃蕩す。

松樹山保壘

東北方面防禦線の西端に位し、備砲二十七門、第一回總攻撃に於て當堡壘を砲撃せしは主として海軍陸戰重砲隊なり。其後十月上旬より前後三回に亙り第一師團の一部を以て之を攻撃したれども悉く不成功に終れるを以て、坑道を掘穿し、これが完成を待ち、十二月三十一日午前十時、大爆破を决行せしに、砲臺は美事轉覆粉碎され、其の飛揚せる土砂は補備砲臺迄も覆へり。我歩兵第二、第十五の兩聯隊は此機に乘じ、一擧之を占領せり。當壘に於ける敵の守兵三百餘は爆破の際大半土中に埋沒せられたりと云ふ。

盤龍山東西北の三堡壘、龍眼北方堡壘共に北面に於ける激戰の跡なり。

二〇三高地

二〇三高地は旅順西北に在りて、案子山、椅子山と溪谷を距てゝ連亙せる高地脈の最高地にして、旅順要塞の運命を左右するものなり。此堡壘は、開戰後工事に着手し、高崎山の陷落後工を急ぎ、遂に堅固なる半永久堡壘となし、多數の備砲を擁したれど、激戰の結果悉く我砲彈の爲破壞せられしが故に、其員數詳らかならず。九月十九日、步兵第十五、第十六、後備步兵第一の各聯隊より二十二箇中隊を編成し、山本少將之が指揮に當り、難鬪苦戰、或は傷き、或は斃れ、總員僅に四百五十に減ずるに至りたれど、遂に目的を達する能はざりしを以て、其の後は攻路作業を起し、敵の銃砲火の下に在りて電光路を掘開し、漸次攻略の策を採れり。而して新銳第七師團の諸兵は十一月二十七日より九日間に亙る肉彈相搏つ白兵戰の後、十二月六日早朝、完全に之を占領せり。次で同日赤坂山を攻略し直に砲兵觀測所を此處に進め、港內の敵艦隊を砲擊して之を全滅せしめ、遂に敵將ステッセルをして開城を決意せしむるに至れり、西部防禦線にては外に尙高崎山、海鼠山、大頂子山、赤坂山、西太陽溝堡壘等の激戰地の外大小案子山、椅子山等の堡壘あり。

南面砲臺としては黃金臺、模珠礁、柏嵐子に永久的築城せられたるものありて自他共に難攻不落と稱せしも又宜なりと言ふべし。

昭和十三年七月二十五日印刷
昭和十三年七月二十五日發行
九
十

非賣品

發行人　旅順市青葉町七二　宮竹清介
編輯人　旅順市青葉町六七　水津文夫
印刷人　旅順市乃木町三丁目一七　山田杢次
印刷所　旅順市乃木町三丁目一七　山田活版所
發行所　旅順市役所内　旅順商工協會

濱本浩『旅順』〈抄〉（六興商会出版部、一九四二年二月）

653　濱本浩『旅順』〈抄〉（六興商会出版部、1942年2月）

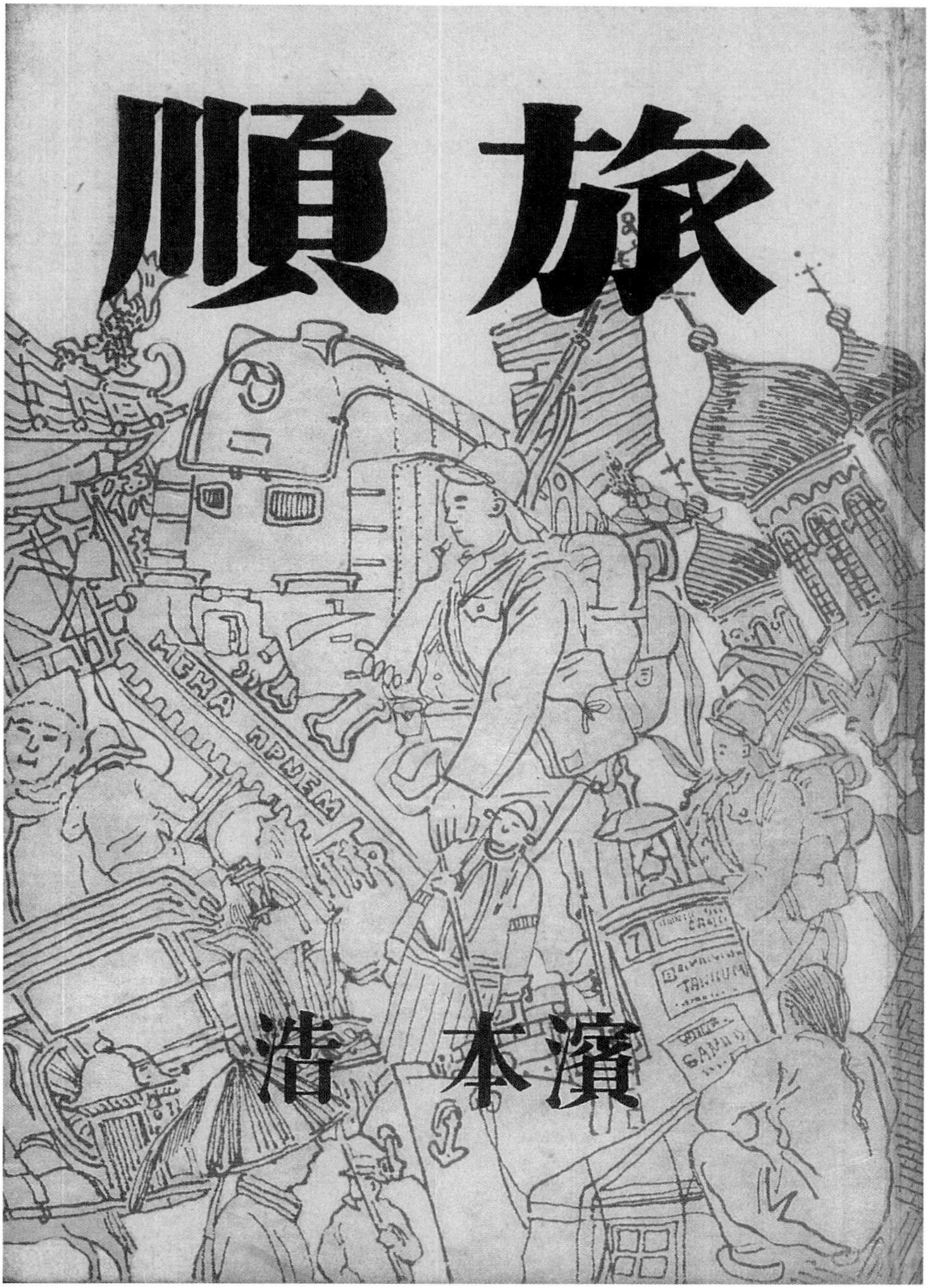

旅　順

濱本浩創作集

六興商會出版部刊

目次

裝幀　小川眞吉

旅順

旅順

旅順要塞司令部検閲濟

1

旅順の戰爭で、土佐の四十四聯隊は、三度の總攻擊に三度び大損害を繰返した記憶がある。私の育つた、海岸の寂しい町でさへ、五十人ちかい死傷者があつたくらゐだから、土佐ぢゆうでは、どれだけ澤山の損害があつたかわからぬ。この戰爭が生んだ三萬の戰死者の半分は、土佐の兵隊だつたやうな氣がするほどである。

その當時、土佐の人達の願望は（もちろん土佐ばかりでなく、全國民がさうだつたに違ひないが）旅順口の陷落よりほかに、何もなかつた。

今日は陷ちるか、明日は陷ちるかと、そればかりを、引き寄せるやうに待つて居た。少年の私は深夜の夢の中に、旅順の砲擊を聞いて驚いて目を醒ましたことも、一度や二度ではなかつた。

旅順口は、遠い外國ではなく、晴れた日には、山の膚まで見える足摺《あしずり》岬の直ぐ向ふ側にあるやうな氣がして居た。

私の腦裡には、東鷄冠山や望臺や、二〇三高地が、この眼で見たかのやうに、はつきりと描かれて居た。

旅順には、私にとつて、忘れることのできぬ、好きな人達の骨が、今でも落ちて居るにちがひない。草の根には、朝夕に睦み親しんだ町の人達の血や肉が、今でも殘つて居るだらう。その戰爭で肉親を失つた人達と同じやうに、私も、懐しいその人達の討死した土に、一度は額づきたいと、もう三十年ものあひだ考へとほして居た。到頭その機會が來たのである。

大連を、午後六時に出た旅順行の大型バスが、白堊の洋館の建ち竝んだ、市の西郊を離れる頃には、日もとつぷりと暮れ、ヘツドライトに映る涯なきアカシヤの並木のほかには、かねて話に聞いて來た、かの沿道の絶景は、遺憾ながら、見ることができなかつた。

一時間あまりで、バスは、かなりの勾配を持つた坂道を下つた。あとで知つたのだが、そこが白銀山のトンネルで、私が夢寐の間にも忘れなかつた東鷄冠山北堡壘を初め、東北正面の堅壘は、この山續きに竝んで居たのだ。

やがて、明るい廣場のやうな所に、バスが停ると、客はたいがい其處で降りた。

私が豫約して置いた黄金臺のヤマト・ホテルは、既に、停留場を二つばかり乘り越して居るから、洋車《ヤンチョオ》に乘つておいでなさいと、小柄な女車掌は親切に敎へてくれた。

明るい廣場は、交通會社のバス乘場で、右手の車庫には、五十人も乘れさうな銀色の車が、ずらりと尻を竝べて居る。銀灰色でなく、黃色だつたかも知れぬ。

洋車を雇つて、明るい廣場を離れると、まだ八時前であらうに、街の家々は、灯を消し、鎧扉を閉め、道ゆく人影も稀であつた。

關東州は、大陸の溫室と呼ばれて居る。わけても旅順は暖く、大連とは二三度もちがふやうに聞いて居たが、耳がちぎれさうに疼《いた》い。

車は、坂を登り、殘壘かと思ふ石垣に沿ひ、冬枯の雜木林に入り、なかなか目指すホテルには着きさうにない。俥夫奴《ニイめ》、行先を間違へて居るのではあるまいかと、車上から呶鳴つて見ても、一向に平氣である。少し心細くなつたので、一ツ覺えの「快々的」を連發するうち、林の彼方に、海らしいものが開けて來た。

一ケ月もまへに申し込まなければ滿員であると聞いて居たヤマト・ホテルに客はどうやら私

一人きりの様子である。はたして、私の他には、旅順高等學校の語學教師である獨逸の青年が滯在して居るばかり、その青年もクリスマスを迎へに、大連の同國人を訪ねて行つて、今は留守ださうである。だが、二十八日からは滿員ですと、滿人のボオイは、辯解するやうにつけ加へた。

　客がないので、煖房《ヒーター》を倹約して居るのか、寒くて、とてもやりきれない。アラビアのお伽噺を思はす、明るい、かはいゝ、獨部屋の、清潔な寢臺にもぐり込んで見たが、大連以來、脊張りぐせが附いて居て、なかなか睡れさうにもなかつた。

　睡れぬ儘に、私はまた、腦裡の要塞圖を繰りひろげて、三十六年前の、追憶に耽つたのである。

　ステッセルの降伏を、私達が知つたのは、一月二日の夜だつた。俄かに町が騷がしくなつたので、飛び出すと、出會ひ頭に、誰かが、先生、先生、旅順口が陷ちましたぞと、呶鳴り込んで來た。日清役で金鵄勳章を貰つた私の父は、町の中學で體操教師を勤めて居たのだ。

　私は、寢衣の儘で、半里もある町の端から端へ、旅順口が陷ちた、露助が降參したと喚きながら駈けとほした。走つて居ても、涙が出て涙が出て、しやうがなかつた。

いつの間に用意をして居たものか、町の人達は、手に手に紅い酸漿提燈《ほううきちやうちん》を振つて、ぞろぞろと集り、わツしよ、わツしよと歩きだした。後年になつて聞いたことだが、その當時の英國大使は、內地の熱狂振りを見て、日本の戰勝は、銃後の熱と力に依るものが大きかつたと云つたさうだ。

それが、今日ではどうであらうと、思ひは自ら現在の國情に歸つた。殊に、內地を離れ、遠い外地から客觀して見ると、自分達の生活にも不滿の點が少くなかつた。

深夜夢破れて、遠く想ひを朔北の空に馳せ、血も凍る蒙古の雪原に、銃を抱いて立つ一人の哨兵を、心に描くことがある。その一人の哨兵が在ればこそ、斯く枕を高ふして睡ることができると思ふのである。風雨激しき夜は、南支那海の怒濤と鬪ひつゝある吾が封鎖艦の辛苦を偲び、私としては、現地の將兵に感謝し、また戰時下の國民として、何をなすべきかは考へて居るのであるが、更に反省して、なほ至らぬ所が少くないと思ふのである。私の記憶に殘る三十六年前の銃後に對し、私自身の生活が、何の恥ぢるところもないのだとは、斷言できぬ氣がしたのである。

思ひ到つて、暗然とした私の耳に、囁くやうな濤《なみ》の音が聞えてきた。廣瀬中佐を、閉塞隊の勇士達を、また敵の提督マカロフを、今もなほ、暗い海底に抱いて居る旅順の海の音であらう。

やがてまた、裏山の木々を渡る風の音が、凍つた窓を襲うて來た。それが、どういふわけか、露軍の喚く、ウラアの聲に聞えたのである。

2

戰蹟めぐりのバスの中には、いろいろな客が乘つて居る。冬休みの季節なので、學生や、若い會社員が多いのも嬉しく、陸海軍の兵隊が仲よく肩を竝べて居るのも、軍都らしい情景である。

絹のハンカチーフを、カチューシヤかぶりにした、アストラカンの外套は、内地から大連あたりへ流れて來たバアの女か、でなければ、もつと奥地へ行くのが、上陸第一歩を、祖父か大伯父の戰つた旅順へ運んで來たかも知れぬなどと、通俗な想像を描いて見る。

協和服の、滿洲國官吏と見える人物、その細君であらうか、お納戸色のコートが、よく似合ふ婦人、寢不足の眼に、旅の窶《やつ》れを見せた若夫婦など、何れも同じ戰蹟巡禮を志す敬虔な人達ばかりだと思ふと、風采や人柄でなく、好意が持てた。

淸國時代からの舊市街と、露人の設計した新市街との中間に、瓢簞型に盛りあがつた白玉山の山道を、バスはギーアを入れてのろのろと登つて行つた。數日後に、同じ參道を、二頭立ての馬車で登つたことがあつたが、打ち立てる馬の蹄が、すべりはしないかと、びくびくした程の急勾配であつた。

登るに從つて視界は開けて行つた。

やがて、私達は、頂上の、南突角に聳え立つた表忠塔の下に立つて、眼下に、旅順の港を見おろすことができた。

意外に小さな港である。これが有名な旅順港であらうとは、信じられないほどの港である。港口から、弓形にのびた老虎尾《らうこび》半島《はんたう》を境に、東港と西港に分れて居るのだが、東西合せてみても、先づ箱根の蘆ノ湖には、なほ遠く及ばぬであらうと、思つたほどである。

意外だつたのは、港の面積ばかりではなく、閉塞隊で知られたその港口が、東岸の黄金山から、對岸の老虎尾半島に、石を投げれば屆きさうに見えたことである。

ひよつとしたら、熱心に海正面陣地の配置と、閉塞船の沈沒位置に就いて語つて居る制服の戰蹟案內者が、說明の資料に据ゑつけた模型の旅順港ではないかと云ふ氣が、ふとした程である。

海に向つて右は渤海であり、左は黄海で、碧波千里、實に渺茫たる眺望である。港の小さく見えるのは、この大洋の蕩々たる姿に壓倒されて居るためかも知れない。

旅順は、遼東半島の最南端にあつて、我が秋田市と、ほぼ同緯度にあたるさうである。地誌を繙くと、古くは高句麗《こくり》の邊東に於ける策源地であつたと記されて居る。

明の時代に至つて、東西航通の要衝に當るため旅順と呼ばれるやうになつたさうである。その頃は、旅順でなく、旅順口と云つたであらう。私達の少年時代にも、この要塞は、旅順でなく、旅順口であつた。今でも滿人に訊ねると旅順口《ルウシユンカオ》と答へるのである。

英語のポート・アーサーは、阿片戰爭の後、英國の東洋艦隊が、この港を根據地に使つて居たことがあつて、當時の司令官アーサー親王の記念に、かく名づけたものだと敎へられた。

清朝に至つて、旅順の北四粁の水師營に、水師の屯營が置かれたことがあつた。水師營の地名は、それから生れたのであらう。

光緒《くわうちよ》五年に、吾々にも記憶のある北洋大臣李鴻章が、旅順口《ルウシユンカオ》に軍港を築いて、北洋水師の根據地を移した。

日淸役後の三國干渉、續いて露人の經略に就いては、語るまでもなく、廣く記憶せられてゐることである。

そのとき、案內者は、蒼空高く聳えた表忠塔を仰いで、

「この塔は我が勇士の遺烈を千歲に傳へ、地下に眠る英靈を慰めるために、乃木、東鄕兩大將の發起により、明治四十年七月より、二箇年有餘を費して建立せられたものでありまして、當時、工費二十五萬圓を要しましたが、今日では百萬圓でもむづかしからうと云はれて居ります。夜間は、照明を用ひまして、遠く渤海より黄海を航行いたします船舶のための、燈臺ともなるのであります」と云つた。

その後、私は十數日を、旅順の宿に過した。眼が醒めると、朝日に輝く塔を仰ぎ、夜はまた、闇空に輝く此の塔を拜して眠つた。

塔に登れば、遼東半島と勃海の眺めを恣《ほしいまま》にすることができるさうだが、風の吹く日は、塔の上部が二間から搖れると聞いて、氣の小さい私は遂に登る機會を得なかつた。

私達はまた、その高臺から、左右兩翼に分れた新舊の市街を遠望した。狭い東港の背後に發達した舊市街は、窮屈さうに、黝んで居る。廣い西港に臨んで設計された新市街は、放射狀の並木道と、白堊の建造物に彩られて、明るく、避暑地風に眺められた。

國防色の背廣に、獨逸帽を冠つた案内者は、先頭に立つて默々と、納骨祠のある北方の突角へと下りて行つた。

血腥い戰蹟の案内は、さすがに女車掌ではなく、運轉手が、車を降りて説明する。あとで知つた事だが、特別に選拔され、訓練された五名の運轉手が、案内係を兼務して居るのだつた。

私は、十餘日の間に、三人の案内者の説明を聞くことがきた。この人達の説明には、各々の持味があり、また得意とする現場があつた。足立君の二〇三高地、渡邊君の北堡壘は、定評のある説明ださうである。

この人達は、餘暇を偸《ぬす》んで、私の宿を訪ねて來た。そして、説明の内容や、技術や、心構へに就いて、眞劍に語り、論じたりした。

納骨祠に參拜したのち、裏手の山鼻に立つて、陸正面の防禦全線を遠望した。港の小規模なるに驚いた私は、また餘りに廣大な陸正面の防禦線に驚嘆せざるを得なかつた。事實として、黄海から勃海に亙る大弧線の上に、配列せられた天險の要塞であつた。

有名な激戰地には、必ず、白い石の記念碑が建つて居る。側に行くと、見上げるほどの高い碑であるのに、此處からは、すべてが、普通の墓石くらゐにしか見えぬ。雨の少ない關東州は、空氣が澄んで居るものだから、遠方の山々が、手にとるやうに見られた。

砲臺山に圍まれた傾斜地に、散在する部落が、棗《なつめ》の木で有名な水師營だつた。私は、別の日に、なるべく一人で、その村を訪ねて見ようと思つた。水師營から旅順へ、四粁ほどの平坦地を貫いた鋪装路の上を黄色い自動車が、滑かに走つて居る。戰爭當時は、鋪装などしてなかつたであらうが、三十七年元旦の夕方、開城を傳へる敵の軍使二騎が白旗を掲げて、戞々と北に急いだ悲しい道である。一月十三日、勝ち誇つた吾が第三軍が、隊伍堂々と入城した凱旋道路である。

見詰めて居る私の眼に、蜿蜒と續く隊列の幻影が浮んだ。幻の兵隊は、誰も彼も、血のにじんだ繃帶を卷いて居る。先頭に立つ軍旗は、ぼろ〳〵に破れて居る。四方を圍む要塞の山々から、戰死者の叫ぶ萬歳の聲が、木枯のやうに聞えて來た。

3

滿鐵編纂のパンフレットに、戰蹟の巡拜者は、先づ舊市街にある戰蹟記念館に立ち寄つて、戰爭當時の模型の寫眞で、充分に豫備知識を養つてから、現地に臨むべきであると記されて居る。

まことに妥當な注意ではあるが、二十分にも足らぬバスの停車時間では、充分どころか、一通りの見學も難しかつた。

私は、自己流に、眼にとまるものばかりを拾つて見ようと思つた。

旅順の山は悉く石灰質の巖塊に鎧はれて居る。坑道作業に使用した工兵の十字鍬《じゆうじし》を見ると、どれもこれも棒のやうに擦り切れて居る。敵前作業用の土嚢衣だの被服の種類では、變つたものがいろ〳〵有つたが、各々の意味で、血戰の激しさを想像させた。

千點にも餘る戰利品の中で、異色の二種類が私の記憶に殘つた。一つは、コルネツトやホルンやドラムなど、ブラス・バンドの樂器であつた。説明には「露軍は、洋樂を奏して逆襲して來たことが、度々ありました」と、記されて居た。

六月下旬、歪頭山《わいとうざん》の線に、吾が陣地を敷いた或る夜、一萬二千の露軍は、十字架を捧げたコレヤコフ大僧正を先頭に立てゝ、勇ましい軍樂を奏し、海嘯のやうに逆襲して來たことがあつた。それを、顴骨《ほほぼね》の高い、眦《まなじり》の釣り上つた少數の日本兵が、敢然と戰つて追ひかへした。四國の兵隊であつた。

記憶に殘つた別の一種は、二臺のタイプライターである。あの當時、露軍は旣に、陣中で、タイプライターを使用して居たものと見える。別の機會に、東鷄冠山北堡壘の、外岸窖室內《ぐわいがんかうしつない》で、當時灯されて居た電燈の跡を見た。明治三十七年、日本ではまだ石油ランプの時代であつた。その時代、機關銃や、電氣鐵條網や、ペトンの砲壘や、機械化せられた防禦陣地に、肉彈の強襲を繰り返しながら、遂に占領した吾が將士の負けじ魂に、驚嘆しながらわたしは廊下に出た。

廊下の片側に、壯烈を極めた戰爭の油繪額が並んで居る。

何處かの堡壘で、露兵と日本兵が血みどろになつて、斬り合ひ、毆り合ひ、摑みあひ、激闘の限りを盡した血腥い場面である。髯の眞つ白な老將校が、まんなかの石垣に泰然と腰を下し、煙草を吸ひながら指揮して居る。横着な老人もあるものだなと、顏を寄せると、なにがし少佐奮闘の圖と說明がついて居る。私が腑に落ちぬ顏をして居たので、側に立つて居た人が、なにがし少佐はこのとき既に、腹部に敵の二彈を受けて居られたのです。立てば倒れる、部下にそれを知らすまいと、煙草を吸つてごまかし、腰をかけて指揮して居られたのです。だが、これは少し、畫家の誇張があるやうですねと、小首を傾けて說明してくれた。記念館の係員でも、バスの說明者でもなかつた。私はその人の說明を聞きながら、單に少年時代の感激を持ち越したばかりで、何の知識もなく出掛けて來たのでは、折角の見學が身につかぬのではないかと後悔した。宿へ歸つたら、當時の記錄を手に入れて讀んで置かうと思つた。

日本兵に、大和魂があつたやうに、露兵にも、スラヴ魂のあつたことは、反對側の壁面に陳列された、數點の額面で知ることができた。それ等の額面は、露土戰爭に於ける、主として下士卒の武勳を語る、幼稚な石版畫であつたが、敵ながら襟を正したい場面も少くはなかつた。此の建物が、曾て露軍の下士集會所だつた時代に、下士の精神教育の資料として、陳列したものと說明がついてゐた。

寒い屋外に出ると大小さまざまの戰利砲が雜然と列べられてゐた。同じバスの客である若い脊の高い軍曹が只一人、その砲の一つ一つを撫でまはし、頻りに感慨に耽つてゐた。

バスはまた客を乘せて、林檎畑の、緩い坂道を降りて行つた。すると突然、車の前に立ちふさがつた中年の人があつた。

無雜作な背廣服姿の長髮で、眞黑に日燒けはしてゐるが、鼻の高い、立派な風采である。客の視線を浴びながら、その人は、自分でドアを開けて乘り込み、客の顏を一々物色した揚句、私の前に立つて、新聞社から連絡がありましたので、急いで追掛けて來ました、と云つた。よほど急いで來たのか、ゼイゼイと息をはずませてゐる。

その人が、關東州戰蹟保存會の森田榮さんであつた。

バスは、遠く陣地を迂回して、盆地の中の水師營に降り、乃木、ステッセル兩將軍會見所で晝食になつた。

私は森田さんに案内されて、會見所前の、土産物など賣る長崎屋に這入つた。

二人きりの差し向ひになると、森田さんは、少し含羞《はにか》みながら、

「あなた、金龍館の戸田榮を御記憶ですか？」と、意外な質問を持ち出した。

淺草に取材した、殊に、オペラ役者の生活を描いた二三の小說を、たまたま發表して居るので、そんなことを訊かれるのであらうと思つたが、幸ひ、舞臺の戸田榮には、若干の記憶があつたので、

「覺えて居ますとも」と私は答へた。

「私が、その戸田榮ですが」と、森田さんは懷しさうに笑つた。

さう云はれてみると、この中年の無精髭を生やした森田さんの顏には、確かに、往年の美少年戸田榮の面影が殘つてゐた。

「父が死にましたので、旅順へ歸つて來ましてね」

そして、父の遺産である林檎畑と數軒の家作を受けつぎ、上京の希望を捨てゝ、この片田舎に落着いたのだと云つた。

旅順の鬼に憑かれて、此の土地に定住した旅人も少くなかつた。旅順の鬼は、まだ若かつた森田さんの都會憧憬熱くらゐ、打ち破ることは、雑作もなかつたに違ひない。

4

先頭に立つて居た案内者は、突然くるりと向き直つて、此處が旅順の攻圍戰でも、吾が軍が最も苦戰を重ね、一萬の犧牲を拂つた東鷄冠山北堡壘である。四國の第十一師團が、强襲に次ぐに强襲、潰滅に次ぐに潰滅を繰り返し、苦心慘憺、四ケ月を費して遂に拔くことのできた堡壘である。これから、當時の作戰に就いて、大體の説明をします、と云つた。

私は土佐人である。此處では土佐の兵隊が手柄を立てたのである。私の先生や、隣人が此處で討死したのであると、大聲で觸れ歩きたい氣持で、あたりの地勢を眺めた。

何の奇もない坊主山である。寒々とした枯草山である。麓には、若干の畑地が横はり、手の屆きさうなところに、當時、吾が師團の司令部が置かれて居たときいた吳家房の農家五六戶が取り殘されたやうに、夕陽を浴びてゐる。石圍壁の中には、鷄でも鳴いてゐさうな、靜かな眺めである。

山の上には、身を斬るやうな寒風が颼々と鳴つてゐる。

「今、皆樣の立つて居られる下のコンクリート造りの處を、外岸側防穹窖《ぐわいがんそくばうきゆうかう》と申します。堡壘の外側を防禦する設備で、穹は弓形の天井、窖は穴倉であります。この中に、機關銃を据ゑ、外濠に飛び込む勇士を、片ツ端から薙ぎ斃し、吾が勇士の死體が折重なつて、濠底を埋めたのであります。銃眼が內側に向つてゐますので、我が軍の方からは、山續きの斜面としか見えなかつたのであります。外濠は、深さも幅も約十米であります。麓の陣地からは、濠が全然見えません。初めのうち、此處まで進んで來た兵が、いつの間にか、消えてしまふので、不思議がられてゐたのであります。中央の高いところが胸墻、赤土山のやうに見えますが、奧には、ペトン作りの二階建兵舍が、隱れてゐるのであります。さあ風蔭の方に、お集りを願ひます」

案內者は、崩れた外岸の上を、身輕に飛び越え、十月二十七日、敵が、自分で爆破した、爆破口の上に、突立つた。

歩兵の强襲だけでは、到底攻め拔けぬと知つた我軍は、工兵の協力を得て、山の麓から、蛇行形の攻路を掘り進めて行つた。土地は、硬い岩石だし、晝夜兼行でも、敵前の作業では、僅かに二米がせいぜいであつた。

或日、作業中の工兵が耳をすますと、坑底の、更に地下にあたつて、氣になる音が聞えて來た。吾が作業に氣づいた敵が、先方から對坑を掘つて、吾が坑道を爆破する計畫であるらしい。

こちらから、竪坑を掘りさげて、敵を妨害しようにも、そんな時間の餘裕がなかつた。爆破の豫告である敵の鍬の音を聞きながら、吾が工兵は泰然と掘鑿を續けて行つた。一心不亂に掘り進む兵士には爆破などを氣にする餘裕がなかつたにちがひない。

敵の鍬の音が聞え出してから七日目の二十七日、果して、敵は爆破を決行した。作業中の工兵三名は、跡形もなく吹きとばされ、三名は瀕死の重傷を受けた。

重傷者の三谷伍長は、爆音を聞いて駈けつけて來た河瀨中隊長の顏を見て「誠に濟まんことをしました。後を宜しく賴みます」と、苦しい息の下から云つた。作業班長の三谷伍長は、兵を殺した事に責任を感じたのである。

私は、三谷伍長の生死を知りたいと思ふ。この工兵隊は、善通寺の第十一大隊で、三谷と云ふ姓は、土佐にも伊豫にも多い。

敵の爆破は、尊い犧牲者を出しはしたが、天佑と云はうか、爆藥の量を誤り、必要以上に仕掛けたものだから、鐵條網二十米と共に、斜堤の一部を吹き飛ばし、外岸壁の構造物を露出したので、初めて砲臺の外側に、ペトンで作つた壘が隱れて居ることが知れ、續いて吾が工兵の爆破となり、步兵の突入となり、戰況は、有利に發展したのである。

「三年前、當地の戰蹟保存會で、この爆破口の修理をして居たのであります。ちやうど、其處のところから、三體の白骨が、折重なつて現れました。當時の中隊長河瀨憲吉閣下に御鑑定を願ひましたところ、確かに、當時入坑作業中遭難致しました、河端、堀金、松下の三上等兵に違ひないと云はれたのであります」

案內者は、直ぐ足もとの土を指差した。小石まじりの赤土に、何であらうか、冬枯の雜草が、風に吹かれて顫へて居る。

瞬きもせず聞いて居た三人の水兵のうち、頬の赤い一人が、ふと、身をかがめて、一握の土をすくひとり、ハンカチーフを出して包んだ。

私達の一行が、外濠の底に立つたとき、列を離れた陸軍の将校が、手套を脱いで濠壁の土を掘つて居るのを見た。その土の中からは白い骨片が、貝殼のやうに現れて居た。私は多少の感慨を以て、胸墻に額く、その中年の將校の防寒衣の背を、しみじみと見詰めた。

「近くで作業中の步兵隊が駈けつけ、手榴彈を投げ、右手の窖室を略守しました。彼我の投げ合ふ手榴彈や石礫で、窖内は濛々と一寸さきも見えない。吾が步兵は、素早く土嚢を積んで敵を壓迫しようとしましたが、土嚢の運搬が思ふやうにならぬ。土嚢の上に、戰友の死體を積み、また土嚢を積む。すると、重傷の兵士が、土嚢の上に這ひ上つて、おいツ、この上に土嚢を積んでくれと云ふ」

案內者は、そこで說明を切つた。感極まつて、次の言葉が出ないのであらう。

私はふと、萬葉集の中の防人《さきもり》の歌を、思ひ浮べた。防人とは、諸國から徵發された、九州の防衛兵である。その一人である無名の雜兵が、門出に臨んで歌つた一首である。

けふよりは顧みなくて　大君の醜《しこ》の御楯といでたつ吾は

生きながら、土嚢となつて、敵彈を防いだ、その無名兵士こそ、嚴たる事實として、我が大君の、名譽ある御楯であると、私は、襟を正して思つた。

5

風は强かつたが、紺靑に晴れた遼東の空に、くつきりと聳えた東鷄冠山北堡壘記念碑の下に立つて、案内者は靜かに語り出した。

「今は故人になられましたが、戰蹟保存で有名な久保田金平驛長が、旅順の驛に居られた頃のお話であります。冬の初めの事でしたが、ある午後、汽車で着いた草鞋脚絆のお爺さんが、驛長のところへ來て、東鷄冠山へはどう行けばいゝのですか、と訊きました。驛長はひと通り道を敎へてあげましたが、何分、驛からは一里も離れた山の中だし、大きな袋を携げた老人の姿を見てゐると、ただ敎へただけでは濟まされぬやうな氣がして、辭退するのを無理に、馬車に乘せ、驛長も乘つて、案內することにしたのです。やがて馬車は、町を離れて、坂道にさしかかりますと、それまで凝とうつ向いて居たお爺さんが、俄に聲をのんで泣き出しました。（おぢいさん、あなたは泣いて居られるが何か深い事情がおありでせう）と、久保田さんは、親切に訊いてあげたのです。すると、お爺さんが、淚ながらに申しますのに、（儂にはただ一人の伜がありました。伜が生れると間もなく、女房が死んだので、擂粉《すりこ》を飮まして、どうやら男手ひとつで育てあげ、徵兵檢査にも合格したので、儂は、村の衆に、鼻高々と威張つてやりましたが、入營すると引き續いて出征です。儂は棧橋まで見送つて、生きて歸るなよ、お國のために死んで來いよと勵ましながら、心の中では、どうぞ無事で歸りますやうにと、神樣に祈りましたよ。をかしい話ですわい。それからも、村のお宮へ日參して、伜が無事で歸りますやうにと、心をこめてお願ひしましたがその甲斐なく、伜はちやうど十一年前の今月今日、東鷄冠山と云ふところで、十五發も彈を受けて討死したんです。それから儂はぜひ一度、伜の死んだ場所を見てみたいと思ひながら、何ぶん遠方で、隨分旅費が掛りますでな、やつと貯金をして、旅費がとゝのふたと思ふたら、もう、こんな爺さんになつて居りましたわい）と云つて、初めてにつこり笑つたのです。（遠方といふとどちらですか）と、久保田さんが訊きました。（儂は四國の土佐でございます。土佐の秋山と云ふところでございます）とお爺さんが答へました」

私は不意に呼びかけられたやうな氣がした。秋山と云へば、私の育つた町からは、だいぶん離れては居るが、まんざら知らぬ所でもない。ひよつとしたら、そのお爺さんにも、また討死した息子さんにも、一度くらゐは會つたことがあるやうな氣さへしたが、案内者は一行の中に、土佐の客が居ようなどとは知らず、熱心に話を進めて行つた。

「やがて馬車から降りますと、お爺さんは、地べたへ、どつかりと胡坐をかいて、信玄袋の中から、古い茶碗と、一升德利を取り出し、久保田さんの顔を見上げて、（これは、彼奴が出征する前に使つて居つた茶碗でのう。それから、この水は、うちの裏の井戸の水でございますよ。深い井戸でございましてのう）と説明し、今度は、死んだ伜が其處に居るやうに、（さあ久し振りぢや、うんと飲め）と云つて、どくどくと、茶碗に水をつぎました。それからまた、袋の中から、赤いうまさうな柿を澤山とりだして、茶碗の前に竝べ（そられ、門のそばの甘柿ぢや、うんと食つてくれ）と云ひました」

案内者は、幾百回となく、この話を繰り返したに違ひないが、それでも身につまされたのか、言葉をきつて眼を伏せた。

「それから暫くの間、お爺さんは、あたりの山に向つて、ぶつぶつと獨りごとを云ひました。伜が村を出てから後の、親類ぢゆうの出來事や、村の有樣の移り變りを、伜の靈魂に話して居たのでせう。やがて、お爺さんは、大きく息を吸ふて、あゝよかつた。久し振りで伜にも會へてよかつた。お蔭さまです。これで心殘りなく大往生ができます、と云つて、さつさと馬車の方へ歩いて行きました。

これは、大正四年のことで、滿洲の教科書にも出て居るお話でありますが、今でも、このお爺さんと同じやうな運命をもつた方を、この戰蹟では、度々お見受けするのであります」

さう云はれてみれば、私だつて、やはりその一人であるやうな氣がするのであつた。三十年間、絶えず腦裡に描いて居た、この一帶の堡壘である。此處に來れば有光先生にも、清吉にも、安吉の兄さんにも會へるやうな氣がして居たのである。

私は、さつき案内者から聞かされた吉永堡壘に再び眼を向けた。

私達の立つ北堡壘から、峰つゞきで五百メートルもあらうかと思はれる南方に、姫松の疎林を卷いた稍々高い記念碑が見える。東鷄冠山砲臺である。

彼我中間の鞍部を、少し奥へ入つたところに、低い記念碑の見える高地が、吉永堡壘と呼ばれる東鷄冠山第二堡壘である。八月十九日夜の第一回總攻撃に、吾が高知聯隊の吉永大隊が奮戰して、一時は占據することができたのだが、援軍續かず、多數の犧牲者を出した、怨みの戰蹟である。

町の中學の小使だつた淸吉は、この堡壘で戰死したのだ。

淸吉は、明朗で、忠實で、愛すべき若者だつたと憶えて居る。その中學で敎師をして居た私の父が、特に眼を掛けて居た爲に、私の家へも、毎日のやうに出入りして、家人同樣に親しまれて居た。

ある秋の日、私は、淸吉に連れられて、町の裏山へ椎の實を拾ひに行つたことがあつた。淸吉は、大きな椎の樹へのぼつて、椎の實を叩き落した。黑い彈丸型の果實が、雨のやうに降り、忽ち持つて行つた袋へいつぱいになつた。

私達の一家が、十里西の高知市から、この町へ移轉して來るときも、淸吉は迎へに來て、荷造りをしたり、荷物の宰領をしたりして吳れた。

途中、海が荒れて、母や私達は、汽船に醉ひ、げえげえと嘔いた。そのさいちゆうに、何と思つたか淸吉は、船のマストへ、するすると登つて行つた。私は嘔吐しながら、淸吉が、船員から叱られはしないかと、心配した。

淸吉は、高いところへ登ることが好きだつたと見える。だから、淸吉が戰死したときくと、きつと何かの樹の上で、彈にあたつたに違ひないと思つた。

ずつと後になつて、山の麓の、椎の樹の上に、軍服を着た淸吉の死骸が、引つ掛つて居る夢を見た。

その夢の影響であらうか、東鷄冠山附近には椎の樹か何かが、こんもりと繁茂して居るやうな想像を描いて居たのである。

來て見ると、椎はおろか、一本の灌木も生えては居なかつた。

いま、ところどころに見える松の疎林も、戰後に移植されたものであつて、北堡壘の斜面に、枝をのばした二株の杏樹も、戰爭の頃には、生えて居なかつたさうだ。

第一回總攻撃は、盛夏の候であつたが、敵は、展望を利かすため、全山の草木を殘らず掩りとり、山は赤土と岩塊の膚を、烈日のもとにさらして居た。

「淸吉さーん」

私は、手の屆きさうな吉永堡壘に向つて、大きな聲で呼んでみた。その聲は風に奪はれ、もちろん答へる者はなかつた。

一行の人達は、不思議さうに、私を見た。

私は、聲を張りあげて、淸吉を呼び、瞑目して、その應へを待つた。

ふと、瞼に、兵士の靈魂が、銃を杖ついて、起ちあがつて來るさまが、ありありと映つた。

いつだつたか、日本にも來た露西亞の世界的低音歌手シヤリアピンが、ある日旅順の戰蹟を訪ねた事があつた。その時、シヤリアピンは北堡壘の胸檣の上に突立つて素晴らしい聲で、シユーマンの「皇帝に獻げる歌《ツム・カイゼル》」を朗々と歌つた。春のことで、堡壘の陰には、大きな菫や、薊の花が、土に還つた勇士達の肉から抜け出たやうに咲いて居た。シヤリアピンの聲は、堡壘の山々にこだまし、遠い吳家房の谷間に消えて行つた。

シヤリアピンは、歌ひながら、大きなハンカチーフを鷲掴みにして、頰に流れる涙を、押し拭ひ押し拭ひ歌つた。

歌ひ了つて後も、瞑目して暫く突立つて居た彼は、やがて口を開いて、案内の人達に云つた。

「私が歌つて居るとき、戰死した露西亞兵の靈魂がぼろぼろの服を着て、ぞろぞろ、此の斜面を、這ひあがつて來る姿が、はつきりと、此の眼に見えた」と。

東北正面の戰蹟ばかりではない。松樹山にも、二〇三高地にも、黃金山の海岸にも、至るところに、吾が將士の魂魄が殘つて居る。肉を失つた、三萬の魂魄は、今もなほ帽子の顎紐をかけ、銃を握つて、遼東半島の一角を、固守して居るにちがひない。

留つて居るのは、我が將士の魂魄ばかりではなからう。

今は、歸るべき國さへ持たぬ、露兵の靈魂も、彼方の日溜り、此方の木蔭に、色褪せたルパーシカを着て、持前の暢氣さで、ステンカラーヂンの唄でも鼻で歌つて居るに違ひない。

今は、恩讐の彼方に超越した兩軍の勇士が、私達巡禮の姿を、物珍しさうに眺めながら、肩を叩いて、三十何年前の激戰を、語り合つて居るやうな氣が私にはするのである。

ひよつとすると、「何だい、この頃の若い者は、だらしがないぢやアないか」なんて云つて、私達をじろじろと見て輕蔑して居るかも知れない。

烈しい北風が息もつかずに吹きつけ、防寒衣を着て居ない私達は、吹きさらしの外岸に、三十分と立つては居られなかつた。

私達はまた、案内者にくつ着いてぞろぞろと內濠の中へ降りて行つた。

曾つては、血みどろの腐爛した戰死體に埋められて居た濠底だが、今は、新らしい土を盛り、地均しをし、きれいに掃除がゆき屆いて居る。

濠の片隅の、外岸穹室の破壞口から第四銃眼までの二十米ばかり、新らしい土の上に白堊のマークが印されて居る。小野市松伍長の指揮する決死班が、土嚢に變裝して、嚴重な敵の監視をごまかして、爆藥を仕掛けに往復した徑路を示したものである。

十數年以前、戰蹟を訪ねた先輩達の記事を見ると、その頃の戰蹟は今日のやうに人工を加へず、往時を偲ぶ生々しい材料が、有りの儘に殘つて居たことが知れる。それが今では、自然の破壞を補足防禦し、當時の實況を説明するために、關東州戰蹟保存會が、嚴密なる用意を以て、多少の工作を施して居るのであるから、更に當時の面影を偲ばんとする者は、戰蹟記念館を訪ね、實戰參加者の製作になる戰蹟の模型や寫眞を見學し、參考にせらるるがよからう。

戰蹟は見世物ではない。例へ、風雨に叩かれ、地上の姿を止めずとも、なほ、そこに立つて、過去を追憶するよすがともなれば、それでいいのである。

私達はまた、吾が工兵に破壞された、厚いペトンの壁を踏み越えて、窖室内に飛び込んだ。

窖道は、高さ約三米半、幅二米半くらゐで、周圍は、厚さ一米の堅固なペトンで鎧はれて居た。ペトンのトーチカを露西亞では、三十六年前、至るところの堡壘に用ひて居たのである。

胸牆《きやうしやう》背面《はいめん》の咽喉部には、やはりペトン造りの二階建兵舍がかくされて居た。一個大隊ばかりも收容のできる、立派な、ぜいたくな兵舍である。

北堡壘が占領されたとき、先陣をした兵隊が、

「隊長殿、この裏手には油畫のホテルがあります」と、物々しく報告したと云ふ兵舎である、と云ふ案内者の話をきいて、私達は、どつと笑つたが、油畫のホテルとは、まことに適切な表現ではないか。

第三回總攻擊は、松山聯隊と高知聯隊の一大隊及び工兵一中隊が、この堡壘に當つて居る。ひよつとしたら、油畫のホテルなどと云つたのは、土佐の田舍者かも知れぬ。

露西亞は、海陸兩正面に亙る十數ケ所の堡壘、砲臺を僅か七ケ年の間に完成した。謂はゞ七ケ年の間に、遼東半島の一角を、立派に要塞化したのである。それにしても、七ケ年もの間、かかる大工事が、よくも、外部に漏れなかつたものである。

當時、旅順在住の日本人すら、その周圍の山々に、かかる大工事が施されて居ることは、知らなかつた程だから、いかに防諜に苦心したかが解る。

虛實の程は知らぬが、今でも、大連あたりの語りぐさに殘つて居る。露西亞は、この工事に從事した山東省の苦力を、國へ歸してやると喜ばせて置きながら、彼等を乘せた貨物船が、旅順を出て五時間くらゐすると、乘組員もろとも、自爆して、彼等を海底に沈めたさうである。

後に聞いた話だが、旅順の東郊に、白堊建ての化物屋敷が残つて居たさうだ。北堡壘の從業苦力三百人に、給料を渡すと騙つて家族もろとも招き寄せ、一齊射撃を加へて鏖《みなごろし》にした遺跡だつたさうであるが、今はなくなつてゐるだらう。

それにしても、これほどの要塞が、つい眼と鼻の間で構築されて居たことも、機關銃と云ふ威力のある武器が用ひられて居たことも、高壓電氣の鐵條網といふものがあつたことも、何ひとつ知らなかつた、當時の吾が諜報機關は、いつたい何をしてゐたのであらう。もつと、第五列が活潑に働いて居たなら、旅順の犧牲者は、半分か三分の一で濟んだに違ひない。

「此の事から推しても、如何に防諜と云ふことが、大切であるか、お解りになると思ひます。その點は、私共日滿兩國人も、當時の露西亞人に大いに學ばなければならぬと思ひます」

案內者は、その一語を以て、ペトン堡壘の說明を結んだ。

その結び言葉は、時局柄、聊か標語めいて、鼻につくやうであつたが、さいぜんから、同一の事實に就て感慨に耽つて居た私は、心から同感せざるを得なかつた。

旅順の要塞は、コンドラテンコ少將が設計したものである。

コンドラテンコ少將は、工兵大學校出身の戰術家で、築城の權威者であつたが、それ以上に彼を有名にしたのは彼の高潔な、武人的性格であつた。

籠城軍では、幹部と幹部の軋轢、士官と兵士の不和が、敗因を作つたと云はれて居る。コンドラテンコは、斯かる個人的な感情の總てを超越し、ステッセルからも、スミルノフからも、全幅の信賴を得て居たと共に、兵士達は、この將軍となら、いつでも死ぬことができると考へて居た。

攻圍軍は、要塞のベトン構造物を發見すると、從來の大砲では、破壞が困難であることに氣付き、內地の要塞から二十八糎榴彈砲を下して、運んで來た。

この大砲は、ベトンの壁も、やつつけることができると考へたのである。バルチック艦隊は、既に、本國を出發したと云ふのに、大切な要塞砲を、取りおろして、遙かに運んで來たとを見ても、當時の苦戰が想像できやう。

三十七年十二月十五日の夜、東鷄冠山北堡壘の視察に來たコンドラテンコ少將は、外岸咽喉部の窖室內で幕僚のナウメンコ、ラシエフスキー兩中佐、堡壘長フロロフ中尉等と、窖內に發生する有毒瓦斯の豫防について協議をして居たところへ、吾が軍の二十八糎榴彈砲が唸りを曳いて飛んで來た。彈丸は、堆土とベトンの各々一米ばかりを撃ち拔いて、場所もあらうに窖室内に爆發したので、コンドラテンコ少將以下數名は、生き埋めとなつて卽死し、運のいゝフロロフ堡壘長ばかりが重傷を負つたが、助かつた。

水師營の會見の日、ステッセル將軍は、乃木さんに、「コンドラテンコの遺骸は、東鷄冠山の、俗にロマンの山と呼ぶ丘の上に埋めてありますが、戰爭の終るまで、御保存願ひたい」と、依賴した。

コンドラテンコの令名を聞いて居た乃木さんは、もちろん喜んで承諾し、戰後、少將の遺骸は、我が軍の手によつて、ロマンの丘から、水師營の北方の露兵墓地に改葬されたと聞いた。

胸墻の記念碑から、だらだら坂を、外岸の西南咽喉部に降りてくると、撃ち拔かれた窖室の外部に、御影石の碑が立つてゐる。

碑面には、立派な楷書で、露國コントラデンコ少將戰死之所と彫りつけられて居たやうな記憶がある。いつたい、コントラデンコか、コンドラテンコか、コンドラチエンコか、何れが正しい呼び方であらうか。いろいろに書かれて居るが、此處ではやはり、コンドラテンコとして置かう。

漱石の「満韓ところどころ」の中に「A君の指して教へられた中で、ただ一つ質素な板圍の小さい家があつた。まるで日本の内地で見る普通の木造なのだから珍しかつた。何とか云ふ有名な將軍の住宅だと說明されたが、不幸にして其有名な將軍の名を忘れて仕舞つた。あゝ云ふ質素の家に住んで居られたのも、一つは人望のあつた原因になつてゐるのでありませうとA君は丁寧に敬慕の意を表される」と記されて居るのが、現在も市の東郊に殘つて居る、コンドラテンコ少將の住宅趾である。

この紀行文にA君とあるのは、攻圍戰に參加したことのある某中尉である。旅順の人達は、今でも公式の場合には、名將コンドラテンコと、敗將ステツセルのみは、やはり、敬語を用ひて語るのである。たいへん、床しく思へた。

6

戰蹟保存會の森田さんが誘ひに來たので、私達は、外套の襟を立て、首を竦めて、坂道を登つて行つた。街路樹のアカシヤには、古い莢がそのまゝ、冬枯の梢に鳴つて居る。坂の左手の、窪みになつた斜面には、露西亜時代の軍需倉庫が幾棟も寒々と寄り合つて居た。いつたい、今では、何に使つて居るのであらうかと、考へて居るうちに、私達はもう、丘の上の要塞司令部の玄關に着いて居た。

待つ程もなく、質素な應接室で、司令部副官の寺生少佐におめにかかることができた。

軍人の年齢と云ふものは、ちよつと見當がつきかねるものである。いつたい少佐は、何歳くらゐであらうか。今度の事變では、中支の各戰鬪に參加して、この程現職に就かれた、戰場生き殘りの殊勳者です、とさつきも坂道をのぼりながら森田さんから聞かされたが、會つてみると、たしかに歴戰の勇士と云ふ感じがするのである。

舊式な立襟の上衣を着けて、肉の締つた少佐は、短く刈つた、固さうな頭を兩掌で挾んで、どういふものか、耳が鳴つて耳が鳴つて仕やうがないと云つたので、たぶん、戰場で撃ち捲つた大砲の音の影響であらうと、素人流に私は考へた。

私が少佐を訪ねたのは、だいぶん面倒な用件であつたが、その方は直ぐ濟んで、少し雜談をした。

私は、この數日來、滿洲在留の日本人と云ふものに、いろいろの不滿を感じて居たので、それをお話した。

少佐は、うんうんと頷いて聞いて居つたが、「全くだ。どうも、恩と云ふものを知らんやうですな」と苦い顏をした。

「例へば、戰時に於ける軍隊の恩と云ふわけですか」と云つて、吾ながら幼稚な質問をしたものだと、呆れた。

「いやいや」と少佐は、頭を二つ三つ振り、「天地の恩、父母の恩、すべての恩です。こちらの人間は、何事でも、自分だけの力でやつたと思つて居る」と、解釋した。

二三日して、黃金臺のヤマト・ホテルは、かねて滿人のボオイが豫告したやうに、豫約の客でいつぱいになつた。私は止むを得ず退去して、市內の旅順ホテルと云ふ日本宿へ移つた。

なぜ、年末になると、俄に、ヤマト・ホテルが滿員になるのかと訊くと、それは、奉天や新京や、もつと不便な奥地で、成功して居る日本人が、避寒がてらに、新年を迎へに來るからだと、ホテルの人が答へた。

今年は、さらでもないが、例年は、黄金臺ばかりでなく、全市の日本宿が、此の種の避寒客で滿員になるさうである。

その同胞達が、今日、滿洲の各地に活躍し、盛大に生活できるのは　上御一人の御稜威によるところであり、且つ同胞達の實力の然らしむる所ではあらうが、また建國の人柱となつて、三十數年前、旅順の山に骨を埋めた勇士のお蔭がないとは云へないのである。さればこそ、單に氣候や、また內地的な生活のためばかりでなく、この聖蹟に心を惹かれ、奥地から態々出て來るに違ひない。その人達は、ホテルの高臺から日夜戰蹟を望んで、勇士の魂魄に、お禮を申すであらう。もちろん、在滿の同胞に限つた事ではなく、內地に住む私達も、恩に馴れて、貴い人柱の功績を忘れるやうなことがあつてはならぬと、私はふと前日の、寺生《てらお》少佐の言葉を聯想した。

恩と云ふものは、あながち、上から下へ施すばかりでなく、上の者が下の者から感じる場合もあるらしい。それに關係があつたか、なかつたか知らないが、そのとき少佐が「私は、戰死した部下の遺族が氣になつてならぬ。遺族の子供が、どういふふうに育つて居るか、見舞つて來たいと思ふが、今のところはどうにもならぬ」と云つた。

何から、そんな話が出たのかは忘れたが、それを聞くと私は、この司令部の建物こそ、戰爭當時は、ステツセル將軍の官舍であつたと、今更らしく思ひ出し、ペチカのある白壁の部屋を、嗅ぎわけるやうに見廻した。なぜかならば、ステツセル夫人は、その戰爭で討死した部下の遺兒六人を、この官舍へ引きとつて、育てゝ居たからである。

官舍は、丘の上にあつて、外見は大して立派なものではなかつた。

白玉山下に、堂々と港を睥睨する副總督ウオツコフ少將官邸などに較べると、ホテルと下宿屋くらゐの相違があつたやうに覺えて居る。少將の方がホテルで、中將の方が下宿屋だから逆である。下宿屋くらゐだと云つても、いまだに要塞司令部に使はれて居るくらゐだから、見掛よりも、良いところがあるのかも知れない。ウオツコフ少將官邸は、一時、州長官々邸にあてられて居たやうだが、今は何に使つて居るか、つい聞き漏した。

戰爭當時、有名だつた將官の官舍は占領後も、有名な日本の役人の官舍にあてられて居た。

さすがに、コンドラテンコ少將の住居だけは、誰が住んで居たか、話にも殘つて居らぬ。

工科大學は、露西亞の海兵團の兵舍、有名な旅順博物館は、將校集會所として建築中だつたもの、要港司令部は極東大守の官舍、師範學校は市營ホテルの址と、屈指の學校、官廳は悉く、ロシア時代の遺物であるが、中には甚だ不名譽な遺跡も殘つて居る。

宣戰の詔勅が發せられたのは、明治三十七年二月十日だつたが、その以前、事實として、國交は斷絶して居たのである。

八日の深更、東郷艦隊の驅逐艦十一隻は、旅順港口を襲撃して、敵艦三隻に大損害を與へた上、旅順市街に向けて大砲十數發を撃ち込んだ。

當夜は聖母マリヤの祝日、提督スタルク夫人は、全艦隊の士官を招待し、新市街のレストランで夜會を開いて居た。席上、砲聲を聞いた士官達は、今夜、別に演習はなかつた筈だが、などと語りあつて、相變らず、ダンスとウオツカに、うつつをぬかして居たさうである。

そのレストランが、現在では市立女學校の講堂に使用されて居る。甚だ不名譽な遺跡が、女學校の講堂に用ひられても、文句のでないところが、外地らしくて面白い。

7

乃木大將の司令部があつた柳樹房《りうじゆばう》を、見せて置からと云ふので、森田さんが迎へに來てくれたのは、師走には珍しく穩かな、もはや連翹の花でも咲きさうな午後であつた。

大陸には、三寒四溫と云ふ周期的な氣候の變化があるので、よほど凌ぎ易い。

大連行の汽車には、まだ少し時間があつたので、森田さんは、先きに立つて、旅順驛前の福壽館と云ふ食堂へはひつて行つた。お茶でも御馳走するのかと思つたら、森田さんは斷りもしないで、板の間を拔けて、薪だの空箱だのを積みあげた裏庭へ出て行つて、

「これが露西亞時代の旅順驛です。ごらんなさい」と云つた。

裏手には煤けた白壁や、無細工な硝子窓が其の儘に殘つてゐる。終端驛にしては、ひどくお粗末で、小さい建物である。

家の主人は、なかなかの好事家ゆゑ、居れば、露西亞時代の蒐集品を見せて貰へたさうだが、あいにくの留守で、と云つて、赤坊を抱いたお內儀さんがお茶を出してくれた。引き締つた容貌の、お內儀さんと呼ぶよりも、奥さんと云ふ方が似合ふ人柄である。訛をきいて、私の

同郷かと思つたら、和歌山縣だと答へた。

時間がないので挨拶もそこそこに汽車に乘つた。森田さんは顔がひろいので、何處へ行つても木戸御免らしい。

汽車が入江を離れると、右手の窓に中村少將の白襷決死隊で知られた松樹山補備砲臺が覗いて居る。

これが步兵第二聯隊の奮戰地だの、あすこの地隊には、敵の地雷が八つも埋めてあつたのと、森田さんは、指差しながら敎へてくれるのだが、豫備知識のない私には呑みこめず、無暗にうろうろして居るうち、汽車は、次の驛の龍頭《りうとう》に停つた。

龍頭驛を出て、よほど來た頃、森田さんは、あツしまつたと云つて、頭を押へた。あんまり、話に夢中になりすぎて、肝腎の柳樹房を通りすぎてしまつたさうである。仕方がないから、歸りに見ることにします、と云つて森田さんはまた、淺草時代の思出話を始めた。

龍頭の次の長嶺子驛で、大連から來る列車と擦れ違ひになるので、それに乘り換へて歸る豫定である。

長嶺子驛の下りホームには、二つの案内板が立つて居る。竪に細長い方には「當驛は日露戰爭當時終端停車場たりしところなり」とあり、横に廣い分には「當驛を發車して約五分、鐵道線路の左方に日の丸の旗の立つて居る民家は、乃木大將の駐營せられたる第三軍司令部の跡なり」と書いてあつた。

「これでも、あんた、一枚に七圓宛かかつたが、出して貰ふところがなくて、まあ、この驛が自腹を切つたと云ふわけですよ」

蛭子《えびす》顏の驛長さんが、元氣な聲で云つて、腹をつき出すと、人のいゝ森田さんは、

「さうでせうとも、濟みません、濟みません」と、吾が責任か何かのやうに、頻りに、頭を振つた。

「今度こそは、見のがさぬやうにしませう」

森田さんは、ぴつたりと、窓に顏を押しつけて、待機の姿勢をとつた。さうしなければ見のがす恐れがあるほど、柳樹房は、目立たぬ部落であつた。

遠方は、枯木立のやうな、丘のやうな、いかにも曖昧な風景である。手前は、赤土の高粱畑

だが、今は、草も土も枯れて、かさかさして居る。

線路から百米ばかりのところに、村の學校らしい家が見えた。楊柳が多いので、柳樹房かなと思つて居ると、

「ほら、あれです、あれです」と、森田さんは、腰を浮かした。

沿線の至るところで見受けられる、裏庭に、石の圍壁を抱いた農家が、十軒ばかり並んで居る。その手前から何軒目かの、白い煙を吐いて居るのが、乃木さんの居られた所なのである。嚴密に云へば、乃木さんの居られた所の遺跡なのである。なぜかなら、その當時の家は、いつかの昔に取りこはされ、あの家も部落も、その跡へ出來たものですと、森田さんが説明を加へた。

驛の案内板にあつた、目印の日の丸は、その家から少し離れた畑の中の、高い柱の上に、風に吹きちぎられて、ほんの申わけばかり殘つて居る。

荒涼たる眺めではあるが、楊柳もあれば、石垣もあり、細流のあとらしいものも殘つて居て、南畫風の村だが、日露戰爭の當時は、見るかげもない不潔な部落だつたらしい。當時の寫眞を

見ると、司令部と云つても、楡の木のもとに、引き廻したアンペラ莚の風除けだけが寫つて居るばかりで、かんじんの家などは見えないのである。

この小屋の中で、司令官の乃木さんが、令息保典少尉の戰死を知つたのは十一月二十八日の夜であつた。長男の勝典中尉は、その以前に、南山で戰死して居たことは、誰でもが知つて居る。

司令官の部屋は、三坪ばかりの土間だつたらしい。床にはアンペラが敷いてあつた。床の上の、粗末な机には、一本の蠟燭がともつて居た。机の上には、折り重ねた地圖と、鉛筆が一本。

滿洲の十一月は、もう完全な冬である。比較的暖かな旅順あたりでも、下旬には氷點下五度などと云ふ寒い日があつた。

乃木さんは、小さな瀬戸の火鉢に螢火ほどの燠《おき》を入れて居た。疲れると、蠟燭を吹き消し、外套をかぶつて、ごろりと床の上に、まどろまれる。

隣室の部屋のベルが、けたたましく鳴つた。暫くして、參謀の白井中佐が「閣下」と聲をかけた。「何か用か？」と乃木さんは、机の上の蠟燭に灯をつけた。蠟燭とマッチの位置が、きちんと決まつて居たので、手さぐりなどする必要がなかつた。

「戰況を申しあげます。――二〇三高地は、また奪還されました。死傷は不明でありますが、相當多數の見込みであります」

白井中佐は、少し蒼い顏をして立つて居た。

「報告はそれだけか」

乃木さんが、訊いた。

白井中佐は、隱しきれないと思つた。

「閣下の御令息が、戰死されました」

乃木さんは、さらかと一言云つたきりで、ふツと蠟燭の灯を吹き消した。眞暗の中で、誰かが、アンペラの床の上に、倒れたやうな氣がした。一說に、乃木さんは、どつかと安樂椅子に腰を落されたと云ふけれど、椅子は用ひて居られなかつたと思ふ。

　その村である。

「あれを、ごらんなさい」

森田さんが反對の窓を指差した。窓から手の屆きさうなところに、三十六聯隊が奮戰したクロパトキン堡壘の、ずんべら坊な頭が、くつきりと見えた。

「何ですか？」と、私は訊ねた。

「夕陽ですよ。赤い夕陽ですよ」と、森田さんは、せき込むやうに答へた。

冬の夕陽が、いま鳩灣の上に落ちようとして居る。ほんたうに赤い夕陽である。高粱畑や、赤土の丘が、血の色に染んで居る。眞紅な、鮮かな地面に、楡の若木や、野生の棗が、細い陰を引いて居る。紫の、透きとほるやうな陰である。

赤い夕陽の滿洲など云つても、その後には二度と、こんな赤い夕陽を見たことはなかつた。

8

ホテルから、庭下駄でも行けるところに、黄金臺の海水浴場があつた。

季節でない今日、プールの水も乾あがつて底を見せ、更衣場の扉ははづれ、荒涼たる風情であるが、おかげで、瞑想を妨げる人影のないのが有難い。

明るい日光が、砲臺の山を背に負つた砂濱に冴えざえと溜つてゐる。穏かな波頭が、寄せては返し、返しては寄せ、渚の砂を洗つてゐる。この海が、つい昨日のやうな過去に、敵味方幾千の勇士を呑んだ海であるとは思へない靜けさである。

「あのあたりですつて」

少し離れた、尖り岩の上に突立つて、海面を物色して居た土屋さんが、ぐつと振り返つた拍子に、外套の、細い胴が、折れさうに撓んだ。土屋さんは、大連日日新聞の婦人記者だが、まだ若い良家の令嬢なのである。

「何がですか？」

私は、渚の方へ歩きながら訊いた。

「第三回の港口閉塞に、朝顔丸が乗りあげたところですの」

土屋さんの立つて居る岩から、砲臺の山へ、太い針金を張り、閑人莫入の制札が、ぶらさがつてゐる。日本なら、さしあたり「無用の者入るべからず」と云ふわけだが、閑人の方が簡單で面白い。

莫入とあるので、思ひとまつて、私も岩の上にのぼつて行つた。そこからは、黄金山の突角に妨げられて、港口を見ることができぬが、そのさきに、ずつと、老虎尾半島の海岸や、まばらな漁村が見られた。

朝顔丸が参加した第三回の港口閉塞作業は、三十七年五月三日の夜明け前に決行された。出發前、東郷司令官さへ氣遣つたほどの荒天だつたが、總指揮官の林中佐は、地風なれば港口は靜穩なるべしと、判斷して出發した。途中、風雨益々激しく、行動不能に陷つたので、林中佐は、全隊引返せの命令を發したが徹底せず、十二隻のうち、八隻は命令を知らずに、港口めがけて難航を續け、そして乘組員の一人も生還した者はなかつた。

向菊太郎少佐の朝顔丸は、舵機を損じ、港口を遙かに離れた黄金山下の巖礁に乘りあげて自爆したのである。

その夜明け、黄金山の砲臺に、ジヤツクナイフや短刀を口に銜へて、搔き登つて來た數名の閉塞隊員があつた。

海側の絶壁は、高さ數丈、直立せる石英質の岩磐で、人力をもつては、到底登攀できる筈もない所を、搔き登つて來たのである。

激しい爭の後に、露兵が其の死體を取り片付けようとして見ると、勇士等の指先は篩《さゝら》のやうに破れて、中には骨を現したものも有つた。

岩壁を搔き登る際に剝脫したものである。

砲臺司令の某大佐は、驚嘆して、事の顚末を、ステッセル將軍に報告した。

それを聞いたステッセル將軍は、「日本は神國と云つて居るが、閉塞隊の勇士達こそ、人間でなく、神であらう。昨夜の怒濤に打ち寄せられた、他の死體も合せて、鄭重に埋葬せよ」と命令した。

現在、旅順驛の南方、白玉山の中腹、櫻山公園と呼ばれる所に、閉塞隊員の墓地がある。恰も、旅順西港を眼下に見下す所に、數段に分つて埋葬されて居るのが、その名殘りである。

山の名の由來する櫻樹數十株は、戰後日本人の手で植ゑられたもので、露軍が埋葬してくれた當時は、公園でも何でもなく、只の荒地だつたに相違ない。

もちろん、勇士達の壯烈な行動、悲壯な最期には、感動せざるを得ないが、露軍のとつてくれた處置にも、感謝せざるを得ないのである。

その頃は、まだ日本軍にも露軍にも昔ながらの床しい武士道が、實踐されてゐたのである。十二月二日だつたと思ふ。或は十日だつたかも知れない。東北正面の激戰地には、敵味方の戰死體が、累々と重なつて、足を踏み入れる餘地もないくらゐになつた。死體が邪魔になるよりも、どうにも、これを踏みつけて戰ふには忍びない氣がしたに相違ない。

合議の結果、我が先頭部隊の兵が、ハンカチーフを振つて、おいでおいでをすると、敵の將校が、のこのこと這ひ出して來た。

敵の軍使が、白旗を立てゝ、我が前線を訪れ、先方から、死體の收容を申し込んで來たといふ説もあるが、どちらにしても、午後二時から三時の間、全線に亙つて、赤十字旗をひるがへし、停戰して、死體を收容する協定ができた。

その際、彼我兩軍の將士が、示しあつた人情に就いて、微笑ましい挿話がたくさん殘つてゐる。微笑ましい挿話などはどうでもよいのであるが、我が戰死體の一つ一つが擔架で運ばれるのを見て、その附近の露兵は、一々、擧手の禮を以て、これを送つたさうである。

斯らいふ、武士的な精神は、骨肉相爭つた戰國時代か、あるひは、私共の想像によつて描かれる小說、映畫の中にのみ見られるものであると思つてゐたが、餘り遠くもない過去に、かかる事實が行はれてゐるのである。

第二回の總攻擊以後は、東鷄冠山北堡壘の戰闘は、殆んど外岸窖室內で行はれた。ペトン造りの隧道の中で、約五十日に亙る長期戰が續けられたのである。

鐵板、土嚢を防禦物とし、甚しいときには近々二米の近くに、鼻を突き合はせて、對峙したことがある。

露兵の鼾を聞いて、我が兵も假睡《まどろ》む。露兵の食器の音をきいて、味方でも食事を始めるといつた狀態の日が數日續いた。防壁と天井との間に、一二尺の隙間があり、そこから、手榴彈や銃彈の應酬をして居たのであるが、ある日、露兵側から、爆彈のかはりに、一塊の黑麵麭を投げて來た。

はじめのうちは、毒でも塗つてあるのではないかと警戒したが、無事だと知れると我方からも、煙草や罐詰を投げてやる。或日の如きは、天井からニユツと銃劍が出たので驚いたが、それにはウオツカの瓶が結びつけてあつたので、勇を鼓して飲んだ我が兵が、醉拂つてお國自慢のヨサコイ節をうたつたなどと、その戰蹟の案內者は、面白半分の說明をした。

そのとき、見學者の一行は、一人殘らず聲を出して、どつと笑つた。いゝ話だ、面白い話だと云ふやうな顏をしたのである。

私もまた、愉快な話だと、心たのしく聞いた。それだけの餘裕があつてこそ、大きな戰爭ができるのだと思つた。

殊に、彼我兩陣地の中間に於ける、ペトンの天井を削りとつた、戰ひの激しさを語る幾百幾千の彈痕を見て、よけいにその對照の面白さを感じたのである。

戰爭は全ての人間性を無視し、ひたすら作戰の遂行を急ぐべきものではあらうが、長日月に亙る苦戰のあげく、狹いトンネルの中に、五十日も緊張して居れば、少しは、ほつとするやうな時間も、欲しくなるに違ひない。さもなくとも、敵といひ味方といふも、同じく忠君愛國の同志である。對陣の長期に亙れば、自ら心の通ふものがあつて、互に慰め、互に敬ふのも、また武士道の發露であると私は思ふのである。

物々交換の朗話に眉を顰《ひそ》める者でも、ある將校の陣中手記に殘された、左の挿話には心を搏たれることゝ思ふ。

第三回總攻撃に入つてのある日、敵の陣地から、吾が攻路頭めがけて、一通の封書が投ぜられた。開いてみると、一將校から、本國の母に、無事を知らしてくれといふ依頼で、電報料として、露西亞の十ルーブル紙幣が封入してあつた。同情すべき事情もあつて、我軍でも特別の取り計らひをもつて、芝罘の英國領事館を經由し敵將校の願ひを達してやつたが、迂回したので電報料が十八ルーブルに嵩み、結局八ルーブルの不足になつた。そのことをまた、吾が攻路頭から知らせてやると、折返し敵から返書が來た。その中から、日本の十圓紙幣が現れたので、さては露兵が、借金を返して來たのかと手を叩いて笑つたが、後になつて、通譯官に讀んで貰ふと、その手紙には、次のやうなことが書いてあつたのだ。

日本の戰友よ。此處に封入してある日本紙幣は、昨夜勇敢にも吾が壕內に飛び込んで來た日本兵のポケットから出たものである。もちろん彼は戰死した。沒收するに忍びず返却する。願くば、勇敢なりし彼の冥福を祈つて貰ひたい。電報料の不足八ルーブルは、月給の渡る日まで待つてほしい。

死生の間に居て尙ほ道を忘れぬ敵の將校、陣中の感激を手記に留めて敵を讃美する我が一士官、何れも共に武人の鑑とするに足るであらうと床しく思つた。

黄金山下、朝顔丸を沈めた海は、鏡のごとく、私の聯想を映していつた。振り返ると、私達の直ぐ頭の上には、かつてこの濱邊にボートを乘り捨てた閉塞隊の勇士達が、死の坩堝をめざして、搔きのぼつたであらう、砲臺の岸壁が、押被さるやうに聳え立つてゐる。遙かな崖の上には一叢の枯草が日に輝き、その上から、飽まで深い紺碧の空が、壓へるやうに覗いてゐた。岩壁には、石英質の節理が、稍々長く斜に走つて居る。勇士達は、その裂目に、爪を掛けて登つたであらう。その曉は、烈しい風雨だつた。

「何處かに、爪の痕が殘つて居るやうな氣はしませんか」

私は、崖に眼を寄せて、冗談らしくいひ、ふと胸を刺されたやうな氣がした。

9

この市《まち》には、「旅順の鬼」に取り憑かれて、此處に永住の臍を固めた日本人が、少くないといつた記憶がある。

特別に、風光明媚の土地でもなく、大して金儲けのできる所でもないのに、日本人が、骨を埋める氣になるのは、いまだに、此の土地に、同胞三萬の英靈が、神となつて殘つて居るからであらう。

そんな土地柄ゆゑ、俗人や野心家には用がなく、特別の境遇や性格を持つた人達ばかりが居殘り、そして、その人達が聖地旅順の性格を築いてゆくのである。

その中に、三十七年前の閉塞隊勇士が、二人も混つて居ることは、特筆してよからうと思ふ。その一人の松崎さんは、市會議員も勤めたことのある、大きな紙店の主人だつた。松崎さんは、戰爭の直後、旅順へ來てから、松崎姓に變つたと云ふから、閉塞隊の當時は、別の姓であつた筈だが、ついそれを聞き漏した。

高貴の方や、著名な參觀者があると、松崎さんは、港口の閉塞隊記念碑のもとに立つて、當時の模樣を說明することもあるので、松崎さんの名は、相當に廣く知られて居る。

廣瀨中佐の福井丸に乘り組み、軍神の最後を目擊したといはれて居る松下軍吉さんは、新市街にある、關東州專賣局旅順工場の汽罐係を勤め、丘の上の舍宅に、侘しい獨身生活を守つてゐる人で、世間的には餘り知られて居ないやうである。奥さんは旣に逝くなつたし、二人の息子さんは、內地の鐵道で、相當の位置に出世してゐた。もうよいかげんに內地へ歸つて樂隱居してもよささうだが、松下さんは、とても旅順を離れる氣にならぬと云つて阿片工場のボイラア焚きに、甘んじてゐるのである。

第二回港口閉塞の記錄を見ると、第二閉塞隊指揮官海軍少佐廣瀨武夫、指揮官附海軍上等兵曹杉野孫七、機關長海軍大機關士栗田富太郎以下、操舵員、信號員、第一直機關部員と竝んで、第二直機械掛二等機關兵曹松下軍吉（敷島）とあるのが、この松下さんなのである。船が根據地を出發し、港口に達するまでには一晝夜以上の航海を要するので、一直と二直に勤務時間を分つたもので、松下さんは、福井丸乘組の機關部員では、一番の先任下士だつた。

私達が、新市街の阿片工場に、この老勇士を訪ねて行つたのは、一月下旬の、恐しく寒い午後であつた。ちやうど、滿人の舊歳末で、缺勤者が多く、松下さんは、手が離せなかつたので、その間に、露西亞時代の植物公園だつた後樂園と、有名な博物館を見て置からと思つた。灯ともし頃、私達は、バス發着所の隣りにある、小さな食堂から、電話をかけて、松下さんと連絡した。

間もなく、松下さんは、詰襟の仕事服に外套を重ね、颯爽とやつて來た。

少くとも、六十を三つ四つは越して居なければ、勘定の合はぬ年輩だが、そんなに老けては見えぬ。ちやんとした姿勢で、胡麻鹽の丸刈頭や無性髭が、寫眞で見る乃木將軍そつくりの風采であつた。

私達は、顏の廣い同行者の肝煎で、そこの二階の一室を借りて、松下さんの話をきくことにした。あいにく、その部屋には煖房裝置がなかつたので、脊筋がぞくぞくした。

「あのとき、あなたは、どういふお氣持で、決死隊を志願なすつたのですか」

のつけから、そんなことを問ふて、いけなかつたのではなからうかと後悔したが、松下さん

はちつとも氣にしないで、暫く考へてから、

「愈々といふときまで、閉塞作業であるか何であるかをあかさずに、生命を呉れる者は志願しろといふことでした。その頃、吾々は敵を見くびつたり、侮つたりするやうなことはなかつたのです。寧ろ恐れて居たほどなので、何をやるにも、生命がけでやらねば勝てんと考へて居ました。まごつけば、敵は先づ九州に上陸すると云ふ氣がしたのです。何でもいゝから志願しろつてことになつたのです」と、率直に云つた松下さんの眼には、涙がいつぱい溜つて、きらきら光つて居る。いつたい、どうした涙であらうか。いつの間にか、高い天井に、二十燭ばかりの裸電燈が、ぼんやりと灯つた。

話は、いつの間にか、第二回の閉塞隊に移つてゐた。

「私達の船（福井丸）は、千代丸の爆沈を見て、左側に出たんです。そのとき千代丸の甲板で、盛な萬歳の聲が聞えたので、私達もやりましたよ。敵の砲臺の前で、腹いつぱい萬歳を叫ぶ氣持は、何とも云へませんて。ちやうど、船がいゝ位置に來て居つたので、廣瀬さんは、ブリツヂから、錨を下せ、錨を下せと、呶鳴つて居られた。そのとき、錨の係りの杉野さんは、

もうゐませんでしたらう。船は、潮に押されて移動する。どかんと、敵の水雷を受ける――」

松下さんは、廣瀬中佐のことを、水雷長とも、指揮官ともいはず、少しアクセントをつけて、廣瀬さんと呼んだ。それが、其の場合、ひどく率直に聞えた。

杉野上等兵曹が、いつゐなくなつたのか誰も知つてゐる者はなかつた。あとになつて考へると、随分前から居なかつたやうな氣がするんですと、松下さんはいつた。

廣瀬さんが、杉野さんを捜して居る間に、千代丸のボートは引き揚げてしまつた。福井丸のボートが、船から四五艇身ほど離れると、廣瀬さんは、一寸待てと云つて船から引いて來た、爆破用の電纜《コード》の、スヰツチを、指揮官自身で押した。

爆破の明りで、ボートの位置がはつきりわかつた。敵の探照燈と砲彈が、たつた一隻のボートに集中された。

あいにくの上げ潮で、力漕しても船は、遅々として進まず、艇の周圍は、落下する敵彈で、海面が大釜の煮えくり返るやうに見えた。負傷者が續出した。そのたびに、廣瀬さんは、分つたから騒ぐな、騒ぐなと制し、俺の顔を見て、確り漕げ、と勵ました。

「廣瀬さんが、いつやられたか、竝んで舵をとつて居た飯牟禮《いひむれ》兵曹も知らなかつたんです。氣がついたら、もう居られませんでした」

さう云つて、松下さんは悄然とした。

そのとき、一隻の驅逐艦が近寄つて來たので、味方の驅逐艦が、收容に來てくれたのかと喜んで漕ぎ寄せて見ると、敵艦だつた。

「私共は、覺悟を決めました。かねて、廣瀬さんから、敵艦に出會つた場合は、漕ぎ寄せて露西亞語で斯ういへと、その露西亞語も敎へられてゐましたが、今では忘れてしまつた。何でも兄貴とか兄弟とかいふのでしたが、そして、敵の油斷を見すまして、斬り込み、その敵艦を生擒りにしろと、いはれて居たのです。廣瀬さんが居られたら、必ずさう命令されるに違ひないから、吾々でやらうと腹を決めて居たのです。だが幸ひにも敵は吾々のボートに氣がつかず、味方の砲彈に恐れをなして、檣の上で、靑い灯を、ぱちぱちと明滅させました。信號です。すると、えらいもので、探照燈も、砲彈も、ぴたりとやまつた。さあ、この間だと云ふので、一生懸命漕ぎましてね――」

松下さんは相好を崩して、にこにこしながら話した。きつと、その時の、激戰の様を、思ひ出したにちがひない。

松下さんは、滿期になると、直ぐ旅順へやつて來た。指揮官や、戰友を呑んだ旅順の海は、縱横無盡に走る探照燈の間からちらと見た旅順の山は、いつたいどんな所であるか、見たくてたまらなかつたからだ。

「こんな所だつたのかと思ひましてなあ。毎日海岸を歩きましたわい。廣瀬さんの形身か何か落ちて居やしないかと、探しましたよ。今でも、折々あの邊の濱を歩きますよ。ひよつとすると、廣瀬さんや、それから同僚の死骸が、思ひがけない所に、沈んでやしないかと思ひましてなあ」

そしてまた、松下さんは、涙を浮べた。勇士なればこそ、泣けるのだと思つた。

私達のバスが、動き出さうとしたとき、松下さんは、突然鬚だらけの顔を、窓に押しつけて、

「また來なさいよ。アカシヤの咲く頃が、いちばん良い季節ですから、その頃、いらつしや

い。待つて居ますよ」と云つた。

バスが走り出してから私は後部の窓から、人通りのない町の眞なかに突立つて、私達を見送つて居る松下さんの姿を見た。

發着所の戸口から、さつと流れた電燈の光が、舞臺の照明のやうに、この老勇士の立像を、ありありと照して居た。私は、今でも、その毅然たる姿が、眼の底に殘つて居る。

10

戰蹟巡禮の一行は、二〇三高地と、赤坂山の鞍部で、自動車から降りた。そこから頂上の堡壘跡まで三丁ばかり、角石のごろごろした、かなりの急坂を登らねばならぬ。

案内係の運轉手は、馴れた足どりで先頭に立つたが、女車掌と、子供連れの婦人客は、そこの石室のやうな茶店に居殘つた。男の中にも、途中から引返した人があつたが、とにかく、山腹を卷いて登り易い路が開かれて居るのである。この何倍も急な、北斜面を、遠い谷底から一氣に駈け登つて來ては斃れた兵士の困難を思へば、問題にもならぬ道である。

こちらの斜面にも、露兵の死骸が重なりあつて、占領後取片付けに困つた。麓の方で、死體を引き抜くと、頂上からずるずると、ずり落ちて來たといふ話も殘つて居るくらゐの急斜面である。

此處に行つた人達の話をきくと、滿人の子供が、尻押しをやつてくれるさうだが、どういふわけか、その日はゐなかつた。

子供はゐても、遠方から、警戒するやうに、じろじろと私達を見てゐる。とても汚い、氣狂ひのやうな男女の子供で、小脇に笊を抱へてゐる。こんな風體の笊を抱へた子供は、大連や旅順の裏町にもゐる。內地のバタ公である。

だが、この山の中で、いつたいバタ公は何を漁るのであらうか。戰爭の直後には、彈丸がらや、戰死者の持物が落ちてゐたさうだが、今でも、土を掘ると、彈丸がら位は出て來るに違ひない。東鷄冠山にも、斯らいふ種類の子供達がうろついてゐて、私達を見ると、こそこそと遠方へ逃げて行つたものである。

登り詰めると、陣地の跡が、少しばかりの平地になつて殘り、そこに、彈丸を鑄て造つた表忠塔が立つて居る。

そこからは、海陸兩面の防禦陣地が手にとるやうに俯瞰された。旅順の港も、市街も、石を投げれば屆きさうに見えるのであつた。

バルチック艦隊は、旣にアフリカの沿岸を南下し、奉天附近には、敵の大兵力が集結しつゝあつた。

旅順の攻略を急ぐ爲には、どうしても、此の高地を占據して、此處に吾が觀測所を置くより他には方法がなかつた。

吾が、第一、第七兩師團は、總力を擧げて、日夜、强襲を連續し、山の斜面を悉く戰死者で埋め盡したやうな激戰を繰り返した。敵もまた逆襲に次ぐに逆襲をもつてし、彈丸盡きて、毆り合ひ、摑み合ひの死鬪が繰り返された。

確實に占領された十二月五日は、前夜から、旅順には珍しい雪が降つてゐた。數日來の寒さで、死骸は、こちこちに凍つてゐた。

漸くにして、西南突角の一部に取りついた、七師團の兵士が、最初に見たものは遙か眼の下の、雪に圍まれた港だつた。港には、敵の軍艦がゐた。

「海だッ。海だッ」と氣狂ひのやうに喚いた。この海を見んために、一萬の戰友を失ひ、またその死體を乘り越えて來たのである。

暫くして、一人の兵士は、思ひ出したやうに、引つ返すと、そこに斃れてゐたかちかちの死體を引き摺つて來て、土嚢の上にのせ、凍つた眼を無理に引きあけ「見ろッ、見ろッ。海が見えるぞ」と云つた。

その海を、その港を、私はいま感慨を以て、眺めて居るのである。今日、一隻の敵艦もゐない旅順の港は、ただ一枚の鏡のやうに、きらきらと光つてゐた。

「中腹に、小さい松の木がありますね。その側に白い石碑が見えるでせう。あれが乃木保典少尉の戰死された位置であります」

九月より十二月に亙る、激戰の經過を、一通り説明して後、案内者は、聲を落して、北斜面の一點を指差した。

「乃木少尉は十一月三十日、友安少將の命を受け、左翼隊へ傳令に行く途中、あの位置で敵彈に斃れたのです。以前は、立派なお墓があつたさうですが、明治四十二年十一月、白玉山表忠塔の除幕式に参列された乃木大将がごらんになつて、この山には二千二百十名の白骨が埋まつてゐる。保典一人の墓を見るには忍びん。好意は感謝するが、取り壊して下さいといふお話でした。その後、有志相計らひまして、戰死の場所として記念碑を殘したのであります」

と、いふ意味のことを、もつと詳しく話した。

乃木さんは、枯草につかまり、その地點まで降りて、凝つと地上を見詰められたが、直ぐ、すたすたと登りだした。そして、二度と振り返らず、歸途に就かれた、などの話は、いかにも乃木さんらしくて、よかつた。

二〇三高地は標高をその儘呼稱としたので、固有の名稱は老爺山、露名はウイソーカキだつた。守將トリチエコフ少將は、屈指の猛將だつたので、部下にもなかなかの猛勇がゐた。東北突角で、我が二十八聯隊の高井中尉の咽喉に嚙みつき、自分も刺し殺された敵兵は、あとで調べてみると看護卒だつたさうである。

二〇三高地の説明は、聞く方も疲れた。歸途は、少し、ぼんやりして、山を降つた。見渡す限りの堡壘の山々を越え、眞蒼な空に、冠毛を持つた草の實が、飄々と飛んで居る。いつたい、何處まで飛んで行くのであらうか。

茶店の前に來ると、案內者は、東に竝んだ高地を指さして、其處が、赤坂聯隊の苦戰した赤坂山であると云つた。旅順では、何處へ行つて見ても苦戰の跡ばかりで、一擧に占領のできた山などは、一つもなかつた。

この赤坂山は、附近の戰死體を集めて燒いたところで、今でも土を掘ると燒けたものが炭になつて出て來る。ずつと後まで、そこいらから流れ出て來る水は、屍體の脂で、ぎらぎら光つて居た。希望の方があれば、登つてごらんなさい、お待ちしますからと、案內者が云つたが、誰も希望者はなかつた。まさか、私一人のために、他の客を待たすわけにもゆかず、私も車に乘つたものゝ、何となく心殘りで、思はず呟いた。

すると、それを聞いた案內者の足立運轉手が、それでは、十二月二十九日の二龍山陷落記念日に、バスのコースを變へて、臨時に二龍山へ登るつもりだから、便乘してはどうかと、こつそり誘つてくれた。願つてもない機會だから、よろしく、お願ひしたものゝ、なぜ「それでは」であるか、二龍山に行つてみるまで、その意味が諒解できなかつたのである。

二龍山堡壘は、旅順の北正面に當り、東北防禦線中での最大の永久堡壘であつた。金澤第九師團の奮戰地で、幾度も强襲を試みた擧句、金澤工兵の決死隊は、十二月二十八日の午前十時四分、胸墻の大爆破を試み、胸墻内の敵約五十名、内斜面掩蓋の約二百名を生き埋めにしてしまつた。同時に前進して居た敦賀、鯖江《さばえ》兩聯隊の選拔部隊の過半が、地中に生き埋めになつたが、此の機逸すべからずと、後續部隊は、附近諸堡壘よりの猛烈なる砲火を浴びながら、戰友の埋沒せる土を踏みつけ、二十九日午前三時、完全に占領することができた。我が軍の死傷千二百、占領當時殘存した敵兵は、僅に三名であつた。激戰の程が想像せられるのである。

從來は、自動車路から遙かに離れて居たので、巡歴コースにはいつてゐなかつたが、昭和十六年九月頃、新に自動車路を、導入すべく工事中、當時、生き埋めになつた我が勇士の死體と推定さるべき白骨が、累々として現れたさうである。吾が軍の死體であることは、帽子の星章で知れた。敵の死體は、まだどれほど埋まつてゐるかも知れない。

私達のバスは、東鷄冠山より水師營に降る途中を、右に分れて、草山の新道を登つて行つた。從來見學コースに當つて居なかつたので、他の堡壘よりも、ずつと戰蹟の匂ひが濃厚に殘つてゐた。眞暗な隧道や、煉瓦作りの兵舍や、發電所の跡が、誰にも踏みつけられないで殘つてゐる。

私達は、二度も、眞暗な、胎内潜りのトンネルを拔けた。これは、東鷄冠山北堡壘の外岸窖室とはちがつて、堡壘から兵舍へ、或は他の部分への通路だつたかも知れぬ。

生き殘りの敵が、たつた三人隱れて居たと云ふ坑道は、二三ケ所の空氣拔きがあつたが、内部は眞暗闇で、足もとが危險だつた。爆破の際、土砂が流れたと見え、出入口とも、かなり急な傾斜道になつてゐた。

同行の森田さんが、氣を利かして、蠟燭を持參してゐたので、私達はそれをともして入坑した。そんなこととは知らず、後から續いて來た人達は、出ることも、這入ることもできず、悲鳴をあげて、救けを求めたりした。坑底を踏むと、太鼓のやうな音がした。

死體が埋まつてゐるからです、と云つて、森田さんはげらげらと笑つた。今では、どうか知らぬが、戰爭の直後に、この堡壘を訪ねた人達の記錄を見ると、足もとに異樣の感じがしたので、掘つてみると軍服の死體がうつ伏して居たなどと書き殘してあつた。

此處の兵舍の中には、ひよつとすると、露兵の私物が殘つて居るやうな氣がしたが、一行が、どんどん引返して行くので覗いてみる餘裕がなかつた。

一行が、車に乘り込むのを待つて、森田さんは、私を誘つて、廣場の隅の、山を切り開いた所へ連れて行つた。

見ると、材木の燒けたらしい木炭と軍服が重なつて層をなして居る。その間に、白骨の片が、貝塚の貝殼のやうに混つてゐたことはもちろんである。

私は、軍服の一片を摘《つま》みとつた。黑い荒い、二十年も前に、私達の用ひた軍艦羅紗《ぐんかんらしや》である。もう三十何年にもなるのに、燒け殘つた儘で、土に埋もれて居たのである。

私は、ていねいに紙に包んで、ポケットへ入れた。そして、自動車の中でも、それを大切に抱きしめて、どんな兵隊が身に着けて居た戎衣であらうかと、さまざまの姿を、心に描きながら、ふと、いつか金澤へ行つて、その兵隊の緣者をさがし出し、この一片の戎衣をお屆けしたいなどと、つかぬ事を思つた。

水師營は、明るい、豐かな、田舍町である、町の兩翼には、支那流の圍壁をめぐらした農家が、片陰の裏道を挾んで竝んで居た。飯店や靴屋や雜貨商が軒を竝べた中心街の裏手には小規模の小盜兒《シヨートル》市場があり、市場の中には、深い共同井戸があつて、水汲みの若者が集つてゐた。市場では、葱百匁八錢、玉葱十錢、豚のロース七十五錢、日本内地の相場と大した相違はなかつた。

町の曲り角の、赤い孔子廟の下に、馬車の溜り場があり馬尿の惡臭が鼻をついた。同じ場所に、バスの發着所があつて、素晴しい毛皮外套の滿人が、砂塵を浴び、氣長に自動車を待つてゐたりした。

午前中は、表の町に露天市が立つた。町の割合に、市場が繁昌するのは、この町が、附近の農村の集散地になつて居るからで、乃木ステツセル兩將軍會見所とは何の關係もなかつた。

會見所は、町の西端の、農家の間にあつた。ずつと後になつて築かれたのであらう、新しい土塀を圍らし、構内は、きれいに掃除が行き屆いてゐた。

門前に二軒の休憩所があつて、茶を出したり、土産物を賣つたり、そして觀光バスが到着すると、佐佐木信綱博士作の、旅順開城約成りて、敵の將軍ステッセル、乃木將軍と會見の、所はいづこ水師營、と云ふ唱歌のレコードを、じやんじやん鳴らし、エプロンをかけた若い女が、おはいりなさい、おはいりなさいと、呼び込みをするのである。

あたりの風景がなく、單に、會見所ばかり見るならば、伏見桃山の作り物の方が、却つて眞物に見えるかも知れぬ。

門を入ると、前庭の中央に立派な水師營會見所の碑が建つてゐる。高さ二米ばかり、花崗岩の臺石に大理石の額面を嵌めこんだもので、肝腎の會見所の建物よりも、この記念碑の方が目立つ程である。

有名な棗の木は、屋敷の西南隅に、玉垣を圍らして保存されて居る。幹の廻り三尺ばかり、棗としては大木である。

遼東半島でも、特に水師營附近は棗の木が多く、農家の庭には必ず見受けるのに、これほど大きなものは、他にはなかつた。

兩將軍會見當時の寫眞を見ると、この附近の農家は悉く露軍の砲撃に會つて破壞し盡され、慘憺たる有樣であるが、支那人李其蘭《りきらん》所有の此の一戸は、前には露軍の野戰病院に充てられ、赤十字旗が飜つてゐた爲に、破壞を免れたものであらう。寫眞によると、現在の位置に、枝を差しのべて居る棗の木がある。會見後の記念撮影にも寫つて居るのが、此の木であり、俗に乃木將軍の駒繫ぎの棗と呼ばれるのは、いいかげんの話だと思ふ。

兩將軍の乘馬は、衞兵の手にひかれ、後庭に待つて居たのである。

兩將軍が武士的な會見をして居る間、兩軍の衞兵も打ち解けて、うろ覺えの支那語で談笑してゐたさうである。

會見のあとで、乃木さんは庭に出て、ゲオルギー勳章を胸にさげた一人の露兵を見つけ、近寄つてこれはどうした勳章かと訊かれた。驚いた其の兵は固くなつて蒼い顏をした。ステッセル將軍が、これは、北支事變の武勳に依つて授けられたものであると答へた。乃木さんは、さうかと、その兵の肩に手を置いて、溫顏を向けられた。

裏庭で休憩して居たコサック衞兵は、土塀の側に集つて、「あれが、ゼネラル・ノギか。ほう、あれがゼネラル・ノギか」と云ひ、乃木さんの進退に注目した。ステッセル將軍は、會見中、乃木さんに贈りたいと申し出た白蘆毛のアラビア馬に乘り、葉卷をくゆらしながら、庭を乘り廻したが、狹くて、思ふやうに乘りこなせなかつた。

昭和十六年一月五日、恒例の會見記念追憶會が水師營の會見所で開かれた席上、要塞司令官太田少將は立つて、「單に武勇のみでは眞の戰鬪はできぬ。情義を盡して後初めて其の目的が達せられるものである。兩將軍の會見は、この武德を實踐されたもので、追憶して感激に耐へないものがある。現下の日本國民もまた先人の武德を學ぶべきである」と云つた意味の講演をされたが、私も同感である。

水師營の名を聞くと、私は、兩將軍の會見よりも、寧ろ、一月一日午後四時三十分、この部落の南方高地に在つた我が麻布聯隊の陣地に、敵の軍使二騎が、白旗を飜して現れた光景を、眼に浮べるのである。軍使は、マルテンコ少尉補他一騎であつた。

私は、數度の水師營訪問で顏馴染になつた、會見所前長崎屋の主人近藤多平、寫眞師の和泉一兩氏に連れられて、その高地を見に行つた。今は赤土の平坦な畑で、野兎の糞があちこちに落ちてゐた。

その夕方、旅順に歸つて、乃木町の高バアに行つた。バアと云つても、主人の高橋又藏さん夫婦が、學生や、兵隊さんや、町のインテリ客を對手に、雜貨屋の片手間にやつて居る珈琲店で、女給の居るやうな、華手なバアではなかつた。

そこで會つた、六十四部隊の神谷伍長から、水師營の、その地點は、三保の高地と呼ぶのだと敎へられた。なぜ三保なんて云ふのでせうかと訊くと、三保の松原に似てゐるからでせうと答へた。低い丘の上に、赤松が點綴して、三保の松原を思はす勝景であることは確かだつた。

その翌早朝、私の宿を訪ねて來た兵隊さんがあつた。會つて見ると、前日の神谷伍長で、少し恐縮しながら、昨日は間違つたことを申して濟みませんでした。あの高地は、單に、水師營南方高地とも、また廟《ミヤオ》の高地とも呼ぶのでありまして、三保と申しましたのは、廟《ミヤオ》の誤りであります、と訂正した。さう云はれてみると、丘の上に、孔子廟《コンツミヤオ》か娘々廟《ニャン〳〵ミヤオ》か何れか知らぬが、繪のやうに美しい廟のあつたことを思ひ出した。

たつたそれだけの事で、態々訪ねて來られた神谷伍長の、寸毫も忽《ゆるがせ》にしない、軍人精神に感謝し、私の方でこそ恐縮した。

今になつて、水師營のことを想ふと、會見所の棗の木や廟の高地の風景と共に、默々と私を案內して吳れた近藤さんや、和泉さんや、そして謙讓な神谷伍長の姿が、一聯の繫がりで、懷かしく、偲ばれるのである。

11

森田さんに土屋さん、それに私の乘つたぼろ馬車は、旅順から二粁ほどで、龍河の岸を離れ、凍てついた凸凹道を、大きく搖れながら、薄汚ない、三里橋の村へ這入つて行つた。

朝から日のめを見ず、いやに底冷えがすると思つて居たら、その頃から、粉雪がちらほら降り出した。

村の中ほどに差し掛つた頃、前方から二列に並んで來た五六人の滿人の子供が、私達を見上げるやうにして、巧みな日本語で、紀元二千六百年の唱歌を、上手に歌つたが、ものゝ三十間も行き過ぎると、一齊に、くるりと向き直つて、どつと聲を合はせて笑つた。

泥まみれの村を離れると、小案子山の麓に、廣大な、煉瓦塀の一角が見えた。私達が、わざわざ訪ねて來た露人墓地であつた。

この墓地は、旅順で戦死した露兵の冥福を祈るために、日本政府が建立したもので、後で案内記を見ると、長さ三十六米幅百七十三米、中には一萬四千八百七十三體の英靈が眠つて居るのである。

竣工したのは、明治四十一年。六月十日の除幕式には、勅命を奉じて、乃木大将が參列されたし、露西亞側からもまた、皇帝の御名代が、遙々見えたと云ふ程だつたのに、今では態々馬車を驅つて詣でる者もないのである。

馬車が停ると、門の側の禮拜堂から、墓守の牧師が出て來て、私達を迎へてくれた。柔和な顔の、堂々たる人品だが、垢染みた法衣と、粗末な泥靴が、いかにも露西亞人らしい感じだつた。あとで森田さんから聞いたのだが、この牧師さんは、大連の露西亞墓地協會から出る年額何十圓とかの些細な手當に甘んじ、葡萄や野菜を作つて自給自足し、もう三十年も、同胞の英靈に仕へて居るさうである。破れた法衣も、泥靴も、止むを得ないに違ひない。

困つたことは、日本語がちつとも解らぬばかりでなく、こんなに長く住んでゐる滿洲の言葉さへも話せぬ。英語はと訊いても默つて頭を振つた。

言葉は解らなくても、私達の來意は知つてゐると見え、大きな鍵を持ち出して來て、門を開け、先導して墓地の中へ案内した。

アカシヤの並木道が、縱横に通じてゐる。道の兩側は、見渡す限り、無數の十字架である。十字架には、黒い金屬製のものと、白い石で作つたものとあつた。士官の墓は、一つ一つ獨立し、兵卒の分は、一堡壘の戰死者全部を一ケ所に合葬し、たいがい二坪ばかりの土饅頭に盛りあげてあつた。

土饅頭の上には草花を植ゑたあとがあつた。今は殘らず冬枯れで、かさかさになつてゐるが、花の咲く頃は美しからう。素枯れた花を折りとつてみると、彼岸花だの、浦島草だの、日本でいふ佛花の類である。

墓地の中央の築山の上に、立派な十字架の記念塔が立つて居る。塔には、美しい露西亞字で、「皇帝のために、祖國のために、信仰のために、生命を獻げた戰死者への永久の記念に、――一九〇四年」と彫《きざ》まれて居る。そのときは、誰も讀めなかつたが、あとになつて知つたのである。

風はなかつたが、雪は相變らず、ちらちらと降つてゐる。私達は、外套の襟を立て丶、墓地の南にある忠魂碑に參拜した。この碑は日本政府が、露軍の靈を慰めるために建立したもので、階段を持つた臺座の上に建てられた、高さ約五メーターで、三メーター四方位の、ルネッサンス風な立派な塔である。

塔の横には、當時の第九師團長だつた大島久尙大將の撰で「日本は祖國の爲に倒れた露國軍人の遺骸を鄭重に葬つた。そして露國の勇士の魂を弔ふ爲に、また其の忠節を永久に傳へる爲に、此の碑を建てた」と云ふ意味の文章が彫《きざ》まれて居た。

「隨分以前のことでしたが、此處で露西亞人の籠城記念祭が行はれたことがありましてね」

と森田さんは、思ひ出したやうに語り出した。

「滿洲の各地にゐる當時の籠城露兵が、二十何人か集まつて來たんです。その中には、二〇三高地で右腕を失つた老人がゐました。この忠魂碑の前で、露西亞語の話せる滿鐵の社員が、撰文の意味を、飜譯して聞かせますとね、みんな涙ぐんで默りこくつてゐたさうですが、片腕の老兵が、塔の前に花環をさゝげる頃から、到頭たまらなくなつたと見え、きゆうきゆと聲を出して泣いたさうです。あちらの記念塔の前では泣かなかつた露兵どもが、日本軍の建立した忠魂碑の前で泣くなんて、解りますね。その氣持は、解りますね」

森田さんは、そしてまた、門の方へ歩きながら、話を續けた。

「それから、皆は馬車に分乘して、白玉山の納骨祠にお詣りしたのです。そこでも、片腕の老兵が花環を捧げて、跪き、自分の片腕をとつた日本兵の靈魂に挨拶をしたのです。その花輪には忠勇なる日本帝國軍人の英靈に捧ぐ、旅順籠城殘存舊露國軍人一同と、露文で書いてあつたさうです。もう十何年も前のことですよ」

話し終つたとき、私達は、門前に待たして置いた馬車のところに來てゐた。

馬車に乘つてから、土屋さんは、小さなハンカチーフを出し、そつと眼を抑へた。

眞の勇士は、戰ひの中にも、またその後にも、あらゆる個人的な思想と感情を棄てゝ只管、皇國の爲にのみ、身を鴻毛の輕きに比し、死を悅び、傷つくを誇りとするに違ひない。さればこそ、敵の武勇を讃へ、その忠魂の前に、涙して、跪くことができるのである、と私は思つた。

村の入口で振り返ると、もう二町も離れた墓地の前に、さつきの牧師が、凝と立つて、名殘り惜しさうに私達を見送つてゐた。

「土屋さん、あなたも御挨拶をなさい」

同行の友に慫慂しながら、私も帽子を脱いで、振つた。

雪が、いつの間にか激しく振り出した。村を出ると、雪空の奥に、毅然と、高く聳えた、白玉山の表忠塔が、遠い滿洲の山野を見張るやうに、また私達の馬車を、やさしく、麾《さしまね》くやうに美しい姿を浮べてゐた。

哈爾濱

1

驚くべき事には、日露開戰直前の、明治三十七年二月上旬に、後黑龍江管區の露國鐵道守備隊は、左の如き訓令を、哈爾濱の總司令部から受けとつてゐたと云ふのである。

（日本の軍事探偵は、五班に分れて、東淸鐵道に向はんとしてゐる。フラルギー、ハイラル、その他二ケ所の鐵橋と、興安嶺のトンネルを破壞して、歐露軍の南下を阻み、極東軍を孤立に陷れんが爲である——）

吾が特別任務班五班のうち、横川省三、沖禎介等の第一班十二名が、右の如き使命を帶びて、祕かに北京を出發した二月二十日よりも十數日前に、この訓令が發せられてゐたのである。

爆破の目標としてあげられたフラルギーの鐵橋と云ふのは、哈爾濱から汽車で七時間あまり離れた、東淸鐵道の富拉爾基《フラルギー》驛と、滿洲事變で知られた昂々溪との中間の、嫩江《とんかう》に架つた近代式の大鐵橋であつて、フラルギー守備隊の管區に屬してゐた。

フラルギー守備隊の隊長メジヤーク大佐は、寬濶で物に構はぬ、典型的なスラヴ人だつたらしい。部下は、パウレフスキー大尉ほか三名の中隊長と一名の副官を幹部に、四箇中隊の兵員を持つてゐたが、守備區域が、かなり廣かつたので、前記の訓令を受け取つて以來、守備の苦心は並大抵でなかつた。

これは後日の物語であるが、その後、少將に昇進してゐたメジヤークも、大佐に累進したパウレフスキーも、革命に追はれて哈爾濱に亡命し、メジヤークは、ラトビア國の領事をして餘生を送つてゐたが、パウレフスキーが何をしてゐたかは知られてゐない。

これから、私が語らうとする、横川省三と沖禎介の消息は、メジヤーク、パウレフスキーの兩人が、生前に、座談會や、有志の訪問に答へて語つた追憶談を骨子としたもので、だいたい事實を追求したつもりであるが、何分、語る人々にとつては、そのとき既に二昔も前の、非常に慌しい出來事であつたらうし、記憶が曖昧だつたり、齟齬したり、後日の想像が混つたりしてゐるので、必ずしも正確な事實とは云へぬのである。

2

千九百四年四月十二日（露曆三月十日）は前夜來の大吹雪で、雪が一尺餘も積つてゐた。

同じ滿洲でも、暖い南の大連あたりでは、春はもう半ばであらうが、北滿では、やつと解氷の話が人々の心を彈ませてゐるくらゐである。それにしても、もう復活祭だと云ふのに珍らしい吹雪であつた。

其の日、守備區の西端に當るトルチハ驛に駐屯してゐた、第二十六中隊のシワネバツフ中尉は、部下の哥薩克《コザツク》騎《き》兵《へい》軍曹《ぐんさう》パウエル・ゲツヂンを巡邏長とする五名の當番巡邏隊を、鐵道から南の蒙古方面へ向はしめた。

巡邏隊は、日本の里程にして七里あまり南に進んで見たが、別に事故もなかつたから、迂回して歸途に就き、トルチハ、フラルギー兩驛より、各々二里ばかりの南方を通過中、前方の丘の上に、佇んでゐる人影が見えた。ちやうど夕方の五時頃で、その季節だと、もう黄昏の迫る頃なのである。

そのあたりは、土民の出沒する場所ではなかつた。ゲツヂン軍曹は訝《あや》しんで、馬首を轉じて行つてみると、丘の麓に四軒の支那民家があつた。その民家は千九百年以後、人間の住んだ形跡のない空家であることを、軍曹は知つてゐたが、なほ、よく見ると、民家の間に兩翼を張つた天幕と、數頭の馬を發見したので、ゲツヂン軍曹は勇み立つて、驅け降りて行つた。

覗いてみると、天幕の中に、二人の喇嘛僧が向きあつて、鍋の下を焚きつけてゐた。さては富拉爾基の司令部へ、挨拶に行く喇嘛僧の一行であつたかと、ゲッヂンは安心して、兵に合圖し、引き揚げようとしたが、一人の兵士が、喇嘛僧は白い天幕を使はないだらうし、それにごらんなさい、エナメルの水呑みを持つてゐるではないかと注意した。喇嘛僧は、木製の食器しか用ひない。

さう云はれたのでゲッヂンは、半信半疑ではいつて行つて、露西亞語で話しかけると、二人の僧はけろりとして返事をしない。兵士の中に蒙古語を話せる者が居つたので、應待させてみたが、これにも返事をしなかつた。喇嘛僧なら、蒙古語を解しない筈はない。

ゲッヂンは、とにかく二人の僧を、トルチハに、連れて行けと命じて置いて、自分は馬を驅つて停車場へ先行した。そして、シワネバッフ中尉に、怪しい喇嘛僧を二名逮捕したこと、なほそのほかにも、數名の同類が、附近に潛伏して居る形跡があると、報告した。

その報告を聞いて、中尉は十名の檢索隊を編成し、ゲッヂン軍曹の案内で、自ら先頭に立つて停車場を出たのが、夜の十時頃。現場に到着したのが、夜半の十二時だつた。

ゲツヂン軍曹の巡邏隊に捕はれた二人の喇嘛僧が、富拉爾基《フラルギー》の司令部に到着したのは、午前十一時頃であつた。（發見されてから、それまでの時間の經過が甚だ曖昧だし、距離的にも合點のゆかぬ所が多いが、無理に辻褄を合はさぬことにした）

メジヤーク大佐が會つてみると、年長の僧は、脊が高く髯が濃く重厚な人物で、一方は少し脊が低くて、慓悍そのもの丶感じだつた。悠揚せまらぬ態度が、僧としても、相當に身分のある高僧に違ひないと、司令官は敬意を表し、鄭重に、客間に招じて、露西亞菓子と紅茶を出したらへ、ちやうど晝食の時間だつたので、司令官は夫人や子息を混へて、兩僧と食事を共にした。

司令官は、蒙古語を話せなかつたし、兩僧も蒙古語の會話は必要がなかつた。年長の僧は、英語を使つたので、英語に堪能な夫人が相手をして、差し障りのないやうな會話を交へた。

食事の最中に、一人の大尉が、顏色を變へて、はいつて來て、司令官を呼び出した。

司令官は、事務室に行つてみると、トルチハ派遣の二十六中隊から、驅けつけた兵士が、喇嘛僧の天幕《テント》から發見した、仕込杖、ピストル、爆藥、導火線、その他の携帶物を持參してゐた。

それを見てはじめて、司令官は、二人の賓客が、普通の喇嘛僧でなかつたことを、認めたのである。

食事の終るのを待つて、司令官は、夫人の通譯で「このピストルや仕込杖は何に使ふのか？」と訊いた。

「護身用です」

年長の僧は、穏かに答へた。

「然らば、これ等の品々は？」

司令官は、兵を呼び入れ、黄色火薬一プード半(六貫五百匁)入の麻袋と、導火線を突きつけた。

それを見ても、二人の僧は、別に驚いた樣子もなく、二言三言語りあつたのち、年長の方は、言葉の調子さへ變へずに、

「吾々は、日本の軍人です。自分は横川少佐、こちらは沖大尉で、フラルギーの鐵橋を破壊す

る積りで潜行して來たのです。北京を出る際は軍服を着用してゐたのであるが、長途の旅行中に破れ、致し方なく蒙古服を用ひてゐたのです」と答へた。

横川も沖も軍籍はなかつた。それを軍人であると名乗つたのは、そのとき既に死刑を覺悟した横川に、深い考へがあつたからで、その結果が後日の判決に影響したことは後に語らう。

横川省三は、岩手縣盛岡の人で、四十二歳だつた。靑年時代に、かの加波山事件に連座して投獄された頃から、國事に志を持つてゐた。

後年、東京朝日新聞に入社し、郡司大尉の千島探檢に同行したり、威海衞の海戰では、港口封塞の決死隊に同船して、身を以つて報道の任を盡した勇者である。

退社後米國に遊學し、明治三十四年內田公使に識られて北京に入り、翌年蒙古縱斷の大旅行を企てゝ、海拉爾で露國の官憲に捕へられて、舊哈爾濱の陸軍監獄に投ぜられたが、證據不十分で釋放せられた。

素朴で、沈着で、勇敢で、また非常に情に脆く、友情に厚かつた。早くから、夫人を失ひ、二人の令孃を非常に愛しながら、國事のために、殆んど一緒にゐることがなかつた。

横川は、青年時代から基督教の信仰を持ち、終生この道に生きた眞實の信徒であつた。教會には行かなかつたが、肌身離さず聖書を携へ、常に愛讀してゐた。捕はれたときも、彈薬や仕込杖と一緒に小型の新約聖書を持つてゐた。

沖禎介は、少時から盡忠報國の精神に燃えてゐたので、熊本の濟々黌、五高、早稲田を轉々としながら、安住の所を得ず、明治三十四年支那に渡つて、北京の東文學舍に教鞭をとつてゐるうちに、横川と識つて兄事するやうになり、内田公使に紹介され、壯擧に參加するに至つたのである。

横川と共に捕はれ、横川と共に死んで、本人もさだめし本望だつたに相違ない。

沖は、膽力があつたが、多感の性格で、詩歌をよくし、また佛教に歸依して、死生を超越した禪的行動が、同志の間に、一掬の涼味を與へてゐたと傳へられる。

當時、司令部に居合はせた、哥薩克中隊長イワン・パウレフスキーの談話によると、兩名の取調は、正午から夕刻に及び、一將校によつて英語でなされた。

横川は、何事も包み隱さず語つたが、沖は横を向いて、何ひとつ返答をしなかつた。まるで沙漠から來た男のやうに見えた。訊問に先だつて身體檢査を行ひ、實包を裝塡したピストルを發見したが、見馴れぬ式なので士官達は解體の方法を知らなかつた。横川に渡したが、彼もまた知らぬと云ふので、沖に渡した。

すると沖は、眞劍な顏で、何か思案を始めた。解體しようか、射たうかと思案してゐる樣子に見えた。その部屋には捕虜の二名と、露西亞側の士官四名しかゐなかつたし、士官は武裝をしてゐなかつたので、危險を感じて、沖の手からピストルを捥ぎとつた。

射擊されるかも知れぬと危險を感じたのは、いかにも外人らしい考へ方である。吾々日本人には、もう一つの考へ方がある。卽ち自決である。

監禁されて後、横川は荷物の中から聖書を取り寄せて耽讀した。沖は、よく食べ、よく眠り、眼が醒めると、微吟してゐた。

その間に、メジヤーク大佐と、總司令部との間に電報の往復があつて、四月十五日、横川、沖兩士は、メジヤーク大佐同乘の專用車で哈爾濱にむかつて出發した。

觀光バスに乘つて、哈爾濱の市內を見學した旅人は、忠靈塔、志士の碑の參拜を終つて、王兆屯の露人集團部落や荒廢した開拓訓練所跡に、さまざまの感慨を催しながら、やがて再び市内に入つて、楡《にれ》の森に包まれた大直街を一直線に東北に向ひ、鐵道關係の豪壯な幾棟を左右に見て間もなく、美しき案內係が、

「左の赤い建物は、元北鐵護路軍司令部でございました。さきほど申上げました、横川沖兩志士の裁きの庭となりました建物は、この後の方にございます」と呼ぶ聲に、慌てゝ左の窓外を見るに違ひない。そこには、何の奇もない赤煉瓦の建物が、楡の木影を映して、ちらと過ぎるばかり、由緒ある志士の遺跡を發見する由もなかつたであらう。

3

四月十六日早朝、哈爾濱に着いた横川と沖は、一時この護路軍總司令部の一室に入れられた。

そこで、メジヤーク大佐は、總參謀長のバグダノウキツチ大佐に、

「この兩名は蒙古服を纒つてゐるが、日本の陸軍將校で然も立派な人物である、馬賊や盜匪の扱ひはしないで貰ひたい」と注意したさうである。

同じ日のうちに、兩志士は、司令部から一町ばかり離れた附屬建物の一室に移り、そこに監禁された。觀光バスの美しい案內係が「裁きの庭」と呼んだのは、その建物である。

哈爾濱驛から、松花江街を東に四五町ゆくと、滿洲里街の交叉點に出る。このあたり一帶は、楡の森の中に露西亞風の建物が散在し、町と云ふよりも公園の感じである。横川、沖の「裁きの庭」は交叉點の左側に、今では滿鐵の獨身社員寮舍、星風寮となつて現存してゐるのである。

軍法會議は、四月二十日、午前十時から、その建物の一室で開かれた。

哈爾濱在留の日本人は、二月四日に正式の引揚命令を受けてゐたので、當時はもう、一人の日本人もゐなかつた。

時の裁判長アファナシエフ少將は、中將に昇進し、ホルワット將軍の東淸鐵道長官時代、副長官に擧げられ、伊藤公遭難の際、我が政府から、勳章を賜はつた程の高官であつたが、革命後は、この市の何處かで、他人の家の三階に室借りし、令嬢はある商會のタイピストを勤めてゐたさうである。

裁判の結果、被告兩名の行爲は、露國陸軍刑法第二章第二百八十一條に該當するを以て、絞罪に處すと、判決があつた。

すると、それまで全部を認めてゐた横川が、突然立ちあがつて、

「裁判長、お願ひがあります」と英語で云つて、通譯に起用されてゐた英語のできる露人銀行員が、これを取り次いだ。

「我々は軍人であります。軍人に對する禮を以て、絞殺を銃殺に改めて頂きたい」

裁判長は、熟考して、休憩を宣告した。その間、相當に時間を要する樣子で、被告も退場して別室に入ることを命ぜられた。

休憩中、裁判長は、當時遼陽に居たクロパトキン將軍に、絞殺を止めて、銃殺に處せられたしと、電話し、その返事を待つた。

再開後、裁判長は「露國陸軍刑法では、戰時現役將校にのみ銃殺を行ふことになつてゐる。被告等は、軍服を脱ぎ僧衣を纒つてゐるから、現役軍人に非ざるものとして絞殺を宣告したのであるが、軍司令官に電請の結果、被告を現役將校と認め、名譽ある銃殺に處すべしとの命令

である。絞殺を改めて銃殺の刑に處す」と、宣告したのち、温顔にかへつて、

「被告等は、ほかに何か云ふ事はないか」と穏かに問ふた。

すると兩名は、一齊に起立したので、何を云ひ出すかと、滿場俄に緊張したが、横川は英語で、

「軍人としての面目これに過ぎたものはありません。深く感謝いたします」と、頭を下げた。

4

明くれば二十一日、死刑執行の當日である。

朝、哈爾濱市衞生司令官のドウタン大佐が見廻りに來た。前日の法廷に於ける、兩名の態度が、敵ながら露國將校達に、大きな感動を與へてゐたからである。

大佐はやさしい態度で兩人に向つて、何か自分にできることはなからうか、と訊ねた。

横川は、遺書を認めたいから、紙とペンを下さいと頼んだ。

遺書の筆蹟より判斷すると、卸したての新らしいペンである。

拝啓

父ハ　天皇陛下ノ命ニ依リ露國ニ來リ四月十一日露兵ノ爲ニ捕ヘラレ今彼等ノ手ニ依リ銃殺セラル是天ナリ命ナリ汝等幸ニ身ヲ壯健ニシ尙國ノ爲ニ盡ス所アレ我死ニ臨ンテ別ニ云フ處ナシ母上ニハ勿論宜シク汝等ヨリ傳フ可シ富彌ニモ宜シク傳フル處アレ

明治卅七年四月廿日

滿洲哈爾濱

横　川　省　三

横　川　律　子殿

横　川　勇　子殿

此手紙ト共ニ支那北京ノ支那銀行手形ニテ五百兩ヲ送ル井上敬次郎山口熊野等ノ諸君ト相談ノ上金ニ換ユルノ工夫ヲ爲ス可シ

横川は早く妻を失つて、律子勇子の二孃は祖母の膝下に育てられてゐた。文中母上とあるのは、横川の生母、富彌はその末弟で、二嬢にとつては叔父である。
沖には妻子がなかつたので、両親に宛て、至情溢れる遺書を書いた。

兒禎介謹而父母親大人ニ告別ス兒不孝平常膝下ニ侍シテ孝道ヲ盡スコト能ハス嘗而遺憾ト爲セシ處ニ御座候然ルニ此度本國政府ノ命令ヲ奉シ決死數名ト共ニ蒙古旅行ノ途ニ上リ候處運命ナル哉某地ニ於テ露兵ノ爲ニ捕獲セラレ遂ニ軍事裁判ヲ以テ死刑ヲ宣告セラレ本日銃殺致サレ候是立國家ノ爲何卒不孝ノ罪御宥免被下度先スハ御暇乞迄如斯携フル所ノ銀五百兩御落掌被下度奉願上候　　以　上

明治三十七年四月二十日

於ハルピン　兒　禎　介

父母親大人膝下

右金額受取方ハ川島浪速（北京警務學堂監督）氏ニ御相談奉願候

遺書は、刑執行當日の二十一日に認められたものであるのに、日付が何れも二十日になつてゐるのは、横川が露暦を太陽暦に換算するときに生じた間違ひであらうと云はれてゐる。

刑の執行は午後の五時であつた。

三時頃、ドウタン大佐は、再び收容所を訪ねて來た。

その時、横川は皺くちやになつた封筒をとり出し、

「これは自分達の所持金一千兩の手形であります。これを、貴國の赤十字社に寄附いたし度いと思ひますから、宜しく御取計らひを願ひます」と云つて差し出した。

大佐は、意外に思つて、

「貴君方には、郷里に遺族がおありでせうから、私が責任を以て、御遺族へお屆けしませう」

と勸めた。

横川は、

「我等の　天皇陛下は、決して我らの遺族をお見捨てになりません。お納め願ひます」と答へた。

大佐が承諾すると、横川はもう一度ペンを借り、先に認めた遺書を取り出し、追書の部分を全部抹消して「コノ手紙ト共ニ五百兩ヲ送ラント欲シタレドモ、凡テ露國ノ赤十字社ニ寄附シタリ」と、訂正した。

沖もまた、五百兩御落掌云々の部分を消し「銀五百兩一件ハ二人相談ノ上露國赤十字社ニ寄贈ニ決シ申候何レ不肖等ノ後事ハ日本政府ソノ事ニ任スヘシト存シ候以上」と書き加へた。

大佐はまた「他に望みはないか」と訊く。

「出來ることなら、一風呂浴びて、體を潔め度いものですが」と、横川は、いかにも日本人らしい希望をのべたので、大佐は、案內の士官に都合を訊いたところ、風呂をたてるには相當時間が掛るし、間に合ひますまいとのことであつた。

「それでは、水でけつからです」と横川が賴んだ。さつそく二人の兵卒が、水をいれたバケツとタオルを運んで來た。

四月の下旬と云つても、北滿ではやつと氷の解け始めた季節である。二人は、垢染みた喇嘛服を脫ぎ、全身をきれいに拭いて、心地よげに、顏を見合せて笑つた。それが、處刑二時間前のことであつた。

今でこそ、中央寺院の廣場から、四方の郊外へ鋪装の十二間道路が、一直線に放射されてゐるのだが、その頃は、まだ新市街の建設中だつたし、現在志士の碑のある王兆屯の陸軍射的場までは、冬枯の凸凹路を、馬車に揺られて運ばれたにちがひない。

死刑執行の責任者シモーノフ大尉の指揮する三十名の兵士が馬車の前後を護つてゐた。序でながら、シモーノフ大尉は、後に少將に累進して革命に追はれ、七十餘歳の老軀を、大直街の秋林《チユーリン》酒庫の門番小屋にさらしてゐた。

數年前、哈爾濱に遊んだ大佛次郎氏が、偶々横川等の死刑を指揮したと云ふ老人に會つたことがあつた。

その節の話で、老人は當時この二人の死刑囚を、馬賊の頭目位に考へて、命ぜられる儘に刑を執行したらしく、いろいろ兩志士のことを賞讃してゐたが、それは後に他から聞き込んだ資料らしい、と、大佛氏は今年の六月、ヤマト・ホテルの一室で、たまたま泊り合はせた私に教へてくれた。

翌日、大佛氏が新京へ出發したのち、私はその老人に會つてみようと思ひ立つた。然し、その老人がシモーノフ大尉であつたか、また射手に號令した某少尉であるか、それは大佛氏の話の中でも明かでなかつた。

暑い、かんかん照りの午後だつた。私は、交通會社の好意で、通譯のためにつけて貰つたバーリヤ・ザムコフさんに案內されて、舊露人墓地に隣つた秋林《チユーリン》の酒庫を訪ねて行つた。然し、シモーノフ老人は、旣に一兩年前職場を退いて、今は何處に居るのか、生死の程も知れなかつた。

話は、三十六年前に戻る。

今でこそ、區劃整理の施された一郭に、競馬場や忠靈塔を左右に控へた、志士の碑ではあるが、その頃は、見渡す限り草ばらばらの曠野の中に、射的場の射垜が、赤膚を見せて盛りあがつてゐるばかりだつた。

射垜を負つて、新らしい白木の柱が二本立ち、その前に、深さ六尺ばかりの穴が掘つてあつた。それが、二人の刑場であつた。

志士の碑に詣でた客は、碑の背後に、數株の楡と楊樹に蔽はれた稍々堆き盛土の跡を見るであらう。それとそ、二人の志士が最後に踏んだ土の跡なのである。二人は、そこから、競馬場の方角に向ひ、夕陽を背負つて立つた。二十米ほど離れて、二十四人の射手が整列してゐた。

そのとき、何處から來たのか、一匹の野良犬が鼻を鳴らして横川の足もとに這ひ寄つた。横川は身をかがめ、人間に云ふやうに、何かくどくどと、犬に話しかけて、頭を撫でてやつた。

さうかうするうちに、執行時間の五時が來たので、露兵は近よつて、麻繩で二人を柱へ縛りつけようとした。すると横川は、

「吾々は軍人である、繩目の恥辱は許されたい」と拒んだ。

そして、士官が白布をもつて目隱しをすゝめたときも、

「目隱しどころか、この盛大な儀式を眺めながら、昇天したいものです」と斷つた。

「諸君が臆するからと云つて目隱しをすゝめるのではない。神が、これを賜るのである」

士官が、露人の信じて居る目隱しの理由を説明すると、沖はあくまで頭を振つて拒んだが、

横川は感謝して受けとり、自分で目隱しをつけ、「よろしい」と叫んで、兩手をひろげた。兩志士の最期に立ちあつた人達の話によると、彼等は、空を仰ぎ、何者かを呼ぶ如く、二聲三聲喚いたと云ふことである。

恐らく、東の空を仰いで　兩陛下の萬歳を唱へ奉つたものであらう。

不思議なことには、その夜、千里を離れた北京の公使館で、公使內田康哉は、横川が暗い部屋の中に微笑して立つた夢を見たと、日記に記してゐる。

私は、青年の頃、横川省三の傳記を讀んで、死の直前、白布をとつて自ら目隱しをした一事に及び、一層敬仰の念を高めたことがあつた。從容として死に就き、死を見ること、吾が家に歸るが如き者こそ、眞の勇者であり日本人であると思つたからである。況んや、君國に身命を獻げて他を顧ず、臣子の本分として、滿足して死に赴いた彼等の生涯こそ、軍人ならずとも、また吾等の踏むべき道であると、深く心を搏たれたからである。

これ以來私は、横川省三の人物に私淑して、彼に關する書物を讀み漁るうち、ぜひ一度は哈爾濱に行つて、彼等が血に染めた刑場の土に、額かねばならぬと願ふやうになつた。

私が哈爾濱を知つたのは、横川省三のためであり、また横川を措いて、他に何の興味も、哈爾濱には持てなかつた。

もはやアカシヤの花も散つた六月中旬、私は漸く、多年の念願を果すことができた。大連から一路、特急アジアの展望車に腰を据ゑたまゝ哈爾濱に着いたのは、六月十三日の深夜、英霊が此の市を通過する日なので、街には、酒もなければ、電燈も灯つてゐなかつた。

ホテルで訊くと、志士の碑は、二里ばかり離れた郊外で、炎天に徒歩では行けぬ。それかと云つて、自動車も不經濟だし、いつさう観光バスを利用して、序でに市内を見物しようと思つた。

翌日は、朝から、膏汗《あぶら》のにじみ出る、かんかん照りだが、名物の柳絮《りうじよ》が窓をかすめて飛び、なかなか風情があつた。

哈爾濱の観光バスは、流線形の大型で、番號のかはりに、バラライカだのスンガリーだのと一々國際都市らしい名前がついてゐる。二人乗り組む案内係の娘さんも、一人は露人だし、運轉手も露人である。

露人の娘さんが、車中で此の市の歴史を説明し、舌足らずの日本語で「滿洲建國後は、昭和十年北鐵接收の歴史的大業を境に、過去四十年間に亙る露西亞の勢力は遠くシベリヤの彼方に退却してしまひ、この哈爾濱は私達白系露人の樂園となりました。これも、ひとへに日本のおかげでありますと感謝して居ります」と結んで、頭をさげた。

何れはテキストを暗記してゐるのであらうとは思ひながら、その娘の眞摯な態度に心をうたれた。私の前に居た、中年の客は、脱帽して、これに應へたほどであつた。

案内係の説明に心をうたれたのは一再ではなかつた。

六志士の碑に詣でたあとで、楡の木蔭に客の圓陣を作つて、

「皆樣、これから横川、沖初め六志士についてのお話をさせて頂きます」と、私達の案内係だつた田邊さんは、北九州の訛を混へて、横川、沖等十二名の第一班が北京を出發して以來の、長い、苦しい旅の話をした。

「横川は先年夫人になくなられ、遺された二人のいたいけな愛孃は、老先短い祖母さんの手に養育されてゐます。今また父を失へば、全くの孤兒となる可憐な吾が子の行末を思ひつゝ……」

田邊さんは、そこで調子を變へて、

「父は　天皇陛下の命に依り、露國に來り……」と、横川の遺書を讀み始めた。

私達は、志士の碑を離れ、直ぐ隣りあつた滿洲事變の戰死者小池伍長の記念碑に參拜した。

そこを出ると、三十歩ばかり離れた草原の中に、同じ事變の犠牲者三浦、渡邊兩上等兵の碑が見え、そこからまた四百メートルばかり離れた野原のまんなかに小林、向後《かうご》二烈士の、立派な記念碑が、眺められた。

騎兵大尉小林環、伍長向後三四郎は、明治三十八年三月廿日、習志野騎兵第十三聯隊長の特命を受け、吉林長春方面の敵情視察に赴いた歸途、敵に捕はれて、五月十二日、現在記念碑のある場所で銃殺されたのである。横川、沖と云ひ、このあたり銃殺された者の多いのは、此處に露軍の射的場があつたからで、滿洲事變の戰死者は昭和七年二月五日の午前、徒歩北上した長谷部部隊が、この草原で敵と交戰したからである。

横川、沖兩志士の遺骨が發見されたのは明治四十年の二月だつた。當時ハルピンの本願寺に駐在して居た谷口常之師が、かねて懇意な露人から、兩志士の銃殺された場所を聞いてゐたので、沖の令弟沖三雄中尉が奉天から參拜に來たのを機會に、露國官憲に交渉して發掘したところが、地下四五尺のところに、横川は打俯して下に、沖は仰向いて上に、重なつて埋もれてゐたのである。

小林、向後二烈士の遺骸は、二十八年後の昭和九年十一月、土民の密告で、處刑現場の土中から發見されたものである。

私は、今年の一月、南滿の古戰場旅順を訪ね、吾が北門の鎭めとなつた幾萬勇士の靈を感じたが、今また遙かに北滿の哈爾濱に來て、多數の志士、烈士の、血に染み、骨を埋めた土に立ち、今や吾等が王道樂土を謳歌してゐる滿洲の山野が、如何なる代償によつて購はれたかを、泌々と思ひ、これ等の尊き犠牲を無駄にしてはならないと、今更の如く、後進の義務を感じたのである。

先驅者の英靈に、心からなる感謝を捧げながら、更に感激すべく、まだ世に知られざる二三の實例を語らねばならぬ。

バスは、また出發した。

右手には、さいぜん參拜した忠魂碑が聳え、左手は、松花江に達する茫々たる草原だつた。

私達の案內者は、運轉臺の傍に立つて、

「只今から滿洲事變、哈爾濱事件に就いて御說明申上げます」

と、口を開いた。

「今から丁度十年前、昭和六年の九月十八日に滿洲事變が起りました。當時、哈爾濱では、哈爾濱特別區長官丁超、東北護路軍總司令李杜等は、誠意ある我軍の歸順勸告に應ぜず、在哈居留民の生命を脅かす態度に出ましたので、我が多門第二師團長に北伐の命が下りました。一方、居留民會では義勇隊を編成し、之に備へましたが、正規の軍隊がゐなかつたため、非常な危險に曝され、恐怖の中に正月を迎へ、昭和七年となつて、最も危險に陷つた一月二十七日の十二時頃、一臺の我が飛行機が哈爾濱上空に飛んで參りましたので、之を見た居留民は大喜びで拍手喝采して迎へました。

これは、多門北進部隊に加はり、哈爾濱の敵情偵察に當つた、淸水大尉の偵察機でありました。

清水機は哈市の上空を旋回したのち、さいぜん参拜しました哈爾濱神社境內へ、援軍直ちに來る旨の通信筒を落すと間もなく、松花江の方へ煙を曳いて姿を消してしまひましたが、三十分ほどしてから、飛行機は松花江近くに不時着し、清水大尉は敵中に愛機を守つて從容戰死を遂げられたことが解りました。そのとき大尉は、機關銃を擬して、敵を射擊されんとなされたのですが、不時着と見て集つて來ました附近の土民、主に婦人子供を傷つけることを恐れ、お擊ちにならなかつたのであります。この動により大尉は少佐に昇進され、その尊い犧牲によりまして居留民一同の危險が救はれましたので、この方向に當る御遭難地點には、記念碑が建てられ、每年一月二十七日、盛大な慰靈祭が執行されます。どうか御遙拜下さいませ」

語り終つた頃には、バスはもう王兆屯の露人集團部落の方へ曲らうとしてゐる。指差された方には、病院街の鬱蒼たる森が見えるばかりだつた。

私は、高い蒼空に、くつきりと泛ぶ、清水機の機翼と、良民を傷つけまいとして犧牲になつた、神にも近い、大尉の柔和な姿を、はつきりと胸に描いた。

その翌日、交通會社の栢《かや》ノ木《き》和《かなう》氏の好意で、不時着の現場へ案内して貰つた。私達の乘つた會社の自動車は、革命の避難民によつて開拓された新安埠《ナハロフカ》の露人町を横斷し、田園情緒の豊かな、正陽《チンヘン》河の寂しい村を西に横切り、松花江岸の沼澤地に臨んだ堤防の上に停つた。

そこから、稍々ともすると靴を濡らしさうな濕地に氣をとられたり、襲ひ來る蟆子《ぶよ》に悩まされながら、五百メートルばかり前進したが、そこからさきはどうにも歩けさうになかつた。

前日の説明で、記念碑が建つてゐると聞いたが、そんな物は眼に映らなかつたので、いつたい何處が不時着の現場ですかと、聞くと、栢ノ木氏は、頭を掻きさうな顏をして、

「ほら、あすこに、棒のやうなものが立つてゐるでせう」と、そこからまた五六百メートル前方の、蒲か何かの生ひ茂つたあたりを指差した。

遙か彼方に、臺地の涯であらうか、或は堤防であらうか、一帶の高地が横はるばかり。棒と云ふのも、私には竹竿のやうにしか見えなかつた。

「この間まで、あすこにプロペラーの形をした記念碑が立つて居たのです。凍結してゐればともかく、夏はとても側へ寄れません。何なら寫眞を御覧に入れませうか」と、栢ノ木氏は、頻

りに首を傾けながら、說明を加へた。

自動車の待つてゐる正陽河の堤防へ引返しながら、私は、

「淸水大尉が、良民を傷つけることを怨れて、機關銃を用ひなかつたと云ふ證據は、何處にあるでせう」と訊いた。

「さうですね」

栢ノ木氏自身も、同じ疑問を持つてゐるやうな返答だつた。

その栢ノ木氏の談話で、淸水機は、福井中尉によつて操縱され、操縱者は、報告のために、逸早く市內の特務機關へ驅けつけたので無事だつたことを知つたが、淸水大尉の最期に就いては、尙ほ多くの問題を殘しながら、私はホテルへ引き揚げたが、三日ばかり後に、偶然の機會から、その眞相を知ることができたのである。

かねて私は、旅順守備軍の名將コンドラテンコ少將の副官アレクセエーフ・ステバノウヰチ大佐（戰役當時は中尉）が、この市に現住してゐることを聞いてゐたので、その方面の消息に詳しい、哈爾濱交響樂團の主宰者小野崎仁氏に、尋ねて見た。できれば會つて旅順の話を聞き

たかつたからである。

するると小野崎氏は「私は知らないが、この人が、よく知つてゐます」と云つて、側にゐた坊主頭の立派な露西亞人を紹介してくれた。

その坊主頭が、白系露人藝術聯盟のゴリーツイン氏であつた。

「さう、さう」

と、小野崎氏は思ひ出したやうに、

「ゴリーツイン君はね、某方面から頼まれて、清水機の最後を見屆けに行つたんですよ」

と附け加へた。

私が、清水機に就いて知りたがつてゐることを、小野崎さんは御存じない筈だのに、まことに倖せな偶然であつた。何れにしても、知りたかつた二つの問題を、一時に解決して貰へるのである。

その日の正午前、ゴリーツイン氏は、ステパノウヰチ大佐を案内して、私のホテルを訪ねてくれた。

大佐は、質の良い合服の胸ポケットに、きちんと疊んだ絹ハンカチーフを覗かし、非常に落着いた、立派な老紳士であつた。

私達は、ちやうど同じホテルに泊つてゐた窪川稻子さんにも列席して貰つて、晝飯を食べながら話した。

客は二人とも日本語が話せないので、白系露人事務局の婦人通譯メドウチコワさんに、電話をかけて來て貰つた。

大佐は、感極まるたびに、眼頭をハンカチーフで抑へながら、コンドラテンコ少將の思ひ出を語り、自分がステツセルだつたら、最後の一兵まで開城はしなかつたと、餘りステツセルには感服してゐない口吻を漏した。

殊に、その日は獨ソ開戰の翌日だつたので、曾て軍籍にあつた二人の客は、最初から、多少昂奮してゐたらしかつた。

食事が終ると、大佐は、少し散歩をして歸りたいと云つて、傷ついた右脚をステツキに托しながら、獨りで日盛りの街へ出て行つた。

大佐を見送つてから、ゴリーツイン氏は、

「さあ、これから、清水飛行機のお話をしませう」と英語で云つた。

あとは露西亞語で話して、メドウチコワさんが、通譯をしてくれたが、意味の通じないところもあつた。

「私は、事變當時、ハルピン・スコエ・ウレーミヤの記者をしてゐた。革命前はペテログラードの陸軍幼年學校にゐました。幾時頃か忘れたが、まだ明るかつた。新安埠《ナハロフカ》の大道路を通つてゐると、一粁ばかり西北に、日本の飛行機が不時着したので、驚いて、地段街の特務機關へ驅けつけ、報告して置いて、また現場へ引返した」

ゴリーツイン氏はさう云つたが、それは特務機關ではなくて、地段街にあつた日本人會の義勇隊本部だつたにちがひない。

「私が現場に行つた時には、もう日本人會の義勇隊が來て、清水大尉の死體を收容したあとで、飛行機を遠卷きにして、附近の土民が騷ぎ立てゝゐるところでした。私はさつそく、群衆の中に紛れ込んで、できるだけ多く、情報を聞き出さうとしました。

その人達の話を綜合すると斯うです。飛行機が不時着するやいなや、操縦士の福井中尉は、民家のある方へ驅けつけて、電話をさがしたが、正陽河附近には電話は二ケ所しかなかつたのです。その一つはソビエツトの交番、一つは支那人の學校で、どちらも使ふわけにゆかぬので、中尉は徒歩で町の方へ出掛けて行つた。あとで知つたのだが、途中で、自動車を驅つて來た滿鐵の黑澤さんに收容されたさうですね。

あとに殘つた清水大尉は、機關銃の傍にゐたから誰も寄りつけなかつた。その頃から、土民の彌次馬は益々增し、叛軍の兵隊らしい者も見えました。

大尉は、爆彈を指さして、近寄ると危險だぞと日本語で呶鳴つてゐました。誰も日本語はわからないが、たぶん、さう云つたのだらうと云ふことです。

そのうち段々、危險が身に迫つたことを氣付いたらしく、機上にあがつて、機關銃をとり、一度は群衆の方に向けましたが、群衆の最前線は露西亞人の子供達でした。正陽河、新安埠には、子澤山の露西亞人が住んでゐたからでせう。

その頃は、もう支那兵と支那の巡査が百人も來てゐたのです。彼等は、大尉が子供を擊たぬことを知ると、これを楯にして、背後から押して來たのです。

十五歩位のとき、大尉は機銃を群衆に向けた。だが子供達は逃げようとしても、後ろから兵隊と巡査が押してゐるので、身動きができなかつたのでせう。

そのとき、子供達の背後に隱れて、ピストルを射つた者がありました。大尉は、それでも應戰せず爆彈を指さして、これに當ると爆發するぞと云ふやうな身振りをしたさうですが、支那の巡査は射撃をやめなかつた。

淸水さんは、到頭思ひきつて、機關銃に取りつき、銃口をくるりと廻したとき、四メートルとは離れぬ背後から、淸水さんの後頭部を狙つて、撃つた者がありました。血が流れたかと思ふと、淸水さんは、もうぐつたりと機關銃に凭れて絶息してゐたさうです。

撃つたのは確かに支那の巡査でした。

集つてゐた婦人達は、淸水さんが子供をかばつたことを知つてゐたので、お氣の毒だ、お氣の毒だと口々に同情してゐました。

私はさつそく引返して、ソビエットの交番に行き電話を借りて、右の情報を本社へ報告しました。もちろん白系露人だと云ふことが巡査に知れては危險です。私は英語をしやべるので、英國の記者だと僞つて、英語で報告したものですから、交番の巡査も氣付きませんでした。飛行機は、私が電話をかけてゐる間に爆發し、四五人の死傷者を出したさうです。私は日本の義勇隊本部から持つて來た手榴彈を示し、群衆を追拂ひながら、飛行機に近づき、殘骸に火をつけて燒却しました。

さうですか、その現場を見にいらしたんですか。夏は泥沼で行けるところではありません。通信筒を投げて在留民を勇氣づけ、露西亞人の子供をかばつて、身を犧牲にした淸水さんは、典型的な日本の勇士でせう。なぜ記念碑を建てないのですか。記念碑を建て、あすこまで行ける道も作らねばなりませんね」

ゴリーツイン氏に云はれるまでもなく、私もさう思つてゐたのである。沼地の中で、工事が困難だと云ふなら、適當の場所に標識板を建てゝ記念すべき遺蹟の方向を示して置いて貰ひたい。

淸水少佐の形身の、未だにないことを嘆じてゐると、聯想はいつしか、哈爾濱驛頭の滿洲國建國記念碑を、かなり長い間、伊藤博文の遭難記念碑であらうと思ひ込んでゐた一友人の上に飛んだ。

迂濶なことに、この友人は、幾度も、哈爾濱驛頭に下車しながら、そのプラットホームに、立派に存在してゐる、伊藤公遭難地點の標識を見のがしてゐたのである。

伊藤博文が、此の驛の歩廊で、暴漢に狙撃されたのは、明治四十二年十月二十六日午前十時、特別仕立の貴賓列車で到着してから、僅か一時間後の出來事であつた。

その時の記錄によると、彼の受けた傷は、右腕三角筋の後方を下から上へ貫いて皮下に留まつたもの、また鶯嘴凸起の外側から入つて內側に拔け、第九肋管に入つて直腸の中に止つたもの、更に一つは小指の指頭の肉を掠め去つたものの三ケ所であつた。

犯人の發した六彈の三彈は彼に命中し、他の三彈は隨行の森槐南、川上總領事及び田中滿鐵理事を傷つけ、一發も無駄彈はなかつた。

犯人は、堵列の露國士官に捻ぢ伏せられて、其の場で逮捕されたが、列車中に擔ぎ込まれた伊藤は、俄作りのベットの上で、間もなく絕命した。

遭難の場所は、改札口から、地下道の入口に至る中間の歩廊にあつて、降車の際はその前を過《よ》ぎらぬであらうし、乗車の場合は、慌しくて見過すことが多い。

標識は、血を流した地面に、羅針盤のやうな圓い硝子板をはめこみ、周圍に鐵柵をめぐらしたばかりである。

私が、その胸像の前に立つた六月中旬は、馬家溝《マジヤコオ》あたりの家々の垣根に、薄紫のヘリオトロープや、清楚なジヤスミンが花ざかりで、花の匂ひが山の手の街にあふれ、またキタイスカヤの露店には、野の花の百合と芍薬が出さかつて、白い敷石道を彩つてゐたのに、伊藤公の胸像の前には、斯る花の一輪も見ることができず、僅かに白布をかけた小卓の上に、小さな、色褪せた、造花の花束が供へてあるばかりであつた。

旅から歸つてのち、ある書物の中に載つた、室田上院議員の、伊藤公に關する談話を讀んだ。室田氏は、伊藤公に隨行し、遭難の現場に居合はせて、最期を看とつた一人である。それによると、公の命中彈は、すべて上から下へと走つてゐた。彈丸は、騎馬銃で、彈道から想像すると、プラツトホームの上の食堂あたりから、狙撃したものと思はれるとあつた。

談話を筆記したものではあるが、この文章によると、更に數名の犯人があるやうにも推測せられるのであるが、その詮索は別の問題として、私の好奇心は、その食堂の窓を見のがして來たことを、今更殘念に思つてゐる。

伊藤公の遭難地點を、哈爾濱驛の名物だなどとは云ひたくないが、この驛の一二等待合室の、東北の隅に安置された聖者ニコライの聖像を、驛の名物だと云つても、咎める者はなからう。

ニコライ聖者は、旅人の護り神と稱せられてゐるので、帝政時代の露西亞では、一流の停車場には必ず安置せられたものであつた。

等身よりは稍々小さからう、露西亞流に、色彩を施した板金を、むやみに、はめこんで、甚だ俗つぽい聖像だが、以前は、この前に十字を切り、旅路安かれと祈つてから、汽車に乘つた、敬虔な旅人がゐたにちがひない。

今はちがふ。何處へ歸る若者か、リユツクサツクを枕に、卷ゲートルの土足を厨子の臺座にのせて、いぎたない高鼾をかいてゐる者さへあつたくらゐだから。

哈爾濱の歴史に、日本人の足跡を殘してゐる者は、志士烈士や軍人ばかりでは、もちろんない。

寫眞屋さんもゐようし、洗濯屋や、料理屋の亭主もゐたに違ひない。草創時代の日本人が、露西亞人と、支那人の强大な勢力の間にはさまつて、どうにかして第三者投票權《キャスチング・ヴォート》を握らうと、個人的利益を無視して結束し、隱忍自重して奮闘した事實が、今でも尙ほ、數へ切れないほど語り傳へられてゐる。

その人達こそ、眞の日本人であつた。尊敬すべき日本人であつた。

そして、その中には、吾々が俗に天草娘と呼ぶ、悲しい運命の女性が、混つてゐたことを忘れてはならぬ。

哈爾濱の土を、最初に踏んだ日本人は、宮本千代と呼ぶ、長崎生れの若い女性であつた。もちろん四十何年も以前のことで、現在殷賑を極めてゐる、キタイスカヤ一帶の埠頭區《プリスタン》は草茫々の江岸に、僅か數軒の支那人漁家が、細々と煙をあげてゐたし、ハルピンなどと云ふ町の名もなく、僅か數十軒の支那民家が密集してゐた今の舊哈爾濱《スタル・ハルビン》でさへ、露人はたゞ、スンガリーの町と呼んでゐたくらゐである。

この時代に、露西亞は、極東侵略の根據地を、スンガリーの岸のこの平原の中に選んだのである。

宮本千代は十六歳で、浦鹽に密航し、醫務局長プレチコフの家で女中奉公をしてゐるうちに、夫人を本國に殘して來たプレチコフと內緣を結んだものだが、無口で、素直で、貞淑な女だつたらしい。

明治三十一年、プレチコフ等がハルピンに轉任して來ると、彼女は、この土地の將來性を見拔いてか、當時ウラヂオに來てゐた日本人の中から、六人の親戚緣者を選んで、この土地へ呼び迎へた。

プレチコフも、立派な人格の男だつた。千代を通じて見た、日本人を信用してゐたから、六人の移住にも、いろいろ骨を折つてくれた。

翌三十二年には、千代の斡旋で、また七人の同胞が、遠い川下からのぼつて來た。

同勢十四人になつたので、互ひに助けあひ、戒め合ひ、正直一途に働いて、日本人の聲價を擧げた。

草創時代の日本人が、結束し、また信用を博したのは、食ひ詰め者でなく、海外雄飛の精神を持つて飛び出して來た連中だつたからである。

第二班の七人は明治三十二年五月三日に浦鹽を出發し、陸に四日、河に十五日かゝつて、ハルピンに着くことができた。プレチコフの手紙を持つてゐたので、ハバロフスクまで出ると、わけなく船に乘せてくれた。乘船の際に、パンの大きなのと、鹽鮭と、三プードの米を持ち込んだ。

十五日目に、今の埠頭區《プリスタン》に上陸したものゝ、言葉が通じないし、泊る家もないので、困つて船へ歸つた。翌日また上陸すると、日本の女が珍らしいと見えて、七人の周圍は黒山のやうな見物で、ロシアの巡査が來て追拂ふ、また寄つて來る。七人は、また浦鹽へ引返さうかと、泣きさうになつてゐると、前の年に千代に呼ばれて來た忠六と云ふ男が、ひよつこりと現はれたので、皆な大喜びで抱きつく騒ぎだつた。

忠六は、村の露人から、スンガリーの方に日本人が來てゐるときいて飛んで來た。何はともあれ、自分等の住居まで來い。千代さんも待ちかねてゐると云つた。

村まで遠いかと訊くと、七十里はあらうと云ふ。馬車二臺を雇ふなら、賃銀が四百兩《テール》だと聞いて度膽を拔かれ、また何日も旅をするのかいと、べそを掻いたが、まあ何でもよいから默つてついて來いと、忠六は笑つてゐる。

ウラジオから持つて來た洗濯道具、石鹼二箱と一緒に、八頭立ての馬車二臺に乘り、まだ枯れたまゝの草原を、ごとんごとんと搖られて行くと、二時間ばかりで、此處がさうだと下ろされて二度びつくりした。聞いてみると、七十里は支那里、馬車賃の四百兩は吉林官帖と云ふわけで、大笑ひをした。

そんな風に、みんなは一緒に苦勞はしたが、極く朗かに、笑つて、草創の生活を始めたものである。

船がついたところは、今日の埠頭《ブリスタン》で、それから畑道のキタイスカヤを通過し、南崗《なんがん》、馬新溝《マジヤコオ》を經て舊哈爾濱《スタル・ヘルビン》に着いたわけであつた。

それが始まりで、だんだん日本人がふえだした。男は種々雑多の職業を持つてゐたが、女には客稼業《きやくしやうばい》が多く、中には、支那人と夫婦になつたものも少くなかつた。

草分けのお千代さんは生涯和服に日本髪で通し、プレチコフ家の人となつてからも、自分で米飯を炊き、漬物をつけて食べてゐたさうだが、その頃支那人の中へはひつて行つた女達には、支那服を着て、すつかり支那人の生活に馴染むものもできて、一寸見たところでは、支那の女と區別がつかぬ者もあつた。

この人達は、正直で無知で、行儀も作法も知らない。たゞ知つてゐるのは、自分が日本人だと云ふことばかりであつた。

5

上田熊生氏は、もう三十年も哈爾濱に住つて、露支人の間にも知人の多い、敎養のある紳士で、長い間、銀行に勤めてゐたが、今では引退して、ある公共團體の理事長をしてゐられる。

夫人は、淑かで、話をされる調子まで、長谷川時雨女史そつくりの方なので、私達は特に親しみを持つてゐた。

ある晩、私と窪川さんは、靜かな山の手の上田家へ招かれて、夕飯の御馳走になつた。

食事の後で、夫人が立つて、窓をあけると、何處からか、胸を嗾《そゝ》るやうな、甘い花の匂ひが流れこんで來た。

「アカシヤの匂ひですね」と窪川さんは、窓の方へ顔を向けた。

南滿では、もう半月も前に、この花が散つてゐたので、珍らしかつた。すると、夫人は、

「この花の匂ふ頃には、不思議と思ひ出される人がゐますのよ」と、ずつと以前の思ひ出を話しだした。

いつ頃の話だか、聞かなかつたが、まだ領事館警察が日本人街の治安を司つてゐた頃のことであらう。

ある宵、夫人は御主人のお供をして、埠頭區の寂しい裏街に差し掛ると、四辻の交番の中で、日本人の女の喚き聲がしてゐた。立ちどまつて覗いてみると、支那服の、一見支那人としか見えない三十くらゐの女が、ひどく醉つ拂つて、頻りに若い巡査に絡んでゐるのである。

交番の隣りには、窓を閉めきつた、露西亞人の邸があつて、その家の庭の、眞白く咲いたア

カシヤの梢に、交番のランプが、窓越しに、ぱつと映え、白い花が、小さな交番の屋根に、はらはらと散つてゐたさうである。

初めのうちは、巡査もよいかげんに扱つてゐたが、女があまり執拗いので、

「お前は日本人ぢやないか。日本人ともあらうものが、交番へ來て、吾々に厄介を掛けるとは何事だ」と、怒鳴りつけた。すると、その女は、ひゝゝゝと泣き笑ひをして、

「日本人だから、日本人の厄介になりたいんだよ。ねえ、おまはりさん、私達はね、支那人の中に暮してゐても、心までは支那人になつちやゐないんだから、たまに日本人の厄介になる時ばかりは、日本人になつたやうな氣がするんだよ」

と云つた。

巡査も、その氣持は解つたと見え、

「そんなら、いつさら日本へ歸つたらどうかい。貯金だつて、どつさりできて居るだらう」と穩かに云つた。

「何云つてやがるんだい」

女は突然、たんかを切つて、

「歸れるものなら夙《とう》の昔に歸つてらあ。歸れないから、歸らないんだ。でもね、歸れなくつたつて、私にも希望くらゐはありますよ。今にね、私達だつて、お國のために働ける日が來るんだつてね。　天子様のお役に立つ日がだよ。それが、樂しみで歸れねえんだよう」

と云つた。

眼鏡をかけた若い巡査も、何か身につまされる事があつたと見え、卓に凭れて、うん／＼と頷いた。

突然、ほんたうに突然、醉つ拂ひの女が歌ひ出した。

雲にそびゆる高千穂の
高嶺おろしに草も木も
なびきふしけん大御世を
仰ぐ今日こそ樂しけれ

「私は――」

上田夫人は、ふと眼を伏せて、

「身體ぢゆうに、水を浴びせられたやうな氣がいたしましてね」と話を切つた。

6

ある日、有名な平佐大尉が、一束の白いカーネーションを持つて上田家へ立ち寄つたことがあつた。

平佐大尉は、滿蒙を舞臺にして、多年國事に奔走してゐる、國士型の豪傑で、白いカーネーションなどとは、凡そ縁がなささうなので、

「平佐さん、どうなすつたんでございますか」と、奥さんは、笑ひながら訊いた。

すると大尉は、眞顔になつて、

「いや、今日はね、此の花にふさはしい女が死んだんでね、これから弔ひにでかけるところですよ」と答へた。

「誰でございますの？」

大尉の交際範圍で、白いカーネーションにふさはしい女性は、いつたい誰であらうか、奥さんにも見當がつかなかつた。

「お菊ですよ。お菊がたうとう死にましてね」

大尉はさう云ひ殘して、悄然と出て行つた。

ただのお菊ではわからぬが、シベリヤお菊と云へば、今でも思ひ出す人がゐるに違ひない。お菊と、もう一人の相棒のお玉は、最初にこの市へ乘り込んで來た、所謂娘子軍の先驅者だつたので、現在の有力者の中にも、いろいろの意味で厄介をかけた人がゐるに違ひない。

日露開戰の頃、二人は老少溝と云ふ片田舍で、そんな稼業をしてゐると、ある日、懇意な露人が來て、どうも戰爭が始まるらしい。いま引き揚げ列車が日本人を滿載して停車場に着いたところだつたと話してくれた。

二人は吃驚して、家の始末どころではない。取るものも取りあへず、停車場に驅けつけたときには、もう引き揚げ列車が動き出したあとで、呼べど叫べど、追付く由もない。

すると通り掛つた支那人が、そんな所にゐては危險だから、俺と共に來いと云つてくれた。二三度しか來たことのない客であつたが、ほかに頼る者もないので、夢中でついてゆくと、その夜半ごろ、ある部落へ着いた。

翌日は疲れてゐたので、ぐつすり寢込んで、夕方眼を醒ますと、例の支那人が、今日隣り村へ露兵が來て家宅捜索をした。日本の間諜が入り込んでゐると云つてゐたさうだから、お前達も此處にゐては危い。晝間のうちに用意して置いた家があるから引越してしまへと云つた。從《つ》いてゆくと、部落から二三町も離れたところに臭い臭い豚小屋があつて、片隅の草を掻き除けると、その下に深さ五尺の一疊敷くらゐの穴が掘つてあつた。

お菊とお玉は、その穴の中で、一年半も暮してゐた。晝はかくれ、夜が來ると小屋のめぐりを歩いて、足腰をのばした。その長い月日、支那人は一日も缺かさず、三度三度の食事を運んでくれた。

戰爭が濟むと、お菊はその支那人と結婚した。亭主は廣東產の阿成と云ふ男で、馬賊あがりだと云ふ噂があつた。ずつと後に亭主の阿成が、日本人の若い女をこしらへたので、お菊は陶賴昭と云ふところへ引越し、支那人對手の料理屋を開いたが、その頃から阿片中毒で、體の具合が惡かつた。

お菊は、稼業の傍ら、諜報機關の手先になつて働いてゐるといふ噂があつた。噂ばかりではなかつたかも知れない。

大正の終り頃、お菊は、ある夜强盜に襲はれ、頭部に重傷を受けたのが原因で死んだ。加害者は强盜でなく、お菊に密告された匪賊の一味だと云ふ話があつた。

享年、四十二、三歳。まだ女ざかりだつたのに惜しいことをしたものだ。私の生れた、伊豫松山の者で、本名は八木キク、滿洲お菊だの、シベリヤお菊だのと云ふと、何だか恐ろしい女傑のやうに聞えるが、事實はきつと、平佐大佐が言つたやうに、白いカーネーションのやうな女だつたに違ひない。

公園のやうに美しい露人墓地の直ぐ裏手に、楡の木立ちを背に負つた、さゝやかな日本人墓地がある。

墓地を入ると直ぐ左手の、五尺もあらう墓石に、八木キク墓の五文字を刻したのが、お菊の奥津城《おくつき》である。

二重の臺石の上にのせられた、その石碑には、五文字以外、死亡の月日も、また建立者の姓名も、何一つ彫んでない、まことに不思議な墓である。

云つて良いことか悪いことか分ならいが、その石碑こそ、埠頭區《ブリスタン》に勢力を張る山上彦九郎親分が、お菊の過去を憐れんで、密かに建立したものださうである。

7

六月中旬から、七月上旬へかけ、二十日ばかり私は哈爾濱に滞在して、毎日のやうに市の内外を見て歩いた。

白系露人の學校や、孤兒院や、そして、トムスキー劇團の舞臺や、哈爾濱交響樂團の練習場や、いろいろの方面を見學した。

日曜には、寺院めぐりをして、有名なソフイスカヤ寺院のコーラスを聞いたり、普請中のブラゴエスチエンスキー寺院を訪ね、壁畫を描いてゐる聖畫師と語りもした。

ザトンの村へ渡つて、船乗りの留守宅に立ち寄つたり、有名なパン焼きのラキン兄弟の家庭を訪ねて、成功談を聞かされたりした。

緯度の低いこのあたりでは、午後の八時だと云ふのに、まだ夕陽は地平線よりはるかに高く残つてゐる。その頃私達は、松花江の岸のヨット・クラブへ行つた。

江岸のヴエランダ、第一級のロシヤ料理、毎夕六時よりカリヴオダ樂團による異國情緒豐かな輕音樂——である。

この都市にも料理の停止値段はある筈であるが、メニューを見ると、ブラック・キヤビヤには値段がなかつた。

黄昏が迫る頃には、ボートを雇つて、對岸のザトンに渡るもよからう。そこは曾て、ある觀光客が、ソビエット領と間違へた村である。蚊いぶしの葦草を焚く匂ひが、靉靆と流れる江岸を、甘い音樂に乘つて、若い男女が樂しげに歩いてゐた。

その二十日間、私は殆んど退屈と云ふことを知らなかつた。

然し、東京に歸つて、遙かに回顧すると、心に殘つてゐるのは、以上に述べた、志士烈士や先驅同胞の嚴肅な事蹟ばかりであつた。

四十年前、白人は、東洋侵略の基地として、此の草原を選び、其處に文明の都市を建設した。今、吾等は、東洋平和の基地として、其處に逞しい力を貯へつゝある。

今日は日曜日である。寺々の鐘は、大陸の母なる松花江の空に、淸く、勇ましく、鳴り響いてゐることであらう。

續旅順

1

昭和十六年一月の中頃だつたが、もう隨分前から滯在して居た旅順の戰蹟に別れを告げ、大連行バスで、白銀山の峠まで登つて、ふと港の方を振りかへると、遙かな白堊の市街や、冬空に神々しく浮ぶ白玉山の表忠塔が、一齊に手をあげて、私を呼びとめて居るやうな氣がした。

後髮を引かるる思ひはしたが、私は、もう內地行きの汽船も豫約して居たのだし、いつかまた、必ずこの聖蹟を訪れるであらうと、心に固く誓ひながら、惜しき別れを告げたのである。

それにしても、僅か四ケ月後の五月二十五日、折から香り高いアカシヤの花々に飾られた大連の埠頭に、再び上陸しようとは思はなかつたのである。私もまた、拙作「旅順」の中に擧げた森田さんや松下さんと同じく、旅順の鬼に取り憑かれた一人であつたに違ひない。

船中で讀んだ書物によつて、旅順攻略の緒戰とも言ふべき金州南山の戰は、三十七年前の五月二十六日に行はれたことを思ひ出した。たまたま、私はその記念すべき日の前日に、大連の港へ着いたのである。三十七年後の同じ日に、金州南山の戰蹟を訪れるのも、また意味なきことは思へなかつた。

南山攻撃の當日は、激しい雷雨だつたさうだ。私が金州を訪れた、今年の五月二十六日は、空も明るく、爽かな大氣には、アカシヤの花の强烈な匂ひがむせるやうに漲つて居た。

冬の頃の旅にも、金州へは來たことがあつた。寒氣の烈しい日で、防寒衣のなかつた私は、吹きざらしの山野を跋渉する勇氣がなく、城外の停留場で、辻馬車に乘つて、三崎山《さんざきやま》から南山を一巡したばかりであつたから、今日はゆつくりと歩いて、隨所に過去を追想して見ようと思つた。

金州は、小さいながらも、城郭都市の典型であると云はれて居るのだが、街の四方を圍む城壁も、城門も、日淸、日露兩役の頃の儘に、今もなほ殘存して居るのである。

バスを、城外の停留場で降りて、陋しい民家の軒を並べた泥道を三百米突ばかり行くと、正面に立派な城門がある。明治三十七年の此の早曉、乃木將軍の長男勝典少尉が、敵彈に斃れた東門である。

東門は、そのほかの三つの門と同じやうに、內外二重の構へで、內門と外門の間には、二百坪もあらう枡形の廣場が、明るい日影を溜めて居る。

城壁は、ところどころ崩壞したところもあつたが、この東門附近だけは、多少修理を加へたらしく、銃眼なども、立派すぎる程に殘つて居るのである。

乃木勝典少尉は、步兵第一聯隊第九中隊の小隊長として、二十六日の未明、北門の攻略に向ふ途中、東門の上から擊ち出した敵の機銃彈を腹部に受け、刀帶の尾錠で、大腸を切つて、出血甚だしく、八里庄附近の野戰病院に收容され、翌二十七日遂に陣歿したのである。

今、金州から大和尙山に至る道を、少し橫にそれて、平和な八里庄部落に入らんとするところに、極めて簡素な「乃木少尉戰死之場所」と刻んだ石碑が、樫の木立ちに圍まれて殘つて居る。野戰病院の跡であらうと思ふ。

將軍は、勝典少尉を愛して居た。勝典少尉が出征の前夜は夫人を交へて三人、惜別の會食をなし、また出征の日は、將軍自ら新橋驛に人力車を馳せ、恩賜の葡萄酒を汲み交はして壯途を祝つたほど、將軍は勝典を愛して居た。

將軍が第三軍司令官の重任を拜し東京を出發したのは、勝典少尉の陣歿した二十七日であつた。そして、その悲報は、廣島で知つたのである。

將軍の日記、三十七年五月三十日の項に「本日湯地ヨリ勝典ノ事電報アリ、他言セズ」とあり、また翌三十一日の項に「室ヨリ勝典中尉功五級ノ報アリ。寺内大臣ヨリ公報アリ。朝、書ヲ室ニ送リ豫戒ス。午後返電大満足ノ意ヲ報ズ」とある。

乃木將軍が金州南山の激戰のあとを通過したのは、それから一週間後の六月七日、旅順に敵を追撃する途中であつた。その日記を見よう。

七日　晴

金州ニ到ル。途中負傷者二百九十名、不明兵四名ニ柳家屯ニ逢フ。三里庄ニ兵站司令官出迎ヱ來ル。劉家屯ノ劉家ニ泊ス。齋藤季二郎少佐軍政委員ナリ、來訪、同氏ノ案內、南山ノ戰場巡視、山上戰死者墓標ニ麥酒ヲ獻ジテ飲ム、幕僚隨行ス。

山川草木轉荒涼　十里風腥新戰場
征馬不前人不語　金州城外立斜陽

愛兒勝典少尉の戰死に就ては、一字一句も書き殘してはないが、かの名詩「山川草木轉荒涼《さんせんさうもくうたゝこうりやう》、十里《り》風腥《かぜなまぐさし》新戰場《しんせんぢやう》、征馬《せいば》不前《すゝまず》人不語《ひとかたらず》、金州城外《きんしうじやうがい》立斜陽《しやうにたつ》」の感懷は、果して何を語るものであらうか。然しながら、將軍が南山の中腹に佇んで、愛兒の戰死を念頭に浮べたと解するは、却て將軍の精神を曲解し、冒瀆するものかも知れない。何となれば彼は當時、一軍の將帥であつた。私情よりも更に大きな感情が、將軍の胸を壓へて居たに違ひない。

その詩碑は南山の東面、あたかも勝典少尉陣歿の八里庄村落を指呼の間に望み得る中腹の路傍に建つて居る。

今は、その地點に立つて遠く東を望むと、麓には、同胞の建設した新市街の住宅地が、明るく竝び、綠の裾野を距てゝ大和尙の姿がくつきりと大空に聳えて居る。頭首をめぐらせば、アカシヤの花匂ふ彼方に、城門の丹彩が、陸の龍宮城を偲ばし、往年の荒凉たる景觀は想像もつかぬが、斜陽に立ちて雜草に落ちる詩碑の影を踏む時、私もまた自ら別個の感懷を抱かざるを得なかつた。

南山は、金州城の南方約二粁にある、裸の小丘で、麓から頂上まで、私でさへ一氣に驅けのぼることができる程、意外に小さな丘てある。滿鐵本線の車窓から眺めると、まさに金州驛に入らんとする、左手の、牝牛の臥したる如き小丘で、よほど注意して居なければ見のがすおそれがある。

そんな小さな丘ではあるが、遼東半島南方の地峽部を扼し、地理的にも、ダルニー、旅順の要地を含む金州半島の咽喉に當り、活殺の鍵とも云ふべき要衝であつたから、露軍は此處に半永久的な砲臺を構築し、鐵道を敷き、ペトンで固めた散兵壕で、くるくると幾重にも山を卷き、鐵條網、地雷はもとより、防禦の配置には殆んど手落ちがなかつた上に、フォーク將軍の精鋭一個師團が守備し、如何なる大敵を迎ふるとも、優に半ケ年は支へ得べしと傲語して居たところである。

それを、奥大將の率ゐる第二軍は、海軍四艦の協力を得て、十六時間の激戰の結果、完全に攻略したのである。激戰は十六時間に亘つたが、勝敗は最後の五分間で決せられたのである。

十六時間の戰鬪で、吾が軍は、總兵力三萬六千のうち、四千三百八十七名と云ふ、驚くべき多數の死傷者を出して居る。一割何分の犧牲者を出しながら、十六時間を費して、我が軍は漸く二千米突しか進み得なかつたのであつたが、夜に入つて、益々苦戰に陷り、稍々危機に瀕した際、奧司令官が「大和魂とは何であるか」と、勵聲叱咤したと傳へられて居る。すると、全軍の將士は、これに應へるが如く奮ひ立つて、死生を超越した肉彈の突撃を敢行し、遂に最後の五分間で、南山の堅壘を完全に占據することができたさうである。

一番乘りの榮冠は「またも負けたか八聯隊」などゝ嘲けられて居た大阪聯隊が、敢然として贏ち得たのは、商都壯丁のために、大いに氣を吐いて愉快に耐へない。

敵の恃みとしたのは、優秀な裝備と精鋭を誇る兵力であつたに違ひない。吾が軍の賴るところは、裝備や兵力ばかりではなかつた。敵の持たぬ、また外國人には想像もつかぬ大和魂である。如何なる敵彈にも斃れない大和魂であつた。

大和魂の協力は、南山の戰鬪に於てばかりでなく、その後も、あらゆる機會に實證されて居ることは、日本人の誰もが知る所である。

2

東門を拔けて、繁華な町を、足の向くが儘に步いた。日本製品ばかりを陳列した小規模のデパートがあるかと思ふと、東京の雑誌社の宣傳幟を立てた店がある。そのくせ、この町では、全く日本人と云ふものを見かけないのである。日本人を見かけぬ町だのに、住民の滿人には、たいがい日本語が通用する。その後、私は北方に旅をしたが、日本人の多い奉天や哈爾濱の滿人には、却て日本語が通用せず、車に乘るにも、ちよつとした買物をするにも、非常に不便を感じたものであつた。

いつの間にか私は、反對側の城門の下に立つて居た。樓閣の扁額を仰ぐと、永安門とあつたが、たぶんこれが西門であらうと思つた。門の横手に石段があつて、城壁の上の步廊に通じて居る。

私は、通りかかつた壯年の滿洲人に「此の上にあがつてもよろしいですか」と訊いたら「えゝ、よろしいです」と非常に穩かな日本語で答へた。「この城壁の上を步いてもかまひませんか」と私はまた訊いて、城壁なんて云つても、解らないのではないかと危ぶんだが、滿人は「ところどころ壞れたところがありますから、危いですよ」と、注意までしてくれた。この町のインテリゲンチヤに違ひない。

城壁の上の歩廊は石疊みで、敷石の隙間には、おゝばこや薺が、しがみつき、密生して居た。一寸ばかりの、倭生の菖蒲が、紙細工のやうな、鮮かな花をつけて居た。

城壁の内側には、また嚴めしい石壁を圍らした豪家があつた。石壁の中の裏畑に、大きな葱坊子が、ぽかぽか暖い日光を、のんびりと浴びて居た。

不意に賑かな歌の聲が聞えたかと思ふと、五六人の少女が、倉と倉との間から驅け出して來た。みんな十か十一ばかりの、元氣いつぱいの小娘で、豐かな家の子供であることは、服裝などでも知れた。

少女達は私を見つけ、仰いで手を振り會釋をした。些とも人怖じしないし、日本人の私に、寧ろ媚びるやうなゼスチユアを見せるのである。私は大陸を前後三ケ月ばかり旅行したが、かういふ態度を、滿人の子供達から示されたことは初めてだつた。

私は手を擧げ、笑顔を向けて、これに應へた。すると娘達は、何かひそひそと相談をして居る模樣だつたが、突然聲を合はせて、巧みに愛國行進曲を歌ひだした。

城壁の外側に沿ふてアカシヤの木立ちが續いて居た。古城の微風に、今をさかりの花房が、ゆさゆさと光つて居る。眩しいほど純白な花である。城壁の上の歩廊に、落花の作つた吹き溜りが、白く波頭のやうに見える。

アカシヤの梢ごしに、村の裏の丘陵が、綠の膚を覗かして居る。丘の上に立派な記念碑が、紺碧の空を背負ふて毅然と突立つて居るのを見ると、その丘が、話に聞いて來た三崎山《さんざきやま》であることが知れた。

三崎山と云ふのは、この丘に骨を埋めた山崎、鐘崎、藤崎三志士の姓に因んで名付けられたもので、この丘には、別の舊名があつたに違ひない。或は南山に對して、北山《ほくざん》と呼ばれて居たかも知れない。形狀も、高さも稍々南山に似た裸の丘である。

山崎羔三郎、鐘崎三郎の兩志士は福岡縣、藤崎秀は鹿兒島縣の出身で、いづれも上海同文書院の前身である、日清貿易研究所の出身者であつた。辮髮を蓄へ、支那語を自由自在にあやつり、一見したくらゐでは、清國人と區別がつかなかつたさうである。

明治二十七年、日清の風雲が急を告げると、かねて日清貿易研究所を卒業しながら、一朝事ある日を待つて、清國內に停つて居た健兒達は、期せずして所長根津一氏のもとへ集つて來

た。山崎等の三士も勿論その中に居たのである。根津所長は、一同に向ひ、
「諸君も既に知る如く、日清兩國の開戰は既に目睫の間に迫つて來た。實際のところ此の戰爭は、强大を以て誇る淸國を相手にするのであるから、我が國としても、將に國運を賭しての戰爭である。幸ひ諸君は多年本校に學ぶところあり、支那語を知り、また支那の事情にも通じてゐるのであるから、敵の軍事施設其他の內狀を竊かに偵察して、君國のために盡して貰ひたい」と訓示した。

鐘崎、山崎、藤崎以下の六士が、大山大將の第二軍に從軍して、遼東半島の南東岸花園河口に上陸したのは、二十七年十月二十四日の未明であつた。

特別任務を帶びた六士は、船中で充分に手筈を定めて居た。鐘崎は金州から營口方面へ、山崎、藤崎の兩士は、金州旅順及び大連灣方面へ、その他、猪田、大熊の兩士は大孤山方面、向野は普蘭店及復州の偵察に從ふことに決し、かねて軍艦高千穗が捕へた支那船から船頭用の支那服を徵發し、これを着用し、また敵手に殪れたときの目印に、支那風の靴下留（襪帶子）を二つづゝ締めて、決死の用意をした。

出發に際して、第一師團長山地元治中將は、激勵自重の辭を贈り、參謀長大寺少將も、諸士の責任は極めて重大である。隱忍自重任務を果すべきを祈ると諭した。

然るに、そのまゝ六士の消息は絶えたのである。軍でも心配して居たところが、十一月一日に、普蘭店方面を擔當した向野のみが、へとへとに疲れて、貔子窩にあつた軍司令部へ歸還した。向野は王家屯と云ふ村で、土民に訝まれて、清兵の屯所へ引き立てられる途中、奇蹟的に虎口を脱することができたが、任務を忘れず、野に伏し山に寢ね、乞食の姿に身をやつして、遂に目的地を偵察して歸ることができた。

金州城が陷落したのは十一月五日だつた。六日には大連灣、柳樹屯を攻略し、金州附近の殘敵を掃蕩した。行方不明になつた三人の者が、もし此の附近に生存して居たなら歸つて來る筈である。

ただ一人、生還した向野は、軍部に懇請して極力捜査に努めしも更に手掛りがなかつた。

ある日、向野は、當時我軍の占領して居た金州城内に入つて、縣廳に至り、警部の室を調査した。

役人共は全部逃走したあとであつたが、机上に山積した書類を、片端から調べて居たところが、その中から偶然にも、鐘崎等三士の口供文を發見したのである。

それによると三志士は、花園口出發後、十月二十五六日頃に、上陸地から餘り遠くない碧流河の渡船場で捕はれて居る。その頃すでに、日本の軍事探偵が入り込んだと云ふ情報が入つたと見え、ところどころに「倭賊奸細潜入甚多來往嚴視捕拿重賞」と衙門に布告が貼られ、土民は全部、赤紙の通行切符を渡されて居た。

渡船場で訝まれた三志士は、生憎、赤切符を持つて居なかつたので、巡兵と村民に追跡され、殘酷な身體檢査を受けた。所持の金銀は全部掠奪されたらへ、金州城内の副師統衙門に拘引されて、投獄されたことが判明した。

向野は更に追究して、牢獄の出入帳を調べたところ、三士は既に獄舎を引き出されては居るが、生死の程を確める書類はなかつた。

向野は、なほも諦めずに、捜索を續けて居たところ、偶然にも、西門外に住む農夫から、意外な話を聞き込んだのである。

その農夫の云ふところによると、確か十月三十日の夜の十時頃だつたが、用事があつて、西門外を通つて居ると、城内から、車に乗せた三人の男を圍んで、大勢の役人と苦力が押し出して來た。

門の西南角に、衞門の刑場があつたし、死刑囚だと云ふことは直ぐ知れたので、怖いもの見たさに、群衆に混つてついて行つた。後で、そのとき斬られたのは、日本の軍事探偵だつたと云ふ話を聞いたさうである。

三人連れの軍事探偵と云へば、鐘崎、山崎、藤崎の三士に違ひない。向野は喜んで、なほ追究したが、斬られるまでは知れても、死骸を何處へ埋めたかが瞭りしなかつた。

それが、翌年の二月七日になつて、ふとしたことから、三士の死骸を、刑場跡で發見したものである。

死刑執行の現場を見た農夫の、住んで居たであらう村は、西門の上から手の屆きさうなところに、天齋廟を圍んで土塀をつらねた五六十戸の部落に相違ない。死刑の夜は舊暦の初三日にあたつて居たさうだから、あの東門の樓上あたりに、利鎌の三日月が懸つて居たであらうなどと思ひながら、ふと見おろした村の中から、二人の女房が、何か諍ひながら、門外の廣場へ出て來て、突然摑み合ひを始めた。

二人とも、三十前後の、大柄な、眞黒に日燒けした婦である。この邊に多い馬車屋の女房かも知れぬ。すると、部落の中から大勢の女の子が飛び出して來て、物かげから、そつと見物を始めた。娘達ばかりでなく、路傍の水溜から、五六羽の鵞鳥が這ひ出して來て、見物にまじつて、ぎやアぎやアと囃したてるやうに鳴きだした。

私は滿洲滯在中に、滿人の喧嘩と云ふものを屢々見たが、たいがいは口喧嘩で、摑みあひは珍らしい。而も女同志の摑みあひなんて、めつたに見られないと思つたので、門を降り、現場へ驅けつけたときには、もう當の女房達も、見物の子供達も、何處に行つたか姿を消し、頓狂者の鵞鳥の群が、尻を振り振り、遠來の客を迎へて居るばかりであつた。

私は、かつて三烈士が曳かれて行つたであらう楊柳の並木道を足にまかせて歩いて行つた。路傍の地溝は白々と乾からびて居るのに、岸の楊柳は、ていていと空に伸び、滴りさうな新綠の梢から、もう名物の柳絮が一つ二つ飛び出して居た。白銀の光に包まれた、小さな絮が、眞蒼な空をよぎつて、すいすいと飛んでゐる。

柳絮のはげしく飛ぶのは、南滿では六月上旬、北滿では少し遲れ、同じ月の中旬から下旬へかけてであらう。

いつたい三烈士の斬られた刑場と云ふのは、どのあたりであらうかと、楊の木蔭に佇んで、私はあたりを物色しながら、ミナレットの一本を啣へて、心も空にマッチを擦つた。

すると、嘗て誰かの記錄で讀んだ、三烈士最後の場面が、ありありと眼に浮んで來た。

話はもとに戻るが、翌年の二月、吾が軍の捕虜になつて居た清兵の一人が、どうしたはづみか、三烈士斬首の目擊者であることを口外した。

目擊者の談によると、刑場に引き出された三烈士は、何を訊いても知らぬ存ぜぬの一點張りで「早く斬れ、早く斬れ」と怒鳴つて居た。

清國の習慣で、罪人を斬首するには、必ず西方に向けて斬ることになつて居るので、法のとほりにしやうとしたところが、三烈士は何うしても肯ぜず、東に向いて、何事か大聲に叫んでゐた。無理やり西に向けようとすると、その中の一人は大喝一聲、

「吾等は大日本帝國の臣民である。　天皇陛下東方に在します故に、東面し、　陛下を拝し奉りて死すべきである。西に向くなどとは以てのほかだ」と叱りつけた。

執行吏も怒つて、手荒く西に向けると、また東方に向き直つたので、青龍刀で横顔を二度叩いた、と目撃者は語つた。

死體は刑場に埋めてあると云ふので、向野を始め同志の通譯等は、第一師團の士官立ち會ひの上で發掘して見ると、三人とも、斬り落された首が、脚部に重なり、そのうち鐘崎の頬には刀痕が二筋殘つて居た。西面するを拒んで、青龍刀で叩かれたあとである。

鐘崎は殉難の齢二十六歳、他の二烈士も同じ年配であつたと思ふ。

故郷の空を望み、愛する者の住む方に思ひを馳せるのは、世界各國、何れの國民にも共通の本能であらう。

然しながら　上御一人の在す方にのみ、全靈を捧げ得る國民は、日本人よりほかに無いのである。

いな、國民の全てが、全心全靈を捧げ奉るべき　上御一人を戴く國こそ、日本を置いて、他には、世界の奈邊にも求められないのである。

南山の激戰に於ける大和魂の發露と云ひ、また金州城外に於ける三烈士の最期と云ひ、今次の大東亞戰爭に於ける布哇の攻擊、馬來沖の海戰に於ける吾が將士の超人的な作戰と思ひ合せて、其處に一貫せる日本精神の眞髓を發見することができるではないか。

三烈士の貫き死體は、幸ひにも酷寒のため凍結し、生けるが如くに殘存して居たので、附近の丘上に移し、軍並びに同志達の手で、懇ろに埋葬された。

その丘を、三烈士の姓に因むで三崎山と呼ぶのである。麓の部落から頂上まで、一直線の石ころ道を、一氣に驅けのぼると、その東北角に、福島大將の揮毫にかゝる殉節三烈士碑が建つて居る。そこから五六十メートルの南西角に、靈垣をめぐらした平地が、三烈士の死體を埋葬した場所であると、その後、人から敎へられた。

義膽殉忠居士山崎羔三郎、正誠中烈居士鐘崎三郎、正忠報國居士藤崎秀、何れも從五位を追贈された。

正岡子規の歌に「三崎山に君が御靈を弔へば鵲立ちて北に向きて飛ぶ」と云ふ一首がある。

實感であらう。

3

六月の中旬になつて、私達は南滿洲から北方の哈爾濱へ移動した。

大連、旅順では、もはや胡藤の花も散り、朝夕に激しい霧が襲ふて來たり、それに今年は雨季にさきがけて鬱陶しい日が續くのに、哈爾濱では、間もなく家々の階段に青草を敷く三位一《ツローイッツ》體《ア》祭が來やうし、柳絮も今がさかりだし、キタイスカヤの露店には野百合の花がでさかつて居ると、友人達から、誘ひの便りが着いたからであつた。

滿洲には、春や秋の中間氣候がないと云つてもよい程で、ずつと北の哈爾濱でさへ、六月中旬には、短袴《ショートパンツ》にヘルメツトと云ふ眞夏の輕裝である。

ある日、哈爾濱交響樂團のゴリーツイン氏から、自分の近所に、旅順の名將コンドラテンコ少將の副官だつたステパノウイツケ大佐が住んで居ると云ふ耳寄りの話を聞き込んだ。一二ケ月前に發表した、私の「旅順」を讀んだ人が、その席に居たので、そんな話が出たのであらう。

コンドラテンコ少将の人爲に就ては、萬腔の敬意を以て「旅順」の一項に記述して置いた如くである。また、十二月十五日、將軍は東鷄冠山北堡壘の後方掩蔽部で軍議中、吾が二十八珊榴彈砲の爆風に吹きとばされ、頭部を强打して戰死するや、その一事が露軍の意氣を極度に沮喪せしめ、遂に開城に導いたと云ふ事情も前篇の「旅順」に述べて置いた記憶がある。

何れにしても、將軍の側近に居た士官から、その思ひ出を聞くなどとは、旅順を知らんとする私にとつて、又とない機會であると思ひ、ゴリーツイン氏に斡旋を賴んだ。

その結果、柳絮の頻りに飛んで居た六月のある午後、アレクセエーフ・ミハイル・ステパノウイツケ老大佐は、籐のステツキに半身を托して、私の滯在して居たヤマトホテルを訪ねてくれたのである。その會見の模樣は、別項の「哈爾濱」に記述して置いたが、その場合、故意に書き漏して置いた、興味ある一つの事實を、玆に語つて、當時の武士道精神を偲びたいと思ふ。

「旅順戰の當時、自分は二十四歲の中尉で、コンドラテンコ少將の副官を勤めて居たが、少將が戰死されたときは、他の任務があつて、現場に居合はさなかつた。それと知つて驅けつけ、重傷の少將を抱きあげたが、少將は一言、頭が痛いと云はれたきりであつた」

六十一歳の老大佐は、ひどく涙もろく、さう語つて、ポケツトから、縞の絹ハンカチーフを出して眼頭を抑へた。

老大佐は、露語以外を語らない。白系露人事務所の婦人通譯メドウチコワ孃が流暢な日本語で通譯し、側から紹介者のゴリーツイン氏が、英語でそれを補足した。

「忘れもしない一月四日の午後であつた」

老大佐は、飲みかけた珈琲を置いて、暫く瞑想した。

吾が伊知地參謀長と、敵のレース參謀長が水師營の一民屋で、開城條件の談判を行つたのが二日、乃木、ステツセル兩將軍の會見は五日であつた。四日は既に休戰狀態に入り、露軍の幹部は、市街內に引き揚げて居たことと思ふ。

「コンドラテンコの死體は、東鷄冠山のロマン丘に埋葬してあつた。日本軍が入城すれば、もう再び、その地に赴く機會はないのだから、最後の別れを告げるため、自分は單騎、その丘を訪ねて行つた。參拜を終つて、歸途に就き、山を降つて來ると、後方から追ひかけて來る馬蹄の音が聞えました。振り返ると、若い日本の將校だつたから、自分は驚いて、腰のピストルに手をかけたのです。

すると、その將校は、餘り上手でない露西亞語で、待て待て、少し訊きたいことがあると云つて、馬を速めて近寄つて來ました。いつたい何を訊からとするのかと、自分は要心して待つて居ると、やがて接近した彼は、コンドラテンコ將軍の墓地は何處であるかと、意外なことを訊いたのです。

それを訊いてどうするのかと、自分は反問しました。すると彼は背後を振り返つて、あれに居るのが自分の上官の榊山大佐である、大佐はかねてからコンドラテンコ少將に敬服して居られたので、今日は墓參を思ひ立つてやつて來られた。此のあたりだとは聞いて來たが何處を見ても墓だらけで、區別がつかぬと、云ひました。

見ると、彼方の山の端に、立派な日本の士官が、馬を停めて待つて居られた。自分は馬首を返し、叮嚀に案内をした。大佐は墓前で馬を降り、暫く佇んで、やがて擧手の禮をし、惜しい人を殺したものだと云はれた。

自分は、三十六年後の今日も、なほ榊原大佐の姿と名前を記憶して居ます。今はどうして居られますか、御健在でせうか」

ステパノウイツケ大佐は、さう話を結んだ。

私は不幸にして、榊原大佐の名を記憶して居なかつた。日本に歸つたら、調べた上でお知らせしませうと約束したが、東京に歸つて、旅順に關する記録を調べて見ても、何故か攻城軍の幹部の中に、その姓名が見出せなかつたので、老大佐の記憶ちがひではなからうかと思つて、諦めて居た。

十二月初旬、ある會合で、長谷川正道少將に會つた。長谷川少將は今は現役を退いて居られるが、嘗ては吾が機甲部隊の育ての親だつたと聞いたことがあつた。歐米視察の歸途、淺間丸の獨人拉致事件を眼のあたりに見て慷慨した、熱血の老將軍である。

私はふと思ひ出してステパノウイツケ大佐の話をした。すると老將軍は膝を乘り出して、

「惜しいことをしましたね。榊原さんは、つい此のあひだ亡くなりました。生前に、そのお話を聞かしたら、さだめし喜ばれたことでせうが――。榊山さんも工兵科出身でしたから、同じ

工兵出のコンドラテンコを惜しまれたのでせう」と、感慨無量の顔をされた。

その後、乃木さんの陣中日記を讀むと、乃木さんは、戰線巡閲の歸途、たびたび、榊山大佐の幕舍に立ち寄られたことが書いてあつた。

榊山大佐は、逝去されたが、そのとき從つて居た若い中尉は、まだ何處かに現存して居られるに違ひない。案外、著名な將軍にまで累進して居られるかも知れない。

話はもとに戻る。

私は、何故にコンドラテンコが全軍の信望を集め得たかを知りたかつた。すると老大佐は答へた。

「將軍は常に、兵士と共に生活して居られたからだ。平時にも、戰時にも、常に兵士と共に生活して居られたからだ」

コンドラテンコ少將は、黑パンと鹽漬のキヤベツを好んだ。たまにカフカス十八番と稱する葡萄酒を飲むこともあつたが、陣中の生活は甚だ無味乾燥で、作戰以外には、何ものもなかつたさうである。

當時、露兵達は、飢餓と不潔に苦しみながら、犠牲的な抗戰を續けて居たのに、將校は陣中に於てもなほ、利己的な享樂を追究してやまなかつたさうであるが、コンドラテンコのみは、陸正面總指揮官の要職にありながら、日夜兵卒と起居を共にしたさうで、吾が乃木將軍に彷彿たるものがあるのである。

夏目漱石の「滿韓ところどころ」なる旅行記中に、偶々コンドラテンコの舊宅を過ぎ、その質素なるに感嘆したと云ふ一項があつた。

私は、老大佐に就て、その舊宅を確め、略圖を書いて貰つて旅順に歸つた。

旅順に歸つたある日、細川市長と森田さんの案内で、コンドラテンコの舊宅を訪ねて行つた。

舊宅は、舊ステツセル邸の、ちやうど眞下にあたり、アカシヤの木立に圍まれた、二軒續きの長屋である。現在は某部隊の官舍に使はれて居て、部隊附の下士官が細君と二人で住つて居ると云へば、たいがい、その質素さが想像されるに違ひない。

今回の大東亞戰爭に於て、ハワイの奇襲、マレイ沖の海戰、香港の攻略、マニラの强襲と、數々の戰果をみて、この超人的な帝國の軍人精神と云ふものは、今日初めて發動したものではないと云ふことを、沁々と考へさせられた。肇國以來三千年、大和民族の血液の中に流れて居た、世界無比の精神であることを、沁々と考へさせられた。

關東州戰蹟保存會では、嘗ての歷戰者を招聘し、屢々臨地講演を依賴して居るのであるが、十六年七月、支那事變記念日當日、旅順攻圍戰の當時、步兵第二聯隊の旗手として、赫々たる武勳を立てた長谷部照俉少將が、關東州駐屯部隊の將士に對し、夾子山頂でなされた講演の一節に、かういふ言葉を語られて居る。

「私がこの山を攻擊する時、ビールを半打兵に提げさせて來た。ところが、あいつはこの山を攻擊するのに死ぬことを考へないで生きる積りで居る、生きて居て此處でビールを飲む積りでゐる、弱い奴じやと笑つた者がある。さうじやない、私は戰場に出れば、軍人として、死は眼中にないと思つてゐる。激戰になれば、その時は、唯一に目的を遂行しやうと云ふ氣持で、死などは眼中になく、ただ邁進して行くのじやないかと思ひます。その觀念が非常に必要であると思ふ。またそれでこそ總ての事がなされるのであらうと思ひます。當時私は二十二歲、學校を出たばかりの少尉でした。それに亂暴者でしたが、いつも自分は、運が惡ければ死ぬ、運がよければ大丈夫なんだといふ信念を持つて居た。私は上陸してから南山の攻擊前に初めて敵と遭遇戰をやつた。その時、私は、距離標識の石だつたと思ひますが、その石に摑まりながら兵隊達に向つて運命說を講義した。自分は敵前五六百米の所に、かうして立つてゐる。皆も見てゐるやうに、彈丸が飛んで來るが、運がよければ彈は當らない。だから、お前達も運といふことを頭に入れて、今後の戰爭にはびくびくしないやうにと話をした。南山の攻擊のとき私の小隊は八十一名が全部揃つて突擊をした。今でもありますが、ロスケの兵營の煉瓦塀の中から飛び出して、敵の陣地前四五十米のところで振り返つて見ると兵が一人も隨いて來ない。いつたいどうしたのかと思ふと皆な伏してゐる。をかしいと思つて、よく見ると、先頭の風間軍曹以下全部がやられてゐる。斯う揃つて突擊し、揃つて勇敢にやつたのは運命說を信じてくれたからだと今でも思つてゐます。少しも死といふことを考へず、唯一に目的に向つて行動したからだと思つて居ます」

第一回大詔奉戴日の昨夜、平出海軍大佐の「世界を開く日本」と題するラジオの放送講演を聞いて、心をうたれた。

その講演の中で、今回の大戰果は、日頃の訓練によるもので、その訓練は「敵を叩き潰すまでは斷じて死なぬ」と云ふ海軍の傳統精神を目標として行はれたものであると說き、更に論旨を進めて、

「或はその身も既に彈に射ち拔かれて居ながら、敵を斃すまではの一念が凝つて、魂だけで突擊したものもあつた事であらう。死ぬと云ふことは、いと易い。だが敵を斃すまでは死んではならぬといふこの精神こそ、崇高と申さうか莊嚴と云はうか、大和民族にして始めてなし得るもので、そこに日本民族の强さと偉さがあるのだと信ずる。特別攻擊隊に參加した勇士達は、出發前、必勝、成功などの言葉を用ひても、決死、生還、生死、生命といふ如き文字は全く使つて居ない。この部隊を特別攻擊隊と名づけ、決死隊と云ふ呼稱は使つて居ない。この勇士達は、生死を遙かに超越して居た。如何にして敵を斃すかの準備や計畫は周到緻密を極めたのでありますが、歸還の場合の方法とか約束などは一切眼中になかつたのであります」と、戰鬪精

神に就いて說き、更に、

「今こそ軍官民の差別なく全てが一つ心に溶けあつて、大君に歸一し奉らねばならぬ時期だと存ずる。軍艦旗の進むところ、そこに大和民族の發展があり、新世界の創造があり、世界新文明の出發がある。實に洋々たる、帝國の、また、大和民族の將來ではありませんか」と、約四十分に亘る講演を結んだ。

死するは易く生くるは難しと私達も少年時代から敎へられて來た。然しそれは肉體に就いて云ふのであつて、今日吾々が考へなければならぬのは、即ち靈魂に就いてである。

肉體の生死を超越して、靈魂の尙ほ生き拔く道である。遠くは楠公、近くは廣瀨中佐の七生報國の精神である。例へ肉體は敵彈に斃れても魂魄は　大君に歸一して、永劫に神國の守護たらんとする、大和民族の精神である。

三十餘年の過去に於て、この精神を實踐した五萬の魂魄は、今尙ほ大陸の鎭めとして、遼東の山野に生きて居るのである。今日の世代に生を享けた私達は、また明日の日本に活動する私達の子孫も、此等の貴い魂魄に協力して、大和民族の道を强く正しく生き拔かねばならぬと、私は本稿の筆を擱き、平出大佐の講演を聞きながら、心に誓ひ、また、羞づべき私の生活に對し、深く反省したのである。

（昭和十七年一月八日追記）

昭和十七年二月　五　日印刷
昭和十七年二月　八　日發行

旅順　㊢一圓八十錢

著者　濱《はま》本《もと》浩《ひろし》
發行者　小田部諦
東京市日本橋區本石町三ノ六
印刷者　新里銳三郎
東京市牛込區榎町七
印刷所　大日本印刷株式會社榎町工場
東京市牛込區榎町七
配給元　日本出版配給株式會社
東京市神田區淡路町二ノ九

發行所　株式會社　六興商會出版部
東京市日本橋區本石町三ノ六
電話・日本橋(24)二五五二番
振替・東京八三一九六番
文協會員番號一四三五〇二番

落丁・亂丁の際は發行所にてお取替へ致します

重政製本

1.80

エッセイ・解題
関連年表・主要参考文献

木田隆文

日露戦争、そして聖地の記憶——日本人の旅順体験

木田隆文

はじめに——戦蹟の旅順

遼東半島の最南端に位置し、中国の海洋交通の要衝を担った旅順。そこは極東の覇権をめぐる各国にとっても重要な意味を持つ地であった。

一八八〇年、清朝によって近代的な軍港整備が開始された旅順は、北洋艦隊の拠点として位置づけられるも、日清戦争開戦後の一八九四年には日本が占領を果たす。しかしその後の三国干渉によって日本が遼東半島を返還すると、一八九八年にロシアが租借し、隣接する大連とともに港湾と都市の開発に乗り出し、軍事都市としての機能が整えられていった。

その旅順が日本人にとって特に意味ある土地となったのは、いうまでもなく一九〇四〜五年の日露戦争とその勝利であった。この地は、旅順港閉塞作戦から旅順攻囲戦に至る日露戦争の大勢を占う戦闘が繰り広げられた地であり、その勝利こそが、戦争の命運を決定づけ、その後の日本の生命線となる満洲経営の利権を生んだ。まさに近代日本の礎を築いた都市だったのである。

その旅順の行政を一手に管掌した旅順民政署は、「聖地旅順」[1]と題する文章で同地の特質を次のように述べている。

旅順ノ戦蹟カ、戦蹟ノ旅順カ、戦蹟トシテ、断然有名ナ旅順ハ、二十七年前、我国カ、国運ヲ賭シ、十万ノ生

霊ヲ失ヒ、二十億ノ国幣ヲ費シテ、露国ト戦ツタ満洲戦場中、最モ名誉アル、又最モ悲壮ヲ極メシ土地トシテ、我国民ニ取ツテ、永劫忘レ難キ、尊イ霊地デアリ、且ツ全世界ニ亙ツテ、其ノ勇名ヲ馳セタ処デアルコトハ、敢テ多言ヲ要セヌ。／此ノ霊地旅順ハ、今ヤ山又水ノ美シキ、而シテ平和ナ都市トシテ、人口三万一千ヲ有シ、我文武両政ノ策源地トシテ、遼東半島ノ一角ニ、燦トシテ、其ノ霊光ヲ発シテ居ル。朝ニ白玉山表忠塔ヲ仰ギ、夕ニ旅順口ノ波濤ヲ耳ニスルトキ、沈々トシテ、霊気霊感、ソゾロニ身ニ沁ミ、イトド旅順ノ戦蹟感ヲ深フセシムルモノガアル。／旅順ハ斯クノ如キ戦史環境ト、而シテ、風光掬スベキ山水ノ勝トヲ以テ、満洲ノ南端、老鐵山ニ抱カレ、白玉山表忠塔ヲ中心トシテ、静カニ、栄アル其ノ姿ヲ横ヘテ居ル。

「旅順ノ戦蹟カ、戦蹟ノ旅順カ」という言葉が端的に示すように、この文章は、旅順全体が日露戦争の苦難の記憶を留めた〈戦蹟〉であり、同時に日露戦争の犠牲となった「十万ノ生霊」を追悼するための〈聖地／霊地〉であると位置づけている。

今回本書が復刻した資料は、写真集、都市要覧、商工案内、そして紀行文集と多岐にわたる。それらもまた右記の文章と同様に、旅順攻囲戦とその戦蹟に関する紹介文を付し、旅順が近代日本の発展の礎となった聖地であることを強調している。旅順を語ること。それは戦蹟を通して帝国日本の歩みを追憶する行為に他ならなかったのである。

ところで本書は、「近代日本の中国都市体験」を文献資料から再確認するシリーズの一書である。本稿もその意図に倣い、同時代文献をたどりながら近代日本の旅順体験を素描してゆくが、その際、〈観光〉という座標軸を設定しておきたい。観光は、訪問者たちがその地のイメージを消費することはもちろん、その訪問者の欲望に呼応して、行政や住民自らが都市を演出してゆく行動でもある。その観光に着目することは、旅順を訪ね／暮らした、内地民／居留民双方の「都市体験」を浮上させると思われるからである。

一、日露戦争後の旅順とその観光

ところで先の引用文にも記されていたように、旅順は日本が莫大な犠牲を払ってロシアから獲得した土地であった。だがその都市経営を任された軍部は、本格的な領有が確定した一九〇五年以後、目立った開発に着手することはなかった。なぜなら旅順は、ロシアにとっては数少ない不凍港として重要な意味を持っていたが、日本、特に軍部にとってその利点は無価値に等しく、単に日露戦勝利の地という象徴的な意味しか持てなかったからである。

一方、同じ関東州の大連は満鉄の主導で積極的な開発が進み、大陸の玄関口としてふさわしい都市機能が整えられた。結果、両都市の格差は大きく広がってゆく。たとえば日露戦争以前の両都市の邦人人口はそれぞれ数百人程度であったが、一九〇六年には旅順三六四八人に対して大連八二五八人、一九一五年には旅順八四七八人に対し大連は三万四六〇二人と、年を追うごとに差は拡大した(2)。それと並行するように、日本国内における旅順への関心も、日露戦争の熱狂が過ぎ去って以降急速にしぼんでゆく。それは本書「年表」に示した旅順関係の出版物が、日露戦争以後大幅に減じて行く傾向からも見えるであろう。旅順は日露戦争の勝利をクライマックスとして凋落の道を歩んだ都市だったのである。

だがその旅順の地位低下を食い止めたのが、ほかならぬ観光地化（＝聖地化）であった。

内地から旅順への観光は、早くも日露戦争直後に始まっている。高媛(3)によれば、日露戦争翌年の一九〇六年には、東京朝日新聞社主催による「ろせった丸満韓巡游船」による満洲観光ツアーや、文部省・陸軍省奨励による全国規模の満韓修学旅行が実施され、多くの人々が「日露戦争の戦勝の余威のもとで「戦利品」満洲を確認」する旅を経験したという。

そうした初期の満洲観光ブームに続く一九〇九年、夏目漱石は満鉄総裁の中村是公の招きで満洲および朝鮮を見学し、その経験を「満韓ところどころ」として発表した。(4) だがその段階では戦蹟はほとんど整備されておらず、観光地としての魅力は乏しかったようである。漱石は九月一〇日に旅順を訪問しているが、そこで描かれた戦蹟見学の描写はかなり簡素なものであり、むしろ旧友の橋本佐五郎や佐藤友熊との交友を描くことが中心になっている印象がある。実際、旅順口封鎖の舞台を眺望した際には、海の照り返しばかりが気になり「露西亜の軍艦がどこで沈没したろうかなどと思い浮かべる暇も出なかった」というそっけない印象しか持たず、戦蹟訪問のクライマックスともいうべき二〇三高地（爾霊山）に対しても「道標に似た御影の角柱が立っている」ことで、ようやく戦蹟であると認識したような態度をとり、「不幸にして、二〇三高地の上まで来たようなものの、どっちが東でどっちが西かわからない」と、興味が湧かなかった様子が記されている。

むろんこの漱石の関心の薄さは、彼の資質やこの文章全体の調子に即した面があることは否めない。ただそれは同時に、当時の旅順戦蹟が日露戦争の印象をリアルに伝えうる強度を持ち合わせていなかったことも告白しているだろう。漱石が来訪した一九〇九年は、旅順のシンボルともいうべき白玉山表忠塔がようやく完成したばかりであった。また漱石が「御影の角柱」しか目にすることのなかった二〇三高地に巨大な爾霊山の碑が完成したのは一九一三年であり、ステッセルと乃木の会見が行われた水師営会見所の竣工は一九一六年まで待たねばならなかった。そもそも戦蹟は破壊された建築物や自然地形の残骸であるため、それが聖戦の遺構であるという物語を生み出すには、それにふさわしい視覚的演出が必要なのである。漱石が訪問した時点の旅順戦蹟は、日露戦争の事実を視覚的に確認させる観光性が圧倒的に不足していたのである。

二、〈聖地〉の誕生

しかしこの旅順戦蹟の抱えた観光的弱点は、明治末ごろから次第に補正されてゆく。一九一一年一二月には旅順戦蹟保存会が「二〇三高地建碑願」を陸軍大臣に提出、それを受けて一九一三年に乃木希典が「爾霊山」と揮毫した碑が完成する。さらに一九一四年には満洲全体の戦蹟を整備するための満洲戦蹟保存委員会が発足し、一九一六年頃から本格的に旅順および満洲各地の戦蹟保存・整備が行われるようになった。その結果、戦蹟記念碑や水師営会見所などの建築保存、またそれらにアクセスする道路や監視施設の建設が次々に行われることで、各戦蹟を総合化した聖地空間が完成されていった。

こうした戦蹟の統一的な開発は、当然、その観光地化を誘発することになる。特に交通網の拡大と満鉄やジャパン・ツーリスト・ビューロー等の旅行取次業が発達した昭和初期に入ると、大陸への旅行者は大幅に増加する。それに伴い旅順の観光客も大幅に増え、たとえば一九二九年一一月からの一年間では、旅順への旅行者は五万人を超えるまでになったという[5]。

この旅順観光は、隣接する大連や満洲の各都市との周遊の形で行われていた。だが旅順の観光戦略は、大陸風情や異国情緒を強調する他都市のそれとは明らかに違っていた。旅順民政署署長・米内山震作は、旅順の観光振興政策を述べた「戦蹟の旅順」としての振興策[6]において、「母国に聖地宇治山田市ありと謂はば、満洲に霊地旅順ありと謂ふことを許されねばならぬ。聖地を云ひ、霊地と云ふ。畢竟我大和民族の一大道場として、尊厳極りなき精神修養の聖場であり、忠魂無比の霊場である」と、旅順を伊勢神宮のある宇治山田と同列に並べることで、その〈聖地〉としての性格を強調している。この旅順と伊勢を同一視する例は他にも多く見られ、旅順戦史研究会編『国民必読旅順戦蹟読本』（満蒙社出版部、一九三九年一〇月）でも「近くは官幣大社関東神宮の御造営も有り、伊勢参宮と共に我が国民として一度は訪はなければならない世界的聖地」といったように、伊勢神宮と関東神宮を対比的に語ることで、旅順が伊勢と同等の聖性を帯びた土地であると位置づけている。本稿冒頭で引用した「聖地旅順」を含め、満洲事変以後に旅順で刊行された書物は、自らの街を〈聖地／霊地〉という定型句で語るようになる。近代日本の発展の礎となった日露戦争の舞台である旅順は、日本の精神的礎である伊勢の役割を大陸において自覚的に担おうとしたのである。

そしてそのような旅順が持つ自覚は、旅順を旅する者に対しても〈聖地〉にふさわしい振る舞いを求めてゆくことになる。本書収録の満鮮旅行案内社編『満鮮観光案内記之一　旅順案内』をはじめ、旅順戦蹟の整備・観光化の進展に伴ってそのガイドブックが多数刊行されるが、たとえば『大連旅順観光案内』（国際観光案内出版部、一九四〇年五月）は、「旅順はその昔我等が骨肉近身の死屍と流血とに蔽はれた古戦場であつて忠魂永へに眠る霊地であり、国民修養の道場である（中略）忠勇義烈の戦史を回顧して、言ひ知れぬ国民的霊感に打たれ、往時を回想して被我陣没者の冥福を祈らぬはない。旅順訪問の意義また茲に存するのである」と述べており、旅順が日露戦争を振り返り、その犠牲者を追悼することで国民としての「修養」を行う「道場」であると意味づけている。旅順は単なる観光地ではなく、帝国国民としての自己を再確認するための精神的な拠所となっていたのである。

三、聖地巡礼の方法と表現

そしてこの〈聖地〉を旅する者にふさわしい振る舞い方は、旅順戦蹟の観光スタイルによって、より完全なものに仕立てられてゆく。

日中戦争開戦後、軍部の要請で多くの作家が関東州および満洲事情の視察に訪れ、それに伴い旅順を描く紀行文も陸続と発表される。そこに見られる旅順観光の方法は、たとえば春山行夫『満洲風物詩』（生活社、一九四〇年一一月）では、まず初日に滞在地の大連からバスで旅順駅に向かい、そこで観光バスに乗り換え、表忠塔から旅順港口を眺め、戦利品陳列館で事前知識を学んで、東鶏冠山北堡塁、水師営、爾霊山（二〇三高地）の順で巡り、一度大連へ戻ったのち、翌日またバスで旅順へ戻り旅順博物館を訪問している。立野信之『旅順』（金星堂、一九四四年三月）も同じく大連のホテルを起点に専用車で旅順に入り、市街地を素通りして「忠霊塔」（表忠塔）に至り、そこから旅順口を眺め、次いで東鶏冠山北堡塁―望台―盤龍山―二龍山―松樹山の陣址を訪ね、最後に二〇三高地で運転手から乃木将軍の子息の戦士に関する逸話を聞くという流れを取る。また本書収録の濱本浩『旅順』でも、旅順ヤマトホテルに一〇日余り滞在しながら戦蹟を訪ねるが、やはりバスに乗って表忠塔に向かい、そこから戦蹟記念館（戦利記念品陳列館）、東鶏冠山北堡塁へと移動し、途中、戦蹟保存会職員の案内で北堡塁そばにある司令部を訪問し、再びバスで二〇三高地から水師営へと向かうという行程を取っている。

これらを見比べると、彼らはいずれもバスや車という手段で、同じ戦蹟をほぼ同じような順路で巡っていることがわかる。実際、前出『大連旅順観光案内』でも、旅順観光は駅前から出る「戦蹟バス」を利用し、以下のモデルコースに沿って巡ることを推奨している。

イ、二日行程…第一日　閉塞隊記念碑―白玉山表忠塔―博物館―大正公園―大案子山―二〇三高地―港口
　　第二日　戦利記念品陳列館―東鶏冠山北堡塁―望台―盤龍山―二龍山―松樹山―水師営―露国墓地
ロ、一日行程…白玉山表忠塔―戦利記念品陳列館―東鶏冠山北堡塁―水師営―博物館―二〇三高地
ハ、半日行程…A…白玉山表忠塔―東鶏冠山北堡塁―戦利記念品陳列館

『国民必読旅順戦蹟読本』では、この「ロ」コースを「普通一般の見学順序」としている。先の春山のたどった順路はほぼこれに沿っており、同様に立野、濱本もいずれかの推奨コースに準拠した行動をとっている。もちろん立野や濱本は専用車の利用や、司令部を訪問するなど、一般の観光客ができない特例的な行動を部分的にとっているが、それとて〈聖地〉を演出するために作られた戦蹟観光の枠組みを逸脱するものではない。旅順を訪れたほとんどの日本人にとって、その都市体験とは、コースと発着時間の定まった「戦蹟バス」に乗り、特定の戦蹟を巡ることだけに限定されたものであったのである。

こうした紀行文を見比べると、旅順観光における共通体験が他にもいくつかあることがわかる。その一つが戦蹟を訪問する際には必ずガイドが同行し、その詳細な説明を行うことである。たとえば春山の乗ったバスにはバスガイドが説明役として同乗しており、立野の旅には山中という運転手が「よき戦蹟解明者」として同行し、各戦蹟の詳細な説明を行う。またこれらの紀行文では作中で戦績とその歴史的背景の詳細な説明がなされるが、そのほとんどがガイドの語る日露戦争の逸話を転用する形で行われるという特徴がある。特に濱本『旅順』では、戦蹟の歴史的背景とその逸話を紹介する際、バスの車掌や戦蹟ガイドの語りを直接話法の形式で再話することで行われており、戦蹟ガイドの語りが紀行文の重要な要素として盛り込まれているのである。

この観光ガイドの役割は、実際の旅順観光においてもかなり重視されていたようである。表忠塔はじめ旅順の主要な戦蹟には満洲戦蹟保存会の無料説明員が配置され、希望者には個別の有料案内も実施されていた[7]。先の高媛は満洲各地の戦蹟で行われたガイドの内容について、「関東軍などから提供された資料を参考に、遺書や、美談、逸話を巧みに織り込んで作り出され」た「台本」があり、それがガイドの「臨場感あふれる演出、そして迫真の演技」に乗って語られることで見学者の感動を喚起していたことを指摘している。観光客は、目の前にある戦蹟とガイドの紡ぎ出す逸話の交錯によって、旅順の栄光の歴史を追体験していったのである。

四、都市を経験しない旅

しかし改めて考えてみれば、この戦蹟ガイドの逸話は、ほとんどの観光客にとって耳新しいものでもなかったはずである。先の紀行文の中で紹介された戦蹟の解説や逸話も、本書で復刻したガイドブックや要覧の説明文とほとんど共通している。また戦前期の国民にとって日露戦争のあらましや逸話は国民的常識であり、旅順を訪れるものはこれらのメディアを通じて戦蹟に関する一定の予備知識を持っていたといってよい。加えて先に見た観光モデルコースのほとんどが、戦利品記念陳列館を巡覧場所に含めていたが、ここは「戦蹟巡覧に向ふ人は此處に立寄つて充分當時の豫備智識を得られんことを薦める」[8]と紹介されるように、旅行者の戦蹟に対する事前イメージを膨らませておく場としても機能していた。

ブーアスティンは、近代以後の旅行がガイドブック等で事前に作られたイメージを追体験する「疑似イベント」の側面があることを指摘している。[9]それを参照するならば、旅順は観光客の脳内に刷り込まれた公的な歴史を再確認し、それにより自己の日本人としてのアイデンティティを再認識する場所となっていたのである。

そしてこれら旅順観光における〈聖地〉性の強調は、一方で旅する者の目から旅順の現実の姿を隠蔽することにもなる。もともと旅順は、隣接する大連とともにロシアによる都市開発がなされたため、市街にはロシア色の強い建造物が随所に残されている。しかしその特色が当時のガイドブックで紹介されることは少なく、紀行文もそこに眼を向けたものはあまりない。先の立野の紀行文では、車中で旧ロシア街に響く鐘の音に耳を傾ける場面を描いてはいるが、車を降りてロシア街を探訪することなく通過してしまう。また濱本は旅順ヤマトホテルに十日余りも滞在して戦蹟を巡るが、市街の様子に関心を向けることはない。辛うじて「旅順の鬼」と称される市内在住の語り部に体験談を聞きに行くが、それはあくまで日露戦の記憶を確かめるためであり、やはり旅順居留民の生活実態に触れることはないのである。

ただこれら現実の旅順に対する無関心は、〈聖地〉性の強調がもたらしたというよりは、旅順へのアクセス方法がもたらしたものだったのかもしれない。先の春山と同じく、旅順への旅行者の多くは大連発着のバス旅による日帰り旅行がほとんどであった。だがそれは、気の向くままに途中下車することも、寄り道することも許されない旅であり、それに乗って旅順を旅するものは、いま・ここに存在する景観や自然、人々の生活、さらにはそれらが生み出す文化風土といった生きた都市の姿に触れることがないまま大連へ帰ることになる。その結果彼らの記憶には、あたかも巨大な戦争博覧会を見たのと同じような旅順体験だけが残ることになるだろう。そしてそれこそが、日露戦争とその犠牲者を回顧追悼する〈聖地〉旅順のあるべき姿を演出する上では最良の方法であった。だからこそ旅順を訪なう日本人たちは、安心して帝国国民としての振る舞いを演じることができたのである。

五、日本人居留民の旅順体験

しかし、観光客の眼に映ることがなかったとはいえ、旅順市街には他の外地と同じく多数の日本人居留民が暮らしていた。そのことは本書収録の水津文夫編『旅順商工案内』に多くの商工業者が掲載されていたことも示していよう。その居留民たちにとって、旅順はどのような意味を持つ都市として認識されていたのであろうか。

先に軍部が旅順開発に消極的であったことについて触れたが、それについて満鉄総裁であった後藤新平は、一九〇七年八月に伊藤博文に宛てた書簡で以下のような提言を行っている。

〔…〕旅順は、結局大陸に対する帝国文明扶植の源流として、教育政策の舞台とするのが得策ではないだろうか。旅順は満蒙清韓の中路に位置するわが学術的覇業建成の名地ではないだろうか。／旅順をわが保護領土における学術的覇業の府とするという説を採って、これをかの武装策に対比すれば、あるいは一流の文装策と称することができるだろう。（中略）要するに武装の虚威を張ることをやめ、文教平和の名を正すとともに、実業教育政策によって武備の実力を充実することにある。したがって今仮にこれを名付けて文装的武備と言う。（中略）旅順がこの学術的覇府に適していることは、私が保証するところである。[10]

ここでいわれる「文装的武備」とは、文教施設を造ることで植民政策の恩恵を現地住民に提供し、同時に対外的にも日本の満州経営が開かれたものであることをアピールする政策である。後藤は軍事的要地としては価値が低く、経済的にも隣接する大連の足元に及ばない旅順を、学研都市として再興することを目指したのである。その結果、旅順工科大学、旅順高等学校を始めとする複数の高等教育機関が設置され、本書収録の旅順民政署編『旅順事情』第二章「旅順」の都市紹介においても、「各校堂ノ雄大ト設備ノ完全トハ満州唯一ノ育英地ト称シテ憚ラザルナリ」と記されるまでになったのである。

この軍都から学都へと変遷した履歴を見ると、旅順は軍務や学業のために一定期間だけ居留するものが多く暮らす街であり、その彼らにとって、この地は故郷というよりも、自らの役割を全うする場として捉えられていたことを想像させる。たとえば旅順高等学校の校友会雑誌『向陽』創刊号（一九四〇年一二月）は、のちに満洲体験を抒情的な筆致で描いた「アカシヤの大連」でその名を知られることになる清岡卓之が、「自画像」と題する清新な詩を寄せている点で興味深い。だが雑誌全体の論調は清岡の詩の世界観とは乖離しており、「我々には幾多の不利な条件がある。然し、大陸に聖地に、位置を占めてゐるといふ事の此の部に対する利益と好都合とは言ふ迄もなく絶大であらう」[11]といった、〈聖地〉で学ぶことの使命感を強調するものが多く見受けられる。

『向陽』に旅順の聖地性と報国挺身を結びつける論調が横溢するのは、旅順高等学校が戦時下の一九四〇年に設立された最後の官立高等学校であり、時局性の色濃い建学の方針との整合性を取る上で仕方がない側面があったと思われる。ただ戦後に刊行された同校の同窓会誌を紐解くと、表見返しに「海賊の斬首」・「馬賊の斬首」と題される写真が印刷されており、[12]旅順高等学校の校風には、本質的にある種の支配者意識が抜きがたく存在していたことも感じさせる。

また同様に旅順中学校の同窓会誌を見ても、その巻頭言には「旅順は我等のみならず、亜細亜諸国にとっても、忘れ難い聖地であらねばならぬ[13]」という認識が書きつけられており、旅順で青年期を過ごした人々の間に、戦後に至っても植民地支配者としての立ち位置が無意識のまま持続している例が散見される。居留民にとっても、旅順は近代日本の発展の礎を築いた英霊の眠る〈聖地〉であり、その意思を受け継ぐことを自覚する都市でなければならなかった。そしてそのイメージは、戦後のイデオロギー転換があってもなお途絶えることのない強度を保っていたのである。

おわりに――近代日本のパノラマ

一九四五年八月、日本の軍都・聖都としての旅順の役割は終焉を迎え、その後一〇年にわたるソ連の占領期を経て中国に返還された。ただ旅順の軍事的重要性は変わることなく、長らく外国人がその地を踏むことは困難な状態が続いた。しかし一九九六年に入りかつての戦蹟が点在した北部地域の外国人への開放が段階的に許可され、二〇〇九年には軍事地域を除く旅順のほぼ全域が開放されることになった。そしてその同年、旅順攻囲戦を近代日本のクライマックスの一つとして描く司馬遼太郎「坂の上の雲」がＮＨＫでドラマ化され、以後足掛け三年にもわたって放送された。(14)

それを機に、旅順は再び観光地として日本人に見出されることになった。そしてそのガイドブックや旅行会社の店頭に並ぶパンフレットは、今も変わらず日露戦争の記憶の残るノスタルジックな街として喧伝し、かつそこを大連旅行のオプショナルツアーとしてバスで巡ることを薦めている。

日本人にとっての旅順体験――それはいついかなる時代であっても、日露戦争の記憶と出会うことなのである。

※本稿は拙稿「旅順―帝国の〈聖地〉」（和田博文他編『中国の都市の歴史的記憶』一九世紀後半～二〇世紀前半の日本語表象』勉誠出版、二〇二二年九月）を本書の内容にあわせて一部加筆したものである。

注記

（1）無署名「聖地旅順」（旅順民政署編『旅順要覧』興文会、一九三二年二月）

（2）旅順・大連の邦人人口は、風間秀人「軍政都市年旅順の成立とその変遷」第三節「人口から見た旅順」（坂根嘉弘編『軍港都市研究Ⅵ　要港部編』清文堂出版、二〇一六年六月）に拠る。

（3）高媛「「楽土」を走る観光バス―一九三〇年代の「満洲」都市と帝国のドラマトゥルギー」（『岩波講座近代日本の文化史6　拡大するモダニティ』岩波書店、二〇〇二年六月）

（4）夏目漱石「満韓ところどころ」（『朝日新聞』一九〇九年一〇月二一日～一二月三〇日）

（5）米内山震作「「戦蹟の旅順」としての振興策」（『旅順振興策』一九三一年一月）
（6）同右
（7）『大連旅順観光案内』（国際観光案内出版部、一九四〇年五月）
（8）同右
（9）ダニエル・J・ブーアスティン著、後藤和彦・星野郁美訳「旅行者から観光客へ―失われた旅行術」（『幻影の時代―マスコミが製造する事実』東京創元社、一九六四年一〇月）
（10）鶴見祐輔 著・一海知義 校訂『決定版 正伝・後藤新平4 満鉄時代 1906～08年』（藤原書店、二〇〇五年四月）二九六～七頁。本書には文語体で書かれた後藤の書簡と、それを現代語に訳した「釈文」が併記されている。読者の利便のため引用箇所は釈文を採った。
（11）室三郎「旅高生活の反省」（『向陽』創刊号、旅順高等学校文芸班、一九四〇年一二月）
（12）向陽会本部編集委員会・支部編集委員会編『官立旅順高等学校創立四十年史』（向陽会、一九八〇年八月）
（13）白仁泰「巻頭に寄せて」（『旅順のこと・母校のこと―旅順中学櫻桂会五十年記念誌』旅順中学桜桂会本部、一九六三年一〇月）
（14）NHKスペシャルドラマ「坂の上の雲」（原作・司馬遼太郎、脚本・野沢尚他、二〇〇九年一一月二九日～二〇一一年一二月二五日、三部構成・全一三回放送）

解　題

木田隆文

・『日露戦争写真画報臨時増刊　旅順現状写真帖』（博文館、一九〇五年四月）

一九〇五年四月二〇日発行。発行所・博文館（東京日本橋区本町三丁目）。印刷・博文館印刷所（東京市小石川区久堅町一〇八番地）。編輯兼発行人・齊木寛直、印刷人・水谷景長。四六倍判。表紙には「写真画報臨時増刊」の文字が見えるが、奥付に『日露戦争実記』（以下『実記』と略）と一体となったシリーズ出版であることが示されており、この『日露戦争写真画報』（以下『写真画報』と略）は『実記』の増刊号としての位置づけであったことがわかる。両誌は日露戦争開戦直後の一九〇四年二月から一九〇五年一二月まで、合計一一〇冊（『実記』全七〇冊、『写真画報』全四〇冊）発行された。奥付脇に付された「前金冊数割引及郵税表」に拠れば、『実記』は月三回、同『写真画報』は月一回ペースで刊行され、前者は一冊一〇銭、後者は二〇銭、両誌を合わせた一か月の購読料は四七銭であった。

その『写真画報』第二一巻目として刊行された『旅順現状写真帖』は、題名が示すように、日露戦争のクライマックスとなった旅順攻囲戦から戦後の旅順の現況を写真とともに紹介するものである。表紙は「画報」の名にふさわしく多色刷、誌面の冒頭に彩色石版口絵「開城当時の旅順口」（久保田金仙画）を置き、以下「光沢写真版」（＝グラビア）四点、「旅順現状写真版」四四点の写真が列挙される。さらに誌面後半には旅順戦の概略を説明する文章が六四頁にわたって掲載されることで、戦争の〈リアル〉を画文両面から読者に伝える構成となっている。

本誌の中心をなす写真について、「例言」に拠れば、大本営海軍部の命によって光村利藻が撮影した記録写真を流用したようである。光村はのちに美術印刷で知られる光村印刷株式会社の創業者となった人物である。一八七七年、海運業で巨万の富を築いた実業家・光村弥兵衛の長男として大阪に生まれ、幼少期から古美術収集と写真撮影に熱中、一九〇一年には神戸で関西写真製版印刷合資会社を創立した。くわえて一九〇四年に世界最大・最多色の木版画「孔雀明王像」を米・セントルイスで万国博覧会に出品、名誉金牌を受賞するなど、明治期の写真、美術印刷に大きな足跡を残した。海軍部が光村に日露戦争の記録写真を委嘱したのは、こうした光村の経歴を踏まえてのことであったのだろう。

なおその後も、博文館はこれらの写真を活用した光村写真部編『日露戦争旅順口要塞戦紀念帖』（博文館、一九〇五年五月）を刊行し、同様に光村もまた『日露戦役旅順口要塞戦写真帖』（光村写真部、一九〇五年八月）を発行している。本書収録の各復刻資料をはじめ、旅順に関する多くの書籍は旅順戦蹟の写真を収録しているが、それらの多くは光村の写真を転載したものである。本誌は日露戦争のグラフィズムの先駆となった出版であり、近代日本の戦争写真の歴史を考えるうえでも示唆的な情報を投げかけてくるといえよう。

ちなみに本誌後半には小瀧水郷「旅順の昨今」という一文が付されている。日露戦争以後、旅順は戦績が整備され、やがて「聖地」として認識されてゆく。しかしこの文章では旅順の衰退ぶりが批判的に書かれており、本書エッセイで言及した聖地としてのイメージが成立する以前の、旅順の現実的な状況が記録されている点が貴重でもある。また同時にこの文章には「旅順文学」という僅か四行の記述が記載されており、一瞬間だけ存在した現地の日本語文芸文化の痕跡を書きとめている点も興味深い。

・村松武一郎 編『満鮮観光案内記之一 旅順案内』(満鮮旅行案内社、一九一三年一二月)

一九一三年一二月二八日初版発行(復刻底本は第六版)。発行所・満鮮旅行案内社(大連市西公園町フ区第二号)、印刷所・小林又七支店(大連市大山通七四号地)、発行編輯兼印刷人・村松武一郎。A六(文庫)判、仮製本。定価一二銭。「諸言」、目次、本文五三頁に加え「旅順観光案内図」を付す。満鮮旅行案内社の広告二種あり。

「緒言」および表紙の記載によれば、本書は同社が観光客向けに刊行した『汽車汽船満鮮旅行案内』第六二号付録をもとに、「観光者が其地に臨んで翻読するに便ならしめんが為其記事を簡にし其容を小にし可成観光の道順によりて編纂したるもの」であることがわかる。それらが示すように、本書は文庫サイズの冊子体で作られ、冒頭の旅順戦蹟の案内図以下、旅順市内の主要観光スポット、戦蹟の案内文が簡潔に纏められている。また広告には同社のツアーや「共通クーポン」の案内がなされており、携行の利便を意識した旅行案内となっている。また奥付の「本誌販売所」一覧によれば、本冊子は大連・旅順の主要書店名の他、各停車場・旅館・列車・駅食堂・満鉄調辨所で販売されていた。また本復刻に際しては一九一五年一〇月の第六版を利用したが、一九一三年一二月の初版発行から二年未満で六版まで版を重ねており、本書は内地からの旅行者に広く流通していた標準的なガイドブックであったことが想定される。

なお本書巻末には旅順港閉塞作戦の概要を記した「港口付近海戦の大要」、「港口閉塞の壮挙」が付されている。こうした点もまた、旅順が日露戦争を追憶し、その意義を再確認するために存在している都市であることを示していよう。

・旅順民政署 編『旅順事情』（旅順民政署、一九二一年一〇月頃）

本書は奥付のない無刊記本。ただし表紙に旅順民政署編、裏表紙に満日社印刷と記されており、「諸言」には「大正十年十月」の記載があるなど、おおよその刊記が特定できる。

判型は一九〇×一一〇ミリの変型判。価格表示なし。表紙は旅順の象徴である白玉山表忠塔を配したデザイン。冒頭の「諸言」以下、目次、本文二二六頁の他、口絵写真六葉、附図二葉を付す。広告はなく、民政署の事業として刊行された書籍であることが示される。

「諸言」は本書の刊行目的を「帝国施設ノ一般、民政ノ梗概、邦人発展ノ状態竝ニ在住支那人ノ実況ヲ略述シ以テ管内事情ノ概要ノ紹介ニ資セントスルニアリ」と説明している。それに対応するように、本文は「沿革」以下、旅順の地誌、行政、経済、教育、文化、産業などの概況を説明する都市要覧の基本的なスタイルを保っている。その意味で本書は旅順の日本人居留民社会の基本情報を知る上で重要な意味を持つ文献である。

また本書には「附録」として旅順の観光案内とともに、旅順海戦の概況や戦蹟の詳細な解説も付されている。これらと同様の情報は、『旅順案内』、『旅順商工案内』にも掲載されており、旅順を物語る上で必要不可欠な情報であったことがここでも強調されている。

なお旅順民政署が編輯した都市要覧は、『旅順要覧』（興文会、一九三二年二月）などいくつかの種類がある。加えてこの『旅順事情』自体も改定を加えながら数回刊行されている。今回復刻に利用した一九二一年版は、「諸言」によれば一九一九年に発行された初刊を「政務ノ進展ト社会ノ推移ニ伴ヒ」「増補改刪ヲ加ヘタ」再刊本である。また筆者が確認し得た範囲では、同書はこの後も一九二二年、一九二三年、一九二五年に改定版が出ている（一九二四年版も刊行されていたか）。だがこれらの異版は「附録」が割愛されており、全体で一六〇頁前後しかない。また附図の内容にも若干の差し替えがある。上記のような事情を鑑み、本復刻に際しては最も充実した内容と判断される一九二一年版を底本とした。

・水津文夫 編『旅順商工案内』（旅順商工協会、一九三八年九月）

一九三八年七月二五日印刷、同九月一〇日発行（底本の奥付は「七月二十五日発行」との記載をペン書きで修正）。編輯人・水津文夫（旅順市青葉町六七）、発行所・旅順商工協会（旅順市役所内）、発行人・宮竹清介（旅順市青葉町七二）。印刷所・山田活版所（旅順市乃木町三丁目一七）、印刷人・山田杢次（同上）。四六判、仮製本。非売品。凡例・目次・本文一〇八頁の他、口絵写真七葉を付し、旅順市内企業・商店の広告も多数収載している。本書表紙は白玉山表忠塔を描き、本文冒頭に旅順の略史、巻末付録に戦蹟案内を配する構成は、本書収録の『旅順事情』などと同じく旅順現地出版物の定型をなぞっている。

編者の水津文夫は現地で製氷業を営み、旅順商工青年会会長、同商工協会理事、同観光協会常任幹事などを歴任した現地経済産業界を代表する人物である。本書はその名が示すように、旅順市内における邦人商工業者を各産業別に紹介したもので、「凡例」に拠れば一九三八年五月末時点の情報が掲載されている。旅順は大連の外郭都市のような位置づけであり、特に経済・産業面は巨大貿易港を擁する大連の方が圧倒的に栄えていた。しかしそれでも本書にはかなりの数の企業や商店の掲載があり、旅順居留民社会の活況の一端を垣間見ることができる。本書掲載のエッセイにも示したが、戦蹟紀行文をはじめ、旅順関係の文献は日露戦争の幻を追体験することに主眼が置かれていた。その一方、居留民たちの具体的な生活状況を知らせる文献はかなり少ない。本書は旅順居留民社会の具体的な活動を跡付ける数少ない文献の一つとして評価されよう。

なお今回の復刻に際しては、一九三八年に刊行されたものを底本とした。異版としては一九三二年版が滋賀大学図書館に所蔵されており、定期的に改訂版が発行されていたことがわかる。ただしその二冊以外に異版が確認できず、改版の刊行ペースや版数は未詳である。

・濱本浩『旅順』〈抄〉（六興商会出版部、一九四二年二月）

一九四二年二月五日印刷、同八日発行。発行所・六興商会出版部（東京市日本橋区本石町三ノ六）、発行者・小田部諦（同上）。印刷所・大日本印刷株式会社榎町工場（東京市牛込区榎町七）、印刷者・新里鋭三郎（同上）。四六判、本製本、箱付き。本文二七二頁、奥付裏に六興商会出版部の広告一頁あり。定価一円八〇銭。装幀の小川眞吉（一九一〇〜?）は画家。ノモンハン戦で右腕左眼を失い、その経験をまとめた『隻手に生きる』（六興商会出版部、一九四一年八月）は大きな反響を呼んだ。小川が『旅順』の装幀を担当したのは、自著を六興商会出版部から刊行した縁によると思われる。

扉に「濱本浩創作集」とあるように、本書は表題作のほか、濱本の小説、紀行文計六作品（「哈爾濱」・「麦魚（めだか）」・「怒涛」・「最後の授業」・「続旅順」）が収録。このうち旅順はじめ関東州・満州に関わる作品は「旅順」・「哈爾浜」・「続旅順」の三篇で、いずれも濱本の満洲旅行に基づく紀行文である（他は特に大陸とのかかわりは薄い小説作品のため、本復刻では割愛した）。

その濱本の大陸訪問の経緯は詳らかではない。ただ「続旅順」の記述から類推すれば、訪問は二回に分けて行われたことがわかる。一度目は一九四一年一月ごろ、おおよそ「十餘日」の日程で大連・旅順を訪問、二度目はその四か月後、同年五月二五日に大連到着。そこから旅順を再訪、金州まで足を延ばしたようである。また「哈爾浜」には、同年六月にヤマトホテルで大佛次郎と面会した旨が記されており、哈爾浜訪問は二度目の日程だったようである。なお「哈爾浜」には、その大佛とともに銃後文芸報告会のために満州を歴訪した窪川稲子の動向も記されるなど、大陸における日本人文学者の動向に関する情報も提供している。

その濱本の紀行の特徴として挙げられるのは、旅順・哈爾浜とも戦蹟観光バスを活用して街を巡っていることである。ここに記された観光手法やルートは、本書に復刻した『満鮮観光案内記之一　旅順案内』をはじめとする観光案内類に示された経路とほぼ一致しており、これらは大陸戦蹟観光の実際を記録した資料としても読みうる。また濱本は、旅順では戦蹟保存会の職員や、閉塞隊勇士の生き残りに経験を聞き取り、哈爾浜では窪川稲子とともにコンドラチェンコの副官アレクセーエフ・ステヴァノビッチに面会するなど、積極的に関係者との接触も行っている。だがその一方で、この紀行には旅順・哈爾浜に暮らす居留民や中国人のリアルな生活は描かれない。日露戦争の戦蹟をめぐりつつ、「志士烈士や先駆同胞の厳粛な事蹟」を再現してゆく本書は、多くの日本人にとって、旅順そして満州各都市が近代日本の礎として理解されていたことを物語っていよう。

関連年表

〈凡例〉

・本年表は旅順の歴史を主に日本との関係を軸にまとめたものである。ただし、旅順の動向は大連（関東州）や満州と連動することが多いため、一部それら周辺都市の事項も含んでいる。

・本年表の歴史的事項の編纂に際しては、橋本雄一「大連・旅順近代史年表（1840-1955）」（木之内誠他編『大連・旅順歴史ガイドマップ』二〇一九・四、大修館書店）を基本に、『近代日中関係史年表』（二〇〇六・一、岩波書店）、渡辺浩平『聖地旅順と帝国の半世紀』（二〇二四・二、白水社）等の年表・研究書類の記載事項を補填した。

・各年代の歴史的事項の後に、旅順に関する出版物の情報を付した。その際、以下のように記号を付して区分した。

◆書籍（単行本）　▼雑誌掲載記事

・書籍単行本の内、写真集、唱歌集、楽譜、地図は膨大な数が出版されているため、一部特徴的なもののみを掲載した。

・旅順に関する雑誌掲載記事は文芸・文化関係のものを中心に収録した。なお日清・日露戦争に関する旅順の記事は総合雑誌、戦時画報類を中心に莫大な点数が存在する。紙幅の都合もありそれらは基本的に省略したが、論説の傾向を把握するサンプルとして『太陽』掲載の記事のみを掲載した（写真のみの記事は除外）。

・旅順のメディア状況を確認する参考として、関東州で発行された定期出版物の発行状況を●で示した。

一八七九（明治12）年

この年、清朝政府、旅順の北に龍引泉の水源を設け、旅順口まで水道を通す（旅順港建設の開始）。

一八八〇（明治13）年

この年、北洋海軍の水師が旅順防衛の任に就く。

一八八一（明治14）年

六月、旅順口で最初の海岸砲台が建設される。一〇月、旅順港の建設が開始。

一八八四（明治17）年

この年、李鴻章により山海関から営口を経由し、旅順口まで電報線が引かれる。翌年一月には李氏朝鮮の首都漢城まで延伸。

一八八六（明治19）年
この年、李鴻章、北洋大臣として醇親王に付き添い、旅順口を巡察。

一八九〇（明治23）年
この年、旅順港のドック、埠頭、桟橋、船舶修理場、海軍建築物、港内鉄道などが完成。

一八九三（明治26）年
この年、老鉄山岬に黄海と渤海を分岐する航海用灯台が建設。

一八九四（明治27）年
五月、李鴻章、旅順口で北洋海軍に閲兵。**七月**、日清戦争開戦、**九月**、黄海海戦（17日）。森鷗外、第二軍兵站部の軍医部長として従軍。**一一月**、旅順攻防戦の最中に清軍の敗走兵と中国人民間人を巻き込んだ旅順虐殺事件が発生、旅順占領（21日）。
◆**一二月**、田村熊之介『日清戦争記金州旅順之大戦』（松雲堂）、町田勲『日清戦争実記旅順城域陥落』（勉強堂）、伊澤孝雄編述『絵本討清戦記　従平壌之大捷到旅順口占領』（此村欽英堂）、岩下浪造『日清大戦争日本大勝利大和ぶし　旅順口ヨリ奉天府マデ』（私家版）。
▼**一二月**、無署名「旅順の演劇」（『花の園生』）。

一八九五（明治28）年
四月、日清講和条約（下関条約、馬関条約）締結、遼東半島の日本への割譲（17日）。フランス・ドイツ・ロシアによる三国干渉（23日）。**一一月**、遼東半島還付条約締結。旅順は大連などとともに清朝に返還（8日）。
◆**二月**、石原貞堅『絵本旅順口激戦実記』（藤谷暢吾）。**三月**、今井七太郎『日清開戦録　旅順陥落威海占領』（私家版）。
▼**三月**、無署名「〔文界雑俎〕旅順のヒーロー可児大尉」（『太陽』）。**七月**、宮崎湖処子「〔藻塩草〕旅順口の礫」（『国民之友』）。

一八九六（明治29）年
この年、李鴻章とロバノフが「カシニー」密約を締結、ロシアが東清鉄道の敷設権を得る。

▼六月、山田千丈「旅順口陥落次岡本隨軒詞臺韻」（『詩文』）。

一八九七（明治30）年
一二月、ロシア艦隊が旅順口と大連湾に侵入、軍事封鎖（14日）。
この年、商人・紀鳳台が霓裳園茶園を建設。

一八九八（明治31）年
三月、ロシアは清朝とパブロフ条約（旅大租地条約）を締結、遼東半島南端を租借（27日）。三月、ロシア軍が旅順と大連で上陸式典を行い、清朝軍が旅順から撤退（28日）。
七月、ロシアは清朝と東省鉄道南満支線建設及経営契約を締結、哈爾浜―旅順間の鉄道敷設の権利を獲得（6日）。
九月、ロシア、長春―旅順間の鉄道敷設権開始。一〇月、ロシアが臨時民政管理局と関東監獄署を設立。
この年、プーシキン図書館建設。
▼四月、無署名「（海内彙報）風俗娯楽　旅順激戦のパノラマ」（『太陽』）。

一八九九（明治32）年
五月、ロシアは清朝と「勘分旅大租界専条」を締結（7日）。
八月、ロシアが旅順に関東州庁を設置、海軍中将アレクセーエフを州長官に任命。

一九〇〇（明治33）年
二月、義和団が旅順・大連で反帝国主義排外活動を実施、東清鉄道関連のロシア人や施設が襲われ、ロシア軍は六月に旅順に出兵。
この年、旅順駅の建設を開始。

一九〇一（明治34）年
一月、ニコライ二世、旅順要塞建築計画に批准、約三二四二万ルーブルの投資を予定。
▼五月、近衛篤麿「秦皇島と旅順口」（『東洋』）。

一九〇二（明治35）年
九月、二葉亭四迷が哈爾浜から旅順を訪問。
▼四月、龍湖生「旅順及ダーリニー港」（『太陽』）。五月、坪内水哉「欧亜連絡大鉄道　浦潮港と牛荘旅順間の交

通」（『太陽』）。

一九〇三年（明治36）年

一月、東清鉄道の旅順―哈爾浜間の鉄路が完成（10日）、旅順駅営業開始（14日）。**七月**、正式開通。**八月**、ロシアが極東総督府を設立、アレクセーエフが総督に就任（12日）。

一九〇四（明治37）年

二月、日露戦争勃発。日本連合艦隊が旅順口停泊のロシア艦隊を夜襲（8日）。宣戦布告（10日）。旅順口第一回閉塞作戦開始（24日）。この頃、旅順口ドックの中国人労働者によるストライキが発生。**三月**、第二回旅順口閉塞作戦実施。廣瀬武夫が戦死し、「軍神廣瀬中佐」としてあがめられる（27日）。**四月**、ロシア太平洋艦隊司令官マカロフ戦死（13日）。**五月**、第三回旅順港閉塞作戦（3日）。**八月**、黄海海戦。ロシア艦隊は旅順港から出航できず（10日）。日本軍による旅順総攻撃（19日）。**一一月**二〇三高地を占領（30日）。**一二月**、旅順港のロシア艦隊壊滅（9日）。日本が「遼東守備軍行政規則」に基づき、旅順・青泥窪（大連）・金州の三行政区分を設定（30日）。

◆**二月**、稲岡正文『日露戦争お伽ばなし第二編　旅順の大勝利』（江原弘文社）。**三月**、東川徳治『日露戦史第一編　旅順仁川海戦詳記』（戦報社）、山下雨花『日露戦争お伽噺第三編　旅順の勇士山中少佐』（駸々堂）、玉田玉秀斎講演・樋口南洋速記『旅順口　日露戦記』（博多成象堂）。**四月**、村上浪六『日露戦争　仁川旅順の巻』（石塚書店）、旭堂小南陵講演・山田都一郎速記『旅順大海戦　講談速記日露実戦記』（柏原奎文堂）、石川一口講演・中村卯吉速記『講談日露戦争実記　旅順大海戦』（駸々堂）。**六月**、『旅順口閉塞隊（日露戦争実記 臨時増刊 第一八編）』（博文館）。**九月**、神田伯龍講演・丸山平次郎速記『講談日露戦争記第八　旅順大激戦』（中川玉成堂）、岡村庄兵衛『旅順と遼陽占領ポンチ』（私家版）。

▼**一月**、無署名「日露戦記（旅順之役）」（『広告大福帳』）、「特集　明治史第一編」（『太陽』）。**三月**、齋藤紫軒「旅順口」（『文園』）。**六月**、「特集　満韓大観」（『太陽』）。**七月**、無署名「言論 先づ旅順を砕け」（『東京』）。**九月**、『小川煙村「旅順（戦争劇）」（『太陽』）、与謝野晶子「君死にたまふこと勿れ　旅順口の包囲軍の中に在る弟を嘆

きて」(『明星』)。**一〇月**、無署名「旅順の防備」(『太陽』)。**一一月**、「特集「日露海戦史」」(『太陽』)、原田豊次郎「旅順の陥落と我臣民の覚悟」(『明義』)、高木松二郎「旅順の難攻」(『奉公』)。

一九〇五(明治38)年

一月、ロシア軍、旅順で降伏。旅順海軍修理工場のために日本人技師二〇〇名、中国人労働者五〇〇名を募集(1日)。乃木・ステッセルの水師営会見(5日)。日本軍が旅順入城式を行う(13日)。この頃、アメリカの従軍記者が旅順で記録フィルム「日露戦争」を撮影。日本軍による旅順要塞への攻撃や水師営の会見などを収録。レーニンがロシア『前進報』に「日本とロシアによる旅順・大連地区への罪行を明らかにする」文章を発表(14日)。この月、旅順港鎮守府が設置。**三月**、末永純一郎が遼東守備軍司令部に新聞創刊を申請、五月に許可され、関東州最初の日本語新聞『遼東新報』創刊。**五月**、日本海海戦(27日)。翌日バルチック艦隊を日本海軍艦隊が破る。**六月**、日本軍政下最初の行政機関である関東州民政署が大連に設立(3日)、旅順・金州にも支所を設置。**九月**、ポーツマス条約締結(5日)。ロシアが旅順・大連の租借権、長春以南の東清鉄道と付属地などの利権を日本に譲渡。同日、東京日比谷公園で講和条約反対国民大会が開かれ、日比谷焼き討ち事件発生)。**一〇月**、関東総督府が成立(18日)、総督府内に関東州民政署、その下に大連民政署(旅順・金州に支署)設置。**一二月**、関東憲兵隊が編成され、旅順に本部を設置。この年、霓裳園茶園が旅順公会堂となる。

◆**三月**、本多直次郎編『日露交戦録　旅順口陥落史』、春陽堂)、小笠原長生述『日露戦争軍事談片』(春陽堂)。**四月**、酒井才二郎編『旅順攻略戦史』(吉川弘文館)、**五月**、巌谷小波編『少年日露戦史　第拾壱編　旅順の巻』(博文館)、小笠原長生等述・弘喜久雄編『旅順戦話』(金港堂)、光村写真部撮影『日露戦争旅順口要塞戦紀念帖』(博文館)、**八月**、光村写真部『日露戦役旅順口要塞戦写真帖』(光村写真部)。**一〇月**、文部省編『凱旋　附旅順開城 奉天附近會戦 日本海海戦』(日本書籍)。

▼**一月**、外国新聞軍事通信員「旅順の少女」(『新家庭』)、無署名「旅順の陥落」(『新家庭』)。**二月**、「特集　明治史第二編」(『太陽』)。**三月**、若菜胡蝶園「奇男子　旅順の秘密続の乙」(『保険銀行時報』)、三上参次「歴史より

見たる旅順の開城」（『太陽』）、堀紫山「旅順攻陥の第一将軍」（『太陽』〜四月）。**五月**、石黒五十二「旅順経営の研究問題」（『太陽』）。**七月**、遅塚麗水「小説挿畫の注文　旅順の一夜」（『手紙雑誌』）。**一二月**、無署名「旅順陥落後日の物語り」（『婦人雑誌』）。

一九〇六（明治39）年

六月、南満洲鉄道株式会社（満鉄）準備委員会設立。**七月**、関東総督府から関東都督府への編制変更を実施、都督府内に民政部と陸軍部を設置する。**九月**、関東都督府が旅順で開庁、旅順・大連・金州に民政署を設置。**一一月**、満鉄創立委員会総会が東京で開催され、南満州鉄道株式会社が設立（26日）。

◆**三月**、藤波一哉編『旅順要塞戦史』（豊川堂）。**四月**、櫻井忠温『肉弾』（英文新誌社）、児玉定『旅順案内』（遼東新報支局）。**六月**、稲垣盛人『旅順要塞実戦日記』（駸々堂）、遅塚麗水・内藤昌樹著『露軍将校旅順籠城実談』（博文館）。**一〇月**、江森泰吉『旅順攻略海軍陸戦重砲隊』（私家版）。

▼**一月**、夏目漱石「趣味の遺伝」（『帝国文学』）。**七月**、矢野二郎「今日は彌旅順陥落―松井定一郎氏に與へたるもの」（『手紙雑誌』）。

一九〇七（明治40）年

一月、関東都督府民生部、大連から旅順に移転。**三月**、満鉄が本社を東京から大連に移設。**四月**、満鉄営業開始。旅順戦利品陳列所が開館。**五月**、清朝政府と日本で関東州を関税自由区域と定める。**九月**、旅順に関東都督府高等・地方法院が竣工。

この年、関東都督府監獄署旅順監獄が完成。日本赤十字社関東州病院が開業。

◆**六月**、伊藤銀二『現代日本之思想界』（文禄堂）。

▼**二月**、無署名「一月二日旅順陥作長句紀其事」（『明治学報』）。**一二月**、中橋徳五郎「旅順放棄論」（『商業界』）。

●**一一月**、関東庁、満鉄の日文機関紙『満洲日日新聞』創刊（3日。のち『遼東新報』と合併して『満洲日報』〈一九二七年一〇月〉と改名。さらに『大連新聞』を買収して『満洲日日新聞』に名を戻す〈一九三五年八月〉。のちさらに『大連日日新聞』〈一九四〇年七月一日〉と改名され、一九四五年八月一六日の停刊まで存続）。

一九〇八年（明治41）年
三月、旅順ヤマトホテル開業。六月、乃木希典、ロシア軍の戦没慰霊碑（旅順陣歿露軍将卒之碑）除幕式に参加するため旅順訪問。
◆五月、齋藤戒三編『旅順口陸正面ノ戦況』（偕行社）。
▼一月、小島無角「海上のさすらひ　旅順口より」（『手紙雑誌』）、菜窗無角「満州遍歴概況　旅順より」（『手紙雑誌』）。二月、菜窗無角「一見懦夫をして起たしむ　旅順より」（『手紙雑誌』）。一〇月、榊原昇造「旅順記念弾之記」（『同方会報告』）。
●一一月、中文新聞『泰東日報』創刊（3日、一九四五年一〇月に日本敗戦で停刊）。この年までに関東州で一〇種の新聞・雑誌が創刊。うち一種は華字新聞。

一九〇九（明治42）年
五月、関東都督府中学校開校。九月、、夏目漱石が関東州、満洲、朝鮮を訪問（3日～翌月14日）。一〇月、哈爾浜駅で伊藤博文が安重根に狙撃される（26日）。一一月、旅順の関東都督府地方法院にて安重根の予審（13日）、結審し公判へ（16日）。旅順白玉山表忠塔竣工（28日）。
◆三月、関矢充郎『旅順』（東京印刷株式会社大連出張所）。
▼一〇月、夏目漱石「満韓ところどころ」（『東京朝日新聞』10月21日～12月30日、全五一回）。

一九一〇（明治43）年
二月、安重根の裁判（公判）が旅順の関東都督府地方法院で開始（7日）、死刑判決（14日）。三月、安重根旅順監獄にて処刑（26日）。四月、旅順工科学堂設立。七月、旅順港西部を商業港として開放（1日）。
▼七月、夏目漱石「艇長の遺書と中佐の詩」（「東京朝日新聞」文芸欄、20日）

一九一一（明治44）年
一〇月、辛亥革命勃発（10日）、清朝崩壊。
◆三月、水野廣徳『此一戦』（博文館）。四月、南満洲鉄道株式会社調査課編『露国占領前後ニ於ケル大連及旅順』（同課）

一九一二（明治45・大正元）年
一月、中華民国成立（1日）。孫文が臨時大総統となる。

二月、清朝宣統帝退位。粛新王と家族が旅順に脱出（6日）。

七月、明治天皇崩御（29日）、大正天皇即位（30日）。

◆一月、レンガード著・高須梅渓・加島汀月共訳『旅順籠城 剣と恋』（啓成社）、コステンコ著・樋口石城訳『屍山血河』（海文社）。三月、志賀重昂『旅順攻囲軍』（博文館）。七月、栗田富太郎『旅順閉塞回想談』（啓成社）。八月、椎川亀五郎編『明治三十七年十一月―十二月 旅順ニ於ケル二〇三高地ノ戦闘』（東京偕行社）。一〇月、三木松清吉訳編『嗚呼旅順口』（一〇月、興風社）。

▼一月、山岡熊治「旅順開城の回顧」（『学生』）。一一月、伊豆凡夫「乃木大将と旅順」（『帝国評論』）。

●八月、日本人経営の英字新聞『満洲毎日新聞』創刊（5日）。

一九一三（大正2）年

一一月、満州戦蹟保存会設立。

この年、後に作家となる田兵が旅順口で誕生。

◆一月、市川省三『旅順包囲戦』（博文館）。六月、凝香園『武士道文庫 旅順攻囲決死隊』（博多成象堂）。九月、本吉 豊次郎『乃木将軍写真帖 附・肉山血海之旅順』（辻村製版所）。一二月、凝香園『武士道文庫 二〇三高地 旅順之肉弾戦』（成象堂）。

▼六月、高橋作衛「威海衛降服と旅順開城」（『東亜の光』）。

一九一四（大正3）年

一月、粛親王、白玉山・忠魂碑を参拝。日本、「二十一ヶ条要求」を哀世凱政府に示す。五月、調印。四月、関東州海軍区が佐世保鎮守府の所管になり、旅順鎮守府は要港部に降格。八月、本願寺派二二世門主の大谷光瑞、旅順で満洲最初の美術団体「赤日会」設立（8日）、青年会館で第一回展覧会開催（翌年活動停止）。

この年、大連・旅順に市制。河東碧梧桐が満洲・朝鮮へ旅行（一九二三年にも）。

◆七月、桃陰『旅順閉塞』（厚生堂）。九月、弦木悌次郎『旅順戦蹟志』（川流堂小林又七本店）。一一月、水野廣徳『戦影』（金尾文淵堂）。

▼一一月、津田青楓「旅順の日記（一）～（三）」（『白樺』～一九一五年一月）。

一九一五（大正4）年
一〇月、「旅順及大連市規則」により両地で特別市政が開始（1日）。一一月、旅順物産陳列所開館。
この年、愛新覚羅顯玗、川島浪速の養女（川島芳子）となるべく旅順から日本へ出発。
▼三月、滄溟漁史「日露海戦外史（三）旅順港の閉塞・彼我戦艦の爆沈」（『太陽』）。四月、「同（四）旅順艦隊の封鎖、浦塩艦隊の監視」（『太陽』）。六月、「同（六）爾霊山の占領、旅順艦隊の全滅」（『太陽』）。

一九一六（大正5）年
四月、川田順が中国・満洲・朝鮮へ旅行。

一九一七（大正6）年
四月、関東都督府満蒙物産館が開館。旅順師範学校附属公学堂開校。
▼三月、小笠原精一「旅順後楽園記」（『大正詩文』）。九月無署名「旅順」（『日本之関門』）。

一九一八（大正7）年
四月、関東都督府中学校が旅順中学校と改称。関東都督府満蒙物産館を関東都督府博物館と改称。一一月、関東都督府博物館の中央本館完成（6日）、一般公開開始（23日）。満蒙物産館を博物館考古分館とし、図書閲覧所を併設。

一九一九（大正8）年
三月、後に詩人となる北川冬彦が旅順中学校を卒業。四月、関東都督府が廃止され、関東庁と関東軍となる。関東都督府博物館が関東庁博物館と改称。

一九二〇（大正9）年
七月、満蒙文化協会創立（1日）。後藤新平が総裁に就任（一九二六年に「中日文化協会」、一九三二年に「満洲文化協会」へと改名）。
●五月、『大連新聞』創刊（5日。一九三五年八月に『満洲日報』と合併し『満洲日日新聞』と改名）。

一九二一（大正10）年
◆細川良久『旅順攻守戦要記』（八月、満州戦蹟保存会）。

一九二二（大正11）年
四月、旅順工科学堂を発展させた官立工科大学・旅順工科大学が開校（1日）。
この年、関東州病院を関東庁旅順病院と改称。粛親王、旅順で死去。海軍が旅順要港部を廃止、防備部に縮小。
●九月、日文月刊誌『満洲公論』創刊。この年、満蒙文化協会による『満蒙年鑑』創刊（一九三三年より『満洲年鑑』に改称し大連満洲日日新聞社より出版）。また満蒙文化協会の華文機関誌『東北文化月報』創刊。

一九二三年
三月、中国が日本に対し「二十一ヶ条要求」の廃止、旅順・大連の返還を要求。旅順・大連租借の満了日、北京の学生が返還を求めて大規模デモを実施（26日）。一〇月、島木赤彦が満鉄に招かれ満洲を旅行。同じく河東碧梧桐も満洲・蒙古を旅行。
この年、後に作家となる也麗が旅順師範学堂を卒業。
◆四月、内田春涯『鮮満北支感興ところどころ』（私家版）。

一九二四（大正13）年
四月、旅順中学校を旅順第一中学校と改称。また旅順中学校内の中国人学級を独立させ、旅順第二中学校を開校。
この年、旅順博物館附属植物園・動物園が開設。
◆五月、佐藤鋼次郎『旅順を落すまで　日露戦争秘史』（あけぼの社）。六月、大西守一『旅順記念写真帖』（東京堂）。
▼一月、無署名「旅順」（『平原』）。
●一一月、大連在住の詩人、安西冬衛や北川冬彦らが詩誌『亞』を創刊。

一九二五（大正14）年
五月、川田順が満洲・朝鮮を旅行（〜一〇月）。
この年、海軍が旅順防備部を無線電信所のみを残して廃止。
◆中濱元徳『旅順のしほり』（発行月未詳、旅順市役所）。
▼七月、内田百閒「旅順入城式」（『女性』）。

一九二六（大正15・昭和元）年
一二月、大正天皇崩御、昭和天皇即位（25日）。
この年、旅順戦利品陳列所が関東庁博物館附属となり、旅順戦利品陳列記念館へと拡大。
◆一月、津野田是重『斜陽と鉄血　旅順に於ける乃木将軍』（偕行社）。九月、永尾善作編『戦蹟と旅順 remains of battlefield and Ryojun』（私家版）。南満洲鉄道株式会社旅客課『旅順』（発行月未詳、南満洲鉄道株式会社）。
▼三月、滝口武士「旅順」（『亞』）。八月、江戸川乱歩「旅順海戦館」（『探偵趣味』）。
●この年までに関東州で発行された定期刊行物は二一二種に増え、そのうち華字新聞は三紙、華字雑誌は三誌。

一九二七（昭和2）年

二月、図書閲覧所が関東庁博物館附属図書館へと発展。大谷光瑞寄贈の大谷文庫を加える。五月、土岐善麿、読売新聞社特派員として満洲旅行。七月、周水子飛行場完成。一一月、旅順ヤマトホテルで川島芳子・カンジュルジャブの結婚式が挙行（27日）。

この年、川田順が満洲・蒙古・朝鮮へ旅行。中塚一碧楼が満洲旅行。
◆七月、上田恭輔『旅順戦跡案内の記　附営口占領當時の思ひ出（鶏肋集第七編）』（私家版）。九月、宮田源次郎『難攻不落旅順要塞攻撃日記』（愛国社刊行部）。一一月、櫻井忠温『草に祈る』（朝日新聞社）。
▼三月、神崎清「R港閉塞隊長篇「巡洋艦レヴツイク」の序」（『辻馬車』）。

一九二八（昭和3）年

五月、旅順工科大学開校。六月、奉天で張作霖爆殺事件。満鉄本社の招待で満洲旅行中の与謝野鉄幹・晶子が事件に遭遇（4日）、旅順・大連～京城・仁川間の電話回線が開通。一〇月、石原莞爾、関東軍司令部に着任。

この年、のちに作家となる石軍が旅順師範学堂に入学。羅振玉が天津から移住。
◆四月、上田恭輔『旅順戦蹟秘話　附・営口の思ひ出』（大阪屋号書店）。一一月、山崎高延『旅順開城記念展覧会写真帖』（旅順開城記念会）。
▼五月、無署名「旅順初等教育会のぞき」（『南満教育』）。七月、佐藤惣之助「まんちゆりあ・すけつち　その一」（『詩之家』）。

一九二九（昭和4）年

三月、関東庁博物館附属図書館が関東庁図書館として独立。北原白秋が満鉄の招待で満洲旅行。**五月**、高浜虚子が満洲旅行（〜六月）。
この年、聖地会館竣工。
◆六月、海老沢義四郎『血か花か　旅順秘史』（川流堂）

一九三〇年（昭和5）年

一〇月、斎藤茂吉が満洲旅行（〜一一月）。
◆二月、大月隆仗・桃陰『戦記名著集第九巻　熱血秘史』（戦記名著刊行会）。**五月**、与謝野寛・晶子『満蒙遊記』（大阪屋號書店）。**七月**、佐藤鋼次郎『日露戦争秘史　旅順攻囲秘話』（軍事学指針社）。**九月**、口村佶郎『日露戦役旅順攻囲軍全滅を語る』（勇栄社出版部）。
▼一月、匝瑳胤次「旅順閉塞私記」（『日本及日本人』）。**六月**、松村龍雄「旅順閉塞の追憶竝に乃木將軍の片影」（『歌舞伎』）。

一九三一（昭和6）年

九月、柳条湖事件に端を発した満洲事変が勃発（18日）。関東軍司令部が旅順から奉天に移転。**一一月**、愛新覚羅溥儀、関東州の保護のもと旅順に移動、旅順ヤマトホテルに逗留。林芙美子、朝鮮経由で満洲に到着、シベリア鉄道経由でパリに向かう。**一二月**、溥儀、旅順市鎮遠町一〇番地の粛親王府に転居。
◆五月、荒木潤『旅順を弔ふ』（大阪商船）。**七月**、田村友三郎『二〇三高地実戦記』（教育研究会）。**一二月**、山縣文英堂書店編『旅順の戦蹟』（山縣文英堂書店）。
▼一月、里村欣三「旅順」（『文芸戦線』）。**三月**、蒋希曾作・淺見昇訳「遼東」（『詩・現実』）。

一九三二（昭和7）年

二月、関東軍参謀・板垣征四郎、溥儀と会見、溥儀を執政とする新国家建設を提言（23日）。**三月**、満州国成立（1日）。国際連盟がリットン調査団を派遣。**四月**、旅順師範学堂と旅順第二中学校が合併した旅順高等公学校が開校。
九月、日本が満州国を承認。
◆二月、旅順民政署『旅順要覧』（興文会）
▼一月、東一郎「旅順小唄」（『文芸汎論』）。**九月**、瀧口武士「旅順　詩六篇」（『文学』）。

一九三三（昭和8）年

この年、地方法院が大連に移設。

◆**三月**、藤原藤吉編『旅順戦蹟と名所』（旅順市役所）。**五月**、栗田富太郎『第一回第二回旅順閉塞隊秘話』（東京水交社）、藤田栄助『満蒙は躍る』（帝国在郷軍人会本部）。**八月**、旅順市編『聖地旅順』（旅順市役所）。**一二月**、松波治郎著『悲絶！壮絶！血涙旅順開城秘史』（漫画時代社）。

▼**七月**、鶴岡正雄「旅順だより」（『財務協会雑誌』）。

●この年までに関東州で発行された定期刊行物は二五六種に増加。うち華字新聞三種、華字雑誌四種。

一九三四（昭和9）年

五月、抗日放火団、大連・旅順で組織。**一一月**、山口誓子、大阪住友合資会社社員として満洲・朝鮮出張。**一二月**、関東庁、関東州庁に改制（26日）。

◆**一月**、山縣文英堂書店編『旅順の戦蹟』（山縣文英堂書店）。**六月**、黒本植『采風集・旅順陥落歌・松島艦海戦記』（稼堂先生著書刊行会）。**八月**、森田拓志・安田鴉甫『漫画　満洲の横顔』（日満女性社）。**九月**、匝瑳胤次『第三回旅順閉塞隊秘話』（東京水交社）。

▼**八月**、無署名「旅順入城式」（『愛書』）。

一九三五（昭和10）年

九月、臼田亜浪、満州・中国・朝鮮旅行（～一一月）。

この年、関東庁博物館が旅順博物館に、関東庁図書館が旅順図書館に改称。

◆**一月**、永尾善作『追憶　旅順開城』（私家版）。**二月**、山口誓子『黄旗』（龍星閣）、木村惣平『旅順要塞総攻撃』（岡倉書房）。**三月**、木村毅『旅順攻囲軍』（大日本雄弁会講談社）。**四月**、下用吉編『広瀬中佐と旅順口閉塞』（私家版）。**六月**、梅澤修平『旅順戦蹟見学案内記　空前の肉弾戦が誰にも好く分る』（満蒙社出版部）。**七月**、亀谷浤夫『一兵の見たる旅順要塞戦』（鏡水書院）。**一二月**、旅順図書館編『日露戦役三十周年記念在旅順日露戦役参加者座談会誌』（旅順図書館）。

▼**四月**、安達義信「旅順」（『作文』）。福永剛「旅順詩篇　農場労働者・一片の骨に寄せて・練習艦隊寄港」（『詩行動』～六月）。**五月**、黒井悌次郎「旅順総攻撃の第一歩」（『維新』）。**九月**、八木橋雄次郎「月下旅順」（『鵲』）。

一九三六（昭和11）年

八月、関東局、東経一三五度線の時間を関東州および満鉄附属地の標準時間と決定（6日。施行は一九三七年一月）。一二月、駐満州国全権大使・植田謙吉、近衛文麿に対して官幣大社・関東神宮設立の稟申を出す。

この年、粛親王の娘・金顕珊が旅順康徳女塾を開学。

◆一月、外池平編『聖旅順』（旅順第二尋常小学校）。九月、宅島猛雄口述・小川與市編『露治時代の旅順』（旅順図書館）。一一月、旅順図書館編『日露戦役在旅順同役参加者第二回座談会誌』（旅順図書館）。

▼三月、外永三五郎「雑録旅順開城の歌」（『偕行社記事』）。

一九三七（昭和12）年

六月、満州文話会創立大会が大連満鉄社員倶楽部で開催（20日）。関東州庁の庁舎が完成。旅順から大連に移転。

◆三月、田中良三『旅順写真帳—聖地之記念』（旅順東京堂）。四月、橋爪米太朗『旅順 白襷隊血戦記』（啓成社）。九月、室生犀星『駱駝行』（竹村書店）。

▼三月、棚木一良「街の断面図　旅順」（『旅』）。

●同年一月時点での関東州で発行された定期刊行物は二六二種。うち華字新聞三紙、華字雑誌二誌。

一九三八年（昭和13）年

二月、草野心平が野依秀一の秘書兼案内人として満洲・中国を訪問（～四月）。三月、関東州庁が大連市役所と旅順市役所を設置。七月、関東神宮内苑の地鎮祭が挙行され、官幣大社に列せられる。

◆七月、志村勲『満洲燕旅記』（私家版）。九月、喜田滝治郎『この土地この人（遼東史話　近代篇）』（私家版）。

▼一月、阿部知二「旅順にて」（『文芸』）。九月、八木橋雄次郎「旅順の歌」（『鵲』）、草野心平「旅順の風物」（『ホーム・ライン』、掲載月未詳）。

一九三九年（昭和14）年

四月、旅順病院内に旅順医学校設置。

◆一月、鷲尾知治『満州国物語』（三友社）。五月、『旅順戦跡』（大連都市交通株式会社編）、筒井磯雄編『旅順の戦蹟』（山縣文英堂）。六月、岩田敏子『満州現地慰問を終へて』（私家版）、喜田滝治郎『星・海・花（遼東伝説篇）』（満州教科用図書配給所）。一〇月、旅順戦史研究会編『国民必読旅順戦蹟読本』（満蒙社出版部）、鍋島五郎『白玉山にさゝぐ　旅順戦話』（大連都市交通）。一二月、津田亥子生『満支行雑記』（私家版）。

▼四月、芹川鞆生「錯簡旅順案内」（『セルパン』）。

一九四〇年（昭和15）年

四月、飯田蛇笏、満洲旅行（〜五月）。一〇月、荻原井泉水、朝鮮・満洲旅行。関東神宮外苑の建設計画が決定。

◆四月、池田信治『旅順戦抄』（関東州戦蹟保存会）。五月、国際観光案内出版部編『大連旅順観光案内』（国際観光案内出版部）。一一月、春山行夫『満洲風物誌』（生活社）。

▼一月、本山荻舟「旅順陥落の正月を祝ふ」（『糧友』）。五月、福岡隆「旅順口閉塞戦生還記　林翁に聴く」（『向上』）。九月、沢村勉「聖旅順」（『シナリオ研究』）。一〇月、山田頼依「旅順」（『二〇三高地』）。

一九四一（昭和16）年

六月、関東神宮外苑の地鎮祭が挙行。一〇月、建設を開始。

◆三月、長谷川銀作『烟景　歌集』（新声閣）、松井秀子『大陸奉仕行』（興亜保育協会）。五月、宿利重一『旅順戦と乃木将軍』（春秋社）。六月、金丸精哉『満洲風雲録』（六人社）。

▼二月、大西華亭「聞岩倉少将旅順談」（『昭和詩文』）。四月、井上麟三「遼東半島」（『文化組織』）。九月、野口祿久「旅順を尋ねて」（『宝生』）。一一月、近藤東「旅順口」（『文芸汎論』）。

一九四二（昭和17）年

四月、旅順医学校が旅順医学専門学校となる。旅順康徳女塾が康徳女学校と改称。久保田万太郎、内閣情報局の委嘱により満洲訪問（〜五月）。

◆二月、濱本浩『旅順』（六興商会出版部）。四月、中谷孝雄『旅情』（天理時報社）、眞鍋五郎『関東州案内』（亜細亜出版協会）。六月、金丸精哉『旅順物語　日露開戦の前夜・旅順開城・水師営会見（観光叢書　第一四輯）』（満鉄鉄道総局旅客課）。一一月、山口誓子『満洲征旅』（満洲雑誌社）。一二月、斎藤誠一郎『日露戦塵懐古』（私家版）。

▼一月、城小碓「旅順」（『満洲詩人』）。

一九四三（昭和18）年

▼五月、森初次「〔随想〕旅順口」（『向上』）。**六月、**匝瑳胤次他二氏「旅順閉塞隊」（『公論』）。

一九四四（昭和19）年

九月、二神体（天照大神、明治天皇）が航空機で関東神宮へ移送される（28日）。**一〇月、**関東神宮鎮座祭が挙行（1日）。

この年、土屋文明、加藤楸邨が陸軍報道部嘱託として満洲訪問。

◆三月、立野信之『旅順　百五十五日間の死闘と一兵卒の生涯』（金星堂）。**八月、**近藤東『百万の祖国の兵　詩集』（無何有書房）。**九月、**山口誓子『満州征旅』（満州雑誌社）。**一二月、**長岡弥一郎『伝統頌』（健文社）。

▼一月、伊藤整「旅順にて」（『文学報国』）、杉山真澄「表忠塔　旅順戦跡詩帳」（『満洲詩人』）。

一九四五（昭和20）年

二月、米英ソがヤルタ協定に署名（11日）。ソ連による旅順軍港の利用等が合意。**五月、**関東神宮で寇敵撃攘必勝祈願祭が開催。**八月、**中華民国とソ連が中ソ友好同盟条約を締結、旅順港海軍基地を共同使用とする（14日）。日本敗戦（15日）。関東神宮、昇神祭を行い二神体を焼却（18日）。ソ連軍、旅順と大連に航空部隊を進駐（22日）、戦車部隊が到着（24日）、ソ連太平洋艦隊が旅順港に入港（25日）。順次日本軍施設を接収。**九月、**上旬より旅順市内での日本人の居住が禁止される。**一一月、**関東神宮に廃止令が下される（17日）。

◆五月、小此木壮介『旅順開城約なりて』（第一出版社）。

▼三月、村上勤「旅順（詩）」（『新潮』）。

●一九〇五年から日本敗戦までに関東州内で刊行された定期刊行物は約二九五種（新聞四二紙、雑誌二五三誌。うち華字新聞三紙、同雑誌一二誌、英字新聞一紙。

一九四六（昭和21）年

一二月、日本人居留民の引揚開始（3日。一九四九年九月までに二〇万人余が帰還）。

（木田隆文＝編）

主要参考文献

【都市要覧】

米内山震作 編『旅順振興策』(一九三一年一月)
関東庁 編『露治時代関東州法規類集』(一九三一年九月)
＊松重充浩・木之内誠・孫安石 編『近代中国都市案内集成 大連編』第二六巻(ゆまに書房、二〇一六年四月)所収
旅順民政署 編『旅順要覧』(興文会、一九三二年二月)
中元清壽『旅順』(旅順市役所、一九三五年一一月)
宇佐美喬爾・加藤郁也他 編『旅順』昭和五・七・八・九・一〇・一一・一四年版(南滿洲鉄道株式会社)
八木奘三郎『満洲都城市沿革考』(南満州鉄道株式会社総裁室弘報課、一九三九年一二月)
旅順民政署 編『管内概況』(一九三九年一二月)
眞鍋五郎『関東州案内』(亜細亜出版協会、一九四二年四月)＊松重充浩・木之内誠・孫安石 編『近代中国都市案内集成 大連編』第四二巻(ゆまに書房、二〇一七年四月)所収

【観光案内】

弦木悌次郎『旅順戦蹟志』(川流堂小林又七本店、一九一四年九月)＊松重充浩・木之内誠・孫安石 編『近代中国都市案内集成 大連編』第四〇巻(ゆまに書房、二〇一七年四月)所収
藤原藤吉 編『旅順戦蹟と名所』(旅順市役所、一九三三年三月)
旅順戦史研究会 編『国民必読 旅順戦蹟読本』(満蒙社出版部、一九三九年一〇月)＊松重充浩・木之内誠・孫安石 編『近代中国都市案内集成 大連編』第四三巻(ゆまに書房、二〇一七年四月)所収
国際観光案内出版部 編『大連旅順観光案内』(国際観光案内出版部、一九四〇年五月)＊松重充浩・木之内誠・孫安石 編『近代中国都市案内集成 大連編』第四一巻(ゆまに書房、二〇一七年四月)所収

【紀行文・回想録】

櫻井忠温『肉弾』(英文新誌社、一九〇六年四月)
夏目漱石「満韓ところどころ」(『朝日新聞』一九〇九年一〇月二一日~同年一二月三〇日)
水野廣徳『此一戦』(博文館、一九一一年三月)

水野廣徳『戦影』（金尾文淵堂、一九一四年一一月）
櫻井忠温『草に祈る』（朝日新聞社、一九二七年一一月）
春山行夫『満洲風物詩』（生活社、一九四〇年一一月）
立野信之『旅順』（金星堂、一九四四年三月）
青木実『旅順・私の南京、ほか十四篇』（作文社、一九八二年一二月）
寺村謙一 編『回想の旅順・大連』（大連市史刊行会、一九七四年）

【学校史・校友会誌】
〔小学校〕
外池平 編『聖旅順』（旅順第二尋常小学校、一九三六年一月）
記念文集編集委員会『ふるさと旅順―母校創立九十周年記念文集』（旅順第二尋常高等小学校・同尋常小学校・旅順師範学校附属小学校・同国民学校同窓会霊玉社、一九九七年一〇月）
〔旅順中学校〕
同編集委員会『旅順のこと　母校のこと―旅順中学桜桂会五十周年記念誌』（旅順中学桜桂会本部、一九六三年一〇月）
同編集委員会『桜桂会誌　六十周年記念号』（旅順中学桜桂会本部、一九七〇年七月）
〔旅順高等女学校〕
旅順高等女学校同窓会『ひめゆり』（旅順高等女学校同窓会、一九六四年九月）
〔旅順高等学校〕
旅順高等学校同窓会向陽会『官立旅順高等学校創立四十年誌』（旅順高等学校同窓会向陽会会編集委員会、一九八〇年七月）
旅順高等学校向陽会『旅順高等学校創立五十周年記念向陽　創刊号～第四号　復刻版』（旅順高等学校向陽会、一九九五年六月）
〔旅順工科大学〕
同編集委員会『旅順の日　旅順工大六十周年記念誌』（旅順工大同窓会、一九七三年五月）
掉尾会文集編集委員会 編『掉尾を飾る　最後の旅順工科大学予科生の記録』（掉尾会、一九九〇年五月）

旅順工科大学同窓会 編『平和の鐘　旅順工科大学開学九十周年記念誌』（旅順工科大学同窓会本部、二〇〇〇年一二月）

【研究文献】

〔単行本〕

深田妙『戦時下花嫁の見た「外地」　旅順からの手紙』（インパクト出版会、一九九四年二月）
李相哲『満州における日本人経営新聞の歴史』（凱風社、二〇〇〇年五月）
木之内誠・平石敏子・大久保明男・橋本雄一『大連・旅順歴史ガイドマップ』（大修館書店、二〇一九年四月）
和田博文・黄翠娥 編『〈異郷〉としての大連・上海・台北』（勉誠出版、二〇一五年三月）
渡辺浩平『聖地旅順と帝国の半世紀　近代日本の磁場をたどる』（白水社、二〇二四年一月）

〔記事・論文〕

荒山正彦「戦跡とノスタルジアのあいだに　「旅順」観光をめぐって」（関西学院大学『人文論究』、二〇〇一年二月）
加藤幸三郎「旅順口近代遺跡と亀井兹明」（『専修大学社会科学研究所月報』、二〇〇一年八月）
高媛「「楽土」を走る観光バス―一九三〇年代の「満洲」都市と帝国のドラマトゥルギー」（『岩波講座近代日本の文化史6　拡大するモダニティ』岩波書店、二〇〇二年六月）
増田芳雄「旅順　軍港と学校の歴史」（『藍野学院紀要』二〇〇三年）
秋山洋子「戦時下大連・旅順における日本人女性」（『駿河台大学論叢』二〇〇七年七月）
大久保遼「キノドラマとキネオラマ　旅順海戦と近代的知覚」（『映像学』二〇〇八年五月）
高媛「戦勝が生み出した観光　日露戦争翌年における満洲修学旅行」（『Journal of Global Media Studies 7』二〇一〇年九月）
柴田陽一「コラム　地図に見る旅順の景観変遷」（上杉和央 編『軍港都市史研究Ⅱ　景観編』、清文堂出版、二〇一二年三月）
高山陽子「聖地の記憶　旅順を事例に」（『亜細亜大学国際関係紀要』二〇一二年三月）
橋川俊樹「『趣味の遺伝』　夏目漱石が描いた旅順攻囲

戦」（『共立国際研究　共立女子大学紀要』二〇一七年三月）

風間秀人「軍政都市・旅順の成立とその変遷」（坂根嘉弘 編『軍港都市研究Ⅵ　要港部編』清文堂出版、二〇一六年六月）

小坂宣雄「錦州と旅順の思い出」（『満洲の記憶7』二〇二〇年一二月）

佐藤仁史「秦源治「大連・旅順絵葉書コレクション」目録」（『満洲の記憶8』二〇二一年一二月）

【中国語文献　郭勇 編】

王振芬『旅順博物館学苑・2023』（上海古籍出版社、二〇二四年五月）

朱利安・S・科貝特（Julian S. Corbett）、邢天寧訳『日俄海戦 1904-1905—侵占朝鮮和封鎖旅順』（台海出版社、二〇一九年三月）

大連近代史研究所、旅順日俄監獄旧址博物館編『大連近代史研究　第15巻』（遼寧人民出版社、二〇一八年一二月）

旅順大塢史編委会『旅順大塢史（1880年-1955年）』（大連出版社、二〇一七年一月）

周麗娜、呂海平『近代軍港旅順的城市空間演進（1880-1945）』（遼寧科学技術出版社、二〇一五年四月）

姜曄編『旅順日俄監獄旧址博物館故事』（南京出版社、二〇一四年一月）

潘宝玉『旅順往事』（解放軍文藝出版社、二〇一三年八月）

趙錫金編『「九一八」事変策源地——旅順日本関東軍司令部』（大連出版社、二〇一一年八月）

関捷『旅順大屠殺研究』（社会科学文献出版社、二〇〇四年一二月）

韓行方、王宇『旅順歴史与文物』（中国文聯出版社、一九九九年一二月）

編者紹介

木田隆文（きだ・たかふみ）

1972年、京都府京都市生まれ。龍谷大学大学院博士後期課程単位取得満期退学。博士（文学）。奈良大学教授。日本近代文学専攻。

『日本未来派、そして〈戦後詩〉の胎動「古川武雄宛池田克己書簡」翻刻・注解／詩誌『花』復刻版 』（編集・解題、琥珀書房 2024年）、『上海文学　復刻版』（共編著、琥珀書房 2022年）、『上海の戦後　人びとの模索・越境・記憶』（共編、勉誠出版 2019年）、『戦前期中国関係雑誌細目集覧』（共編、三人社、2018年）、『戦時上海グレーゾーン 溶融する抵抗と協力』（共編、勉誠出版、2017年）ほか。

コレクション・近代日本の中国都市体験

第4巻　旅順

2025年3月15日　印刷
2025年3月25日　第1版第1刷発行

［編集］　木田隆文

［監修］　東京女子大学比較文化研究所・上海外国語大学日本研究センター

［全体編集］和田博文・高潔

［発行者］　鈴木一行

［発行所］　株式会社ゆまに書房
〒101-0047　東京都千代田区内神田2-7-6
tel. 03-5296-0491 / fax. 03-5296-0493
https://www.yumani.co.jp

［印刷］　株式会社平河工業社

［製本］　東和製本株式会社

落丁・乱丁本はお取り替えいたします。　Printed in Japan

定価：本体25,000円＋税　ISBN978-4-8433-6711-7 C3325